M*plus*를 이용한
매개효과와 조절효과 및
조절된 매개효과 분석

Mplus를 이용한 매개효과와 조절효과 및 조절된 매개효과 분석

이형권

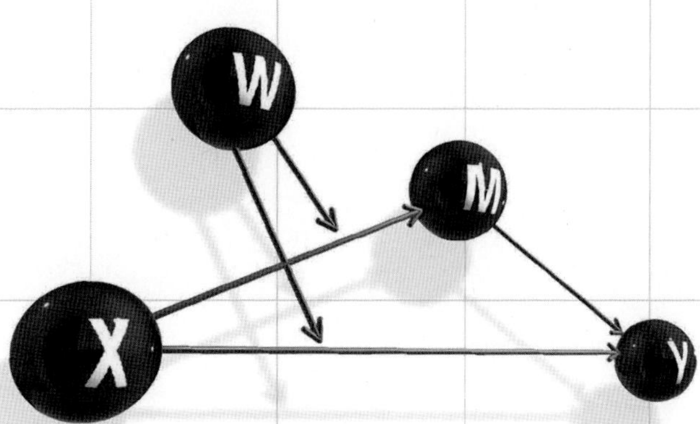

사회현상과 인간의 마음을 계량학적으로 분석하는 인과관계연구가 다양한 형태로 발전되어 왔습니다. 이러한 인과관계분석의 초기 단계는 독립변수가 종속변수에 미치는 영향을 분석하는 단순(다중)회귀분석에 관한 것입니다. 하지만 이론에 입각하여 독립변수와 종속변수의 관계를 분석한 결과가 항상 이론에 부합되는 방향으로 나타나는 것은 아닙니다. 예를 들어 임금(독립변수)이 상승한다고 해서 반드시 직무만족(종속변수)이 증가하는 것은 아닙니다. 이러한 혼합된 연구결과를 반영하여 독립변수가 종속변수에 미치는 영향을 매개하는 매개변수를 도입한 매개분석을 실시하거나 독립변수가 종속변수에 미치는 영향의 크기와 방향을 조절하는 조절변수를 도입하여 조절분석을 실시하기도 합니다. 매개분석은 '어떻게(how)'의 문제를 다루고 조절분석은 '언제(when)'의 문제를 다룹니다.

통계분석방법이 보다 정교해지면서 '어떻게'와 '언제'를 결합한 분석이 실시되고 있으며 이러한 분석기법을 조건부과정분석(conditional process analysis)이라고 부릅니다. 조건부과정분석은 구체적으로 조절된 매개분석(moderated mediation analysis)과 매개된 조절분석(mediated moderation analysis)으로 분류되는데, 전자는 'when of the how(어떻게가 언제 발생하는가?)'의 문제를 규명하는 것이고 후자는 'how of the when(언제가 어떻게 발생하는가?)'을 분석하는 방법입니다. 하지만 이 분야의 저명한 학자들은 매개된 조절분석을 조절된 매개분석 관점으로 전환하여 분석하고 해석할 것을 권장하고 있습니다.

조절된 매개효과를 분석하기 위한 통계분석방법이 소수 발표되었지만 이들 중 발군의 업적은 단연 Hayes 교수가 개발한 PROCESS macro입니다. Hayes(2013)는 PROCESS macro의 사용법과 통계이론을 해설한 저서(Introduction to Mediation, Moderation, and Conditional Process Analysis: A Regression-Based Approach)를 발간하였으며 다시 개정판(Hayes, 2018)을 발표하기에 이르렀습니다. 그리고 필자(2015)는 Hayes(2013)의 저서에 대한 편역서를 출간하였습니다. Hayes(2013, 2018)의 저서는 매개분석과 조절분석 및 조절된 매개분석에 대하여 다른 연구에서는 얻을 수 없는 가치 있는 내용을 담고 있기 때문에 독자 여러분에게 일독을 권합니다. Hayes의 저서는 매개분석과 조절분석 및 조절된 매개분석에 관한 올바른 지식습득에 많은 도움을 줄 것입니다.

Hayes 교수의 PROCESS macro가 매개분석과 조절분석 및 조절된 매개분석을 다루는 훌륭한 통계분석 프로그램이긴 하지만 이 프로그램은 단점이 있습니다. 즉, PROCESS macro는 분석에 사용되는 변수가 단일변수(혹은 평균값)인 경우에만 사용이 가능하고 잠재변수로 이루어진 모형은 분석할 수 없다는 것입니다. 그렇다면 잠재변수들의 관계를 분석하기 위해서는 어느 방법을 이용해야 하는가? 바로 이 문제를 해결하기 위한 소프트웨어가 본서에서 다루는 Mplus입니다. 이러한 Mplus는 관심변수가 잠재변수이든 단일변수이든 모두 분석이 가능합니다.

Mplus는 구조방정식모형(SEM)을 분석하는 기존의 소프트웨어(Amos, LISREL, EQS 등)의 기능을 능가하는 매우 강력한 기능을 지니고 있습니다. 특히 Mplus는 잠재변수를 이용한 조절분석과 조절된 매개분석에서 Mplus에서만 사용이 가능한 LMS를 사용하기 때문에 본서의 후반부에서 다루게 되는 잠재변수들로 구성된 복잡한 조절된 매개모형의 분석시에 그 진가를 발휘하게 될 것입니다. Mplus는 다양한 디폴트 기능을 지니고 있으며 Mplus를 이용하면 어떠한 복잡한 모형도 분석이 가능합니다. 따라서 Mplus 이용자는 Mplus의 프로그램인 Mplus syntax(code)를 반드시 숙지해야 합니다. 그리고 연구자들의 편의를 위하여 본서에서 사용하는 모든 Mplus syntax와 자료파일은 별도로 제공되는 CD에 저장되어 있습니다. 연구자들은 이들을 이용하여 본문에 예시된 모형을 분석할 수 있을 것입니다. CD에 저장된 Mplus code 중에서 매개분석과 조절분석을 포함하여 특히 조절된 매개분석에 관한 Mplus code의 일정부분은 아직까지 국내와 해외에서 발표되지 않은 것들로 필자의 독창적인 내용입니다. 본서는 Mplus version 7.4를 이용하여 프로그램과 결과물을 제시하였는데, 현재 Mplus version 7.4 다음 버전인 Mplus version 8까지 출시되어 있습니다. 비록 변수들의 개수에 제한(2개의 독립변수와 6개의 종속변수)이 있긴 하지만 Mplus website(http://www.statmodel.com)를 방문하여 Windows용 MPLUS DEMO VERSION(Mplus Version 8 Demo.msi)을 다운로드하여 Mplus version 8을 사용할 수 있습니다. Mplus website는 이 외에도 Mplus와 SEM에 관한 다양한 정보를 제공하고 있습니다.

본서의 구성으로 먼저 제1장은 Mplus의 사용법과 자료의 생성방법 및 행렬의 개념을 다루고 있습니다. 제2장에서 제6장까지는 확인적 요인분석(CFA)에 대해서 비교적 상세히 설명하고 있습니다. 이러한 CFA는 조절분석과 매개분석 그리고 조절된 매개분석 등을 실시하기 이전에 반드시 실행해야 할 분석입니다. 만일 이 단계에서 적합도 등의 문제가 발생하면 이를 수정하고 반영한 후에 차후분석을 실시해야 합니다. 제7장은 다중집단 요인분석과 MIMIC모형을 다루고 있습니다. 제8장은 매개분석의 기초개념과 단순매개분석을 설명하고 제9장은 매개변수가 2개인 병렬다중매개모형과 직렬다중매개모형을 다룹니다. 그리고 제10장은 조절분석의 개념과 단순조절분석을 설명하고 제11장에서는 조절변수가 2개인 다중조절모형에 대하여 연구합니다. 제12장부터 제14장까지는 본서의 하이라이트로 조절분석과 매개분석을 결합한 조절된 매개분석을 설명하고 있습니다. 구체적으로 제12장에서는 조절변수가 한 개인 경우의 조절된 매개효과를 분석하고 제13장에서는 조절변수가 두 개인 경우의 조절된 매개분석을 연구합니다. 마지막으로 제14장에서는 다중매개모형과 단순조절모형을 결합한 조절된 매개모형을 분석합니다.

본서에서 다루는 연구모형은 대부분 Hayes 교수의 PROCESS macro에서 제시한 모형과 동일한 모형들로 잠재변수와 단일변수로 이루어진 모형을 모두 분석합니다. 하지만 예시된 연구모형을 분석하기 위한 회귀식 설정과 Mplus 프로그램을 충분히 숙지하면 이들 모형 이외의 다른 모형들도 회귀식을 정확하게 설정한 후에 분석할 수 있을 것으로 기대합니다. 그리고 국내학회지와 해외학술지에 발표된 매개분석과 조절분석 및 조절된 매개분석에 관한 연구들을 살펴보면 연구방법론이나 연구결과의 해석에서 상당한 오류가 발견됩니다. 또한 잘못된 선행연구의 절차를 답습하여 후속연구가 진행되는 관계로 오류의 확대재생산도 이루어지고 있는 실정입니다. 따라서 연구자들은 정확한 이론서에서 제시하는 올바른 분석방법과 해석을 통하여 연구모형을 분석할 필요가 있을 것입니다.

이 책은 매개효과와 조절효과 및 조절된 매개효과를 분석하는 내용을 초급수준에서 고급수준까지 모두 망라하고 있습니다. 이를 위하여 기존에 발표된 많은 이론과 연구들을 바탕으로 필자의 분석경험을 가미하여 필자가 나름대로 상세하게 해설하려고 노력하였습니다. 본서의 집필을 위하여 CFA의 내용은 CFA를 행렬과 재생의 관점에서 서술한 Brown(2015)의 저서의 내용을 가능한 한 원문내용대로 소개하려고 시도하였고 Mplus의 기초개념은 Wang & Wang(2012)과 Byrne(2012)의 저서를 많이 참조하였음을 밝혀 둡니다. 특히 각종 연구모형에 대하여 잠재변수를 이용하는 Mplus 프로그램은 국내와 해외에서 아직 많이 소개되지 않았기 때문에 본서가 효시에 해당된다고 자부하고 있습니다. 본서가 독자 여러분들의 연구 과제의 수행에 많은 도움이 되기를 기원합니다.

이 책이 출간되기까지 여러 분들이 도움을 주셨습니다. 먼저 본서의 출간을 흔쾌히 허락하시고 많은 조언을 주신 신영사의 권영섭 사장님께 깊은 감사의 말씀을 드립니다. 그리고 바쁘신 와중에도 양질의 책이 출간될 수 있도록 훌륭한 디자인에 애쓰시고 꼼꼼한 교정을 수행하신 박지영 국장님을 비롯한 편집국 관계자분들께도

감사를 드립니다.

본서의 내용은 복잡하고 생소한 내용들을 담고 있기 때문에 처음 접하는 경우에는 이해하기 어려운 점이 있을 것입니다. 하지만 지속적인 노력은 이를 극복할 수 있습니다. 그리고 학문의 성취를 좌우하는 것은 타고난 재능보다는 꾸준한 노력 여하에 달려 있다고 생각되기에 『荀子(순자)』에 제시된 다음의 내용을 소개하면서 글을 마치고자 합니다.

蹞步而不休 跛鼈千里 (규보이불휴 파별천리)
(반걸음씩 걸어도 쉬지 않고 걸으면 절름발이 자라도 천 리를 갈 수 있다)

2018년 5월
저자 이 형 권

차 례

CHAPTER 1 Mplus와 행렬의 개념

CHAPTER 2 확인적 요인분석의 기초

CHAPTER 3 확인적 요인분석의 세부분석

CHAPTER 4 모형의 재설정

CHAPTER 5 확인적 요인분석의 종합예제

CHAPTER 6 고차 확인적 요인분석

CHAPTER 7 다중집단 요인분석과 MIMIC모형

CHAPTER 8 매개분석의 기초

CHAPTER 9 다중매개모형

CHAPTER 10 조절분석의 기초

CHAPTER 11 다중조절모형의 분석

CHAPTER 12 조절된 매개분석의 기초

CHAPTER 13 조절변수가 두 개인 조절된 매개모형

CHAPTER 14 다중매개모형이 포함된 조절된 매개모형

CHAPTER 1

Mplus와 행렬의 개념

Mplus[1)]는 기본적으로 구조방정식 모델링(SEM : structural equation modeling)을 다루는 소프트웨어이다. 여기에서 SEM은 다양한 분석기능을 포괄하는 개념이며 SEM의 기원은 요인분석(factor analysis)과 경로분석(path analysis)에서 비롯되었다. 이와 같이 SEM은 측정모형(요인분석)과 구조모형(경로분석)을 결합한 좀더 일반화된 분석구조 틀을 지칭한다. 특히 SEM은 전통적인 다변량분석방법들(예 다중회귀분석, 분산분석)과는 달리 발생할 수도 있는 측정오차(measurement errors)를 고려하기 때문에 더 우수한 분석도구이다. 예를 들어 다중회귀모형의 독립변수에 측정오차가 존재하면 모형잔차는 독립변수와 상관관계를 가지게 되고 통계적 가정에 위배되어 회귀모형의 모수추정치는 편의추정치가 되기 때문에 정확한 결과가 도출되지 않는다.

그동안 SEM을 다루는 많은 소프트웨어가 개발되어 왔다. 대표적으로 가장 먼저 개발된 소프트웨어인 LISREL(linear structural relationships)은 가장 많은 영향을 미친 프로그램이다. 또한 국내에서 사용층이 두터운 Amos(analysis of moment structures)가 있는데, 이 프로그램은 엄격하게 말하면 인과관계의 고급분석기법을 사용하기에는 한계가 있다는 단점이 있다. 그리고 본서에서 다루는 Mplus는 기존의 SEM 소프트웨어들을 뛰어넘는 가장 강력한 기능을 지닌 프로그램이다. 특히 본서의 후반부에서 다루는 잠재변수를 이용한 조절된 매개모형을 분석하는 경우에 그 진가를 발휘하게 될 것이다.

Mplus에 관한 다양한 정보는 Mplus website(http://www.statmodel.com)에서 얻을 수 있다. 특히 웹사이트에서 제공하는 Mplus User's Guide(Muthén & Muthén, 1998~2017)를 다운로드하여 여기에 수록된 내용을 수시로 참조하면 많은 도움을 받을 수 있다.

1.1 Mplus 프로그램의 이해

Mplus의 입력파일(input file)은 최대 10개의 명령문(command statements)으로 구성되어 있으며 이러한 명령문에 다양한 옵션들을 지정할 수 있다. 입력파일의 확장자는 "*.inp"이다. 또한 기본적으로 Mplus는 많은 디폴트(defaults)가 존재하기 때

1) Mplus는 일반적으로 *Mplus*와 같이 표기하지만 본서에서는 편의상 이탤릭체를 생략하기로 한다.

문에 프로그램이 간단하게 작성된다. 따라서 각 분석기법마다 제공하는 디폴트들을 반드시 숙지해야 하는데, Mplus를 처음으로 접하는 초보자들은 약간 어렵게 느낄 수도 있다. 그리고 Mplus의 입력파일을 작성하는 경우에 지켜야 할 중요 규칙을 살펴보면 다음과 같다(Byrne, 2012).

- 각 명령문(command)은 새로운 줄에 작성해야 하며 반드시 콜론(:)으로 끝내야 한다.
- TITLE 명령문을 제외하고 각 정보(명령어)는 세미콜론(;)으로 끝내야 한다.
- 명령문의 옵션들은 서로 분리하여 표기하고 세미콜론(;)으로 끝내야 한다.
- 입력파일의 각 줄에는 하나 이상의 옵션을 지정할 수 있다.
- 3가지의 필수명령문을 제외하고 나머지 명령문들은 지정하지 않을 수도 있다.
- 명령문들의 순서는 상관이 없다.
- 명령문과 옵션은 4글자 혹은 그 이상의 문자로 단축할 수 있다.
- 입력파일의 문자는 대문자와 소문자 모두 사용가능하며 최대 90칸을 초과할 수 없다. 만일 90칸을 초과하는 경우에는 줄을 달리하여 지정해야 한다.
- 코멘트(comments)는 입력파일의 어느 곳에도 지정할 수 있다. 이러한 코멘트는 반드시 감탄부호(exclamation mark: !)로 시작해야 한다. 감탄부호 이후의 모든 정보는 프로그램에 의하여 무시된다.
- 명령문의 옵션들은 모형설정과 추정에 필요한 키워드(keywords)를 사용하는데 이러한 키워드는 IS, ARE 및 =이다. 대부분의 경우에 이들은 상호 교환하여 사용할 수 있다.

이제 10가지의 명령문들을 살펴보기로 한다.

1.1.1 TITLE 명령문

이 명령문은 분석제목 등을 입력하는 것이다. 또한 TITLE 명령문은 필수명령문이 아니라 선택적인 명령문(optional command)이다. 따라서 작성하지 않아도 되지만 시일이 한참 지난 후에 입력파일을 보면 무슨 분석에 관한 것인지 모르는 경우가 발생하기 때문에 연구자는 간단하게 입력파일의 성격 등을 적어 두는 것이 좋다.

1.1.2 DATA 명령문

DATA 명령문은 필수명령문(required command)이다. 이 명령문은 자료파일의 이름과 위치를 프로그램에게 알려준다. 자료는 입력파일 외부에 ASCII(American Standard Code for Information Interchange) 파일로 저장되어 있어야 한다. 예를 들어 자료가 SPSS 파일로 저장되어 있다면 자료를 "*.dat"로 저장해야 하며 변수이름은 삭제해야 한다. 중요한 점은 입력파일과 자료파일이 동일한 폴더에 있으면 경로를 지정할 필요가 없지만 이들이 다른 폴더에 별도로 저장되어 있다면 구체적인 경로를 지정해야 한다. 따라서 가능한 한 입력파일과 자료파일을 같은 폴더에 저장하는 것이 간편하다. 본서에서는 각 장마다 입력파일과 자료파일을 동일한 폴더에 저장하였다. SPSS에서의 자료파일의 생성은 별도로 설명할 예정이다. 자료파일의 이름이 abc.dat인 경우에 이를 지정하는 방법은 "FILE IS abc.dat"과 같이 표기한다.

1.1.3 VARIABLE 명령문

이 명령문도 필수명령문이다. VARIABLE 명령문은 데이터세트 내에 있는 변수와 이름을 지정하고 분석에 사용하는 변수들을 지정한다. 변수명의 지정은 "NAMES ARE …"와 같이 지정한다. 중요한 내용으로 연구자가 지정하는 변수명과 데이터세트에 있는 변수의 순서가 동일하게 설정되어 있어야 한다. 또한 SPSS 자료파일에 있는 변수명과 연구자가 지정하는 변수명은 다르게 지정해도 된다. 가령 연구자가 SPSS에 변수명을 a, b, c, d, e로 지정하였지만 입력파일에서는 x1, x2, x3, x4, x5로 지정할 수 있고, 이 경우에 a는 x1으로 지정되고 b는 x2로 지정되는 방식으로 이루어진다. 그리고 자료파일에 변수들이 연속적으로 지정되어 있는 경우에 hyphen을 사용할 수 있다. 예를 들어 x1, x2, x3, x4, x5를 지정하는 경우에 이들을 모두 적어도 되지만 간단하게 x1-x5로 지정할 수도 있다. 또한 자료파일 내에 있는 변수들 중에서 사용할 변수들의 지정은 USEVARIABLES 옵션을 이용한다. USEVARIABLES 옵션에서 변수의 순서는 상관없지만 선택된 변수들은 반드시 연구모형에서 사용되어야 한다. 그리고 변수명은 가능한 한 8글자 이내로 지정하는 것이 좋다.

1.1.4 MODEL 명령문

이 명령문은 추정해야 할 모형을 설정하는 필수명령문에 해당한다. 즉, 모형에서 어떤 모수(parameters)를 추정하는지를 지정하는 명령문이다. 여기에서는 연구자가 Mplus에게 3가지의 정보를 알려준다. 먼저 변수가 관측변수(지표변수)인지 잠재변수인지를 알려주고, 다음으로 지정된 변수가 독립(외생)변수인지 종속(내생)변수인지를 알려주며, 마지막으로 관측변수들의 경우에 척도의 식별에 관한 정보를 알려준다. 관측변수(observed variable) 혹은 지표변수(indicator)는 관찰되는 변수이고 잠재변수(latent variable)는 관찰되지 않고 지표변수를 통하여 간접적으로 측정되는 변수이다.

관측변수와 잠재변수 간의 관계를 지정하는 경우에는 3가지의 주요 옵션이 사용된다. 먼저 BY 옵션은 SEM모형의 측정모형(혹은 확인적 요인분석 모형)에서 잠재변수의 지표변수에 대한 회귀관계를 나타내는 데에 사용된다. 즉, BY 옵션은 모형에서 연속형(continuous) 잠재변수를 정의하고 이름을 부여하는 기능을 담당한다. 추정되는 모수는 요인적재량 혹은 람다(lambda : λ)로 부른다. BY는 measured by의 약자이다. 다음으로 ON 옵션은 regressed on의 약자로 모형에서 변수들간의 회귀관계를 서술하는 목적으로 사용된다. 그리고 WITH 옵션은 correlated with의 축약형으로 측정모형 혹은 구조모형에서 두 변수간의 상관(공분산)관계를 지정하는 옵션이다. WITH 옵션은 오차공분산을 지정하는 경우에도 사용된다.

예를 들어 자료파일 abc.dat에 있는 변수 x1-x5 중에서 x1-x4만 사용하는 경우에 지표변수 x1과 x2는 잠재변수 F1을 측정하고 x3와 x4는 잠재변수 F2를 측정하며 F1은 F2에 영향을 미치는 경우에 연구모형은 [그림 1.1]과 같다.

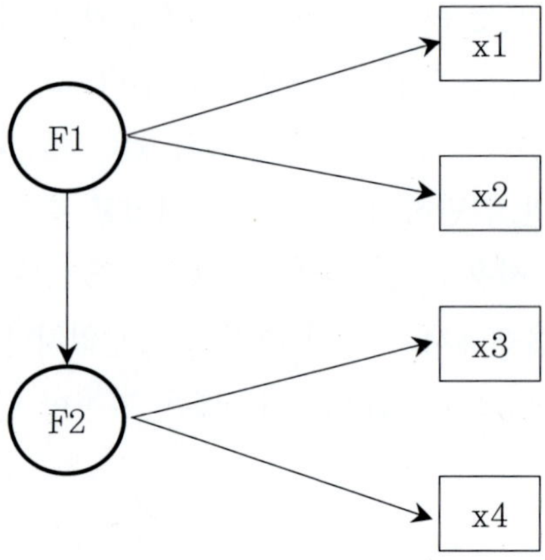

[그림 1.1] 간단한 예제모형

그리고 위의 연구모형을 Mplus에서 지정하는 입력파일은 다음과 같다.

```
TITLE: A simple example of the first four commands
DATA: FILE IS abc.dat;
VARIABLES: NAMES ARE x1-x5;
           USEVARIABLES ARE x1-x4;
MODEL:     F1 BY x1-x2;
           F2 BY x3-x4;
           F2 ON F1;
```

위의 입력파일에서 자료파일의 경로를 지정하지 않았기 때문에 입력파일과 자료파일은 동일한 폴더에 저장되어야 한다.

1.1.5 DEFINE 명령문

이 명령문은 선택적인 명령문으로 기존변수를 변환하거나 새로운 변수를 생성할 것을 프로그램에 알려주는 명령문이다. 예를 들어 이 명령문은 지표변수를 평균중심화하거나 상호효과(조절효과)를 분석하거나 두 변수의 상호항을 생성하는 경우에 유용하게 사용된다. 이에 관한 내용은 본서의 후반부에서 다루게 될 조절분석과 조절된 매개분석에서 자세히 설명할 예정이다.

1.1.6 ANALYSIS 명령문

ANALYSIS 명령문 또한 선택적인 명령문이지만 대부분의 입력파일에 등장하는 중요한 명령문이다. 이 명령문은 연구자가 실행할 분석유형과 추정량 등을 Mplus에 알려주는 명령문이다. 먼저 분석유형(TYPE)은 6가지가 있는데 이들 중에서 TYPE=GENERAL이 디폴트로 설정되어 있다. TYPE=GENERAL에서는 회귀분석, 경로분석, 확인적 요인분석, SEM, 잠재성장모형 및 생존분석 등을 분석할 수 있다. 그리고 ESTIMATOR 옵션은 분석에서 사용되는 추정량을 지정하는 데에 사용되며 ESTIMATOR=ML이 디폴트로 설정되어 있다. 하지만 디폴트 추정량은 분석유형과 종속변수의 측정척도에 따라 달라지기 때문에 모든 추정량이 모든 모형에 사용가능하지는 않다. Mplus에는 ML 추정량을 포함하여 모두 13개의 다양한 추정방법을 제공하고 있다. TYPE과 ESTIMATOR 옵션 이외에도 본서와 관련하여 MODEL 옵션, ALGORITHM 옵션, INTEGRATION 옵션 및 BOOTSTRAP 옵션 등이 유용하게 사용되는 옵션들이다. 물론 이들 옵션에 대해서도 해당 분석부분에서 자세히 다루어질 것이다.

1.1.7 OUTPUT 명령문

선택적 명령문인 OUTPUT 명령문은 Mplus에서 디폴트로 제공되는 결과물 이외의 결과를 요청하는 명령문이다. 결과물의 디폴트는 적합도, 모수추정치(A), 모수추정치의 표준오차(B), A/B의 비율 및 A/B의 비율의 양측 검정 p값 등을 포함하고 있다. 그리고 디폴트 결과물 이외의 결과를 요청하는 OUTPUT 명령문의 옵션들 중에서 먼저 SAMPSTAT 옵션은 표본통계량(sample statistics)을 요청하는 것이고 STANDARDIZED 옵션은 표준화모수추정치를 요청하는 것이며 MODINDICES 옵션은 확인적 요인분석시에 수정지수 등을 요청하는 것이고 CINTERVAL 옵션은 모형모수추정치의 신뢰구간을 요청하는 것이다. 위의 옵션들은 각각 SAMP, STAND, MOD 및 CINT로 줄여서 표현할 수 있다. 그리고 여기에서 유용하게 사용되는 옵션이 TECH 옵션이다. 이러한 TECH 옵션은 TECH1에서 TECH16까지 모두 16가지가 제공되고 있다. 이들 중에서 TECH1 옵션은 확인적 요인분석에서 유용하게 사용되는 것으로 모형 내의 모든 자유모수들의 모수설정과 식별에 관한 정보를 제공하며, TECH4 옵션은 잠재변수들의 분산과 공분산 및 상관관계에 관한 정보를 제공해준다.

1.1.8 SAVEDATA 명령문

SAVEDATA 명령문은 선택적 명령문으로 분석결과를 저장하는 경우에 사용된다.

1.1.9 PLOT 명령문

선택적 명령문인 PLOT 명령문은 분석결과를 그래프로 보여달라고 요청하는 명령문이다. 요청된 그래프의 확인은 분석이 종료된 후에 가능하다. 이 명령문의 TYPE 옵션에는 PLOT1, PLOT2 및 PLOT3의 3가지가 있다. 특히 본서에서 자주 사용하는 LOOP와 함께 사용하는 옵션은 TYPE=PLOT2이다.

1.1.10 MONTE CARLO 명령문

이 명령문 역시 선택적 명령문으로 Monte Carlo 시뮬레이션 연구를 실행하는 경우에 사용되는 명령문이다.

1.2 Mplus에서의 자료생성

Mplus에서 분석을 실행하기 위해서는 자료파일과 입력파일이 필요하다. 그리고 자료파일을 생성하는 방법은 두 가지가 있다. 하나는 SPSS 등의 원자료(raw data)를 이용하여 자료파일을 생성하는 방법이고 다른 하나는 원자료를 요약한 요약자료(summary data)를 생성하는 방법이다.

1.2.1 원자료를 이용한 자료파일생성

여기에서는 원자료가 SPSS에 저장되어 있다고 가정한다. Mplus는 SPSS 파일(*.sav)을 직접 읽어 들이지 못하기 때문에 SPSS 파일을 텍스트파일로 변형하여 저장한 후에 Mplus에서 읽어야 한다. 이러한 과정을 거치기 전에 결측치가 있으면 SPSS에서 결측치를 먼저 지정하는 것이 좋다.

이제 SPSS(Version 24)에 저장되어 있는 자료파일을 Mplus에서 사용가능한 텍스트파일로 변환시키는 과정을 순서대로 알아보기로 한다. 먼저 본서의 폴더 chapter11에 수록되어 있는 SPSS 파일 BOOK(all).sav를 SPSS에서 불러들인다.

이러한 SPSS의 자료파일의 일부는 [그림 1.2]와 같다.

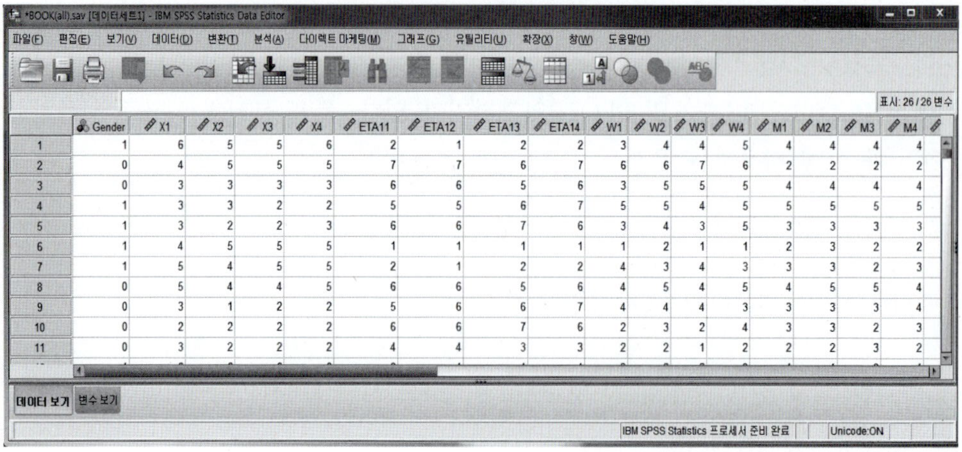

[그림 1.2] SPSS 자료세트(BOOK(all).sav)

다음으로 이러한 SPSS의 FILE 메뉴에서 다른 이름으로 저장(Save as)을 클릭하면 pop up 메뉴가 나타난다. 이 메뉴에서 저장유형(Save as type)을 클릭하면 여러 가지 저장유형이 나타나는데 이들 중에서 탭으로 구분(Tab-delimited)을 클릭하면 파일이름의 확장자가 BOOK(all).dat로 바뀌게 된다. 이 상태에서 밑에 있는 "파일에 변수이름 쓰기[2](Write variable names to spreadsheet)"에 체크가 되어 있는데 이러한 체크를 눌러서 반드시 해제(uncheck)한 후에 저장(Save) 버튼을 누르면 텍스트파일(BOOK(all).dat)로 저장된다. 이러한 체크를 비활성화(deactivation)시키지 않으면 Mplus에서 텍스트파일을 읽어 들이지 못할 수도 있다. 물론 "탭으로 구분(*.dat)" 대신에 아래에 있는 "고정 ASCII(*.dat)"를 선택해도 된다. 이 경우에는 "파일에 변수이름 쓰기"가 활성화되지 않기 때문에 바로 저장하면 된다.

여기에서 한 가지 명심할 사항은 앞에서 언급한 것처럼 텍스트파일을 저장하는 폴더는 가능한 한 입력파일과 동일한 폴더에 저장하는 것이 Mplus의 입력파일에서 자료파일의 경로를 지정하는 번거로움을 피할 수 있다는 점이다. 이러한 최종과정은 [그림 1.3]과 같다. 그리고 이와 같은 과정을 거쳐서 저장된 자료파일은 자유형식(free format)이어서 별도로 자료형식(본 자료의 예 FORMAT IS F11, 20F8, 5F8.2;)을 지정할 필요가 없다는 장점이 있기 때문에 가능한 한 이 방법을 사용할 것을 권장한다.

2) 한글판 SPSS 20에서는 "스프레드시트에 변수이름 쓰기"로 표기되어 있다.

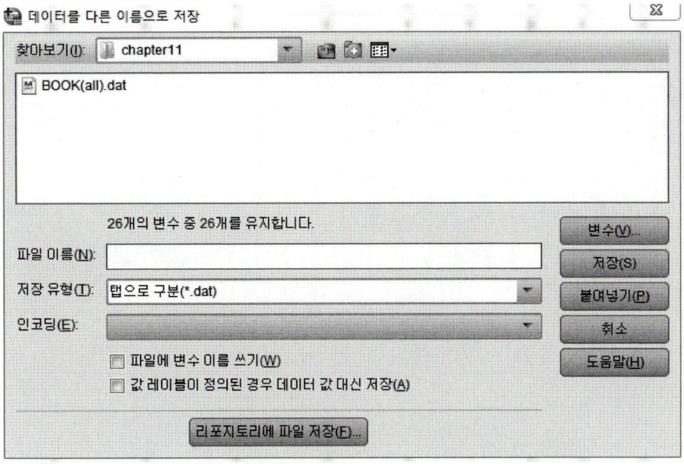

[그림 1.3] SPSS에서 텍스트파일 생성하기

Mplus에서 사용하는 자료형식은 자유형식과 고정형식(fixed format)의 두 가지가 있다. Mplus의 디폴트는 자유형식이기 때문에 이를 별도로 지정할 필요가 없다. 그리고 요약자료는 자유형식으로 작성되어야 한다. 자유형식은 콤마나 스페이스 혹은 탭으로 구분되어야 한다. 고정형식으로 자료를 입력하는 경우에는 변수의 위치를 지정하는 경우에 FORMAT 옵션을 이용하고 FORTRAN 형식을 따라야 한다. 예를 들어 다음의 FORMAT 옵션을 보자.

```
FORMAT IS 5F4.3, 10x, 6F1;
```

위의 FORMAT 옵션에서 5F4.3은 자료파일의 앞에 5개의 변수가 있는데 이들은 모두 4칸을 차지하고 그중에서 뒤의 세 칸이 소수점이라는 것을 의미한다. 다음으로 10x에서 x 옵션은 건너뛰기(skip)를 의미하는 것으로 10칸을 건너뛰고 11번째 칸부터 다시 읽으라는 의미이다. 그리고 6F1은 각각 한 자릿수를 차지하는 6개의 변수가 있다는 것을 의미한다. 고정형식은 대량의 자료를 빨리 읽어 들인다는 장점이 있지만 형식을 잘못 지정할 위험이 있기 때문에 고정형식의 자료도 SPSS에 읽어 들인 후에 [그림 1.3]의 방식을 이용하여 텍스트파일로 저장하기를 권장한다.

위와 같이 저장된 텍스트파일은 Mplus에서 파일 유형을 All Files(*.*)로 선택한 후에 해당 텍스트파일을 열면 볼 수 있다. 이제 저장된 텍스트파일을 열면 [그림 1.4]와 같이 맨 위의 왼쪽에 이상한 문자(癤?)가 나타나는 것을 알 수 있다.

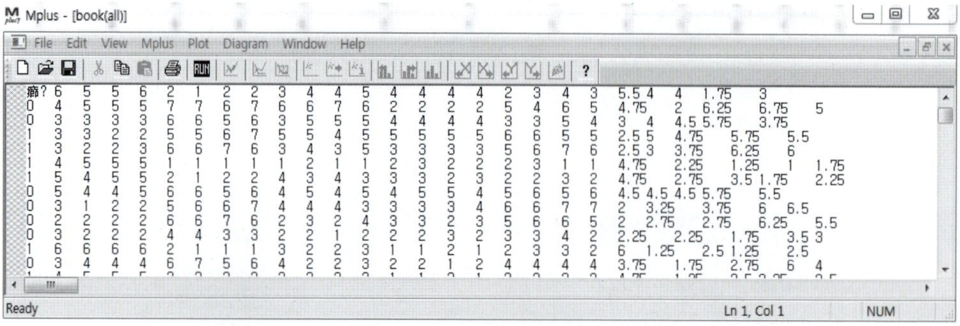

[그림 1.4] Mplus에서 불러들인 초기 텍스트파일

이러한 현상은 SPSS Version 21 이후에 나타나는 것으로 연구자들이 수정해야 한다. 따라서 SPSS의 원자료([그림 1.2])를 참고하여 이상한 문자를 지우고 원래 숫자인 1을 입력하여 열과 행을 잘 맞추는 수정과정을 거친 후에 [그림 1.5]와 같이 텍스트파일을 다시 저장해야 한다.

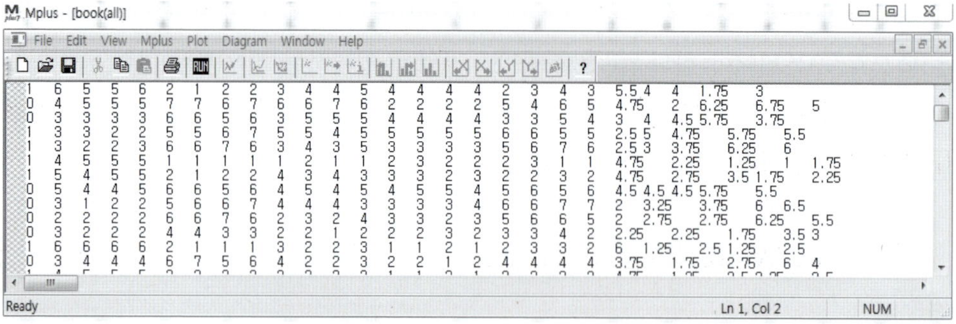

[그림 1.5] 수정된 텍스트파일

1.2.2 요약자료의 생성

Mplus는 원자료뿐만 아니라 요약자료를 이용하여 연구모형을 분석할 수 있다. 이러한 요약자료에는 공분산행렬과 상관행렬이 있는데 요약자료만 이용해도 많은 분석을 실행할 수 있다. 물론 원자료를 이용하는 것이 더 많은 분석을 실행할 수 있다. 먼저 연구자가 4가지 변수(x1, x2, x3, x4)로 구성된 원자료(가상자료)에서 얻은 공분산행렬이 식 (1.1)과 같다고 하자. 행렬부분에서 설명할 예정이지만 공분산행렬에서 대각선 요소들(2.5, 4.56, 4.3, 3.6)은 각 변수의 분산이고 왼쪽 하삼각 부분은 변수

간 공분산을 의미한다.

$$\begin{pmatrix} 2.5 & & & \\ 3.3 & 4.56 & & \\ 2.78 & 3.78 & 4.3 & \\ 5.5 & 2.2 & 2.7 & 3.6 \end{pmatrix} \tag{1.1}$$

이제 위의 공분산행렬을 Mplus에서 불러들일 수 있는 텍스트파일로 변환해야 한다. 이러한 과정은 윈도우의 메모장을 이용하면 된다. 먼저 메모장에서 위의 공분산행렬의 요소들을 타이핑하는데 각 요소들은 스페이스 바를 이용하여 구분하며 반드시 열을 맞출 필요는 없다. 이러한 내용은 [그림 1.6]과 같다.

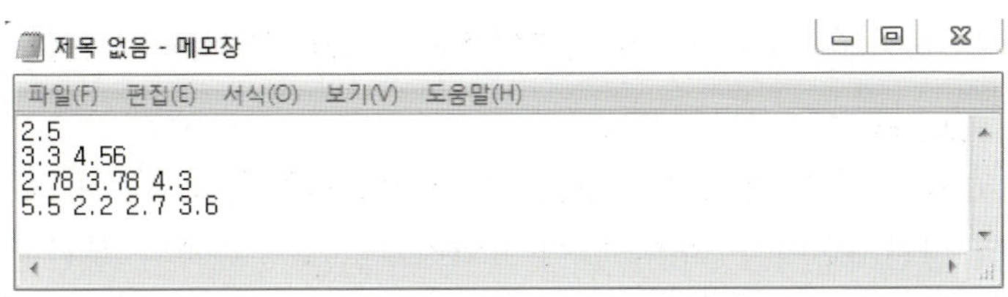

[그림 1.6] 메모장을 이용한 요약자료생성(공분산행렬)

위의 메모장에서 "파일→다른 이름으로 저장"을 클릭하여 연구자가 원하는 폴더에 저장(가능한 한 입력파일과 동일한 폴더)하면 된다. 여기에서 확장자는 디폴트로 *.txt로 나타나 있는데 이를 그대로 사용해도 무방하지만 가능한 한 확장자를 *.dat(예 abc.dat)로 사용하는 것이 간편하다. 원자료를 이용하는 경우에는 입력파일에서 이 자료파일을 불러들이기 위해서 DATA 명령문에 입력파일과 동일한 폴더에 있는 자료파일을 직접 지정하면 되지만(예 DATA: FILE IS abc.dat;) 요약자료인 공분산행렬을 사용하는 경우에는 다음과 같이 FILE 옵션 이외에 몇 가지 옵션을 추가해야 한다.

```
DATA: FILE IS ABC.DAT;
      TYPE IS COVARIANCE;
      NOBSERVATIONS ARE 300;
```

위의 DATA 명령문에서 TYPE IS COVARIANCE;는 자료유형이 공분산행렬이라는 것을 의미하고 NOBSERVATIONS ARE 300;은 표본크기가 300개라는 것을 의미한다. 이 외에 NGROUPS=1도 있는데 이는 집단의 개수를 의미하는 것으로

NGROUPS 옵션은 디폴트가 1이기 때문에 단일집단의 분석시에는 별도로 지정할 필요가 없다. 다음으로 상관행렬을 이용하여 요약자료를 생성하는 방법은 두 가지가 있는데, 먼저 상관행렬과 표준편차를 이용하여 요약자료를 생성하는 방법을 알아본다. 이러한 경우에 메모장은 다음의 [그림 1.7]과 같이 구성된다. 여기에서의 수치들도 가상자료이다.

[그림 1.7] 표준편차와 상관행렬을 이용한 요약자료의 생성

[그림 1.7]에서 맨 위의 4가지 값은 각 변수의 표준편차이고 나머지 아래의 값들은 변수간의 상관계수이다. 이와 같이 요약자료로 표준편차와 상관행렬을 사용하는 경우에는 TYPE 옵션을 TYPE=STDEVIATIONS CORRELATION;으로 지정해야 한다. 참고로 상관행렬을 이용하여 요약자료를 생성하는 경우에는 제2장의 예제와 같이 표준편차는 생략하고 상관행렬만을 이용할 수도 있다.

그리고 요약자료는 표준편차와 상관행렬에 평균값을 추가할 수도 있다. 이에 관한 메모장은 [그림 1.8]과 같이 작성된다.

[그림 1.8] 평균값과 표준편차 및 상관행렬을 이용한 요약자료의 생성

위의 메모장에서 맨 위의 4가지 수치는 각 변수의 평균값이다. 그리고 이러한 경우에는 TYPE 옵션을 TYPE=MEANS STDEVIATIONS CORRELATION;으로 지정해야 한다.

1.3 행렬의 기본개념

Mplus를 비롯한 SEM에서 행렬은 가장 중요한 개념이다. 이러한 행렬을 다루는 분야가 선형대수학(linear algebra)인데, 선형대수학은 매우 광범위한 영역이기 때문에 본서에서 이들을 모두 살펴볼 수는 없고 몇 가지 기본개념만을 알아보기로 한다.

먼저 행렬(matrix)은 숫자들을 행(row)과 열(column)로 분류하여 사각형 모양으로 배열해 놓은 것을 가리킨다. 행렬 **A**의 행의 개수가 m이고 열의 개수가 n이라고 할 때에 이러한 행렬 **A**를 $m \times n$(m by n으로 읽는다) 행렬이라고 하고 행의 개수와 열의 개수를 차원(dimension)이라고 한다. 그리고 i번째 행과 j번째 열에 속하는 요소(element)는 a_{ij}로 표기한다. 예를 들어 $m=3$이고 $n=3$인 행렬 **A**는 다음과 같이 표기한다.

$$\mathbf{A} = \begin{pmatrix} a_{11} & a_{12} & a_{13} \\ a_{21} & a_{22} & a_{23} \\ a_{31} & a_{32} & a_{33} \end{pmatrix} \tag{1.2}$$

식 (1.2)의 행렬과 같이 열과 행의 개수가 같은 행렬을 정방행렬(square matrix)이라고 부른다. 행렬의 표기는 일반적으로 [ ]와 ( ) 혹은 ‖ ‖로 표기한다. 행렬과 관련하여 벡터(vector)의 개념을 알아보기로 한다. 벡터는 행렬 중에서 하나의 행 혹은 하나의 열로만 구성된 행렬을 의미한다. 예를 들어 하나의 열로만 구성된 열벡터(column vector) **x**는 다음과 같다. 이러한 열벡터 **x**는 3×1차원이다.

$$\mathbf{x} = \begin{pmatrix} x_{11} \\ x_{21} \\ x_{31} \end{pmatrix} \tag{1.3}$$

반면에 하나의 행으로만 구성된 벡터는 행벡터(row vector)라고 부른다. 식 (1.3)의 행벡터 $\mathbf{x}'$(x prime으로 읽는다)은 다음과 같다. $\mathbf{x}'$은 1×3차원이다.

$$\mathbf{x}' = \begin{pmatrix} x_{11} & x_{12} & x_{13} \end{pmatrix}$$

여기에서 $\mathbf{Ax} = \mathbf{b}$로 이루어진 행렬방정식(matrix equation : Lay, 1994)을 알아

보기로 한다.

행렬방정식과 관련하여 먼저 다음의 행렬과 벡터의 곱셈을 계산해 본다.

$$\begin{pmatrix}1 & 2 & -1\\0 & -5 & 3\end{pmatrix}\begin{pmatrix}4\\3\\7\end{pmatrix}=4\begin{pmatrix}1\\0\end{pmatrix}+3\begin{pmatrix}2\\-5\end{pmatrix}+7\begin{pmatrix}-1\\3\end{pmatrix}=\begin{pmatrix}4\\0\end{pmatrix}+\begin{pmatrix}6\\-15\end{pmatrix}+\begin{pmatrix}-7\\21\end{pmatrix}=\begin{pmatrix}3\\6\end{pmatrix}$$

그리고 세 변수 x_1, x_2, x_3로 이루어진 선형방정식이 다음과 같다고 하자.

$$\begin{aligned}x_1+2x_2-x_3&=4\\-5x_2+3x_3&=1\end{aligned}\tag{1.4}$$

식 (1.4)는 다음과 동일하다.

$$x_1\begin{pmatrix}1\\0\end{pmatrix}+x_2\begin{pmatrix}2\\-5\end{pmatrix}+x_3\begin{pmatrix}-1\\3\end{pmatrix}=\begin{pmatrix}4\\1\end{pmatrix}\tag{1.5}$$

식 (1.5)의 왼쪽 부분의 3가지 벡터는 다음과 같이 행렬의 열로 나타낼 수 있다.

$$\mathbf{A}=\begin{pmatrix}1 & 2 & -1\\0 & -5 & 3\end{pmatrix}$$

따라서 식 (1.5)는 다음과 같이 행렬방정식 $\mathbf{Ax}=\mathbf{b}$의 형태로 표현할 수 있다.

$$\begin{pmatrix}1 & 2 & -1\\0 & -5 & 3\end{pmatrix}\begin{pmatrix}x_1\\x_2\\x_3\end{pmatrix}=\begin{pmatrix}4\\1\end{pmatrix}\tag{1.6}$$

식 (1.6)은 다음과 같다.

$$\begin{pmatrix}x_1\\0\end{pmatrix}+\begin{pmatrix}2x_2\\-5x_2\end{pmatrix}+\begin{pmatrix}-x_3\\3x_3\end{pmatrix}=\begin{pmatrix}4\\1\end{pmatrix}\tag{1.7}$$

식 (1.7)은 식 (1.4)와 동일하게 나타낼 수 있다.

$$x_1 + 2x_2 - x_3 = 4$$
$$-5x_2 + 3x_3 = 1$$

1.3.1 행렬의 연산

지금부터는 행렬의 연산에 대하여 알아보기로 한다. 먼저 스칼라(scalar)의 곱셈을 알아본다. 스칼라는 3, 6과 같은 상수라고 이해하면 된다. 행렬 **A**와 스칼라 λ의 곱셈은 행렬 **A**의 모든 요소에 스칼라 λ를 곱해주면 된다. 예를 들어 다음과 같이 $\lambda = 2$인 경우의 $\lambda\mathbf{A}$에 관한 스칼라곱셈을 계산해 본다.

$$\lambda\mathbf{A} = 2\begin{pmatrix} 2 & 3 \\ 1 & 4 \end{pmatrix} = \begin{pmatrix} [2\times 2] & [2\times 3] \\ [2\times 1] & [2\times 4] \end{pmatrix} = \begin{pmatrix} 4 & 6 \\ 2 & 8 \end{pmatrix}$$

다음으로 행렬의 곱셈에 대하여 알아본다. 두 행렬 **A**와 **B**의 곱인 **AB**는 앞의 행렬(premultiplier) **A**의 열의 개수와 뒤의 행렬(postmultiplier) **B**의 행의 개수가 동일한 경우에만 가능하다. 그리고 $m\times n$행렬 **A**와 $n\times r$행렬 **B**의 **AB** 곱셈(product AB)은 $m\times r$행렬 **C**로 정의된다. 예를 들어 다음의 행렬의 곱셈을 계산해 본다.

$$\mathbf{A} = \begin{pmatrix} 3 & 0 \\ 1 & 1 \\ 5 & 2 \end{pmatrix}, \ \mathbf{B} = \begin{pmatrix} 4 & 7 \\ 6 & 8 \end{pmatrix}$$

행렬 **A**는 3×2행렬이고 행렬 **B**는 2×2행렬로 행렬 **A**의 열의 개수와 행렬 **C**의 행의 개수가 2개로 동일하므로 곱셈이 가능하고 이러한 계산은 다음과 같다.

$$\mathbf{C} = \mathbf{AB} = \begin{pmatrix} 3 & 0 \\ 1 & 1 \\ 5 & 2 \end{pmatrix}\begin{pmatrix} 4 & 7 \\ 6 & 8 \end{pmatrix} = \begin{pmatrix} [3(4)+0(6)] & [3(7)+0(8)] \\ [1(4)+1(6)] & [1(7)+1(8)] \\ [5(4)+2(6)] & [5(7)+2(8)] \end{pmatrix} = \begin{pmatrix} 12 & 21 \\ 10 & 15 \\ 32 & 51 \end{pmatrix}$$

일반적으로 $\mathbf{AB} \neq \mathbf{BA}$이지만 $\mathbf{AB} = \mathbf{BA}$가 성립하는 경우에 두 행렬 **A**와 행렬 **B**는 서로 교환된다(commute)고 말한다.

행렬의 곱셈에 관계된 법칙은 대표적으로 다음과 같은 결합법칙(associative law)과 분배법칙(distributive law)이 있다. 단, 각 단계별로 행렬의 곱셈이 정의되어야 한다.

결합법칙 : $(AB)C = A(BC) = ABC$
분배법칙 : $A(B+C) = AB + AC$

반면에 행렬의 덧셈과 뺄셈은 간단하다. 다만 이 경우에 두 행렬의 행과 열의 개수가 같아야 한다. 행렬의 덧셈과 뺄셈에 대하여 간단한 예제를 알아본다.

$$A = \begin{pmatrix} 1 & 2 \\ 3 & 4 \end{pmatrix}, \quad B = \begin{pmatrix} 1 & 0 \\ 0 & 1 \end{pmatrix}$$
$$A + B = \begin{pmatrix} [1+1] & [2+0] \\ [3+0] & [4+1] \end{pmatrix} = \begin{pmatrix} 2 & 2 \\ 3 & 5 \end{pmatrix}$$
$$A - B = \begin{pmatrix} [1-1] & [2-0] \\ [3-0] & [4-1] \end{pmatrix} = \begin{pmatrix} 0 & 2 \\ 3 & 3 \end{pmatrix}$$

1.3.2 행렬의 종류

지금부터는 몇 가지 행렬의 종류를 알아보기로 한다. 먼저 본서에서 많이 등장하는 공분산행렬 및 상관행렬과 관련된 대칭행렬(symmetric matrix)이다. 대칭행렬은 정방행렬 A와 A의 전치행렬이 같은 행렬을 말한다. 여기에서 전치행렬(transpose matrix)은 행과 열을 서로 바꾸어 놓은 행렬로 $m \times n$행렬 A의 전치행렬은 $n \times m$ 행렬이 된다. 행렬 A의 전치행렬은 A^T 혹은 A'로 표기한다. 다음의 행렬 A와 행렬 B의 전치행렬을 구해본다.

$$A = \begin{pmatrix} a & b \\ c & d \end{pmatrix}, \quad B = \begin{pmatrix} 5 & 2 \\ 1 & 3 \\ 0 & 4 \end{pmatrix}$$
$$A^T = \begin{pmatrix} a & c \\ b & d \end{pmatrix}, \quad B^T = \begin{pmatrix} 5 & 1 & 0 \\ 2 & 3 & 4 \end{pmatrix}$$

다음의 정방행렬 A의 전치행렬을 알아본다.

$$A = \begin{pmatrix} 2 & 0 & 7 \\ 0 & 3 & 5 \\ 7 & 5 & 1 \end{pmatrix}, \quad A^T = \begin{pmatrix} 2 & 0 & 7 \\ 0 & 3 & 5 \\ 7 & 5 & 1 \end{pmatrix} \tag{1.8}$$

식 (1.8)에서 $\mathbf{A} = \mathbf{A}^T$가 성립하므로 행렬 $\mathbf{A}$는 대칭행렬이다.

그리고 세 변수 x_1, x_2, x_3에서 구한 표본 분산-공분산행렬(줄여서 표본공분산행렬)은 다음과 같다.

$$\mathbf{S} = \begin{pmatrix} \sigma_{11} & \sigma_{12} & \sigma_{13} \\ \sigma_{21} & \sigma_{22} & \sigma_{23} \\ \sigma_{31} & \sigma_{32} & \sigma_{33} \end{pmatrix} \tag{1.9}$$

식 (1.9)에서 대각선 요소인 σ_{11}, σ_{22} 및 σ_{33}은 각각 x_1, x_2, x_3의 분산이다. 그리고 비대각선 요소인 $\sigma_{12} = \sigma_{21}$은 x_1와 x_2의 공분산이고 $\sigma_{13} = \sigma_{31}$과 $\sigma_{23} = \sigma_{32}$는 각각 x_1과 x_3의 공분산 및 x_2과 x_3의 공분산을 의미한다. 그리고 대각선을 중심으로 마주보는 공분산은 동일한 값을 가지기 때문에 표본공분산행렬은 일반적으로 다음과 같이 대각선 요소들과 하삼각 요소들만 나타낸다.

$$\mathbf{S} = \begin{pmatrix} \sigma_{11} & & \\ \sigma_{21} & \sigma_{22} & \\ \sigma_{31} & \sigma_{32} & \sigma_{33} \end{pmatrix} \tag{1.10}$$

다음으로 대각행렬(diagonal matrix)이 있는데 이는 대각선 요소들을 제외한 비대각선 요소들이 0으로 구성된 정방행렬을 의미한다. 다음은 대각행렬의 예이다.

$$\mathbf{D} = \begin{pmatrix} 2 & 0 & 0 \\ 0 & 3 & 0 \\ 0 & 0 & 1 \end{pmatrix}$$

대각행렬 중에서 대각선 요소들이 모두 1로 구성된 행렬을 항등행렬(identity matrix)이라고 부르고 $\mathbf{I}$로 표기한다. 이러한 항등행렬은 다음과 같다.

$$\mathbf{I} = \begin{pmatrix} 1 & 0 & 0 \\ 0 & 1 & 0 \\ 0 & 0 & 1 \end{pmatrix}$$

또한 행렬의 모든 요소들이 0으로 구성된 행렬은 영행렬(null matrix)이라고 부른다.

다음으로 역행렬(inverse matrix)에 대하여 살펴보기로 한다. 정방행렬 **A**에 대하여 다음의 관계가 성립하는 경우에 행렬 **B**를 행렬 **A**의 역행렬이라고 부른다.

$$\mathbf{AB} = \mathbf{BA} = \mathbf{I} \tag{1.11}$$

식 (1.11)에서 **I**는 항등행렬이다. 행렬 **A**의 역행렬은 일반적으로 $\mathbf{A}^{-1}$로 표기하므로 식 (1.11)은 다음과 같이 표현된다.

$$\mathbf{AA}^{-1} = \mathbf{A}^{-1}\mathbf{A} = \mathbf{I} \tag{1.12}$$

행렬 **A**가 식 (1.12)를 만족시키는 경우 $\mathbf{A}^{-1}$을 **A**의 역행렬이라고 한다. 또한 행렬 **A**의 역행렬은 다음과 같이 나타낼 수 있다.

$$\mathbf{A}^{-1} = \frac{1}{|\mathbf{A}|}\mathbf{A}^{+} \tag{1.13}$$

식 (1.13)의 $|\mathbf{A}|$는 행렬식(determinant)을 의미하는데 $|\mathbf{A}| = 0$이면 $\mathbf{A}^{-1}$이 존재하지 않게 된다. 그리고 $|\mathbf{A}| \neq 0$이면 정방행렬 **A**를 정칙행렬(non-singular matrix)이라고 부르고 $|\mathbf{A}| = 0$이면 비정칙행렬(singular matrix)이라고 부른다. 결과적으로 정방행렬 **A**가 역행렬 $\mathbf{A}^{-1}$을 가지는 경우에 **A**는 정칙행렬이라고 한다.

역행렬을 이해하기 위해서는 행렬식의 개념이 필요하다. 2×2 정방행렬의 행렬식은 다음과 같이 계산된다.

$$|\mathbf{A}| = \begin{pmatrix} a_{11} & a_{12} \\ a_{21} & a_{22} \end{pmatrix} = a_{11}a_{22} - a_{21}a_{12} \tag{1.14}$$

그리고 식 (1.13)의 $\mathbf{A}^{+}$는 다음과 같다.

$$\mathbf{A}^{+} = \begin{pmatrix} a_{22} & -a_{12} \\ -a_{21} & a_{11} \end{pmatrix}$$

이제 다음의 행렬 **A**가 정칙행렬이며 역행렬이 존재하는지 조사해 본다.

$$\mathbf{A} = \begin{pmatrix} 1 & 0 \\ 2 & 3 \end{pmatrix},$$

$$|\mathbf{A}| = 1 \times 3 - 2 \times 0 = 3, \ \mathbf{A}^{+} = \begin{pmatrix} 3 & 0 \\ -2 & 1 \end{pmatrix}, \ \mathbf{A}^{-1} = \frac{1}{3}\begin{pmatrix} 3 & 0 \\ -2 & 1 \end{pmatrix} = \begin{pmatrix} 1 & 0 \\ -2/3 & 1/3 \end{pmatrix}$$

그리고 $\mathbf{A}^{-1}\mathbf{A}$는 다음과 같이 계산된다.

$$\mathbf{A}^{-1}\mathbf{A} = \begin{pmatrix} 1 & 0 \\ -2/3 & 1/3 \end{pmatrix}\begin{pmatrix} 1 & 0 \\ 2 & 3 \end{pmatrix} = \begin{pmatrix} 1 & 0 \\ 0 & 1 \end{pmatrix}$$

따라서 $|\mathbf{A}| \neq 0$이기 때문에 행렬 $\mathbf{A}$는 정칙행렬이고 $\mathbf{A}$의 역행렬 $\mathbf{A}^{-1}$이 존재한다고 할 수 있다. 이러한 정칙행렬의 개념은 제4장에서 다룰 비정치행렬(nonpositive definite matrix)을 이해하는 데에 필요한 내용이다.

정칙행렬을 다른 각도에서 설명하면 정칙성(nonsingularity)의 필요충분조건은 선형독립성(linear independence)과 정방성(squareness : 정방행렬)이라는 것이다. 이제 이러한 선형독립성의 내용을 하나씩 살펴보기로 한다. 먼저 선형결합(linear combination)의 개념을 알아보면 다음과 같다.

$$\sum_{i=1}^{n} \lambda_i v_i = \lambda_1 v_1 + \lambda_2 v_2 + \cdots + \lambda_n v_n \tag{1.15}$$

식 (1.15)에서 λ_i는 스칼라집합이고 v_i는 벡터집합이다. 따라서 선형결합은 일련의 벡터에 스칼라를 곱한 후에 이들을 모두 더한 것이다. 그리고 식 (1.15)를 이용하여 선형종속(linear dependence)과 선형독립을 정의하면 다음과 같다.

- 벡터집합 $v_1, \cdots v_n$ 중의 한 벡터가 나머지 벡터들의 선형결합으로 표현된다면 이러한 벡터집합은 선형적으로 종속관계(linearly dependent)에 있다고 말하고 그렇지 않으면 선형적으로 독립관계(linearly independent)에 있다고 말한다.

예를 들어 3개의 열벡터 $v_1 = \begin{pmatrix} 2 \\ 7 \end{pmatrix}$, $v_2 = \begin{pmatrix} 1 \\ 8 \end{pmatrix}$, $v_3 = \begin{pmatrix} 4 \\ 5 \end{pmatrix}$를 가정해 보자. 이 경우에 다음과 같이 v_3는 v_1과 v_2의 선형결합이다. 따라서 이들은 선형종속관계이다.

$$3v_1 - 2v_2 = 3\begin{pmatrix}2\\7\end{pmatrix} - 2\begin{pmatrix}1\\8\end{pmatrix} = \begin{pmatrix}6\\21\end{pmatrix} - \begin{pmatrix}2\\16\end{pmatrix} = \begin{pmatrix}4\\5\end{pmatrix} = v_3$$

위의 식은 다음과 같이 표현할 수 있다. 식에서 우측의 0은 영벡터인 $\begin{pmatrix}0\\0\end{pmatrix}$이다.

$$3v_1 - 2v_2 - v_3 = 0 \tag{1.16}$$

마찬가지로 두 행벡터 $v_1' = (5\ 12)$, $v_2' = (10\ 24)$도 다음과 같이 선형종속이다.

$$2v_1' = 2\,(5\ 12) = (10\ 24) = v_2'$$

위의 식은 다음과 같이 나타낼 수도 있다.

$$2v_1' - v_2' = 0'$$

이러한 영벡터의 개념을 도입하여 선형종속(독립)은 다음과 같이 재정의할 수 있다.

- 다음의 조건을 충족하는 스칼라집합 $\lambda_1, \cdots \lambda_n$(모두 0은 아님)이 존재하면 벡터 집합 $v_1, \cdots v_n$은 선형종속이다.

$$\sum_{i=1}^{n} \lambda_i v_i = 0 \tag{1.17}$$

반면에 위의 조건이 모든 i에 대하여 $\lambda_i = 0$인 경우에만 성립한다면 이들 벡터는 선형독립이라고 한다. 쉽게 설명하면 세 벡터 v_1, v_2, v_3가 있는 경우에 위의 식 (1.16)과 같이 $\lambda_1 v_1 + \lambda_2 v_2 + \lambda_3 v_3 = 0$을 충족하는 0이 아닌 스칼라 λ_1과 λ_2 및 λ_3가 존재한다면 세 벡터 v_1와 v_2 및 v_3는 서로 선형종속이다.

이제 행렬의 경우에 이러한 개념을 이용하여 위의 정칙성의 필요충분조건을 알아보기로 한다. $n \times n$ 정방행렬 $\mathbf{A}$는 열벡터 혹은 행벡터를 순서대로 배열한 것과 동일하다.

$$\mathbf{A} = \begin{pmatrix} a_{11} & a_{12} & \cdots & a_{1n} \\ a_{21} & a_{22} & \cdots & a_{2n} \\ \cdots & \cdots & \cdots & \cdots \\ a_{n1} & a_{n2} & \cdots & a_{nn} \end{pmatrix} = \begin{pmatrix} v'_1 \\ v'_2 \\ \vdots \\ v'_n \end{pmatrix}$$

위의 식에서 행벡터는 $v'_i = (a_{i1}\, a_{i2} \cdots a_{in})$, $i = 1, 2, \cdots, n$이다. 그리고 행벡터들이 선형적으로 독립적이기 위해서는 한 행벡터가 다른 행벡터들의 선형결합으로 이루어지면 안 된다. 이를 식 (1.17)을 이용하여 설명하면 벡터방정식 $\sum_{i=1}^{n} \lambda_i v'_i = 0$을 충족시키는 스칼라집합 λ_i는 오로지 모든 i에 대하여 $\lambda_i = 0$이 되어야 한다. 예를 들어 다음의 계수행렬을 살펴본다.

$$\mathbf{A} = \begin{pmatrix} 3 & 4 & 5 \\ 0 & 1 & 2 \\ 6 & 8 & 10 \end{pmatrix} = \begin{pmatrix} v'_1 \\ v'_2 \\ v'_3 \end{pmatrix}$$

위의 행렬에서 $2(3\,4\,5) = (6\,8\,10)$이므로 세 번째 행은 첫 번째 행과 두 번째 행의 선형결합인 $v'_3 = 2v'_1 = 2v'_1 + 0v'_1$으로 표현할 수 있기 때문에 행렬 **A**의 행벡터들은 선형적으로 독립이 아니다. 이러한 내용은 다음과 같이 나타낼 수 있다.

$$2v'_1 + 0v'_1 - v'_3 = 2(3\,4\,5) + (0\,0\,0) - (6\,8\,10) = (0\,0\,0)$$

위의 식에서 영벡터를 충족하는 조건으로 $\lambda_1 = 2$와 $\lambda_3 = -1$이 존재하기 때문에 선형독립이 아니라고 할 수 있다.

이러한 선형종속은 Mplus를 이용하여 확인적 요인분석을 실행하는 경우와 연구모형을 분석하는 경우에 경고(warning)사항으로 종종 제시된다. 그 내용은 다음과 같다.

> WARNING: The latent variable covariance matrix(PSI) is not positive definite. This could indicate … or a **linear dependency** among more than two latent variables.

위의 내용은 두 개 이상의 잠재변수 사이에 선형종속관계가 존재하기 때문에 잠재변수의 공분산행렬이 정치행렬이 아닌 비정치행렬을 이룬다는 의미이다.

CHAPTER 2

확인적 요인분석의 기초

대명제 : 확인적 요인분석의 목적은 연구자가 조사를 통하여 얻은 자료의 **표본 분산-공분산행렬(sample variance-covariance matrix)**을 **완벽하게 재생**시키는 것이다.

위의 대명제에서 알 수 있는 것처럼 확인적 요인분석(confirmatory factor analysis : CFA)의 핵심은 행렬(matrix)과 재생(reproduce)이다. 완벽한 재생은 일반적으로 불가능하기 때문에 차선책으로 표본 분산-공분산행렬에 가장 가까운 분산-공분산행렬(예측 분산-공분산행렬)을 재생하려고 시도한다. CFA를 실행하는 경우에 이러한 행렬(행렬의 개념은 세 가지가 있다)과 재생의 두 가지 개념을 이해하는 것이 필수적이다. 제2장의 내용들을 잘 이해하면 위의 대명제가 무슨 의미인지를 알게 될 것이다. 또한 표본 분산-공분산행렬의 재생이라는 개념을 이해하는 것은 제3장에서 다룰 모형적합도를 이해하는 데에 반드시 필요하다. 그리고 이 책의 CFA에 관한 대부분의 설명은 이러한 행렬과 재생의 관점에서 다루어진다는 점을 미리 밝혀둔다.

요인분석(factor analysis)의 목적은 관측변수들(observed variables)의 분산과 공분산을 설명하는 잠재변수(latent variable)의 숫자와 성격을 결정하는 것이다. 잠재변수는 요인 또는 개념(construct)으로도 명명되고 관측변수는 지표변수(indicators), 측정변수(measured variables) 혹은 표현변수(manifest variables)라고 부르기도 한다. 요인은 한 개 이상의 지표변수에 영향을 주고 지표변수들간의 상관관계를 설명하는 변수로서 관찰되지 않는 변수이다. 즉, 지표변수들은 공통원인을 공유하기 때문에 상호간에 상관관계를 나타낸다. 따라서 만일 요인이 사라진다면 지표변수들간의 상관관계는 0이 된다. 요인분석은 요인의 개수가 지표변수의 숫자보다 적기 때문에 지표변수들간의 공변(covariation)을 좀더 간결하게 이해하는 데 도움을 준다.

요인분석은 크게 3가지 역할을 수행한다(Brown, 2015). 즉, 다문항 설문지의 심리계량적 평가 및 수렴타당도와 판별타당도 등을 이용한 개념타당도의 평가 그리고 자료축소 등의 작업을 수행한다. 이러한 개념들은 공통요인모형(common factor model : Thurstone, 1947)에서 파생된 것이다. 공통요인모형에서 각 지표변수는 한 개 혹은 그 이상의 공통요인과 한 개의 고유요인(unique factor)의 선형함수라고 규정한다. 따라서 요인분석은 각 지표변수의 분산을 공통분산(common variance)과 고유분산(unique variance)으로 구분한다. 공통분산은 요인에 의하여 설명되는 분산으로 다른 지표변수들과의 공유분산을 기준으로 추정된다. 지표변수의 총분산 중에서 공유되는 분산의 비율(공통요인에 의하여 설명되는 분산의 크기)은 공통치(communality : 표준화요인적재량의 자승)라고 부른다. 만일 어느 지표변수의 공통치가 0.7이라면 해당 지표변수의 전체 분산 중에서 70%는 요인에 의하여 설명된다고 한다. 나머지 30%는 요인에 의하여 설명되지 않는 고유분산인데 이는 특정분산(specific variance)과 무작위 측정오차(random measurement error)로 구성된다.

공통요인모형에 근거한 요인분석에는 탐색적 요인분석(exploratory factor analysis : EFA)과 확인적 요인분석(CFA)의 두 가지가 있다. EFA와 CFA의 목적은 모두 지표변수보다 적은 수의 요인을 이용하여 지표변수들간의 관찰된 관계(실제 자료)를 재생(reproduce)하는 데에 있다. 재생의 개념은 요인분석을 포함한 SEM에서 매우 중요한 개념으로 앞으로 자세히 설명할 예정이다. 그리고 EFA는 자료기반(data-driven)방법이고 CFA는 이론기반(theory-driven)방법이다. 다시 말하면 EFA는 요인의 개수나 요인과 지표변수의 관계(요인적재량 : factor loadings)에 관하여 사전에 설정하지 않는 탐색적 혹은 기술적 방법이다. 반면에 CFA에서는 이들을 사전에 설정한다. EFA와는 달리 CFA는 특정 요인모형을 설정할 수 있는 강력한 실증적 혹은 이론적 근거를 필요로 한다. 따라서 EFA는 척도개발과 개념타당도의 평가 이전에 이루어지고 CFA는 사전에 확립된 실증적인 혹은 이론적인 근거에 의하여 요인구조가 설정된 후에 사용된다.

2.1 EFA의 간단한 예제

EFA와 CFA의 차이점을 알아보기 전에 간단한 예를 이용하여 EFA를 실행하기로 한다. 이 예제는 Brown(2015)에 수록된 것이다. 〈표 2.1〉은 우울증(요인)을 측정하기 위하여 네 개의 지표변수들(X_1, X_2, X_3, X_4)을 측정하고 이들의 상관계수를 나타낸 표본상관행렬이다. 〈표 2.2〉는 이들을 분석하기 위한 Mplus syntax(code)이다.

〈표 2.1〉 우울증을 평가하기 위한 지표변수들의 상관행렬(EFA.dat)

	X1	X2	X3	X4
X1	1.00			
X2	0.70	1.00		
X3	0.65	0.66	1.00	
X4	0.62	0.63	0.60	1.00

〈표 2.2〉 Mplus syntax(EFA.inp)

```
TITLE: MPLUS EXAMPLE OF EFA
DATA:       FILE IS EFA.dat;
            NOBSERVATIONS=300;
            TYPE=CORRELATION;
VARIABLE:   NAMES ARE X1 X2 X3 X4;
ANALYSIS:   TYPE=EFA 1 1;
            ESTIMATOR=ML;
OUTPUT:     FSDETERMINACY;
```

syntax에서 자료는 상관행렬형태로 텍스트파일인 EFA.dat에 저장되어 있고 표본크기는 300명이며 추정방법은 최대우도법(ML : maximum likelihood)을 사용한다는 것을 의미한다. 또한 자료파일은 상관행렬이라는 것(TYPE=CORRELATION)을 말하고 있다. "EFA 1 1"는 EFA를 실시하되 요인은 한 개만 추출하라는 명령문이다. Mplus는 요인회전방법으로 사각회전방법인 GEOMIN방법을 디폴트로 하고 있다. 마찬가지로 ML도 디폴트이기 때문에 지정하지 않아도 된다. ESTIMATOR 옵션은 ML 이외의 다른 추정법을 지정할 수도 있다. 그리고 EFA를 실행하는 경우에 Mplus는 요인분산을 1로 고정하는 것이 디폴트이다. Mplus는 다른 SEM 프로그램들과는 달리 많은 디폴트가 있는데, 이러한 디폴트는 분석방법마다 다르기 때문에 정확히 이해해야 한다. EFA에 관한 syntax는 고유치(eigenvalue)를 얻기 위한 프로그램이기 때문에 숙지할 필요가 있다.

chapter2에 저장되어 있는 Mplus syntax(EFA.inp)와 자료(EFA.dat)를 이용하여 EFA를 실행한 결과의 일부가 〈결과 2.1〉에 나타나 있다. 〈표 2.2〉의 Mplus syntax를 불러온 후에 Mplus의 상단 메뉴 중에서 RUN 아이콘을 클릭하면 〈결과 2.1〉을 얻을 수 있다.

〈결과 2.1〉 EFA 결과

```
RESULTS FOR EXPLORATORY FACTOR ANALYSIS
          EIGENVALUES FOR SAMPLE CORRELATION MATRIX
                1             2             3             4
           ________      ________      ________      ________
  1           2.931         0.410         0.359         0.299
```

```
EXPLORATORY FACTOR ANALYSIS WITH 1 FACTOR(S):
MODEL FIT INFORMATION
Number of Free Parameters                          8

Chi-Square Test of Model Fit
          Value                                0.206
          Degrees of Freedom                       2
          P-Value                             0.9023
RMSEA (Root Mean Square Error Of Approximation)
          Estimate                             0.000
          90 Percent C.I.                      0.000    0.048
          Probability RMSEA <= .05             0.952
CFI/TLI
          CFI                                  1.000
          TLI                                  1.009
SRMR (Standardized Root Mean Square Residual)
          Value                                0.003
          GEOMIN ROTATED LOADINGS (* significant at 5% level)
                    1
               ________
 X1             0.828*
 X2             0.841*
 X3             0.788*
 X4             0.752*
          ESTIMATED RESIDUAL VARIANCES
                   X1            X2            X3            X4
               ________      ________      ________      ________
      1         0.314         0.293         0.380         0.434
          S.E. GEOMIN ROTATED LOADINGS
                    1
               ________
 X1             0.024
 X2             0.023
 X3             0.027
 X4             0.030
          Est./S.E. GEOMIN ROTATED LOADINGS
                    1
               ________
 X1            34.141
 X2            35.963
 X3            28.926
 X4            25.112
```

Est./S.E. ESTIMATED RESIDUAL VARIANCES

	X1	X2	X3	X4
1	7.815	7.447	8.848	9.630

FACTOR DETERMINACIES

	1
1	0.940

결과물에서 알 수 있는 것처럼 Mplus의 EFA결과는 SPSS에서 보여주는 결과들(고유치 및 요인적재량) 이외에도 다양한 결과(적합도, 표준오차, 요인적재량의 유의성 검정)를 제시해 준다. 그리고 EFA는 전형적으로 분석단위로 상관계수를 이용하기 때문에 요인적재량은 표준화계수로 상관계수를 의미한다. 예를 들어 Mplus의 디폴트인 GEOMIN 회전방법을 이용하여 추정된 X_1의 표준화요인적재량은 0.828이고 이에 관한 표준오차(SE)는 0.024이므로 z값은 $z=34.141(0.828/0.024)$로 나타나 있다. 이러한 내용은 요인(우울증)이 1표준편차 증가하면 X_1은 0.828표준편차만큼 유의적으로 증가한다고 해석한다. 표준화요인적재량의 자승은 공통치를 의미하며 이는 특정 지표변수의 분산 중에서 해당요인에 의하여 설명되는 분산의 크기를 의미한다. 그리고 이러한 공통치는 공통분산을 의미하는데 예를 들어 X_1의 경우에 $0.828^2 = 68.55\%$가 공통분산(즉, 공통치)을 나타낸다. 나머지 31.45%는 고유분산을 의미한다.[1] "FSDETERMINACY" 명령문에 의하여 산출된 마지막 결과치인 FACTOR DETERMINACY=0.94는 추정된 요인점수와 진실한 요인점수의 상관관계를 의미한다.

요인분석모형의 적합성여부는 부분적으로 요인분석에서 얻어진 해(예 요인적재량)의 모수추정치들(model estimates)이 투입변수들의 실제로 관찰된 관계(본 예제에서는 투입상관행렬)를 얼마나 잘 재생하는지에 의하여 결정된다. 예를 들어 X_1과 X_2의 실제상관계수는 〈표 2.1〉의 투입상관행렬에서 0.7로 제시되어 있다. 그리고 재생되는 혹은 모형예측(함의)상관계수(model-implied correlation)는 다음과 같이 계산된다. 이 식에 대해서는 나중에 자세히 설명할 예정이다.

$$COV(X_1, X_2) = \sigma_{21} = \lambda_1 \phi_1 \lambda_2 = (.828)(1)(.841) = .6855$$

1) 고유분산은 잔차분산(residual variance)이라고도 부른다.

위의 식에서 $COV(X_1, X_2)$는 X_1과 X_2의 공분산인데 표준화되어 있으므로 두 변수간 상관계수를 의미한다. 그리고 λ_1과 λ_2는 X_1과 X_2의 표준화요인적재량이고 ϕ_1은 요인의 분산(표준화되어 있기 때문에 $\phi_1 = 1$)이다. 예측치 0.6855는 실제관측치인 0.7에 매우 근접하는 값이다. 예측치와 실제관측치의 차이인 잔차(residual)는 대부분의 지표변수에서 작게 나타나기 때문에 결과물에서 모든 적합도(나중에 상술할 예정임)가 양호하게 나타났다. 따라서 연구자가 설정한 모형에 의하여 얻어진 추정치에 근거한 예측상관행렬이 실제자료인 투입상관행렬에 근접하기 때문에 "연구자의 모형이 자료에 적합하다(model fits the data well)"고 말한다. 그리고 공통요인모형을 추정하는 방법들 중에서 ML이 가장 많이 사용되고 있다. ML 추정법의 가장 큰 장점은 요인 해(factor solution)가 실제자료에 포함된 지표변수들간의 관계를 얼마나 잘 재생하는지에 관하여 통계적 평가를 가능하게 한다는 점이다. 즉, "요인분석 결과에서 얻어진 추정치들에 의하여 예측되는 지표변수들간의 상관관계가 투입상관행렬에 나타난 관계에 얼마나 근접하는가?"에 관한 평가이다.

요인의 개수가 2개 이상인 경우에(위의 예제에는 해당되지 않는다) 요인의 수가 결정되면 추출된 요인들의 해석의 용이성을 위하여 요인회전(factor rotation)이 필요하다. 여기에서 단순구조(simple structure)의 개념이 등장하는데 이를 쉽게 설명하면 각 지표변수가 한 요인에는 높은 적재량(primary loading : 1차 적재량)을 갖고 다른 요인에는 낮은 적재량[secondary loading(2차 적재량) 혹은 cross-loading(교차 적재량)]을 가지는 구조를 말한다. 즉, 높은 적재량은 최대화하고 낮은 적재량은 최소화하는 것이다. 요인회전에는 직각회전(orthogonal rotation)과 사각회전(oblique rotation)의 두 가지가 있는데 직각회전은 요인간에 상관관계가 없다고 제약하는 방법이고 사각회전은 요인간의 상관관계를 허용하는 방법이다. 응용과학에서 많이 사용되는 설문지의 요인들은 상호 관련될 가능성이 높은데도 직각회전은 상관관계가 존재하지 않는 요인 해를 추출하는 불합리한 측면이 있기 때문에 대부분의 경우에 사각회전이 선호된다. 설사 요인간에 상관관계가 없는 경우에도 사각회전방법에 의한 요인 해는 직각회전의 요인 해와 거의 동일한 결과를 산출한다. 실제로 요인간에 상관관계가 존재하는 경우에는 더 정확한 해를 제시해 준다.

2.2 EFA와 CFA의 유사점 및 차이점

탐색적 요인분석과 확인적 요인분석은 비슷하지만 다른 점이 많이 있다. 이하에서는 Brown(2015)의 설명을 위주로 살펴보기로 한다.

2.2.1 공통요인모형

EFA와 CFA는 모두 공통요인모형에 기반을 두고 있으며 이들은 지표변수들간의 변동(variation)과 공변동(covariation)을 설명하는 요인을 찾아내는 것이다. EFA는 탐색적 혹은 서술적 과정인 반면에 CFA는 요인모형의 모든 면(요인의 수, 요인과 지표변수의 관계 등)을 사전설정(pre-specification)해야 한다. 따라서 CFA에서 요인모형을 설정하고 평가하기 위해서는 기존의 강력한 실증적 혹은 이론적 토대가 요구된다. ML을 이용하여 EFA와 CFA를 실행하는 경우에 요인모형은 요인 해(연구모형에서 얻어진 추정치들)가 실제자료에 사용된 지표변수들간의 관측분산과 관측공분산을 얼마나 잘 재생하는지의 관점에서 평가된다.

2.2.2 표준화 해와 비표준화 해

EFA에서는 일반적으로 모든 변수들을 완전표준화(completely standardize)한다. 즉, 상관행렬을 투입행렬로 사용하고 모든 요인과 지표변수들을 완전표준화하며 요인분산은 1로 고정시키기 때문에 요인적재량은 상관관계 또는 표준화 회귀계수로 해석한다. 반면에 CFA는 표준화 해와 더불어 비표준화 해(unstandardized solution : 지표변수의 원래 척도로 표현된 모수추정치)도 결과물로 제시해 준다. 이와 더불어 부분표준화 해(partially standardized solution)도 함께 제시하고 있다. 이들은 후에 설명할 것이다. CFA는 전형적으로 분산-공분산행렬을 사용하고 있다. 분산-공분산행렬의 대각선에는 지표변수의 분산이 나타나 있고 대각선 이외의 값들은 두 지표변수의 공분산을 의미한다.[2] 표준화 해는 해석 등을 오도할 가능성이 있기 때문에 SEM방법

2) 두 지표변수 X_1과 X_2의 공분산은 이들의 상관계수와 두 지표변수의 표준편차들을 곱하여 계산된다. 즉, $COV(X_1, X_2) = r_{X_1X_2}SD_{X_1}SD_{X_2}$로 계산된다.

론자들은 비표준화 해의 보고를 강하게 선호하고 있다.

CFA에는 지표변수의 비표준화 평균값도 포함시킬 수 있다. 즉, 완전표준화 해에 초점을 두는 EFA와는 달리 CFA는 비표준화 분산-공분산행렬구조와 평균구조를 다루고 있다. EFA는 표준화의 결과로 지표변수들의 평균은 0으로 간주된다. Mplus는 기본적으로 공분산구조(covariance structure : COVS)와 평균구조(mean structure)를 모두 포함한 평균 및 공분산구조(mean and covariance structure : MACS)의 분석을 디폴트로 하고 있다. 따라서 MACS에서는 요인의 평균과 지표변수의 절편(intercept)을 추정할 수 있다. 지표변수의 절편은 요인값이 0인 경우의 지표변수의 예측값으로 해석된다. 평균구조의 분석은 나중에 다룰 다중집단 CFA모형(잠재평균의 집단간 차이 검정)의 분석에 특히 유용하다.

2.2.3 지표변수의 교차적재와 모형간명성

EFA와 CFA는 다중요인이 포함된 모형에서 지표변수의 교차적재(cross-loadings)를 다루는 방법에서도 현저한 차이를 보이고 있다. EFA에서는 모든 지표변수들이 모든 요인들에 자유롭게 적재되기 때문에 요인적재량의 이해를 증진시키기 위하여 1차 적재량을 최대화하고 교차적재량을 최소화하는 요인회전이 필요하다. 하지만 CFA는 이러한 요인회전이 필요하지 않다. 왜냐하면 CFA는 모든(혹은 대부분의) 교차적재량을 0으로 설정하기 때문에 단순구조가 달성되기 때문이다. 또한 CFA는 1차 요인적재량과 요인상관은 자유롭게 추정하고 다른 관계는 설정하지 않기 때문에 EFA보다 더 간명한(parsimonious) 모형을 설정할 수 있다. 따라서 CFA는 EFA보다 더 적은 수의 추정치를 이용하여(더 간명한 모형을 이용하여) 투입지표변수들의 관찰된 관계를 재생하려고 시도한다. 그리고 CFA는 교차적재량을 0으로 고정시키기 때문에 CFA의 요인간 상관계수추정치는 EFA의 상관계수추정치보다 일반적으로 크게 나타난다.

2.2.4 고유분산

CFA에서는 지표변수의 측정오차(measurement error) 혹은 고유분산 사이의 공변(covary)관계를 설정할 수 있다. 왜냐하면 CFA는 더 간명한 모형을 이용하여 지표변수들의 관찰관계를 재생하기 때문이다. 단, CFA에서 오차항들의 상관을 설정하기 위해서는 이러한 오차상관이 선행이론과 실증연구 등에 의하여 정당화되어야 한다. 반면에 EFA는 이러한 측정오차가 무작위(random measurement error : 무작위 측정 오차)라는 가정하에 모형을 설정해야 한다. 이제 측정오차상관(correlated measurement error)을 알아보기 위하여 [그림 2.1]을 살펴보기로 한다.

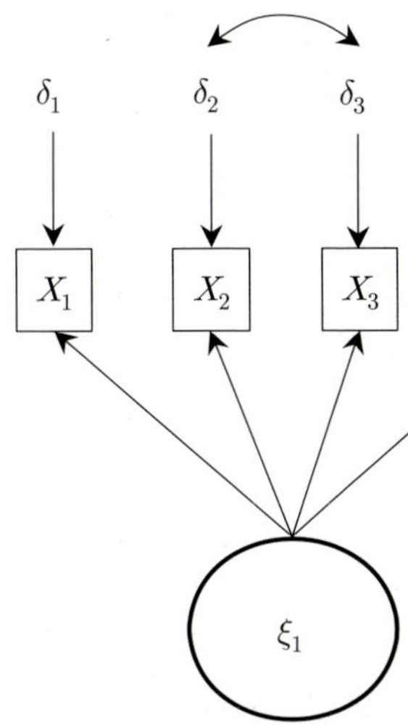

[그림 2.1] 측정오차상관을 가진 CFA

[그림 2.1]에서 단일요인 ξ_1[ξ(ksi or xi)는 "크사이"로 읽는다]은 네 개의 지표변수로 구성되어 있다. 만일 X_2와 X_3의 오차공분산을 지정하지 않는다면 이는 모든 지표변수의 측정오차가 무작위라고 가정하는 것이다. 이러한 경우에 동일한 요인에 적재되는 두 지표변수의 관계는 오로지 해당요인의 공유되는 영향 때문에 기인한다. 즉, 공통요인이 사라지면 두 지표변수간의 상관관계는 0이 된다. 하지만 오차공분산을 가정하는 [그림 2.1]에서 X_2와 X_3의 관계는 부분적으로 공통요인 ξ_1의 공유영향 때문에 발생하고 이들의 공변량의 일부는 공통요인 이외의 다른 요인 때문에 발생한다고 가정하는 것이다.

오차상관(고유분산들의 관계)을 설정하지 못하는 것은 EFA의 매우 심각한 한계점이다. 예를 들어 우울증을 측정하기 위하여 4개의 긍정적 항목(positively-worded items)과 2개의 부정적 항목(negatively-worded items)으로 구성되어 있는 6개의 설문항목을 이용한다고 가정하자. 이들을 이용하여 EFA를 실행하면 2개의 요인이 추출될 가능성이 크다. 하지만 CFA를 이용하여 두 부정적 항목의 오차상관을 설정한

1요인모형과 2요인모형의 적합도를 비교한 결과 단일요인모형의 적합도가 매우 우수하게 산출되는 경우에는 단일요인모형의 사용이 합리적이라고 할 수 있다. 단, 이러한 경우에는 오차상관설정의 정당성이 제시되어야 한다.

2.2.5 모형비교

CFA는 다양한 방법(EFA에서는 불가능)으로 모형을 설정할 수 있다. 즉, CFA는 요인의 개수와 오차상관 및 지표변수-요인관계 이외에도 요인 해에 여러 제약(restrictions)을 추가로 부과할 수 있다. 예를 들어 모든 혹은 일부 요인적재량을 동일하게 제약할 수 있고 고유분산도 동일하게 제약할 수 있다. 이러한 제약의 합리성은 비제약모형과 제약모형을 통계적으로 비교하여 평가된다. 이러한 통계적 비교는 두 모형이 내재된(nested) 경우에 가능하다. 내재된 모형(nested model)은 특정모형의 자유모수의 일부를 제한한 모형이다. 반면에 제약을 가하지 않은 모형은 원본모형(parent model)이라고 한다. CFA에서 모수는 세 가지 종류가 사용된다. 첫째 자유모수(free parameter)는 미지의 값으로 모형 내에서 자유롭게 추정되는 모수이다. 자유모수인 경우에는 투입행렬(input matrix : 실제자료행렬)의 분산과 공분산을 가장 잘 재생할 수 있는 자유모수들(예 요인적재량, 요인상관계수, 고유분산 등)을 찾아낸다. 두 번째로 고정모수(fixed parameter)는 특정값(예 0 또는 1)으로 고정된 모수이다. 마지막으로 제약모수(constrained parameter)는 미지의 값으로 한 개 또는 그 이상의 다른 모수들과 동일하다고 제약을 가한 모수이다. 제약모수인 경우에 고정모수와는 달리 모수의 특정값을 지정하지 않는다. 예를 들어 연구자는 모든 요인적재량을 동일하게 제약한 상태에서 투입행렬을 최적으로 재생시키는 CFA를 실행할 수 있다. 다시 내재모형으로 돌아가면 내재모형은 원본모형에 비하여 자유모수의 개수가 적기 때문에 더 간명한 모형이 되고 원본모형은 복잡한 모형이 된다. 따라서 간명한 모형은 원본모형에 내재된다. 원본모형과 내재모형은 자유모수와 제약모수의 숫자에서 차이를 보인다. 원본모형과 내재모형의 적합도는 χ^2 차이검정(χ^2 difference test)을 이용하여 비교할 수 있다. 이러한 검정에 대해서는 후에 자세히 다룰 예정이다.

2.3 SEM의 5단계

CFA를 포함한 SEM의 분석은 기본적으로 다음과 같은 5가지 단계를 거쳐서 실행된다(Wang & Wang, 2012).

1. **모형설정**(model specification)
   이는 연구자가 검정하고자 하는 SEM모형을 정확하게 설정하는 것이다. 이러한 연구모형 혹은 가설모형(hypothesized model)은 이론적 또는 실증적 연구결과를 토대로 설정된다. SEM은 일반적으로 측정모형(measurement model)과 구조모형(structural model)으로 구성된다.
2. **모형식별**(model identification)
   모형식별은 설정된 모형의 모든 자유모수가 유일한 해를 갖는지를 결정하는 것이다. 모형이 식별되지 않으면 다음 단계의 모형추정은 실행되지 않으며 모형이 오설정(misspecification)되면 모형추정은 수렴되지 않거나 해를 구할 수 없게 된다.
3. **모형추정**(model estimation)
   이 과정은 모형모수를 추정하고 적합함수(fitting function)를 계산하는 과정이다. 가장 많이 사용되는 추정방법은 ML 추정법이다.
4. **모형평가**(model evaluation)
   모형모수추정치가 얻어지면 연구자는 모형이 자료에 적합한지를 평가해야 한다. 모형이 자료에 잘 적합하고 결과가 해석가능하면 SEM분석과정은 이 단계에서 종료될 수 있다.
5. **모형수정**(model modification)
   모형이 자료에 적합하지 않다고 판명되면 모형재설정(re-specification) 또는 수정이 필요하다. 이 단계에서 연구자는 모형모수를 어떻게 삭제하고 추가하고 혹은 수정할지를 결정해야 한다. 일단 모형이 재설정되면 위의 네 가지 단계를 다시 실행해야 한다. 이러한 모형재설정은 여러 번 반복될 수도 있다.

구조방정식모형(structural equation model)은 측정모형(measurement model)과 구조모형(structural model)의 두 가지로 나누어진다. 먼저 측정모형에서는 요인의 개수와 지표변수들이 요인과 어떠한 관계가 있는지 그리고 지표변수의 오차항들의 관계를 분석한다. CFA는 측정모형을 특정하여 다루는 SEM의 한 유형이다. 반면에 구조모형에서는 요인들이 상호간에 어떻게 관계되는지(직접효과, 간접효과, 조절효과 등)를 분석한다. 구조모형은 더 적은 수의 자유모수를 이용하여 잠재변수간의 관계를 재생하려 시도하기 때문에 측정모형보다 일반적으로 더 간명한 모형이 된다. 예를 들어 세 잠재변수의 관계가 $X \rightarrow Y \rightarrow Z$로 이루어져 있다고 하자. 이러한 경우에 측정모형(CFA모형)의 요인간 관계에 대한 자유모수는 세 개의 상관관계이지만 구조모형에서는 두 가지($X \rightarrow Y$와 $Y \rightarrow Z$)로 형성되기 때문에 구조모형의 자유모수가 하나 적다. 뒤에서 설명하겠지만 구조모형의 적합도는 측정모형의 적합도보다 좋지 않게 나타난다.

위의 내용은 연구자가 측정모형과 구조모형을 어떻게 설정하는지에 따라 적합도가 달라진다는 것을 의미한다. CFA의 핵심은 측정모형에서 얻어진 모수들(요인적재량, 요인상관관계 등)이 지표변수들의 관찰된 관계를 얼마나 잘 재생하는지를 평가하는 것이다. 만일 측정모형이 오설정된다면 적합도가 좋지 않은 해를 얻게 될 것이다. 하지만 낮은 적합도(poor fit)는 구조모형의 오설정에서 발생할 수도 있다. 이와 같이 낮은 적합도는 측정모형과 구조모형에서 모두 발생할 수 있기 때문에 연구자는 구조모형의 분석 전에 반드시 합리적인 측정모형을 설정해야 한다. 만일 측정모형의 평가를 하지 않고 구조모형을 분석하여 낮은 적합도가 산출되는 경우에는 이러한 낮은 적합도의 발생원인이 측정모형에 귀인되는지 혹은 구조모형에 귀인되는지를 판단하기 어렵다.

2.4 CFA모형의 모수

모든 CFA모형은 요인적재량과 요인분산 및 고유분산의 세 가지 모수를 포함하고 있다. 요인적재량은 잠재변수가 지표변수를 예측하는 경우의 회귀기울기를 의미한다. 고유분산은 지표변수의 분산 중에서 잠재변수에 의하여 설명되지 않는 분산이다. 고유분산은 전형적으로 측정오차로 가정한다. 고유분산은 오차분산(error variance) 혹은 지표변수 비신뢰도(indicator unreliability)라고도 부른다. 비표준화 해에서 요인분산은 요인의 표본변동성을 나타낸다. 즉, 요인분산은 표본참여자들(예 설문 응답자들)의 잠재변수에 대한 상대적인 입장이 유사한지 또는 다른지의 정도를 의미한다. 만일 이론적으로 정당성이 확보된다면 CFA모형에 오차공분산(error covariance)을 도입할 수 있다. 잔차상관(correlated errors)이라고도 부르는 오차공분산은 두 지표변수가 잠재변수의 공유영향 이외의 다른 이유 때문에 공변(covary)한다는 것을 의미한다. 두 개 이상의 요인이 포함된 CFA모형에서는 일반적으로 두 잠재변수간의 관계를 추정하기 위하여 요인공분산(factor covariance)을 설정한다. 완전표준화된 경우에는 요인상관(factor correlation)이라고 부른다.

CFA는 분산-공분산구조의 분석에 국한되기도 하고 평균구조를 포함하여 분석하기도 한다. 공분산구조(COVS : COVariance Structure)분석에서는 투입공분산행렬을 재생하기 위하여 위의 모수들(요인적재량, 요인분산과 공분산, 오차분산과 공분산)이 추정된다. COVS에서 지표변수들은 해당 지표변수의 평균과의 차이로 측정된다(즉, 모든 지표변수들의 표본평균은 0이다)고 가정한다. COVS에 평균구조(mean structure)를 포함시킨 평균 및 공분산 구조(MACS : Mean And Covariance Structure)에서는 CFA모형이 표본분산 및 공분산과 더불어 지표변수의 관찰된 표본평균을 재생하려고 시도한다. 따라서 MACS에서는 지표변수의 절편(intercept)과 잠재변수 평균의 추정치를 포함하고 있다. 이 내용은 나중에 다룰 것이다.

CFA에서의 잠재변수는 외생변수(exogenous variable)와 내생변수(endogenous variable)로 분류된다. 외생변수는 다른 변수에 의하여 영향을 받지 않는 변수를 의미하고 내생변수는 모형 내에서 한 개 이상의 다른 변수에 의하여 영향을 받는 변수를 말한다. 따라서 외생변수는 독립변수 또는 예측변수인 X와 유사하고 내생변수는 종속변수 혹은 결과변수인 Y와 유사하다. CFA모형은 전형적으로 외생(잠재 X : latent X)변수모형으로 간주된다. 하지만 공변량(요인의 예측변수)이 도입되거나 고차요인분석에서는 내생(잠재 Y : latent Y)변수모형으로 나타내기도 한다. [그림 2.2]는 잠재 X 표기법에 따른 2요인 CFA모형(two-factor CFA model)을 나타낸 것이다.

[그림 2.2]에서 COVS를 이용한 CFA의 모수는 Λ와 Θ 및 Φ의 세 가지가 있다는 것을 알 수 있다. 또한 MACS를 이용한 경우에는 평균구조의 τ와 κ가 추가로 모수로 도입된다. 그리고 Mplus는 디폴트로 MACS를 이용하여 SEM을 분석한다. 그리스어 중에서 전체행렬은 대문자(예 Λ)로 표기하고 특정모수는 소문자(예 λ)로 표기한다. 요인에서 지표변수로 향하는 일방향 화살표는 잠재변수가 해당 지표변수에 영향을 주는 직접효과(회귀계수)를 의미한다. 하지만 오차항에서 지표변수로 향하는 화살표는 회귀계수가 아니다. λ의 첨자에서 첫 번째 숫자는 지표변수를 나타내고 두 번째 숫자는 지표변수에 영향을 주는 요인을 의미한다. 예를 들어 λ_{21}은 잠재변수 ξ_1이 지표변수 X_2에 주는 영향이다. 이러한 표기는 투입 분산-공분산행렬(input variance-covariance matrix)[3]에 X_1부터 X_6까지 순서대로 정렬되어 있다는 것을 가정한다. 잠재 Y 표기법에서는 〈표 2.3〉과 같이 표기한다.

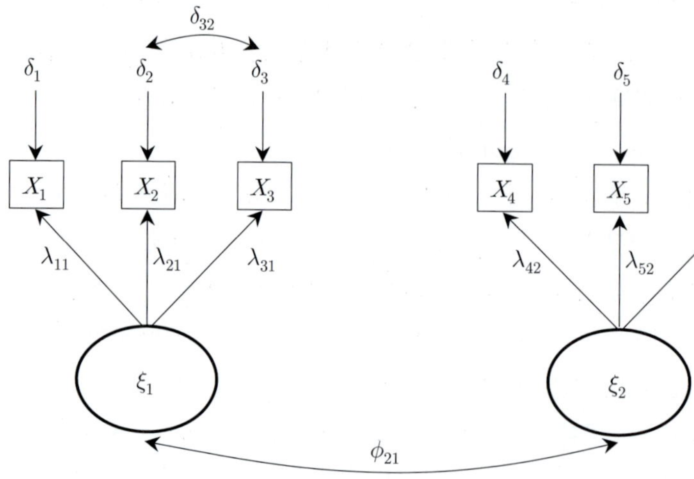

명 칭	모 수	행 렬	유 형	내 용
Lambda−X (람다−X)	λ_x	Λ_x	회귀계수	요인적재량
Theta−delta (세타−델타)	δ	Θ_δ	분산−공분산	오차분산 및 공분산
Phi (파이)	ϕ	Φ	분산−공분산	요인분산 및 공분산
Tau−X (타우−X)	τ_x		평균벡터	지표변수절편
Kappa (카파)	κ		평균벡터	요인평균
Xi (Ksi) (크사이)	ξ		벡터	외생변수이름

[그림 2.2] 하나의 오차공분산이 포함된 2요인모형에 대한 잠재 X 표기법(Brown, 2015)

〈표 2.3〉 잠재 Y 표기법(Brown, 2015)

명 칭	모 수	행 렬	유 형	내 용
Lambda−Y (람다−Y)	λ_y	Λ_y	회귀계수	요인적재량
Theta−epsilon (세타−입실론)	ϵ	Θ_ϵ	분산−공분산	오차분산 및 공분산
Psi (프사이)	ψ	Ψ	분산−공분산	요인분산 및 공분산
Tau−Y (타우−Y)	τ_y		평균벡터	지표변수절편
Alpha (알파)	α		평균벡터	요인평균
Eta (에타)	η		벡터	외생변수이름

3) 분산−공분산행렬은 줄여서 공분산행렬이라고도 부른다.

위의 LISREL표기법은 측정모형뿐만 아니라 구조모형에도 적용된다. 구조모형에서는 잠재변수들간의 관계에 방향이 설정된다. 예를 들어 외생변수가 내생변수에 미치는 영향은 γ(감마 : 행렬은 Γ)로 표기하고 내생변수끼리의 관계는 β(베타 : 행렬은 B)로 표기한다.

잠재 X 표기법에 의한 람다 X 행렬(Λ_x)과 파이 행렬(Φ)은 다음과 같다.

〈람다 X 행렬〉

	ξ_1	ξ_2
X_1	λ_{11}	0
X_2	λ_{21}	0
X_3	λ_{31}	0
X_4	0	λ_{42}
X_5	0	λ_{52}
X_6	0	λ_{62}

〈파이 행렬〉

	ξ_1	ξ_2
ξ_1	ϕ_{11}	
ξ_2	ϕ_{21}	ϕ_{22}

람다행렬의 0은 교차적재량을 허용하지 않는다는 것을 의미한다. 예를 들어 X_3는 ξ_1에만 적재되고(λ_{31}) ξ_2에는 적재되지 않는다(0). 물론 연구자는 이론에 입각하여 이러한 교차적재를 허용할 수 있다. X_1과 X_2 및 X_3는 ξ_1에만 적재되고 X_4, X_5, X_6는 ξ_2에만 적재되는데, 이와 같이 지표변수들이 하나의 공통요인에만 적재되고 다른 요인에는 적재되지 않는 경우 공통요인에 적재되는 지표변수들은 동질적(congeneric)이라고 표현한다. 교차적재가 없이 하나의 요인에 적재된 지표변수들을 동질적 지표변수들(congeneric indicators)이라고 부른다. 반면에 교차적재가 허용된 경우에는 이질적 지표변수들(noncongeneric indicators)이라고 한다. 파이행렬에서 ϕ_{11}과 ϕ_{22}는 각각 요인 ξ_1과 ξ_2의 요인분산을 의미하고 ϕ_{21}는 두 요인의 공분산을 의미한다.

[그림 2.2]의 세타-델타행렬(Θ_δ)은 다음과 같이 나타낼 수 있다. 대각선요소 δ_1에서 δ_6까지는 각 지표변수의 오차를 나타내며 비대각선의 항목들은 오차공분산을 의미한다. [그림 2.2]는 δ_2와 δ_3의 공분산(δ_{32})만 허용하였기 때문에 나머지 모든 오차공분산은 0으로 나타났다.

〈오차행렬〉

	X_1	X_2	X_3	X_4	X_5	X_6
X_1	δ_1					
X_2	0	δ_2				
X_3	0	δ_{32}	δ_3			
X_4	0	0	0	δ_4		
X_5	0	0	0	0	δ_5	
X_6	0	0	0	0	0	δ_6

2.5 CFA모형의 식별

CFA모형의 모수들을 추정하기 위해서는 측정모형이 식별되어야 한다. 알려진 정보(표본투입행렬의 분산 및 중복되지 않는 공분산의 개수)에 의하여 모형 내의 미지의 모수들(예 요인적재량, 요인상관 등)에 대한 고유한 모수추정치를 얻을 수 있는 경우에 모형이 식별된다(model is identified)고 한다.

2.5.1 잠재변수의 척도화(scaling)

CFA를 실행하기 위해서는 모든 잠재변수들이 식별된 척도를 가져야 한다. 잠재변수는 측정되지 않기 때문에 정의된 척도(측정단위)를 가지고 있지 않다. 이러한 잠재변수의 측정단위는 연구자가 지정해야 한다. 잠재변수의 척도를 식별하는 방법은 크게 아래의 두 가지가 사용된다.

첫 번째 방법은 가장 많이 사용하는 방법으로 지표변수들 중의 한 개를 선정하여 해당 지표변수의 척도를 잠재변수의 척도로 고정시키는 방법이다. 잠재변수에 척도를 전달하는 역할로 선정된 지표변수를 준거지표(marker or reference indicator)라고 부른다. 준거지표가 선정되면 준거지표의 표본분산의 일부가 잠재변수에 전달된다. 예를 들어 [그림 2.2]에서 X_1이 준거지표로 선정되고 표본분산(σ_{11})이 20이라고 가정하자. X_1의 완전표준화요인적재량이 0.8이라면 준거지표의 총분산 중에서 64%($0.8^2 = .64$)는 ξ_1에 의하여 설명된다. 따라서 X_1의 표본분산 중에서 64%가 요인 ξ_1

의 요인분산(ϕ_{11})을 나타내기 위하여 다음의 식 (2.1)과 같이 ξ_1에 전달된다. 이러한 계산은 비표준화요인적재량의 경우에도 동일하게 적용된다. 이에 관해서는 예제를 통하여 알아볼 예정이다.

$$\phi_{11} = \lambda_{11}^2 \sigma_{11} = (.64)20 = 12.8 \tag{2.1}$$

두 번째 방법은 잠재변수의 분산을 특정값(대부분의 경우 1)으로 고정시키는 방법이다. 이러한 잠재변수표준화법은 표준화 해를 산출한다. 비록 잠재변수를 표준화한다 해도 모형적합도는 비표준화모형(준거지표 설정법)의 모형적합도와 동일하다. 일반적으로 잠재변수표준화방법보다 준거지표설정법이 더 많이 사용되는데, 그 이유는 준거지표설정법을 사용하면 비표준화 해와 더불어 표준화 해도 함께 얻을 수 있기 때문이다. 지표변수들이 임의의 척도를 이용하여 측정되는 경우에는 잠재변수표준화방법이 우수하다고 알려져 있다.

2.5.2 모형의 통계적 식별

잠재변수의 척도화 후에 자유모수의 숫자보다 투입 분산-공분산행렬에 존재하는 정보의 개수가 많은 경우에 연구모형의 모수들은 추정이 가능하다. 만일 미지의 모수(자유모수)의 개수가 알려진 정보의 개수(투입 분산-공분산행렬의 중복되지 않는 요소들의 개수)보다 많은 경우에는 연구모형이 과소식별된다(underidentified)고 한다. 과소식별모형은 모형의 완벽적합(perfect fit)을 달성시키는 모수추정치가 무한대로 존재하기 때문에 해를 구할 수 없다. 예를 들어 다음의 방정식을 살펴보기로 한다.

$$x + y = 10$$

위의 식에서 알려진 정보(known information)는 1개($x+y=10$)가 존재하고 미지수(unknowns)는 x와 y의 두 개가 존재한다. 이러한 방정식은 미지의 모수보다 알려진 정보가 적기 때문에 과소식별된다. 즉, 위의 식을 충족하는 x와 y의 조합은 무한대로 존재한다. CFA에서 알려진 정보의 개수는 투입행렬에 있는 지표변수들의 분산과 공분산의 개수이다. 만일 MACS(공분산구조와 평균구조의 결합)를 이용하는 경우에는 지표변수들의 표본평균들을 알려진 정보의 숫자의 계산에 포함시키고 또한 지표변수의 절편과 잠재변수의 평균도 미지수인 자유모수추정치의 계산에 포함시켜야 한다. 여러 유형의 모형식별이 다음의 [그림 2.3]에 나타나 있다.

모형 A : 과소식별모형($df = -1$)

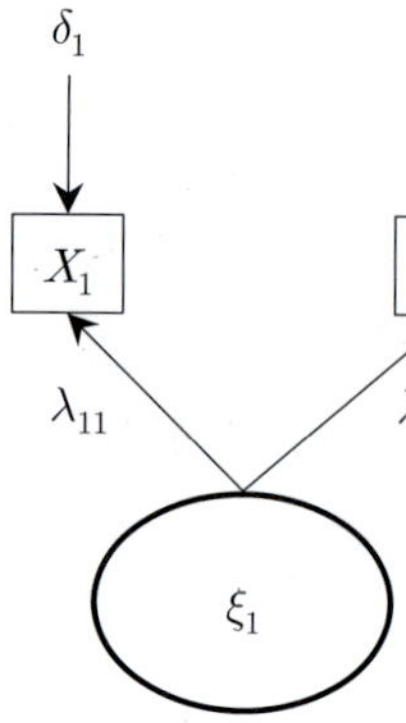

투입행렬(3개의 알려진 정보)

	X_1	X_2
X_1	σ_{11}	
X_2	σ_{21}	σ_{22}

4개의 자유모수(2개의 요인적재량과 2개의 오차분산)

모형 B : 적정식별모형($df = 0$)

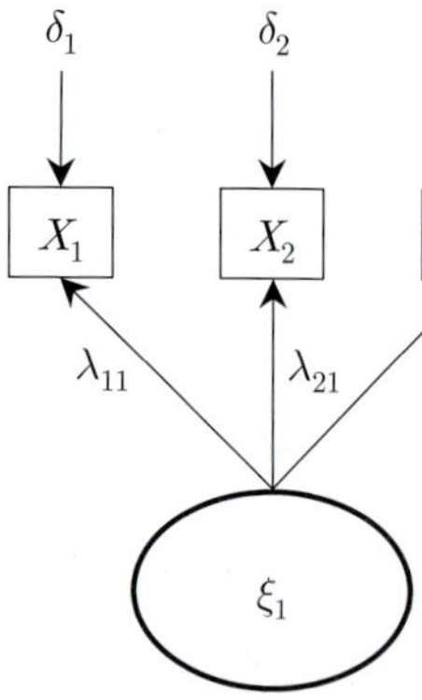

투입행렬(6개의 알려진 정보)

	X_1	X_2	X_3
X_1	σ_{11}		
X_2	σ_{21}	σ_{22}	
X_3	σ_{31}	σ_{32}	σ_{33}

6개의 자유모수(3개의 요인적재량과 3개의 오차분산)

모형 C : 과대식별모형($df = 2$)

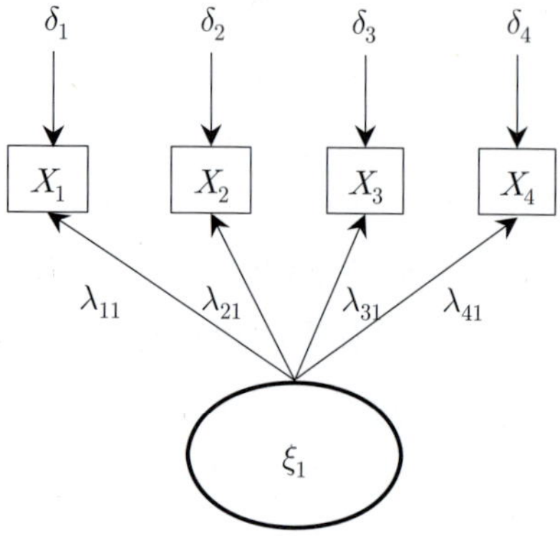

투입행렬(10개의 알려진 정보)

	X_1	X_2	X_3	X_4
X_1	σ_{11}			
X_2	σ_{21}	σ_{22}		
X_3	σ_{31}	σ_{32}	σ_{33}	
X_4	σ_{41}	σ_{42}	σ_{43}	σ_{44}

8개의 자유모수(4개의 요인적재량과 4개의 오차분산)

[그림 2.3] 모형식별의 종류(Brown, 2015)

[그림 2.3]의 모든 모형은 요인의 분산을 1로 고정($\phi_{11}=0$)시켜 요인의 척도를 결정하였다. 모형 A는 투입행렬에 3개의 알려진 정보(X_1의 분산과 X_2의 분산 및 X_1과 X_2의 공분산)를 가지고 있다. 반면에 자유모수는 2개의 요인적재량(λ_{11}과 λ_{21})과 2개의 지표변수 오차항(δ_1과 δ_2)을 합하여 모두 4개로 구성되어 있다. 요인분산은 1로 고정(고정모수)시켰기 때문에 자유모수에 포함되지 않는다. 물론 두 지표변수 중에서 한 변수를 준거지표로 설정하는 경우에는 준거지표의 요인적재량은 자유모수의 계산에 포함되지 않고 대신 요인분산이 자유모수에 산입된다. 왜냐하면 준거지표의 요인적재량은 준거지표의 척도를 요인에 전달하기 위하여 고정(1로 고정)되기 때문이다. 예를 들어 X_1이 준거지표로 결정되면 자유모수는 1개의 요인적재량(λ_{21})과 1개의 요인분산 및 2개의 오차분산의 4개로 계산된다. 따라서 모형 A는 알려진 정보(3개)가 자유모수의 개수(4개)보다 적기 때문에 과소식별된다.

두 번째 모형으로 적정식별모형(just-identified model)은 알려진 정보의 개수와 자유모수의 개수가 동일하기 때문에 해를 구할 수 있다. 예를 들어 다음의 두 방정식을 본다.

$$x+y=7$$
$$2x-y=5$$

위의 연립방정식에서는 미지수가 2개(x와 y)이고 알려진 정보의 개수도 2개(두 방정식)이므로 하나의 조합($x=4$, $y=3$)만이 유일한 해가 된다. 모형 B가 이러한 적정식별모형에 해당한다. 모형 B의 투입행렬에서 알려진 정보는 모두 6개(3개의 분산과 3개의 공분산)이고 이 모형에서의 자유모수는 모두 6개(3개의 요인적재량과 3개의 오차분산)이다. 그러므로 이 모형은 적정식별모형이고 이 모형에서는 세 변수 X_1과 X_2 및 X_3의 상관관계를 완벽하게 재생시키는(perfectly reproduce) 고유한 모수추정치들(λ_{11}, λ_{21}, λ_{31}, δ_1, δ_2, δ_3)을 산출하게 된다. 이러한 적정식별모형은 산출된 해가 항상 완벽한 적합도를 가지기 때문에 모형적합도 평가는 적용되지 않는다.

모형 C는 알려진 정보의 개수가 10개(4개의 분산과 6개의 공분산)이고 자유모수의 개수는 8개(4개의 요인적재량과 4개의 오차분산)이므로 과대식별모형(overidentified model)이다. 알려진 정보의 개수(a)와 자유모수의 개수(b)의 차이는 자유도(degree of freedom : df)라고 부른다. 과대식별모형은 양의 자유도를 가지고 적정식별모형은 0의 자유도를 나타내며 과소식별모형은 음의 자유도(실제로는 추정되지 않는다)를 보인다. 모형 C의 자유도는 다음과 같이 계산된다.

$$df = a - b = 10 - 8 = 2$$

자유도를 계산하는 공식을 일반화하기 위하여 정보의 개수를 구하는 공식을 살펴보면 다음과 같다. 투입행렬[4]에 포함된 지표변수의 개수는 p로 표기한다.

분산의 개수(투입행렬의 대각선 요소들) $= p$
공분산의 개수(투입행렬의 비대각선 요소들) $= p(p-1)/2$
총정보의 개수(a) = 분산의 개수 + 공분산의 개수
$$= p + p(p-1)/2 = p(p+1)/2 \qquad (2.2)$$

예를 들어 [그림 2.2]의 모형에서 정보의 개수(a)는 분산의 개수 6개($p=6$)와 공분산의 개수 15개($p(p-1)/2 = 6(5)/2 = 15$)를 합계한 21개($p(p+1)/2 = 6(7)/2 = 21$)이다. 그리고 두 요인 ξ_1과 ξ_2의 준거지표를 각각 X_1과 X_2로 선정(따라서 이들은 자유모수가 아니다)하였다고 가정하자. 이 경우에 자유모수(b)는 요인적재량 4개와 오차분산 6개 및 오차공분산 1개 그리고 요인분산 2개와 요인공분산 1개를 합계하여 모두 14개로 계산된다. 따라서 [그림 2.2]는 자유도가 7($a-b = 21-14 = 7$)인 과대적합모형이다.

과대식별모형이 중요한 이유는 모형의 적합도 평가가 가능하다는 것이다. 적합도 평가는 적은 수의 자유모수를 이용하여 투입행렬의 분산과 공분산을 얼마나 잘 재생하는지에 관한 평가이다. 그리고 적정식별모형과는 다르게 과대식별모형은 자료에 완벽하게 적합하는 경우는 매우 드물다. 완벽적합모형(perfectly fitting model)은 적정식별모형과 같이 모수추정치들이 투입행렬의 요소들을 정확(완벽)하게 재생하는 모형이다.

적정식별모형([그림 2.3]의 모형 B)을 이용하여 투입행렬을 완벽하게 재생한다는 것의 의미를 알아본다. 설문지 등을 통하여 실제로 얻어진 자료의 투입행렬(상관행렬)

---

4) 공분산(상관)행렬에서 대각선요소(지표변수의 분산)를 기준으로 위와 아래의 요소들이 대칭을 이루기 때문에 일반적으로 하삼각 행렬부분(lower triangular form)만을 표기한다. 예를 들어 모형 C의 원래 행렬은 다음과 같다.

	X_1	X_2	X_3	X_4
X_1	σ_{11}	$(\sigma_{12}$	σ_{13}	$\sigma_{14})$
X_2	σ_{21}	σ_{22}	$(\sigma_{23}$	$\sigma_{24})$
X_3	σ_{31}	σ_{32}	σ_{33}	(σ_{34})
X_4	σ_{41}	σ_{42}	σ_{43}	σ_{44}

위의 행렬에서 $\sigma_{21} = \sigma_{12}$이다. 따라서 중복되는 괄호 안의 부분은 생략한다.

은 〈표 2.4〉와 같다. 표본의 크기는 200명이고 투입행렬의 윗부분은 표준편차이다. 윈도우의 메모장을 이용하여 투입행렬을 작성한 후에 이를 텍스트파일(예 JUST.TXT 또는 JUST.DAT)로 저장한다. 그리고 요인분산은 1로 고정하였다.

〈표 2.4〉 투입상관행렬

	X_1	X_2	X_3
	2.0	2.0	2.0
X_1	1.0		
X_2	0.595	1.0	
X_3	0.448	0.544	1.0

CFA를 실행하기 위한 Mplus syntax는 다음과 같다.

〈표 2.5〉 적정식별모형(모형 B)의 CFA 실행을 위한 Mplus syntax

```
TITLE:       this is an example of a CFA with
             continuous factor indicators
DATA:        FILE IS JUST.txt;
             NOBSERVATIONS=200;
             TYPE= STD CORRELATION;
VARIABLE:    NAMES ARE X1 X2 X3;
ANALYSIS:    ESTIMATOR=ML;
MODEL:       X BY X1-X3;
OUTPUT:      SAMPSTAT STANDARDIZED;
```

앞서 언급한 것처럼 모형 B는 적정식별모형이기 때문에 모수추정치들은 투입행렬을 완벽하게 재생한다. 이를 확인하기 위한 계산과정을 알아본다. 예제를 통하여 상세하게 다룰 예정이지만 먼저 동일 요인에 적재되는 두 지표변수 X_1과 X_2의 공분산은 다음과 같이 재생(계산)된다. ϕ_{11}은 요인 ξ_1의 분산이다.

$$Cov(X_1, X_2) = \lambda_{11} {}^* \phi_{11} {}^* \lambda_{21}$$

만일 지표변수와 요인을 표준화하였다면 요인적재량은 표준화요인적재량이 되고 요인분산은 $1(\phi_{11}=1)$이 되며 공분산은 상관계수로 바뀐다. 따라서 두 지표변수의 표준화요인적재량들을 곱하면($\lambda_{11}*\lambda_{21}$) 두 변수간의 0차 상관계수(zero-order correlation)를 얻을 수 있다. 그리고 모수들을 추정하기 위하여 위의 Mplus syntax를 이용하여 CFA를 실행하면 표준화요인적재량이 $\lambda_{11}=.70$, $\lambda_{21}=.85$, $\lambda_{31}=.64$ 등으로 나타난다. Mplus syntax를 통하여 얻어진 모수추정치들을 곱한 상관계수의 재생된 값들은 다음과 같다.

$$\lambda_{11}*\lambda_{21}=.595,\ \lambda_{11}*\lambda_{31}=.448,\ \lambda_{21}*\lambda_{31}=.544$$

위의 값들은 투입상관행렬의 값들과 정확히 일치한다. 따라서 자유도가 0인 적정식별모형의 경우에 추정된 모수들은 실제자료인 투입상관행렬의 요소들을 완벽하게 재생한다.

자유도가 0보다 커야 한다는 조건은 모형식별을 위한 필요조건이고 충분조건은 아니다. 따라서 적정식별모형과 과대식별모형에서 모형이 과소식별될 수 있는데 이러한 해를 경험적 과소식별 해(empirically underidentified solutions)라고 부른다. 경험적 과소식별 해에서는 비록 모형의 자유도가 0보다 크지만 투입행렬 혹은 모형 설정 등에서의 문제점 때문에 고유한 모수추정치를 얻을 수 없게 된다. 경험적 과소식별의 가장 흔한 예는 투입행렬 내에 있는 모든 공분산이 0인 경우이다. 물론 경험적 과소식별은 자료 내의 변수들간의 또 다른 관계(혹은 관계없음)로부터 발생할 수도 있다. [그림 2.4]에 경험적 과소식별모형이 제시되어 있다.

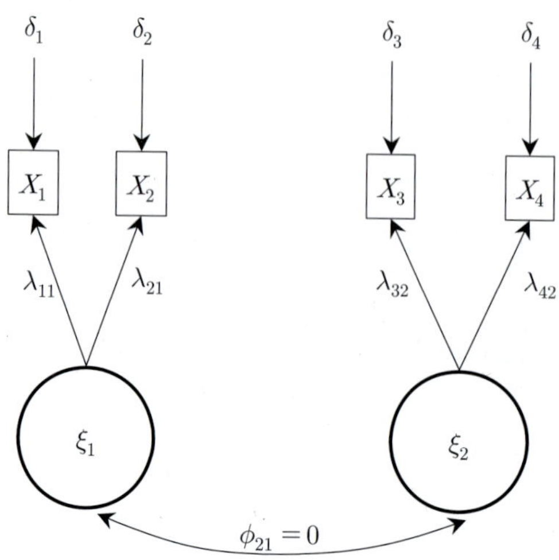

투입행렬 : 10개의 알려진 정보

	X_1	X_2	X_3	X_4
X_1	σ_{11}			
X_2	σ_{21}	σ_{22}		
X_3	σ^*_{31}	σ^*_{32}	σ_{33}	
X_4	σ^*_{41}	σ^*_{42}	σ_{43}	σ_{44}

$\sigma^*_{31}=0$, $\sigma^*_{32}=0$, $\sigma^*_{41}=0$, $\sigma^*_{42}=0$

[그림 2.4] 경험적 과소식별모형

[그림 2.4]는 자유도가 1인 과대식별모형이지만 X_1과 X_2가 X_3과 X_4와 상관관계가 존재하지 않기 때문에 요인상관이 0으로 나타난 모형이다. 따라서 이 모형은 지표변수가 2개로 구성된 2개의 요인모형(과소식별모형)을 동시에 실시하는 것과 같다. 하지만 비록 $\phi_{21}=0$이라고 해도 두 요인이 3개씩의 지표변수로 구성되어 있다면 해를 구할 수 있다. 이러한 이유로 한 요인의 지표변수는 최소 3개 이상으로 구성되는 것이 합리적이다.

경험적 과소식별은 또한 요인의 척도를 정의하기 위하여 선정된 준거지표가 동일요인 내에 있는 다른 지표변수들과 상관관계가 존재하지 않는 경우에도 발생할 수 있다. 예를 들어 [그림 2.3]의 모형 C에서 요인 ξ_1의 준거지표로 선택된 X_1이 다른 지표변수들(X_2, X_3, X_4)과의 상관관계가 모두 0($\sigma_{21}=0$, $\sigma_{31}=0$, $\sigma_{41}=0$)이라고 하자. 이러한 경우에는 $\lambda_{11}=0$이 되므로 분산을 요인 ξ_1에 전달하지 못하기 때문에(식 (2.1)에서 $\phi_{11}=\lambda_{11}^2\sigma_{11}=0*\sigma_{11}=0$) 경험적 과소식별 해가 나타난다. 만일 경험적 과소식별모형을 적합시키려고 하는 경우에는 해를 구할 수 없거나 부적절 해(improper solution)를 산출한다. 부적절 해의 대표적인 예로 헤이우드 케이스(*Heywood case*)가 있는데 이는 적정범위 외의 값(out-of-range values)을 가진 모수추정치를 의미한다. 헤이우드 케이스는 오설정된 모형, 대응별 항목삭제, 소규모 표본크기, 다중공선성 등의 여러 가지 원인으로 발생하기 때문에 연구자는 이들에 주의해야 한다. 다음은 헤이우드 케이스인 적정범위 외의 추정치들이다.

〈헤이우드 케이스〉

1. 요인상관이 1보다 큰 경우. 공통치가 1보다 큰 경우. 완전표준화요인적재량이 1보다 큰 경우
2. 음의 요인분산. 음의 지표변수 오차분산

2.6 CFA모형 모수의 추정

모형설정이 이루어지고 모형식별이 확인되면 모형을 추정해야 한다. CFA를 포함한 SEM의 추정은 다중회귀의 추정과는 다르게 이루어진다. 추정방법으로 최소자승법(ordinary least squares : OLS)을 이용하는 다중회귀분석의 관찰치는 개별 점수이지

만 SEM의 관찰치는 표본 분산-공분산행렬(sample variance-covariance matrix)이다. OLS는 예측 값($\hat{y}$)과 관측 값(y)의 차이($\Sigma(y-\hat{y})$)를 최소화하는 방법을 사용하며 closed-form solution을 얻을 수 있다. 반면에 SEM은 표본에서 구한 분산 및 공분산과 모형에서 추정된 분산 및 공분산의 차이(이를 잔차(residual)라고 부른다)를 최소화하는 절차를 사용한다. 추정된 공분산행렬(predicted covariance matrix)은 모형함의 공분산행렬(model-implied covariance matrix : 아래의 $\Sigma(\hat{\theta})$)이라고 부른다.

관찰변수들로 이루어진 모집단 공분산행렬(population covariance matrix)은 Σ로 표기한다. 그리고 이러한 Σ는 다음과 같이 연구모형의 자유모수들(θ)의 함수로 표현된다.

$$\Sigma = \Sigma(\theta)$$

위의 식에서 $\Sigma(\theta)$가 모형함의 공분산행렬이다. 모형추정 혹은 모형적합의 목적은 $[\Sigma - \Sigma(\theta)]$를 최소화하는 $\Sigma(\theta)$를 생산하는 모형모수들의 집합을 찾아내는 것이다. Σ와 $\Sigma(\theta)$의 차이는 모형이 얼마나 잘 자료에 적합한지를 나타낸다. 그런데 Σ와 $\Sigma(\theta)$는 알려져 있지 않기 때문에 실제로는 모집단 공분산행렬(Σ)을 대신하는 표본공분산행렬(S로 표기)과 모형추정 결과 얻어진 모형추정/함의 공분산행렬(model estimated/implied covariance matrix)인 $\Sigma(\hat{\theta})$[5]를 사용하여 이들의 차이인 $[S - \Sigma(\hat{\theta})]$를 최소화시키는 방법을 이용한다. 모형모수 추정치들이 얻어지면 단 하나의 $\Sigma(\hat{\theta})$이 재생된다. $\Sigma(\theta)$와 $\Sigma(\hat{\theta})$는 모두 모형함의 공분산행렬이라고 부르지만 이들의 차이점은 $\Sigma(\theta)$는 모수로 표현한 추상적인 개념이고 $\Sigma(\hat{\theta})$는 연구모형과 S를 이용하여 실제로 재생되는 공분산행렬이다.

이제 CFA의 목적에 대하여 알아본다. CFA의 목적은 표본공분산행렬(S)과 가장 유사한 예측공분산행렬($\Sigma(\hat{\theta})$)을 생산하는 모수추정치들(요인적재량, 요인분산과 공분산, 지표변수 오차분산, 경우에 따라서는 오차공분산)을 구하는 것이다(Brown, 2015). 과대적합모형에서 완벽한 적합은 거의 불가능하다(즉, $S \neq \Sigma(\hat{\theta})$). 따라서 과대적합모형에서 CFA의 목적은 투입(표본)공분산행렬 S를 가장 잘 재생하는(best reproduce) 예측공분산행렬 $\Sigma(\hat{\theta})$를 산출해낼 수 있는 모수추정치들을 발견해내는 것이다. 예를 들어 [그림 2.3]의 모형 C에서 X_1과 X_2의 표본상관계수(σ_{21})에 가장 근접하는 예측된 상관계수($\lambda_{11}*\phi_{11}*\lambda_{21}$)를 찾아내는 것이다. 물론 실제 추정과정에서는 $\lambda_{11}*\phi_{11}*\lambda_{21}$

5) $\Sigma(\hat{\theta})$는 간략하게 $\hat{\Sigma}$로도 표기한다.

뿐만 아니라 모든 모수들의 추정이 동시에 이루어진다. 이러한 추정과정은 적합함수(fitting function)의 사용을 통하여 전개되는데 적합함수(F)는 다음과 같다.

$$F = [S - \Sigma(\hat{\theta})]$$

적합함수는 투입(표본)공분산행렬 S와 예측된 공분산행렬의 차이를 최소화시키는 수식이다. F값이 클수록 S와 $\Sigma(\hat{\theta})$가 일치하지 않는다는 것을 의미하기 때문에 적합함수는 불일치함수(discrepancy function)라고도 부른다. CFA를 포함한 SEM에서 가장 많이 사용되는 추정법은 최대우도 추정법(Maximum likelihood : ML)이며 ML에서 최소화되는 적합함수(F_{ML})는 다음과 같다.

$$F_{ML} = \ln|S| - \ln|\Sigma(\hat{\theta})| + trace[(S)(\Sigma^{-1}(\hat{\theta})] - p \tag{2.3}$$

위의 식에서 $\Sigma^{-1}(\hat{\theta})$는 예측공분산행렬의 역행렬이고 ln은 자연대수이다. $|S|$과 $|\Sigma(\hat{\theta})|$는 각각 투입공분산행렬과 $\Sigma(\hat{\theta})$의 행렬식(determinant)이며 $trace$는 공분산행렬의 대각합(즉, 분산들의 합계)이고 p는 지표변수들의 개수이다.

CFA에서 ML 추정법의 원리는 모집단에서 자료를 다시 추출하는 경우에도 현재 추출된 실제자료를 관찰할 확률을 최대화시키는 모형모수추정치들을 발견하는 것이다. 과대적합모형에서 모수의 추정은 반복과정(iterative process)을 통하여 이루어진다. 이러한 반복과정은 다음과 같다(Lei & Wu, 2012).

1. 반복과정을 시작하기 위하여 모수들의 초기값(starting or initial values : $\hat{\theta}_0$)을 선정한다. 이러한 초기값은 컴퓨터 프로그램이 자동으로 설정하지만 필요에 따라서는 연구자가 지정할 수도 있다.
2. 미지의 모수를 초기값으로 대체하여 계산된 중간 모형함의 공분산행렬(intermediate model-implied covariance matrix : $\Sigma(\hat{\theta}_0)$)을 산출한다.
3. S와 $\Sigma(\hat{\theta}_0)$의 차이를 최소화시키는 새로운 모수추정치들을 구한다. 모수의 초기값들은 이러한 새로운 추정치들로 대체된다.
4. 새롭게 얻어진 추정치들과 직전 추정치들의 변동(차이)이 작다고 판단될 때까지 반복과정은 계속된다.

컴퓨터 프로그램은 S를 가장 잘 재생하는(F_{ML}의 최소화) 모수추정치들을 얻는 과정을 내부적으로 점검하고 평가한다. 위의 반복과정은 수렴기준(convergence criteria)이 충족되면 중단되고 모형이 수렴되었다(더 이상 S와 $\Sigma(\hat{\theta})$의 차이를 최소화할 수 없는 상태)고 말하고 수렴과정의 마지막 단계에서 얻어진 모수추정치들이 최종 모수해로 결정된다. F_{ML}은 모형이 수렴되는 경우에 최소화된다. 이러한 F_{ML}은 곧 이어 다룰 적합도 지수들의 계산에 사용된다.

ML 추정법을 사용하기 위해서는 몇 가지 가정이 필요하다. 이러한 가정들 중에서 주요 가정 세 가지를 살펴보면 첫 번째 가정은 표본크기가 충분히 커야 한다는 것이고[6)] 두 번째 가정은 지표변수들이 연속형(계량) 변수이어야 한다는 것이며 세 번째 가정은 지표변수들이 다변량 정규분포(multivariate normal distribution)를 이루어야 한다는 것이다. 만일 비정규성(non-normality)이 크게 나타나는 경우에는 ML은 편의(biased) 모수추정치를 산출하기 때문에 제5장에서 다룰 다른 추정법들(예 MLM, MLR)을 사용해야 한다. 마찬가지로 한 개 이상의 지표변수가 명목척도로 구성되어 있는 경우에도 알맞은 추정법(WLS 혹은 WLSMV 등)을 사용해야 한다.

2.7 CFA모형의 간단한 예제

이제 실제자료를 이용하여 Mplus에 의한 확인적 요인분석을 실행하기로 한다. Mplus는 많은 시스템 디폴트(system defaults)를 포함하고 있기 때문에 Mplus를 제대로 실행하기 위해서는 이러한 디폴트에 대하여 정확히 숙지하고 있어야 한다. 디폴트는 분석방법(예 CFA, 다중집단분석 등)마다 달라지기 때문에 분석내용에 따른 디폴트를 개별적으로 이해해야 한다. 이러한 디폴트 때문에 Mplus syntax는 다른 SEM 소프트웨어들(LISREL, EQS)보다 프로그램이 상당히 짧은 장점이 있다. 디폴트는 Mplus syntax에 별도로 지정할 필요가 없다. 다음은 CFA를 위한 Mplus 입력파일의 시스템 디폴트이다.

1. Mplus는 기본적으로 version 5부터 공분산구조(covariance structure : COVS)와 평균구조(mean structure)를 모두 도입한 평균 및 공분산 구조(mean and

6) 표본크기가 충분히 크다는 것을 점근적(asymptotic)이라고 한다.

covariance structure : MACS)를 분석한다. 단일집단에 MACS를 사용하는 경우에는 모형식별을 위하여 모든 요인평균은 0으로 고정시킨다. 연구자는 필요에 따라 COVS만 분석할 수도 있다.

2. 각 요인에 적재된 지표변수들 중에서 Mplus syntax에 적은 첫 번째 지표변수를 준거지표로 선정하여 준거지표의 요인적재량을 1로 고정한다.
3. 지표변수의 절편은 자유롭게 추정하고 오차평균은 0이다. COVS를 사용하는 경우에는 절편과 요인평균은 추정에서 제외한다. 또한 COVS의 사용시에 지표변수들은 평균과의 차이로 추정하며 모든 지표변수들의 평균은 0이다.
4. 추정법은 ML을 사용한다. 추정법은 연구자가 임의로 다르게 지정할 수 있다.
5. 요인의 분산과 요인간 공분산 그리고 오차분산은 자유롭게 추정(자유모수)한다.
6. 모든 데이터 파일은 외부에서 불러와야 하고 데이터 파일이 저장되어 있는 장소는 경로를 통하여 지정해야 한다. 단, Mplus syntax와 데이터 파일이 같은 폴더에 저장되어 있는 경우에는 경로를 지정할 필요가 없다.
7. 분석유형은 type=general;을 기본으로 한다. Mplus에는 6가지의 분석유형이 있다.
8. 모든 교차적재량(cross-loadings)과 오차공분산(error covariances)은 0이라고 가정한다. 연구자는 이론과 선행연구결과를 바탕으로 이들을 자유모수로 지정할 수 있다.
9. 고정모수와 제약모수들에 대한 수정지수(modification index)는 10보다 큰 경우에만 제시한다.
10. 결측자료(missing data)의 처리는 FIML(full information maximum likelihood)을 사용한다.
11. 반복과정은 1000회이고 수렴기준은 0.00005이다. 수렴기준이 0.00005라는 의미는 반복과정에서 로그우도함수의 변동 값이 직전 값보다 0.00005 이하로 떨어지면 반복과정을 중단한다는 의미이다. 주어진 반복과정(1000회) 이내에 수렴되지 않는 경우에 연구자는 횟수를 늘릴 수 있고 수렴기준도 변경할 수 있다.

위의 디폴트 1은 중요한 가정이므로 이 장의 후반부에 추가로 설명이 이루어질 예정이다.

여기에서 다룰 CFA모형은 [그림 2.5]와 같다.

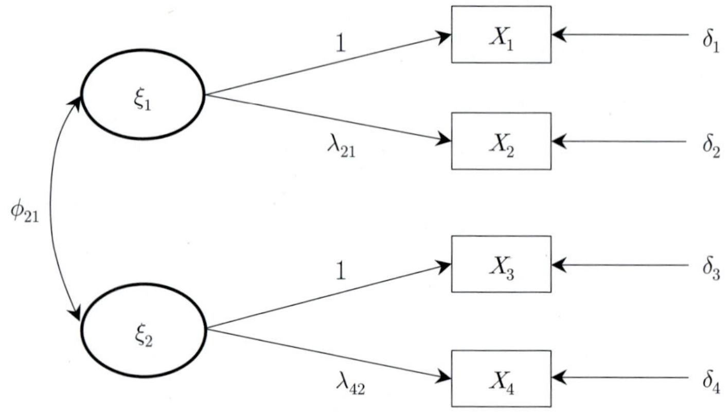

[그림 2.5] 미지의 모형모수로 표현한 CFA모형

[그림 2.5]는 두 개의 요인이 지표변수를 두 개씩 가지고 있고 요인을 척도화하기 위하여 ξ_1은 X_1을 준거지표로 선정하였으며 ξ_2는 X_3를 준거지표로 선정하였고 이들의 요인적재량은 1로 고정하였다. 따라서 이들은 자유모수가 아니다. 그리고 요인과 오차분산은 독립적이고 오차분산간의 관계도 독립적이라고 가정한다. CFA에서 추정해야 할 모수들은 요인적재량(Λ_x)과 요인분산 및 공분산(Φ) 그리고 측정오차분산(Θ_δ)의 세 가지가 있다. 경우에 따라서는 디폴트를 해제하여 오차공분산을 지정하여 추정할 수 있다. [그림 2.5]는 지표변수의 교차적재(cross-loading)와 오차공분산을 허용하지 않았다. 따라서 지표변수들은 동질적 지표변수이다. 구체적으로 [그림 2.5]의 자유모수들은 다음과 같이 9개로 구성되어 있다.

1. 요인적재량(Λ) : λ_{21}, λ_{42}
2. 요인분산과 공분산(Φ) : $V(\xi_1)$, $V(\xi_2)$, $Cov(\xi_1,\xi_2)$
3. 측정오차분산(Θ) : $V(\delta_1)$, $V(\delta_2)$, $V(\delta_3)$, $V(\delta_4)$

알려진 정보의 개수는 지표변수들의 4개의 분산($p=4$)과 6개의 공분산($p(p-1)/2=6$)을 합계한 10개($p(p+1)/2=10$)이다. 그러므로 [그림 2.5]는 자유도가 1 ($df=10-9=1$)인 과대적합모형이고 적합도 지수들이 산출된다. 이들 관계는 다음과 같이 행렬형태로 표현할 수 있다.

$$X=\Lambda_x\xi+\delta$$

$$X \quad = \quad \Lambda_x \quad \xi \quad + \quad \delta$$

$$\begin{pmatrix} X_1 \\ X_2 \\ X_3 \\ X_4 \end{pmatrix} = \begin{pmatrix} 1 & 0 \\ \lambda_{21} & 0 \\ 0 & 1 \\ 0 & \lambda_{42} \end{pmatrix} \begin{pmatrix} \xi_1 \\ \xi_2 \end{pmatrix} + \begin{pmatrix} \delta_1 \\ \delta_2 \\ \delta_3 \\ \delta_4 \end{pmatrix}$$

$X_1 = 1^*\xi_1 + \delta_1$ [7)]

$$X_2 = \lambda_{21}{}^*\xi_1 + \delta_2$$

$$X_3 = 1^*\xi_2 + \delta_3$$

$$X_4 = \lambda_{42}{}^*\xi_2 + \delta_4$$

위의 식은 다음과 같은 행렬방정식으로 나타낼 수 있다.

$$X = \Lambda_x \Phi + \Theta_\delta$$

$$X \quad = \quad \Lambda_x \quad \Phi \quad \Theta_\delta$$

$$\begin{pmatrix} X_1 \\ X_2 \\ X_3 \\ X_4 \end{pmatrix} = \begin{pmatrix} 1 & 0 \\ \lambda_{21} & 0 \\ 0 & 1 \\ 0 & \lambda_{42} \end{pmatrix} \begin{pmatrix} \phi_{11} & \\ \phi_{21} & \phi_{22} \end{pmatrix} + \begin{pmatrix} \delta_{11} & & & \\ 0 & \delta_{22} & & \\ 0 & 0 & \delta_{33} & \\ 0 & 0 & 0 & \delta_{44} \end{pmatrix}$$

여기에서 분석할 Mplus syntax(CFA.inp)와 자료파일(CFA2.dat)은 모두 동일한 폴더(chapter2)에 저장되어 있고 다음의 〈표 2.6〉 및 〈표 2.7〉과 같다. 응답자수는 350명이며 자료유형은 공분산행렬이다.

〈표 2.6〉 투입(표본)공분산행렬

	X_1	X_2	X_3	X_4
X_1	211.6			
X_2	178.78	247.32		
X_3	125.12	158.87	236.12	
X_4	116.85	163.21	181.20	227.78

7) X_1은 다음과 같이 계산된다. $X_1 = 1^*\xi_1 + 0^*\xi_2 + \delta_1$. 또한 $X_2 = \lambda_{21}{}^*\xi_1 + 0^*\xi_2 + \delta_2$이다. 마찬가지로 $X_3 = 0^*\xi_1 + 1^*\xi_2 + \delta_3$와 $X_4 = 0^*\xi_1 + \lambda_{42}{}^*\xi_2 + \delta_4$로 계산된다.

〈표 2.7〉 Mplus syntax

```
Data: file=CFA2.dat;
          type is covariance;
          nobservations=350;
variable: names are x1-x4;
Model: f1 by x1-x2;
       f2 by x3-x4;
Output: samp stdyx residual mod(3.84);
```

〈표 2.7〉의 Mplus syntax를 살펴보면 자료파일의 이름은 CFA2.dat이고 자료의 유형은 공분산행렬(type=covariance)이다. covariance는 줄여서 cova로 표기할 수 있으며 상관행렬의 경우에는 correlation(혹은 줄여서 corr)으로 표기한다. 표준편차의 경우에도 stdeviations(또는 약자로 std)로 표기한다. 표본의 크기는 350명이라는 것을 의미(nobservations : number of observations)한다. 또한 4개의 지표변수의 이름을 표기하였다. "f1 by x1−x2"는 요인 f1은 x1과 x2에 의하여 측정된다는 것을 말한다. 여기에서 by는 is measured by의 약자이다. Output 명령문에서 samp는 표본통계량(sample statistics)을 보여달라는 옵션(sampstat로도 적는다)이고 stdyx는 완전표준화 해(completely standardized solution)를 요구하는 옵션이다. 그리고 residual(res로 표기가능)은 표본공분산행렬과 예측공분산행렬의 차이인 잔차행렬(residual matrix)을 요구하는 옵션이며 마지막으로 mod(modindices로도 표기한다) 옵션을 지정하면 고정모수 혹은 제약모수에 관한 수정지수를 보여준다. 수정지수의 디폴트는 10인데 연구자가 희망하는 크기를 괄호 안에 적어서 디폴트를 무효화할 수 있다. 수정지수는 고정모수(제약모수)를 자유모수로 전환하는 경우에 감소하는 χ^2값이다. 본 syntax에서는 임계값인 $\chi^2 = 3.84\,(p = .05)$를 지정하였다. 이 Mplus syntax에도 위의 모든 디폴트가 적용된다. 예를 들어 요인 f1의 준거지표는 첫 번째 등장하는 x1이고 요인 f2의 준거지표 또한 x3이다.

Mplus가 제공하는 표준화 해의 유형은 크게 세 가지가 있다. 먼저 stdYX 옵션을 사용하면 완전표준화 해를 보여주는데, 이는 연속형 잠재변수의 분산과 결과변수(예 지표변수)의 분산 및 배경변수(background variable : 공변량(covariates)이라고도 부른다)의 분산을 표준화한다. stdY를 지정하면 연속형 잠재변수의 분산과 결과변수의 분산을 표준화한다. MIMIC모형에서 성별과 같은 이분형 공변량(binary covariate)인 경우에는 stdY를 사용해야 한다. 왜냐하면 이분형 변수의 표준화는 의미가 없기 때문이다. 마지막으로 std는 연속형 잠재변수의 분산만을 표준화한다. stdY와 std에 의하여 얻어진 해는 부분표준화 해(partially standardized solutions)라고 부른다.

예를 들어 std는 연속형 잠재변수만을 표준화하고 지표변수는 표준화하지 않기 때문에 부분표준화 해를 산출한다. 그리고 Mplus에서 standardized 옵션(줄여서 stand로 표기가능)을 지정하면 이상의 세 가지 표준화 해를 모두 보여준다. 이들을 요약하면 〈표 2.8〉과 같다.

〈표 2.8〉 유형별 표준화의 대상

분 산	stdYX	stdY	std
연속형 잠재변수	○	○	○
결과변수	○	○	×
공변량	○	×	×

〈표 2.7〉의 Mplus syntax를 실행하면 여러 결과물을 얻을 수 있다. Mplus syntax의 실행은 Mplus 메뉴 아래의 여러 아이콘 중에서 RUN을 클릭하여 이루어진다. 결과물의 첫 부분에는 연구자가 설정한 Mplus syntax가 제시되어 있다. 다음으로 samp 옵션에 해당하는 결과물인 표본공분산행렬을 보여준다. 이는 입력행렬과 동일하다. 다음에는 아래와 같이 모형적합도를 보여준다.

〈결과 2.2〉 모형적합도

```
MODEL FIT INFORMATION
Number of Free Parameters                        9
Loglikelihood
          H0 Value                       -5337.000
          H1 Value                       -5334.209
Information Criteria
          Akaike (AIC)                   10692.000
          Bayesian (BIC)                 10726.722
          Sample-Size Adjusted BIC       10698.171
            (n* = (n + 2) / 24)
Chi-Square Test of Model Fit
          Value                              5.582
          Degrees of Freedom                     1
          P-Value                           0.0181
```

```
RMSEA (Root Mean Square Error Of Approximation)
          Estimate                          0.114
          90 Percent C.I.                   0.038    0.214
          Probability RMSEA <= .05          0.077
CFI/TLI
          CFI                               0.995
          TLI                               0.970
Chi-Square Test of Model Fit for the Baseline Model
          Value                           915.939
          Degrees of Freedom                    6
          P-Value                          0.0000
SRMR (Standardized Root Mean Square Residual)
          Value                             0.011
```

위의 적합도에 관해서는 제3장에서 자세히 설명할 예정이다. 다음으로는 아래와 같이 비표준화 해와 완전표준화 해(stdYX)를 보여준다.

〈결과 2.3〉 비표준화 해와 완전표준화 해

MODEL RESULTS

	Estimate	S.E.	Est./S.E.	Two-Tailed P-Value
F1 BY				
X1	1.000	0.000	999.000	999.000
X2	1.342	0.078	17.236	0.000
F2 BY				
X3	1.000	0.000	999.000	999.000
X4	1.022	0.054	19.008	0.000
F2 WITH				
F1	118.372	13.214	8.958	0.000
Variances				
F1	132.832	15.766	8.425	0.000
F2	176.717	18.444	9.581	0.000
Residual Variances				
X1	78.164	8.000	9.770	0.000
X2	7.364	9.731	0.757	0.449
X3	58.729	7.926	7.410	0.000
X4	42.392	7.575	5.596	0.000

```
STANDARDIZED MODEL RESULTS
STDYX Standardization
                                                Two-Tailed
                  Estimate     S.E.   Est./S.E.    P-Value
 F1      BY
   X1                0.793    0.026     31.083      0.000
   X2                0.985    0.020     49.099      0.000
 F2      BY
   X3                0.866    0.021     41.453      0.000
   X4                0.902    0.019     46.250      0.000
 F2      WITH
   F1                0.773    0.030     25.683      0.000
 Variances
   F1                1.000    0.000    999.000    999.000
   F2                1.000    0.000    999.000    999.000
 Residual Variances
   X1                0.370    0.041      9.145      0.000
   X2                0.030    0.040      0.756      0.450
   X3                0.249    0.036      6.888      0.000
   X4                0.187    0.035      5.307      0.000
R-SQUARE
   Observed                                     Two-Tailed
   Variable       Estimate     S.E.   Est./S.E.    P-Value
   X1                0.630    0.041     15.542      0.000
   X2                0.970    0.040     24.549      0.000
   X3                0.751    0.036     20.726      0.000
   X4                0.813    0.035     23.125      0.000
```

MODEL RESULTS에 제시된 값이 비표준화 해(지표변수의 원래 척도로 표현된 모수추정치)이고 STDYX Standardization에 제시된 값은 완전표준화 해이다. 이들은 반복과정을 거쳐서 계산된 최종모수추정치들이다. 비표준화 해에서 준거지표들(X_1과 X_3)의 요인적재량은 1로 고정되며 이들의 표준오차(S.E.로 표기)는 계산되지 않기 때문에 추정치(Estimate로 표시)에 대한 유의성검정(Est./S.E.)은 이루어지지 않는다. 결과물에서 수치가 999.000으로 나타난 것은 계산불능을 의미한다. 지표변수의 비표준화요인적재량은 해당 지표변수가 적재되어 있는 요인과 지표변수 간의 관계를 나타낸다. 예를 들어 X_2의 비표준화요인적재량 추정치가 1.342로 나타났는데 이러한 결과는 잠재변수가 1단위 증가하면 X_2는 1.342단위만큼 증가한다는 것을 의미한다. 반면에 완전표준화 해에서는 잠재변수와 지표변수가 모두 표준화되었기 때문에 완전표준화요인적재량은 표준화회귀계수로 해석한다. 예를 들어 X_1의 완전표준화요인적재량이 0.793으로 나타났는데, 이러한 수치는 요인 f1이 1표준편차 증가하면 X_1은 0.793표준편차만큼 증가한다고 해석한다. 다음으로 F2 WITH F1(118.372)은 요인 f1과 요인 f2의 공분산을 의미하며 stdYX에서는 두 요인간 상관계수(0.773)로 해석한다. 그리고 Variances는 요인분산인데 예를 들어 요인 F1의 분산은 132.832로 나타났다. stdYX의 결과물에서는 요인분산이 표준화되므로 모든 요인분산은 1로 나타나 있다. 다음으로 표준화 해와 비표준화 해에 나타나 있는 Residual Variances는 표준화 잔차(오차)분산과 비표준화 잔차분산을 의미한다. stdYX의 마지막에는 R-SQUARE 값이 제시되어 있는데 이는 특정 지표변수의 총분산 중에서 해당 지표변수가 적재되어 있는 요인에 의하여 설명되는 분산의 양을 의미하며 공통치 값으로도 부른다. 공통치는 표준화요인적재량의 제곱으로 계산되는데 예를 들어 X_1의 표준화요인적재량이 0.793이므로 X_1의 R-SQUARE 값은 0.630(0.793*0.793=.630)으로 계산된다. 또한 요인 f1에 의하여 설명되지 않는 분산인 X_1의 잔차분산은 $1-0.630=0.370$으로 계산되는데 이 값은 stdYX의 X_1의 잔차분산 값 0.370과 일치한다.

그리고 RESIDUAL OUTPUT에 먼저 예측공분산행렬($\Sigma(\hat{\theta})$)이 나타나 있고 다음으로 S와 $\Sigma(\hat{\theta})$의 차이로 구성된 잔차 공분산행렬과 이에 대한 표준화 잔차행렬이 제시되어 있다.

〈결과 2.4〉 잔차행렬과 표준화 잔차행렬

RESIDUAL OUTPUT

ESTIMATED MODEL AND RESIDUALS(OBSERVED - ESTIMATED)

Model Estimated Covariances/Correlations/Residual Correlations

	X1	X2	X3	X4
X1	210.995			
X2	178.269	246.613		
X3	118.372	158.863	235.446	
X4	121.028	162.427	180.682	227.128

Residuals for Covariances/Correlations/Residual Correlations

	X1	X2	X3	X4
X1	0.000			
X2	0.000	0.000		
X3	6.391	−0.447	−0.001	
X4	−4.511	0.316	0.000	0.001

Standardized Residuals(z-scores) for Covariances/Correlations/Residual Corr

	X1	X2	X3	X4
X1	0.002			
X2	0.009	0.010		
X3	1.859	999.000	999.000	
X4	−5.760	0.566	0.006	0.019

잔차행렬의 값은 (observed−estimated)로 표현되어 있는데 이는 잔차행렬의 각 요소 값들이 $S-\Sigma(\hat{\theta})$의 결과값이라는 것을 의미한다. 잔차행렬의 맨 위에는 모형추정공분산행렬(Model Estimated Covariances)이 나타나 있고 다음에는 잔차행렬 $[S-\Sigma(\hat{\theta})]$이 나타나 있으며 그 밑으로 잔차행렬의 각 요소에 대한 z값으로 표기된 표준화 잔차행렬[Standardized Residuals(z−scores)]이 제시되어 있다. 잔차행렬은 제3장에서 자세히 다룰 예정이다. 마지막으로 모형수정지수가 제시되어 있다. 옵션에서 지정한 것처럼 수정지수는 3.84 이상의 값만을 제시하였다.

〈결과 2.5〉 수정지수

MODEL MODIFICATION INDICES
Minimum M.I. value for printing the modification index 3.840

		M.I.	E.P.C.	Std E.P.C.	StdYX E.P.C.
WITH Statements					
X3	WITH X1	5.538	11.367	11.367	0.168
X3	WITH X2	5.535	−15.252	−15.252	−0.733
X4	WITH X1	5.538	−11.622	−11.622	−0.202
X4	WITH X2	5.536	15.595	15.595	0.883

수정지수에 관한 설명도 제3장에서 자세히 다룰 것이다.

위의 Mplus syntax의 결과를 이용하여 재생(reproduce)의 개념을 알아보기 위하여 몇 가지 계산과정을 보여주고자 한다. 앞서 설명한 바와 같이 CFA에서 재생의 개념은 매우 중요하기 때문에 약간 어렵긴 하지만 이를 이해할 필요가 있다. 예측공분산행렬의 재생과정을 이해하는 것은 적합도 지수들의 산출을 비롯하여 CFA를 이해하는 것의 대부분이라고 해도 과언이 아니다. 따라서 이러한 예측공분산행렬의 개념에 대해서는 반드시 숙지해야 이후의 논의를 이해할 수 있다. 이제 이들에 관하여 구체적인 수치를 제시하고 전체를 개관하고자 한다.

앞서 과대적합모형에서 CFA의 목적은 설문조사 등을 통하여 얻어진 실제자료인 투입공분산행렬(S)을 가장 잘 재생하는 예측(모형함의)공분산행렬($\Sigma(\hat{\theta})$)을 만들어내는 모수추정치들을 발견해내는 것이라고 설명하였다. 즉, 예측공분산행렬의 각 요소(예 λ_{21})들은 재생된 값이고 따라서 이들로 구성된 예측공분산행렬도 재생된 행렬(reproduced matrix)이다. 그리고 이러한 모수추정치들은 반복과정을 통하여 S와 $\Sigma(\hat{\theta})$의 차이가 최소화(수렴기준)되는 시점에서 결정된다. 하나의 S에 대하여 연구자가 설정할 수 있는 연구모형은 여러 가지가 존재하며 연구모형이 달라지면 그에 따라 $\Sigma(\hat{\theta})$가 달라질 것이다. 그리고 어느 모형은 자료(S)에 적합하지만 다른 모형은 자료에 적합하지 않을 수 있다.

재생과정을 이해하기 위해서는 공분산 대수학(covariance algebra)의 이해가 필요하다. 가장 중요한 공분산 대수학 법칙은 다음과 같다(Kenny, 2004).

1. 영 법칙 : $Cov(X,k) = 0$
2. 상수 법칙 : $Cov(kX, Y) = kCov(X, Y)$
3. 분산 법칙 : $Cov(X,X) = V(X)$
4. 합계 법칙 : $Cov(X, Y+Z) = Cov(X, Y) + Cov(X,Z)$

위의 법칙에 따라 간단한 예를 들면 다음과 같다.

$$Cov(aX, Y) = aCov(X, Y)$$
$$Cov(aX, bY) = abCov(X, Y)$$
$$Cov(A, B+C+D) = Cov(A,B) + Cov(A,C) + Cov(A,D)$$
$$Cov(aX+b,\ cY+d) = Cov(aX,cY) + Cov(aX,d) + Cov(b,cY) + Cov(b,d)$$

그리고 약간 복잡한 예는 다음과 같다.

$$\begin{aligned} Cov(aX+bY, X+cZ) &= Cov(aX+bY,X) + Cov(aX+bY,cZ) \\ &= Cov(aX,X) + Cov(bY,X) + Cov(aX,cZ) + Cov(bY,cZ) \\ &= aCov(X,X) + bCov(Y,X) + acCov(X,Z) + bcCov(Y,Z) \\ &= aV(X) + bCov(Y,X) + acCov(X,Z) + bcCov(Y,Z) \end{aligned}$$

위의 공식을 이용하여 [그림 2.5]의 지표변수들의 분산은 다음의 식과 같이 재생된다. 단, $Cov(\xi,\delta)=0$이고 $Cov(\delta_i,\delta_j)=0$이다. 즉, 요인과 오차분산의 공분산은 0이고 오차분산간 공분산도 0이라고 가정한다.

$$
\begin{aligned}
V(X_1) &= Cov(X_1,X_1) = Cov(1*\xi_1+\delta_1,\ 1*\xi_1+\delta_1) = 1*1*V(\xi_1)+V(\delta_1)\\
V(X_2) &= Cov(X_2,X_2) = Cov(\lambda_{21}*\xi_1+\delta_2,\ \lambda_{21}*\xi_1+\delta_2)\\
&= \lambda_{21}*\lambda_{21}*V(\xi_1)+V(\delta_2)\\
V(X_3) &= Cov(X_3,X_3) = Cov(1*\xi_2+\delta_3,\ 1*\xi_2+\delta_3) = 1*1*V(\xi_2)+V(\delta_3)\\
V(X_4) &= Cov(X_4,X_4) = Cov(\lambda_{42}*\xi_2+\delta_4,\ \lambda_{42}*\xi_2+\delta_4)\\
&= \lambda_{42}*\lambda_{42}*V(\xi_2)+V(\delta_4)
\end{aligned}
$$

따라서 지표변수의 분산은 지표변수의 요인적재량의 제곱에 요인분산을 곱한 후에 이 값에 지표변수의 오차분산을 더한 값으로 재생된다.

다음으로 지표변수간의 공분산은 다음과 같이 재생된다.

$$
\begin{aligned}
Cov(X_1,X_2) &= Cov(1*\xi_1+\delta_1,\ \lambda_{21}*\xi_1+\delta_2) = \lambda_{21}*V(\xi_1) = \lambda_{21}*\phi_{11}\\
Cov(X_1,X_3) &= Cov(1*\xi_1+\delta_1,\ \xi_2+\delta_3) = Cov(\xi_1,\xi_2) = \phi_{21}\\
Cov(X_2,X_3) &= Cov(\lambda_{21}*\xi_1+\delta_2,\ \xi_2+\delta_3) = \lambda_{21}*\phi_{21}\\
Cov(X_1,X_4) &= Cov(1*\xi_1+\delta_1,\ \lambda_{42}*\xi_2+\delta_4) = \lambda_{42}*\phi_{21}\\
Cov(X_2,X_4) &= Cov(\lambda_{21}*\xi_1+\delta_2,\ \lambda_{42}*\xi_2+\delta_4) = \lambda_{21}*\lambda_{42}*\phi_{21}\\
Cov(X_3,X_4) &= Cov(1*\xi_2+\delta_3,\ \lambda_{42}*\xi+\delta_4) = \lambda_{42}*V(\xi_2) = \lambda_{42}*\phi_{22}
\end{aligned}
$$

위의 식에서 $V(\xi_1)=\phi_{11}$, $V(\xi_2)=\phi_{22}$, $Cov(\xi_1,\xi_2)=\phi_{21}$로 전환하였다. 위의 공분산의 재생을 요약하면 [그림 2.5]처럼 두 지표변수가 동일요인에 적재되어 있는 경우에 모형예측 공분산은 두 지표변수의 요인적재량을 곱한 값에 요인분산을 다시 곱한 값으로 재생된다. 그리고 서로 다른 요인에 적재되어 있는 두 지표변수의 공분산은 두 지표변수의 요인적재량들과 요인공분산의 곱셈으로 재생된다. 만일 두 지표변수의 오차가 공변(covary)한다면 두 지표변수의 오차공분산을 더해 주어야 한다. 예를 들어 X_3와 X_4의 오차가 공변한다면 이들의 공분산은 다음과 같이 재생된다. 여기에서 $\lambda_{32}=1$(준거지표)이다.

$$Cov(X_3,X_4) = \lambda_{32}*\phi_{22}*\lambda_{42}+\delta_{43}$$

이상의 4개의 지표변수의 분산과 6개의 지표변수 간의 공분산은 모형함의 공분산행렬(〈표 2.9〉)의 요소가 된다.

표본공분산행렬과 모형함의 공분산행렬을 표로 나타내면 다음의 〈표 2.9〉와 같다.

〈표 2.9〉 표본공분산행렬과 모형함의 공분산행렬

	X_1	X_2	X_3	X_4
〈Panel A〉 표본공분산행렬(S)				
X_1	$V(X_1)$ 211.60	–	–	–
X_2	$Cov(X_1,X_2)$ 178.78	$V(X_2)$ 247.32	–	–
X_3	$Cov(X_1,X_3)$ 125.12	$Cov(X_2,X_3)$ 158.87	$V(X_3)$ 236.12	
X_4	$Cov(X_1,X_4)$ 116.85	$Cov(X_2,X_4)$ 163.21	$Cov(X_3,X_4)$ 181.20	$V(X_4)$ 227.78
〈Panel B〉 모형함의 공분산행렬[$\Sigma(\hat{\theta})$]				
X_1	$V(\xi_1)+V(\delta_1)$	–	–	–
X_2	$\lambda_{21}{}^{*}\,V(\xi_1)$	$\lambda_{21}{}^{*}\lambda_{21}{}^{*}\,V(\xi_1)+V(\delta_2)$	–	–
X_3	ϕ_{21}	$\lambda_{21}{}^{*}\phi_{21}$	$V(\xi_2)+V(\delta_3)$	–
X_4	$\lambda_{42}{}^{*}\phi_{21}$	$\lambda_{21}{}^{*}\lambda_{42}{}^{*}\phi_{21}$	$\lambda_{42}{}^{*}\,V(\xi_2)$	$\lambda_{42}{}^{*}\lambda_{42}{}^{*}\,V(\xi_2)+V(\delta_4)$

모형함의 공분산행렬의 각 요소들은 위의 절차를 거쳐서 추정할 수도 있지만 하나의 행렬식에서 계산할 수도 있다. 이를 계산하기 위해서 지표변수들로 구성된 공분산행렬을 나타내면 다음과 같다.

$$\begin{aligned}\Sigma &= E(XX') = E[(\Lambda_x\xi+\delta)(\Lambda_x\xi+\delta)'] = E[(\Lambda_x\xi+\delta)(\xi'\Lambda'_x+\delta')] \\ &= E[\Lambda_x\xi\xi'\Lambda'_x+\delta\delta'] = \Lambda_x\Phi\Lambda'_x+\Theta_\delta \end{aligned} \tag{2.4}$$

위의 식 (2.4)는 공분산구조(COVS)를 나타낸 식으로 앞으로 많이 언급되는 구조이다. 이 식은 지표변수들의 공분산구조는 요인적재량(Λ_x)과 요인분산 및 공분산(Φ) 그리고 오차분산 및 공분산(Θ_δ)의 함수라는 것을 의미하고 있다. 식 (2.4)에서 Λ'_x는 Λ_x의 전치행렬(transpose matrix)[8]이다. 이제 Mplus에서 추정된 자유모수들과 식 (2.4)를 이용하여 모형함의 공분산행렬의 요소들의 값을 재생하기로 한다. 재생된 공분산행렬은 Mplus에서 자동으로 계산하여 결과물(〈결과 2.4〉의 윗부분)을 제

8) 전치행렬은 원래 행렬에 있는 요소들의 행과 열의 위치를 바꾼 행렬이다.

시해 주지만 재생의 개념을 이해하기 위하여 다음과 같이 식 (2.4)를 이용하여 수계산(hand calculation)으로 추정하였다.

$$\Sigma = \begin{pmatrix} \sigma_{11} & & & \\ \sigma_{21} & \sigma_{22} & & \\ \sigma_{31} & \sigma_{32} & \sigma_{33} & \\ \sigma_{41} & \sigma_{42} & \sigma_{43} & \sigma_{44} \end{pmatrix} = \Lambda_x \Phi \Lambda'_x + \Theta_\delta = \begin{pmatrix} 1 & 0 \\ \lambda_{21} & 0 \\ 0 & 1 \\ 0 & \lambda_{42} \end{pmatrix} \begin{pmatrix} \phi_{11} & \\ \phi_{21} & \phi_{22} \end{pmatrix} \begin{pmatrix} 1 & \lambda_{21} & 0 & 0 \\ 0 & 0 & 1 & \lambda_{42} \end{pmatrix} + \begin{pmatrix} \delta_{11} & & & \\ 0 & \delta_{22} & & \\ 0 & 0 & \delta_{33} & \\ 0 & 0 & 0 & \delta_{44} \end{pmatrix}$$

$$= \begin{pmatrix} 1 & 0 \\ 1.342 & 0 \\ 0 & 1 \\ 0 & 1.022 \end{pmatrix} \begin{pmatrix} 132.832 & \\ 118.372 & 176.717 \end{pmatrix} \begin{pmatrix} 1 & 1.342 & 0 & 0 \\ 0 & 0 & 1 & 1.022 \end{pmatrix} + \begin{pmatrix} 78.164 & & & \\ 0 & 7.364 & & \\ 0 & 0 & 58.729 & \\ 0 & 0 & 0 & 42.392 \end{pmatrix}$$

$$= \begin{pmatrix} 1*132.832 & 0 \\ 1.342*132.832 & 0 \\ 1*118.372 & 1*176.717 \\ 1.022*118.372 & 1.022*176.717 \end{pmatrix} \begin{pmatrix} 1 & 1.342 & 0 & 0 \\ 0 & 0 & 1 & 1.022 \end{pmatrix} + \begin{pmatrix} 78.164 & & & \\ 0 & 7.364 & & \\ 0 & 0 & 58.729 & \\ 0 & 0 & 0 & 42.392 \end{pmatrix}$$

$$= \begin{pmatrix} 1*1*132.832 & & & \\ 1*1.342*132.832 & 1.342*1.342*132.832 & & \\ 1*1*118.372 & 1*1.342*118.372 & 1*1*176.717 & \\ 1*1.022*118.372 & 1.342*1.022*118.372 & 1*1.022*176.717 & 1.022*1.022*176.717 \end{pmatrix}$$

$$+ \begin{pmatrix} 78.164 & & & \\ 0 & 7.364 & & \\ 0 & 0 & 58.729 & \\ 0 & 0 & 0 & 42.392 \end{pmatrix}$$

따라서 지표변수들의 분산과 공분산은 다음과 같이 재생된다.

$V(X_1) = \sigma_{11} = 1*132.832*1 + 78.164 = 210.996$,

〈표 2.9〉의 $V(\xi_1) + V(\delta_1)$와 동일

$V(X_2) = \sigma_{22} = 1.342*132.832*1.342 + 7.364 = 246.589$

$V(X_3) = \sigma_{33} = 1*176.717*1 + 58.729 = 235.446$

$V(X_4) = \sigma_{44} = 1.022*176.717*1.022 + 42.392 = 226.97$

$Cov(X_1, X_2) = \sigma_{21} = 1*132.832*1.342 = 178.261$,

〈표 2.9〉의 $\lambda_{21} * V(\xi_1)$와 동일

$Cov(X_1, X_3) = \sigma_{31} = 1*118.372*1 = 118.372$

$Cov(X_1, X_4) = \sigma_{41} = 1.022*118.372*1 = 120.976$

$Cov(X_2, X_3) = \sigma_{32} = 1.342*118.372*1 = 158.855$

$$Cov(X_2, X_4) = \sigma_{42} = 1.342*118.372*1.022 = 162.35$$
$$Cov(X_3, X_4) = \sigma_{43} = 1*176.717*1.022 = 180.605$$

이상의 값들은 Mplus의 결과물(〈결과 2.4〉)에 제시된 모형함의 공분산행렬의 요소 값들과 거의 일치한다. 약간의 차이는 소수점 반올림으로 인한 것이다. 그리고 이러한 재생된 값들은 〈표 2.9〉의 표본공분산행렬의 대응되는 값들과 거의 동일한 값을 나타내고 있다. 앞에서 CFA의 목적은 표본공분산행렬에 가장 근접한 모형함의 공분산행렬을 재생시킬 수 있는 자유모수 추정치들을 찾아내는 것이라고 설명하였다. 이러한 관점에서 보면 우리가 찾아낸 자유모수의 추정치들은 표본공분산행렬에 매우 근접한 모형함의 공분산행렬을 재생시키는 능력이 있다는 것을 확인할 수 있다. 즉, 우리가 설정한 연구모형은 실제자료에 매우 근접(적합)하고 따라서 모형적합도(〈결과 2.2〉)가 양호하게 나타난 것이다.

2.8 COVS와 MACS

앞에서 Mplus의 디폴트 1에 관한 설명이 필요하다고 언급하였다. 이제 행렬식도 알아보았으니 설명에 무리가 없을 것 같다. Mplus는 version 5 이후로 기본적으로 MACS의 분석을 디폴트로 하고 있는데 MACS의 구조는 다음과 같다.

$$\Sigma_{xx} = \Lambda_x \Phi \Lambda'_x + \Theta_\delta \tag{2.5}$$
$$\mu_x = \nu_x + \Lambda_x \alpha \tag{2.6}$$

식 (2.5)는 식 (2.4)와 동일한 수식으로 지표변수들로 구성된 공분산구조(covariance structure : COVS)를 의미하고 식 (2.6)은 평균구조(mean structure)를 나타낸 수식이다. MACS(mean and covariance structure)는 두 구조를 동시에 분석하는 것이다. 식 (2.6)에서 μ_x[μ는 뮤(mu)라고 읽는다]는 특정 지표변수의 평균(indicator mean)이고 ν_x[ν는 nu(누)라고 읽는다]는 해당 지표변수의 절편이며 α(alpha : 알파)는 특정 지표변수가 적재되어 있는 요인의 평균(factor mean)이다. 따라서 지표변수의 평균은 지표변수절편과 요인평균의 함수이다. 중요한 점은 MACS를 분석하는 경우에 모형이 식별되기 위해서는 공분산구조와 평균구조가 별도로 동시에 식별되어야 한다는 것이다(Kline, 2016). 예를 들어 과대식별된 COVS가 과소식별된 평균구조를 식별하지 못한다. 역으로도 마찬가지이다. 만일 평균구조가 적정식별되면 평균구조에서 자유모수의 개수는 지표변수 평균의 개수와 동일하다.

이제 [그림 2.5]를 이용하여 구체적으로 살펴보기로 한다. 먼저 MACS의 분석에 관하여 알아본다. COVS는 요인적재량(Λ_x)과 요인의 분산/공분산(Φ) 및 오차 분산/공분산(Θ_δ)의 함수이므로 자유모수의 개수는 총 9개이다. 그리고 알려진 정보의 개수는 $p(p+1)/2=10$이다. 따라서 COVS는 $df=1$인 과대식별모형이다. 또한 평균구조에서 알려진 정보의 개수는 지표변수의 평균의 개수(p)인 4개인 반면에 자유모수의 개수는 4개의 지표변수절편과 2개의 요인평균을 합계한 6개이다. 그러므로 평균구조는 $df=-2$인 과소식별모형이다. 과소식별모형을 적정식별모형 혹은 과대식별모형으로 만들기 위해서는 특정모수를 제약해야 한다. 이러한 문제를 해결하기 위하여 Mplus에서는 단일집단(single group)[9]에서 MACS를 분석하는 경우에 디폴트로 모든 요인평균들(여기에서는 ξ_1과 ξ_2의 두 요인)을 0으로 제약하고 있다. 따라서 결과물에서는 요인평균이 나타나지 않는다. 이러한 디폴트로 인하여 두 요인평균을 추정하지 않기 때문에 자유모수가 2개 감소하여 평균구조는 적정식별모형이 된다. 따라서 COVS와 평균구조가 모두 식별된다. MACS를 분석하는 경우에 모형식별을 위하여 디폴트로 요인평균을 0으로 고정하지만 지표변수의 절편은 추정한다(Byrne, 2012).

반면에 COVS만 분석하는 경우에는 모든 지표변수들의 평균이 0이 되도록 공분산행렬이 계산되기 때문에 지표변수의 절편과 요인평균은 분석에서 제외된다. MACS를 분석하는 경우에는 알려진 정보의 개수가 달라진다. 즉, 알려진 정보의 개수는 COVS의 정보의 개수($p(p+1)$)와 평균구조의 알려진 정보의 개수(p)를 합계한 값으로 다음과 같이 계산된다(Kline, 2016).

$$p(p+1)+p=p(p+3)/2 \tag{2.7}$$

식 (2.7)을 이용하여 [그림 2.5]의 자유도를 계산하면 다음과 같다. 자유모수의 개수는 COVS의 자유모수 9개와 평균구조의 자유모수 p개로 구성된다.

---

9) 다중집단(multiple groups)에서는 디폴트가 달라지기 때문에 또한 유의해야 한다. 많은 Mplus 이용자들이 이 점을 혼동하고 있는 것 같다. 이러한 내용에 관해서는 제7장에서 자세히 설명할 예정이다.

$$p(p+3)/2-(9+p)=[p(p+1)/2+p]-(9+p)$$
$$=[p(p+1)/2-9]-(p-p)=p(p+1)/2-9=1$$

위의 계산에서 알 수 있는 것처럼 MACS의 자유도는 평균구조의 자유도가 0이기 때문에 COVS의 자유도와 동일하다. 즉, p를 더한 후에 다시 p를 차감한 결과이다.

만일 연구자가 필요에 따라 평균구조는 분석하지 않고 COVS만을 분석하고자 하는 경우에는 ANALYSIS 명령문에 다음과 같이 두 개의 옵션을 함께 추가하면 된다.

```
ANALYSIS: MODEL=NOMEANSTRUCTURE;
          INFORMATION=EXPECTED;
```

위의 명령문에서 NOMEANSTRUCTURE는 붙여서 사용하고 이들을 떼어서 적으면 오류가 발생한다. 참고로 [그림 2.5]의 결과물은 MACS를 디폴트로 지정한 상태에서 분석을 실행한 것인데 결과물에는 지표변수의 절편의 추정치가 나타나 있지 않다. 그 이유는 자료파일이 요약자료로 공분산행렬을 사용하였기 때문이다. 요약자료를 사용하는 경우에 지표변수의 절편을 추정하기 위해서는 지표변수의 평균들(평균벡터)이 필요하다. 평균이 포함된 명령문은 자료유형의 지정을 평균을 포함한 상관행렬의 형태로 TYPE IS MEANS STD CORR로 지정(STD CORR은 약자로 사용한 것이다)하여 입력해야 한다. 물론 자료유형이 원자료(raw data)형태로 이루어진 경우에도 지표변수의 절편을 추정한다.

CHAPTER

3

확인적 요인분석의 세부분석

제2장에서 EFA와 CFA에 대하여 간략하게 알아보았다. 제3장에서는 다른 예제를 이용하여 제2장의 내용을 확대시켜서 CFA 측정모형에 대하여 심도 있게 알아볼 예정이다. CFA의 목적을 다시 한 번 요약하면 CFA는 측정모형에서 구한 모수추정치들을 이용하여 연구자가 실제로 얻은 자료에서 계산된 투입(표본)공분산행렬(S)을 (완벽하게) 재생시키는 것을 목적으로 하고 있다. 하지만 적정식별모형(항상 완벽한 적합도를 보인다)이 아닌 과대식별모형에서는 완벽한 적합도를 달성하는 것은 거의 불가능하다. 따라서 과대식별모형에서 CFA의 목적은 차선책으로 S에 가장 근접한 모형함의(추정) 공분산행렬(예측공분산행렬 : $\Sigma(\hat{\theta})$)을 만들어낼 수 있는 모수추정치들을 찾아내는 것이다. 그리고 이러한 CFA의 분석은 구조모형을 분석하기 위하여 반드시 거쳐야 할 선행요건이다. 만일 CFA의 결과(적합도지수, 모수추정치, 부적절 해의 존재 등)가 합리적이지 않은 상태에서 이를 수정하지 않고 차후의 분석(나중에 설명할 매개분석, 조절분석 및 조절된 매개분석 등)을 수행하여 분석결과를 해석하는 것은 의미가 없다고 할 것이다.

3.1 Big Five에 관한 CFA모형

여기에서 다룰 연구모형은 사람의 성격을 측정하는 Big Five 모형에서 두 가지 성격특성을 선정하여 설정된 것이다. 두 성격요인은 신경증(Neuroticism)과 외향성(Extraversion)으로 이들은 각각 4개의 지표변수로 구성되어 있고 표본의 크기는 250명이다. 자료는 요약자료로 표준편차가 포함된 상관행렬을 투입행렬로 이용하였다. 이 자료는 평균이 포함되지 않았기 때문에 지표변수의 절편은 추정되지 않는다. Mplus syntax와 투입행렬은 각각 〈표 3.1〉과 〈표 3.2〉에 제시하였다. 이들은 폴더 chapter3에 CFA(ch3).inp와 CFA(ch3).dat의 이름으로 함께 저장되어 있다. 이 예제는 Brown(2015)에서 인용한 것이다.

〈표 3.1〉 Mplus syntax

```
TITLE:      TWO FACTOR MODEL OF NEUROTICISM AND EXTRAVERSION
DATA:       FILE IS CFA(ch3).DAT;
            TYPE IS STDEVIATIONS CORRELATION;
            NOBSERVATIONS ARE 250;
VARIABLE:   NAMES ARE N1-N4 E1-E4;
ANALYSIS:   ESTIMATOR=ML;
MODEL:      NEUROT BY N1-N4;
            EXTRAV BY E1-E4;
OUTPUT:     SAMPSTAT MODINDICES(.01) STANDARDIZED RESIDUAL TECH1;
```

〈표 3.2〉 투입행렬(상관행렬 : 표준편차와 상관계수)

	N1	*N2*	*N3*	*N4*	*E1*	*E2*	*E3*	*E4*
	5.7	5.6	6.4	5.7	6.0	6.2	5.7	5.6
N1	1.000							
N2	0.767	1.000						
N3	0.731	0.709	1.000					
N4	0.778	0.738	0.762	1.000				
E1	−0.351	−0.302	−0.356	−0.318	1.000			
E2	−0.316	−0.280	−0.300	−0.267	0.675	1.000		
E3	−0.296	−0.289	−0.297	−0.296	0.634	0.651	1.000	
E4	−0.282	−0.254	−0.292	−0.245	0.534	0.593	0.566	1.000

위의 모형은 2요인 모형으로 다음의 [그림 3.1]과 같다.

Mplus syntax에서 자료유형은 표준편차와 상관계수로 구성된 상관행렬이라는 것을 의미하고 두 요인의 이름은 각각 NEUROT와 EXTRAV로 명명하였다. 추정방법은 ML로 지정하였는데, Mplus의 디폴트가 ML 추정법이므로 지정하지 않아도 된다. OUTPUT 옵션에서 TECH1을 지정하였는데, 이는 모형 내에 있는 모든 모수들에 대한 모수설정형태와 출발 값을 요청하는 매우 유용한 옵션이다. 이를 이용하면 연구자가 추정해야 할 모든 모수들이 적절하게 설정되어 있는지를 확인할 수 있다. 이 모형은 적합도가 매우 양호하여 3.84 이상의 수정지수가 산출되지 않기 때문에 설명의 편의상 0.01 이상으로 설정하였다.

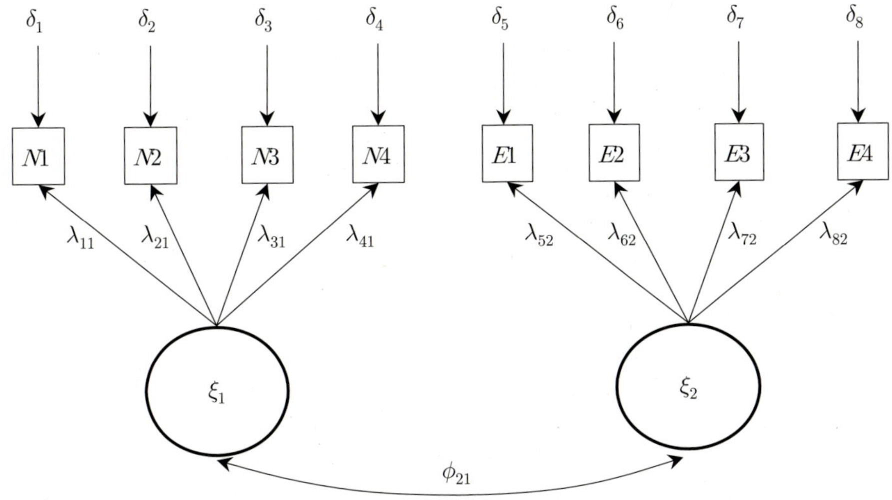

[그림 3.1] 신경증과 외향성의 2요인 CFA모형

[그림 3.1]의 모형은 비록 기본적인 모형이지만 여러 가지 사항들이 내포되어 있다. 먼저 모든 측정오차는 비체계적(unsystematic : 오차상관은 존재하지 않는다)이라고 가정하고 있다. 즉, 동일한 요인에 적재되어 있는 지표변수들의 공분산은 오직 이들의 공통요인에 의하여 설명되기 때문에 공통요인 이외의 다른 이유가 필요가 없다. 예를 들어 *N*1과 *N*2는 서로 상관관계(〈표 3.2〉에서 $r = .767$)가 나타나는데 이러한 관계는 이들의 공통요인인 신경증(ξ_1)에 의하여 영향을 받기 때문에 만일 신경증 요인이 사라진다면 이들의 관계는 0이 된다. 그리고 두 요인은 상관관계를 보이는데 대부분의 CFA에서는 거의 항상 요인간의 상관관계를 허용하고 있다. 또한 두 요인간의 방향성은 설정되지 않는데 만일 연구자가 방향을 설정한다면 측정모형이 아니라 구조모형으로 전환된다.

제2장에서 동일요인에 적재되는 두 지표변수의 공분산은 지표변수의 비표준화 요인적재량들과 공통요인의 분산을 곱한 값으로 재생되고, 다른 요인에 적재되는 두 지표변수의 공분산은 두 지표변수의 비표준화요인적재량을 곱한 후에 여기에 요인공분산을 곱한 값으로 재생된다는 것을 알아보았다. 그런데 이 예제에서는 공분산행렬이 아니라 상관행렬이 투입행렬로 사용되었으므로 상관계수의 재생문제로 전환해야 한다. 하지만 논리는 동일하다. 즉, 두 지표변수의 공분산을 재생하는 공식에서 비표준화요인적재량을 표준화요인적재량으로 전환시키고 요인공분산을 요인상관계수로 변환시키면 된다. 예를 들어 동일요인에 적재되는 *N*2와 *N*3의 공분산은 다음과 같이 재생된다.

$$Cov(N2, N3) = \lambda_{21} * \phi_{11} * \lambda_{31} \quad (3.1)$$

식 (3.1)에서 λ_{21}은 $N2$의 요인적재량이고 λ_{31}은 $N3$의 요인적재량이며 ϕ_{11}은 ξ_1(신경증)의 요인분산이다. 만일 표준화된 경우에는 λ_{21}과 λ_{31}은 표준화요인적재량으로 바뀌고 ϕ_{11}은 표준화되었으므로 1이 된다.

반면에 서로 다른 요인에 적재된 $N2$와 $E2$의 공분산은 다음과 같이 재생된다.

$$Cov(N2, E2) = \lambda_{21} * \phi_{21} * \lambda_{62} \quad (3.2)$$

식 (3.2)에서 ϕ_{21}은 ξ_1과 ξ_2의 공분산인데 표준화된 경우에는 두 요인의 상관관계로 전환된다. 예를 들어 〈표 3.2〉의 투입상관행렬에서 $N2$와 $E2$의 실제 관측된 상관계수는 $r = -.280$으로 나타났다. 따라서 CFA의 추정과정은 식 (3.2)를 이용하여 실제상관계수인 $r = -.280$에 가장 근접하는 예측상관계수를 재생하는 자유모수들(λ_{21}, ϕ_{21}, λ_{62})을 찾아내는 것이다.

위의 모형이 식별되기 위해서는 최소한 필요조건이 충족되어야 한다. 즉, 알려진 정보의 개수가 자유모수의 개수보다 많아야 한다. 투입행렬의 지표변수의 개수(p)가 8개이므로 정보의 개수는 36개($p(p+1)/2 = 36$)인데 이는 공분산의 개수 28개($p(p-1)/2 = 28$)와 분산의 개수 8개($p = 8$)를 합계한 값과 같다. $N1$과 $E1$이 준거지표인 경우에 자유모수는 요인분산 2개와 요인공분산 1개 및 6개의 요인적재량과 8개의 오차분산을 합계한 17개이다. 따라서 [그림 3.1]은 $df = 19$인 과대적합모형이므로 적합도 평가가 적용된다. 지금부터 위의 모형에 대하여 CFA를 실행한 결과를 이용하여 상세한 설명을 제시할 것이다.

3.2 모형평가와 적합도

EFA모형과는 달리 CFA모형은 모형평가에 앞서 연구모형이 이론 혹은 선행연구에 의하여 정당화될 수 있는지를 확인해야 한다. 이러한 정당성이 확보된 후에 CFA의 적합에서 구한 해의 수용성 여부는 세 가지 측면에서 진행된다. 즉, (1) 전반적 적합도(overall goodness of fit), (2) 해의 국부적 오류, (3) 모수의 크기와 해석가능성 및 통계적 유의성 등이 그것이다. CFA에서 전형적인 오류는 전적으로 전반적 적합도를 기준으로 모형을 평가하는 것이다. 하지만 이러한 전반적 적합도지수들은 모형의 적합도 혹은 부적합도(lack of fit)에 관한 서술적이고 전반적인 정도에 관한 정보를 제공할 뿐이다. 즉, 적합도지수들은 연구모형에 관한 CFA 해에서 얻은 모수추정치들이 투입공분산행렬을 잘 재생하는지에 관한 능력을 나타내기 때문에 오설정모형(misspecified model)에 관한 결정적인 증거를 제공하지만 다른 정보는 제공하지 않는다. 따라서 양호한 적합모형이라는 결론을 내리기 위해서는 위의 (2)와 (3)의 확인절차가 병행되어야 한다.

위의 〈표 3.1〉의 syntax를 실행하면 여러 가지 결과물을 얻을 수 있다. 가장 먼저 제시된 결과물은 표본공분산행렬이다. 이는 투입상관행렬을 공분산행렬로 전환시킨 행렬이다. 이러한 결과물은 아래와 같다.

〈결과 3.1〉 표본공분산행렬

SAMPLE STATISTICS

Covariances/Correlations/Residual Correlations

	N1	N2	N3	N4	E1	E2	E3	E4
N1	32.490							
N2	24.483	31.360						
N3	26.667	25.411	40.960					
N4	25.277	23.557	27.798	32.490				
E1	−12.004	−10.147	−13.670	−10.876	36.000			
E2	−11.167	−9.722	−11.904	−9.436	25.110	38.440		
E3	−9.617	−9.225	−10.835	−9.617	21.683	23.006	32.490	
E4	−9.001	−7.965	−10.465	−7.820	17.942	20.589	18.067	31.360

위의 표본공분산행렬의 각 요소들은 투입상관행렬에서 계산된 값들이다. 이들을 계산하기 위해서는 다음의 간단한 공식이 필요하다.

$$r_{YX} = Cov(Y,X)/\sigma_Y\sigma_X \tag{3.3}$$

식 (3.3)에서 r_{YX}는 두 변수 X와 Y의 상관계수이고 σ_Y와 σ_X는 각각 Y와 X의 표준편차이다. 우리가 구하려는 것은 두 변수의 공분산이므로 위의 식을 다음과 같이 변형하여 사용하면 된다. 이들 수식은 모형함의(예측된) 공분산과 모형함의 상관계수를 계산하는 경우에 동일하게 적용된다.

$$Cov(Y,X) = r_{YX}{}^{*}\sigma_Y{}^{*}\sigma_X \tag{3.4}$$

이제 식 (3.4)를 이용하여 투입공분산행렬의 몇 가지 요소 값들을 계산해 보기로 한다. 먼저 분산을 대표하여 $N1$의 분산($Cov(N1, N1)$)은 다음과 같이 계산된다. 투입상관행렬에서 $\sigma_{N1} = 5.7$로 제시되어 있고 $N1$과 $N1$의 상관계수는 1이다.

$$Cov(N1, N1) = 1{*}5.7{*}5.7 = 32.49$$

그리고 동일요인(ξ_1)에 적재되어 있는 두 지표변수 $N1$과 $N2$의 공분산은 다음과 같다.

$$Cov(N1, N2) = .767{*}5.7{*}5.6 = 24.483$$

또한 서로 다른 요인에 적재되어 있는 $N3$와 $E1$의 공분산은 다음과 같이 계산된다.

$$Cov(N3, E1) = (-.356){*}6.4{*}6 = -13.67$$

이상의 값들은 투입(표본)공분산행렬의 값들과 모두 동일한 것을 확인할 수 있다.

3.2.1 전반적(서술적) 적합도지수

적합도지수들을 알아보기 전에 결과물에 제시되어 있는 다른 값들에 대하여 간략하게 개관하기로 한다. 결과물에는 위의 투입공분산행렬 다음에 아래와 같은 결과를 보여준다.

〈결과 3.2〉 모형의 전반적 적합도지수들

```
MODEL FIT INFORMATION
Number of Free Parameters                        17
Loglikelihood
          H0 Value                        -5748.501
          H1 Value                        -5741.858
Information Criteria
          Akaike (AIC)                    11531.002
          Bayesian (BIC)                  11590.866
          Sample-Size Adjusted BIC        11536.975
            (n* = (n + 2)/24)
Chi-Square Test of Model Fit
          Value                              13.285
          Degrees of Freedom                     19
          P-Value                            0.8237
RMSEA (Root Mean Square Error Of Approximation)
          Estimate                            0.000
          90 Percent C.I.                     0.000    0.034
          Probability RMSEA <= .05            0.990
CFI/TLI
          CFI                                 1.000
          TLI                                 1.007
Chi-Square Test of Model Fit for the Baseline Model
          Value                            1253.791
          Degrees of Freedom                     28
          P-Value                            0.0000
SRMR (Standardized Root Mean Square Residual)
          Value                               0.019
```

위의 결과물들 중에서 맨 처음에 자유모수의 개수가 17개라고 제시하고 있는데 이는 앞에서 확인한 바와 같다. 다음으로 두 가지의 로그우도함수 값(Loglikelihood)이 제시되어 있는데, 먼저 H0 value(−5748.501)는 연구모형([그림 3.1])의 로그우도함수 값이고 H1 value(−5741.858)는 포화모형(saturated model)[1)]의 로그우도함수 값을 의미한다. 몇 단계 건너면 기저모형의 모형적합도에 대한 카이자승(χ^2)검정

1) 포화모형이란 적정식별모형(표본공분산행렬을 정확하게 재생하는 모형)과 같이 자유모수의 개수와 알려진 정보의 개수가 동일한 모형을 말한다. 즉, 자유도가 0인 모형을 의미한다.

(Chi-square Test of Model Fit for the Baseline Model)의 결과가 제시되어 있다. 기저모형이란 모형 내의 모든 변수는 서로 독립적(관계가 없다)인 경우를 말한다. 기저모형에서는 모든 요인적재량(Λ)이 0이고 요인분산과 공분산행렬(Φ)도 0(요인분산과 요인공분산이 0)이라고 가정한다. 단, 기저모형에서는 지표변수의 절편과 잔차분산은 자유모수로 설정된다. 기저모형의 결과는 디폴트로 보여주지만 이를 독립적으로 추정하려면 〈표 3.1〉의 syntax 중에서 Model command를 다음과 같이 변형시켜 주면 된다. 기저모형에 관한 syntax는 chapter3 폴더에 CFA(ch3 baseline model).inp로 저장되어 있다.

```
MODEL:  NEUROT BY N1-N4@0;
        EXTRAV BY E1-E4@0;
        NEUROT@0; EXTRAV@0;
        NEUROT WITH EXTRAV@0;
```

위의 명령문에서 NEUROT BY N1-N4@0은 N1부터 N4까지의 지표변수들이 잠재변수 NEUROT에 적재되는데 이들의 요인적재량을 모두 0으로 고정시키라는 의미이다. 마찬가지로 NEUROT@0과 EXTRAV@0은 두 요인의 분산을 0으로 고정시키고 NEUROT WITH EXTRAV@0은 두 요인의 공분산을 0으로 고정시키라는 의미[2]이다. 명령문을 전환한 후에 이를 실행하면 연구모형에서 제시된 기저모형의 통계량 값과 동일한 값을 얻을 수 있다.

이제 본격적으로 적합도지수들에 대하여 살펴보기로 한다. 적합도지수들은 일반적으로 두 부류로 분류된다(Byrne, 2012). 하나는 비교 적합도지수(comparative indices of fit : Hu & Bentler, 1999) 또는 증분(incremental) 적합도지수이고 다른 하나는 절대 적합도지수(absolute fit indices)이다. 증분 적합도지수는 내포모형인 기저모형에 비하여 연구모형의 적합도가 상대적으로 얼마나 향상되었는지에 관한 측정치이고 절대 적합도지수는 사전에 설정한 연구자의 연구모형이 표본공분산행렬을 얼마나 잘 재생하는지를 평가하는 것이다(Hu & Bentler, 1999). 비록 증분 적합도지수와는 달리 절대 적합도지수는 모형적합도를 비교하는 대상으로서의 참조모형이 없지만 실질적으로는 표본공분산행렬을 완벽하게 재생하는 포화모형과의 비교가

2) Mplus syntax에 외생변수명을 적으면 해당변수의 분산을 추정하라는 것을 의미한다. 반면에 내생변수명을 적으면 내생변수의 오차분산을 의미한다. 그리고 with 옵션은 correlated with의 약자로 두 변수의 상관관계(혹은 공분산)를 나타낸다.

이루어진다고 할 수 있다.

증분 적합도지수에는 CFI(Comparative Fit Index)와 TLI(Tucker-Lewis Fit Index)의 두 가지가 있고 절대 적합도지수에는 χ^2값과 RMSEA(Root Mean Square Error of Approximation) 및 SRMR(Standardized Root Mean Square Residual)의 세 가지가 있다.[3] 증분적합도는 적합도지수가 클수록 양호하다고 판정하지만 RMSEA와 SRMR은 적합도지수가 작을수록 좋기 때문에 Browne et al.(2002)은 이들을 절대부적합지수(absolute *misfit* indices)라고 명명하였다. 이제부터 이들을 차례로 살펴보기로 한다.

3.2.1.1 χ^2검정

절대 적합도지수의 첫 번째인 χ^2검정은 절대적인 수준에서 모형적합도를 평가하는 것이다. χ^2검정은 완벽적합도 가설(exact-fit hypothesis)을 검정하는 것이다. 즉, 재생된 모형함의 공분산행렬이 표본공분산행렬을 정확하게 재생하는지를 검정하는 것이다. 이러한 가설은 다음과 같이 표현된다.

$$H_0 : \Sigma = \Sigma(\theta) \qquad (3.5)$$

앞서 언급한 바와 같이 Σ와 $\Sigma(\theta)$는 측정할 수 없기 때문에 실제로는 Σ 대신 S를 사용하고 $\Sigma(\theta)$ 대신 $\Sigma(\hat{\theta})$를 이용하여 검정($H_0 : S = \Sigma(\hat{\theta})$)한다. 따라서 χ^2검정은 S와 $\Sigma(\hat{\theta})$의 차이인 잔차행렬(residual matrix)이 0인지(예측공분산행렬이 표본공분산행렬을 정확히 재생하는지)에 관한 귀무가설을 검정하는 것이다. 연구자는 H_0가 기각되지 않기를 희망할 것이다. 만일 H_0가 채택된다면 이러한 결과는 추정된 모수들로 구성된 예측공분산행렬($\Sigma(\hat{\theta})$)이 표본분산행렬을 잘 재생하는 것을 의미하고 모형이 자료에 잘 적합하다(the model fits the data well)고 말한다. 그리고 자료가 모형에 잘 적합하다고는 말하지 않는데 그 이유는 자료(S)는 정해져 있고 무수히 존재하는 가상모형 중에서 하나의 모형을 택한 연구자의 연구모형에 의한 예측공분산행렬이 자료인 표본공분산행렬을 잘 재생하는지에 관한 평가이기 때문이다. 그리고 통계적으로 유의한 χ^2값(H_0의 기각)은 모형추정치들이 표본공분산행렬을 충분히 재생하지 못한다는 대립가설($S \neq \Sigma(\hat{\theta})$)을 지지하는 것이다. 즉, 모형은 자료에 잘 적합하지

3) Brown(2015)은 RMSEA를 떼어서 간명성 수정지수(parsimony correction index)로 따로 분류하기도 한다.

않다(the model does not fit the data well)라고 말한다. χ^2값이 0이면 완벽한 적합도를 의미하는 반면에 큰 χ^2값은 양호하지 않은 적합도를 의미하기 때문에 χ^2값은 적합도(goodness-of-fit)라기보다는 사실상 부적합도(*badness-of-fit*)에 관한 측정치라고 할 수 있다(Wang & Wang, 2012).

이러한 χ^2검정은 다르게 해석할 수도 있다. 즉, χ^2검정은 연구모형이 자료를 완벽하게 적합시키는 포화모형보다 더 우수한 모형인지를 검정한다는 것이다(West, Taylor, & Wu, 2012). 즉, 가장 복잡한 포화모형의 몇 가지 자유모수들을 제약모수로 변경하여 보다 간명한 모형인 연구모형을 설정한 후에 이러한 연구모형(간명모형)이 포화모형(복잡모형)에 비하여 적합도가 향상되었는지를 검정하는 것이다. 이러한 관점에서 보면 χ^2검정은 복잡모형과 간명한 모형인 내포모형에 대한 우도비 검정(likelihood ratio(LR) test)의 특수한 케이스에 지나지 않는다고 할 수 있다.

어떤 모형 A(간명모형)의 자유모수들이 모형 B(복잡모형)의 자유모수들의 부분집합인 경우에 모형 A는 모형 B에 내포된다(model A is nested within model B)고 한다. 모형 B에 비하여 모형 A의 적합도가 향상되었는지는 전형적으로 χ^2차이검정(χ^2 difference test)을 이용하여 검정한다. 즉, 이는 더 적은 수의 모수를 추정하는 간명모형의 적합도가 더 많은 자유모수를 가진 복잡모형의 적합도보다 적어도 나쁘지 않다는 귀무가설을 검정한다. χ^2차이검정에 대해서는 모형의 비교부분에서 상세한 설명이 이루어질 것이다. 이와 관련하여 χ^2값을 계산하는 두 가지 방법들을 미리 소개하고자 한다. χ^2값을 계산하는 첫 번째 방법은 다음과 같다.

$$\chi^2 = -2(LL_{H_0} - LL_{H_1}) \tag{3.6}$$

식 (3.6)에서 LL_{H_0}는 연구모형의 로그우도함수 값(결과물의 로그우도함수 값에서 H0 value=-5748.501)이고 LL_{H_1}은 포화모형의 로그우도함수 값(H1=-5741.858)이다. 따라서 χ^2값은 $\chi^2 = -2(-5748.501 - (-5741.858)) = 13.285$로 계산된다. 그런데 이러한 $\chi^2(df=19)$값은 $p = .8237$로 귀무가설이 채택되므로 연구모형을 기반으로 추정된 자유모수들로 구성된 예측된 공분산행렬은 표본공분산행렬을 매우 잘 재생시킨다고 결론을 내린다. 즉, 모형은 자료에 적합하다. χ^2값을 계산하는 두 번째 방법은 다음과 같다.

$$\chi^2 = F_{ML}(N-1) \tag{3.7}$$

식 (3.7)에서 F_{ML}은 ML 추정법에 의하여 계산된 적합함수 값이고 N은 표본의 크기이다.[4)]

χ^2값은 비록 많이 사용되는 방법이지만 여러 가지 단점이 있기 때문에 단독으로 사용하지 않고 다른 적합도들과 병행하여 사용해야 한다. χ^2값의 주요 문제점은 세 가지가 있다. (1) 많은 경우(예 소규모 표본 혹은 비정규 자료)에 χ^2분포를 이루지 않기 때문에 유의성검정의 신뢰도를 저하시키고 (2) 표본의 크기(식 (3.7)의 N)가 증가함에 따라 χ^2값이 과대평가될 가능성이 있으며 (3) χ^2검정은 $S=\Sigma(\hat{\theta})$이라는 매우 엄격한 가설에 근거하고 있다.

그리고 χ^2값이 표본의 크기에 민감하다는 단점을 보완하기 위하여 표준화된 χ^2값(normed χ^2)을 사용하는 경향이 있다. 표준화된 χ^2값은 χ^2값을 자유도로 나눈 값(χ^2/df)이다. 하지만 이러한 방법은 사용에 신중을 기해야 한다(Wheaton, 1987). 예를 들어 Kline(2016)은 이 방법을 사용하지 말아야 한다고 권장하는데 그 이유는 다음과 같다. (1) χ^2값은 오직 오설정된 모형에서만 표본크기에 민감하다. (2) df는 표본의 크기와 아무런 관련이 없다. (3) 표준화된 χ^2값의 최대값에 대한 수용가능한(acceptable) 명확한 기준(예 2.0 이하? 3.0 이하?)이 전혀 없다.

3.2.1.2 SRMR

절대적 적합도의 두 번째는 SRMR이다. SRMR을 이해하기 위해서는 세 가지 행렬을 이해해야 한다. 즉, CFA에서 사용되는 행렬은 표본공분산(상관)행렬(S)과 예측공분산(상관)행렬($\Sigma(\hat{\theta})$) 그리고 이들의 차이로 구성된 잔차공분산(상관)행렬($S-\Sigma(\hat{\theta})$)의 세 가지가 있다. SRMR을 살펴보기 전에 먼저 RMR(Root Mean Square Residual)을 알아보기로 한다. RMR은 다음과 같이 정의된다(Jöreskog & Sörbom, 1981).

$$RMR=(\sum_j\sum_k(s_{jk}-\sigma_{jk})^2/e)^{1/2} \tag{3.8}$$

식 (3.8)에서 s_{jk}는 표본공분산행렬의 요소들이고 σ_{jk}는 예측공분산행렬의 대응되는 요소들이다. 그리고 e는 $e=p(p+1)/2$(정보의 개수)이며 여기에서 p는 지표변수의 개수이다. 따라서 RMR은 S와 $\Sigma(\hat{\theta})$의 하삼각 행렬부분의 대응되는 요소들의

---

4) Mplus에서는 표본의 크기를 $N-1$ 대신 N을 사용한다. LISREL에서도 Version9.1부터 동일한 방법을 사용한다. 이러한 방법의 정당성은 Mplus의 홈페이지(www.statmodel.com)에서 pdf파일을 다운받아서 읽으면 된다.

차이를 제곱하여 정보의 개수로 나눈 값의 제곱근이다. 즉, 쉽게 말하면 두 공분산행렬 S와 $\Sigma(\hat{\theta})$의 평균차이를 말한다. 그런데 RMR은 측정변수의 척도에 영향을 받기 때문에 해석상의 문제가 따른다. 이를 보완하기 위하여 RMR(공분산행렬의 차이)을 표준화한 SRMR(상관행렬의 차이)을 사용한다. SRMR은 다음과 같이 정의된다 (Bentler, 1995).

$$SRMR = ((\sum_j \sum_k r_{jk}^2)/e)^{1/2} \tag{3.9}$$

식 (3.9)에서 r_{jk}는 표본상관행렬의 하삼각 요소들과 이에 대응되는 예측상관행렬의 요소들 간의 차이이다. 즉, r_{jk}는 다음과 같다.

$$r_{jk} = (\frac{s_{jk}}{\sqrt{s_{jj}}\sqrt{s_{kk}}}) - (\frac{\sigma_{jk}}{\sqrt{\sigma_{jj}\sqrt{\sigma_{kk}}}}) \tag{3.10}$$

식 (3.10)에서 s_{jk}는 지표변수 X_j와 X_k의 표본공분산이고 σ_{jk}는 이와 대응되는 예측공분산이다. s_{jj}와 s_{kk}는 표본분산이며 σ_{jj}와 σ_{kk}는 예측된 분산이다. 따라서 SRMR은 표본상관행렬의 하삼각 요소들(상관계수)과 이에 대응되는 예측상관행렬의 상관계수들의 차이를 제곱하여 정보의 개수로 나눈 후에 이에 제곱근을 씌운 것이다. 즉, 표본상관행렬의 상관계수들과 예측상관행렬의 상관계수들의 평균차이를 의미하는 것이다.

이상에서 SRMR의 의미와 계산공식을 알아보았다. 하지만 수식보다는 직접 계산해 보는 것이 이해를 더 증진시키기 때문에 지금부터 수계산으로 SRMR을 계산해 본다. 앞에서 SRMR은 표본상관행렬과 예측된 상관행렬의 요소들 간의 차이인 잔차 상관행렬의 하삼각 요소들을 모두 제곱하여 더한 후에 이를 정보의 개수로 나눈 값이라는 것을 확인하였다. 그런데 Mplus 결과물은 예측공분산행렬을 제시하기 때문에 예측상관행렬은 수계산으로 도출해야 한다. 먼저 Mplus를 실행하면 결과물의 뒷부분에 다음과 같은 예측공분산행렬의 결과가 제시되어 있다.

〈결과 3.3〉 결과물에 제시된 예측공분산행렬

Model Estimated Covariances/Correlations/Residual Correlations

	N1	N2	N3	N4	E1	E2	E3	E4
N1	32.360							
N2	23.869	31.234						
N3	27.122	25.553	40.796					
N4	25.253	23.792	27.035	32.360				
E1	−10.512	−9.904	−11.254	−10.478	35.856			
E2	−11.295	−10.641	−12.092	−11.258	24.771	38.286		
E3	−9.832	−9.263	−10.526	−9.800	21.563	23.168	32.360	
E4	−8.553	−8.058	−9.157	−8.526	18.758	20.155	17.545	31.235

이러한 예측공분산행렬에서 예측상관행렬을 도출해야 한다. 예측상관행렬의 재생방법은 식 (3.1)과 식 (3.2)를 이용하면 된다. 예를 들어 동일요인에 적재된 $N1$과 $N2$의 상관계수는 다음과 같이 재생된다.[5] λ_{11}과 λ_{21}은 결과물에 제시된 표준화 요인적재량(〈결과 3.7〉 참조)이다.

$$Cov(N1, N2) = \lambda_{11}\phi_{11}\lambda_{21} = .885*1*.849 = .751$$

또한 서로 다른 요인에 적재된 지표변수 $N1$과 $E1$의 예측된 상관계수는 다음과 같다.

$$Cov(N1, E1) = \lambda_{11}\phi_{21}\lambda_{52} = .885*(-.435)*.802 = -.309$$

이와 같은 방식으로 모든 예측된 상관계수를 계산하면 다음의 예측상관행렬이 도출된다.

5) 표기는 공분산인 $Cov(N1, E1)$로 되어 있지만 실제로는 상관계수($r_{N1,N2}$)를 의미한다.

〈예측된 상관행렬〉

	N1	N2	N3	N4	E1	E2	E3	E4
N1	1							
N2	.751	1						
N3	.747	.717	1					
N4	.781	.749	.744	1				
E1	−.309	−.296	−.294	−.308	1			
E2	−.321	−.308	−.306	−.319	.669	1		
E3	−.304	−.291	−.289	−.303	.633	.658	1	
E4	−.269	−.258	−.257	−.268	.561	.583	.552	1

마지막으로 잔차상관행렬은 표본상관행렬(표 3.2)과 예측상관행렬의 각 요소들의 차이로 구성된다. 위에서 알아본 바와 같이 SRMR을 계산하는 경우에 이러한 잔차들은 제곱하기 때문에 잔차행렬에는 편의상 음수부호를 생략하였다. 계산된 잔차행렬은 〈결과 3.4〉와 같다.

〈결과 3.4〉 계산된 잔차행렬

	N1	N2	N3	N4	E1	E2	E3	E4
N1	0							
N2	.016	0						
N3	.016	.008	0					
N4	.003	.011	.018	0				
E1	.042	.006	.062	.001	0			
E2	.005	.028	.011	.052	.006	0		
E3	.008	.002	.008	.007	.001	.007	0	
E4	.013	.004	.035	.023	.027	.010	.014	0

SRMR은 잔차행렬에 나타나 있는 개별 요소들을 자승하여 이들을 합계한 후에 정보의 개수(잔차행렬의 요소들의 개수 : 36개)로 나누고 제곱근을 씌워서 계산된다. 따라서 SRMR은 다음과 같이 계산된다.

$$SRMR = \sqrt{(0^2 + .016^2 + \cdots + .014^2 + 0^2)/36} = 0.019$$

위의 값은 Mplus 실행결과 얻어진 값(SRMR=0.019)과 정확히 일치하는 것을 확인할 수 있다. SRMR이 표본상관행렬과 예측상관행렬의 평균차이(즉, 표준화잔차의 평균값)를 의미하므로 이러한 결과는 연구모형이 평균 0.019의 오차 내에서 상관관계들을 설명한다고 해석할 수 있다. SRMR을 이와 같이 자세히 설명하는 이유는 SRMR이 적합도지수들 중에서 매우 중요한 비중을 차지하기 때문이다(Hu & Bentler, 1999). 또한 이와 더불어 상관행렬의 재생과 잔차행렬의 이해를 증진시킬 목적이다. 이러한 SRMR은 표준화된 값이므로 0에서 1 사이의 값을 가지며 SRMR의 값이 0.05 이하인 경우에는 매우 양호한 적합도로 판단한다(Byrne, 2012).

3.2.1.3 RMSEA

연구모형이 옳다고 전제(귀무가설)하는 χ^2검정과는 달리 RMSEA는 연구모형이 어느 정도는 불완전하다는 가정에서 출발한다. 연구모형이 불완전하다는 것은 모형이 오설정되어 있다는 것(misspecification)을 의미한다. χ^2분포의 경우에 식 (3.5)와 같이 귀무가설이 맞는 경우에는 중심 χ^2분포(central χ^2 distribution)를 따르지만 만일 귀무가설이 맞지 않는다면 비중심 χ^2분포(noncentral χ^2 distribution)[6]를 따른다. 비중심 χ^2분포는 모형의 적합도가 완벽하지 않은 경우의 적합함수(F_{ML})의 분포를 의미한다. 비중심 χ^2분포는 추가모수인 비중심모수(noncentral parameter : NCP)를 필요로 한다. 비중심모수는 λ로 표기하며 모형이 오설정되어 있는 정도를 측정하는 모수이다. 즉, 연구모형의 오설정 정도가 커질수록 λ값은 증가한다. 이러한 λ는 모형의 χ^2값에서 모형자유도(df)를 차감한 값($\lambda = \chi^2 - df$)으로 추정되며 λ가 음수인 경우에는 $\lambda = 0$으로 대체한다. 모형적합도가 완벽한 경우에는 $\lambda = 0$이 되고 중심 χ^2분포를 따른다. 반면에 모형적합도가 불완전한 경우에는 $\lambda > 0$이 되고 분포의 기댓값이 중심 χ^2분포의 오른쪽으로 이동하게 된다. 비중심 χ^2분포에서 $\lambda = 0$이 되면 비중심 χ^2분포는 중심 χ^2분포가 되기 때문에 중심 χ^2분포는 비중심 χ^2분포의 특수한 형태이다. RMSEA에서 근사오류(error of approximation)라고 명명한 이유는 모집단에서 모형의 완벽성을 가정하는 χ^2와는 달리 RMSEA는 모형이 모집단에서 비교적 잘(reasonably well) 적합하는지의 정도를 평가하기 때문이다(Brown, 2015). 그리고 λ(NCP)의 값은 λ를 표본의 크기(N)로 나누어 $(\chi^2 - df)/N$으로 재조정(rescaled)된다. 이러한 RMSEA는 다음과 같이 측정된다.

---

6) 이에 관한 자세한 설명은 MacCallum, Browne, & Sugawara(1996)에 제시되어 있다.

$$RMSEA = \sqrt{\frac{(\chi^2 - df)}{N} * \frac{1}{df}} \tag{3.11}$$

식 (3.11)을 살펴보면 자유도 한 개당($1/df$) 모형의 부적합도($\chi^2 - df$)가 계산되기 때문에 RMSEA는 모형의 간명성(혹은 복잡성)을 고려하고 있다. 정리하면 모형의 복잡성이 증가할수록(df가 작아질수록) λ가 증가하고 그 결과 RMSEA 값은 증가한다. 이러한 사실은 간명한 모형에 대하여는 보상(reward)을 주고 복잡한 모형에는 벌점(penalty)을 주고 있다는 것을 의미한다.[7] 간명성 원칙(parsimony principle : Kline, 2016)에 의하면 두 모형의 적합도가 비슷한 경우에 간명한 모형(df가 큰 모형)이 이론적으로 정당화될 수 있다면 간명한 모형이 선호된다. 이러한 이유로 Brown (2015)은 RMSEA를 간명성 수정지수(parsimony correction index)라고 명명하였다.

Mplus 결과물에 RMSEA의 값이 0으로 나타나 있는데 이는 $\chi^2 - df = 13.285 - 19 = -5.715$의 음수가 되어 $\chi^2 - df = 0$으로 간주하기 때문에 식 (3.11)이 0으로 계산되었다. MacCallum & Austin(2000)은 다음의 세 가지 이유로 RMSEA의 사용을 적극 권장하였다. (1) RMSEA는 모형오설정에 매우 민감하다(Hu & Bentler, 1998). (2) 해석가능한 가이드라인이 존재한다. (3) RMSEA 값의 신뢰구간(confidence interval)을 설정할 수 있다. RMSEA는 상한선이 없지만 1보다 큰 값은 드물다. SRMR과 마찬가지로 RMSEA의 값이 0에 가까울수록 양호한 모형적합도(0이면 완벽한 적합도)를 의미한다. 그리고 RMSEA의 값은 클수록 나쁜 적합도를 의미하기 때문에 RMSEA는 부적합도(badness-of-fit)지수이다.

비중심 χ^2분포는 RMSEA의 신뢰구간(전형적으로 90% 신뢰구간을 사용한다)을 계산하는 데에 사용될 수 있다. 이러한 신뢰구간은 RMSEA의 점추정치(point estimate : ϵ(epsilon : 입실론)로 표기)의 정확도를 나타내기 때문에 RMSEA를 보고하는 경우에 신뢰구간을 함께 보고하는 것이 권장되고 있다(MacCallum et al., 1996). 하지만 신뢰구간의 폭은 표본의 크기와 자유모수의 개수에 영향을 받는다는 사실을 염두에 두어야 한다. 즉, 표본의 크기가 작은 경우에 자유모수가 많은 복잡한 모형은 넓은 신뢰구간의 폭을 수반하는 경향이 있다. 결과물에는 RMSEA의 90% 신뢰구간(90 Percent C. I.)이 [0.000, 0.034]로 나타나 있다. 따라서 RMSEA의 값은 0.000과 0.034 사이에 위치한다고 90% 확신할 수 있다.

그리고 완벽한 적합도(perfect fit)를 검정하는 χ^2의 엄격한 특성을 보완하기 위

---

7) 하지만 Mulaik(2009, pp. 339–341)는 RMSEA가 간명성을 반영하는 것이 아니고 나아가 RMSEA가 반드시 간명한 모형을 선호하는 것은 아니라고 반박한다.

하여 RMSEA를 이용하여 모형의 적합도가 근사적으로 적합한지에 관한 근사적합도(close fit)가 사용된다. 근사적합도는 RMSEA의 값이 0.05 이하인지를 검정하는 것이다. 즉, 근사적합가설(close-fit hypothesis) $H_0 : \epsilon \leq .05$의 단측검정(one-sided test)을 실시하는 것이다. 이러한 근사적합가설은 채택(accept)되어야 연구모형이 지지(support)되기 때문에 χ^2검정과 마찬가지로 채택-지지 검정(accept-support test : Kline, 2016)[8]에 속한다. 왜냐하면 두 검정 모두 귀무가설은 연구모형이 옳다는 연구자의 신념을 반영하고 있기 때문이다. Mplus의 결과물(Probability RMSEA <= .05 0.990)에서 RMSEA가 .05보다 작다는 귀무가설($H_0 : \epsilon \leq .05$)은 채택되어($p = .990$) 연구모형은 지지되었음을 확인할 수 있다. 이와 유사한 개념으로 나쁜 적합가설(poor fit hypothesis)이 있다. 이는 90% 신뢰구간의 상한선(upper bound)이 나쁜 적합도인 0.10 이상인지를 검정하는 것이다. 즉, $H_0 : \epsilon \geq .10$을 검정하는 것이다. 이러한 검정은 귀무가설이 기각(reject)되어야 연구모형이 지지(support)되기 때문에 기각-지지 검정(reject-support test)이다. 위의 90% 신뢰구간의 상한선은 0.034로 0.10보다 작게 나타났다. 이들을 종합하면 $\epsilon = 0$이고 ϵ의 신뢰구간의 상한선이 0.034($\epsilon < .1$)이므로 가설모형은 자료에 잘 적합한다고 결론을 내릴 수 있다.

하지만 이러한 여러 가지 유의성 검정들이 동일한 모형과 자료에 대하여 항상 일관된 결과를 제공하는 것은 아니다. 연구모형에 대한 검정결과가 다음과 같이 도출되었다고 가정한다.

1. χ^2검정결과 : $\chi^2(df = 5) = 11.107$, $p = .049$
2. RMSEA검정결과 : $\epsilon = .057$, 90% 신뢰구간 [.003, .103], $p = .336$

위의 분석결과로 다음을 유추할 수 있다($\alpha = .05$로 가정).

1. 완벽적합검정(실패) : $p < .05$
2. 근사적합검정(성공) : $p > .05$
3. 나쁜적합검정(실패) : $\epsilon_{Upperbound} > .10$

앞서 χ^2값은 여러 단점이 있다는 사실은 살펴보았기 때문에 이를 접어둔다 하자. 나머지 결과에서 $\epsilon = .057$의 근사적합검정결과($p = .336$)는 만족스럽게 나타났지

8) 반대로 전형적인 가설검정은 기각-지지 검정(reject-support test)이다. 즉, 귀무가설이 기각(reject)되면(예 $p < .05$) 연구자의 이론(모형)이 지지(support)되는 것이다.

만 90% 신뢰구간의 상한선이 나쁜 적합도(.103 : $\epsilon_{Upperbound} > .10$)에 해당하므로 서로 상충되는 결과가 나타났다. 유의성검정의 이러한 일관되지 않은 결과에 대한 유일한 해결책은 90% 신뢰구간을 모두 고려하는 것이다(Kline, 2016). 위의 결과를 예로 들면 점추정치 $\epsilon = .057$이 매우 부정확하기 때문에 근사적합가설도 일리가 있고 나쁜 적합가설도 합당하다고 해석하는 것이다. 이러한 경우에 좀더 정확한 결과를 얻기 위해서는 표본의 크기를 늘려야 한다.

RMSEA의 점추정치(ϵ)가 어느 정도 되어야 만족할 만한 적합도가 되는지에 관한 연구들이 진행되었다. 먼저 Steiger(1989)는 많은 실증연구들을 분석한 후에 $\epsilon < .05$인 경우에 매우 양호한 적합도인 근사적합도(close fit)로 간주된다고 발표하였다. 이후에 Browne & Cudeck(1993)은 근사적합도($\epsilon < .05$)에 추가하여 $.05 \le \epsilon \le .08$이면 양호한 적합도(fair fit)이고 $\epsilon > .10$이면 낮은 적합도(poor fit)라고 제시하였다. 반면에 MacCallum et al.(1996)은 $.08 \le \epsilon \le .10$이면 보통의 적합도(mediocre fit)라고 제시하였다. 위의 근사적합도의 검정은 이러한 연구들을 반영하여 $\epsilon < .05$를 평가하는 것이다.

3.2.1.4 CFI와 TLI

CFI와 TLI는 증분(혹은 비교) 적합도지수들이다. 이 두 지수는 제약모수가 많이 포함된 내포기저모형(more restricted nested baseline model)에 자유모수(들)를 추가한 연구모형(가설모형 : hypothesized model)의 모형적합도가 기저모형에 비하여 향상되었는지를 평가한다. 내포모형이라는 표현은 기저모형(간명한 모형)이 가설모형(복잡한 모형)에 내포된다는 것을 의미한다. 앞에서 설명한 것처럼 기저모형은 모든 변수들간의 공분산이 0인 모형을 의미한다. CFI의 값은 0에서 1 사이의 값을 갖는다는 의미에서 표준화되었다(normed)고 말하며 CFI 값이 1에 근접할수록 양호한 모형적합도를 의미한다. 이러한 CFI는 다음과 같이 계산된다(Bentler, 1990).

$$CFI = 1 - \max[(\chi^2_H - df_H), 0] / \max[(\chi^2_H - df_H), (\chi^2_B - df_B), 0] \qquad (3.12)$$

식 (3.12)에서 max는 최댓값을 사용한다는 의미이다. 그리고 H는 가설모형이고 B는 기저모형을 말한다. 따라서 χ^2_H와 df_H는 가설모형의 χ^2값과 자유도이고 χ^2_B와 df_B는 기저모형의 χ^2값과 자유도이다. $(\chi^2_H - df_H) < 0$인 경우에는 0으로 대체되므로 $CFI = 1$이 된다. 만일 $\chi^2_H - df_H > 0$이고 $(\chi^2_B - df_B) > (\chi^2_H - df_H)$이라면 식 (3.12)는 다음과 같이 변형된다.

$$CFI = 1 - [(\chi^2_H - df_H)/(\chi^2_B - df_B)] \tag{3.13}$$

식 (3.13)에서 CFI는 RMSEA와 마찬가지로 비중심모수(NCP : $\lambda = \chi^2_H - df_H$)에 근거하고 있다. Mplus 결과물에 CFI=1로 나타나 있는데, 이는 RMSEA의 계산에서와 같이 $(\chi^2_H - df_H) < 0$이 되어 분자가 0이 되므로 1로 계산되기 때문이다.

전통적으로 경험칙(rule of thumb)에서 CFI가 0.90 이상이면 무난한 적합도라고 여겨져 왔다. 하지만 Hu & Bentler(1999)는 시뮬레이션을 통하여 CFI는 경험칙에서의 값 0.90보다 더 큰 값인 0.95 이상이 되어야 한다고 밝힌 바 있다. CFI는 소규모 표본인 경우에도 훌륭한 적합도지수 역할을 수행한다. 하지만 지표변수간의 상관관계가 높지 않은 경우에는 CFI 값도 낮게 나타나는 경향을 보인다.

또 다른 증분 적합도지수로 TLI가 있는데, CFI와의 차이점으로 TLI는 비표준화지수이기 때문에 0보다 작을 수도 있고 1보다 클 수도 있다. 이러한 이유로 TLI는 비표준화 적합지수(non-normed fit index : NNFI)라고도 부른다. 이러한 면에도 불구하고 적합도의 해석은 CFI와 마찬가지로 1에 가까운 값은 양호한 적합도로 판정하고 0.90보다 작은 값을 갖는 경우에는 모형수정 등을 통하여 적합도를 향상시켜야 한다. CFI와의 두 번째 차이점은 TLI는 RMSEA와 마찬가지로 지나치게 복잡한 모형(자유모수가 많은 모형)에 대해서는 페널티함수(penalty function)를 고려한다는 점이다. 즉, 가설모형이 모형적합도의 향상에 크게 기여하지 못하는 자유모수를 포함하고 있는 경우에는 이러한 사실이 TLI의 계산에 고려된다는 것이다(Byrne, 2012). TLI는 다음과 같이 계산된다.

$$TLI = [(\chi^2_B/df_B) - (\chi^2_H/df_H)]/[(\chi^2_B/df_B) - 1] \tag{3.14}$$

식 (3.14)에서 χ^2_B/df_B와 χ^2_H/df_H는 각각 기저모형과 가설모형에서의 자유도(df)에 대한 χ^2값의 비율이다. 자유모수가 많아질수록(즉, 연구모형이 복잡해질수록) df_H가 작아지고 결과적으로 χ^2_H/df_H가 커지기 때문에 TLI는 작아진다. 이러한 내용이 바로 모형복잡성에 대한 페널티를 부과하는 것이다. Mplus의 결과물에서 TLI는 다음과 같이 계산된다.

$$TLI = [(1253.791/28) - (13.285/19)]/[(1253.791/28) - 1] = 1.007$$

위의 결과는 Mplus의 결과물과 일치한다. TLI는 음수로 계산되기도 하는데 이러한 현상은 χ^2_B/df_B의 비율이 χ^2_H/df_H의 비율보다 작은 경우에 발생한다. 이와 같은 상황은 가설모형이 너무 적은 자유모수를 가지거나 지표변수간의 상관관계가 낮은 경우에 흔히 발생한다.

3.2.1.5 적합도지수들에 대한 가이드라인

이상에서 다양한 적합도지수들을 알아보았다. 이제 남은 문제는 어떤 지수들을 보고하고 양호한 적합도와 나쁜 적합도를 판단할 수 있는 기준점(cutoff criteria)을 결정하는 문제이다. 이들 주제에 대해서는 지금까지도 치열한 논쟁이 계속되고 있기 때문에 황금률은 없는 실정이다(no gold standard). 왜냐하면 적합도지수들은 표본의 크기, 모형복잡성의 정도, 추정방법(예 ML, MLM), 모형오설정의 정도, 자료의 성격(예 정규분포) 등의 다양한 요인들에 의하여 영향을 받기 때문이다.

먼저 많은 적합도지수들 중에서 보고해야 할 지수들은 무엇인가? 이에 대하여 Hu & Bentler(1998)는 시뮬레이션을 통한 결과에서 보고해야 할 적합도들을 추천하였다. 이들은 다른 적합도지수들(예 NFI, GFI, AGFI)은 제외시키고 위에서 다룬 CFI, TLI, RMSEA, SRMR 등을 보고할 것을 권장하였다.[9] 특히, SRMR은 단순한(혹은 복잡한) 모형의 오설정에 가장 민감하기 때문에 가능한 한 SRMR을 반드시 보고할 것을 추천하였다. 나아가 ML 추정법을 사용하는 경우에 두 가지 지수제시전략(two-index presentation strategy)을 제안하였다. 이 전략의 내용은 SRMR을 반드시 제시하고 보충적으로 CFI와 TLI 혹은 RMSEA 중에서 한 가지를 함께 제시할 것을 권장하였다. Hu & Bentler(1998)는 그만큼 SRMR을 중요하게 생각하고 있다. 그리고 TLI는 CFI와 매우 유사하기 때문에 CFI를 보고한다면 TLI는 반드시 보고할 필요는 없다. 정리하면 연구자들은 연구결과의 보고에서 다음과 같은 지수들을 보고하면 무난할 것으로 판단된다(Kline, 2016).

1. 연구모형의 χ^2값(자유도와 p값 포함)
2. RMSEA 지수와 90% 신뢰구간
3. CFI 지수
4. SRMR 지수

---

9) 이러한 내용과 맥락을 같이하여 Mplus에서는 χ^2검정과 더불어 CFI, TLI, RMSEA, SRMR의 적합도지수들만 제공하고 있다.

다음으로 각 지수들의 기준점에 관한 문제이다. 앞에서 각 지수들에 관한 기준점을 예시하였다. 하지만 기준점에 대해서도 다양한 학자들의 견해가 발표되어 왔다. 이들을 고려하여 Hu & Bentler(1999)는 시뮬레이션 연구를 통하여 기준점을 도출하여 제시하였다. 이들의 연구결과에 의하면(ML 추정법의 사용) CFI와 TLI는 .95 이상[10]이 되어야 하고 SRMR은 .08 이하이며 RMSEA는 .06 이하이면 양호한 적합도로 판정한다. 하지만 Hu & Bentler(1999)의 가이드라인은 지나치게 보수적이라는 비판도 제기되어 왔기 때문에 이들의 권장내용을 일반화하기에는 한계가 따른다(Brown, 2015). 예를 들어 CFI와 TLI가 .90보다 적으면 나쁜 적합도지만 .90에서 .95 사이의 값을 가지면 수용가능한 적합도라고 볼 수 있다(Bentler, 1990). 그리고 적합도지수들이 기준점 주변에 속하는 경우에는 다른 지수들이 일관적으로 어떤 추세를 보이는지를 함께 판단하는 것이 매우 중요하다. 예를 들어 소규모표본인 경우에 다른 모든 적합도가 양호한 수준을 나타낸다면 RMSEA가 .08기준을 충족시키지 못하는 것은 크게 문제가 되지 않는다. 결국 중요한 점은 다양한 적합도지수들을 동시에 고려하여 모형의 수용성 여부를 판단해야 한다.

〈표 3.3〉 다양한 모형상황에서의 적합도 판단기준

적합도 지수	$N<250$			$N \geq 250$		
	$m \leq 12$	$12<m<30$	$m \geq 30$	$m \leq 12$	$12<m<30$	$m \geq 30$
χ^2	비유의적인 p값이 기대됨	양호한 적합도라도 유의적인 p값이 나타날 수 있음	유의적인 p값이 기대됨	양호한 적합도라도 비유의적인 p값이 나타날 수 있음	유의적인 p값이 기대됨	유의적인 p값이 기대됨
CFI(TLI)	.97 이상	.95 이상	.92 이상	.95 이상	.92 이상	.90 이상
SRMR	상향편향의 가능성(다른 지수 사용)	.08 이하(.95 이상의 CFI와 함께 사용)	<.09(.92 이상의 CFI와 함께 사용)	상향편향의 가능성(다른 지수 사용)	.08 이하(.92 이상의 CFI와 함께 사용)	.08 이하(.92 이상의 CFI와 함께 사용)
RMSEA	<.08(.97 이상의 CFI와 함께 사용)	<.08(.95 이상의 CFI와 함께 사용)	<.08(.92 이상의 CFI와 함께 사용)	<.07(.97 이상의 CFI와 함께 사용)	<.07(.92 이상의 CFI와 함께 사용)	<.07(.90 이상의 CFI와 함께 사용)

Note m = 지표변수의 개수 ; N= 표본크기(다중집단분석의 경우에는 집단별 표본크기)

10) 원문에 의하면 .95에 근접하거나 그 이상(cutoff value close to .95 or greater)으로 표현되어 있다. 여기에서 "close to"라는 표현을 사용한 이유는 권장된 기준점(.95)은 모형상황(예 모형오설정)에 따라 달라지고 또한 한 지수가 다른 지수들과 병행하여 사용되는지(이 경우에 Type Ⅰ 오류와 Type Ⅱ 오류의 비율이 개선된다)에 따라 달라지기 때문이다. 이 개념은 다른 지수들에도 적용된다.

다른 한편으로 Hair et al.(2010)은 시뮬레이션 결과를 바탕으로 지표변수의 개수(모형 복잡성)와 표본의 크기에 따라 양호한 적합도의 기준점을 〈표 3.3〉과 같이 제시하였다.

이러한 연구결과의 핵심 중의 한 가지는 간명한 모형이면서 표본의 크기가 작은 모형($N \leq 250$)은 복잡하고 표본의 크기가 큰 모형($N > 250$)보다 엄격한 모형평가 기준이 적용된다는 점이다. 마찬가지로 표본의 크기는 작지만 복잡한 모형은 보다 덜 엄격한 모형평가기준이 적용된다. 예를 들어 각각 3개의 지표변수로 구성된 4개의 잠재변수 모형을 상정해 본다. 이 모형의 적합도는 〈표 3.3〉에서 비유의적인 χ^2값과 더불어 CFI는 .97 이상이고 RMSEA는 .08보다 작은 경우에 양호한 적합도로 판정된다. 하지만 이러한 기준은 총지표변수의 개수가 50개이고 8개의 잠재변수를 측정하기 위하여 표본의 크기 2,000개가 사용된 경우에는 적용되지 않는다. Hair et al.(2010)이 제시한 가이드라인은 해외 저널에서 종종 인용되는 내용이므로 알아두면 유용한 기준이 될 것으로 판단된다. 그리고 모형적합도가 양호하게 산출되는 것은 물론이고 뒤에 설명할 타당도의 기준도 동시에 만족시켜야 한다.

3.2.1.6 정보기준지수(Information Criterion)

연구자는 때로 동일한 변수를 동일한 자료행렬에 적합시키는 모형 중에서 내포모형이 아닌 두 모형을 비교하기도 한다.[11] 이러한 경우에는 일반적인 χ^2차이검정을 통하여 두 모형을 비교할 수 없다. 비내포모형들(non-nested models)을 비교할 수 있는 적합도 중에서 가장 많이 사용하는 것이 AIC(Akaike Information Criterion : Akaike, 1987)와 BIC(Bayesian Information Criterion : Schwarz, 1978)이다. 이 두 지수는 모두 모형적합도를 고려한다는 점에서 서로 밀접하게 관련되어 있다. 즉, 두 지수는 결과물의 로그우도함수 값 중에서 H_0값을 공통으로 사용한다. 다만 BIC의 경우에 페널티함수가 더 부과된다. Mplus에서 사용하는 AIC는 다음과 같이 계산된다.

$$AIC = -2LL_{H_0} + 2a \tag{3.15}$$

식 (3.15)에서 LL_{H_0}은 결과물에서 제시된 연구모형의 로그우도함수 값(H_0)으로 $-2LL_{H_0}$은 0에서 무한대까지의 값을 가지는데, AIC의 값이 작을수록 양호한 적합

11) 이러한 방법은 동일한 표본이면서 변수들이 다른 두 비내포모형의 비교에도 적용시킬 수 있다. 하지만 동일한 변수들의 수가 감소하면서 비교의 의미가 퇴색된다.

도를 나타낸다. 그리고 a는 자유모수의 개수이다. MACS를 분석하는 경우에는 자유모수의 개수에 지표변수의 절편들(8개)도 포함되는데 [그림 3.1]은 절편을 추정하지 않기 때문에 절편은 포함되지 않는다. [그림 3.1]의 경우에 AIC는 다음과 같이 계산된다.

$$AIC = -2^*(-5748.501) + 2(17) = 11531.002$$

그리고 BIC는 다음과 같이 계산된다.

$$BIC = -2LL_{H_0} + [a^* \ln(N)] \tag{3.16}$$

식 (3.16)에서 ln은 자연대수(natural logarithm)를 의미하고 N은 표본의 크기이다. 따라서 본 모형의 BIC는 다음과 같이 계산된다.[12)]

$$BIC = -2^*(-5748.501) + [17^* \ln(250)] = 11590.859$$

식 (3.15)와 식 (3.16)의 $2a$와 $[a^* \ln(N)]$는 모형복잡성에 대하여 부과된 페널티함수이다.

또 다른 지수는 ABIC(sample-size adjusted BIC)인데, ABIC는 대규모표본의 경우에 페널티를 완화시키기 위하여 표본의 크기를 $N^* = (N+2)/24$로 조정한 것이다. 따라서 ABIC의 계산은 다음과 같다.

$$ABIC = -2LL_{H_0} + [a^* \ln(\frac{N+2}{24})] \tag{3.17}$$

식 (3.17)에 의하여 결과물의 자료를 이용한 ABIC의 값은 다음과 같다.

$$ABIC = -2^*(-5748.501) + [17^* \ln(\frac{250+2}{24})] = 11536.975$$

---

12) 자연대수의 계산은 Excel에서 =LN(250)을 입력하면 5.52146의 값을 얻을 수 있다.

3.3 모형의 비교

연구자가 두 모형을 비교한다고 하자. 두 모형이 비내포모형인 경우에는 AIC, BIC, ABIC 등을 이용하여 이들 지수의 크기가 작은 모형의 적합도가 우수하다고 판단하면 된다. 내포모형의 경우에는 추정법으로 ML을 사용하는지 혹은 ML 이외의 추정법(예 MLM, MLR 등)을 사용하는지에 따라 분석방법이 달라진다. 여기에서는 ML을 사용하는 경우의 일반적인 χ^2차이검정방법에 대하여 알아본다. MLM과 MLR 추정법을 이용하는 경우의 χ^2차이검정은 제5장에서 다룰 예정이다. 동일한 자료를 이용하여 추정되는 두 모형 중에서 모형 A(복잡한 모형)의 자유모수의 개수가 모형 B(간명한 모형)의 자유모수의 개수보다 많은 경우에 모형 B는 모형 A에 내포된다고 말한다. 즉, 간명한 모형이 복잡한 모형에 내포된다. 따라서 자유도는 간명한 모형인 모형 B가 더 많은 자유도를 가지게 된다. 이 경우에 모형 B는 모형 A에 포함되지 않은 새로운 자유모수를 가지면 안 된다. 이 두 가지 조건을 충족시키면 두 모형의 χ^2 차이는 두 모형의 자유도의 차이[Δdf : Δ(delta : 델타)]를 자유도로 가진 χ^2분포를 따른다. 이 경우에만 일반적인 χ^2차이검정(우도비검정)을 실시할 수 있다.

예를 들어 연구자가 [그림 3.1]의 모형(간명한 모형)에 선행연구의 이론을 기반으로 *N*1과 *N*2의 오차공분산을 추가한 모형(복잡한 모형)을 추정하여 두 모형의 적합도를 비교한다고 하자. 두 지표변수의 오차공분산을 자유모수로 추가한 모형은 [그림 3.2]와 같다.

이러한 경우에 〈표 3.1〉의 Model command에 다음과 같이 N1 WITH N2;를 추가하면 된다.

```
MODEL:  NEUROT BY N1-N4;
        EXTRAV BY E1-E4;
        N1 WITH N2;
```

이러한 syntax는 폴더 chapter3에 CFA(ch3)(COMPARISON).inp로 저장되어 있다.

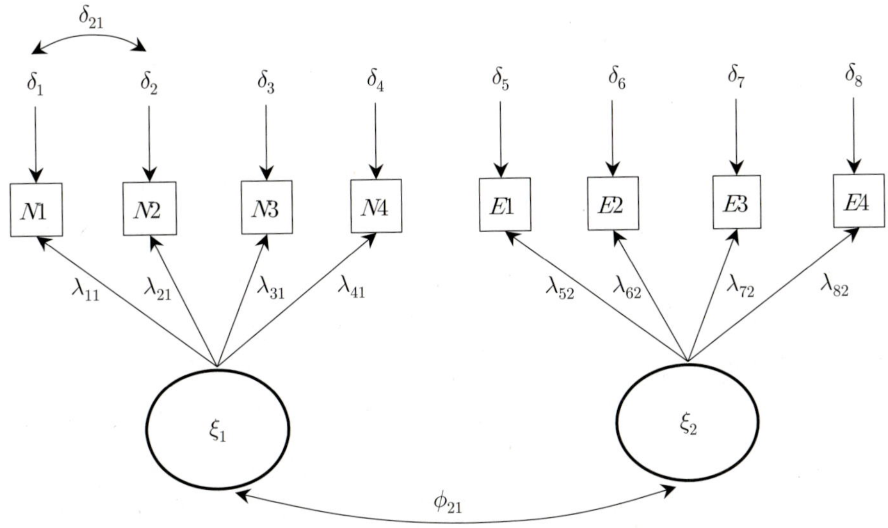

[그림 3.2] 오차공분산 한 개를 자유모수로 추가한 모형(복잡한 모형)

위의 명령문에서 N1 WITH N2;는 두 지표변수간의 오차공분산을 허용하는 명령문이다. 새로운 모형(복잡한 모형 : [그림 3.2])을 추정하면 $\chi^2(df=18)=10.181$을 얻을 수 있다. 원래 모형(간명한 모형 : [그림 3.1])의 적합도는 $\chi^2(df=19)=13.285$이다. 이러한 경우에 어떤 모형을 선택해야 하는가? 이들을 이용하여 χ^2차이검정을 실시하기로 한다. 이 결과들은 편의상 두 가지 유형의 가설을 설정할 수 있다. 물론 두 가지는 결국 한 가지 형태로 환원된다. 먼저 간명한 모형을 귀무가설(H_0)로 설정하고 복잡한 모형을 대립가설(H_1)로 설정하면 다음과 같다.

H_0 : 간명한 모형을 선택한다. $\chi^2(df=19)=13.285$

H_1 : 복잡한 모형을 선택한다. $\chi^2(df=18)=10.181$

참고로 χ^2값과 df는 동일한 방향으로 움직인다. 즉, df가 증가하면 χ^2값도 증가하고 역으로 df가 감소하면 χ^2값도 역시 감소한다. 따라서 간명한 모형의 χ^2값과 df는 복잡한 모형의 그것들보다 더 크다. 그리고 두 모형의 χ^2값의 차이($\Delta\chi^2$)는 간명한 모형의 χ^2값(χ^2_P)에서 복잡한 모형의 χ^2값(χ^2_C)을 차감하여 계산되고 자유도의 차이(Δdf) 또한 간명한 모형의 $df(df_P)$에서 복잡한 모형의 $df(df_C)$를 차감하여 다음과 같이 계산된다.

$$\Delta\chi^2 = \chi^2_P - \chi^2_C = 13.285 - 10.181 = 3.104 \quad (3.18)$$
$$\Delta df = df_P - df_C = 19 - 18 = 1$$

χ^2차이(3.104)는 $df = 1$인 χ^2분포를 따른다. 자유도가 1인 경우에($\alpha = .05$을 가정) 임계값은 3.84가 된다. 따라서 χ^2차이는 비유의적이라고 할 수 있다.[13] 이제 이러한 분석결과를 토대로 모수추가의 적절성에 대하여 해석하기로 한다. 가설검정의 방향은 $H_0 \rightarrow H_1$으로 설정한다. 즉, H_0에서 H_1으로 간다면 적합도가 향상하는가? 이를 다르게 표현하면 "자유도 한 개를 희생하면 모형의 적합도가 개선되는가(χ^2값이 통계적으로 유의하게 감소하는가)?"로 전환된다. 그런데 분석결과를 보면 자유도가 한 개 감소해도 χ^2값은 유의하게 감소하지 않았다. 즉, 간명한 모형에 비하여 복잡한 모형의 적합도가 유의적으로 증가하지 않았다. 따라서 H_0는 기각되지 않고 채택된다. 즉, 간명한 모형을 선택하게 된다.

두 번째 방법은 가설의 위치를 바꾸는 것이다. 이는 다음과 같이 가설을 설정한다.

H_0 : 복잡한 모형을 선택한다. $\chi^2(df = 18) = 10.181$
H_1 : 간명한 모형을 선택한다. $\chi^2(df = 19) = 13.285$

이와 같은 가설검정의 방향은 복잡한 모형에서 간명한 모형으로 간다면 적합도가 향상하는가에 관한 것이다. 즉, "모형적합도를 악화시키지 않고(χ^2값을 통계적으로 유의하게 증가시키지 않고) 모형을 간명하게(자유도를 증가) 만들 수 있는가?"에 관한 검정이다. 이를 재생의 관점에서 표현하면 "더 적은 모수를 가진 연구모형의 추정치들은 표본공분산(상관)행렬을 충분히 재생할 수 있는가?"라고 표현할 수 있다. 분석결과는 χ^2값을 유의하게 증가시키지 않고도($\Delta\chi^2 = 3.104$, $p = .0781$) 모형을 간명하게($\Delta df = 1$) 만들 수 있으므로 대립가설인 간명한 모형을 선택하게 된다. 위에서도 언급한 것처럼 이 두 가지 분석방법은 동일한 현상을 바꾸어서 사고한 것에 불과하다. 즉, 두 번째 방법에서 가설검정방법의 방향을 $H_1 \rightarrow H_0$로 전환하면 첫 번째 방법으로 환원된다. 어느 방법을 사용할 것인지는 연구자가 선택하여 사용하면

---

13) $\chi^2(df = 1) = 3.104$의 정확한 p값은 Excel에서 함수 =CHIDIST(χ^2, df)를 이용하여 구한다. 즉, 본 예제의 경우 =CHIDIST(3.104, 1)을 입력하면 $p = .0781$을 얻을 수 있다. 한 가지 tip으로 $\chi^2 = z^2$이다. 예를 들어 $\alpha = .05$이고 $df = 1$인 경우에 χ^2의 임계값은 3.842이다. 이때 $\alpha = .05$인 경우에 z의 임계값은 1.96이므로 $z^2 = 1.96^2 = 3.842 = \chi^2$가 성립한다. 따라서 $\chi^2 = 3.104$를 z값으로 환산하면 $\chi^2 = 3.104 = 1.7618^2 = z^2$이므로 $\chi^2 = 3.104$는 $z = 1.7618$에 해당한다.

될 것이다.

그리고 위에서 다룬 χ^2값을 이용한 모형적합도 평가도 바로 이러한 χ^2차이검정의 한 종류에 지나지 않는다. 앞에서 χ^2값의 계산은 두 가지 방법이 있다고 하였다. 그중 한 가지는 포화모형(복잡모형)에 모수제약을 가하여 만든 연구자의 연구모형(간명한 모형)의 적합도가 향상되었는지를 검정하는 것이라는 것을 알아보았다. 그런데 포화모형(적정식별모형)은 허용가능한 모든 자유모수를 추정하기 때문에 $df=0$이 된다. 따라서 포화모형[14]에서는 $\chi^2=0$이 된다. 그렇다면 연구모형(간명한 모형 : [그림 3.1])은 $\chi^2(df=19)=13.285$이고 포화모형은 $\chi^2(df=0)=0$이 된다. 이러한 사실은 적합도평가에 제시된 χ^2값과 df는 결국 $\Delta\chi^2$와 Δdf를 의미한다고 할 수 있다. 따라서 두 모형의 $\Delta\chi^2=13.285$이고 $\Delta df=19$가 된다. 이들은 $df=19$인 χ^2분포를 따르는데, p값은 따로 계산할 필요가 없고 결과물에 제시된 바와 같이 $p=.8237$이 된다. 이들을 위와 같이 가설검정 형태로 표현하면 다음과 같다. 위의 두 가지 방법 중 어느 것을 사용해도 좋지만 두 번째 방법을 사용하기로 한다.

H_0 : 복잡한 모형(포화모형)을 선택한다. $\chi^2(df=0)=0$

H_1 : 간명한 모형(연구모형)을 선택한다. $\chi^2(df=19)=13.285$

위의 가설설정의 질문은 앞에서와 같이 "χ^2값을 유의적으로 증가시키지 않고 모형을 단순화(자유도의 증가)시킬 수 있는가?"에 관한 것이다. 즉, "모든 자유모수를 허용하는 포화모형을 더 적은 자유모수를 갖는 연구모형으로 전환할 수 있는가?"의 문제이다. 분석결과 χ^2값을 유의적으로 증가시키지 않고($p=.8237$) 모형을 간명하게 만들 수 있으므로($\Delta df=19$) H_0를 기각하고 H_1을 선택하는 의사결정을 내린다.

자유모수는 한 개 또는 여러 개를 추가 혹은 삭제할 수 있는데 이러한 모든 경우에 χ^2차이검정을 사용할 수 있다. 이러한 χ^2차이검정은 뒤에서 설명할 모형수정 부분에서 MI(수정지수)를 이용하여 모형적합도를 비교하는 경우에 유용하게 사용되는 방법이기 때문에 반드시 숙지해야 한다. 또한 다중집단분석 등을 포함하여 두 모형의 비교에 χ^2차이검정은 필수적인 분석방법이다. 마찬가지로 CFA(측정모형)의 분석 이외에 구조모형의 분석에서도 경로를 추가하거나 제거하는 경우에 이러한 χ^2차이검정을 이용하여 모형의 적합도를 비교하게 된다.

---

14) 이러한 포화모형은 오차공분산의 허용, 교차적재의 허용 등 많은 경우의 수가 존재하기 때문에 포화모형의 종류도 다양하게 상상할 수 있다.

3.4 모형수정

제2장에서 SEM의 5단계를 알아보았다. 즉, (1) 모형설정, (2) 모형식별, (3) 모형추정, (4) 모형평가, (5) 모형수정의 5단계가 그것이다. 4단계인 모형평가가 끝나면 연구자는 이를 토대로 모형수정 여부를 결정해야 한다. 모형수정은 먼저 수정지수와 잔차행렬을 확인하고 다음으로 모수추정치들의 특성을 확인한다. 이 단계는 모형평가에서 언급한 두 번째 단계인 해의 국부적 오류를 확인하는 과정이기도 하다. 이들을 이용하여 연구자의 현재의 모형에 대한 수정여부를 결정해야 한다. 이러한 과정을 모형설정탐색(model specification search)이라고 하며 이를 토대로 모형수정(model modification) 혹은 모형재설정(model re-specification)이 결정된다. 모형을 수정하기로 결정하면 기존모형의 오설정(mis-specification)을 어느 정도 인정하는 것이 된다. 모형수정은 신중하게 결정해야 한다. 이에 관하여 Wang & Wang(2012, p. 23)의 다음과 같은 조언을 소개하고자 한다.

> 모형수정은 반드시 통계분석결과와 이론에 입각하여 이루어져야 한다는 것을 명심해야 한다(both statistics-driven and theory-driven). 어떠한 모형수정도 이론적 근거와 실증연구에 의하여 정당화되어야 한다. 모형수정을 위하여 맹목적으로 수정지수(MI)를 사용하는 것은 피해야 한다. 단지 모형적합도의 향상을 위한 목적으로 모수를 추가하거나 제거하면 안 된다. 모형수정의 목적은 통계적 관점에서 자료에 잘 적합하는 모형을 찾는 것이며, 중요한 점은 모형 내의 모든 모수들은 실질적으로 의미 있는 해석이 가능해야 한다(substantively meaningful interpretation).

위의 Wang & Wang(2012)의 조언은 모형수정시에 음미하고 또 음미해야 할 중요한 내용이다. 이러한 사실은 Wang & Wang(2012) 이외에도 모든 SEM 문헌에서 제시하는 내용이므로 반드시 유념할 필요가 있다.

일반적인 적합도지수들(CFI, RMSEA, SRMR)은 훌륭한 지수들이긴 하지만 이들의 한계점은 모형의 추정치들이 표본공분산행렬을 얼마나 잘 재생하는지에 관한 전반적인(global) 지표만을 제공한다는 점이다. 하지만 어떤 경우에는 특정 지표변수들간의 관계가 적절하게 재생되지 않음에도 불구하고 전반적인 적합도는 양호하게 나타나는 경우가 있다. 이러한 결과는 특히 일부 잘 재생되지 않는 지표변수간의 관계가 전반적인 모형적합도에 큰 영향을 미치지 않기 때문에 전체적으로는 표본행렬을 잘 재생시키는 복잡한 모형(지표변수가 많은 모형)에서 자주 발생한다. 다른 한편으로는 전반적인 적합도가 표본행렬을 잘 재생시키지 못하는 것으로 나타난 경우에 이러한 전반적 적합도는 모형이 자료에 적합하지 않은 구체적인 이유에 관한 정보는 제공하지 않는다. CFA에서 특정관계의 부적합도(misfit)에 관한 정보를 제공하는 것이 잔차(residual)와 수정지수이다.

3.4.1 잔차행렬

잔차행렬(residual matrix)은 표본공분산행렬(S)과 예측된(모형함의) 공분산행렬($\Sigma(\hat{\theta})$)의 대응되는 요소들의 차이로 구성된 행렬이다. 앞에서 다룬 SRMR은 표본상관행렬과 모형함의 상관행렬의 차이에 대한 전반적 요약치(평균치)임을 살펴보았다. 반면에 여기에서 다루는 잔차행렬은 특정한(specific) 분산과 공분산이 모수추정치에 의하여 얼마나 잘 재생되는지에 관한 개별적인 정보를 제공한다. 따라서 각 지표변수에 대하여 하나의 분산의 잔차가 존재하고 각 지표변수의 조합에 대하여 하나의 공분산의 잔차가 존재한다. 하지만 이러한 적합잔차(fitted residual)는 비표준화된 잔차이기 때문에 척도에 의하여 영향을 받는 관계로 해석상의 문제가 따른다. 특히 지표변수들의 척도가 현저하게 다른 경우에 잔차의 크기가 큰지 작은지를 판단하기 더욱 어렵다. 따라서 잔차를 표준오차로 나눈 표준화잔차(standardized residual)를 이용하여 해석하는 것이 일반적이다. 표준화잔차는 표준화되었기 때문에 z값으로 해석하면 된다. 즉, 표준화잔차는 적합잔차가 0인 완벽적합모형에서 어느 정도의 표준편차만큼 떨어져 있는지에 관한 수치이다. Mplus의 결과물에는 표준화잔차 이외에도 또 다른 표준화잔차인 정상화잔차(normalized residual)[15]를 보여준다. 표준화잔차는 표본통계량과 모형추정통계량의 차이를 표본통계량과 모형추정통계량의 차이에 대한 표준편차로 나눈 값이고 정상화잔차는 표본통계량과 모형추정통계량의 차이를 표본통계량의 표준편차로 나눈 값이다. 표준화잔차가 z값에 근접하기 때문에 표준화잔차를 이용하여 잔차의 유의성을 해석하면 된다.

결과물에 나타난 모형함의 공분산행렬과 잔차행렬 및 표준화잔차행렬을 〈결과 3.5〉에 제시하였다. 편의상 〈결과 3.1〉의 표본공분산행렬도 함께 제시하였다. 잔차행렬에 관한 결과물을 얻기 위해서는 〈표 3.1〉에서와 같이 OUTPUT command에

15) normalized도 일반적으로 표준화로 번역하지만 standardized와 구별하기 위하여 정상화로 표기하였다.

RESIDUAL 옵션을 지정하면 된다.

〈결과 3.5〉 표본공분산행렬과 예측공분산행렬 및 잔차행렬과 표준화잔차행렬

SAMPLE STATISTICS

Covariances/Correlations/Residual Correlations

	N1	N2	N3	N4	E1	E2	E3	E4
N1	32.490							
N2	24.483	31.360						
N3	26.667	25.411	40.960					
N4	25.277	23.557	27.798	32.490				
E1	−12.004	−10.147	−13.670	−10.876	36.000			
E2	−11.167	−9.722	−11.904	−9.436	25.110	38.440		
E3	−9.617	−9.225	−10.835	−9.617	21.683	23.006	32.490	
E4	−9.001	−7.965	−10.465	−7.820	17.942	20.589	18.067	31.360

ESTIMATED MODEL AND RESIDUALS (OBSERVED - ESTIMATED)

Model Estimated Covariances/Correlations/Residual Correlations

	N1	N2	N3	N4	E1	E2	E3	E4
N1	32.360							
N2	23.869	31.234						
N3	27.122	25.553	40.796					
N4	25.253	23.792	27.035	32.360				
E1	−10.512	−9.904	−11.254	−10.478	35.856			
E2	−11.295	−10.641	−12.092	−11.258	24.771	38.286		
E3	−9.832	−9.263	−10.526	−9.800	21.563	23.168	32.360	
E4	−8.553	−8.058	−9.157	−8.526	18.758	20.155	17.545	31.235

Residuals for Covariances/Correlations/Residual Correlations

	N1	N2	N3	N4	E1	E2	E3	E4
N1	0.000							
N2	0.516	0.000						
N3	−0.562	0.244	0.000					
N4	−0.077	−0.329	0.651	0.000				
E1	−1.444	−0.203	−2.362	−0.354	0.000			
E2	0.172	0.958	0.235	1.860	0.239	0.000		
E3	0.253	0.075	−0.266	0.222	0.033	−0.254	0.000	
E4	−0.412	0.125	−1.267	0.737	−0.888	0.352	0.450	0.000

Standardized Residuals (z-scores) for Covariances/Correlations/Residual Correlations

	N1	N2	N3	N4	E1	E2	E3	E4
N1	0.012							
N2	1.209	0.011						
N3	999.000	−0.648	0.009					
N4	−0.421	−2.107	1.269	0.012				
E1	−1.169	−0.162	−1.558	−0.294	0.006			
E2	0.153	0.813	0.169	1.737	0.562	0.006		
E3	0.221	0.062	−0.189	0.192	0.074	−0.834	0.004	
E4	−0.311	0.093	−0.801	0.566	−1.717	0.588	0.659	0.000

〈결과 3.5〉에서 잔차(residuals)는 표본공분산행렬과 모형추정공분산행렬의 차이로 구성되어 있다는 것을 확인할 수 있다. 이러한 잔차는 표본공분산에서 예측된 공분산을 차감한 값(OBSERVED−ESTIMATED)으로 계산된다. 모형추정공분산행렬의 각 요소들은 식 (3.1)과 식 (3.2)를 통하여 재생된 값이다. 예를 들어 $N2$와 $N3$의 공분산은 다음과 같이 재생(〈결과 3.7〉 참조)된다.

$$Cov(N2, N3) = \sigma_{32} = \lambda_{21}\phi_{11}\lambda_{31} = .942*25.335*1.071 = 25.56$$

$N2$와 $N3$의 공분산은 위의 결과물에 25.553으로 재생된 값과 거의 동일하게 나타나 있다. 예측공분산을 재생하는 경우에는 비표준화요인적재량($\lambda_{21} = .942$, $\lambda_{31} = 1.071$)과 비표준화요인분산($\phi_{11} = 25.335$)을 사용한다. 반면에 예측상관계수를 재생하는 경우에는 표준화요인적재량($\lambda_{21} = .849$, $\lambda_{31} = .844$)과 표준화요인분산($\phi_{11} = 1$)을 사용한다.

이제 표준화잔차를 보기로 한다. 표준화잔차는 잔차값과 마찬가지로 양수값 혹은 음수값을 갖는다. 양의 표준화잔차(positive standard residual)는 모수추정치가 두 지표변수간의 0차 상관관계를 어느 정도 과소추정(underestimate)한다는 것을 의미한다. 예를 들어 $N1$과 $N2$의 표준화잔차는 1.209로 나타났다. 이는 두 지표변수의 표본공분산(24.483)이 모형함의공분산(23.869)보다 큰 것과 관련이 있다. 두 지표변수의 양의 표준화잔차의 값이 크게 나타난다는 사실은 두 지표변수간의 공분산을 더 잘 설명할 수 있는 추가모수가 필요할지도 모른다는 사실을 암시한다. 역으로 음의 표준화잔차(negative standard residual)는 모수추정치가 두 지표변수간의 관계를 과대추정(overestimate)한다는 것을 말한다. 예를 들어 $N2$와 $N3$의 표준화잔차가

−.648로 나타나 있는데 이 값은 표본공분산값(25.411)이 예측공분산값(25.553)보다 작기 때문에 발생한 것이다.

실제 응용연구에서 표준화잔차가 0에 가까운 값으로 도출되는 경우는 매우 드물다. 그렇다면 표준화잔차가 어느 정도의 값을 가지면 비교적 크다고 할 수 있는가? 표준화잔차는 일반적인 통계적 유의성검정에서의 z값과 유사하기 때문에 z값에 준하여 해석하면 된다. 즉, 표준화잔차의 값이 1.96보다(음수 혹은 양수) 큰 값이 있는지를 확인하면 된다. 하지만 표준화잔차는 표본의 크기에 영향을 받기 때문에(표본의 크기가 증가하면 표준화잔차의 값도 증가한다) 몇몇 학자들은 기준점을 2.58 ($p < .01$)로 보기도 한다. 특히 연구자는 표준화잔차의 값이 매우 큰 현상이 발생하는 경우에는 이에 관한 원인을 주의 깊게 살펴야 한다.

3.4.2 수정지수

수정지수(modification indices)는 연구모형에서 고정모수(예 Mplus의 디폴트에서 오차공분산과 교차적재는 0이다)와 제약모수(예 두 요인적재량은 동일한 값을 갖는다)로 설정한 모수들에 대하여 계산된다. 그리고 수정지수는 이러한 고정모수 혹은 제약모수를 자유롭게 추정(자유모수)하는 경우에 전반적인 모형의 χ^2값이 얼마나 감소하는지에 관한 근사치(approximation)이다. 근사치라는 표현은 수정지수를 근거로 모수를 자유롭게 추정하는 경우에 χ^2값의 실제 감소치는 수정지수보다 크거나 작을 수 있다는 것을 의미한다. 즉, 수정지수는 두 모형간의 전반적인 χ^2값의 차이에 근접하는 값이다. 여기에서 두 모형 중 한 모형(간명한 모형)에서는 특정모수가 고정되거나 제약되어 있고 다른 모형(복잡한 모형)에서는 이러한 모수가 자유롭게 추정된다. 따라서 수정지수들은 앞에서 살펴본 상호 내포된 모형들(간명한 모형과 복잡한 모형)간의 χ^2차이검정과 유사하다고 할 수 있다. Mplus syntax를 실행하면 결과물의 끝부분에 다음의 수정지수를 얻을 수 있다. 〈결과 3.6〉에서 알 수 있는 바와 같이 수정지수가 3.84보다 큰 값은 나타나지 않았다. 이러한 결과는 적합도지수가 매우 양호한 것과 일치하는 것이다. 이러한 이유로 OUTPUT command에서 수정지수는 0.1보다 큰 값을 옵션(MODIINDICES(0.1))으로 지정하였다.

〈결과 3.6〉 수정지수들

```
Minimum M.I. value for printing the modification index      0.010
                                  M.I.     E.P.C.  Std E.P.C.  StdYX E.P.C.
BY Statements
NEUROT       BY E1               1.328    -0.073    -0.368       -0.061
NEUROT       BY E2               1.121     0.068     0.342        0.055
NEUROT       BY E3               0.014     0.007     0.037        0.006
NEUROT       BY E4               0.013    -0.007    -0.036       -0.007
EXTRAV       BY N1               0.273    -0.027    -0.129       -0.023
EXTRAV       BY N2               0.143     0.020     0.098        0.017
EXTRAV       BY N3               0.904    -0.059    -0.283       -0.044
EXTRAV       BY N4               1.067     0.053     0.255        0.045

WITH Statements
N2           WITH N1             3.227     1.538     1.538        0.196
N3           WITH N1             2.748    -1.615    -1.615       -0.178
N3           WITH N2             0.312    -0.525    -0.525       -0.052
N4           WITH N1             0.121    -0.317    -0.317       -0.045
N4           WITH N2             1.253    -0.956    -0.956       -0.121
N4           WITH N3             3.507     1.820     1.820        0.198
E1           WITH N1             0.255    -0.405    -0.405       -0.043
E1           WITH N2             0.658     0.689     0.689        0.065
E1           WITH N3             1.101    -1.028    -1.028       -0.084
E2           WITH N1             0.500    -0.563    -0.563       -0.062
E2           WITH N3             0.107     0.319     0.319        0.027
E2           WITH N4             1.276     0.906     0.906        0.099
E2           WITH E1             0.428     1.071     1.071        0.088
E3           WITH N1             0.919     0.740     0.740        0.080
E3           WITH N2             0.222    -0.385    -0.385       -0.037
E3           WITH N3             0.254     0.476     0.476        0.040
E3           WITH N4             0.838    -0.711    -0.711       -0.076
E3           WITH E2             0.463    -1.037    -1.037       -0.087
E4           WITH N1             0.016    -0.107    -0.107       -0.010
E4           WITH N3             0.587    -0.785    -0.785       -0.057
E4           WITH N4             0.480     0.584     0.584        0.054
E4           WITH E1             1.983    -1.827    -1.827       -0.128
E4           WITH E2             0.412     0.873     0.873        0.064
E4           WITH E3             0.503     0.872     0.872        0.062
```

〈결과 3.6〉에서 BY Statements는 교차적재를 허용하는 경우를 의미하고 WITH Statements는 오차공분산을 허용하는 경우를 의미한다. 예를 들어 지표변수 $E1$이 잠재변수 ξ_2(NEUROT)에 교차적재되는 것을 허용한다면(즉, 교차적재를 허용하지 않는 디폴트를 무효화한다면 : 자유모수로 전환시킨다면) 전반적 모형의 χ^2값은 1.328 만큼 감소($p=.249$)할 것으로 기대된다. 이에 관한 의사결정은 χ^2차이검정을 이용하여 "자유도 한 개를 희생하여도 χ^2값은 유의하게 감소하지 않으므로 자유모수를 추가할 필요가 없다"라고 판단한다. 또한 $N3$과 $N4$의 오차공분산을 허용하는 경우에 감소할 것으로 예상되는 χ^2값은 3.507($p=.061$)이 된다. 마찬가지 방법으로 이들 오차공분산은 허용할 필요가 없게 된다.

전반적인 모형 χ^2값 및 표준화잔차와 마찬가지로 수정지수는 표본의 크기에 민감하게 반응한다. 이를 해결하기 위하여 대부분의 SEM 프로그램은 수정지수에 대한 기대모수변화값(expected parameter change : EPC)을 제공한다. EPC 통계량은 고정모수 혹은 제약모수를 자유모수로 전환하는 경우에 이러한 새로운 자유모수가 취할 계수추정치[16]를 의미한다. 예를 들어 $E1$을 잠재변수 NEUROT에 교차적재시키면 $E1$의 NEUROT에 대한 교차요인부하량은 −0.073이 된다는 의미이다. 비록 유의하지는 않지만 이러한 음수부호는 실질적으로 옳다고 볼 수 있다. 하지만 $E2$(0.068)와 $E3$(0.007)은 교차요인적재량이 양수로 나타났기 때문에 이러한 교차요인적재량이 유의적으로 나타난다고 하더라도 교차적재를 허용해서는 안 된다. 왜냐하면 긍정적인 성격을 의미하는 외향성변수들이 신경증과 양의 관계를 갖는 것은 이론에 맞지 않기 때문이다 이러한 내용이 바로 위에서 Wang & Wang(2012)이 언급한 실질적으로 의미 있는 해석(substantively meaningful interpretation)에 관한 내용이다.

그리고 단순한 MI보다는 EPC가 더 유용할 수도 있기 때문에(Kaplan, 1989) MI와 EPC를 함께 고려해야 한다. 특히 대규모표본의 경우에는 모형재설정의 정당성을 확보하기 위해서 반드시 수정지수와 EPC의 크기와 방향을 동시에 고려해야 한다. Mplus에서는 비표준화(EPC), 부분표준화(Std EPC) 및 완전표준화(StdYX EPC) EPC를 제공하고 있다. 비표준화 EPC는 지표변수의 척도에 영향을 받기 때문에 일반적으로 표준화 EPC를 이용하여 적합도 진단을 실행한다. 예를 들어 $E1$을 잠재변수 NEUROT에 교차적재시키는 경우에 완전표준화 EPC는 −0.061로 비유의적이기 때문에 이러한 교차적재를 허용할 필요가 없다.

다시 한 번 강조하지만 MI와 EPC를 이용하여 모형을 수정하는 경우에는 선행

16) 수정지수와 마찬가지로 EPC는 고정모수를 실제로 자유모수로 도입한 경우의 값과 다를 수 있다.

연구 혹은 이론에 의하여 정당화될 수 있어야만 가능하고 단지 모형적합도를 향상시키기 위하여 모형을 수정해서는 안 된다. Silvia & MacCallum(1988)은 이론에 의하여 정당화되는 관계에 대해서만 모형수정을 국한시키는 것이 모형수정을 성공적으로 이끈다는 것을 확인하였다. 모형수정절차에 대하여 Jöreskog(1993)은 먼저 실질적으로 해석가능한 모수들 중에서 MI와 EPC가 가장 큰 고정모수 또는 제약모수를 자유모수로 선정할 것을 권장하였다. 만일 가장 큰 MI와 EPC를 갖는 모수에 대한 이론적 근거가 없는 경우에는 두 번째로 큰 MI와 EPC를 갖는 모수를 선택하며 이러한 절차는 반복된다. 여기에서 중요한 점은 모형수정을 결정한 후에 자유모수로 도입할 필요가 있는 지표변수(즉, MI 혹은 EPC가 매우 큰 경우)가 여러 개인 경우에 반드시 한 번에 하나의 모수(only one parameter at a time)만을 자유모수로 설정해야 한다는 점이다(Byrne, 2012). 흥미로운 점은 MI(EPC)가 큰 관계가 다수 존재하는 경우에 이들 중에서 단 하나의 관계에 대해서만 자유모수를 설정하면 나머지 모든 MI(EPC)가 큰 관계가 해결될 수도 있다(Brown, 2015). 왜냐하면 모형 내의 모든 관계들은 서로 연결되어 있기 때문이다. 즉, 모형함의 공분산행렬은 모든 모수에 의해 동시에 영향을 받는다. 따라서 반드시 한 번에 하나의 자유모수를 설정해야 한다. 그리고 이러한 자유모수를 도입한 재설정모형(re-specified model)을 분석하고 수정지수 등을 살펴본 후에 모형수정 여부를 다시 결정해야 한다. 그리고 일단 연구모형이 오설정되었다고 판단하여 모형수정절차를 밟는 것은 더 이상 확인적(confirmatory) 틀 안에서 진행되는 것이 아니라 탐색적(exploratory) 성격을 가지게 된다.

3.5 모수추정치들의 분석

앞에서 [그림 3.1]에 대한 전반적 적합도가 양호하게 나타나서 2요인 모형이 자료에 적합한 것을 확인하였다. 또한 수정지수와 표준화잔차의 분석에서 국부적 오류도 없다는 것이 밝혀졌다. 따라서 이제 모형평가의 세 번째 단계에 속하는 모수추정치들의 분석을 알아본다. 아래의 〈결과 3.7〉에 모수추정치들의 해를 제시하였다. 표준화 해는 완전표준화 해(STDYX)와 부분표준화 해(STD)를 제시하였다.

〈결과 3.7〉 모수추정치의 결과

MODEL RESULTS

	Estimate	S.E.	Est./S.E.	Two-Tailed P-Value
NEUROT BY				
N1	1.000	0.000	999.000	999.000
N2	0.942	0.052	17.981	0.000
N3	1.071	0.060	17.791	0.000
N4	0.997	0.052	19.312	0.000
EXTRAV BY				
E1	1.000	0.000	999.000	999.000
E2	1.074	0.079	13.636	0.000
E3	0.935	0.072	12.927	0.000
E4	0.814	0.072	11.247	0.000
EXTRAV WITH				
NEUROT	−10.512	1.920	−5.476	0.000
Variances				
NEUROT	25.335	2.900	8.736	0.000
EXTRAV	23.054	3.188	7.232	0.000
Residual Variances				
N1	7.025	0.907	7.746	0.000
N2	8.747	0.999	8.755	0.000
N3	11.760	1.328	8.855	0.000
N4	7.188	0.916	7.846	0.000
E1	12.802	1.581	8.100	0.000
E2	11.671	1.602	7.285	0.000
E3	12.192	1.458	8.361	0.000
E4	15.972	1.666	9.587	0.000

STANDARDIZED MODEL RESULTS
STDYX Standardization

	Estimate	S.E.	Est./S.E.	Two-Tailed P-Value
NEUROT BY				
N1	0.885	0.018	49.547	0.000
N2	0.849	0.021	39.952	0.000
N3	0.844	0.022	38.868	0.000
N4	0.882	0.018	48.691	0.000

EXTRAV BY				
E1	0.802	0.029	27.203	0.000
E2	0.834	0.027	30.772	0.000
E3	0.789	0.030	25.931	0.000
E4	0.699	0.038	18.478	0.000
EXTRAV WITH				
NEUROT	−0.435	0.059	−7.410	0.000
Variances				
NEUROT	1.000	0.000	999.000	999.000
EXTRAV	1.000	0.000	999.000	999.000
Residual Variances				
N1	0.217	0.032	6.869	0.000
N2	0.280	0.036	7.770	0.000
N3	0.288	0.037	7.871	0.000
N4	0.222	0.032	6.952	0.000
E1	0.357	0.047	7.553	0.000
E2	0.305	0.045	6.747	0.000
E3	0.377	0.048	7.838	0.000
E4	0.511	0.053	9.668	0.000

STD Standardization

				Two-Tailed
	Estimate	S.E.	Est./S.E.	P-Value
NEUROT BY				
N1	5.033	0.288	17.472	0.000
N2	4.742	0.290	16.337	0.000
N3	5.389	0.333	16.190	0.000
N4	5.017	0.289	17.381	0.000
EXTRAV BY				
E1	4.801	0.332	14.465	0.000
E2	5.159	0.337	15.294	0.000
E3	4.491	0.317	14.150	0.000
E4	3.907	0.326	11.974	0.000
EXTRAV WITH				
NEUROT	−0.435	0.059	−7.410	0.000
Variances				
NEUROT	1.000	0.000	999.000	999.000
EXTRAV	1.000	0.000	999.000	999.000
Residual Variances				
N1	7.025	0.907	7.746	0.000
N2	8.747	0.999	8.755	0.000

N3	11.760	1.328	8.855	0.000
N4	7.188	0.916	7.846	0.000
E1	12.802	1.581	8.100	0.000
E2	11.671	1.602	7.285	0.000
E3	12.192	1.458	8.361	0.000
E4	15.972	1.666	9.587	0.000

R-SQUARE

Observed Variable	Estimate	S.E.	Est./S.E.	Two-Tailed P-Value
N1	0.783	0.032	24.774	0.000
N2	0.720	0.036	19.976	0.000
N3	0.712	0.037	19.434	0.000
N4	0.778	0.032	24.345	0.000
E1	0.643	0.047	13.602	0.000
E2	0.695	0.045	15.386	0.000
E3	0.623	0.048	12.966	0.000
E4	0.489	0.053	9.239	0.000

〈결과 3.7〉에는 비표준화 해와 완전표준화 해 및 부분표준화 해 그리고 R-SQUARE의 순서로 결과가 제시되어 있다. 용어들을 살펴보면 Estimate는 추정치이고 S.E.는 표준오차(standard error)이며 Est/S.E.는 추정치를 표준오차로 나눈 값으로 z값에 해당한다. 그리고 Two-Tailed P-Value는 양측검정에 의한 Est/S.E의 p값을 의미한다. 모수추정치는 통계적인 의미와 실질적인 의미의 두 가지를 충족하는지를 판단해야 한다. 먼저 통계적인 관점에서 모수추정치들은 적정범위 외의 값들(out-of-range values)을 가지면 안 된다. 적정범위 외의 값은 제2장에서 살펴본 헤이우드 케이스(음의 오차분산, 1보다 큰 표준화요인적재량 등)를 포함한 부적합 해를 말한다. 결과물에서 이러한 헤이우드 케이스는 발견되지 않았다. 다음으로 실질적인 해석가능성 면에서 모수추정치의 부호를 확인한다. 이러한 부호들은 이론에 입각하여 모두 합리적인 방향으로 나타났다.

비표준화 해를 보면 두 준거지표($N1$과 $E1$)의 비표준화요인적재량은 디폴트에 의하여 1로 설정되어 있음을 알 수 있다. 이들 추정치의 표준오차는 0이기 때문에 유의성검정이 적용되지 않는다. 따라서 Est/S.E.와 Two-Tailed P-Value의 값이 계산불능을 의미하는 999.000으로 나타나 있다. 준거지표 이외의 나머지 지표변수들의 비표준화요인적재량은 자유모수이므로 추정이 가능하다. 예를 들어 $N3$의 비표준화요인적재량이 1.071로 추정되는데, 이는 *N*3가 적재되어 있는 잠재변수인 신경증(NEUROT)이 1단위(원척도 1단위) 증가하면 *N*3의 값이 1.071단위만큼 증가한다는 것을 의미한다. 이러한 값은 이론에 합당하기 때문에 실질적인 해석이 가능하다. 그리고 외향성과 신경증의 공분산(EXTRAV WITH NEUROT)도 −10.512로 나타나서 이론에 부합되는 통계량이다. 나머지 모든 자유모수추정치들(요인분산, 요인공분산, 지표변수 분산)도 통계적으로 유의하게 나타났다.

표준화 해에서도 비표준화 해와 유사한 결과가 도출되었다. 표준화 해에서는 요인이 표준화되기 때문에(요인분산이 1) 준거지표의 표준화요인적재량 값도 얻을 수 있다. 표준화요인적재량의 해석은 예를 들어 *N*2의 표준화요인적재량이 0.849로 제시되어 있는데, 이러한 추정치는 잠재변수 신경증이 1표준편차 증가하면 *N*2는 0.849 표준편차만큼 증가한다고 해석하면 된다. 그리고 두 요인간의 상관관계도 −0.435로 나타났으며 이 값 또한 공분산과 마찬가지로 이론에 부합되는 결과이다.

Mplus에서는 다른 SEM 프로그램에서는 제공하지 않는 모수추정치의 표준오차를 제공하고 있다. 표준오차는 모수추정치의 값이 모집단의 진실한 모수 값(true population parameters)에 얼마나 근접하는지를 추정하는 값이다. 즉, 표준오차는 연구자가 모집단에서 반복하여 표본자료를 추출하여 모형을 자료에 적합시키는 경우에 모수추정치가 얼마나 안정적인지에 관한 추정치이다. 그리고 연구자는 이러한 표준오차가 적절한지(혹은 지나치게 크거나 작은지)를 주의 깊게 살펴야 한다. 이러한 표준오차와 모수추정치를 이용하여 모수추정치의 95% 신뢰구간을 설정할 수 있다. 예를 들어 *E*2의 비표준화요인적재량의 추정치가 1.074이고 표준오차가 0.079이므로 95% 신뢰구간은 1.074±1.96*0.079로 계산되며, 따라서 *E*2의 모집단의 진실한 값은 0.9192에서 1.2288 사이의 값을 갖는다고 95% 확신할 수 있다. 표준오차의 값이 커지면 신뢰구간의 폭이 넓어지기 때문에 모수추정치의 정확도를 감소시키고 결과적으로 모수가 통계적으로 유의한지를 확인하는 검정력(power)을 저하시킨다. 부적절한 표준오차는 모형오설정, 소규모표본, 비정규자료 등 다양한 원인에서 발생한다.

MI와 표준화잔차를 이용하여 모수를 추가할 것인지의 의사결정과 마찬가지로 연구자는 통계적으로 비유의적인 결과를 나타낸 모수추정치들을 찾아내어 이들을 제거할 것인지에 관하여 결정해야 한다. 자유모수의 추가와 마찬가지로 비유의적인 추정치가 여러 개인 경우에도 반드시 한 번에 하나의 모수를 제거해야 한다. 통계적으로 비유의적인 요인분산도 문제가 되기 때문에 이를 면밀하게 살펴야 한다. 비유의적인 요인분산의 원인은 해당요인과 관계없는 준거지표의 선정, 경험적 과소식별, 투입행렬의 비정규성, 소규모표본의 사용 등이다. 요인공분산의 유의성여부는 이론적으로 연구자의 예측과 일치하는지를 기준으로 판단한다. 오차분산은 요인적재량의 크기와 역의 관계를 가진다. 즉, 지표변수의 분산 중에서 요인에 의하여 설명되는 분산의 양이 많을수록 오차분산은 작아진다. 다른 문제가 없다면 비유의적인 오차분산은 해당 지표변수가 적재되는 요인과 높은 상관관계를 갖는다는 것을 의미하기 때문에 관심의 대상이 되지 않는다. 하지만 지표변수의 분산이 요인에 의하여 전부 설명되지는 않기 때문에 실제 응용연구에서는 오차분산은 거의 항상 유의적으로 나타난다.

교차적재가 허용되지 않은 CFA모형에서 완전표준화요인적재량은 요인과 지표변수 간의 상관계수로 해석한다.[17] 완전표준화요인적재량을 제곱하면 특정 지표변수의 분산 중에서 지표변수가 적재되어 있는 요인에 의하여 설명되는 분산의 비율인 공통치(communality)를 의미한다. 예를 들어 *N*3의 표준화요인적재량은 0.844로 나타났다. 그러므로 *N*3의 전체분산 중에서 $0.844^2 = 0.712$(71.2%)만큼 요인 NEUROT에 의하여 설명되고 나머지 0.288만큼은 요인 NEUROT에 의하여 설명되지 않는 분산의 크기이다. 이러한 0.712의 값은 R-Square에 제시되어 있는 0.712의 값과 일치한다. 또한 표준화 해의 마지막의 잔차분산(Residual Variances)에 *N*3의 잔차분산의 값이 0.288로 나타나 있는데, 이 값이 바로 *N*3의 전체분산 중에서 요인에 의하여 설명되지 않는 분산의 크기이다. 그리고 완전표준화요인적재량을 제곱한 값(R-Square)은 지표변수의 신뢰성(reliability)으로 간주된다. 따라서 설명되는 분산의 크기(R-Square)는 특정지표가 요인과 의미 있게 연결되어 있는지를 판단하는 데에 유용하게 사용된다.

그리고 표준화 해에서 요인간 상관계수가 −0.435로 나타났는데, 이러한 요인상관은 판별타당도(discriminant validity)와 결부시켜 해석해야 한다. 요인상관의 크기가 작거나 비유의적인 것은 크게 문제가 되지 않지만(오히려 판별타당도가 양호하다고 판단한다) 요인상관의 크기가 1에 근접하는 값은 두 요인이 서로 다른 요인이라는 가정에 의문을 갖게 하는 중요한 문제이다. 따라서 ±1.0에 근접하는 요인상관은 주의 깊게 살펴야 한다. 이러한 요인상관에 대하여 Brown(2015)은 요인상관이 0.85보다 크면 판별타당도에 문제가 있다고 판정한다. 반면에 Kline(2016)은 좀더 관대

17) 하지만 교차적재가 이루어진 경우에는 요인적재량을 편회귀계수(partial regression coefficient)로 해석한다. 이러한 해석은 다중회귀분석에서 각 예측변수의 회귀계수의 해석과 동일하다. 예를 들어 *N*2가 NEUROT에 적재되고 동시에 EXTRAV에도 교차적재된 경우에 *N*2의 NEUROT에 대한 요인적재량이 0.912로 나타났다면 이러한 요인적재량은 다른 요인인 EXTRAV가 일정한 값(동일한 값 혹은 통제한 후에)을 갖는 경우에 NEUROT가 1단위 증가하면 *N*2는 0.912단위만큼 증가한다고 해석한다.

하게 두 변수의 상관관계가 0.90이 되면($r_{XY}=.90$) 두 변수 X와 Y는 서로 다른 개념이라고 주장할 수 없다(판별타당도가 없다)고 제시하였다. 만일 두 요인간 상관관계가 0.85 이상이 되는 것으로 나타나면 이들 두 요인을 하나의 요인으로 통합할 것인지를 심각하게 고려해야 한다.

결과물의 STD는 부분표준화 해를 의미하는 것으로 이는 잠재변수는 표준화하지만 지표변수는 비표준화한 값을 의미한다(〈표 2.8〉 참조). 예를 들어 $N3$의 비표준화요인적재량은 1.071이고 $N3$가 적재된 잠재변수 NEUROT의 표준편차는 요인분산의 제곱근($\sqrt{25.335}$)이다. 따라서 $N3$의 부분표준화요인적재량($\lambda_{31}=5.389$)은 다음과 같이 계산된다.

$$\lambda_{31}=1.071^{*}\sqrt{25.335}=5.39$$

위의 추정치 값(5.39)은 잠재변수 NEUROT가 1표준편차 증가하면 $N3$는 5.39 비표준화 단위만큼 증가한다고 해석한다. 이러한 해석은 제7장에서 다루게 될 MIMIC모형에서 특히 유용하게 사용된다. 즉, 배경변수(공변량)가 명목척도(예 성별)인 경우에 이러한 명목척도를 표준화하는 것은 의미가 없기 때문이다. 이러한 경우에 성별은 표준화하지 않고 NEUROT만 표준화하여 성별간에 NEUROT의 표준화 값이 차이가 나는지를 분석하는 것이 합리적인 방법이라고 할 수 있을 것이다. 참고로 STD의 결과물에서 두 준거지표 $N1$과 $E1$의 부분표준화요인적재량은 두 준거지표가 적재되어 있는 잠재변수의 표준편차와 일치한다. 즉, $\lambda_{11}=\sqrt{25.335}=5.033$이고 $\lambda_{52}=\sqrt{23.054}=4.801$이다.

마지막으로 OUTPUT command의 TECH1 옵션에 의하여 다음의 〈결과 3.8〉을 얻을 수 있다. TECH1 옵션을 지정하면 연구자가 지정한 자유모수들이 제대로 설정되었는지를 확인할 수 있다.

〈결과 3.8〉 TECH1 옵션 결과

```
TECHNICAL 1 OUTPUT
     PARAMETER SPECIFICATION

             LAMBDA
                  NEUROT        EXTRAV
                ________      ________
 N1                 0             0
 N2                 1             0
```

N3	2	0
N4	3	0
E1	0	0
E2	0	4
E3	0	5
E4	0	6

THETA

	N1	N2	N3	N4	E1	E2	E3	E4
N1	7							
N2	0	8						
N3	0	0	9					
N4	0	0	0	10				
E1	0	0	0	0	11			
E2	0	0	0	0	0	12		
E3	0	0	0	0	0	0	13	
E4	0	0	0	0	0	0	0	14

BETA

	NEUROT	EXTRAV
NEUROT	0	0
EXTRAV	0	0

PSI

	NEUROT	EXTRAV
NEUROT	15	
EXTRAV	16	17

위의 결과물은 연구자가 지정한 모든 자유모수들을 일련번호를 사용하여 행렬 형태로 보여주고 있다. Mplus의 결과물에는 초기값(starting values)도 보여주지만 여기의 결과물에서는 생략하였다. 그리고 지표변수의 절편(8개)도 추정되었다면 NU(ν)라는 벡터 안에 결과들을 보여주지만 본 예제는 절편을 추정하지 않았기 때문에 결과가 나타나지 않았다. 따라서 위의 결과물에는 세 개의 행렬(LAMBDA, THETA, PSI)이 제시되어 있다. 먼저 LAMBDA(Λ)행렬에는 요인적재량의 유형이 나타나 있다. 이들을 살펴보면 $N1$에서 $N4$까지는 요인 NEUROT에 적재되는데, $N1$은 준거지표로 선정되어 자유모수가 아니기 때문에 0으로 나타났고 $N1$과 $N2$ 및 $N3$는 자유롭게 추정되므로 1, 2, 3으로 자유모수의 번호가 부여되어 있다. 마찬가지로 $E1$부터 $E4$는 요인 EXTRAV에 적재되고 준거지표 $E1$은 고정모수로 0으로 되어 있으며 $E2$부터 $E4$는 자유모수인 4, 5, 6의 번호로 지정되어 있다. THETA

(Θ)행렬은 오차(잔차)와 관련된 행렬이다. 오차공분산은 허용하지 않았기 때문에 8개의 오차분산들만 대각선에 나타나 있다. BETA(B)행렬은 구조모형에서 내생변수 간의 관계들의 자유모수인데, 본 예제는 CFA에 관한 것이기 때문에 모든 β는 추정되지 않아서 0으로 나타나 있다. 마지막으로 PSI(Ψ)행렬[18)]은 요인분산과 요인공분산을 의미하는데, Mplus의 디폴트는 요인공분산을 추정하기 때문에 두 요인의 공분산(16으로 표현)이 자유모수로 추정된다. 따라서 자유모수는 총 17개이고, 이는 우리가 [그림 3.1]에서 추정하고자 하는 자유모수와 일치하기 때문에 분석하고자 하는 자유모수가 연구모형에 적절하게 반영되어 있음을 확인할 수 있다. 그리고 위에서도 언급한 것처럼 만일 지표변수의 절편도 추정하였다면 일련번호는 25(17+8)에서 종료되었을 것이다.

3.6 신뢰도와 타당도의 평가

측정모형에 대한 전반적 적합도 등이 합리적이라고 판단되면 각 개념(요인)에 대한 신뢰도와 타당도의 평가가 이루어진다. 이하에서 이들을 알아보기로 한다.

3.6.1 신뢰도

앞에서 개별 지표변수의 신뢰도는 완전표준화요인적재량을 제곱한 값(R-Square)으로 평가한다고 설명하였다. 그렇다면 여러 개의 지표변수들로 구성된 개념(잠재변수)의 신뢰도는 어떻게 평가할 것인가? 전통적으로 이러한 개념신뢰도(construct reliability : CR)는 통계프로그램을 이용하여 Cronbach's α에 의하여 평가(예 SPSS의 reliability test)하고 있다. 이러한 Cronbach's α는 계산하기가 간편하지만 개념신뢰도에 대한 신뢰할 만한 추정치를 제공하지 못할 수도 있다. 즉, 동일한 요인을 구성하는 지표변수들(congeneric indicators)이 타우-동등성(tau-equivalent)[19)]의 가

18) 요인 분산-공분산행렬을 PHI(Φ) 대신 PSI(Ψ)를 사용하였기 때문에 Mplus는 제2장에서 언급한 잠재 Y 표기법을 사용하는 것을 알 수 있다.

19) 타우-동등성은 요인을 구성하는 지표변수들의 요인적재량이 모두 동일하고 오차분산은 다른 경우를

정을 유지하지 못하면(대부분의 응용연구가 이에 해당한다) Cronbach's α는 개념신뢰도를 과소추정하는 경향이 있기 때문에(Raykov, 2001) 개념신뢰도에 대한 잘못된 추정량(misestimator)을 제공하게 된다. 나아가 오차공분산이 존재하는 경우에는 모수에 따라 개념신뢰도를 과대 또는 과소 추정할 수도 있다.

Cronbach's α의 이러한 단점을 극복하기 위하여 개념신뢰도는 CFA의 결과를 근거로 계산한다(Jöreskog, 1971). 오차공분산이 존재하지 않는 경우에 요인 η(eta)의 CFA에 의한 개념신뢰도(CFA-based construct reliabilaty : ρ_η)는 다음의 식 (3.19)와 같이 계산된다(Fornell & Larcker, 1981). 식 (3.19)에서 λ_i는 지표변수 i의 표준화요인적재량이고 p는 지표변수의 개수이며 $Var(\epsilon_i)$는 지표변수 i의 오차분산을 의미한다.

$$CR = \rho_\eta = \frac{(\sum_i^p \lambda_i)^2}{(\sum_i^p \lambda_i)^2 + \sum_i^p Var(\epsilon_i)} \tag{3.19}$$

신뢰도추정치에 관한 경험칙(rule of thumb)에 의하면 CR의 값이 0.7 이상이면 양호한 신뢰도라고 할 수 있다.

식 (3.19)를 이용하여 두 요인 NEUROT와 EXTRAV의 CR을 계산하면 다음과 같다.

$$CR_{NEUROT} = \frac{(.885 + .849 + .844 + .882)^2}{(.885 + .849 + .844 + .882)^2 + (.217 + .280 + .288 + .222)} = .922$$

$$CR_{EXTRAV} = \frac{(.802 + .834 + .789 + .699)^2}{(.802 + .834 + .789 + .699)^2 + (.357 + .305 + .377 + .511)} = .863$$

두 요인의 CR값은 모두 0.7보다 크기 때문에 양호하게 나타났다고 할 수 있다.

신뢰도지수의 또 다른 형태는 평균분산추출(average variance extracted : AVE)이다. 표준화요인적재량을 제곱한 값(요인에 의하여 설명되는 분산의 양)이 공통치인데

의미한다. 이에 관해서는 제7장에서 자세히 다룬다.

이는 분산추출(variance extracted)이라고도 부른다. 따라서 분산추출의 평균(AVE)은 다음의 식 (3.20)과 같이 표준화요인적재량들을 제곱한 값(분산추출)들을 모두 더해서 지표변수의 개수로 나눈 값으로 계산된다(Hair et al., 2010).

$$AVE = \frac{\sum_{i}^{p}\lambda_i^2}{p} \tag{3.20}$$

Fornell & Larcker(1981)는 식 (3.20)과 약간 다르게 다음의 식 (3.21)의 계산법을 제시하였다.

$$AVE = \frac{\sum_{i}^{p}\lambda_i^2}{\sum_{i}^{p}\lambda_i^2 + \sum_{i}^{p}Var(\epsilon_i)} \tag{3.21}$$

Hair et al.(2010)의 계산식과 Fornell & Larcker(1981)의 계산법이 상이한데, 분산추출을 평균한다는 원래의 취지에서 보면 Hair et al.(2010)의 방법이 논리적이라고 할 수 있다. Fornell & Larcker(1981)는 AVE의 계산식을 식 (3.19)에서 도출하였는데, 이들에 의하면 식 (3.19)는 측정오차로 인한 분산의 양과 관련하여 요인에 의하여 설명되는 분산을 측정하지 못한다는 것이다. 이러한 설명은 식 (3.21)에서 AVE값이 0.5보다 작게 계산되면 측정오차로 인한 분산의 양이 요인에 의하여 설명되는 분산의 양보다 크다는 것이다. 하지만 양 방법의 계산결과는 일반적으로 유사하기 때문에 어느 방법을 사용하여도 무난하다고 할 것이다. 즉, 오차분산인 $\sum_{i}^{p}Var(\epsilon_i)$의 값이 크게 변동하지 않는다면 $p \cong \sum_{i}^{p}\lambda_i^2 + \sum_{i}^{p}Var(\epsilon_i)$로 식 (3.20)의 분모와 식 (3.21)의 분모가 비슷한 값을 보인다.

식 (3.20)을 이용한 개념 NEUROT의 AVE값은 다음과 같다.

$$AVE = (.885^2 + .849^2 + .844^2 + .882^2)/4 = .74857$$

그리고 식 (3.21)을 이용한 개념 NEUROT의 AVE값은 다음과 같이 계산된다.

$$AVE = \frac{(.885^2 + .849^2 + .844^2 + .882^2)}{(.885^2 + .849^2 + .844^2 + .882^2) + (.217 + .280 + .288 + .222)}$$
$$= .74833$$

따라서 양 방법의 계산결과는 거의 동일하다고 할 수 있다.

마찬가지로 EXTRAV의 AVE값도 Hair et al.(2010)의 방법에 의하여 계산된 값(0.61247)과 Fornell & Larcker(1981)의 방법의 값(0.61249)이 비슷하게 나타났다. 이러한 AVE값은 0.5 이상이면 양호한 값이라고 할 수 있다(Fornell & Larcker, 1981; Hair et al., 2010).

3.6.2 개념타당도

타당도(validity)는 한 변수 혹은 다수의 변수들이 개념을 정확히 대표하는지의 정도(측정오차로부터 자유로운 정도)를 말한다. 신뢰도가 요인을 구성하는 지표변수들의 일관성을 측정하는 것이라면 타당도는 개념이 변수(들)에 의하여 얼마나 잘 정의되는지를 나타낸다. 따라서 개념타당도(construct validity)는 일련의 지표변수들이 측정하고자 하는(적재되어 있는) 개념을 실제로 얼마나 잘 반영하고 있는지, 즉 측정의 정확성을 의미한다. 개념타당도가 확인되면 이는 표본에서 얻어진 지표변수측정치들이 모집단에 존재하는 실제 진점수(true score)를 대표한다는 확신으로 이어진다. CFA에서 개념타당도를 확인하기 위해서는 수렴타당도(convergent validity)와 판별타당도(discriminant validity)를 조사해야 한다. 그리고 앞에서 살펴본 CR과 AVE의 개념들은 개념타당도의 확인에도 사용된다.

먼저 수렴타당도의 의미는 특정요인의 지표변수들이 높은 비율의 공통분산을 공유해야 한다는 것이다. 즉, 동일요인에 적재되어 있는 지표변수들은 유사한 성격을 가져야 한다는 것이다. 수렴타당도는 다음의 세 가지 기준에 의하여 평가된다(Hair et al., 2010).

첫째, 요인적재량의 크기가 중요한 요인 중의 하나이다. 높은 요인적재량은 지표변수들이 개념에 수렴한다(높은 상관관계)는 것을 의미한다. 그리고 모든 요인적재량들이 통계적으로 유의해야 한다. 통계적으로 유의한 요인적재량의 크기가 작을 수도 있기 때문에 경험칙에 의하면 표준화요인적재량추정치가 0.5 이상이어야 되고 이상적으로는 0.7 이상이 되어야 한다. 이러한 기준은 공통치와 관련이 있다. 만일 특정 지표변수의 표준화요인적재량이 0.51로 추정되었다면 이러한 지표변수의 분산의 50%(.71^2)는 요인에 의하여 설명되지만 나머지 50%는 오차분산에 해당되기 때문이다.

둘째, AVE값이 0.5 이상이 되어야 한다. 앞서 살펴본 바와 같이 표준화요인적재량의 평균은 공통치의 평균(AVE)을 의미한다.

셋째, 신뢰도 또한 수렴타당도의 지표가 된다. 앞서 말했지만 CR의 값이 0.7 이상으로 나타나면 수렴타당도가 확인된다. 그리고 모형의 다른 개념타당도가 양호한 경우에는 0.6에서 0.7 사이의 값도 수용가능하다. 높은 CR값은 내적 일관성(internal consistency)이 존재한다는 것으로 이는 모든 지표변수들이 동일한 요인(개념)을 대표한다는 것을 의미한다.

두 번째 개념타당도는 판별타당도이다. 판별타당도는 한 개념이 다른 개념과 실제로 다른 정도이다. 따라서 높은 판별타당도는 특정개념이 고유한 개념이고 다른 개념은 소유하지 못하는 특정현상을 파악한다는 것을 의미한다. CFA에서는 판별타당도를 평가하는 경우에 두 가지 방법을 사용한다.

첫째, 두 요인의 상관관계를 1로 설정한 1요인모형(one factor model : 두 요인에 적재된 모든 지표변수들을 한 요인에 통합하여 적재시킨 단일모형)과 두 요인이 다르다고 가정한 원래의 2요인모형(two factor model)의 적합도를 비교하여 2요인모형의 적합도가 1요인모형의 적합도보다 우수하면 두 요인이 다른 개념이라고 추정하여 판별타당도가 확보된다고 판단하는 방법이다. 하지만 요인의 상관관계가 높은 경우에도(예 상관계수가 0.90) 두 요인간의 적합도가 차이를 보일 수 있기 때문에 이 방법은 판별타당도의 강한 증거가 될 수 없다.

둘째, 보다 엄격한 방법으로 두 요인의 상관계수의 제곱(ϕ^2)과 두 요인 각각의 AVE를 비교하는 방법이다. 만일 AVE가 상관계수의 제곱보다 크면 판별타당도가 확보된다. 예를 들어 본 예제에서 NEUROT와 EXTRAV의 상관계수는 −0.435이고 NEUROT와 EXTRAV의 AVE는 각각 0.748과 0.612이다. 그리고 AVE_{NEUROT} $(0.748) > 0.189((-0.435)^2)$이고 또한 $AVE_{EXTRAV}(0.612) > 0.189((-0.435)^2)$이므로 판별타당도가 확인되었다. SSCI급 논문들은 거의 이 방법을 사용하고 있다.

보충적이지만 두 요인간의 상관계수가 0.85(관대하게는 0.90)보다 작아야 한다는 조건도 자주 사용하는 방법이다. 따라서 요인상관이 지나치게 높은 경우에는 항상 경계해야 한다.

3.7 비표준화 해와 표준화 해의 상호변환

잠재변수의 척도를 정의하기 위하여 준거지표를 사용하는 경우에(즉, 준거지표의 척도가 잠재변수에 전달되는 경우에), 비표준화 해에서는 모든 모수는 지표변수와 요인의 원 척도(original metrics)를 기준으로 추정된다. 이 경우에 비표준화요인적재량은 비표준화회귀계수로 해석한다. 예를 들어 〈결과 3.7〉에서 *N*4의 비표준화요인적재량이 0.997로 나타났기 때문에 신경증 요인이 한 단위 증가하면 *N*4는 0.997단위 증가한다고 해석된다. 반면에 완전표준화 해에서는 잠재변수와 지표변수의 척도가 표준화(평균=0, 표준편차=1)되기 때문에 표준화요인적재량은 표준화회귀계수로 해석한다. 예를 들어 신경증이 1표준편차 증가하면 *N*4는 0.882표준편차만큼 증가할 것으로 예측된다. 그리고 교차적재가 허용되지 않은 경우에 특정 지표변수의 유일한 예측변수는 특정지표가 적재된 요인이기 때문에 완전표준화 해는 요인과 지표변수의 상관계수로 해석한다. 따라서 완전표준화요인적재량의 제곱은 요인에 의하여 설명되는 지표변수의 분산비율이 된다. 예를 들어 신경증은 *N*4의 전체분산 중에서 77.8%($.882^2$: R^2값과 동일)를 설명한다. 이러한 사실은 또한 요인에 의하여 설명되지 않는 지표변수의 분산비율은 22.2%(1−77.8%)라는 것을 의미하는 것이다.

비표준화 해는 표준화 해로 전환할 수 있고 표준화 해 또한 비표준화 해로 바꿀 수 있다(Brown, 2015). 이들 중에서 표준화 해를 비표준화 해로 변환시키는 방법에 대하여 알아보기로 한다. 비표준화 해를 표준화 해로 바꾸는 것은 반대로 적용하면 된다.

먼저 준거지표가 사용되는 경우에 요인분산은 준거지표의 완전표준화요인적재량을 제곱한 후에 이를 준거지표의 표본분산에 곱하여 계산된다. 예를 들어 잠재변수 EXTRAV의 분산(ϕ_{22})은 다음과 같이 준거지표 *E*1의 표준화요인적재량(0.802)의 제곱에 *E*1의 표본분산 36[20]을 곱하여 구한다. 계산된 값은 결과물의 값(23.054)과 약간 차이를 보이고 있다.

$$\phi_{22} = .802^2 * 36 = 23.15$$

---

20) *E*1의 분산은 〈표 3.2〉에서 *E*1의 표준편차(6.0)를 제곱하거나 〈결과 3.1〉에서 *E*1의 분산 36을 사용하면 된다.

NEUROT의 분산도 마찬가지로 $\phi_{11} = .885^2 * 32.49 = 25.44$로 계산된다.

그리고 요인공분산(ϕ_{21})은 두 요인의 추정된 표준편차들[21)]을 곱한 값에 두 요인의 상관계수를 곱하여 계산된다(식 (3.4) 참조).

$$\phi_{21} = r_{21} * SD_{NEUROT} * SD_{EXTRAV} = (-.435) * 5.033 * 4.801 = -10.511$$

다음으로 지표변수의 오차분산은 완전표준화잔차와 지표변수의 표본분산을 곱하여 계산한다. 예를 들어 지표변수 $E2$의 오차분산(δ_5)은 다음과 같이 $E2$의 완전표준화잔차(0.305)와 표본분산(38.44)을 곱하여 재생된다.

$$\sigma_5 = .305 * 38.44 = 11.724$$

요인적재량이 회귀계수라는 사실은 완전표준화요인적재량을 비표준화요인적재량으로 변환시키는 경우에 활용된다. 하나의 독립변수(x)와 종속변수(y)로 이루어진 회귀식에서 비표준화 회귀계수(b)는 다음과 같이 계산된다.

$$b = (r_{yx} * SD_y) / SD_x$$

위의 방정식은 동질적인 지표변수들로 구성된 CFA에도 적용된다. 즉, r_{yx}는 완전표준화요인적재량이고 SD_y는 지표변수(y)의 표본표준편차이며 SD_x는 잠재변수의 추정된 표준편차라고 할 때에 지표변수 $E2$의 표준화요인적재량은 다음과 같이 비표준화요인적재량(λ_{62})으로 전환된다. 결과물에는 1.074로 나타나 있다.

$$\lambda_{62} = .834 * 6.2 / \sqrt{23.054} = 1.077$$

21) NEUROT의 표준편차는 추정된 분산의 제곱근($\sqrt{25.335} = 5.033$)으로 구한다.

3.8 단일지표변수가 포함된 CFA모형의 측정오차수정

연구모형에 따라서는 잠재변수의 지표변수가 하나인 경우가 등장한다. CFA의 장점 중의 하나는 단일지표변수(single indicator)를 모형에 도입(예 연령, 성별)할 수 있다는 점이다. 연구모형(구조모형)에 잠재변수와 단일지표변수가 같이 도입되는 경우에는 구조모형의 분석 전에 이러한 단일지표변수를 측정모형에 반드시 포함시켜서 CFA를 실행해야 한다. 측정모형에 단일지표변수를 포함시키지 않고 구조모형을 분석하면 잠재변수의 판별타당도의 하락 등을 포함하여 모형설정오류가 발생할 가능성이 있다. CFA에 단일지표변수를 포함하면 구조모형 분석 전에 잠재변수와 단일지표변수 간의 상관관계를 조사할 수 있다. 단일지표변수가 포함된 CFA의 추정치들은 구조모형의 적절성에 관한 정보를 제공한다. 만일 단일지표변수와 잠재변수의 상관관계가 낮게 나타나면 이는 구조모형이 양호하지 않을 수 있다는 암시가 된다.

CFA의 또 다른 장점 중의 하나는 측정오차(잠재변수에 의하여 설명되지 않는 지표변수의 분산의 비율)를 모형에 포함시킨다는 점이다. 하지만 단일지표변수의 경우에는 측정오차를 평가할 수 없다. 이러한 경우에는 단일지표변수의 비표준화 측정오차(오차분산)를 0이 아닌 임의의 값으로 고정시켜야 한다. 만일 오차분산을 0으로 고정시키면 해당 단일지표변수의 측정오차가 0(예 나이, 신장, 몸무게)이라는 것을 의미하기 때문에 신뢰도는 100%가 된다. 하지만 단일지표변수가 개념(예 제품선호도)을 간접적으로 측정하는 경우에는 완벽한 신뢰도를 기대하기 어렵다. 이러한 경우에는 외부에서 얻은 신뢰도(external reliability)를 이용하여 측정오차의 영향을 수정해야 한다(Wang & Wang, 2012). 이러한 외부신뢰도를 얻는 방법은 대략 네 가지가 있다. 첫째, 단일지표변수가 다수의 지표변수들의 결합측정치(composite measures)[22]라면 원래 하위측정치들의 Cronbach's α값을 외부신뢰도로 사용하는 방법이다. 둘째, 검사-재검사(test-retest)[23]방법을 이용하여 신뢰도를 계산하는 것이다. 셋째, 연구자가 사용할 단일지표변수에 관하여 선행연구에서 제시된 신뢰도가 제공되는 경우에는 이를 사용할 수 있다. 마지막으로 위의 세 가지에 해당하지 않는 경우이다. 이러한 경우에는 Cronbach's α값이 0.7 이상이면 만족할 만한 신뢰도이므로(Nunnally,

22) 예를 들어 잠재변수인 제품선호도(X)를 3개의 하위척도(X_1, X_2, X_3)를 이용하여 측정한 경우에 이들을 평균하여 단일의 측정치 X(결합측정치)를 생성하는 것이다.

23) 검사-재검사방법은 동일한 대상에 대하여 동일한 측정방법을 이용하여 서로 다른 시간에 두 번 측정하는 방법이다.

1978) 임의로 0.7 이상의 값을 이용하는 방법이다. 이러한 방법을 사용하는 경우에는 연구자가 판단하여 신뢰도추정치의 합리적인 구간(예 0.7에서 0.9 사이)을 설정한 후 이러한 신뢰도추청치가 변화함에 따라 결과의 안정도가 어떻게 달라지는지에 관한 민감도분석(sensitivity analysis)을 실시하는 것이 권장되는 유용한 방법이다(Brown, 2015).

잠재변수가 단일의 지표변수에 의하여 측정되는 모형은 [그림 3.3]과 같다.

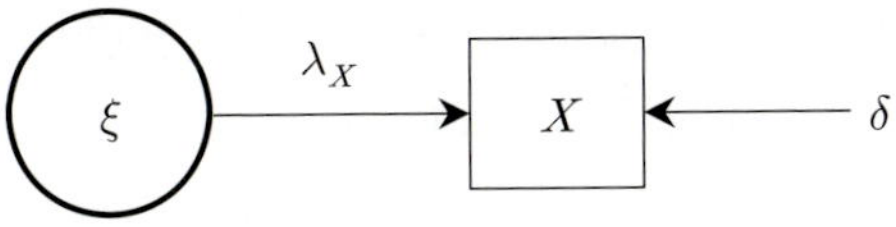

[그림 3.3] 단일지표로 측정된 잠재변수

[그림 3.3]의 측정모형은 다음과 같다.

$$X = \lambda_X \xi + \delta \tag{3.22}$$

그리고 식 (3.22)는 다음과 같이 변형된다.

$$\delta = X - \lambda_X \xi \tag{3.23}$$

식 (3.23)에서 오차분산(θ_δ)은 다음과 같다.[24] $Var(X)$는 X의 분산이고 ρ_X는 X의 신뢰도를 의미한다.

$$\begin{aligned} Var(\delta) = \theta_\delta &= Var(X) - Var(\lambda_X \xi) = Var(X) - \lambda_X^2 Var(\xi) \\ &= Var(X) - Var(X)\rho_X = Var(X)(1-\rho_X) \end{aligned} \tag{3.24}$$

예를 들어 단일지표변수의 표본분산($Var(X)$)이 50이고 위의 네 가지 중의 한 가지의 방법으로 얻은 외부신뢰도추정치(ρ_X)가 0.8이라면 오차분산은 $\theta_\delta = 50*(1-.8) = 10$으로 계산된다. 따라서 단일지표변수의 측정오차를 통제하기 위해서 오

---

24) 상수 a가 포함되는 경우에 $Var(aX) = a^2 Var(X)$이다. 그리고 식 (3.24)에서 $\frac{\lambda^2 Var(\xi)}{Var(X)} = \rho_X$가 성립한다(Wang & Wang, 2012, pp. 86-87). 따라서 $\lambda^2 Var(\xi) = Var(X)\rho_X$가 된다.

차분산을 10으로 고정시킨다. 그리고 요인적재량은 1로 고정($\lambda_X = 1$)시킨다.[25] 단일지표변수가 적재되는 요인은 임시로 지정한 요인이기 때문에 임시요인(pseudo-factor)이라고 부른다(Brown, 2015).

이제 예제(Brown, 2015)를 통하여 단일지표변수가 포함된 CFA를 실행하기로 한다. 연구모형(구조모형)은 건강상태(Health)가 신체적 기능(ξ_1)과 정신적 기능(ξ_2)에 미치는 영향을 분석하는 것인데 연령(Age)을 통제변수(공변량)로 도입하였다. ξ_1과 ξ_2는 각각 3개의 지표변수로 구성되어 있고 Health와 Age는 단일지표변수로 이루어져 있다. 구조모형의 분석 전에 4가지 변수를 모두 포함시킨 CFA를 실시해야 하는데 이러한 CFA모형은 [그림 3.4]와 같다.

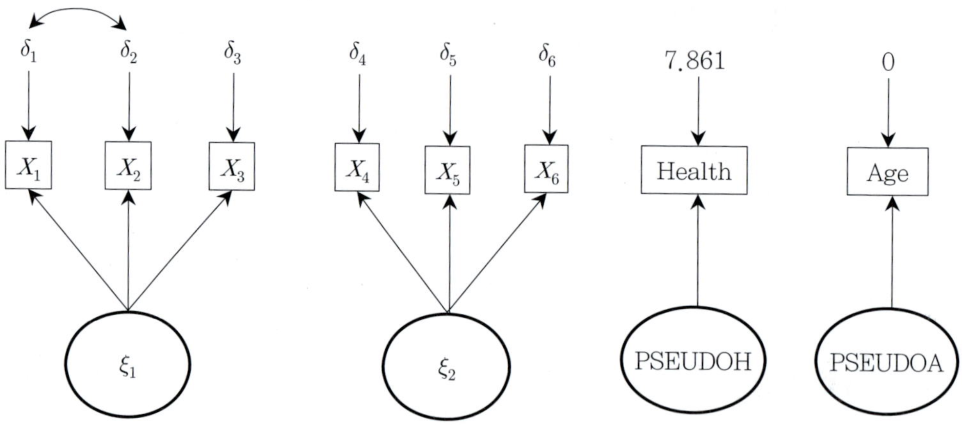

〈표준편차와 상관계수〉

	X_1	X_2	X_3	X_4	X_5	X_6	Health	Age
	19.961	15.851	3.270	5.545	9.366	13.838	8.462	11.865
X_1	1.000							
X_2	0.779	1.000						
X_3	0.412	0.463	1.000					
X_4	0.366	0.311	0.285	1.000				
X_5	0.280	0.273	0.269	0.784	1.000			
X_6	0.227	0.193	0.218	0.696	0.748	1.000		
Health	0.417	0.452	0.365	0.539	0.605	0.456	1.000	
Age	−0.118	−0.122	−0.146	−0.082	−0.073	−0.119	−0.096	1.000

[그림 3.4] 단일지표변수가 포함된 CFA

25) Mplus에서는 이러한 요인적재량을 1로 고정시키는 것을 디폴트로 지정하고 있기 때문에 Mplus syntax에 이를 별도로 지정할 필요가 없다.

[그림 3.4]에 나타나 있지는 않지만 4개의 잠재변수간의 모든 공분산은 허용된다. 그리고 X_1과 X_2는 역코딩(reverse-scored)으로 되어 있는데 CFA결과 이들 두 지표변수의 MI가 $\chi^2 = 15.341$이고 EPC(127.343)와 StdYX EPC(1.882)가 매우 높게 나타나서 이들의 오차공분산을 설정하였다. 이 연구에서는 원자료(자료명 : single.dat)를 사용하였기 때문에 지표변수들의 절편이 추정된다. Health와 Age의 임시요인은 각각 PSEUDOH와 PSEUDOA로 명명하였다.

선행연구에서 Health의 신뢰도추정치(ρ)가 0.89로 제시되어 있다고 가정한다. 반면에 연령은 측정오차가 0이라고 보아도 적합할 것이다. 연구에 참여한 피험자 수는 500명이다. [그림 3.4]의 상관행렬에서 Health의 표준편차가 8.462이므로 표본분산은 $8.462^2 = 71.605$가 된다. 그리고 Mplus에서는 표본의 수를 $N-1$ 대신 N을 사용하기 때문에 표본분산은 $71.605*499/500 = 71.462$로 조정된다. 이들을 바탕으로 Health의 오차분산을 계산하면 $71.462*(1-0.89) = 7.861$이 된다.

그리고 두 개의 단일지표변수가 포함된 CFA를 실행하기 위한 Mplus syntax가 〈표 3.4〉에 제시되어 있다. 이러한 syntax는 폴더 chapter3에 single.inp로 저장되어 있고 자료파일은 single.dat로 저장되어 있다.

〈표 3.4〉 단일지표변수가 포함된 Mplus syntax(single.inp)

```
TITLE: MPLUS CFA MODEL WITH TWO FACTORS, TWO SINGLE INDICATORS
DATA: FILE IS SINGLE.DAT;
VARIABLE: NAMES ARE ID X1 X2 X3 X4 X5 X6 HEALTH AGE;
          USEV = X1 X2 X3 X4 X5 X6 HEALTH AGE;
  ANALYSIS: ESTIMATOR=ML;
  MODEL: PHYSICAL BY X1-X3;
         MENTAL BY X4-X6;
         PSEUDOH BY HEALTH;
         PSEUDOA BY AGE;
         HEALTH@7.861; AGE@0;
         X1 WITH X2;
  OUTPUT: SAMPSTAT STDYX MODINDICES(5) TECH1;
```

〈표 3.4〉에서 HEALTH@7.861은 HEALTH의 측정오차를 7.861로 고정시킨다는 의미이고 마찬가지로 AGE@0은 AGE의 측정오차를 0으로 고정시키는 명령문이다. 그리고 PSEUDOH BY HEALTH는 임시요인 PSEUDOH가 단일지표변수

HEALTH에 의하여 측정되고 PSEUDOA BY AGE는 임시요인 PSEUDOA가 단일 지표변수 AGE에 의하여 측정된다는 것을 의미한다. 그리고 X1과 X2의 오차공분산을 추정하기 위해 X1 WITH X2;를 설정하였다. Mplus는 디폴트로 ML 추정법을 사용하기 때문에 ESTIMATOR=ML;은 지정하지 않아도 된다.

[그림 3.4]의 총정보의 개수는 공분산구조의 정보의 개수 36개(8(9)/2 = 36)와 평균구조의 정보의 개수(지표변수의 개수) 8개를 합계한 44개이다. 그리고 자유모수의 개수는 요인적재량 4개(지표변수 X_1과 X_4는 준거지표로 지정하였기 때문에 자유모수가 아니다)와 오차분산 6개 및 오차공분산 1개 그리고 요인분산 4개와 요인공분산 6개 및 지표변수의 절편 8개를 합계한 29개이다. 따라서 자유도는 15(44−29)로 계산된다. Mplus syntax를 실행하면 적합도가 양호하게 나타나서 모형은 자료에 잘 적합한다고 할 수 있다($\chi^2(15) = 45.009$, $p < .001$, $CFI = .984$, $TLI = .971$, $RMSEA = .063$ (근사적합도=.137), $SRMR = .026$). 비표준화 해와 표준화 해 및 R^2값은 〈결과 3.9〉와 같다.

〈결과 3.9〉 잠재변수와 단일지표변수로 구성된 측정모형의 분석결과

MODEL RESULTS

		Estimate	S.E.	Est./S.E.	Two-Tailed P-Value
PHYSICAL	BY				
X1		1.000	0.000	999.000	999.000
X2		0.868	0.050	17.527	0.000
X3		0.150	0.018	8.480	0.000
MENTAL	BY				
X4		1.000	0.000	999.000	999.000
X5		1.850	0.074	25.077	0.000
X6		2.357	0.109	21.659	0.000
PSEUDOH	BY				
HEALTH		1.000	0.000	999.000	999.000
PSEUDOA	BY				
AGE		1.000	0.000	999.000	999.000
MENTAL	WITH				
PHYSICAL		28.375	4.308	6.587	0.000

```
PSEUDOH      WITH
   PHYSICAL              69.058     7.958      8.677      0.000
   MENTAL                25.179     2.280     11.044      0.000
PSEUDOA      WITH
   PHYSICAL             -30.308     9.003     -3.366      0.001
   MENTAL                -5.291     2.627     -2.014      0.044
   PSEUDOH               -9.664     4.502     -2.147      0.032
X1           WITH
   X2                    87.987    17.805      4.942      0.000
Intercepts
   X1                    34.268     0.892     38.426      0.000
   X2                    21.936     0.708     30.975      0.000
   X3                     8.212     0.146     56.202      0.000
   X4                     7.060     0.248     28.497      0.000
   X5                    14.750     0.418     35.249      0.000
   X6                    16.016     0.618     25.906      0.000
   HEALTH                28.322     0.378     74.915      0.000
   AGE                   33.210     0.530     62.651      0.000
Variances
   PHYSICAL             182.152    29.414      6.193      0.000
   MENTAL                22.141     1.948     11.367      0.000
   PSEUDOH               63.601     4.520     14.072      0.000
   PSEUDOA              140.490     8.885     15.811      0.000
Residual Variances
   X1                   215.498    24.582      8.766      0.000
   X2                   113.524    15.800      7.185      0.000
   X3                     6.567     0.583     11.260      0.000
   X4                     8.548     0.782     10.935      0.000
   X5                    11.781     1.949      6.045      0.000
   X6                    68.146     5.272     12.926      0.000
   HEALTH                 7.861     0.000    999.000    999.000
   AGE                    0.000     0.000    999.000    999.000

STANDARDIZED MODEL RESULTS
STDYX Standardization
                                                       Two-Tailed
                       Estimate      S.E.   Est./S.E.    P-Value
PHYSICAL     BY
   X1                     0.677     0.045     15.015      0.000
   X2                     0.740     0.043     17.205      0.000
   X3                     0.620     0.041     14.989      0.000
```

```
MENTAL     BY
    X4                0.849     0.017     51.459      0.000
    X5                0.930     0.013     73.917      0.000
    X6                0.802     0.019     42.729      0.000
PSEUDOH    BY
    HEALTH            0.943     0.004    255.852      0.000
PSEUDOA    BY
    AGE               1.000     0.000    999.000    999.000
MENTAL     WITH
    PHYSICAL          0.447     0.051      8.736      0.000
PSEUDOH    WITH
    PHYSICAL          0.642     0.043     14.778      0.000
    MENTAL            0.671     0.030     22.644      0.000
PSEUDOA    WITH
    PHYSICAL         -0.189     0.054     -3.509      0.000
    MENTAL           -0.095     0.046     -2.044      0.041
    PSEUDOH          -0.102     0.047     -2.178      0.029
X1         WITH
    X2                0.563     0.054     10.462      0.000
Intercepts
    X1                1.718     0.070     24.418      0.000
    X2                1.385     0.063     22.128      0.000
    X3                2.513     0.091     27.560      0.000
    X4                1.274     0.060     21.170      0.000
    X5                1.576     0.067     23.539      0.000
    X6                1.159     0.058     20.040      0.000
    HEALTH            3.350     0.115     29.134      0.000
    AGE               2.802     0.099     28.231      0.000
Variances
    PHYSICAL          1.000     0.000    999.000    999.000
    MENTAL            1.000     0.000    999.000    999.000
    PSEUDOH           1.000     0.000    999.000    999.000
    PSEUDOA           1.000     0.000    999.000    999.000
Residual Variances
    X1                0.542     0.061      8.882      0.000
    X2                0.453     0.064      7.116      0.000
    X3                0.615     0.051     11.982      0.000
    X4                0.279     0.028      9.933      0.000
    X5                0.135     0.023      5.746      0.000
    X6                0.357     0.030     11.840      0.000
    HEALTH            0.110     0.007     15.811      0.000
    AGE               0.000   999.000    999.000    999.000
```

R-SQUARE

Observed Variable	Estimate	S.E.	Est./S.E.	Two-Tailed P-Value
X1	0.458	0.061	7.508	0.000
X2	0.547	0.064	8.602	0.000
X3	0.385	0.051	7.495	0.000
X4	0.721	0.028	25.729	0.000
X5	0.865	0.023	36.959	0.000
X6	0.643	0.030	21.365	0.000
HEALTH	0.890	0.007	127.926	0.000
AGE	1.000	999.000	999.000	999.000

오차분산의 제약이 의도한 값으로 설정되었는지를 확인하기 위해서는 잔차분산(Residual Variances)을 살펴보면 된다. 〈결과 3.9〉에서 Health의 비표준화 및 완전표준화 잔차가 각각 7.861과 0.110(1－0.89)으로 나타나서 모형설정을 위한 신뢰도 정보가 제대로 반영되어 있음을 알 수 있다. 마찬가지로 Age의 비표준화 및 완전표준화 잔차는 0으로 나타나 있다. 그리고 단일지표변수와 임시요인과의 요인적재량은 오차분산의 제약으로 인하여 발생한 것이다. 즉, Health의 임시요인에 대한 완전표준화요인적재량이 0.943으로 나타나 있는데, 이러한 수치를 제곱한 값 0.89 ($0.943^2 = 0.89$)는 Health의 오차분산을 계산하기 위하여 사용된 신뢰도계수이다. 또한 임시요인 PSEUDOH와 다른 변수들과의 상관계수는 측정오차를 수정한 상태에서 PSEUDOH의 단일지표변수인 HEALTH와 다른 변수들과의 관계를 의미한다. 예를 들면 HEALTH와 MENTAL(ξ_2)과의 상관계수는 0.671로 나타났다. 또한 단일지표변수 Age의 PSEUDOA에 대한 요인적재량이 1로 나타났는데, 이러한 사실은 관찰값과 진점수(true score)와의 관계는 완벽하다(오차가 없다)는 것을 의미한다.

그리고 자유모수를 확인하기 위하여 TECH1 옵션을 지정하였는데 이러한 옵션을 실행한 결과가 〈결과 3.10〉에 나타나 있다.

〈결과 3.10〉 TECH1 옵션의 결과

```
TECHNICAL 1 OUTPUT
     PARAMETER SPECIFICATION

  NU
                X1        X2        X3        X4        X5        X6     HEALTH       AGE
             ________  ________  ________  ________  ________  ________  ________  ________
                 1         2         3         4         5         6         7         8

  LAMBDA
                 PHYSICAL      MENTAL        PSEUDOH       PSEUDOA
              ____________  ____________  ____________  ____________
 X1                0             0             0             0
 X2                9             0             0             0
 X3               10             0             0             0
 X4                0             0             0             0
 X5                0            11             0             0
 X6                0            12             0             0
 HEALTH            0             0             0             0
 AGE               0             0             0             0

  THETA
                X1        X2        X3        X4        X5        X6     HEALTH       AGE
             ________  ________  ________  ________  ________  ________  ________  ________
 X1             13
 X2             14        15
 X3              0         0        16
 X4              0         0         0        17
 X5              0         0         0         0        18
 X6              0         0         0         0         0        19
 HEALTH          0         0         0         0         0         0         0
 AGE             0         0         0         0         0         0         0         0

  ALPHA
                 PHYSICAL      MENTAL        PSEUDOH       PSEUDOA
              ____________  ____________  ____________  ____________
                   0             0             0             0

  BETA
                 PHYSICAL      MENTAL        PSEUDOH       PSEUDOA
              ____________  ____________  ____________  ____________
 PHYSICAL          0             0             0             0
 MENTAL            0             0             0             0
 PSEUDOH           0             0             0             0
 PSEUDOA           0             0             0             0
```

```
PSI
              PHYSICAL      MENTAL        PSEUDOH       PSEUDOA
              ________      ________      ________      ________
PHYSICAL          20
MENTAL            21            22
PSEUDOH           23            24            25
PSEUDOA           26            27            28            29
```

〈결과 3.10〉에서 NU(ν)는 지표변수의 절편을 자유모수로 추정하는 것이다. 그리고 ALPHA(α)는 요인의 평균인데 앞에서 자세히 설명한 바와 같이 Mplus는 단일집단의 경우에 모형식별을 위하여 모든 요인평균을 0으로 고정시키는 것을 디폴트로 하고 있다. TECH1 옵션의 결과를 살펴보면 자유모수의 개수가 29개이고 측정모형의 자유모수가 제대로 설정되었다는 것을 확인할 수 있다. 또한 구조모형이 아니기 때문에 모든 BETA는 0으로 나타났다.

여기에서 살펴본 내용은 제14장에서 잠재변수와 단일변수를 동시에 도입한 조절된 매개모형의 분석에서 다시 다룰 예정이다.

CHAPTER 4

모형의 재설정

4.1 모형재설정의 간단한 예제
4.2 교차적재를 허용하지 않은 경우
4.3 오차공분산을 허용하지 않은 경우
4.4 비정치행렬

제3장에서 적합도가 양호한 측정모형을 분석하였다. 하지만 실제 응용연구에서는 초기 모형의 적합도 등이 양호하지 않은 경우가 자주 발생한다. 이러한 경우에는 모형수정(model revision) 혹은 모형재설정(model re-specification)이 필요한데, 모형재설정의 주요 목표는 모형의 적합도를 개선시키는 것이다. 연구모형이 적절하지 않은지를 평가하는 주요 세 가지 기준은 다음과 같다.

(1) 모형이 전반적으로 자료에 적합하지 않다.
(2) 지표변수간의 관계를 잘 재생하지 못한다.
(3) 해석가능한 모수추정치가 산출되지 않는다.

모형재설정은 초기 모형의 적합도 정보(MI와 표준화잔차 등)를 이용하여 모형을 수정한 후에 이러한 모형을 자료에 다시 적합시키는 과정을 밟는다.

모형재설정은 적합도를 향상시키는 목적 이외에도 CFA모형의 간명도(parsimony)와 해석가능성(interpretability)을 높이는 목적으로도 이루어진다. 이러한 경우에는 적합도가 향상되는 경우는 드물고 오히려 적합도가 더 낮아지는 결과를 초래하기도 한다. 예를 들어 초기 CFA에서 판별타당도가 낮게 나타났다면(두 요인의 상관관계가 매우 높게 나타난 경우) 두 요인은 서로 다른 개념이라고 주장을 할 수 없기 때문에 두 요인을 하나의 요인으로 통합시켜서 CFA를 실행한다고 하자. 이러한 경우에는 모형재설정이 측정모형의 간명도와 해석가능성을 증진시키지만 초기의 복잡한 모형에 비하여 상대적으로 낮은 적합도를 나타낼 가능성이 있다. 모형간명도를 증진시키기 위한 방법으로 나중에 다루게 될 고차원 요인모형(higher-order factor model)이 있다. 이러한 모형재설정은 초기 CFA모형이 자료에 잘 적합하다는 결과를 얻은 후에 이루어진다. 고차원 CFA모형의 목적은 더 간명한 고차원 요인구조를 이용하여 초기 CFA모형의 요인들의 상관관계를 재생하는 것이다. 예를 들어 초기 CFA모형이 4개의 요인들로 구성되어 있는 경우에 단일의 고차원 요인이 이들 요인들의 6개의 상관관계를 잘 재생하는가에 관한 문제이다. 이러한 모형재설정은 적합도를 개선시키지 않는다. 왜냐하면 고차원 요인모형의 자유모수의 개수는 초기 CFA모형의 자유모수(요인상관)보다 작기 때문이다.[1] 고차 확인적 요인분석은 제6장에서 다룰 예정이다.

CFA모형에서 모형오설정의 주요 이유는 지나치게 많거나 적은 요인의 개수,

---

1) 앞서 설명한 바와 같이 자유모수의 감소는 자유도를 증가시키는데, 자유도가 증가하면 χ^2값이 증가하기 때문에 적합도는 낮아진다.

지표변수와 요인 간 관계의 오설정 및 오차공분산의 설정여부 등이다. 오설정된 CFA모형의 결과는 낮은 적합도, 큰 MI와 표준화잔차 그리고 매우 크거나 매우 작은 모수추정치(예 헤이우드 케이스) 등으로 나타난다. 이러한 통계량들은 사소한 모형 오설정을 수정하는 경우에는 도움이 되지만 초기 CFA모형이 매우 심하게 오설정되어 있는 경우에는 설정탐색이 성공할 가능성이 거의 없다.

4.1 모형재설정의 간단한 예제

이제 예제를 통하여 오설정된 모형의 성격과 모형수정에 대하여 알아보기로 한다. 여기에서 다룰 예제는 Brown(2015)이 제시한 것이고 모형수정의 논리 등은 Brown(2015)의 흐름을 따라 설명할 예정이다. 연구모형은 청소년($N=500$)이 알코올음료를 마시는 동기를 분석하는 것이다. 동기는 대처동기(ξ_1), 사회적 동기(ξ_2) 및 관계증진 동기(ξ_3)의 3개의 요인으로 측정하였으며 각 요인은 4개의 지표변수들로 구성되어 있다. 측정척도는 9점 척도(0에서 8)로 구성되어 있는데 X_1부터 X_{10}까지는 긍정적 문항으로 이루어져 있고 X_{11}과 X_{12}는 부정적 문항으로 이루어져 있다. 이 예제의 진정한 모형(true model)은 [그림 4.1]과 같이 X_4가 ξ_2에 교차적재되고 부정적 설문 내용인 X_{11}과 X_{12}의 오차공분산이 허용된 모형이라고 가정한다.

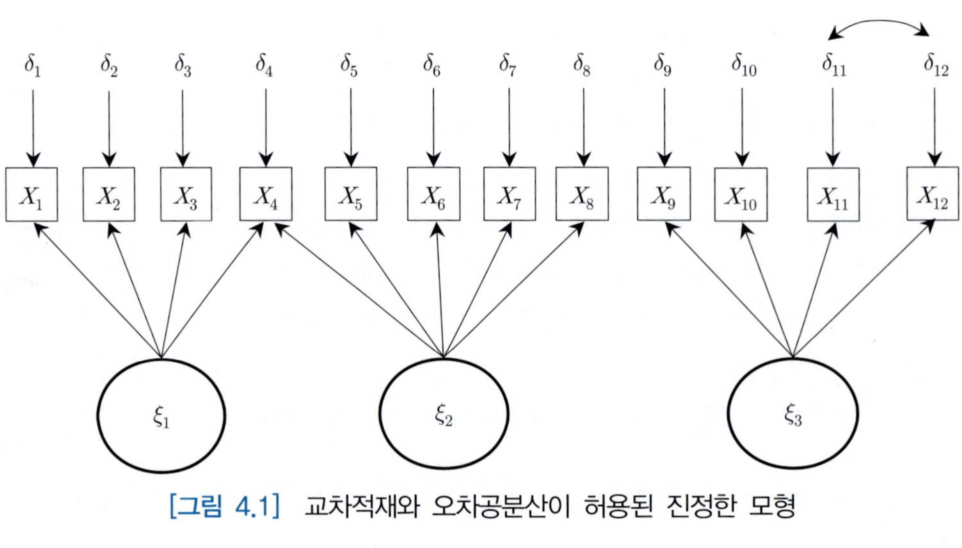

[그림 4.1] 교차적재와 오차공분산이 허용된 진정한 모형

[그림 4.1]에서 요인간의 모든 공분산은 허용되며 각 요인의 첫 번째 지표변수는 준거지표로 설정하였다. 이를 분석하기 위한 표본공분산행렬과 진정한 모형의 Mplus syntax는 〈표 4.1〉 및 〈표 4.2〉와 같다. 이들은 동일한 폴더 chapter4에 각각 CFA(MOTIVE).DAT와 CFA(true model).inp로 저장되어 있다. 표본상관행렬의 맨 위의 행의 숫자들은 각 지표변수의 표준편차를 의미한다.

〈표 4.1〉 표본상관행렬(CFA(MOTIVE).DAT)

```
2.06 1.52 1.92 1.41 1.73 1.77 2.49 2.27 2.68 1.75 2.57 2.66
1.000
0.300 1.000
0.229 0.261 1.000
0.411 0.406 0.429 1.000
0.172 0.252 0.218 0.481 1.000
0.214 0.268 0.267 0.579 0.484 1.000
0.200 0.214 0.241 0.543 0.426 0.492 1.000
0.185 0.230 0.185 0.545 0.463 0.548 0.522 1.000
0.134 0.146 0.108 0.186 0.122 0.131 0.108 0.151 1.000
0.134 0.099 0.061 0.223 0.133 0.188 0.105 0.170 0.448 1.000
0.160 0.131 0.158 0.161 0.044 0.124 0.066 0.061 0.370 0.350 1.000
0.087 0.088 0.101 0.198 0.077 0.177 0.128 0.112 0.356 0.359 0.507 1.000
```

〈표 4.2〉 Mplus syntax(CFA(true model).inp)

```
TITLE:      THREE FACTOR MODEL OF COPING, SOCIAL AND
              ENHANCEMENT MOTIVES
DATA:       FILE IS CFA(MOTIVE).DAT;
            TYPE IS STDEVIATIONS CORRELATION;
            NOBSERVATIONS ARE 500;
VARIABLE:   NAMES ARE X1-X12;
ANALYSIS:   ESTIMATOR=ML;
MODEL:      COPING BY X1-X4;
            SOCIAL BY X5-X8;
            SOCIAL BY X4;
            ENHANCE BY X9-X12;
            X11 WITH X12;
OUTPUT:     SAMPSTAT MODINDICES(4) STANDARDIZED RESIDUAL TECH1;
```

〈표 4.2〉에서 SOCIAL BY X4;는 지표변수 X_4를 요인 SOCIAL(ξ_2)에 교차적재시키는 명령문이고 X11 WITH X12;는 오차공분산을 허용하는 명령문이다.[2] syntax 〈표 4.2〉를 실행하면 양호한 적합도($\chi^2(49)=44.955$, $p=.6378$, $RMSEA=0.000$, $CFI=1.000$, $TLI=1.003$, $SRMR=0.025$)가 얻어진다. 그리고 표준화잔차값은 모두 2.0보다 작고 4보다 큰 MI값도 나타나지 않았다. 오설정모형과의 비교를 위하여 진정한 모형의 완전표준화 해를 〈결과 4.1〉에 제시하였다.

〈결과 4.1〉 진정한 모형의 완전표준화 해

STDYX Standardization

		Estimate	S.E.	Est./S.E.	Two-Tailed P-Value
COPING	BY				
X1		0.514	0.043	12.017	0.000
X2		0.515	0.043	12.056	0.000
X3		0.514	0.043	12.037	0.000
X4		0.540	0.063	8.610	0.000
SOCIAL	BY				
X5		0.632	0.032	20.004	0.000
X6		0.746	0.025	29.291	0.000
X7		0.690	0.029	24.206	0.000
X8		0.731	0.026	27.800	0.000
X4		0.438	0.061	7.129	0.000
ENHANCE	BY				
X9		0.669	0.041	16.390	0.000
X10		0.664	0.041	16.244	0.000
X11		0.542	0.045	12.121	0.000
X12		0.541	0.045	12.084	0.000
SOCIAL	WITH				
COPING		0.610	0.057	10.734	0.000
ENHANCE	WITH				
COPING		0.353	0.060	5.844	0.000
SOCIAL		0.289	0.056	5.141	0.000
X11	WITH				
X12		0.303	0.050	6.097	0.000

2) 이러한 두 명령문을 지정하지 않으면 동질적 지표변수 집합(congeneric indicator sets)이 된다.

```
Variances
   COPING          1.000     0.000    999.000    999.000
   SOCIAL          1.000     0.000    999.000    999.000
   ENHANCE         1.000     0.000    999.000    999.000
```

4.2 교차적재를 허용하지 않은 경우

이제 연구자가 X_4의 사회적 동기(ξ_2)에 대한 교차적재를 허용하지 않은 경우에 어떠한 현상이 발생하는지를 알아보기로 한다. 이 모형은 오차공분산은 허용하지만 교차적재는 허용하지 않은 오설정모형이다. 이러한 모형은 〈표 4.2〉에서 SOCIAL BY X4;를 삭제하면 된다. 〈표 4.3〉은 이에 관한 Mplus syntax이고 이러한 syntax는 폴더 chapter4에 CFA(no cross-loading).inp로 저장되어 있다.

〈표 4.3〉 교차적재가 허용되지 않은 Mplus syntax(CFA(no cross-loading).inp)

```
TITLE:      THREE FACTOR MODEL OF COPING, SOCIAL AND
              ENHANCEMENT MOTIVES
DATA:       FILE IS CFA(MOTIVE).DAT;
            TYPE IS STDEVIATIONS CORRELATION;
            NOBSERVATIONS ARE 500;
VARIABLE:   NAMES ARE X1-X12;
ANALYSIS:   ESTIMATOR=ML;
MODEL:      COPING BY X1-X4;
            SOCIAL BY X5-X8;
            ENHANCE BY X9-X12;
            X11 WITH X12;

OUTPUT:     SAMPSTAT MODINDICES(4) STANDARDIZED RESIDUAL TECH1;
```

〈표 4.3〉을 실행하면 매우 양호한 적합도($\chi^2(50)=61.658$, $p=.1248$, $RMSEA=0.022$, $CFI=0.993$, $TLI=0.990$, $SRMR=0.032$)가 산출된다. 이 정도의 적합도는

수용가능하지만 이 예제의 목적은 오설정모형의 영향을 다루는 것이기 때문에 추가 분석을 실시한다. 그리고 교차적재를 허용하지 않았으므로 진정한 모형에 비하여 자유도가 한 개 증가하였고 이 모형은 진정한 모형에 내포된다(nested). 두 모형 중에서 어느 모형을 선택할지에 관한 의사결정은 제3장에서 다룬 χ^2차이검정을 이용하여 이루어진다. 예를 들어 교차적재를 허용하지 않은 오설정모형을 귀무가설로 설정하면 가설형태는 다음과 같다.

H_0 : 오설정모형을 선택한다. $\chi^2(50) = 61.658$

H_1 : 진정한 모형을 선택한다. $\chi^2(49) = 44.955$

위의 가설에서 의사결정문제는 현재의 오설정모형 대신 진정한 모형을 선택하면 모형이 개선된다고 할 수 있는가이다($H_0 \rightarrow H_1$). 즉, 자유도를 한 개 희생하는 대가로 χ^2값이 유의적으로 감소(적합도가 개선)하는가이다. 분석결과 자유도가 한 개 감소하면($\Delta df = 1$) χ^2값이 유의적으로 감소하기 때문에($\Delta\chi^2 = 16.703$, $p < .001$) 오설정모형 대신 진정한 모형을 선택하게 된다.

교차적재를 허용하지 않은 〈표 4.3〉의 Mplus syntax를 실행한 결과 중에서 완전표준화 해와 표준화잔차 및 MI 그리고 EPC는 〈결과 4.2〉와 같다.

〈결과 4.2〉 교차적재가 허용되지 않은 오설정모형의 결과

STDYX Standardization

		Estimate	S.E.	Est./S.E.	Two-Tailed P-Value
COPING	BY				
X1		0.431	0.039	11.018	0.000
X2		0.435	0.039	11.151	0.000
X3		0.450	0.038	11.701	0.000
X4		0.955	0.025	38.904	0.000
SOCIAL	BY				
X5		0.633	0.032	20.072	0.000
X6		0.748	0.025	29.373	0.000
X7		0.690	0.029	24.128	0.000
X8		0.729	0.026	27.562	0.000

ENHANCE BY				
X9	0.666	0.041	16.269	0.000
X10	0.669	0.041	16.337	0.000
X11	0.537	0.045	11.961	0.000
X12	0.541	0.045	12.110	0.000
SOCIAL WITH				
COPING	0.798	0.031	26.079	0.000
ENHANCE WITH				
COPING	0.335	0.052	6.439	0.000
SOCIAL	0.292	0.057	5.148	0.000
X11 WITH				
X12	0.305	0.049	6.168	0.000

ESTIMATED MODEL AND RESIDUALS (OBSERVED – ESTIMATED)

Standardized Residuals (z-scores) for Covariances/Correlations/Residual Corr

	X1	X2	X3	X4	X5
X1	999.000				
X2	3.088	0.023			
X3	0.999	1.849	999.000		
X4	−0.176	999.000	−0.283	999.000	
X5	−1.387	0.952	−0.287	−0.085	999.000
X6	−1.479	0.286	−0.055	0.744	0.586
X7	−1.184	−0.803	−0.213	1.138	−0.541
X8	−2.221	−0.763	−2.663	−0.886	0.069
X9	0.940	1.216	0.190	−1.167	−0.031
X10	0.931	0.040	−1.008	0.390	0.267
X11	1.967	1.267	1.848	−0.346	−1.443
X12	0.214	0.221	0.469	0.805	−0.602

Standardized Residuals (z-scores) for Covariances/Correlations/Residual Corr

	X6	X7	X8	X9	X10
X6	999.000				
X7	−1.762	999.000			
X8	0.206	1.116	999.000		
X9	−0.456	−0.778	0.288	0.052	
X10	1.321	−0.886	0.856	0.341	999.000
X11	0.191	−1.132	−1.470	0.824	−0.666
X12	1.621	0.512	−0.087	−0.341	−0.227

Standardized Residuals (z-scores) for Covariances/Correlations/Residual Corr

	X11	X12
X11	0.064	
X12	0.063	0.044

MODEL MODIFICATION INDICES

Minimum M.I. value for printing the modification index 4.000

		M.I.	E.P.C.	Std E.P.C.	StdYX E.P.C.
BY Statements					
SOCIAL	BY X1	6.647	-0.508	-0.556	-0.270
SOCIAL	BY X4	18.078	1.290	1.412	1.003
WITH Statements					
X2	WITH X1	10.392	0.381	0.381	0.150
X4	WITH X2	7.051	-0.234	-0.234	-0.409
X8	WITH X3	5.220	-0.308	-0.308	-0.116
X11	WITH X1	4.992	0.399	0.399	0.099
X11	WITH X3	5.932	0.402	0.402	0.108

〈결과 4.2〉는 몇 가지 의미 있는 내용을 암시하고 있다. 첫째, MI를 이용한 설정탐색은 모형오설정의 정도가 심하지 않은 경우에만 효과를 볼 수 있다. 이러한 경우에는 MI가 가장 큰 고정모수 또는 제약모수를 자유모수로 전환(이론적으로 정당하고 해석가능한 경우에만)하여 모형을 수정할 수 있다. 〈결과 4.2〉에서 MI가 가장 큰 고정모수는 X_4를 요인 SOCIAL에 교차적재시키는 교차적재량(λ_{42} =18.078)으로 EPC(1.290)와 StdYX E.P.C.(1.003)도 매우 크게 나타났다.

둘째, 모형의 수용여부는 단지 전반적인 모형적합도에 의하여 결정해서는 안 된다. 이 오설정모형의 적합도는 양호하게 나타났지만, 이러한 전반적 적합도는 적어도 한 가지 관계(교차적재)가 모형에 의하여 잘 구현되지 못한다는 사실은 제공하지 못한다.

셋째, MI와 완전표준화 EPC(StdYX E.P.C.)값은 교차적재를 허용했을 때의 실제 χ^2값의 감소와 정확하게 일치하지 않을 수도 있다는 것이다. 앞서 살펴본 바와 같이 교차적재를 허용한 진정한 모형에서는 χ^2값의 실제 감소치가 16.703으로 나타났지만 EPC는 18.078로 제시되어 있다.

넷째, 위의 결과들은 연구자의 모형이 진정한 모형에 비하여 잘못 적합(poor-fitting)되어 있는 경우에는 모수추정치를 있는 그대로 해석해서는 안 된다는 중요한 사실을 암시하고 있다. 이를 알아보기 위하여 진정한 모형(〈결과 4.1〉)과 교차적재가 허용되지 않은 오설정모형(〈결과 4.2〉)의 표준화요인적재량들을 비교해 본다. 예를 들어 〈표 4.1〉에서 X_4와 X_5의 표본상관계수가 0.481로 나타나 있다. 그리고 앞에서 살펴본 바와 같이 X_4와 X_5의 모형함의 상관계수는 다음과 같이 재생된다.

$$Cov(X4, X5) = \sigma_{4,5} = \lambda_{41}\phi_{21}\lambda_{52} \tag{4.1}$$

Mplus는 식 (4.1)에 입각하여 표본상관계수 0.481에 가장 근접하는 값을 재생해내는 추정치들(λ_{41}, ϕ_{21}, λ_{52})을 산출하려 할 것이다. 즉, 오설정모형에서 .481에 가장 근접하는 값을 산출하기 위하여($\lambda_{41}\phi_{21}\lambda_{52} = .955*.798*.633 = .482$) $\lambda_{41} = .955$와 $\phi_{21} = .798$로 추정하였다. 이 값들은 진정한 모형의 추정치($\lambda_{41} = .540$, $\phi_{21} = .610$)보다 훨씬 더 큰 과대추정치(inflated estimate)라고 할 수 있다. 왜냐하면 X_4의 교차적재가 허용되지 않은 관계로 X_4와 요인 SOCIAL의 지표변수들의 관계는 주로 X_4의 요인 COPING에 대한 요인적재량(λ_{41})과 두 요인의 상관관계(ϕ_{21})에 의하여 재생되기 때문이다. 따라서 F_{ML}을 최소화시키는 반복과정의 결과, 표본상관행렬을 가장 잘 재생시키는 모형을 산출하기 위하여 X_4는 과대추정하고 반대로 나머지 요인적재량들은 과소추정($\lambda_{11} = .431$, $\lambda_{21} = .435$, $\lambda_{31} = .450$)되는 결과를 가져온 것이다. 바로 이러한 내용이 오설정모형에서 헤이우드 케이스[3]가 발생하는 이유 중의 하나가 된다. 또한 눈여겨볼 사항은 X_4의 요인 SOCIAL에 대한 교차적재를 허용한 진정한 모형에서는 오설정모형에서 나타났던 MI>4인 나머지 관계들이 모두 해결되었다는 결과를 확인할 수 있다. 이와 같이 모형 내의 모든 관계들은 상호 연결되어 있기 때문에 고정(제약)모수를 자유모수로 전환할 때에는 반드시 한 번에 하나의 자유모수만을 추가해야 한다.

3) 헤이우드 케이스(제2장 참조) 중의 하나로 완전표준화요인적재량이 1보다 큰 경우가 있다. 만일 모형 오설정의 정도가 심해지면 위의 $\lambda_{41} = .955$가 1을 넘어설 수도 있다. 두 요인의 상관 $\phi_{21} = .798$도 마찬가지이다.

4.3 오차공분산을 허용하지 않은 경우

때로는 지표변수간의 공분산의 일부가 잠재변수가 아니라 측정방법에 기인하는 경우(방법효과 : method effect)가 발생한다. 이러한 방법효과는 설문내용들 중에서 매우 유사한 설문항목(very similarly-worded items) 혹은 특정 설문내용이 다른 설문내용과 역으로 구성된 항목(reverse-worded items) 등에서 발생한다. 여기에서는 진정한 모형에서 X_{11}과 X_{12}의 오차공분산을 허용하지 않은 오설정모형에 대하여 알아보기로 한다. 일반적으로 오차공분산을 허용하지 않는다는 것은 연구자가 특정요인에 공통으로 적재되어 있는 지표변수들의 모든 공변 관계(covariation)는 해당요인 때문에 발생(즉, 모든 측정오차는 무작위이다)한다고 확신하는 것이다. 반면에 오차공분산을 허용하는 것은 요인에 의하여 설명되지 않는 공분산의 일부는 다른 외생적 공통요인 때문에 발생한다는 것을 가정하는 것이다. 즉, 공유분산의 일부는 적재된 요인 때문에 발생하고 일부는 외부원인 때문에 발생한다는 것이다.

진정한 모형에서 오차공분산을 허용하지 않은 Mplus syntax는 〈표 4.4〉와 같다. 파일은 폴더 chapter4에 CFA(no error covariance).inp로 저장되어 있다.

〈표 4.4〉 오차공분산이 허용되지 않은 Mplus syntax(CFA(no error covariance).inp)

```
TITLE:      THREE FACTOR MODEL OF COPING, SOCIAL AND
              ENHANCEMENT MOTIVES
DATA:       FILE IS CFA(MOTIVE).DAT;
            TYPE IS STDEVIATIONS CORRELATION;
            NOBSERVATIONS ARE 500;
VARIABLE:   NAMES ARE X1-X12;
ANALYSIS:   ESTIMATOR=ML;
MODEL:      COPING BY X1-X4;
            SOCIAL BY X5-X8;
            SOCIAL BY X4;
            ENHANCE BY X9-X12;
OUTPUT:     SAMPSTAT MODINDICES(4) STANDARDIZED RESIDUAL;
```

〈표 4.4〉는 진정한 모형에서 X_4의 교차적재는 허용하고 오차공분산을 요구하는 명령문인 X11 WITH X12;를 삭제한 것이다. 〈표 4.4〉를 실행하면 양호한 적

합도($\chi^2(50) = 69.444$, $p = .0357$, SEA = 0.028, $CFI = 0.988$, $TLI = 0.984$, $SRMR = 0.031$)를 얻을 수 있다. 교차적재를 허용하지 않은 오설정모형과 마찬가지로 오차공분산을 허용하지 않은 오설정모형과 진정한 모형의 χ^2차이검정은 다음과 같다.

H_0 : 오설정모형을 선택한다. $\chi^2(50) = 69.444$

H_1 : 진정한 모형을 선택한다. $\chi^2(49) = 44.955$

χ^2차이검정 결과 자유도를 한 개 희생시킨 대가로 χ^2값이 유의적으로 감소하기 때문에 진정한 모형을 선택한다($\Delta\chi^2 = 24.489$, $\Delta df = 1$, $p < .001$). 즉, 간명한 모형(오설정모형)보다 복잡한 모형(진정한 모형)을 선택하는 것이다. 〈표 4.4〉를 실행시킨 결과 중에서 완전표준화 해와 표준화잔차 및 MI는 〈결과 4.3〉과 같다.

〈결과 4.3〉 오차공분산을 허용하지 않은 경우의 결과물

STDYX Standardization

		Estimate	S.E.	Est./S.E.	Two-Tailed P-Value
COPING	BY				
X1		0.514	0.043	12.034	0.000
X2		0.515	0.043	12.072	0.000
X3		0.516	0.043	12.106	0.000
X4		0.538	0.062	8.660	0.000
SOCIAL	BY				
X5		0.632	0.032	19.995	0.000
X6		0.746	0.025	29.279	0.000
X7		0.691	0.028	24.235	0.000
X8		0.731	0.026	27.763	0.000
X4		0.439	0.061	7.204	0.000
ENHANCE	BY				
X9		0.603	0.039	15.625	0.000
X10		0.595	0.039	15.307	0.000
X11		0.665	0.037	18.188	0.000
X12		0.663	0.037	18.102	0.000
SOCIAL	WITH				
COPING		0.610	0.057	10.744	0.000

ENHANCE WITH				
COPING	0.350	0.059	5.964	0.000
SOCIAL	0.265	0.055	4.794	0.000

RESIDUAL OUTPUT

ESTIMATED MODEL AND RESIDUALS (OBSERVED - ESTIMATED)

Standardized Residuals (z-scores) for Covariances/Correlations/Residual Corr

	X1	X2	X3	X4	X5
X1	0.018				
X2	1.361	0.024			
X3	−1.471	−0.188	0.018		
X4	−0.356	−1.207	1.398	999.000	
X5	−0.766	1.545	0.562	−0.228	0.000
X6	−0.657	1.092	1.045	0.532	0.684
X7	−0.507	−0.086	0.730	0.889	−0.524
X8	−1.447	0.019	−1.486	−1.444	0.065
X9	0.666	0.969	−0.021	0.084	0.560
X10	0.700	−0.212	−1.212	1.338	0.879
X11	1.081	0.301	1.015	−1.542	−1.859
X12	−0.870	−0.851	−0.506	−0.138	−0.932

Standardized Residuals (z-scores) for Covariances/Correlations/Residual Corr

	X6	X7	X8	X9	X10
X6	999.000				
X7	−1.740	0.012			
X8	0.180	1.014	999.000		
X9	0.342	−0.057	0.965	0.053	
X10	1.964	−0.099	1.521	3.843	0.036
X11	−0.222	−1.610	−2.040	−2.116	−3.186
X12	1.377	0.198	−0.483	−3.105	−2.363

Standardized Residuals (z-scores) for Covariances/Correlations/Residual Corr

	X11	X12
X11	0.041	
X12	3.864	0.057

MODEL MODIFICATION INDICES

Minimum M.I. value for printing the modification index 4.000

	M.I.	E.P.C.	Std E.P.C.	StdYX E.P.C.
BY Statements				
SOCIAL BY X11	4.928	−0.244	−0.266	−0.104

WITH Statements					
X10	WITH X9	20.104	0.864	0.864	0.288
X11	WITH X10	7.618	−0.543	−0.543	−0.201
X12	WITH X9	7.229	−0.845	−0.845	−0.199
X12	WITH X10	4.510	−0.431	−0.431	−0.154
X12	WITH X11	26.070	1.680	1.680	0.440

〈결과 4.3〉에서 X_{11}과 X_{12}의 표준화잔차(3.864)와 MI($\delta_{12,11}=26.070$) 및 완전표준화 EPC($\delta_{12,11}=0.440$)가 높게 나타났는데, 이러한 사실은 이들 두 지표변수의 관계가 모수추정치들에 의하여 적절하게 재생되지 않았다는 것을 의미한다. 그리고 오차공분산의 허용은 정당화될 수 있기 때문에[다른 변수들과는 달리 이 두 변수만 역코딩(reverse-coded)되어 있다] 오차공분산을 자유모수로 도입하여 진정한 모형을 설정할 수 있다. 진정한 모형과 오차공분산이 허용되지 않은 오설정모형의 ENHANCE(ξ_3)의 지표변수들의 표준화요인적재량을 비교하면 다음과 같다.

	〈진정한 모형〉	〈오설정모형〉
X_9	0.669	0.603
X_{10}	0.664	0.595
X_{11}	0.542	0.665
X_{12}	0.541	0.663

위의 대조표에서 오설정모형의 X_{11}과 X_{12}의 표준화요인적재량은 진정한 모형의 값보다 과대추정되어 있고 X_9과 X_{10}의 표준화요인적재량은 진정한 모형의 값보다 과소추정되어 있음을 확인할 수 있다. X_{11}과 X_{12}의 표준화요인적재량이 과대추정된 이유는 이들 지표변수간의 표본상관계수의 상당한 부분이 이들의 오차상관에 의하여 재생되지 않기 때문이다. 이러한 이유로 X_9과 X_{10}의 X_{11}과 X_{12}에 대한 상관관계가 과대추정되는 것을 방지하기 위하여 X_9과 X_{10}의 표준화요인적재량의 크기를 과소추정한 것이다. 다시 말하면 X_{11}과 X_{12}의 표본상관관계를 더 잘 재생시키기 위하여 X_{11}과 X_{12}의 표준화요인적재량을 증가시키고 마찬가지로 X_9과 X_{10}의 X_{11}과 X_{12}에 대한 상관관계를 더 잘 재생시키기 위하여 반복과정에서 X_9과 X_{10}의 표준화요인적재량은 감소시킨 결과이다. 하지만 이들 관계는 여전히 과대추정(예 X_{10}과 X_{11}의 표준화잔차가 −3.186으로 나타났다)되고 있다. 또한 X_9과 X_{10}의 요인적재량의 감소는 이들 지표변수간의 표본상관을 과소추정(X_9과 X_{10}의 표준화잔차가

3.843으로 나타났다)하고 있다. 이러한 결과들은 하나의 오설정된 모수를 수정(X_{11}과 X_{12}의 오차공분산 지정)하면 여러 개의 좋지 않은 해(MI가 높은 관계들)가 동시에 해결될 수 있다는 것(진정한 모형의 결과)을 보여주고 있다.

여기에서 중요한 점을 한 가지 지적하고자 한다. 즉, 두 지표변수의 오차공분산을 지정하는 의사결정기준은 나머지 모든 지표변수들의 조합에도 동일하게 적용되어야 한다는 사실이다. 예를 들어 방법효과를 발생시키는 역코딩된 지표변수가 위의 X_{11}과 X_{12} 이외에도 다수가 존재하는 경우에 이들 지표변수의 관계에 대한 MI가 높게 나타나면 이들의 오차공분산도 설정해야 한다.

4.4 비정치행렬

측정모형의 모수추정치가 한 개라도 적정범위 외의 값(out-of-range values)을 갖는 경우에는 이러한 측정모형을 수용해서는 안 된다. 이러한 추정치는 흔히 헤이우드 케이스(제2장 참조)라고 부르는데, CFA모형에서 음의 오차분산(negative error variance)이 전형적인 헤이우드 케이스에 해당한다. 또한 지표변수들이 동질적인 지표변수 집합(congeneric indicator sets : 각 지표변수가 하나의 요인에만 적재되는 경우를 말한다)으로 구성되어 있는 경우에는 1보다 큰 완전표준화요인적재량도 문제가 된다. 만일 지표변수가 한 개 이상의 요인에 교차적재되는 경우에는 이러한 지표변수의 요인적재량은 요인과 지표변수의 상관계수가 아니라 회귀계수에 해당하며 1보다 큰 완전표준화요인적재량도 수용가능하다.

SEM에서 사용되는 정보는 개별관측치가 아니라 모든 지표변수들로 구성된 공분산행렬이다. 그리고 적절한 CFA의 해를 얻기 위한 필요조건은 표본공분산행렬(S)과 모형함의 공분산행렬($\Sigma(\hat{\theta})$)이 모두 양정치행렬(positive definite matrix)을 이루어야 한다. 양정치행렬을 이루지 못하는 행렬을 비정치행렬(nonpositive definite matrix)이라고 부른다. 비정치의 원인 중의 하나로 비정칙성(singularity)이 있다. 어떤 행렬의 행렬식(determinant)의 값이 0인 경우에 이러한 행렬을 비정칙행렬(singular matrix)이라고 부르고 0이 아닌 행렬식을 갖는 행렬은 정칙행렬(nonsingular matrix)이라고 부른다(제1장 참조). 비정칙행렬에서는 한 개 혹은 그 이상의 행 또는 열이 다른 행 또는 열에 선형종속(linearly dependent)되어 있다. 예를 들어 어느 행렬이 두 지표변수 X_1과 X_2 및 이들을 합계한 X_1+X_2로 구성되어 있다고 가정하자. 이 경우에 X_1+X_2는 X_1과 X_2에 선형종속되어 있기 때문에 불필요한(redundant) 정보가 된다. 행렬식의 값이 0인 비정칙행렬은 역행렬(inverse matrix)을 갖지 못하기 때문에 문제가 된다.[4] 예를 들어 식 (2.3)에서 F_{ML}을 구하기 위해서는 역행렬 $\Sigma^{-1}(\hat{\theta})$의 값을 계산해야 하는데, 비정치행렬은 이러한 역행렬 값을 가지지 않기 때문에 F_{ML}을 추정할 수 없게 된다.

양정치의 조건이 성립하기 위해서는 표본공분산행렬(S)과 예측공분산행렬($\Sigma(\hat{\theta})$)의 행렬식이 0보다 커야 한다. 양정치의 조건이 충족되는지를 평가하는 것은 공분산행렬을 이용하여 주성분분석(principal components analysis : PCA)을 실행하면 된다. 〈표 2.2〉의 Mplus syntax를 이용하여 PCA를 실행하면 지표변수의 개수만큼 고유치(eigenvalue)를 얻을 수 있다. 만일 어떤 행렬의 모든 고유치가 0보다 크게 나타나면 이 행렬은 양정치가 성립한다. 한 개 이상의 고유치가 0보다 작으면 비정치(indefinite)가 되고, 음의 고유치는 없지만 한 개 이상의 고유치가 0이면 반양정치(semidefinite)가 된다.

〈모형 A〉 양정치 자료행렬과 비정치 모형함의 행렬
(식별문제 : 지표변수와 요인관계의 오설정)

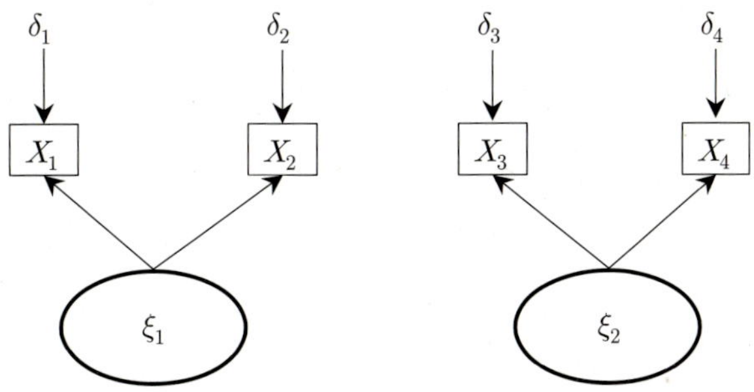

투입행렬

	X_1	X_2	X_3	X_4	고유치
X_1	1.000				2.501
X_2	0.400	1.000			0.851
X_3	0.700	0.400	1.000		0.360
X_4	0.450	0.650	1.000		0.289

결과 : 요인상관계수>1.0

[그림 4.2] 오설정모형(Brown, 2015)

4) 정방행렬(square matrix : 행과 열의 개수가 같은 행렬) $\mathbf{A}$의 역행렬($\mathbf{A}^{-1}$)은 $\mathbf{A}$의 행렬식 $|\mathbf{A}|$를 이용하여 계산한다(제1장 참조).

앞에서 적절한 CFA 해를 얻기 위해서는 S와 $\Sigma(\hat{\theta})$가 동시에 양정치의 조건을 충족시켜야 한다고 설명하였다. 이러한 내용을 간단한 예제를 통하여 알아보기로 한다. [그림 4.2]의 모형 A의 자료행렬(상관행렬) S는 모든 고유치가 0보다 큰 양정치 행렬이지만 지표변수와 요인의 관계가 오설정되어 $\Sigma(\hat{\theta})$가 비정치행렬인 경우이다. 그리고 [그림 4.3]의 모형 B는 지표변수와 요인의 관계를 제대로 설정하여 S와 $\Sigma(\hat{\theta})$가 모두 양정치행렬인 모형이다.

위의 모형을 분석하기 위한 Mplus syntax는 〈표 4.5〉와 같다. Mplus syntax와 자료행렬은 폴더 chapter4에 CFA(misspecification).inp와 POSITIVE.dat로 저장되어 있다.

〈표 4.5〉 오설정모형의 Mplus syntax(CFA(misspecification).inp)

```
TITLE:       MPLUS EXAMPLE OF CFA
DATA:        FILE IS POSITIVE.dat;
             NOBSERVATIONS = 300;
             TYPE=CORRELATION;
VARIABLE:    NAMES ARE X1 X2 X3 X4;
ANALYSIS:    ESTIMATOR=ML;
MODEL:       KSI1 BY X1 X2;
             KSI2 BY X3 X4;
OUTPUT:      SAMP STDYX MOD(3.84) RES;
```

〈표 4.5〉의 syntax를 실행하면 결과물에 다음의 경고문이 뜬다.

WARNING : THE LATENT VARIABLE COVARIANCE MATRIX (PSI) IS NOT POSITIVE DEFINITE. THIS COULD INDICATE A NEGATIVE VARIANCE/ RESIDUAL VARIANCE FOR A LATENT VARIABLE, A CORRELATION GREATER OR EQUAL TO ONE BETWEEN TWO LATENT VARIABLES, OR A LINEAR DEPENDENCY AMONG MORE THAN TWO LATENT VARIABLES.

CHECK THE TECH4 OUTPUT FOR MORE INFORMATION.

PROBLEM INVOLVING VARIABLE KSI2.

위의 경고문을 해석하면 다음과 같다.

경고 : 잠재변수의 공분산행렬(PSI : Ψ)이 양정치가 아니다. 이는 잠재변수의 분산 혹은 잔차분산이 음이거나 두 잠재변수간의 상관계수가 1 이상일 수 있고 또는 두 잠재변수 이상의 관계에서 선형종속이 나타났다는 것을 의미한다. TECH4 옵션을 이용하여 점검하기 바란다. 잠재변수 KSI2 (ξ_2)에 문제가 발생하였다.

위의 경고문은 오설정모형을 포함하여 다양한 이유로 발생하며 SEM의 분석시에 종종 나타난다. 실제로 〈표 4.5〉의 결과물 중에서 위의 경고문과 관계가 있는 내용들(완전표준화요인적재량, 표준화잔차, MI)을 〈결과 4.4〉에 제시하였다. 먼저 모형 A의 적합도는 양호하지 않게($\chi^2(1) = 56.788$, $p < .001$, $RMSEA = .431$, $CFI = .875$, $TLI = .251$, $SRMR = .079$) 나타났다.

〈결과 4.4〉 오설정모형의 결과물

STDYX Standardization

	Estimate	S.E.	Est./S.E.	Two-Tailed P-Value
KSI1 BY				
X1	0.674	0.042	16.097	0.000
X2	0.594	0.045	13.324	0.000
KSI2 BY				
X3	0.654	0.043	15.379	0.000
X4	0.612	0.044	13.922	0.000
KSI2 WITH				
KSI1	**1.368**	**0.084**	**16.373**	**0.000**
Variances				
KSI1	1.000	0.000	999.000	999.000
KSI2	1.000	0.000	999.000	999.000
Residual Variances				
X1	0.546	0.056	9.685	0.000
X2	0.647	0.053	12.236	0.000
X3	0.573	0.056	10.298	0.000
X4	0.626	0.054	11.638	0.000

R-SQUARE

Observed Variable	Estimate	S.E.	Est./S.E.	Two-Tailed P-Value
X1	0.454	0.056	8.048	0.000

X2	0.353	0.053	6.662	0.000
X3	0.427	0.056	7.690	0.000
X4	0.374	0.054	6.961	0.000

RESIDUAL OUTPUT

ESTIMATED MODEL AND RESIDUALS (OBSERVED - ESTIMATED)

Standardized Residuals (z-scores) for Covariances/Correlations/Residual Corr

	X1	X2	X3	X4
X1	0.000			
X2	0.000	0.000		
X3	3.956	999.000	0.000	
X4	999.000	4.751	0.000	0.000

MODEL MODIFICATION INDICES

		M.I.	E.P.C.	Std E.P.C.	StdYX E.P.C.
WITH Statements					
X3	WITH X1	51.736	0.552	0.552	0.990
X3	WITH X2	51.737	−0.486	−0.486	−0.801
X4	WITH X1	51.737	−0.516	−0.516	−0.886
X4	WITH X2	51.738	0.455	0.455	0.717

위의 결과물에서 요인 KSI2와 KSI1의 상관관계(KSI2 WITH KSI1)가 1.368로 나타났는데, 이러한 현상이 바로 헤이우드 케이스에 해당한다. 이는 위의 경고문에서 언급한 “두 잠재변수간의 상관계수가 1 이상일 수 있다”는 내용을 의미한다. 이 예에서 ML추정은 비정치 요인상관행렬(indefinite factor correlation matrix)[5]을 산출한 것이다. 잔차분산은 모두 양으로 나타났다. 그리고 X_1과 X_3의 표준화잔차(3.956)와 X_2와 X_4의 표준화잔차(4.751)가 모두 높게(유의적으로) 나타났다. 이러한 사실은 연구모형에 의하여 산출되는 X_1과 X_3의 관계 및 X_2와 X_4의 관계가 잘 재생되지 않는다는 것을 의미한다. 그리고 MI를 살펴보면 X_1과 X_3의 관계 및 X_2와 X_4의 관계의 오차공분산을 허용하면 χ^2값이 각각 51.736과 51.738만큼 감소한다는 것을 알 수 있다. 하지만 모형 A의 자유도는 1이기 때문에 이들 오차공분산을

5) 경고문에서 언급한 TECH4 옵션을 실행하면 요인상관행렬(비정치)이 다음과 같이 산출된다.

	KSI1	KSI2
KSI1	1.000	
KSI2	1.368	1.000

이러한 요인상관행렬은 완전표준화 해에서도 확인할 수 있다.

허용하면 과소식별모형이 되므로 분석이 불가능하다.

정리하면 모형 A는 양정치행렬이지만 2요인측정모형이 오설정되어 있다. 즉, X_1과 X_2가 동일요인에 적재되어 있지만 실제로는 X_1이 X_2보다 X_3와 더 높은 상관관계(투입행렬에서 0.700)를 보이고 있다. 따라서 ML추정과정에서 주어진 모형의 표본관계를 재생하기 위하여 한 개 이상의 모수추정치가 강제로 허용범위 밖의 값으로 계산된다. 예를 들어 식 (4.1)을 이용하여 X_1과 X_3의 상관계수를 재생시켜 본다. Mplus는 X_1과 X_3의 표본상관계수(0.700)에 가장 근접한 추정상관계수 값을 산출할 수 있는 추정치들을 찾아낸다. 즉, X_1과 X_3의 상관계수는 다음과 같이 재생된다(완전표준화 해 참조).

$$r_{X1,X3} = \lambda_{11}\phi_{21}\lambda_{32} = .674*1.368*.654 = .603$$

위의 식에서 Mplus는 X_1과 X_3의 표본상관계수(0.700)에 근접하는 값(0.603)을 재생시키기 위하여 두 요인의 상관계수를 1보다 큰 1.368로 과대추정(inflated)시키는 결과[6]를 초래하였고 따라서 헤이우드 케이스가 발생하였다.

이제 [그림 4.3]의 모형 B와 같이 지표변수들이 적재되는 요인을 변경하여 CFA를 실시하기로 한다.

〈모형 B〉 자료행렬과 모형함의 행렬이 모두 양정치인 모형

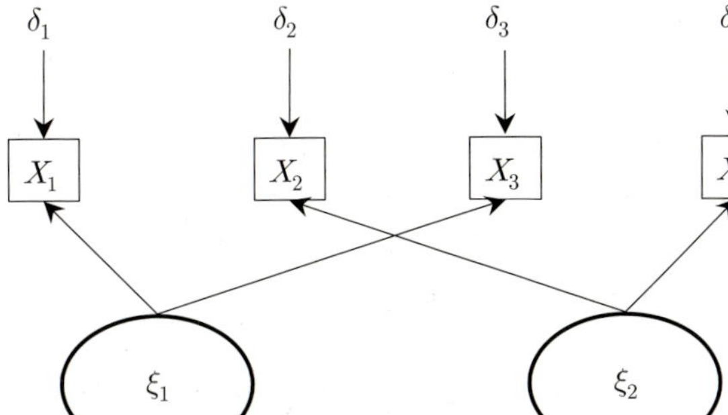

[그림 4.3] 제대로 설정된 모형(Brown, 2015)

6) ϕ_{21}을 1보다 작게 산출하기 위하여 λ_{11}과 ϕ_{21} 및 λ_{32}의 값을 모두 0.89로 추정하면 표본상관계수에 가장 근접하는 값(.89*.89*.89 = .704)을 재생시킬 수 있다고 생각할 수도 있다. 하지만 행렬 내의 모든 요소들은 서로 관련되어 있기 때문에 $r_{X1,X3}$ 하나만의 재생을 고려할 수는 없다.

모형 B를 분석하기 위한 Mplus syntax는 〈표 4.6〉과 같다. 자료행렬은 모형 A의 자료행렬과 동일하다.

〈표 4.6〉 올바른 모형의 Mplus syntax(CFA(positive definite).inp)

```
TITLE: MPLUS EXAMPLE OF CFA
DATA:       FILE IS POSITIVE.dat;
            NOBSERVATIONS = 500;
            TYPE=CORRELATION;
VARIABLE:   NAMES ARE X1 X2 X3 X4;
ANALYSIS:   ESTIMATOR=ML;
MODEL:      KSI1 BY X1 X3;
            KSI2 BY X2 X4;
OUTPUT:     STDYX MOD(3.84) RES;
```

〈표 4.6〉의 MODEL command에서 X_1과 X_3는 KSI1에 적재되고 X_2와 X_4는 KSI2에 적재되어 있는 것을 알 수 있다. 〈표 4.6〉을 실행하면 양호한 적합도 ($\chi^2(1)=2.775$, $p=.0957$, $RMSEA=.060$, $CFI=.998$, $TLI=.986$, $SRMR=.008$)를 얻을 수 있다. 그리고 완전표준화 해는 다음의 〈결과 4.5〉와 같다.

〈결과 4.5〉 올바른 모형의 완전표준화 해

STDYX Standardization

	Estimate	S.E.	Est./S.E.	Two-Tailed P-Value
KSI1 BY				
X1	0.867	0.031	27.918	0.000
X3	0.808	0.031	25.917	0.000
KSI2 BY				
X2	0.778	0.034	23.125	0.000
X4	0.836	0.034	24.901	0.000
KSI2 WITH				
KSI1	0.610	0.040	15.246	0.000
Variances				
KSI1	1.000	0.000	999.000	999.000
KSI2	1.000	0.000	999.000	999.000

```
Residual Variances
   X1                 0.249     0.054     4.624     0.000
   X2                 0.395     0.052     7.560     0.000
   X3                 0.348     0.050     6.906     0.000
   X4                 0.301     0.056     5.367     0.000
Minimum M.I. value for printing the modification index    3.840
                      M.I.     E.P.C.   Std E.P.C. StdYX E.P.C.
No modification indices above the minimum value.
```

〈결과 4.5〉에서 오설정모형(모형 A)과는 달리 두 요인 KSI1과 KSI2의 표준화 상관계수가 1보다 작게(0.610) 나타났다. 그리고 MI가 3.84 이상인 관계가 전혀 나타나지 않았다.

비정치 공분산행렬은 다양한 원인으로 인하여 발생한다. 먼저 높은 다중공선성과 선형종속 때문에 비정치 현상이 발생한다. 다중공선성 문제는 상관관계가 높은 지표변수를 제거하거나 항목합산(item parceling)을 통하여 지표변수들을 결합시키는 방법으로 해결할 수 있다. 결측치(missing data)가 많은 경우에도 비정치 현상이 발생할 수 있다. 그리고 두 변수의 상관계수(혹은 공분산)가 허용가능한 값의 범위를 벗어나는 경우에도 비정치 현상이 나타날 수 있다. 예를 들어 세 변수 X, Y, Z의 세 개의 상관계수를 상정해 본다. 여기에서 두 개의 상관계수(예 $r_{X,Z}$와 $r_{Y,Z}$)가 정해지면 나머지 한 개의 상관계수($r_{X,Y}$)는 두 상관계수로 계산된 값의 일정한 범위 내에 속해야 한다. 이러한 계산식은 식 (4.2)와 같다(Brown, 2015).

$$r_{X,Z} \times r_{Y,Z} \pm \sqrt{(1-r^2_{X,Z})(1-r^2_{Y,Z})} \tag{4.2}$$

만일 $r_{X,Z}=0.8$이고 $r_{Y,Z}=0.9$로 계산되었다면 $r_{X,Y}$의 값은 $(0.46 \sim 0.98)$의 구간(0.72 ± 0.26)에 속해야 한다. 이때 $r_{X,Y} < 0.46$으로 나타난다면 투입행렬은 비정치행렬이 된다. 이러한 적정범위 외의 값은 대응별 삭제(pairwise deletion)를 이용하여 결측치를 해결한 후 상관계수를 추정하는 경우에도 발생할 수 있다. 항목별 삭제(listwise deletion)의 경우에도 표본의 크기가 감소하기 때문에 비정치 현상이 나타날 수 있다.

앞에서 살펴본 오설정모형의 경우에도 연구모형이 자료가 지지하는 모형과 매우 다르기 때문에 부적절 해(improper solution)가 도출될 수 있다. 경험적 과소식별모형 또한 수렴되지 않거나 부적절한 해의 원인이 된다. 초기값(starting values)이 잘못 설정된 경우(매우 복잡한 모형에서 발생가능하다)에도 부적절 해의 원인이 될 수 있다. 이 밖에도 표본의 크기가 작거나 비정규성이 심한 자료행렬 및 이상치(outliers)가 존재하는 자료인 경우에도 부적절 해가 나타날 수 있다.

실제 응용연구에서 연구자는 응급처치(quick fix)방법으로 부적절 해의 문제를 비껴가기도 한다. 예를 들어 지표변수(혹은 잠재변수)의 오차분산이 음으로 나타난 경우에 이러한 음의 분산을 0으로 고정시키거나 아주 작은 양의 값으로 고정(제약)시키는 방법을 사용한다. 이러한 방법을 사용하면 비록 적합도는 약간 떨어지지만 적합한 해를 얻을 수 있다. 응급처치방법을 사용하는 것이 아주 틀린 것은 아니다(Byrne, 2012). 하지만 이러한 방법은 권장할 수 없다. 왜냐하면 음의 오차분산은 다양한 원인(모형오설정, 비정규성, 소규모 표본, 다중공선성 등)으로 인하여 발생할 수 있기 때문이다. 헤이우드 케이스와 더불어 부적절 해의 도출은 표본자료와 분석에 다른 문제가 있을 수 있다는 암시가 되기 때문에 응급처치라는 우회하는 방법을 사용하기보다 문제의 진정한 원인을 찾아내어 모형을 수정하는 방법을 사용해야 한다.

CHAPTER 5

확인적 요인분석의 종합예제

앞에서 확인적 요인분석의 기초와 응용을 다루었다. 이 장에서는 ML의 주요 가정 중의 하나인 다변량 정규성이 위배되는 자료를 이용하여 CFA를 실행할 예정이다. 또한 모형재설정의 과정을 Byrne(2012)의 모형과 논리를 이용하고 필자의 설명을 더하여 차례로 알아볼 예정이다. 여기에서 사용되는 모형은 Maslach & Jackson(1981)이 사람들의 소진(burnout)을 측정하기 위하여 개발한 MBI(Maslach Burnout Inventory)를 사용하여 설정된다. 이러한 MBI 척도는 감정탈진(emotional exhaustion)과 탈인격화(depersonalization) 그리고 개인성취감(personal accomplishment)이라는 3개의 하위요인을 가지고 있다. MBI에서 감정탈진은 9개의 항목으로 측정되고 탈인격화는 5개의 항목으로 측정되며 개인성취감은 8개의 항목으로 구성된다. 이러한 22개 항목의 구체적인 내용은 다음과 같다. 모형수정을 위해서 이들 개별항목들을 알아둘 필요가 있다.

〈MBI의 차원과 항목들(Maslach & Jackson, 1981)〉

1) Emotional Exhaustion
   ① Item1(E1) : I feel emotionally drained from my work.
   ② Item2(E2) : I feel used up at the end of the workday.
   ③ Item3(E3) : I feel fatigued when I get up in the morning and have to face another day on the job.
   ④ Item6(E4) : Working with people all day is really a strain for me.
   ⑤ Item8(E5) : I feel burned out from my work.
   ⑥ Item13(E6) : I feel frustrated by my job.
   ⑦ Item14(E7) : I feel I am working too hard on my job.
   ⑧ Item16(E8) : Working with people directly puts too much stress on me.
   ⑨ Item20(E9) : I feel like I am at the end of my rope.

2) Depersonalization
   ① Item5(D1) : I feel I treat some recipients as if they were impersonal 'objects'.
   ② Item10(D2) : I've become more callous toward people since I took this job.
   ③ Item11(D3) : I worry that this job is hardening me emotionally.

④ Item15(D4) : I don't really care what happens to some recipients.
⑤ Item22(D5) : I feel recipients blame me for some of their problems.

3) Personal Accomplishment
① Item4(P1) : I can easily understand how my recipients feel about things.
② Item7(P2) : I deal very effectively with the problems of my recipients.
③ Item9(P3) : I feel I am positively influencing other people's lives through my work.
④ Item12(P4) : I feel very energetic.
⑤ Item17(P5) : I can easily create a relaxed atmosphere with my recipients.
⑥ Item18(P6) : I feel exhilarated after working closely with my recipients.
⑦ Item19(P7) : I have accomplished many worthwhile things in this job.
⑧ Item21(P8) : In my work, I deal with emotional problems very calmly.

위의 항목들(지표변수)과 해당요인으로 구성된 가설모형은 [그림 5.1]과 같다.

위의 22개의 항목들은 0(전혀 그렇지 않다)에서 6(매우 그렇다)까지의 7점 척도로 이루어져 있다.

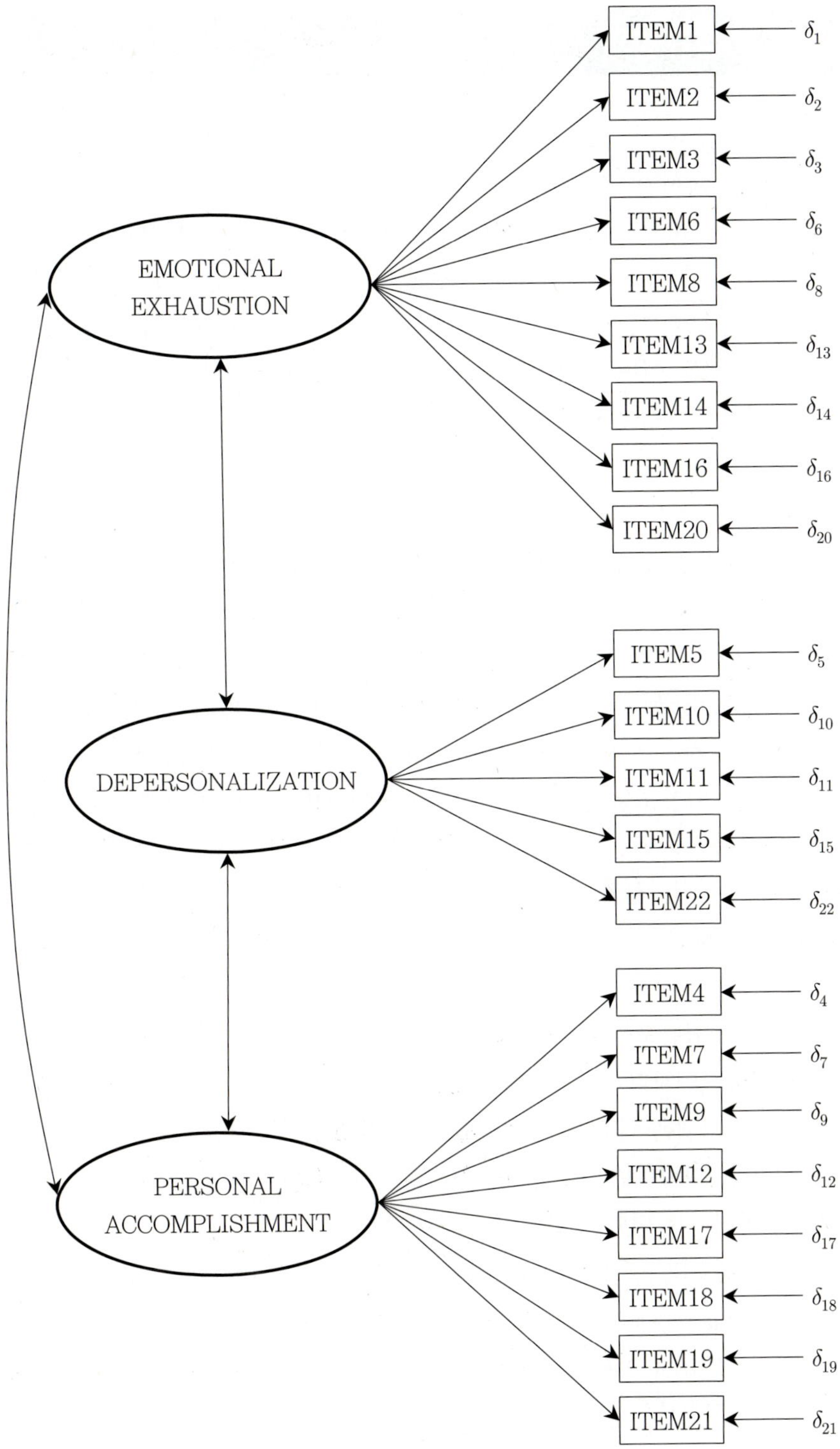

[그림 5.1] MBI의 CFA를 위한 가설모형

5.1 정규성의 검정

CFA를 포함한 SEM의 중요한 가정은 연속형 자료가 다변량 정규분포(multivariate normal distribution)를 이루어야 한다는 것이다. 이러한 다변량 정규분포는 세 가지 기준을 충족해야 한다(Kline, 2016). 즉, 첫째, 모든 개별 단일변량분포가 정규분포를 이루어야 하고 둘째, 서로 다른 두 변수의 결합분포가 이변량 정규분포를 이루어야 하며 셋째, 모든 이변량 산점도(scatterplot)가 등분산 잔차를 갖는 선형이어야 한다. ML 추정법은 정규성(normality)의 사소한 위배에도 강건한 추정이 가능한 것으로 알려져 왔다. 하지만 비정규성(nonnormality)이 매우 심한 경우에는 신뢰할 수 있는 통계량들을 얻기 위해서 ML 이외의 다른 추정량을 사용해야 한다. 따라서 자료를 분석하기 전에 정규성의 가정이 충족되는지를 조사할 필요가 있다. 정규성 가정이 위배되는 현상은 첨도(kurtosis)와 왜도(skewness)의 두 가지가 있는데, 왜도는 평균검정에 영향을 주고 첨도는 분산과 공분산의 검정에 영향을 주는 경향이 있다(Decarlo, 1997). SEM은 공분산구조의 분석에 기반하고 있기 때문에 SEM에서 특히 문제가 되는 것은 다변량 첨도(multivariate kurtosis)이며 ML은 이러한 첨도에 매우 민감하다. 비정규성의 정도가 심한 경우에 ML 추정량은 여러 가지 부정적인 결과를 가져온다. 첫째는 모형의 χ^2값을 증가시키기 때문에 CFA 해를 지나치게 기각하는 경향이 있다. 둘째, CFI와 TLI 같은 적합도지수들을 과소추정한다. 셋째, 모수추정치의 표준오차를 과소추정하기 때문에 제1종 오류(Type I error)[1)]를 증가시킬 위험이 있다.

관찰치가 정규분포를 이루면 표준화 첨도지수(standardized kurtosis index)의 값은 3.0이 되고 이보다 크거나 작은 값은 비정규성의 증거가 된다. 하지만 대부분의 컴퓨터 프로그램은 해석의 용이성을 위하여 3.0을 차감한 0을 정규분포의 표식으로 삼고 있다. 그렇다면 첨도값이 어느 정도의 값을 가지면 비정규성의 증거가 되는가? 이에 관해서는 명확한 합의가 이루어지지 않고 있다. 비정규성의 조건으로 첨도의 경우에 첨도의 절댓값이 ±2.0이면 비정규성을 나타낸다고 주장하는 학자(Muthen & Kaplan, 1985)도 있고, ±7.0을 주장하는 학자(West, Finch, & Curran, 1995)도 있다. Kline(2016)은 시뮬레이션 연구결과를 인용하면서 왜도의 절댓값이

---

1) 제1종 오류는 H_0(차이가 없다, 유의하지 않다 등)가 옳음에도 불구하고 H_0를 기각하고 H_1(차이가 있다, 유의적이다)을 채택할 위험을 의미한다. 예를 들면 어느 모수(예 요인적재량)가 실제로는 유의하지 않은데도 유의하다고 판단할 위험이다.

3.0보다 크면 심각한 왜도현상이 나타난 것이라고 제시하였다. 합의가 더 어려운 첨도에 대해서는 보수적인 경험칙에 의하여 첨도의 절댓값이 10.0보다 크면 문제가 된다고 보았다. Kline(2016)은 이어서 비록 왜도의 절댓값이 3.0보다 작고 첨도의 절댓값이 10.0보다 작다고 해도 분포가 정규분포를 이룬다고 속단하면 안 된다고 경고하고 있다. 왜냐하면 이들 값이 모두 0인 경우가 진정한 정규분포이기 때문이다. 따라서 왜도와 첨도의 값이 매우 크지 않다 해도 자료가 비정규분포일 가능성이 상존하기 때문에 산출된 적합도지수들을 있는 그대로 해석하는 것은 문제가 될 수 있다.

만일 자료가 정규분포를 이루지 않는다면 ML 추정법을 사용할 수 없고 다른 추정법을 사용해야 한다. 연속형인 비정규자료를 분석하는 데에 가장 많이 사용되는 추정량으로 강건 ML 추정량(robust ML estimator)이 있다. 강건이라는 의미는 정규성 가정이 위배되는 상황에서도 산출된 계산값들이 정당하다고 판단하기 때문에 붙여진 이름이다. 강건 ML 추정량은 비정규성에 강건한 표준오차와 χ^2검정통계량을 제공해 준다. 많이 사용되는 강건 ML 추정량은 MLM과 MLR이다. MLM은 비정규성에 강건하도록 표준오차와 평균을 수정한 χ^2값을 갖는 모수추정치를 제공한다. MLM은 Satorra-Bentler χ^2(S-B χ^2)라고도 부른다. MLR은 MLM과 비슷하지만 결측치가 있는 자료에도 사용되는 등 좀더 넓게 사용된다. MLR은 Yuan-Bentler T2*검정통계량과 동일하다. 이들은 Mplus에서 MLM과 MLR을 지정하면 강건 ML 추정치를 얻을 수 있다. 이들을 사용하기 위해서는 반드시 원자료가 필요하다.

5.1.1 정규성 검정방법

이제 [그림 5.1]의 모형과 자료를 이용하여 정규성 검정을 실시해 본다. 〈표 5.1〉은 정규성 검정을 실행하기 위한 Mplus syntax[MBI(normality test).inp]이다. Mplus syntax와 자료파일(NONNORMAL.DAT)은 동일한 폴더 chapter5에 저장되어 있다.

〈표 5.1〉 정규성 검정을 위한 Mplus syntax(MBI(normality test).inp)

```
TITLE: NORMALITY TEST
DATA:       FILE IS NONNORMAL.DAT;
            LISTWISE=ON;      ! Normality test
VARIABLE:   NAMES ARE ITEM1-ITEM22;
            USEVARIABLES ARE ITEM1-ITEM22;
            CLASSES=C(1);     ! Normality test
ANALYSIS:   TYPE=MIXTURE;     ! Normality test
MODEL:      %OVERALL%         ! Normality test
 F1 BY ITEM1-ITEM3 ITEM6 ITEM8 ITEM13 ITEM14 ITEM16 ITEM20;
 F2 BY ITEM5 ITEM10 ITEM11 ITEM15 ITEM22;
 F3 BY ITEM4 ITEM7 ITEM9 ITEM12 ITEM17-ITEM19 ITEM21;
OUTPUT:     TECH13;           ! Normality test(tech13)
```

〈표 5.1〉에서 굵게 표시된 부분이 정규성 검정에 필요한 옵션들이다. 다른 옵션들은 세미콜론(;)이 필요하지만 %OVERALL%는 세미콜론을 필요로 하지 않는다. TECH13 옵션은 TYPE=MIXTURE;와 함께 사용되는데, TECH13 옵션을 지정하면 첨도와 왜도에 대한 단일변량(univariate), 이변량(bivariate) 및 다변량(multivariate) 검정결과(양측검정)를 보여준다. 그리고 !는 코멘트를 위한 표식이고 실행되지 않는다. 〈표 5.1〉을 실행하면 〈결과 5.1〉의 검정결과를 얻을 수 있다.

〈결과 5.1〉 정규성 검정결과

```
TECHNICAL 13 OUTPUT

   SKEW AND KURTOSIS TESTS OF MODEL FIT
   TWO-SIDED MULTIVARIATE SKEW TEST OF FIT

        Sample Value                         92.027
        Mean                                 32.390
        Standard Deviation                    1.063
        P-Value                              0.0000

   TWO-SIDED MULTIVARIATE KURTOSIS TEST OF FIT

        Sample Value                        653.144
        Mean                                525.170
        Standard Deviation                    3.367
        P-Value                              0.0000
```

UNIVARIATE SKEW AND KURTOSIS TESTS OF FIT

Variable	Sample Value	Mean	Standard Deviation	P-Value
TWO-SIDED UNIVARIATE SKEW TESTS OF FIT				
ITEM1	-0.115	-0.001	0.129	0.3700
ITEM2	-0.505	0.015	0.127	0.0000
ITEM3	0.316	-0.005	0.123	0.0100
ITEM4	-1.804	-0.004	0.123	0.0000
ITEM5	1.323	-0.011	0.119	0.0000
ITEM6	0.920	0.013	0.116	0.0000
ITEM7	-1.642	0.009	0.122	0.0000
ITEM8	0.738	-0.003	0.126	0.0000
ITEM9	-1.536	-0.006	0.121	0.0000
ITEM10	1.198	0.002	0.122	0.0000
ITEM11	1.268	0.014	0.133	0.0000
ITEM12	-1.314	-0.001	0.139	0.0000
ITEM13	0.346	-0.001	0.126	0.0000
ITEM14	0.031	-0.004	0.133	0.8800
ITEM15	2.088	-0.009	0.116	0.0000
ITEM16	0.968	0.005	0.122	0.0000
ITEM17	-1.970	-0.016	0.124	0.0000
ITEM18	-1.226	-0.010	0.120	0.0000
ITEM19	-1.478	0.021	0.138	0.0000
ITEM20	1.295	0.001	0.123	0.0000
ITEM21	-1.295	0.000	0.127	0.0000
ITEM22	1.062	0.012	0.116	0.0000
TWO-SIDED UNIVARIATE KURTOSIS TESTS OF FIT				
ITEM1	-1.166	-0.040	0.254	0.0000
ITEM2	-0.705	-0.067	0.257	0.0000
ITEM3	-1.110	-0.033	0.233	0.0000
ITEM4	3.631	-0.037	0.267	0.0000
ITEM5	0.909	-0.031	0.255	0.0200
ITEM6	-0.009	-0.012	0.259	0.9000
ITEM7	3.766	-0.068	0.232	0.0000
ITEM8	-0.610	-0.064	0.223	0.0000
ITEM9	1.843	-0.052	0.252	0.0000
ITEM10	0.563	-0.011	0.260	0.0500
ITEM11	0.795	-0.036	0.270	0.0100

ITEM12	1.841	−0.042	0.247	0.0000
ITEM13	−0.792	−0.036	0.236	0.0000
ITEM14	−0.936	−0.036	0.250	0.0000
ITEM15	4.240	−0.013	0.248	0.0000
ITEM16	0.156	−0.067	0.228	0.3100
ITEM17	5.057	−0.077	0.234	0.0000
ITEM18	1.341	−0.034	0.272	0.0000
ITEM19	2.213	−0.034	0.245	0.0000
ITEM20	1.170	−0.034	0.253	0.0000
ITEM21	1.160	−0.049	0.234	0.0000
ITEM22	0.181	−0.048	0.235	0.3800

〈결과 5.1〉에 첨도와 왜도에 대한 다변량 검정과 단일변량 검정결과(이변량 검정결과는 생략)가 제시되어 있다. 결과물에서 p값은 예측모형이 자료를 재생할 확률이다. 따라서 p값이 높을수록(비유의적일수록) 예측모형이 자료에 더 잘 적합하다는 것을 의미한다. 먼저 다변량 검정결과 적합도의 다변량 첨도($p < .001$)와 다변량 왜도($p < .001$)가 모두 유의하게 나타나서 정규성 가정이 위배되는 것을 알 수 있다. 또한 단일변량 왜도를 살펴보면 ITEM1과 ITEM14를 제외한 나머지 모든 지표변수들의 왜도가 유의하여($p < .01$) 정규성을 만족시키지 못하는 것을 확인할 수 있다. 그리고 단일변량 첨도의 검정결과에서도 ITEM6, ITEM16, ITEM22를 제외한 모든 지표변수들이 정규분포하지 않는 것으로 나타났다. 특히 ITEM4, ITEM7, ITEM15, ITEM17의 단일변량 첨도값이 3.0보다 크게 나타나서 이들의 비정규성이 심하다고 할 수 있다. 그리고 단일변량 정규성은 다변량 정규성을 지지하지 못하지만 단일변량 비정규성은 다변량 비정규성을 의미한다고 해석한다(Brown, 2015). 또한 만일 자료가 다변량 정규분포를 이루면 이는 자료 내의 모든 변수는 단일변량 정규분포를 이루며 동시에 변수들의 각 쌍은 이변량 정규분포를 이룬다는 것을 의미한다(Wang & Wang, 2012).

5.1.2 ML과 MLM의 비교

자료파일 NONNORMAL.DAT의 비정규성이 확인되었으므로 Mplus의 디폴트인 ML 추정법과 비정규성 자료를 분석하는 추정법(여기에서는 MLM을 사용)을 비교하기로 한다. 〈표 5.2〉는 MLM 추정법을 위한 Mplus syntax이다. Mplus syntax [MBI(MLM).inp]는 폴더 chapter5에 저장되어 있다. ML 추정법을 사용하기 위해서는 〈표 5.2〉에서 ANALYSIS의 내용을 모두 지우거나(ML이 디폴트이므로) 추정방법을 ESTIMATOR=ML;로 변경하면 된다.

〈표 5.2〉 강건 ML(MLM) 추정량을 위한 Mplus syntax(MBI(MLM).inp)

```
TITLE:  MLM ESTIMATOR
DATA:        FILE IS NONNORMAL.DAT;
VARIABLE:    NAMES ARE  ITEM1-ITEM22;
             USEVARIABLES ARE  ITEM1-ITEM22;
ANALYSIS:    ESTIMATOR IS MLM;
MODEL:
 F1 BY ITEM1-ITEM3 ITEM6 ITEM8 ITEM13 ITEM14 ITEM16 ITEM20;
 F2 BY ITEM5 ITEM10 ITEM11 ITEM15 ITEM22;
 F3 BY ITEM4 ITEM7 ITEM9 ITEM12 ITEM17-ITEM19 ITEM21;
OUTPUT:      MOD STDYX TECH1;
```

이제 ML 추정법과 MLM 추정법에 의한 적합도결과를 비교해 본다. 〈결과 5.2〉는 두 추정법에 의한 적합도를 제시한 것이다.

〈결과 5.2〉 ML 추정법과 MLM 추정법의 적합도결과 비교

```
〈ML 추정법〉
Chi-Square Test of Model Fit
          Value                              695.719
          Degrees of Freedom                     206
          P-Value                             0.0000
RMSEA (Root Mean Square Error Of Approximation)
          Estimate                             0.080
          90 Percent C.I.                      0.073    0.087
          Probability RMSEA <= .05             0.000
CFI/TLI
          CFI                                  0.848
          TLI                                  0.830
SRMR (Standardized Root Mean Square Residual)
          Value                                0.070
```

〈MLM 추정법〉

```
Chi-Square Test of Model Fit
          Value                              588.869*
          Degrees of Freedom                      206
          P-Value                              0.0000
          Scaling Correction Factor            1.1814
            for MLM

* The chi-square value for MLM, MLMV, MLR, ULSMV, WLSM and WLSMV cannot
  be used for chi-square difference testing in the regular way. MLM, MLR and
  WLSM chi-square difference testing is described on the Mplus website. MLMV,
  WLSMV, and ULSMV difference testing is done using the DIFFTEST option.

RMSEA (Root Mean Square Error Of Approximation)
          Estimate                              0.071
          90 Percent C.I.                       0.064     0.077
          Probability RMSEA <= .05              0.000
CFI/TLI
          CFI                                   0.858
          TLI                                   0.841
SRMR (Standardized Root Mean Square Residual)
          Value                                 0.070
```

〈결과 5.2〉를 살펴보면 먼저 MLM 추정법의 χ^2값(588.869)이 ML 추정법의 χ^2값(695.719)보다 현저하게 감소하여 적합도가 개선되었음을 알 수 있다. 이는 자료의 비정규성을 고려하여 χ^2값이 수정되었다는 것을 의미한다. 그리고 수정계수(scaling correction factor)가 1.1814로 보고되었다. 이 값에 MLM의 χ^2값을 곱하면(588.869*1.1814=695.689) 수정되지 않은 ML 추정법의 χ^2값이 계산된다. 수정계수의 값이 1보다 크면 비정규분포를 이룬다는 것을 의미한다. 그리고 χ^2값 이외에도 MLM 추정법을 사용하는 경우에는 CFI, TLI 및 RMSEA의 적합도지수들도 모두 개선되었다는 것을 알 수 있다. 또한 중요한 내용으로 MLM 추정법의 바로 아래의 *(asterisk)에 "MLM, MLR 등에서 얻어진 χ^2값은 일반적인 χ^2차이검정을 할 수 없다"라는 제시문을 볼 수 있다. 이러한 내용은 곧이어 모형수정 절차에서 자세히 설명할 예정이다.

5.2 모형수정 절차

비록 추정법을 MLM으로 전환하였지만 〈결과 5.2〉의 적합도는 여전히 양호하지 않게 나타났다. 이러한 경우에 연구자는 두 가지 중의 하나를 선택해야 한다. 즉, 자료를 모두 버리고 설문조사를 다시 하거나 적합도가 약간 낮다면 모형을 수정하여 표본자료를 그대로 사용할 것인지에 관한 의사결정이다. 결론은 모형오설정의 정도가 매우 심하지 않고 모형수정이 정당화된다면(예 교차적재 혹은 오차공분산의 이론적 정당성) 모형재설정의 과정을 밟는 것이 일반적으로 허용되고 있다. [그림 5.2]의 적합도는 매우 낮은 것이 아니기 때문에 모형수정을 통하여 적합도가 개선될 것으로 기대된다. 그리고 모형재설정의 과정은 더 이상 확인적 성격이 아니고 탐색적 성격을 띠게 된다.

5.2.1 초기모형

먼저 [그림 5.1]의 연구모형의 자유도를 계산하면 다음과 같다. 각 요인의 첫 번째 지표변수(ITEM1, ITEM5, ITEM4)는 준거지표로 설정하였다. 자료파일은 원자료로 되어 있고 Mplus는 디폴트에 의하여 MACS를 분석하기 때문에 지표변수의 절편을 추정한다. 자유도는 식 (2.5)와 식 (2.6) 및 식 (2.7)을 이용하여 다음과 같이 계산된다. 계산식에서 p는 지표변수의 개수이다.

〈정보의 개수〉

공분산구조의 정보의 개수 : 분산의 개수 : $p = 22$

공분산의 개수 : $p(p-1)/2 = 22(21)/2 = 231$

평균구조의 정보의 개수 : 지표변수의 평균의 개수 : $p = 22$

총정보의 개수 : $p(p+3)/2 = 22(25)/2 = 275$, 또는 $22 + 231 + 22 = 275$

〈자유모수의 개수〉

(공분산구조)

요인적재량 : 22−3= 19

요인분산과 공분산 : 3+3= 6

오차분산 :	22
	47
(평균구조)	
지표변수 절편의 개수 :	22
총자유모수의 개수 :	69

〈자유도〉

정보의 개수(275) − 자유모수의 개수(69) = 206

실제로 〈결과 5.2〉의 결과물에 자유모수의 개수는 다음과 같이 평균구조를 고려하여 69개로 제시되어 있다.

```
MODEL FIT INFORMATION
Number of Free Parameters                          69
```

그리고 자유모수가 위와 같이 제대로 설정되었는지를 확인하기 위해서는 TECH1 옵션의 결과물을 살펴보면 된다.

위의 〈표 5.2〉 모형(초기모형)의 결과물을 살펴보면 전반적 적합도들은 비교적 낮게 나타났다. 그리고 표준화요인적재량이 모두 유의하게 나타났고 요인의 상관관계가 높지 않게 나타났으며 음의 요인분산과 음의 오차분산이 나타나지 않았다. 따라서 〈결과 5.3〉의 MI(수정지수)를 이용하여 모형재설정하는 절차를 수행할 것이다.

〈결과 5.3〉 연구모형([그림 5.1])에 대한 수정지수들(MLM)

```
Minimum M.I. value for printing the modification index       10.000
                         M.I.       E.P.C.   Std E.P.C.  StdYX E.P.C.
BY Statements
F1        BY ITEM12     35.140     -0.313     -0.400       -0.335
F2        BY ITEM12     11.992     -0.329     -0.276       -0.232
F3        BY ITEM1      24.320      0.872      0.383        0.231
F3        BY ITEM2      10.741      0.565      0.248        0.161
F3        BY ITEM13     10.712     -0.583     -0.256       -0.152
```

WITH Statements					
ITEM2	WITH ITEM1	69.786	0.613	0.613	0.549
ITEM6	WITH ITEM5	14.552	0.354	0.354	0.232
ITEM7	WITH ITEM4	28.298	0.209	0.209	0.324
ITEM11	WITH ITEM10	32.232	0.580	0.580	0.525
ITEM12	WITH ITEM3	13.129	−0.255	−0.255	−0.225
ITEM15	WITH ITEM5	13.191	0.313	0.313	0.243
ITEM16	**WITH ITEM6**	**77.263**	**0.733**	**0.733**	**0.529**
ITEM18	WITH ITEM7	10.000	−0.145	−0.145	−0.211
ITEM19	WITH ITEM18	15.749	0.250	0.250	0.285
ITEM20	WITH ITEM8	12.028	0.230	0.230	0.240
ITEM20	WITH ITEM13	11.059	0.237	0.237	0.214
ITEM21	WITH ITEM4	11.090	0.201	0.201	0.201
ITEM21	WITH ITEM7	28.380	0.263	0.263	0.326

모형수정지수는 연구모형에 고정모수(0 또는 0이 아닌 값으로 고정)와 제약모수(둘 이상의 모수추정치가 동일하다는 제약)로 설정된 모수들을 자유모수로 전환할 때의 값들에 관한 것이다. 그런데 [그림 5.1]은 제약모수는 없고 고정모수들만 설정되어 있다. 즉, 〈결과 5.3〉의 수정지수들은 가설모형에서 0으로 고정된 고정모수들에 관한 것이다. 이들 중 By Statements는 연구모형에서 0으로 고정된 고정모수(교차적재량이 0)에 대하여 교차적재를 허용하여 자유모수로 전환하는 것이고 With Statements는 0으로 고정된 고정모수(오차공분산이 0)에 대하여 오차공분산을 허용하는 것이다. MI는 고정모수를 자유모수로 허용하는 경우에 모형의 χ^2값이 감소할 것으로 기대되는 값이고 EPC는 고정모수가 자유모수로 전환되는 경우의 모수추정치를 의미하며 StdYX EPC는 EPC를 표준화한 값이다. 어느 모수를 먼저 자유모수로 설정할 것인가는 이들을 모두 고려해야 한다. 가설모형은 교차적재와 오차공분산이 한 개도 허용되지 않았다. MI의 디폴트는 10이기 때문에 연구자가 구체적으로 숫자를 지정하지 않으면 Mplus는 MI가 10 이상인 고정모수들을 제시해 준다. 예를 들어 BY Statements에서 요인 F3에만 적재되어 있는 ITEM12를 F1에 교차적재시키면 χ^2값이 35.140만큼 감소할 것으로 예상되며 교차적재량은 −0.313(표준화 값은 −0.335)으로 추정될 것으로 기대된다.

〈결과 5.3〉의 결과물에서 ITEM6과 ITEM16의 오차공분산을 허용하는 경우에 MI(77.263)와 EPC(0.733)가 가장 높게 나타나는 것을 알 수 있다. 이러한 오차공분산은 무작위적인 것이 아니라 체계적이라는 것을 의미한다. 이와 같이 오차공분산을 허용하는 이유 중의 하나가 설문항목의 유사성을 들 수 있다. 즉, 설문내용은 다르지만 실제로는 동일한 내용을 묻는 설문이라는 것이다. 앞에서도 설명하였지만 오차공분산을 허용하여 모형을 재설정하기 위해서는 선행연구 혹은 이론에 의하여 정당화되어야 한다. 실제 두 설문문항을 보면 ITEM6(사람들과 하루 종일 일하는 것은 나에게 긴장감을 준다)과 ITEM16(사람들과 직접 같이 일하는 것은 나에게 스트레스를 많이 준다)은 내용이 중복되기 때문에(방법효과) 오차공분산을 허용할 수 있다. 그리고 이들은 동일한 요인인 EMOTIONAL EXHAUSTION에 적재되어 있기 때문에 EPC의 부호(양수)도 합리적이다. 나아가 선행연구(Byrne, 1993)에서도 두 변수의 오차공분산을 허용하여 분석을 실시하였다. 한편 실제 응용연구에서 오차공분산의 허용을 지나치게 금지하는 것은 적절하지 않다고 할 수 있다(Bentler & Chou, 1987).

이러한 논의를 바탕으로 MI와 EPC가 가장 크게 나타난 ITEM6과 ITEM16의 오차공분산을 자유모수로 설정하여 모형수정을 할 것이다. 다시 말하지만 고정모수를 자유모수로 도입하는 경우에는 반드시 한 번에 하나의 자유모수만을 도입해야 한다. ITEM6과 ITEM16의 오차공분산을 자유모수로 설정한 모형은 폴더 chapter5에 MBI(Model 2).inp로 지정되어 있다.

5.2.2 Model 2

Model 2를 분석하기 위한 Mplus syntax는 〈표 5.3〉과 같다. 〈표 5.3〉은 〈표 5.2〉에 ITEM6과 ITEM16의 오차공분산을 허용하는 옵션(ITEM6 WITH ITEM16;)만 추가한 것이다. 〈표 5.3〉을 실행하면 〈결과 5.4〉의 결과물을 얻을 수 있다.

〈표 5.3〉 Model 2의 Mplus syntax

```
TITLE:  ITEM6 WITH ITEM16
DATA:       FILE IS NONNORMAL.DAT;
VARIABLE:  NAMES ARE  ITEM1-ITEM22;
           USEVARIABLES ARE  ITEM1-ITEM22;
ANALYSIS:  ESTIMATOR IS MLM;
MODEL:
   F1 BY ITEM1-ITEM3 ITEM6 ITEM8 ITEM13 ITEM14 ITEM16 ITEM20;
   F2 BY ITEM5 ITEM10 ITEM11 ITEM15 ITEM22;
```

```
   F3 BY ITEM4 ITEM7 ITEM9 ITEM12 ITEM17-ITEM19 ITEM21;

   ITEM6 WITH ITEM16;                          ! error covariance
OUTPUT:  MOD STDYX TECH1;
```

〈결과 5.4〉 Model 2의 결과물

```
Chi-Square Test of Model Fit
          Value                              507.188*
          Degrees of Freedom                     205
          P-Value                             0.0000
          Scaling Correction Factor           1.1785
            for MLM
RMSEA (Root Mean Square Error Of Approximation)
          Estimate                             0.063
          90 Percent C.I.                      0.056   0.070
          Probability RMSEA <= .05             0.001
CFI/TLI
          CFI                                  0.888
          TLI                                  0.874
SRMR (Standardized Root Mean Square Residual)
          Value                                0.069

MODEL RESULTS
                                                        Two-Tailed
                         Estimate     S.E.   Est./S.E.    P-Value
ITEM6    WITH
   ITEM16                   0.733    0.108      6.772       0.000

Minimum M.I. value for printing the modification index    10.000
                             M.I.     E.P.C.  Std E.P.C.  StdYX E.P.C.
BY Statements
F1        BY ITEM12        35.584    -0.310    -0.400      -0.336
F2        BY ITEM12        12.038    -0.331    -0.276      -0.232
F3        BY ITEM1         23.918     0.851     0.374       0.225
F3        BY ITEM2         10.252     0.543     0.239       0.155
F3        BY ITEM13        12.415    -0.628    -0.276      -0.164
```

WITH Statements

ITEM2 WITH ITEM1	**66.418**	**0.591**	**0.591**	**0.545**
ITEM7 WITH ITEM4	28.328	0.209	0.209	0.323
ITEM11 WITH ITEM10	31.692	0.578	0.578	0.526
ITEM12 WITH ITEM3	12.977	−0.253	−0.253	−0.225
ITEM13 WITH ITEM1	10.521	−0.249	−0.249	−0.221
ITEM13 WITH ITEM2	10.269	−0.237	−0.237	−0.213
ITEM15 WITH ITEM5	13.632	0.318	0.318	0.246
ITEM18 WITH ITEM7	10.080	−0.146	−0.146	−0.211
ITEM19 WITH ITEM18	15.797	0.250	0.250	0.285
ITEM20 WITH ITEM2	10.069	−0.216	−0.216	−0.202
ITEM20 WITH ITEM8	11.592	0.227	0.227	0.239
ITEM20 WITH ITEM13	11.369	0.242	0.242	0.218
ITEM21 WITH ITEM4	11.086	0.200	0.200	0.200
ITEM21 WITH ITEM7	28.423	0.263	0.263	0.326

〈결과 5.4〉에서 먼저 전반적 적합도는 초기모형(〈결과 5.2〉)보다 모두 향상되었다는 것을 알 수 있다. 대표적으로 χ^2값이 588.869(초기 MLM모형)에서 507.188로 향상되었다. 그리고 하나의 오차공분산을 설정하였으므로 자유도는 206에서 205로 한 개 감소하였다. 그리고 모형결과 중에서 ITEM6과 ITEM16의 오차공분산의 비표준화 해를 〈결과 5.4〉의 적합도지수들 밑에 제시하였다. 결과를 보면 오차공분산의 추정치(ESTIMATE)가 〈결과 5.3〉의 수정지수에 나타난 예측치(EPC)와 정확하게 일치하는 값(0.733)으로 나타났고 또한 통계적으로 유의한 것으로 확인되었다. 따라서 적합도지수와 오차공분산의 예측치의 결과는 ITEM6과 ITEM16의 오차공분산을 자유모수로 설정하는 합리적인 정당성을 부여한다고 할 수 있다.

그렇다면 이러한 오차공분산을 모형에 도입하면 적합도가 유의하게 증가한다고 할 수 있는가? 이에 관한 의사결정은 두 모형이 내포되어 있기 때문에 χ^2차이검정을 통하여 이루어진다. 그런데 〈결과 5.2〉의 제시문에서 ML 추정법 이외의 추정법(MLM, MLR 등)을 사용하는 경우에는 일반적인 χ^2차이검정을 실행할 수 없다는 것을 확인하였다. 왜냐하면 MLM에 의하여 산출된 적합도에 대하여 모형비교를 하는 경우에 두 모형의 χ^2값은 χ^2분포를 이루지 않기 때문이다. MLM(혹은 MLR) 추정법을 사용하는 경우의 χ^2차이검정의 방법은 Mplus website(http://www.statmodel.com)에 접속하여 왼쪽 메뉴의 하단부에 있는 How-To의 Chi-Square Difference Test for MLM and MLR을 클릭하여 문서를 다운받아서 사용하면 된다. 혹은 직접

http://statmodel.com/chidiff.shtml을 입력해도 된다. 그러면 이제부터 MLM 추정법을 사용하는 경우의 χ^2차이검정을 알아보기로 한다. χ^2차이검정을 실행하는 경우에 간명한 모형(초기모형)을 내포모형(nested model)이라고 부르고 복잡한 모형(Model 2)을 비교모형(comparison model)이라고 부른다. 즉, 간명한 모형은 복잡한 모형인 비교모형에 내포된다. 먼저 다음의 식 (5.1)을 알아본다.

$$cd = (d0^* c0 - d1^* c1)/(d0 - d1) \tag{5.1}$$

식 (5.1)에서 cd는 차이검정을 위한 수정값(difference test scaling correction)이고 $d0$와 $d1$은 각각 내포모형과 비교모형의 자유도이다. 그리고 $c0$와 $c1$은 내포모형과 비교모형의 수정계수(scaling correction factor)이다. 이제 모형비교를 위하여 Satorra-Bentler의 수정된 χ^2차이검정값(TRd)을 계산한다.

$$TRd = (T0^* c0 - T1^* c1)/cd \tag{5.2}$$

식 (5.2)에서 $T0$와 $T1$은 각각 MLM에 의한 내포모형과 비교모형의 χ^2값이다. $T0^* c0$와 $T1^* c1$은 각각 ML 추정법에 의한 χ^2값과 동일하다. 이제 위의 두 식을 이용하여 초기모형에 비하여 오차공분산을 허용한 Model 2의 적합도가 향상되었는지를 알아본다. 먼저 초기모형과 Model 2의 χ^2값과 자유도 및 수정계수는 다음과 같다.

	〈초기모형〉	〈Model 2〉
χ^2값(T)	588.869($T0$)	507.188($T1$)
자유도(d)	206($d0$)	205($d1$)
수정계수(c)	1.1814($c0$)	1.1785($c1$)

위의 자료를 이용하여 cd는 다음과 같이 계산된다.

$$\begin{aligned} cd &= (d0^* c0 - d1^* c1)/(d0 - d1) \\ &= (206^* 1.1814 - 205^* 1.1785)/(206 - 205) = 1.7759 \end{aligned}$$

다음으로 TRd는 다음과 같이 계산된다.

$$TRd = (T0*c0 - T1*c1)/cd$$
$$= (588.869*1.1814 - 507.188*1.1785)/1.7759 = 55.1657$$

이러한 TRd값이 MLM 추정방법에 있어서의 χ^2차이 값이다.
혼란을 방지하기 위하여 χ^2값과 자유도 및 자유모수의 관계를 정리해 본다.

	〈χ^2값〉	〈자유도〉	〈자유모수〉
간명한 모형(초기모형)	588.869	206	69
복잡한 모형(Model 2)	507.188	205	70

위에서 알 수 있는 것처럼 χ^2값과 자유도는 동일한 방향으로 움직이고 자유모수는 반대방향으로 움직인다. 즉, 모형이 복잡해질수록 자유모수는 증가하지만 χ^2값과 자유도는 감소한다. 모형이 점점 복잡해지다가 모형에서 추정가능한 모든 자유모수를 추정하면 χ^2값과 자유도는 0이 되고 이러한 모형을 포화모형(적정식별모형)이라고 부른다. Chou & Huh(2012)는 이들을 일반화하여 다음의 상황을 제시하였다.

〈표 5.4〉 모형재설정과 관련된 상황

상 황	전방탐색	후방탐색
목적	모형적합도 개선	모형 간명화
자유모수의 개수	증가	감소
고정(제약)모수의 개수	감소	증가(설정)
자유도	감소	증가
χ^2값	감소	증가

〈표 5.4〉에서 전방탐색(forward search)은 간명한 모형을 복잡한 모형으로 전환시키는 설정탐색이고 후방탐색(backward search)은 자유모수를 제거하여 간명한 모형으로 모형을 재설정하는 것을 의미한다.

이제 두 모형의 가설을 다음과 같이 설정해 보자.

H_0 : 내포모형(간명한 모형)을 선택한다. $\chi^2(206) = 588.869$

H_1 : 비교모형(복잡한 모형)을 선택한다. $\chi^2(205) = 507.188$

외관상으로는 χ^2값이 81.681만큼 차이가 발생했지만 MLM 추정법의 모형비교에서 실제로 χ^2차이검정에 사용되는 χ^2차이 값은 $TRd = 55.1657$이다. 즉, MLM방법에 의한 χ^2값의 차이인 $\Delta MLM\chi^2 = 55.1657$과 $\Delta df = 1$을 이용하여 p값을 계산하면 1.1082E−13($p < .001$)으로 계산[2)]된다. 위의 가설검정은 두 가지 방향으로 설정할 수 있다. 먼저 가설검정을 $H_0 \rightarrow H_1$의 방향으로 설정하면 "자유도를 한 개 희생시키면 적합도가 유의적으로 향상(χ^2가 유의하게 감소)하는가?"라는 질문이 의사결정과제가 된다. χ^2차이검정결과 χ^2가 유의하게 감소하였으므로 복잡한 모형(오차공분산이 허용된 모형)을 선택한다. 반면에 $H_1 \rightarrow H_0$의 방향으로 설정하면 간명성원칙에 따라 모형을 간명화하고 싶은 경우에 "χ^2값을 유의하게 증가시키지 않고도(모형의 적합도를 감소시키지 않으면서) 자유도를 한 개 증가(모형을 간명화)시킬 수 있는가?"에 관한 문제이다. 그런데 분석결과 자유도를 한 개 증가시키면 모형적합도가 유의하게 감소하므로 복잡한 모형인 비교모형을 그대로 수용하게 된다.

이제 모형수정의 다음 단계로 넘어간다. Model 2의 결과물인 〈결과 5.4〉의 수정지수들을 살펴보면 ITEM1과 ITEM2의 오차공분산을 허용하는 것이 χ^2을 가장 많이 감소(MI=66.418)시키는 것으로 나타났다. 즉, 모형이 오설정되어 있는 것을 의미한다. 또한 EPC값도 0.591로 매우 높게 나타났다. ITEM6과 ITEM16의 관계에서와 마찬가지로 ITEM1과 ITEM2는 설문내용이 유사한 내용으로 구성(방법효과)되어 있다. 즉, ITEM1의 설문내용은 "나는 내 일에서 감정적으로 고갈되는 느낌을 받는다"이고 ITEM2는 "나는 하루 일과가 끝나면 녹초가 되는 느낌이다"로 중복된 개념으로 구성되어 있다. 그리고 이 두 지표변수들은 동일한 요인인 EMOTIONAL EXHAUSTION에 적재되어 있어서 양의 EPC 부호도 합리적이라고 할 수 있다. 따라서 이러한 오차공분산모수를 재설정모형에 도입하는 것은 무리가 없다 할 것이다.

5.2.3 Model 3

ITEM1과 ITEM2의 오차공분산을 허용하는 것은 ITEM6과 ITEM16의 오차공분산을 허용한 Mplus syntax에 추가해야 한다. 이들 두 오차공분산을 허용한 Mplus syntax는 〈표 5.5〉와 같고 이러한 syntax는 MBI(Model 3).inp로 저장되어 있다.

---

2) 제3장에서도 설명하였지만 χ^2값에 대한 p값은 EXCEL에서 =CHIDIST(χ^2, df)를 입력하면 구할 수 있다. 즉, 위의 예에서는 =CHIDIST(55.1657,1)을 입력하면 된다.
그리고 1.1082E−13은 $1.1082*10^{-13}$을 의미하는 것으로 0.00000000000011082의 값과 같다.

〈표 5.5〉 Model 3의 Mplus syntax

```
TITLE:  ITEM6 WITH ITEM16, ITEM1 WITH ITEM2
DATA:        FILE IS NONNORMAL.DAT;
VARIABLE:  NAMES ARE  ITEM1-ITEM22;
           USEVARIABLES ARE  ITEM1-ITEM22;
ANALYSIS:  ESTIMATOR IS MLM;
MODEL:
     F1 BY ITEM1-ITEM3 ITEM6 ITEM8 ITEM13 ITEM14 ITEM16 ITEM20;
     F2 BY ITEM5 ITEM10 ITEM11 ITEM15 ITEM22;
     F3 BY ITEM4 ITEM7 ITEM9 ITEM12 ITEM17-ITEM19 ITEM21;

     ITEM6 WITH ITEM16;                        ! error covariance
     ITEM1 WITH ITEM2;                         ! error covariance
OUTPUT:  MOD STDYX TECH1;
```

〈표 5.5〉에 ITEM1과 ITEM2의 오차공분산이 추가로 지정(ITEM1 WITH ITEM2;) 되어 있다. 〈표 5.5〉를 실행하면 〈결과 5.5〉를 얻을 수 있다.

〈결과 5.5〉 Model 3의 결과물

```
Chi-Square Test of Model Fit
          Value                              441.687*
          Degrees of Freedom                     204
          P-Value                             0.0000
          Scaling Correction Factor           1.1784
            for MLM
RMSEA (Root Mean Square Error Of Approximation)
          Estimate                             0.056
          90 Percent C.I.                      0.049    0.063
          Probability RMSEA <= .05             0.084
CFI/TLI
          CFI                                  0.912
          TLI                                  0.900
SRMR (Standardized Root Mean Square Residual)
          Value                                0.066
```

MODEL RESULTS

	Estimate	S.E.	Est./S.E.	Two-Tailed P-Value
ITEM1 WITH				
ITEM2	0.596	0.070	8.573	0.000

Minimum M.I. value for printing the modification index 10.000

	M.I.	E.P.C.	Std E.P.C.	StdYX E.P.C.
BY Statements				
F1 BY ITEM12	**34.814**	**−0.332**	**−0.404**	**−0.339**
F2 BY ITEM12	11.882	−0.329	−0.274	−0.230
F3 BY ITEM1	12.254	0.560	0.246	0.148
WITH Statements				
ITEM3 WITH ITEM1	11.815	0.248	0.248	0.192
ITEM7 WITH ITEM4	28.448	0.210	0.210	0.324
ITEM11 WITH ITEM10	**31.563**	**0.575**	**0.575**	**0.523**
ITEM12 WITH ITEM3	13.944	−0.265	−0.265	−0.233
ITEM15 WITH ITEM5	13.518	0.316	0.316	0.245
ITEM19 WITH ITEM18	15.776	0.250	0.250	0.285
ITEM21 WITH ITEM4	11.161	0.201	0.201	0.201
ITEM21 WITH ITEM7	28.545	0.264	0.264	0.327

〈결과 5.5〉에서 Model 3의 전반적 적합도는 Model 2의 적합도보다 모두 향상되었다. 특히 CFI와 TLI의 적합도지수가 처음으로 0.90 이상의 값을 갖게 되었다. 그리고 〈결과 5.5〉에서 제시된 ITEM1과 ITEM2의 오차공분산의 EPC추정치(0.596)는 〈결과 5.4〉에서 나타난 EPC예측치(0.591)와 거의 동일한 값으로 유의하게 나타났다.

이제 위의 경우와 마찬가지로 χ^2차이검정을 실시하기로 한다. 먼저 cd값은 다음과 같이 계산된다.

$$
\begin{aligned}
cd &= (d0^* c0 - d1^* c1)/(d0 - d1) \\
&= (205^* 1.1785 - 204^* 1.1784)/(205 - 204) = 1.1989
\end{aligned}
$$

그리고 TRd는 다음과 같이 계산된다.

$$TRd = (T0*c0 - T1*c1)/cd$$
$$= (507.188*1.1785 - 441.687*1.1784)/1.1989 = 64.4233$$

이제 이러한 자료를 이용하여 위와 동일한 가설설정을 이용하여 가설을 검정한다.

H_0 : 간명한 모형(Model 2)을 선택한다. $\chi^2(205) = 507.188$

H_1 : 복잡한 모형(Model 3)을 선택한다. $\chi^2(204) = 441.687$

먼저 $\Delta MLM\chi^2 = 64.4233$과 $\Delta df = 1$에 해당하는 p값은 1.00364E−15 ($p < .001$)로 유의하게 나타났다. 이제 가설검정방향을 $H_0 \rightarrow H_1$으로 정해본다. 이때의 의사결정문제는 "자유도를 한 개 희생시키면 χ^2값을 유의하게 감소(적합도의 증가)시키는가?"에 관한 것이다. 그런데 $\Delta MLM\chi^2$이 유의하게 감소하였기 때문에 간명한 모형을 버리고 복잡한 모형을 선택한다. 역으로 $H_1 \rightarrow H_0$로 가설검정방향을 설정하면 물음이 "모형의 적합도를 감소시키지 않고도 모형을 간명화할 수 있는가?"로 전환된다. 모형을 간명화시키면 적합도가 유의적으로 감소하기 때문에 복잡한 모형을 그대로 채택한다.

이제 〈결과 5.5〉의 수정지수들을 살펴본다. 〈결과 5.5〉에는 MI가 비교적 높은 값을 갖는 관계가 ITEM12의 F1에 대한 교차적재(F1 BY ITEM12 : MI=34.814) 및 ITEM10과 ITEM11의 오차공분산(ITEM10 WITH ITEM11 : MI=31.563)의 두 가지가 있는데 이들의 MI값은 비슷하게 나타났다. 이러한 경우에는 어느 관계를 먼저 모형수정에 반영해야 하는가의 문제가 대두된다. 이 문제에 대한 해답은 바로 MI 이외에 EPC를 고려하는 것이다. 교차적재를 허용하면 교차적재량의 예측되는 추정치는 −0.332이고 오차공분산을 허용하는 경우에는 추정치가 0.575로 추정되므로 오차공분산을 먼저 재설정모형에 반영한다. 또한 ITEM10과 ITEM11은 동일한 DEPERSONALIZATION에 적재되어 있기 때문에 EPC의 부호(양수)는 합리적이라고 할 수 있다.

5.2.4 Model 4

ITEM10과 ITEM11의 오차공분산을 허용한 모형 Model 4에 대한 Mplus syntax는 〈표 5.6〉과 같고 이는 폴더 chapter5에 MBI(Model 4).inp로 저장되어 있다.

〈표 5.6〉 Model 4에 대한 Mplus syntax

```
TITLE:  ITEM6 WITH ITEM16 ITEM1 WITH ITEM2
        ITEM10 WITH ITEM11
DATA:         FILE IS NONNORMAL.DAT;
VARIABLE:     NAMES ARE  ITEM1-ITEM22;
              USEVARIABLES ARE  ITEM1-ITEM22;
ANALYSIS:     ESTIMATOR IS MLM;
MODEL:
    F1 BY ITEM1-ITEM3 ITEM6 ITEM8 ITEM13 ITEM14 ITEM16 ITEM20;
    F2 BY ITEM5 ITEM10 ITEM11 ITEM15 ITEM22;
    F3 BY ITEM4 ITEM7 ITEM9 ITEM12 ITEM17-ITEM19 ITEM21;

    ITEM6 WITH ITEM16;                        ! error covariance
    ITEM1 WITH ITEM2;                         ! error covariance
    ITEM10 WITH ITEM11;                       ! error covariance
OUTPUT:  MOD STDYX TECH1;
```

〈표 5.6〉에 ITEM10과 ITEM11의 오차공분산(ITEM10 WITH ITEM11)이 추가되어 있다. 〈표 5.6〉을 실행하면 다음의 결과물을 얻을 수 있다.

〈결과 5.6〉 Model 4의 결과물

```
Chi-Square Test of Model Fit
        Value                              413.639*
        Degrees of Freedom                     203
        P-Value                             0.0000
        Scaling Correction Factor           1.1795
          for MLM
RMSEA (Root Mean Square Error Of Approximation)
        Estimate                             0.053
        90 Percent C.I.                      0.046    0.060
        Probability RMSEA <= .05             0.256
CFI/TLI
        CFI                                  0.922
        TLI                                  0.911
SRMR (Standardized Root Mean Square Residual)
        Value                                0.065
```

```
MODEL RESULTS
ITEM10    WITH
   ITEM11              0.519       0.103       5.030       0.000

Minimum M.I. value for printing the modification index     10.000
                        M.I.       E.P.C.   Std E.P.C.  StdYX E.P.C.
BY Statements
F1       BY ITEM12     34.439     -0.331     -0.402      -0.337
F2       BY ITEM12     12.098     -0.324     -0.290      -0.243
F3       BY ITEM1      12.277      0.561      0.246       0.148

WITH Statements
ITEM3    WITH ITEM1    11.848      0.249      0.249       0.192
ITEM7    WITH ITEM4    28.247      0.209      0.209       0.323
ITEM12   WITH ITEM3    14.200     -0.268     -0.268      -0.236
ITEM18   WITH ITEM7    10.221     -0.147     -0.147      -0.213
ITEM19   WITH ITEM18   15.599      0.248      0.248       0.284
ITEM21   WITH ITEM4    11.183      0.201      0.201       0.201
ITEM21   WITH ITEM7    28.320      0.262      0.262       0.326
```

〈결과 5.6〉에서 전반적 적합도지수들은 Model 3에 비하여 모두 개선되었음을 알 수 있다. 그리고 추가로 자유모수로 도입한 ITEM10과 ITEM11의 오차공분산 추정치(0.519)는 〈결과 5.5〉에서 예측한 추정치(0.575)와 비슷하게 유의적으로 나타났다. 위의 방법과 마찬가지로 내포모형(Model 3)과 비교모형(Model 4)의 χ^2값을 다음과 같이 비교해 본다.

H_0 : 간명한 모형을 선택한다. $\chi^2(204) = 441.687$

H_1 : 복잡한 모형을 선택한다. $\chi^2(203) = 413.639$

먼저 cd는 다음과 같이 계산된다.

$$cd = (d0^* c0 - d1^* c1)/(d0 - d1)$$
$$= (204^* 1.1784 - 203^* 1.1795)/(204 - 203) = 0.9551$$

다음으로 TRd는 다음과 같다.

$$TRd = (T0^* c0 - T1^* c1)/cd$$
$$= (441.687^* 1.1784 - 413.639^* 1.1795)/0.9551 = 34.1292$$

$\Delta MLM\chi^2 = 34.1292$와 $\Delta df = 1$을 이용하면 p값이 5.1572E−09($p < .001$)로 계산된다. 따라서 위와 동일한 의사결정방식으로 간명한 모형인 Model 3 대신 ITEM10과 ITEM11의 오차공분산을 설정한 복잡한 모형인 Model 4를 선택한다.

그리고 〈결과 5.6〉의 수정지수를 살펴보면 〈결과 5.5〉에서 비교적 높게 나타났던 ITEM12의 요인 F1에 대한 교차적재량의 MI가 여전히 높게(MI=34.439, EPC=−0.331) 나타났다. 또한 요인 F1은 EMOTIONAL EXHAUSTION이고 ITEM12는 원래 요인 F3인 PERSONAL ACCOMPLISHMENT에 적재되어 있다. 그렇다면 ITEM12를 F1에 교차적재해야 하는가? 이에 관해서는 견해가 엇갈린다(Kline, 2016). 예를 들어 Hair et al.(2010)은 교차적재는 개념타당도(construct validity)의 결여에 대한 증거이기 때문에 교차적재의 허용을 반대하고 있다. 즉, 교차적재로 인하여 모형적합도가 개선(χ^2의 감소)되지만 이러한 적합도의 개선은 개념타당도를 희생시켜서 얻었다는 의미에서 가공적인(artificial) 결과라는 것이다. Hair et al.(2010)은 마찬가지 이유로 오차공분산의 허용에 대해서도 반대하고 있다. 반면에 오차공분산뿐만 아니라 지표변수의 교차적재도 자유롭게 허용되어야 한다는 주장도 다수 존재한다(Brown, 2015 ; Brown & Moore, 2012 ; Byrne, 2012). 특히 Brown(2015)은 제4장에서 자세히 확인한 바와 같이 이론적으로 정당하고 해석가능한 경우에는 표본공분산행렬을 더 잘 재생시키기 위하여 교차적재와 오차공분산을 모두 허용해야 한다고 주장하였다. 또한 Brown & Moore(2012)는 지표변수와 요인의 관계에서 (1) 유의하지 않은 요인적재량과 (2) 지표변수가 잘못된 요인에 적재된 경우에는 이러한 요인적재를 제거해야 하고 (3) 지표변수가 한 요인에만 적재되어 있지만 실질적으로는 다른 요인에도 적재되는 것이 정당화되는 경우에는 교차적재를 허용해야 한다고 제시하였다.

5.2.5 Model 5

이제 교차적재를 허용한다는 입장에서 살펴보기로 한다. ITEM12의 설문내용은 “나는 에너지가 넘친다"이다. 그리고 F1(EMOTIONAL EXHAUSTION)은 감정적으로 탈진한다는 의미이므로 ITEM12는 F1의 정반대개념으로 해석할 수 있기 때문에 해석 가능성이 충족된다.[3] 또한 Byrne(2012)은 과거 선행연구에서 ITEM12가 어느 요인에 적재되든 오설정모형의 결과를 가져왔다고 설명한다. 따라서 이러한 교차적재를 허용하는 것은 큰 무리가 없을 것으로 판단된다.

이제 ITEM12를 F1에 교차적재시킨 모형을 분석하기로 한다. 이러한 모형은 MBI(Model 5).inp로 저장되어 있고 이를 분석하기 위한 Mplus syntax는 〈표 5.7〉과 같다.

〈표 5.7〉 Model 5의 Mplus syntax

```
TITLE:  ITEM6 WITH ITEM16 ITEM1 WITH ITEM2
        ITEM10 WITH ITEM11 F1 BY ITEM12; F1 BY ITEM12
DATA:          FILE IS NONNORMAL.DAT;
VARIABLE:      NAMES ARE  ITEM1-ITEM22;
               USEVARIABLES ARE  ITEM1-ITEM22;
ANALYSIS:      ESTIMATOR IS MLM;

MODEL:
     F1 BY ITEM1-ITEM3 ITEM6 ITEM8 ITEM13 ITEM14 ITEM16 ITEM20;
     F1 BY ITEM12;                        ! cross-loading
     F2 BY ITEM5 ITEM10 ITEM11 ITEM15 ITEM22;
     F3 BY ITEM4 ITEM7 ITEM9 ITEM12 ITEM17-ITEM19 ITEM21;

     ITEM6 WITH ITEM16;                   ! error covariance
     ITEM1 WITH ITEM2;                    ! error covariance
     ITEM10 WITH ITEM11;                  ! error covariance
OUTPUT:  MOD STDYX TECH1;
```

〈표 5.7〉을 실행하면 〈결과 5.7〉을 얻을 수 있다.

3) 해석가능성 여부는 주관적인 측면이 포함된다고 할 수 있다.

〈결과 5.7〉 Model 5의 결과

```
Chi-Square Test of Model Fit
          Value                                378.656*
          Degrees of Freedom                   202
          P-Value                              0.0000
          Scaling Correction Factor            1.1790
            for MLM
RMSEA (Root Mean Square Error Of Approximation)
          Estimate                             0.048
          90 Percent C.I.                      0.041    0.056
          Probability RMSEA <= .05             0.620
CFI/TLI
          CFI                                  0.934
          TLI                                  0.925
Chi-Square Test of Model Fit for the Baseline Model
          Value                                2922.960
          Degrees of Freedom                   231
          P-Value                              0.0000
SRMR (Standardized Root Mean Square Residual)
          Value                                0.054

STDYX Standardization
                                                          Two-Tailed
                      Estimate      S.E.    Est./S.E.     P-Value
F1          BY
    ITEM1               0.735      0.025      29.720       0.000
    ITEM2               0.693      0.027      25.487       0.000
    ITEM3               0.756      0.023      32.227       0.000
    ITEM6               0.589      0.042      14.054       0.000
    ITEM8               0.859      0.015      57.049       0.000
    ITEM13              0.778      0.024      31.926       0.000
    ITEM14              0.622      0.034      18.362       0.000
    ITEM16              0.616      0.041      15.102       0.000
    ITEM20              0.696      0.040      17.595       0.000
    ITEM12             -0.323      0.048      -6.755       0.000
F2          BY
    ITEM5               0.602      0.054      11.049       0.000
    ITEM10              0.551      0.049      11.296       0.000
    ITEM11              0.647      0.043      15.141       0.000
```

```
    ITEM15              0.635     0.045     14.145     0.000
    ITEM22              0.440     0.049      8.895     0.000
F3         BY
    ITEM4               0.448     0.048      9.333     0.000
    ITEM7               0.518     0.042     12.203     0.000
    ITEM9               0.599     0.049     12.179     0.000
    ITEM12              0.424     0.050      8.503     0.000
    ITEM17              0.696     0.036     19.081     0.000
    ITEM18              0.663     0.046     14.331     0.000
    ITEM19              0.637     0.041     15.490     0.000
    ITEM21              0.474     0.049      9.759     0.000
F2         WITH
    F1                  0.685     0.046     14.952     0.000
F3         WITH
    F1                 -0.306     0.057     -5.371     0.000
    F2                 -0.453     0.062     -7.278     0.000
ITEM6      WITH
    ITEM16              0.488     0.055      8.821     0.000
ITEM1      WITH
    ITEM2               0.469     0.042     11.123     0.000
ITEM10     WITH
    ITEM11              0.368     0.059      6.221     0.000

Minimum M.I. value for printing the modification index     10.000
                          M.I.    E.P.C.  Std E.P.C. StdYX E.P.C.
BY Statements
F3       BY ITEM1        12.426    0.541     0.241      0.145

WITH Statements
ITEM3  WITH ITEM1        10.995    0.237     0.237      0.186
ITEM7  WITH ITEM4        27.150    0.204     0.204      0.319
ITEM13 WITH ITEM12       11.080    0.212     0.212      0.212
ITEM18 WITH ITEM7        12.222   -0.161    -0.161     -0.236
ITEM19 WITH ITEM18       15.500    0.250     0.250      0.287
ITEM21 WITH ITEM4        10.569    0.195     0.195      0.197
ITEM21 WITH ITEM7        27.570    0.259     0.259      0.323
```

〈결과 5.7〉에서 Model 5의 전반적 적합도는 Model 4의 적합도보다 모두 향상되었음을 확인할 수 있다. 그리고 Model 5에 자유모수로 추가된 교차적재량도 유의하게 나타났다. 특히 교차적재의 추정치가 음(−0.323)으로 나타났는데, F1(EMOTIONAL EXHAUSTION)과 ITEM12는 역의 관계에 있기 때문에 음의 부호는 합리적이라고 할 수 있다. 마찬가지로 모든 오차공분산도 유의하게 양으로 나타나서 예측된 방향과 일치(동일한 요인 내에서의 오차공분산)하고 있다. 그리고 연구자가 설정한 자유모수가 제대로 설정되었는지는 TECH1 옵션의 결과물을 확인하면 된다.

이제 χ^2차이검정을 이용하여 Model 4의 적합도에 비하여 Model 5의 적합도가 향상되었는지를 조사하기로 한다. 즉, 다음의 가설을 검정한다.

H_0 : Model 4를 선택한다. $\chi^2(203) = 413.639$

H_1 : Model 5를 선택한다. $\chi^2(202) = 378.656$

먼저 cd를 계산하면 다음과 같다.

$$\begin{aligned} cd &= (d0^* c0 - d1^* c1)/(d0 - d1) \\ &= (203^* 1.1795 - 202^* 1.179)/(203 - 202) = 1.2805 \end{aligned}$$

다음으로 TRd의 계산은 다음과 같다.

$$\begin{aligned} TRd &= (T0^* c0 - T1^* c1)/cd \\ &= (413.639^* 1.1795 - 378.656^* 1.179)/1.2805 = 32.3716 \end{aligned}$$

$\Delta MLM\chi^2 = 32.3716$과 $\Delta df = 1$에 해당하는 p값은 2.359E−14($p < .001$)로 계산된다. 따라서 앞에서의 방식과 동일하게 자유도 한 개를 희생시키면 모형적합도가 유의하게 향상되므로 Model 5를 선택한다.

χ^2차이검정에 대하여 지금까지의 분석방법은 모두 $\Delta df = 1$에 해당하는 방법이었다. 왜냐하면 모형재설정시에 자유모수는 한 번에 하나씩만 추가하기 때문이다. 하지만 본 예제와는 다르게 한 번에 여러 개의 자유모수를 추가하는 경우에는 어떻게 적용될 것인가? 이 경우에는 Δdf를 자유모수가 추가되는 개수만큼 적용시키면 된다. 예를 들어 자유모수가 3개가 추가되면 계산된 $\Delta\chi^2$와 더불어 $\Delta df = 3$을 이용하여 p값을 계산하면 된다. 이 방법은 제7장의 다중집단분석에서 설명할 예정이다.

5.2.6 MLR 추정법의 사용

비정규자료를 분석하는 추정법에는 MLM 추정법 이외에도 MLR 추정법이 있다. 만일 비정규자료를 분석함에 있어서 MLM 추정법 대신 MLR 추정법을 사용하면 어떻게 달라질 것인가? 결과는 비슷하지만 결과물에서 제시된 통계량의 유형이 약간 달라진다. 예를 들어 Model 4와 Model 5를 MLR 추정법을 이용하여 χ^2차이검정을 실시해 본다. 두 모형 모두 ANALYSIS command에서 ESTIMATOR=MLM;을 ESTIMATOR=MLR;로 변경하면 된다. 예를 들어 MLR 추정법에 의한 Model 5의 Mplus syntax는 〈표 5.8〉과 같다.

〈표 5.8〉 MLR 추정법에 의한 Mplus syntax(MBI(Model 5 MLR).inp)

```
TITLE:  MLR ESTIMATION
DATA:  FILE IS NONNORMAL.DAT;
VARIABLE:   NAMES ARE ITEM1-ITEM22;
            USEVARIABLES ARE ITEM1-ITEM22;
ANALYSIS:   ESTIMATOR IS MLR;
MODEL:
    F1 BY ITEM1-ITEM3 ITEM6 ITEM8 ITEM13 ITEM14 ITEM16 ITEM20;
    F1 BY ITEM12;                               ! cross-loading
    F2 BY ITEM5 ITEM10 ITEM11 ITEM15 ITEM22;
    F3 BY ITEM4 ITEM7 ITEM9 ITEM12 ITEM17-ITEM19 ITEM21;
    ITEM6 WITH ITEM16;                          ! error covariance
    ITEM1 WITH ITEM2;                           ! error covariance
    ITEM10 WITH ITEM11;                         ! error covariance
OUTPUT:  MOD STDYX TECH1;
```

〈표 5.8〉을 실행하면 〈결과 5.8〉과 같은 적합도 결과를 얻을 수 있다.

〈결과 5.8〉 Model 5의 MLR 추정결과

```
Number of Free Parameters                    73
Loglikelihood
        H0 Value                     -12686.394
        H0 Scaling Correction Factor     1.4230
          for MLR
```

```
        H1 Value                              -12463.184
        H1 Scaling Correction Factor              1.2275
          for MLR
Chi-Square Test of Model Fit
        Value                                  385.882*
        Degrees of Freedom                          202
        P-Value                                  0.0000
        Scaling Correction Factor                1.1569
          for MLR
```

MLR 추정법을 이용한 〈결과 5.8〉을 보면 χ^2값뿐만 아니라 로그우도함수 값(Loglikelihood)에도 수정계수가 제시되어 있다.[4] 따라서 MLR 추정법을 이용한 경우에 χ^2차이검정방법은 두 가지가 있다. 첫째로 χ^2값을 이용하는 방법인데 이 방법에 의하여 χ^2차이검정을 실시하는 경우에는 앞에서 분석한 방법을 그대로 적용하면 된다. 두 번째 방법은 로그우도함수 값과 로그우도함수 값의 수정계수를 이용하는 방법이다. 이와 같이 로그우도함수 값을 이용한 χ^2차이검정방법은 우도비 검정(likelihood ratio test)이라고 부른다. 그리고 이 방법을 사용하는 경우에는 H0과 H1의 두 가지 로그우도함수 값 중에서 반드시 H0을 사용해야 한다. 우도비 검정을 위하여 Model 4도 MLR 추정법을 이용하여 결과물을 얻어야 한다. MLR 추정법에 의한 Model 4(MBI(Model 4 MLR).inp)의 결과물은 〈결과 5.9〉와 같다.

〈결과 5.9〉 Model 4의 MLR 추정결과

```
Number of Free Parameters                            72
Loglikelihood
        H0 Value                              -12707.131
        H0 Scaling Correction Factor              1.4294
          for MLR
        H1 Value                              -12463.184
        H1 Scaling Correction Factor              1.2275
          for MLR
Chi-Square Test of Model Fit
        Value                                  422.070*
        Degrees of Freedom                          203
```

4) MLM 추정법에서는 로그우도함수 값에 대한 수정계수가 제시되지 않는다.

P-Value	0.0000
Scaling Correction Factor for MLR	1.1560

이제 MLR 추정법에 의한 χ^2차이검정 중 먼저 χ^2값을 이용한 차이검정을 실시하기로 한다. χ^2값을 이용한 cd와 TRd의 계산은 다음과 같다.

$$
\begin{aligned}
cd &= (d0^* c0 - d1^* c1)/(d0 - d1) \\
&= (203^* 1.156 - 202^* 1.1569)/(203 - 202) = 0.9742 \\
TRd &= (T0^* c0 - T1^* c1)/cd \\
&= (422.07^* 1.156 - 385.882^* 1.1569)/0.9742 = 42.5847
\end{aligned}
$$

다음으로 로그우도 값을 이용한 검정을 실행한다. ML에서 계산된 수식 cd와 TRd는 MLR에서 다음과 같이 변형된다.

$$cd = (p0^* c0 - p1^* c1)/(p0 - p1) \tag{5.3}$$
$$TRd = -2^*(L0 - L1)/cd \tag{5.4}$$

식 (5.3)에서 $p0$와 $p1$은 각각 내포모형과 비교모형의 자유모수의 개수이고 $c0$와 $c1$은 내포모형과 비교모형의 수정계수이다. 그리고 식 (5.4)에서 $L0$과 $L1$은 각각 내포모형과 비교모형의 H0에 제시된 로그우도함수 값을 의미한다.

〈결과 5.8〉과 〈결과 5.9〉를 이용하여 우도비 검정을 위한 cd와 TRd를 계산하면 다음과 같다.

$$
\begin{aligned}
cd &= (p0^* c0 - p1^* c1)/(p0 - p1) \\
&= (72^* 1.4294 - 73^* 1.423)/(72 - 73) = 0.9622 \\
TRd &= -2^*(L0 - L1)/cd \\
&= -2^*(-12707.131 - (-12686.394))/0.9622 = 43.1033
\end{aligned}
$$

위의 두 계산에서 χ^2값 차이에 해당하는 TRd의 값은 42.5847과 43.1033으로 비슷하게 나타났고 이들의 유의성검정은 $p < .001$임을 확인할 수 있다. 예를 들어 우도비 검정에서 $\Delta MLR\chi^2 = 43.1033$이고 $\Delta df = 1$이므로 이에 해당하는 p값은

5.19E−11(p < .001)이다.

〈결과 5.7〉의 수정지수를 살펴보면 MI가 20을 상회하는 관계가 두 개 더 있다는 것을 알 수 있다. 그렇다면 모형수정을 계속할 것인가를 결정해야 한다. 즉, 언제 모형재설정과정을 중단할 것인가에 관한 문제에 봉착한다. Wheaton(1987)이 말한 것처럼 "과대적합이 없으면서 어느 정도의 적합도면 충분한가(how much fit is enough without being too much fit)"에 관한 문제이다. 이러한 문제는 이론적 근거에 입각하여 연구자가 의사결정해야 한다. 또한 이러한 의사결정은 과대적합(overfitting)과 직결되어 있다. 과대적합이란 현재의 적합도가 양호함에도 불구하고 불필요한 자유모수를 추가하는 것을 의미한다. 가령 Hair et al.(2010)에 따르면 [그림 5.1]은 지표변수가 22개이고 표본크기가 372개이므로 양호한 적합도가 되기 위한 기준은 CFI > 0.92, SRMR < 0.08, RMSEA < 0.07이고 Model 5는 이미 이러한 기준을 충족하고 있는데, 적합도를 향상시키기 위하여 MI = 27.570(EPC = 0.259)인 ITEM7과 ITEM21의 오차공분산을 허용하여 모든 적합도를 약간씩 개선시키는 것이다. 과대적합의 또 다른 예로 현재의 적합도가 양호한 적합도가 되기 위한 기준의 경계 값(borderline value)에 약간 미달하는 경우에 이를 개선하기 위하여 억지로 오차공분산을 허용하는 것이다. 불필요한 자유모수를 도입한 과대적합모형은(특히 이론과 해석가능성이 결여된 경우) 모형 내의 또 다른 편의 모수(biased parameters)를 생성시키거나 표준오차를 증가시킬 위험이 있다. 특히 연구자가 유념할 사항은 모형재설정은 이미 확인적 성격을 벗어나 탐색적 성격의 영역으로 진입한 것이기 때문에 재설정모형의 해석은 신중을 기해야 한다. 그리고 과대적합모형은 표본을 달리한 다른 모형에서 재현(replication)되지 않을 가능성이 있다. 표본크기가 충분한 경우에 재설정된 모형의 타당성에 관한 한 가지 간접적인 검증방법은 다중 판별분석에서와 같이 표본을 세분하여 분석표본(analysis sample)에서 재설정모형을 도출한 후에 이러한 수정모형을 검증표본(holdout sample)에 적용하여 재설정모형의 타당성을 검증하는 교차검증(cross-validation)방법을 이용하는 것이다.

CHAPTER 6

고차 확인적 요인분석

지금까지 지표변수들과 요인 간의 관계를 분석하는 방법을 살펴보았다. 이와 같은 지표변수들과 해당요인들 간의 요인분석은 1차 요인분석(first-order factor analysis) 혹은 저차 요인분석(lower-order factor analysis)이라고 한다. 1차 요인이 다수 존재하는 경우에 1차 요인들이 서로 높은 상관관계를 나타내고 단일의 고차 요인(higher-order factor)이 이들 1차 요인들간의 공변(covariation : 상관관계)을 잘 설명한다면 1차 요인과 2차 요인간의 관계를 설정하여 2차 요인분석(second-order factor analysis)모형을 설정할 수 있다. 이 경우에 1차 요인들은 2차 요인의 지표변수 역할을 수행한다. 마찬가지로 2차 요인이 여러 개 있는 경우에 이들의 상관관계들을 잘 설명하는 3차 요인(third-order factor)을 상정할 수 있을 것이다. 이와 같은 유형의 모형을 고차(higher order) 혹은 위계적(hierarchical) 요인 CFA모형이라고 한다.

고차 요인분석의 초점은 저차 요인들의 상관관계이고 이러한 요인상관관계들이 고차 요인분석에 대한 투입행렬이다. 그리고 고차 요인분석의 목적은 저차 요인들의 상관관계를 좀더 간명하게 설명하는 것이다. 여기에서 간명이라는 의미는 고차 요인의 개수와 요인적재량이 저차 요인들의 상관관계들의 개수보다 적다는 것을 말한다. 그리고 고차 요인의 식별문제는 저차 요인의 식별문제가 동일하게 적용된다. 고차 요인분석을 사용한다는 것은 저차 요인들간에 상관관계가 존재한다는 전제가 필요한데 만일 이러한 상관관계가 존재하지 않는다면 고차 요인분석의 정당성은 사라지게 된다.

6.1 2차 확인적 요인분석

2차 확인적 요인분석에서 1차 요인들의 식별문제는 1차 요인분석과 동일하다. 즉, Mplus의 디폴트에 의하여 각 1차 요인의 첫 번째 지표변수가 준거지표가 된다. 그리고 2차 요인의 경우에도 1차 요인분석과 동일하게 1차 요인들 중에서 첫 번째 1차 요인이 디폴트에 의하여 준거요인이 된다. 왜냐하면 1차 요인들은 2차 요인에 대하여 지표변수와 동일한 역할을 수행하기 때문이다(Byrne, 2012). 준거지표 또는 준거요인은 다른 지표변수 또는 요인으로 변경할 수 있다. 또한 준거지표(준거요인)를 설정하는 대신 준거지표(준거요인)를 자유롭게 추정하고 1차 요인 혹은 2차 요인의 분산을 1로 고정시키는 방법을 사용할 수도 있다. 모형식별과 관련된 내용으로 1차 확인적 요인의 경우와 마찬가지로 2차 요인이 1개인 경우에는 1차 요인이 적어도 3개 이상 되어야 2차 요인모형이 식별된다. 즉, 1차 요인이 3개이면 2차 확인적 요인모형은 적정식별모형이 된다.

이제부터 Brown(2015)의 예제와 논리를 바탕으로 2차 확인적 요인분석을 실행하기로 한다. [그림 6.1]은 275명의 학부학생들을 대상으로 스트레스에 대처하기

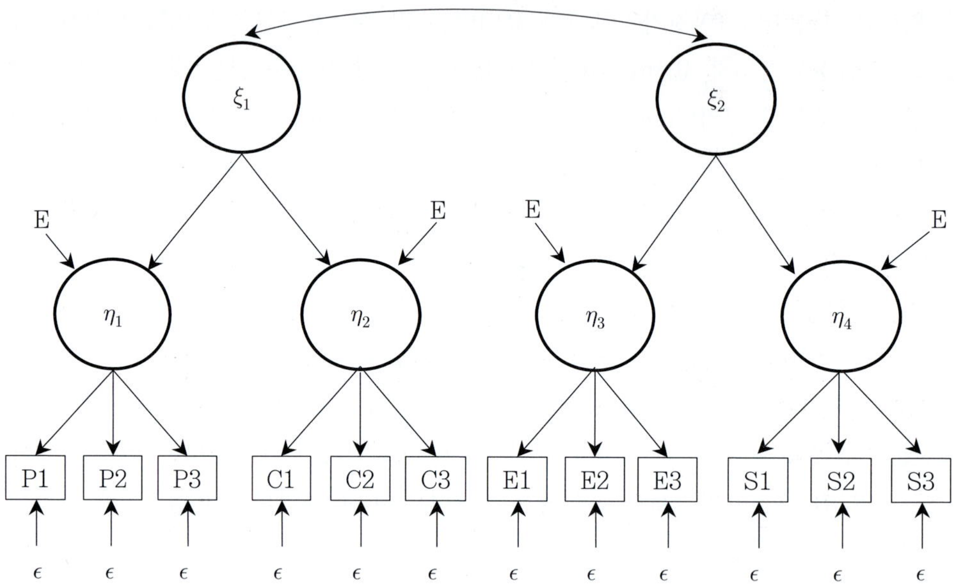

표본상관행렬(표준편차 포함) : $N=275$

1.40 2.10 1.30 2.30 2.40 1.90 2.00 2.90 2.30 3.10 2.20 1.20
1.00
0.78 1.00
0.80 0.77 1.00
0.56 0.51 0.48 1.00
0.52 0.51 0.46 0.78 1.00
0.59 0.51 0.51 0.80 0.79 1.00
0.16 0.15 0.17 0.14 0.18 0.16 1.00
0.19 0.13 0.18 0.14 0.16 0.16 0.81 1.00
0.12 0.17 0.17 0.17 0.20 0.16 0.75 0.80 1.00
0.16 0.13 0.17 0.15 0.16 0.18 0.56 0.52 0.50 1.00
0.16 0.14 0.18 0.15 0.16 0.18 0.51 0.58 0.51 0.81 1.00
0.16 0.15 0.14 0.16 0.16 0.14 0.52 0.57 0.52 0.80 0.79 1.00

[그림 6.1] 스트레스 대처방법에 관한 2차 확인적 요인모형과 투입행렬

위한 4가지 방법을 1차 요인들로 지정한 모형이다. 즉, 4가지 1차 요인은 문제해결(problem solving : η_1)과 인지 재구성(cognitive restructuring : η_2), 감정표현(express emotions : η_3) 및 사회적 지원(social support : η_4)이며 이들 1차 요인들은 서로 상관관계를 보이고 있다. 그리고 이러한 1차 요인들은 대처방법들인 두 가지 2차 요인과 관계되어 있다. 즉, η_1과 η_2는 2차 요인인 문제 중심 대처(problem-focused coping : ξ_1)와 관계되고 η_3와 η_4는 감정 중심 대처(emotion-focused coping : ξ_2)와 관련된다. 따라서 이러한 두 가지 2차 요인은 1차 요인들의 6가지 상관관계를 설명하는 것으로 예측된다. 이러한 2차 요인분석모형의 적절성은 1차 요인모형의 요인간 상관관계의 패턴에 의하여 평가된다. [그림 6.1]에서 두 2차 요인의 공분산은 허용된다.

고차 확인적 요인분석은 세 가지 절차에 의하여 이루어진다. 첫째, 개념적으로 정당하고 양호한 적합도를 갖는 1차 요인 해를 갖는 모형을 설정한다. 둘째, 1차 요인 해에서 요인간 상관관계의 크기와 패턴을 파악한다. 셋째, 이를 이용하여 2차 요인분석을 실시한다. [그림 6.1]의 모형을 분석하기 위한 첫째 단계는 4개의 1차 요인들로만 이루어진 4요인 CFA모형(four-factor CFA model)을 적합시키는 것인데 이 모형에서 요인간 상관관계는 모두 자유롭게 추정한다. 이에 관한 Mplus syntax는 〈표 6.1〉과 같고 chapter6에 FirstOrder.inp로 저장되어 있다. 자료파일(상관행렬)은 SECONDORDER.DAT로 저장되어 있다.

〈표 6.1〉 1차 확인적 요인분석을 위한 Mplus syntax

```
TITLE:       FIRST ORDER CFA MODEL OF COPING
DATA:        FILE IS SECONDORDER.DAT;
             TYPE IS STD CORR;
             NOBS ARE 275;
VARIABLE:    NAMES ARE P1-P3 C1-C3 E1-E3 S1-S3;
ANALYSIS:    ESTIMATOR=ML;
MODEL:       ETA1 BY P1-P3;
             ETA2 BY C1-C3;
             ETA3 BY E1-E3;
             ETA4 BY S1-S3;
OUTPUT:      SAMPSTAT MODINDICES(10.00) STDYX RESIDUAL TECH1;
```

이러한 4요인 CFA모형의 결과는 〈결과 6.1〉과 같다.

〈결과 6.1〉 4요인모형의 적합도와 표준화 해

```
MODEL FIT INFORMATION

Number of Free Parameters                          30

Chi-Square Test of Model Fit
          Value                                82.970
          Degrees of Freedom                       48
          P-Value                              0.0013
RMSEA (Root Mean Square Error Of Approximation)
          Estimate                              0.051
          90 Percent C.I.                       0.032   0.070
          Probability RMSEA <= .05              0.426
CFI/TLI
          CFI                                   0.987
          TLI                                   0.982
SRMR (Standardized Root Mean Square Residual)
          Value                                 0.017

STDYX Standardization

                                                          Two-Tailed
                      Estimate      S.E.    Est./S.E.     P-Value
ETA1       BY
   P1                  0.911       0.016     57.870        0.000
   P2                  0.864       0.019     44.997        0.000
   P3                  0.879       0.018     48.633        0.000
ETA2       BY
   C1                  0.888       0.017     51.767        0.000
   C2                  0.874       0.018     47.969        0.000
   C3                  0.904       0.016     56.905        0.000
ETA3       BY
   E1                  0.873       0.018     48.003        0.000
   E2                  0.929       0.014     65.258        0.000
   E3                  0.860       0.019     44.609        0.000
ETA4       BY
   S1                  0.901       0.016     57.308        0.000
   S2                  0.896       0.016     55.867        0.000
   S3                  0.886       0.017     52.599        0.000
```

ETA2 WITH				
ETA1	0.662	0.039	16.802	0.000
ETA3 WITH				
ETA1	0.204	0.063	3.242	0.001
ETA2	0.201	0.063	3.184	0.001
ETA4 WITH				
ETA1	0.196	0.063	3.100	0.002
ETA2	0.202	0.063	3.203	0.001
ETA3	0.670	0.038	17.428	0.000
Variances				
ETA1	1.000	0.000	999.000	999.000
ETA2	1.000	0.000	999.000	999.000
ETA3	1.000	0.000	999.000	999.000
ETA4	1.000	0.000	999.000	999.000
Residual Variances				
P1	0.170	0.029	5.947	0.000
P2	0.253	0.033	7.616	0.000
P3	0.228	0.032	7.176	0.000
C1	0.212	0.030	6.972	0.000
C2	0.236	0.032	7.418	0.000
C3	0.182	0.029	6.328	0.000
E1	0.237	0.032	7.473	0.000
E2	0.138	0.026	5.218	0.000
E3	0.260	0.033	7.852	0.000
S1	0.189	0.028	6.658	0.000
S2	0.196	0.029	6.823	0.000
S3	0.215	0.030	7.183	0.000

분석결과 4요인모형은 자료에 잘 적합하는 것으로 나타났다($\chi^2(48)=82.97$, $p<.01$, $RMSEA=.051$, $CFI=.987$, $TLI=.982$, $SRMR=.017$). 여기에서 자유도가 48로 나타났는데 이를 살펴보는 것은 2차 요인모형과의 비교를 위해서 도움이 될 것이다. 이러한 1차 요인모형의 정보와 자유모수의 개수 및 자유도는 다음과 같다.

〈정보의 개수〉

표본공분산행렬의 분산의 개수 : 12개($p=12$)

공분산의 개수 : 66개($p(p-1)/2=12(11)/2=66$)

총정보의 개수 : 분산의 개수+공분산의 개수

78개($p+p(p-1)/2=p(p+1)/2=12(13)/2=78$)

〈자유모수의 개수〉

요인적재량(Λ) : 8개($p-4$), $p-4$에서 4는 준거지표들의 개수

오차분산(θ) : 12개(p)

요인분산과 공분산(Φ)[1] : 10개(요인분산 4개 및 요인공분산 6개)

자유모수 총개수 : 30개

〈자유도〉

48개(78−30)

〈결과 6.1〉에서 완전표준화요인적재량들은 모두 합리적으로(높고 유의하게) 나타났다(.864~.929). 두 번째 절차로 먼저 요인간의 상관관계를 살펴보면 모든 상관관계들(결과물에서 WITH 부분)이 유의하게 나타났기 때문에 2차 요인분석모형의 도입이 정당하다는 것을 시사하고 있다. 그리고 ETA1(η_1)과 ETA2(η_2)의 상관관계($\phi_{21}=.662$)는 높게 나타났지만 이들과 ETA3(η_3) 혹은 ETA4(η_4)의 상관관계(예 $\phi_{31}=.204$)는 높지 않게 나타났다. 마찬가지로 ETA3(η_3)과 ETA4(η_4)의 상관관계($\phi_{43}=.670$)는 높게 나타났지만 이들과 η_1 또는 η_2의 상관관계(예 $\phi_{41}=.196$)는 낮게 나타났다. 따라서 만일 2차 요인을 도입한다면 단일의 2차 요인이 아니라 두 개의 2차 요인을 도입하여 하나의 2차 요인은 η_1과 η_2를 연결하고 또 다른 2차 요인은 η_3와 η_4를 연결시키는 것이 합리적이라는 것을 제시하는 것이다. 만일 모든 요인상관관계가 비슷하게 나타난다면(예 $\phi s=.65$)[2] 단일의 2차 요인이 사용되어야 할 것이다. 당연한 이야기지만 2차 요인을 설정하는 것은 통계적인 결과와 더불어 이론적인 정당성(theoretical justification)이 확보되어야 한다.

[그림 6.1]의 2차 요인분석을 위한 Mplus syntax는 〈표 6.2〉와 같다. 이 모형은 〈표 6.1〉에 2차 요인을 지정하는 명령문(KSI1 BY ETA1 ETA2;와 KSI2 BY ETA3 ETA4;)을 추가하면 된다. Mplus syntax는 폴더 chapter6에 SECONDORDER.inp로 저장되어 있다.

---

1) 앞에서도 설명했지만 Mplus에서는 잠재 Y 표기법(제2장 참조)을 사용하기 때문에 TECH1 옵션을 사용하여 결과물을 살펴보면 요인분산–공분산행렬은 PSI(Ψ)행렬에 제시되어 있다.

2) ϕs에서 s는 복수(ϕ들)를 의미한다. 예를 들어 "p값들"도 ps로 표기한다.

〈표 6.2〉 2차 확인적 요인분석을 위한 Mplus syntax

```
TITLE:       HIGHER ORDER CFA MODEL OF COPING
DATA:        FILE IS SECONDORDER.DAT;
             TYPE IS STD CORR;
             NOBS ARE 275;
VARIABLE:    NAMES ARE P1-P3 C1-C3 E1-E3 S1-S3;
ANALYSIS:    ESTIMATOR=ML;
MODEL:       ETA1 BY P1-P3;
             ETA2 BY C1-C3;
             ETA3 BY E1-E3;
             ETA4 BY S1-S3;
             KSI1 BY ETA1 ETA2;
             KSI2 BY ETA3 ETA4;
OUTPUT:      SAMPSTAT MODINDICES(10.00) STAND RESIDUAL TECH1;
```

〈표 6.1〉에서 1차 요인들인 ETA1, ETA2, ETA3, ETA4는 모두 디폴트에 의하여 각각 P1, C1, E1, S1을 준거지표로 하고 있으며 또한 2차 요인인 KSI1과 KSI2는 ETA1과 ETA3을 준거요인으로 가지고 있다. 그리고 2차 요인은 지표변수를 가지고 있지 않다는 것을 확인할 수 있다.

결과물을 살펴보기 전에 2차 요인모형인 [그림 6.1]의 자유도를 계산하면 다음과 같다.

〈정보의 개수〉 1차 요인모형과 동일(78개)

〈자유모수의 개수〉

요인적재량(Λ) : 8개($p-4$)

오차분산(θ) : 12개(p)

2차 요인의 분산 및 공분산 : 3개(분산 2개 및 공분산 1개)

1차 요인의 오차분산 : 4개

2차 요인적재량(B : BETA) : 2개

총자유모수 개수 : 29개

〈자유도〉 49개(78−29)

1차 요인분석과 마찬가지로 2차 요인 해는 통계적으로 식별되어야 한다. 저차 요인의 식별규칙은 고차 요인의 식별문제에 일반화될 수 있다. 앞에서 설명한 것처럼 고차 요인들은 척도(metric)를 가져야 한다. 이는 1차 요인들 중에서 한 개를 준거요인으로 지정하거나 2차 요인의 분산을 0으로 고정하는 방법 중에서 선택할 수 있다. 중요한 점으로 2차 요인모형에서는 1차 요인모형부분도 식별되어야 하고 2차 요인모형부분도 동시에 식별되어야 한다. 1차 요인모형의 식별은 앞에서 알아보았기 때문에 여기에서는 2차 요인모형의 식별에 대하여 살펴본다. 2차 요인모형이 식별되기 위해서는 자유모수의 개수가 정보의 개수(1차 요인의 분산과 공분산의 개수)를 초과해서는 안 된다. 그리고 1차 요인들은 2차 요인의 지표변수들로 보면 된다. 단일 고차 요인이 두 개의 1차 요인과 관계되는 경우에는 과소식별모형이 되기 때문에 모수를 제약(예 두 개의 2차 요인적재량을 동일하게 제약한다)하지 않으면 모형이 식별되지 않는다. 따라서 1차 요인이 3개인 경우에 2차 요인모형은 적정식별모형이 된다. 그리고 2차 확인적 요인분석에서는 디폴트에 의하여 1차 요인들의 분산은 추정되지 않고 요인의 잔차분산이 추정된다. [그림 6.1]의 2차 요인부분은 2개의 준거요인($\xi_1 \rightarrow \eta_1$과 $\xi_2 \rightarrow \eta_3$)을 설정하였고 자유도가 1인 과대식별모형이다. 즉, 정보의 개수는 1차 요인들의 분산 4개와 요인공분산 6개로 구성되어 있다. 반면에 자유모수의 개수는 2개의 2차 요인적재량과 4개의 1차 요인들의 오차분산 및 2개의 2차 요인분산과 1개의 2차 요인공분산을 합계한 9개로 이루어져 있다.[3] 1차 요인부분과 2차 요인부분이 모두 식별되기 때문에 전체 2차 요인모형은 식별가능하다고 할 수 있다.

한 가지 짚고 넘어갈 문제는 2차 요인부분의 해에서 경험적 과소식별(empirical under-identification)의 가능성(제2장 참조)이 있다는 점이다. 예를 들어 [그림 6.1]에서 η_1과 η_2가 η_3 및 η_4와 0 또는 0에 가까운 상관관계를 보인다면 경험적 과소식별 문제가 발생할 수 있다. 즉, 두 2차 요인 ξ_1과 ξ_2의 상관관계가 0에 가까워지면 η_1과 η_2의 η_3 및 η_4에 대한 상관관계를 재생하는 두 2차 요인적재량들의 무한한 쌍(infinite pairs)이 존재하게 된다. 예를 들어 η_2와 η_4의 상관관계(식 (3.2))는 다음과 같다.

$$r_{\eta_2, \eta_4} = \lambda_{\eta_2, \xi_1} * \phi_{\xi_1 \xi_2} * \lambda_{\eta_4, \xi_2}$$

3) 만일 준거요인 대신 2차 요인들의 분산을 1로 고정시키는 방법을 사용한다면 자유모수는 2차 요인적재량 4개와 4개의 1차 요인의 오차분산 및 2차 요인상관 1개로 구성된다.

위의 식에서 λ_{η_2,ξ_1}은 ξ_1의 η_2에 대한 2차 요인적재량이고 ϕ_{ξ_1,ξ_2}는 ξ_1과 ξ_2의 상관관계이며 λ_{η_4,ξ_2}는 ξ_2의 η_4에 대한 2차 요인적재량이다. 만일 ϕ_{ξ_1,ξ_2}의 값이 0에 가깝다면 r_{η_2,η_4}를 재생시키는 λ_{η_2,ξ_1}과 λ_{η_4,ξ_2}의 쌍이 무수히 존재하게 된다.

〈표 6.2〉를 실행하여 전반적 적합도를 살펴보면 2차 요인모형은 자료에 적합하다($\chi^2(49)=83.005$, $p<.01$, $RMSEA=.05$, $CFI=.987$, $TLI=.983$, $SRMR=.017$)는 것을 알 수 있다. 〈결과 6.2〉는 2차 요인모형의 적합도와 표준화 해이다.

〈결과 6.2〉 2차 요인모형의 적합도와 표준화 해

```
MODEL FIT INFORMATION

Number of Free Parameters                    29
Chi-Square Test of Model Fit
          Value                          83.005
          Degrees of Freedom                 49
          P-Value                        0.0017
RMSEA (Root Mean Square Error Of Approximation)
          Estimate                        0.050
          90 Percent C.I.                 0.031   0.068
          Probability RMSEA <= .05        0.469
CFI/TLI
          CFI                             0.987
          TLI                             0.983
SRMR (Standardized Root Mean Square Residual)
          Value                           0.017

STDYX Standardization

                                                    Two-Tailed
                  Estimate     S.E.   Est./S.E.     P-Value

ETA1     BY
   P1                0.911    0.016     57.877       0.000
   P2                0.864    0.019     44.999       0.000
   P3                0.879    0.018     48.630       0.000
ETA2     BY
   C1                0.888    0.017     51.769       0.000
   C2                0.874    0.018     47.987       0.000
   C3                0.904    0.016     56.898       0.000
```

ETA3 BY				
E1	0.873	0.018	48.005	0.000
E2	0.928	0.014	65.225	0.000
E3	0.860	0.019	44.629	0.000
ETA4 BY				
S1	0.901	0.016	57.305	0.000
S2	0.896	0.016	55.868	0.000
S3	0.886	0.017	52.603	0.000
KSI1 BY				
ETA1	0.812	0.106	7.692	0.000
ETA2	0.816	0.106	7.700	0.000
KSI2 BY				
ETA3	0.825	0.105	7.844	0.000
ETA4	0.812	0.104	7.817	0.000
KSI2 WITH				
KSI1	0.301	0.074	4.054	0.000
Variances				
KSI1	1.000	0.000	999.000	999.000
KSI2	1.000	0.000	999.000	999.000
Residual Variances				
P1	0.170	0.029	5.946	0.000
P2	0.253	0.033	7.616	0.000
P3	0.228	0.032	7.177	0.000
C1	0.212	0.030	6.972	0.000
C2	0.236	0.032	7.416	0.000
C3	0.182	0.029	6.329	0.000
E1	0.237	0.032	7.472	0.000
E2	0.138	0.026	5.223	0.000
E3	0.260	0.033	7.850	0.000
S1	0.189	0.028	6.659	0.000
S2	0.196	0.029	6.822	0.000
S3	0.214	0.030	7.182	0.000
ETA1	0.341	0.171	1.986	0.047
ETA2	0.335	0.173	1.936	0.053
ETA3	0.319	0.174	1.835	0.067
ETA4	0.341	0.169	2.025	0.043

R-SQUARE

Observed Variable	Estimate	S.E.	Est./S.E.	Two-Tailed P-Value
P1	0.830	0.029	28.938	0.000
P2	0.747	0.033	22.499	0.000
P3	0.772	0.032	24.315	0.000
C1	0.788	0.030	25.885	0.000
C2	0.764	0.032	23.993	0.000
C3	0.818	0.029	28.449	0.000
E1	0.763	0.032	24.002	0.000
E2	0.862	0.026	32.612	0.000
E3	0.740	0.033	22.314	0.000
S1	0.811	0.028	28.652	0.000
S2	0.804	0.029	27.934	0.000
S3	0.786	0.030	26.302	0.000

Latent Variable	Estimate	S.E.	Est./S.E.	Two-Tailed P-Value
ETA1	0.659	0.171	3.846	0.000
ETA2	0.665	0.173	3.850	0.000
ETA3	0.681	0.174	3.922	0.000
ETA4	0.659	0.169	3.908	0.000

〈결과 6.2〉의 결과물을 보면 〈결과 6.1〉과는 달리 1차 요인들의 상관관계는 추정되지 않고 대신 1차 요인들의 오차분산(Residual Variances의 ETA1-ETA4 : Ψ)이 추정되고 있음을 알 수 있다. 이는 1차 요인들이 2차 요인들에 의하여 영향을 받기 때문에 내생변수이고 따라서 잠재 Y모형에 해당한다는 것을 의미한다. 이러한 사실은 다음의 TECH1 옵션의 결과물로 확인할 수 있다.

〈결과 6.3〉 TECH1 옵션의 결과

TECHNICAL 1 OUTPUT

PARAMETER SPECIFICATION

LAMBDA

	ETA1	ETA2	ETA3	ETA4	KSI1	KSI2
P1	0	0	0	0	0	0
P2	1	0	0	0	0	0

P3	2	0	0	0	0	0
C1	0	0	0	0	0	0
C2	0	3	0	0	0	0
C3	0	4	0	0	0	0
E1	0	0	0	0	0	0
E2	0	0	5	0	0	0
E3	0	0	6	0	0	0
S1	0	0	0	0	0	0
S2	0	0	0	7	0	0
S3	0	0	0	8	0	0

THETA

	P1	P2	P3	C1	C2
P1	9				
P2	0	10			
P3	0	0	11		
C1	0	0	0	12	
C2	0	0	0	0	13
C3	0	0	0	0	0
E1	0	0	0	0	0
E2	0	0	0	0	0
E3	0	0	0	0	0
S1	0	0	0	0	0
S2	0	0	0	0	0
S3	0	0	0	0	0

THETA

	C3	E1	E2	E3	S1
C3	14				
E1	0	15			
E2	0	0	16		
E3	0	0	0	17	
S1	0	0	0	0	18
S2	0	0	0	0	0
S3	0	0	0	0	0

THETA

	S2	S3
S2	19	
S3	0	20

BETA

	ETA1	ETA2	ETA3	ETA4	KSI1	KSI2
ETA1	0	0	0	0	0	0
ETA2	0	0	0	0	21	0
ETA3	0	0	0	0	0	0
ETA4	0	0	0	0	0	22
KSI1	0	0	0	0	0	0
KSI2	0	0	0	0	0	0

PSI

	ETA1	ETA2	ETA3	ETA4	KSI1	KSI2
ETA1	23					
ETA2	0	24				
ETA3	0	0	25			
ETA4	0	0	0	26		
KSI1	0	0	0	0	27	
KSI2	0	0	0	0	28	29

위의 PSI(Ψ)행렬에서 ETA1에서 ETA4까지는 이들의 오차분산(4개)이고 KSI1과 KSI2는 2차 요인의 분산(2개)과 공분산(1개)을 의미한다. 그리고 LAMBDA(Λ)는 1차 요인들과 지표변수들 간의 관계를 나타낸 것으로 예를 들면 P1은 ETA1의 준거지표이고 P2와 P3는 자유모수라는 것을 의미한다. 이러한 1차 요인적재량은 모두 8개이다. THETA(θ)는 1차 요인들의 지표변수의 오차분산으로 모두 12개이다. BETA(B)는 2차 요인이 내생변수인 1차 요인을 예측하는 2차 요인적재량으로 각 2차 요인의 첫 번째 1차 요인이 준거지표로 설정되었기 때문에 자유롭게 추정되는 2차 요인적재량은 2개이다. 이들 모두를 합계하면 자유모수는 총 29개가 된다.

2차 요인모형이 과대식별모형이기 때문에 2차 요인모형은 1차 요인모형의 자유모수(30개)보다 더 적은 개수의 자유모수(29개)를 가지고 1차 요인들의 상관관계를 재생하려고 시도한다. 그리고 2차 요인모형이 과대식별모형인 경우에 1차 요인모형(복잡모형)에 비하여 2차 요인모형(간명한 모형)의 적합도가 차이가 없는지를 검정하기 위하여 χ^2차이검정을 이용할 수 있다. 이러한 검정은 두 모형이 내포관계에 있기 때문에 가능하다. 이를 가설검정형태로 나타내면 다음과 같다.

H_0 : 복잡한 모형(1차 요인모형)을 선택한다. $\chi^2(48) = 82.970$

H_1 : 간명한 모형(2차 요인모형)을 선택한다. $\chi^2(49) = 83.005$

$\Delta\chi^2 = 0.035$, $\Delta df = 1$이므로 χ^2차이검정 결과 $p = .852$로 계산되어 비유의적으로 나타났다. 즉, 1차 요인모형과 2차 요인모형의 적합도 차이는 없는 것으로 나타났다. 이러한 결과는 χ^2값을 유의적으로 증가시키지 않고(모형적합도를 훼손시키지 않고) 모형을 간명화(자유도를 한 개 증가)시킬 수 있기 때문에 간명한 모형인 2차 요인모형을 선택하게 된다. 혹은 가설검정방향을 역으로 설정하여($H_1 \rightarrow H_0$) 자유도 한 개를 희생하여도 χ^2값이 유의적으로 감소하지 않기 때문에 간명한 모형을 그대로 유지한다고 해석할 수 있다. 또 달리 표현하면 두 모형의 적합도의 차이가 유의하지 않기 때문에 간명성 원칙(parsimony principle)에 따라 간명한 모형을 선택한다고 해석할 수 있을 것이다.

고차 요인모형의 수용성 여부는 적합도 지수와 더불어 고차 요인모형모수의 크기(고차 요인적재량과 고차 요인상관계수의 크기)에 의해서도 평가되어야 한다. 〈결과 6.2〉에서 1차 요인들의 2차 요인에 대한 표준화요인적재량은 유의하고 높게(0.812 ~ 0.825) 나타났다. 그리고 2차 요인들은 1차 요인들의 분산의 65.9%에서 68.1%(R-SQUARE 참조)를 설명하는 것으로 나타났다. 이러한 R^2값은 잔차(오차)분산을 이용하여 계산할 수 있다. 예를 들어 ETA2의 잔차분산이 0.335이므로 ETA2의 R^2값은 $R^2 = 1 - .335 = .665$로 계산된다. 즉, 1차 요인 ETA2의 총분산 중에서 66.5%는 2차 요인 ξ_1에 의하여 설명되고 나머지 33.5%는 설명되지 않는 오차분산이다. 또한 두 2차 요인의 상관계수(KSI1 WITH KSI2)는 0.301로 유의하게 나타났다.

2차 요인모형의 적합도가 1차 요인모형의 적합도보다 유의적으로 감소하지 않았기 때문에 2차 요인모형은 1차 요인들의 상관관계를 잘 설명한다고 결론지을 수 있다. 예를 들어 1차 요인모형에서 η_1과 η_2의 상관계수(〈결과 6.1〉)는 0.662로 나타났다. 이러한 상관계수는 2차 요인모형(〈결과 6.2〉)에서 $\xi_1 \rightarrow \eta_1$의 2차 요인적재량(.812)과 $\xi_1 \rightarrow \eta_2$의 2차 요인적재량(.816)을 곱한 값($.812^* .816 = .662$)에 의하여 정확하게 재생된다. 마찬가지로 1차 요인모형에서 η_1과 η_3의 상관계수가 0.204로 추정된다. 이러한 관계는 식 (3.2)를 이용하여 2차 요인모형의 결과에서 $\xi_1 \rightarrow \eta_1$의 2차 요인적재량(.812)과 $\xi_2 \rightarrow \eta_3$의 2차 요인적재량(.825) 및 ξ_1과 ξ_2의 상관계수(.301)를 곱한 값($.812^* .301^* .825 = .202$)으로 설명(재생)된다고 할 수 있다.

CHAPTER 7

다중집단 요인분석과 MIMIC모형

앞에서 다룬 CFA모형은 단일집단(single group) 혹은 동질적 모집단(homogeneous population)에 관한 것이었다. 연구자는 때로는 두 집단 이상에서 측정도구가 정당한지를 평가하고자 하는데 이를 다루는 것이 다중집단 CFA모형(multiple group CFA model)이다. 다중집단 CFA모형의 주요 관심사는 측정모형 또는 구조모형의 구성요소들이 집단(예 성별, 인종, 문화 등)간에 동질적(invariant)인지를 결정하는 것이다. 여기에서 측정불변성(measurement invariance)[1]의 개념이 등장한다. 측정불변성은 집단별 혹은 시간별로 개념(요인)이 동질적인지를 평가하는 것이다. 이러한 측정불변성은 집단평균(group means)을 비교하기 위한 선결요건이다. 측정동일성은 문항반응이론(item response theory)체계와 SEM체계에서 모두 검정되지만 SEM방법이 더 자주 사용되기 때문에 여기에서는 SEM방법에 의한 측정불변성을 다루기로 한다.

앞에서 우리는 CFA에서 사용하는 모수는 자유모수와 고정모수 및 제약모수가 있다는 것을 알아보았다. 자유모수(free parameter)는 알려져 있지 않은 것으로 연구자는 표본공분산행렬(S)과 예측공분산행렬($\Sigma(\hat{\theta})$)의 차이를 최소화하는 자유모수의 최적치를 찾는 분석을 수행한다. 예를 들어 5개의 지표변수로 구성된 단일요인모형에서 5개의 지표변수들의 표본상관관계를 가장 잘 재생하는 요인적재량들(자유모수)을 찾아내는 것이다. 고정모수(fixed parameter)는 연구자가 사전에 특정값으로 고정(예 준거지표변수의 요인적재량을 1로 고정)시킨 모수이다. 미지의 값이지만 자유모수가 아닌 제약모수(constrained parameter)는 모수의 값을 특정값으로 제약하거나 두 변수 이상의 관계를 동일한 값으로 지정하는 것이다. 제약모수의 가장 흔한 형태가 등가제약(equality constraint)인데, 이는 비표준화 모수의 값들을 동일하게 제약하는 것을 의미한다. 예를 들어 단일요인에 5개의 지표변수가 적재되어 있는 경우에 5개의 요인적재량에 등가제약을 가하고 특정값을 부여하지 않으면 SEM 프로그램은 5개의 지표변수의 표본관계를 가장 잘 재생하는 단일추정치를 찾아낸다. 이러한 등가제약에는 두 가지 중요한 원칙이 있다(Brown, 2015). 첫째, 고정모수와 마찬가지로 등가제약은 비표준화 해에 적용된다는 것이다. 따라서 모수가 동일하게 제약된 지표변수들은 척도가 같아야 한다. 즉, 한 지표변수는 0−20의 값으로 측정되고 다른 지표변수는 7점 척도로 측정되면 서로 다른 척도가 된다. 둘째, 등가제약이 설정된 모형(내포모형)은 이러한 제약이 설정되지 않은 모형(비교모형)에 내포되기(nested) 때문에 두 모형의 비교를 위한 χ^2차이검정을 실시할 수 있다. 예를 들어 5가지 지표

1) 불변성(invariance)과 동일성(equivalence)은 같은 의미이고 상호 교환하여 사용된다.

변수들의 요인적재량을 동일하게 제약한 모형의 적합도가 비제약모형의 적합도보다 유의하게 감소하지 않는다면(χ^2값이 유의하게 증가하지 않는다면) 5개 지표변수는 해당 요인에 동일한 관계(요인적재량)를 갖는다고 판단한다.

측정불변성을 검정하는 방법은 여러 학자들에 의하여 다양한 절차 그리고 다양한 용어로 사용되어 왔다. 이들 중에서 Vandenberg & Lance(2000)는 많은 선행연구들을 분석하고 측정불변성의 8개의 공통용어(common nomenclature)와 8단계의 공통절차를 제시하였다. 이들 중 첫 단계인 옴니버스 검정(omnibus test)[2]은 생략하고 나머지 7단계를 알아보기로 한다. 이들은 4단계의 측정불변성과 3단계의 구조불변성(structural invariance)으로 구성되어 있다.

❑ 측정불변성의 검정절차

1. 형태동일성(configural or pattern invariance) 검정

형태동일성은 모형모수에 대한 제약이 없고 각 집단의 요인의 개수와 고정모수와 자유모수의 형태가 동일하다는 것을 의미한다. 형태동일성이 위배되면 관찰된 지표변수가 서로 다른 집단에서 서로 다른 요인을 측정한다는 것을 나타내는 것이다. 형태동일성은 측정모수들의 불변성을 검정하기 위한 필요조건이기 때문에 형태동일성이 충족되지 않으면 다음 단계의 검정결과는 무의미하다. 형태이질성(configural noninvariance)이 나타나는 경우에 취할 수 있는 옵션은 두 가지가 있다(Putnick & Bornstein, 2016). 첫째, 지표변수의 제거 등을 통하여 요인을 다시 정의한다. 둘째, 요인이 이질적이라고 판단하고 불변성 검정을 중단한다.

2. 척도불변성(metric invariance) 또는 약한 요인불변성(weak factorial invariance) 검정

척도불변성 검정은 각 집단의 대응되는 요인적재량이 동일한지를 검정하는 것이다. 척도동일성은 각 집단의 요인적재량을 동일하게 제약하는 방법을 통하여 검정한다. 만일 요인적재량이 집단에 걸쳐 동등하게 나타나면 요인들은 모든 집단에서 동일한 방법으로 측정되며 각 집단의 측정치는 동일한 척도로 구성되어 있다고 판단한다. 반면에 척도동일성이 위배되는 것으로 나타나면 적어도 한 개 이상의 요인적

---

2) 옴니버스 검정은 두 집단의 공분산구조가 동일한지를 검정하는 것이다.

재량이 집단별로 다르다는 것을 의미한다. 척도이질성이 나타나는 경우에는 3가지 옵션 중의 하나를 선택한다(Putnick & Bornstein, 2016). 첫째, 이질적인 요인적재량의 원인을 규명하여 요인적재량에 대한 제약을 추가하거나 제거하여 부분불변성모형(partially invariant model)이 달성될 때까지 모형을 수정한다. 둘째, 이질적인 요인적재량을 제거하고 형태불변성모형과 척도동일성모형을 재검정한다. 셋째, 요인이 이질적이라고 판단하고 불변성 검정을 중단한다.

3. 스칼라불변성(scalar invariance) 혹은 강한 요인불변성(strong factorial invariance) 검정

전부 혹은 부분척도동일성이 지지되면 지표변수의 절편들(intercepts)이 집단별로 동일한지에 관한 스칼라불변성을 검정한다. 절편은 측정치의 원점(origin) 또는 스칼라를 가리킨다. 스칼라불변성은 각 집단의 지표변수절편들을 동등하게 제약함으로써 검정된다. 만일 스칼라불변성이 충족되지 않으면 비록 요인적재량이 동질적이라고 해도 적어도 한 집단의 피험자가 설문항목(지표변수)에 체계적으로 더 높게 또는 더 낮게 응답하는 경향이 있다는 것을 의미한다. 요인적재량과 절편의 불변성이 확인되면 서로 다른 집단의 측정점수가 동일한 측정척도와 동일한 스칼라를 가지기 때문에 이 단계에서 집단별 요인평균을 비교할 수 있다. 이러한 스칼라불변성이 확보되지 않는 경우에도 척도불변성의 경우와 마찬가지로 세 가지 옵션이 있다(Putnick & Bornstein, 2016). 첫째 이질적인 절편 값에 관한 원인을 찾아내어 절편에 관한 제약을 제거하거나 추가하여 부분불변성모형을 구축한다. 둘째, 이질적 절편을 가지는 지표변수를 제거하고 1과 2 및 3의 절차를 다시 밟는다. 셋째, 요인이 이질적이라고 판단하고 불변성 검정절차를 중단한다.

4. 오차분산불변성 혹은 엄격한 측정불변성(strict measurement invariance) 검정

전부 혹은 부분스칼라불변성이 지지되는 경우에는 측정불변성의 마지막 단계로 오차분산의 불변성을 검정한다. 오차분산불변성은 각 집단에 대하여 오차분산을 동등하게 제약하여 검정한다. 오차분산은 요인의 구성요소가 아니기 때문에 요인평균 차이를 검정하는 데에 오차분산불변성 검정은 요구되지 않는다. 이러한 이유로 많은 학자들은 이 절차를 불필요하게 생각하여 생략하기도 한다. 오차분산이질성이 나타난 경우에 연구자가 선택할 수 있는 옵션은 두 가지가 있다(Putnick & Bornstein, 2016). 첫째, 오차분산이질성의 원인을 분석하여 오차분산의 제약을 추가하거나 삭제하여 부분불변성모형을 구축한다. 둘째, 오차분산이질성을 수용하고 집단별 요인

(잠재)평균차이 검정단계로 넘어간다.

여기에서 중요한 점을 한 가지 지적하고자 한다. 위의 형태동일성 검정 이전에 반드시 개별집단별로 최적의 적합모형(best fitting model)을 설정해야 한다(Brown, 2015 ; Byrne, 2012 ; Wang & Wang, 2012). 즉, 간명성과 실질적인 해석가능성 등을 고려하여 모형재설정이 필요하면 제5장에서 다룬 모형수정과정을 거쳐 개별집단별로 모형을 구축해야 한다. 이러한 집단별 CFA모형은 유사해야 하지만 반드시 완벽하게 동일할 필요는 없다. 예를 들어 두 집단 *A*와 *B*에서 *A*집단에서는 교차적재가 허용되는 반면에 *B*집단에서는 동일한 교차적재가 허용되지 않을 수도 있다. 또한 오차공분산도 집단별로 서로 다르게 허용할 수 있다. 이와 같이 집단별 최적모형이 구축되면 개별집단들의 CFA모형을 다중집단 CFA모형으로 결합하여 모든 집단에 대하여 동시에 형태동일성 검정을 실시하는 것이다.

측정불변성은 구조불변성 검정의 필수절차이다. 측정불변성(일반적으로 척도와 스칼라불변성)이 나타나면 우리는 구조모수(요인분산, 요인공분산, 집단별 요인평균)의 불변성을 검정하는 단계로 넘어간다. 분명한 것은 구조모수의 불변성이 위배된다고 해서 이러한 사실이 문제가 있다는 것은 아니고 단지 해당모수에 대하여 집단별로 이질적이라는 것을 의미한다. 다시 강조하지만 집단별 측정불변성이 확보된 후에 구조불변성, 즉 집단별 구조모수를 비교할 수 있다. 그렇지 않으면 우리는 같은 것과 다른 것을 비교하는지(whether we are comparing like with unlike or not)를 확인할 수 없다. 구조불변성은 다음의 세 가지 절차로 이루어진다.

❑ 구조불변성의 검정절차

1. 요인분산의 불변성(invariance of factor variance) 검정

요인분산불변성 검정은 요인의 집단 내 변동성(within-group variability)의 정도가 집단별로 다른지를 검정하는 것이다. 일반적으로 연구자들은 요인공분산과 요인평균의 불변성에 더 관심을 가지고 요인분산의 불변성에는 관심을 나타내지 않는다. 하지만 지표변수의 신뢰도의 불변성을 검정하는 경우에는 요인분산불변성의 검정이 선결요건이 된다.

2. 요인공분산의 불변성(invariance of factor covariance) 검정

두 요인의 공분산은 두 요인간의 관계의 정도를 나타낸다. 요인분산의 불변성이 확보되는 경우에 요인공분산의 불변성은 집단간 요인상관의 불변성을 의미한다. 요인분산과 공분산의 불변성은 동시에 검정할 수 있다. 만일 각 집단에 걸쳐 요인분산과 공분산이 불변한다면 집단별로 요인점수의 변동과 요인 간 관계는 동등하다고 판단한다.

3. 요인평균의 불변성(factor mean invariance) 검정

다중집단 CFA모형의 중요한 측면 중의 하나는 집단간 요인평균의 차이를 검정하는 것이다. 그리고 요인평균은 모든 집단에서 식별이 불가능하기 때문에 다중집단 CFA에서는 각 집단의 요인평균 값의 절대치를 추정하지 않는다. 대신 한 집단(참조집단 : reference group)의 모든 요인평균들을 0으로 고정시키고 다른 집단(비교집단 : comparison group)의 요인평균들을 자유모수로 설정하여 요인평균의 차이를 검정한다. 이때 비교집단의 추정된 요인평균은 실제로는 참조집단과 비교집단 간의 요인평균의 차이를 의미한다. 그리고 유념할 사항은 요인평균의 불변성 검정 혹은 집단간 요인평균의 차이를 검정하는 경우에는 사전에 요인적재량이 동일(척도불변성)하고 지표변수의 절편이 동일(스칼라불변성)하다는 것이 확인되어야 한다.

그리고 측정동일성 검정은 공분산구조(COVS)를 이용할 수도 있고 COVS에 평균구조를 가산한 평균 및 공분산구조(MACS)를 이용할 수도 있다. 형태동일성 불변성과 척도동일성은 COVS와 MACS를 모두 이용할 수 있지만 스칼라불변성과 요인평균불변성의 검정은 반드시 MACS를 이용해야 한다. 이 장에서는 MACS와 COVS를 모두 다룰 예정이다.

7.1 단일집단의 등가제약

다중집단 CFA를 다루기 전에 단일집단에서 등가제약(equality constraint)을 통한 불변성 검정을 살펴보기로 한다. 단일집단분석에서 Mplus의 디폴트는 모형식별을 위하여 모든 요인평균은 0으로 고정하고 모든 지표변수의 절편은 자유롭게 추정한다(제2장 참조). 이러한 개념은 다중집단 CFA와 연관되어 있기 때문에 잘 알아둘 필요가 있다. 여기에서 다룰 예제는 Mplus User's Guide에 수록되어 있는 Example 5.14에 관한 것이고 분석절차의 일부는 Brown(2015)이 제시한 절차를 따르기로 한다. 자료는 원자료이고 폴더 chapter7에 MUTHEN.DAT로 저장되어 있으며 SPSS 파일도 MUTHEN.sav로 저장되어 있다. 피험자 수는 남성 500명과 여성 600명이며 두 요인(η_1, η_2)은 각각 관광지 방문에 관한 선호도와 재방문의도라고 정의하자. 각 요인의 지표변수는 3개씩으로 구성되어 있고 CFA모형은 [그림 7.1]과 같다.

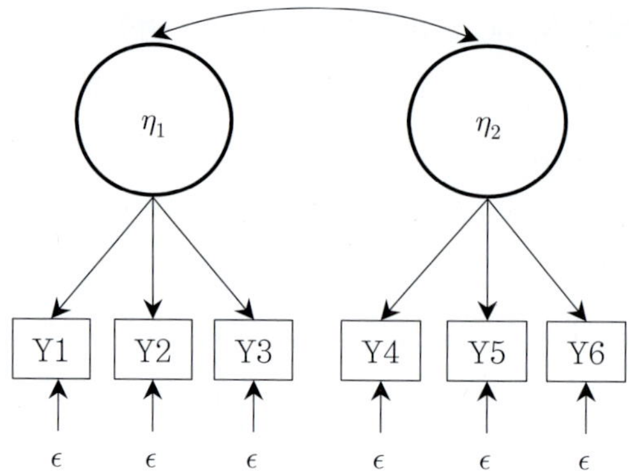

[그림 7.1] 관광지 방문 CFA모형

[그림 7.1]과 자료를 이용하여 단일집단(남성집단과 여성집단)의 지표변수들의 특성에 대하여 분석할 것이다. [그림 7.1]에서 모든 지표변수의 요인적재량은 자유롭게 추정하고 요인분산들을 1로 고정하였다. 그리고 요인공분산은 허용된다. [그림 7.1]은 교차적재와 오차공분산이 허용되지 않았기 때문에 특정요인에 공통으로 적재되어 있는 지표변수들은 동질적 지표변수(congeneric indicators)이다. 동질적 지표변수들은 동일한 요인에 적재되어 있고 요인적재량과 오차는 자유롭게 추정되며 측정오차는 서로 독립적이라고 가정한다. 따라서 [그림 7.1]은 동질적 모형(congeneric model)이다. 이러한 동질적 모형에 등가제약을 가하는 유형에 따라서 타우동등지표변수(tau-equivalent indicators)와 평행지표변수(parallel indicators)의 개념이 등장한다. 먼저 타우동등모형(tau-equivalent model)에서는 동일한 요인에 적재된 지표변수들의 요인적재량이 동일(오차분산은 다르다)하다고 제약을 가한다. 동일한 요인적재량 조건이 충족되면 각 지표변수와 동일요인 간에는 동등한 관계를 갖는다고 확신할 수 있다. 즉, 요인이 한 단위 변화하는 경우에 동일요인에 적재되어 있는 지표변수들은 동일한 변화량을 보인다고 할 수 있다. 그리고 제약이 가장 심한 평행지표변수는 동일한 요인적재량과 함께 동일한 오차분산을 갖는다.[3] 이러한 구별은 심리계량

3) 제약이 더 심한 지표변수로 엄격한 평행(strictly parallel)지표변수는 요인적재량 및 오차분산불변성과 더불어 지표변수의 절편도 동질적인 경우를 의미한다.

학적으로 중요한 의미를 지니고 있다. 예를 들어 타우동등성이 충족되지 않는 경우에는 신뢰도를 나타내는 Cronbach's α값은 편의추정량이 될 가능성이 높다. 더 중요한 측면으로 평행지표변수의 조건이 충족되면 측정치들([그림 7.1]의 Y1, Y2 및 Y3)은 상호교환이 가능(interchangeable)하다. 이에 관하여 잠시 논의해 본다. 예를 들어 Y1, Y2 및 Y3가 η_1에 적재되어 있는 경우에 SEM을 사용하지 않고 회귀분석 혹은 ANOVA를 사용하기 위해서는 η_1값을 계산하기 위하여 Y1, Y2 및 Y3를 합계하여 사용해야 한다. 이때 이들이 평행지표변수의 조건을 충족하는 경우에만 이들을 합계(혹은 평균 값)하여 단일의 η_1을 사용할 수 있다.[4] 만일 이러한 조건을 확인하지 않고 Y1, Y2 및 Y3를 평균한 후에 ANOVA를 이용하여 성별에 따라 η_1의 차이가 있는지를 검정한 결과는 신뢰할 수 없다는 매우 중요한 사항을 제시하는 것이다. 이제부터 이들을 단계별로 분석한 후에 실제로 ANOVA 분석결과와 비교할 것이다.

타우동등지표변수와 평행지표변수에 대한 검정은 먼저 동질적 측정모형(congeneric measurement model)의 평가부터 시작한다. 만일 동질지표모형의 조건이 충족되지 않으면(예 교차적재가 허용된 경우) 타우동등지표의 검정으로 넘어갈 수 없기 때문에 동질지표모형으로 수정(교차적재의 제거)해야 한다. 그리고 동질지표모형의 가정이 충족되면 요인적재량이 동일하다는 제약을 가하여 타우동등지표모형을 검정한다. 이러한 검정은 χ^2차이검정을 이용하여 실행된다. χ^2차이검정결과 동질적 지표모형보다 타우동등지표모형의 χ^2값이 유의적으로 증가하지 않으면 타우동등지표모형의 가정이 충족된 것으로 판단하고 다음 단계인 평행지표모형의 검정으로 넘어간다. 여기에서는 동질적 측정모형과 동등지표모형 및 평행지표모형을 모두 남성과 여성 집단으로 구분하여 분석을 실시할 것이다.

분석에 앞서 [그림 7.1]의 자유도를 계산해 보기로 한다. 이 모형의 입력자료는 원자료이고 디폴트에 의하여 MACS를 분석하기 때문에 평균구조에서 지표변수의 절편이 추정된다. 자유모수의 유형은 TECH1 옵션의 결과물에서 확인할 수 있다.

〈정보의 개수〉

공분산구조의 정보의 개수 : 분산의 개수 6개(p)

공분산의 개수 : 15개($p(p-1)/2 = 6(5)/2 = 15$)

합계 : $p + p(p-1)/2 = p(p+1)/2$

$= 6(7)/2 = 6 + 15 = 21$

---

4) 이 내용에 관한 자세한 수식과 설명은 McDonald(1999)에 제시되어 있다.

평균구조의 정보의 개수 : 지표변수의 평균의 개수 6개(p)
총정보의 개수 : 27개($p+p(p+1)/2=p(p+3)/2=6(9)/2=21+6=27$)

〈자유모수의 개수〉
공분산구조의 자유모수의 개수 : 요인적재량 6개
오차분산 6개
요인공분산 1개
평균구조의 자유모수의 개수 : 지표변수의 절편 6개
총자유모수의 개수 : 19개

〈자유도의 계산〉
27－19＝8

먼저 남성집단의 동질적 지표모형을 분석해 본다. 이에 관한 Mplus syntax는 폴더 chapter7에 MUTHEN(Congeneric male).inp로 저장되어 있다. 그리고 Mplus syntax는 〈표 7.1〉과 같다.

〈표 7.1〉 남성집단의 동질적 지표모형을 분석하기 위한 Mplus syntax

```
TITLE:     Congeneric model(Male)
DATA:          FILE IS MUTHEN.DAT;
VARIABLE:      NAMES ARE Y1-Y6 X1-X3 GENDER;
               USEVARIABLES ARE Y1-Y6;
               USEOBSERVATIONS=GENDER EQ 1;
MODEL:         F1 BY Y1* Y2-Y3;
               F2 BY Y4* Y5-Y6;
               F1-F2@1;
OUTPUT:        TECH1 MOD(3.84) RES STDYX;
```

〈표 7.1〉의 자료파일인 MUTHEN.DAT에는 변수 GENDER에 남성집단이 1로 지정되어 있고 여성집단은 2로 지정되어 있다. USEVARIABLES는 분석에 사용할 변수를 지정하는 옵션인데 GENDER를 사용한다고 해서 여기에 GENDER를 지정하면 에러가 발생하므로 주의해야 한다. 그리고 USEOBSERVATIONS＝GENDER EQ 1;은 남성집단만을 선택하여 자료분석에 이용한다는 의미이다. Y1*의 *가 의미하는 것은 Mplus의 디폴트를 무효화하는 것이다. 즉, Mplus의 디폴트는 각 요인의

첫 번째 지표변수를 준거지표로 지정하는데 *를 설정하면 해당 지표변수의 요인적재량을 자유롭게 추정하라는 의미이다. 그 대신 요인 η_1의 척도의 설정을 위하여 바로 아래의 F1@1을 통하여 F1의 분산을 1로 지정해 주어야 한다. F2의 경우도 마찬가지로 Y4*와 F2@1로 지정되어 있다.

〈표 7.1〉을 실행하면 〈결과 7.1〉을 얻을 수 있다.

〈결과 7.1〉 남성집단의 동질적 지표모형의 결과

MODEL FIT INFORMATION

Number of Free Parameters		19	
Chi-Square Test of Model Fit			
	Value	9.257	
	Degrees of Freedom	8	
	P-Value	0.3211	
RMSEA (Root Mean Square Error Of Approximation)			
	Estimate	0.018	
	90 Percent C.I.	0.000	0.057
	Probability RMSEA <= .05	0.897	
CFI/TLI			
	CFI	1.000	
	TLI	0.999	
SRMR (Standardized Root Mean Square Residual)			
	Value	0.007	

STDYX Standardization

		Estimate	S.E.	Est./S.E.	Two-Tailed P-Value
F1	BY				
Y1		0.913	0.009	96.829	0.000
Y2		0.922	0.009	104.499	0.000
Y3		0.926	0.009	107.293	0.000
F2	BY				
Y4		0.924	0.008	109.742	0.000
Y5		0.939	0.007	126.779	0.000
Y6		0.916	0.009	102.722	0.000
F2	WITH				
F1		0.812	0.018	45.085	0.000

Intercepts				
Y1	1.150	0.058	19.953	0.000
Y2	1.134	0.057	19.784	0.000
Y3	1.150	0.058	19.951	0.000
Y4	0.877	0.053	16.664	0.000
Y5	0.895	0.053	16.911	0.000
Y6	0.861	0.052	16.446	0.000
Variances				
F1	1.000	0.000	999.000	999.000
F2	1.000	0.000	999.000	999.000
Residual Variances				
Y1	0.167	0.017	9.709	0.000
Y2	0.150	0.016	9.208	0.000
Y3	0.143	0.016	8.977	0.000
Y4	0.146	0.016	9.371	0.000
Y5	0.118	0.014	8.461	0.000
Y6	0.160	0.016	9.803	0.000

R-SQUARE

Observed Variable	Estimate	S.E.	Est./S.E.	Two-Tailed P-Value
Y1	0.833	0.017	48.415	0.000
Y2	0.850	0.016	52.250	0.000
Y3	0.857	0.016	53.646	0.000
Y4	0.854	0.016	54.871	0.000
Y5	0.882	0.014	63.389	0.000
Y6	0.840	0.016	51.361	0.000

〈결과 7.1〉에서 전반적 적합도는 매우 양호하게 나타났고 표준화잔차와 수정지수들(결과표에 제시하지 않았다)도 모두 문제가 없는 것으로 확인되었다. 그리고 모든 표준화요인적재량이 유의하고 높게 나타났으며 두 요인의 상관관계 또한 높게 나타났다. 그리고 단일집단에 대한 Mplus의 디폴트에 의하여 요인평균들은 0으로 고정되고(따라서 결과물에는 제시되지 않는다) 지표변수의 절편은 자유롭게 추정되는 것을 확인할 수 있다.

동질적 지표모형의 가정이 충족되었기 때문에 다음 단계인 타우동등모형을 검정하기로 한다. [그림 7.1]에서 요인이 두 개이므로 타우동등모형의 검정은 각 요인별로 두 단계로 이루어진다. 먼저 η_1의 지표변수들의 요인적재량이 동일하다는 검정을 실시한다. 이러한 검정을 위한 Mplus syntax는 〈표 7.2〉와 같다. syntax는 폴더 chapter7에 MUTHEN(Tau F1 male).inp로 저장되어 있다.

〈표 7.2〉 η_1의 타우동등성모형 검정

```
TITLE:    Tau equivalence(F1)
DATA:         FILE IS MUTHEN.DAT;
VARIABLE:     AMES ARE Y1-Y6 X1-X3 GENDER;
              USEVARIABLES ARE Y1-Y6;
              USEOBSERVATIONS = GENDER EQ 1;
MODEL:        F1 BY Y1* Y2-Y3(1);            ! equality constraint
              F2 BY Y4* Y5-Y6;
              F1-F2@1;
OUTPUT:       TECH1 MOD(3.84) RES STDYX;
```

〈표 7.2〉는 〈표 7.1〉과 유사하지만 F1 BY Y1* Y2-Y3의 뒤에 (1)이 추가된 점이 다르다. (1)은 Y3 뒤에 붙여도 되고 한 칸 띄어 써도 된다. 이러한 명령문은 소괄호[5] 안에 동일한 숫자인 1을 지정함으로써 Y1과 Y2 및 Y3의 F1에 대한 요인적재량을 동일하게 제약하는 역할을 담당한다. 이러한 지정은 요인적재량뿐만 아니라 모든 모수들의 등가제약 지정에 동일하게 적용된다. 〈표 7.2〉를 실행하면 〈결과 7.2〉의 결과물을 얻을 수 있다. 지면상 전반적 적합도와 비표준화 해를 제시한다.

〈결과 7.2〉 η_1의 타우동등성모형 검정결과

```
MODEL FIT INFORMATION
Number of Free Parameters                    17
Chi-Square Test of Model Fit
          Value                          10.745
          Degrees of Freedom                 10
          P-Value                        0.3777
RMSEA (Root Mean Square Error Of Approximation)
          Estimate                        0.012
          90 Percent C.I.                 0.000    0.051
          Probability RMSEA <= .05        0.944
```

5) Mplus에서는 소괄호 ( )와 중괄호 { } 및 대괄호 [ ]의 의미가 모두 다르다.

```
CFI/TLI
          CFI                              1.000
          TLI                              1.000
SRMR (Standardized Root Mean Square Residual)
          Value                            0.011

MODEL RESULTS
                                                         Two-Tailed
                      Estimate     S.E.   Est./S.E.    P-Value
 F1       BY
   Y1                    1.673    0.056     29.793      0.000
   Y2                    1.673    0.056     29.793      0.000
   Y3                    1.673    0.056     29.793      0.000
 F2       BY
   Y4                    1.752    0.065     26.972      0.000
   Y5                    1.704    0.061     27.758      0.000
   Y6                    1.698    0.064     26.580      0.000
 F2       WITH
   F1                    0.812    0.018     45.073      0.000
 Intercepts
   Y1                    2.066    0.082     25.333      0.000
   Y2                    2.088    0.081     25.637      0.000
   Y3                    2.088    0.081     25.802      0.000
   Y4                    1.663    0.085     19.607      0.000
   Y5                    1.623    0.081     20.012      0.000
   Y6                    1.596    0.083     19.255      0.000
 Variances
   F1                    1.000    0.000    999.000    999.000
   F2                    1.000    0.000    999.000    999.000
 Residual Variances
   Y1                    0.528    0.047     11.189      0.000
   Y2                    0.518    0.047     11.126      0.000
   Y3                    0.475    0.045     10.664      0.000
   Y4                    0.524    0.048     10.808      0.000
   Y5                    0.388    0.040      9.575      0.000
   Y6                    0.550    0.048     11.406      0.000
```

〈결과 7.2〉에서 Y1, Y2, Y3의 요인 F1에 대한 비표준화요인적재량들은 모두 1.673으로 동일한 것을 확인할 수 있다. 그리고 Y1, Y2, Y3의 요인적재량을 모두 자유롭게 추정하는 동질적 지표모형의 자유도(8)에 비하여 〈결과 7.2〉에서 자유도가 10으로 나타났는데 이는 Y1, Y2, Y3의 요인적재량을 동일한 값으로 추정하기 때문에 자유모수의 개수가 19개에서 17개로 2개 감소한 까닭이다. 이제 두 모형의 χ^2차이검정을 실시해 본다. 가설검정형태는 다음과 같다.

H_0 : 복잡한 모형(동질적 지표모형)을 선택한다. $\chi^2(8) = 9.257$

H_1 : 간명한 모형[타우동등성(η_1)모형]을 선택한다. $\chi^2(10) = 10.745$

$\Delta\chi^2 = 1.488$과 $\Delta df = 2$에 해당하는 p값은 $p = .4752$로 비유의함을 알 수 있다. 즉, 두 모형의 적합도는 통계적으로 차이가 없다. 따라서 간명성 원칙에 따라 간명한 모형을 선택한다. 구체적으로 복잡한 모형에서 적합도를 저하시키지 않고(χ^2값을 유의적으로 증가시키지 않고) 모형(자유도의 증가)을 간명하게 할 수 있으므로 ($H_0 \rightarrow H_1$) 간명한 모형을 선택한다.

다음으로 F2(η_2)의 지표변수들의 요인적재량들을 동일하게 제약하기로 한다. 이 모형은 η_1의 지표변수들의 타우동등성을 지정한 후에 η_2의 지표변수들의 타우동등성 조건을 추가하는 형태로 이루어진다. 다른 명령문은 〈표 7.2〉와 동일하고 MODEL command가 〈표 7.3〉과 같이 달라진다. Mplus syntax는 MUTHEN(Tau F1F2 male).inp로 저장되어 있다.

〈표 7.3〉 η_1과 η_2의 타우동등성 검정을 위한 Mplus syntax

```
TITLE:     Tau equivalence(F1F2)
DATA:          FILE IS MUTHEN.DAT;
VARIABLE:      NAMES ARE Y1-Y6 X1-X3 GENDER;
               USEVARIABLES ARE Y1-Y6;
               USEOBSERVATIONS = GENDER EQ 1;
MODEL:         F1 BY Y1* Y2-Y3(1);          ! equality constraint
               F2 BY Y4* Y5-Y6(2);          ! equality constraint
               F1-F2@1;
OUTPUT:        ECH1 MOD(3.84) RES STDYX;
```

〈표 7.3〉에서 Y4* Y5-Y6(2);는 지표변수 Y4, Y5, Y6의 요인 F2에 대한 요인적재량을 동일하게 지정하는 것이다. 즉, Y1, Y2, Y3의 동일한 요인적재량(1)과는 다르게(2) 지정해야 한다. 〈표 7.3〉을 실행하면 〈결과 7.3〉이 얻어진다.

〈결과 7.3〉 η_1과 η_2의 타우동등성 검정결과

```
MODEL FIT INFORMATION
Number of Free Parameters                       15
Chi-Square Test of Model Fit
          Value                             12.278
          Degrees of Freedom                    12
          P-Value                           0.4236
RMSEA (Root Mean Square Error Of Approximation)
          Estimate                           0.007
          90 Percent C.I.                    0.000    0.046
          Probability RMSEA <= .05           0.969
CFI/TLI
          CFI                                1.000
          TLI                                1.000
SRMR (Standardized Root Mean Square Residual)
          Value                              0.014

MODEL RESULTS
                                                       Two-Tailed
                     Estimate      S.E.    Est./S.E.    P-Value
 F1        BY
    Y1                 1.673      0.056     29.793       0.000
    Y2                 1.673      0.056     29.793       0.000
    Y3                 1.673      0.056     29.793       0.000
 F2        BY
    Y4                 1.716      0.057     29.985       0.000
    Y5                 1.716      0.057     29.985       0.000
    Y6                 1.716      0.057     29.985       0.000
 F2        WITH
    F1                 0.812      0.018     44.986       0.000
 Intercepts
    Y1                 2.066      0.082     25.333       0.000
    Y2                 2.088      0.081     25.637       0.000
    Y3                 2.088      0.081     25.803       0.000
```

Y4	1.663	0.083	19.911	0.000
Y5	1.623	0.082	19.899	0.000
Y6	1.596	0.084	19.099	0.000
Variances				
F1	1.000	0.000	999.000	999.000
F2	1.000	0.000	999.000	999.000
Residual Variances				
Y1	0.529	0.047	11.190	0.000
Y2	0.518	0.047	11.124	0.000
Y3	0.475	0.045	10.661	0.000
Y4	0.540	0.047	11.470	0.000
Y5	0.381	0.039	9.719	0.000
Y6	0.544	0.047	11.498	0.000

〈결과 7.3〉에서 Y1, Y2, Y3의 η_1에 대한 요인적재량과 더불어 Y4, Y5, Y6의 η_2에 대한 요인적재량들도 동일하게(1.716) 나타난 것을 알 수 있다. 그리고 η_1의 타우동등성모형과 η_1 및 η_2의 타우동등성모형의 χ^2차이검정에 대한 가설형태는 다음과 같다.

H_0 : 복잡한 모형[타우동등성(η_1)모형]을 선택한다. $\chi^2(10) = 10.745$

H_1 : 간명한 모형[타우동등성(η_1과 η_2)모형]을 선택한다. $\chi^2(12) = 12.278$

$\Delta\chi^2 = 1.533$과 $\Delta df = 2$에 대한 p값은 $p = .4646$으로 유의하지 않게 나타났다. 따라서 간명한 모형을 선택한다. 즉, η_1과 η_2의 타우동등성모형이 확인되었다.

이 예제에서는 요인분산을 1로 고정시키고 모든 요인적재량을 자유롭게 추정하는 방법을 사용하였다. 만일 요인분산을 자유롭게 추정하고 준거변수를 설정하는 방법을 사용하는 경우에는 어떻게 달라질 것인가? 이 경우에는 준거변수의 요인적재량이 1이므로 모든 요인적재량을 준거변수와 동일하게 1로 고정시켜야 한다. 두 방법의 결과는 유사하게 나타난다. 요인분산을 자유롭게 추정하는 방법을 사용하기 위해서는 MODEL command의 해당부분이 다음과 같이 달라진다.

```
MODEL:  F1 BY Y1-Y3@1;          ! equality constraint
        F2 BY Y4-Y6@1;          ! equality constraint
```

위의 명령문에서 Y1-Y3@1;은 지표변수 Y1, Y2, Y3의 요인적재량을 모두 1로 고정시킨다는 의미이다. *는 모수를 자유롭게 추정(예 〈표 7.1〉의 Y1*)하라는 의미이고 @는 모수를 특정값으로 고정시키라는 의미이다. @를 단일변수에 사용(예 X@1)하면 해당변수의 값만을 고정시키고 위와 같이 여러 변수에 걸쳐 사용하면 해당변수들의 값을 모두 동일하게 제약하는 결과를 가져온다. 이러한 명령문을 실행시키면 전반적 적합도(예 $\chi^2(12)=12.278$)는 동일하게 나타나고 요인적재량이 다음과 같이 모두 1로 고정된다.

MODEL RESULTS

		Estimate	S.E.	Est./S.E.	Two-Tailed P-Value
F1	BY				
Y1		1.000	0.000	999.000	999.000
Y2		1.000	0.000	999.000	999.000
Y3		1.000	0.000	999.000	999.000
F2	BY				
Y4		1.000	0.000	999.000	999.000
Y5		1.000	0.000	999.000	999.000
Y6		1.000	0.000	999.000	999.000

타우동등성(tau equivalence)이 검정되었으므로 다음으로 평행모형의 조건(오차분산의 등분산성)을 평가하는 단계로 넘어간다. 타우동등성에 추가하여 평행성(parallelism)의 조건은 동일요인에 적재되는 지표변수의 오차분산은 동일하다는 것이 필요하다. 먼저 Y1, Y2, Y3의 오차등분산성을 검정하기로 한다. 이를 검정하기 위해서는 〈표 7.3〉을 다음의 〈표 7.4〉와 같이 수정해야 한다. Mplus syntax는 MUTHEN(Tau F1F2 Par F1 male).inp로 저장되어 있다.

〈표 7.4〉 η_1의 평행성 가정 검정

```
TITLE:  Parallel model(F1)
DATA:         FILE IS MUTHEN.DAT;
VARIABLE:     NAMES ARE Y1-Y6 X1-X3 GENDER;
              USEVARIABLES ARE Y1-Y6;
              USEOBSERVATIONS=GENDER EQ 1;
MODEL:        F1 BY Y1* Y2-Y3(1);            ! equality constraint
```

```
            F2 BY Y4* Y5-Y6(2);            ! equality constraint
            F1-F2@1;
            Y1 Y2 Y3(3);                   ! equality constraint
OUTPUT:     TECH1 MOD(3.84) RES STDYX;
```

〈표 7.4〉는 〈표 7.3〉에 Y1 Y2 Y3(3);을 추가한 것이다. 괄호 없이 변수명(지표변수 혹은 요인)을 syntax에 적으면 독립(외생)변수인 경우에는 분산을 추정하고 종속(내생)변수인 경우에는 오차분산을 추정한다. 그런데 Y1 Y2 Y3는 F1의 종속변수이므로 위의 명령문에서는 이들의 오차분산을 추정한다. 또한 (3)을 지정하였으므로 이들 세 지표변수의 오차분산을 동일한 값으로 추정하라고 제약하는 것이다. 당연한 이야기이지만 F1과 F2의 등가제약의 숫자가 (1)과 (2)이므로 오차분산의 등가제약을 지정하는 숫자는 (3)으로 다르게 설정해야 한다. 예를 들어 (3)을 (1)로 지정하면 Y1 Y2 Y3의 요인적재량 값과 동일한 값을 갖는 오차분산으로 등가제약하는 결과를 초래한다.

〈표 7.4〉의 실행결과는 〈결과 7.4〉와 같다.

〈결과 7.4〉 η_1의 평행성 검정결과

```
MODEL FIT INFORMATION
Number of Free Parameters                      13
Chi-Square Test of Model Fit
          Value                            12.933
          Degrees of Freedom                   14
          P-Value                          0.5318
RMSEA (Root Mean Square Error Of Approximation)
          Estimate                          0.000
          90 Percent C.I.                   0.000    0.040
          Probability RMSEA <= .05          0.988
CFI/TLI
          CFI                               1.000
          TLI                               1.000
SRMR (Standardized Root Mean Square Residual)
          Value                             0.014
```

MODEL RESULTS

		Estimate	S.E.	Est./S.E.	Two-Tailed P-Value
F1	BY				
Y1		1.672	0.056	29.797	0.000
Y2		1.672	0.056	29.797	0.000
Y3		1.672	0.056	29.797	0.000
F2	BY				
Y4		1.716	0.057	29.986	0.000
Y5		1.716	0.057	29.986	0.000
Y6		1.716	0.057	29.986	0.000
F2	WITH				
F1		0.811	0.018	44.917	0.000
Intercepts					
Y1		2.066	0.081	25.421	0.000
Y2		2.088	0.081	25.683	0.000
Y3		2.088	0.081	25.683	0.000
Y4		1.663	0.083	19.912	0.000
Y5		1.623	0.082	19.899	0.000
Y6		1.596	0.084	19.098	0.000
Variances					
F1		1.000	0.000	999.000	999.000
F2		1.000	0.000	999.000	999.000
Residual Variances					
Y1		0.507	0.023	22.361	0.000
Y2		0.507	0.023	22.361	0.000
Y3		0.507	0.023	22.361	0.000
Y4		0.539	0.047	11.467	0.000
Y5		0.381	0.039	9.717	0.000
Y6		0.544	0.047	11.501	0.000

〈결과 7.4〉에서 F1과 F2의 요인적재량들이 동일하게 고정됨과 동시에 Y1, Y2, Y3의 오차분산이 모두 동일한 값(0.507)으로 제약되었음을 확인할 수 있다. 그러면 이러한 평행성 가정이 정당한지를 χ^2차이검정을 통하여 확인해 본다. 가설검정형태는 다음과 같다.

H_0 : 타우동등성모형을 선택한다. $\chi^2(12) = 12.278$

H_1 : 평행성모형(η_1)을 선택한다. $\chi^2(14) = 12.933$

$\Delta\chi^2 = 0.655$와 $\Delta df = 2$에 해당하는 p값은 통계적으로 비유의하므로($p = .7207$) η_1의 평행성모형을 선택한다.

마지막으로 η_2의 평행성 가정을 검정한다. 이 모형에는 〈표 7.5〉와 같이 η_2의 지표변수들의 오차분산을 동일하게 제약하는 명령문을 추가하면 된다. 이러한 Mplus syntax는 MUTHEN(Tau F1F2 Par F1F2 male).inp로 저장되어 있다.

〈표 7.5〉 η_1과 η_2의 평행성 검정을 위한 Mplus syntax

```
TITLE:     Parallel model(F1F2)
DATA:      FILE IS MUTHEN.DAT;
VARIABLE:  NAMES ARE Y1-Y6 X1-X3 GENDER;
           USEVARIABLES ARE Y1-Y6;
           USEOBSERVATIONS = GENDER EQ 1;
MODEL:     F1 BY Y1* Y2-Y3(1);          ! equality constraint
           F2 BY Y4* Y5-Y6(2);          ! equality constraint
           F1-F2@1;
           Y1 Y2 Y3(3);                 ! equality constraint
           Y4 Y5 Y6(4);                 ! equality constraint
OUTPUT:    TECH1 MOD(3.84) RES STDYX;
```

〈표 7.5〉에서 Y4 Y5 Y6(4)가 추가되어 있는 것을 알 수 있다. 앞에서와 마찬가지로 괄호 안의 숫자는 다른 숫자들과 다르게 (4)로 지정되어야 한다. 〈표 7.5〉를 실행하면 〈결과 7.5〉를 얻을 수 있다.

〈결과 7.5〉 η_1과 η_2의 평행성 검정결과

```
MODEL FIT INFORMATION
Number of Free Parameters                        11
Chi-Square Test of Model Fit
          Value                              21.021
          Degrees of Freedom                     16
          P-Value                            0.1777
RMSEA (Root Mean Square Error Of Approximation)
          Estimate                            0.025
```

```
          90 Percent C.I.                    0.000     0.051
          Probability RMSEA <= .05           0.939
CFI/TLI
          CFI                                0.998
          TLI                                0.999
SRMR (Standardized Root Mean Square Residual)
          Value                              0.017

MODEL RESULTS
                                                       Two-Tailed
                      Estimate      S.E.    Est./S.E.    P-Value
 F1       BY
    Y1                   1.672     0.056     29.797      0.000
    Y2                   1.672     0.056     29.797      0.000
    Y3                   1.672     0.056     29.797      0.000
 F2       BY
    Y4                   1.717     0.057     29.942      0.000
    Y5                   1.717     0.057     29.942      0.000
    Y6                   1.717     0.057     29.942      0.000
 F2       WITH
    F1                   0.814     0.018     45.504      0.000
 Intercepts
    Y1                   2.066     0.081     25.420      0.000
    Y2                   2.088     0.081     25.683      0.000
    Y3                   2.088     0.081     25.683      0.000
    Y4                   1.663     0.083     20.045      0.000
    Y5                   1.623     0.083     19.572      0.000
    Y6                   1.596     0.083     19.239      0.000
 Variances
    F1                   1.000     0.000    999.000    999.000
    F2                   1.000     0.000    999.000    999.000
 Residual Variances
    Y1                   0.507     0.023     22.361      0.000
    Y2                   0.507     0.023     22.361      0.000
    Y3                   0.507     0.023     22.361      0.000
    Y4                   0.490     0.022     22.361      0.000
    Y5                   0.490     0.022     22.361      0.000
    Y6                   0.490     0.022     22.361      0.000
```

〈결과 7.5〉에서 Y4, Y5, Y6의 오차분산이 동일하게 제약(0.490)되어 있는 것을 확인할 수 있다. 물론 Y1 Y2 Y3 및 Y4 Y5 Y6의 요인적재량과 Y1 Y2 Y3의 오차분산도 동일하게 제약되어 있다. 이제 χ^2차이검정을 실시하기로 한다.

H_0 : 평행성모형(η_1)을 선택한다. $\chi^2(14) = 12.933$

H_1 : 평행성모형(η_1과 η_2)을 선택한다. $\chi^2(16) = 21.021$

$\Delta\chi^2 = 8.088$과 $\Delta df = 2$에 해당하는 p값은 $p = .0175 (p < .05)$로 계산된다. 따라서 χ^2값을 유의적으로 증가시키지 않고 자유도를 증가시켜야 평행성모형(η_1과 η_2)을 선택하는데 결과는 반대로 산출되었기 때문에 H_0를 선택한다. 즉, Y4, Y5, Y6의 오차분산이 동일하다는 가정은 성립할 수 없게 된다. 이러한 결과가 도출된 주요 이유는 Y5의 오차분산 때문으로 추정된다. 예를 들어 〈결과 7.4〉에서 Y4, Y5, Y6의 오차분산을 살펴보면 각각 0.539와 0.381 및 0.544로 나타났다. 즉, Y4와 Y6의 오차분산은 비슷한 값을 보이지만 Y5의 분산은 이들과 다르게 나타났다. 지금까지의 결과들을 종합하면 남성집단의 경우에 Y5의 오차분산 때문에 Y1-Y3는 상호교환이 가능하지만 Y4-Y6는 그렇지 않다는 것을 알 수 있다.

그리고 χ^2차이검정은 매 단계마다 할 수도 있고 최종모형과 최초모형(동질적 지표변수모형)의 비교를 통하여 이루어질 수도 있다. 즉, 최초모형은 $\chi^2(8) = 9.257$이고 최종모형은 $\chi^2(16) = 21.021$이므로 $\Delta\chi^2 = 11.764$, $\Delta df = 8$에 해당하는 p값은 $p = .162$로 유의하지 않게 나타난다. 이러한 결과에 의하면 남성집단의 경우에 전반적으로 볼 때 등가제약이 합리적이라고 판단한다. 하지만 개별단계에서 χ^2값이 유의하게 나올 가능성이 있기 때문에 한 번에 하나의 모수집합을 등가제약하는 증분전략(incremental strategy)방법을 사용하는 것이 합리적인 방법이다. 그리고 다요인(multi-factor) 동질적 지표모형에서 한 요인의 타우동질성 지표변수와 평행성 지표변수의 평가는 다른 요인의 평가결과에 의존하지 않기 때문에 설혹 한 요인의 타우동등성 조건이 충족되지 않는 경우에도 다른 요인의 타우동등성과 평행성 지표의 검정단계로 넘어갈 수 있다.

남성집단의 경우와 동일하게 여성집단에도 모든 절차를 밟으면 된다. 참고로 여성집단의 Mplus syntax는 위의 남성집단의 Mplus syntax에서 male을 female로 바꾸어서 chapter7에 저장되어 있다. 여기에서는 여성집단의 동질적 지표변수모형과 Y1 Y2 Y3의 타우동등성모형의 비교만 제시한다. 먼저 여성집단의 동질적 지표변수모형 검정을 위한 Mplus syntax는 〈표 7.6〉과 같다. Mplus syntax는

MUTHEN(Congeneric female).inp로 저장되어 있다.

〈표 7.6〉 여성집단의 동질적 지표모형을 분석하기 위한 Mplus syntax

```
TITLE:      Congeneric model(female)
DATA:           FILE IS MUTHEN.DAT;
VARIABLE:       NAMES ARE Y1-Y6 X1-X3 GENDER;
                USEVARIABLES ARE Y1-Y6;
                USEOBSERVATIONS=GENDER EQ 2;
MODEL:          F1 BY Y1* Y2-Y3;
                F2 BY Y4* Y5-Y6;
                F1-F2@1;
OUTPUT:         TECH1 MOD(3.84) RES STDYX;
```

〈표 7.6〉은 여성집단을 선택하는 명령문(USEOBSERVATIONS=GENDER EQ 2;)을 제외하고 〈표 7.1〉과 동일하다. 〈표 7.6〉을 실행하면 〈결과 7.6〉을 얻을 수 있다.

〈결과 7.6〉 여성집단의 동질적 지표모형의 결과

```
MODEL FIT INFORMATION
Number of Free Parameters                    19
Chi-Square Test of Model Fit
          Value                           9.009
          Degrees of Freedom                  8
          P-Value                        0.3415
RMSEA (Root Mean Square Error Of Approximation)
          Estimate                        0.014
          90 Percent C.I.                 0.000    0.051
          Probability RMSEA <= .05        0.941
CFI/TLI
          CFI                             1.000
          TLI                             0.999
SRMR (Standardized Root Mean Square Residual)
          Value                           0.007
```

MODEL RESULTS

	Estimate	S.E.	Est./S.E.	Two-Tailed P-Value
F1 BY				
Y1	1.650	0.057	29.100	0.000
Y2	1.637	0.057	28.589	0.000
Y3	0.784	0.037	21.300	0.000
F2 BY				
Y4	1.826	0.063	29.209	0.000
Y5	1.877	0.062	30.306	0.000
Y6	1.882	0.062	30.264	0.000
F2 WITH				
F1	0.822	0.016	50.634	0.000
Intercepts				
Y1	1.918	0.073	26.302	0.000
Y2	1.913	0.073	26.160	0.000
Y3	1.963	0.042	46.272	0.000
Y4	1.519	0.081	18.692	0.000
Y5	1.526	0.082	18.659	0.000
Y6	1.533	0.082	18.684	0.000
Variances				
F1	1.000	0.000	999.000	999.000
F2	1.000	0.000	999.000	999.000
Residual Variances				
Y1	0.469	0.050	9.322	0.000
Y2	0.529	0.052	10.206	0.000
Y3	0.465	0.030	15.620	0.000
Y4	0.627	0.049	12.745	0.000
Y5	0.488	0.045	10.912	0.000
Y6	0.497	0.045	10.958	0.000

〈결과 7.6〉을 살펴보면 Y1(1.650)과 Y2(1.637)의 요인적재량은 비슷하지만 Y3(0.784)의 요인적재량은 현저하게 다르다는 것을 확인할 수 있다. 반면에 Y4, Y5, Y6의 요인적재량은 비슷하게 나타났다. 따라서 다음 단계인 Y1, Y2, Y3의 타우동등성 검정의 결과를 미리 예측할 수 있다.

이제 여성집단의 η_1(Y1, Y2, Y3)의 타우동등성에 관한 검정을 실시하기로 한다. 이에 관한 Mplus syntax[MUTHEN(Tau F1 female).inp]는 〈표 7.7〉과 같다.

〈표 7.7〉 여성집단의 타우동등성(η_1) 검정을 위한 Mplus syntax

```
TITLE:        Tau equivalence(F1)
DATA:         FILE IS MUTHEN.DAT;
VARIABLE:     NAMES ARE Y1-Y6 X1-X3 GENDER;
              USEVARIABLES ARE Y1-Y6;
              USEOBSERVATIONS=GENDER EQ 2;
MODEL:        F1 BY Y1* Y2-Y3(1);            ! equality constraint
              F2 BY Y4* Y5-Y6;
              F1-F2@1;
OUTPUT:       TECH1 MOD(3.84) RES STDYX;
```

〈표 7.7〉을 실행하면 〈결과 7.7〉이 얻어진다. 비표준화 해의 결과는 생략하기로 한다.

〈결과 7.7〉 여성집단의 타우동등성(η_1) 검정결과

```
MODEL FIT INFORMATION
Number of Free Parameters                    17
Chi-Square Test of Model Fit
          Value                         462.713
          Degrees of Freedom                 10
          P-Value                        0.0000
RMSEA (Root Mean Square Error Of Approximation)
          Estimate                        0.275
          90 Percent C.I.                 0.254     0.296
          Probability RMSEA <= .05        0.000
CFI/TLI
          CFI                             0.872
          TLI                             0.808
Chi-Square Test of Model Fit for the Baseline Model
          Value                        3549.401
          Degrees of Freedom                 15
          P-Value                        0.0000
SRMR (Standardized Root Mean Square Residual)
          Value                           0.254
```

〈결과 7.7〉의 χ^2값은 〈결과 7.6〉에 비하여 엄청나게 증가하였다는 것을 알 수 있다. 이제 이들 경과를 이용하여 χ^2차이검정을 실시해 본다.

H_0 : 복잡한 모형(동질적 지표모형)을 선택한다. $\chi^2(8) = 9.009$

H_1 : 간명한 모형[타우동등성(η_1)모형]을 선택한다. $\chi^2(10) = 462.713$

$\Delta\chi^2 = 453.704$, $\Delta df = 2$에 해당하는 p값은 3.016E−99($p < .001$)이다. 따라서 적합도를 심하게 저하시키지 않고 모형을 간명하게 할 수 없게 된다. 그러므로 복잡한 모형을 선택하게 된다. 즉, 여성집단에서 Y1, Y2, Y3의 요인적재량은 다른 값을 갖는다고 할 수 있다. 여성집단의 경우에는 첫 단계부터 등가제약이 실패를 가져왔다. 여성집단의 나머지 단계와 남성집단의 등가제약의 전체 결과를 〈결과 7.8〉에 요약하였다. 이러한 결과는 다음에 이어질 다중집단분석의 해석에 중요한 실마리를 제공한다.

〈결과 7.8〉 등가제약의 전체결과

		동질지표모형	타우 η_1	타우 η_1 η_2	평행 η_1	평행 η_1 η_2
남성집단	χ^2	9.257	10.745	12.278	12.933	21.021
	df	8	10	12	14	16
	$\Delta\chi^2$		1.488	1.533	.655	8.088
	p		.4752	.4646	.7207	.0175
여성집단	χ^2	9.009	462.713	464.499	466.761	470.642
	df	8	10	12	14	16
	$\Delta\chi^2$		453.704	1.786	2.262	3.881
	p		p<.001	.4094	.3227	.1436

〈결과 7.8〉에서 여성집단은 타우 η_1의 등가제약에서 가정이 위배되는 것을 알 수 있다. 또한 여성집단에 대하여 최종모형과 최초모형에 대한 χ^2차이검정을 실시하면 $\Delta\chi^2 = 461.633$과 $\Delta df = 8$에 대한 p값이 1.1884E−94($p < .001$)로 계산되기 때문에 어느 방법을 사용해도 여성집단의 지표변수에 대한 요인적재량의 등가성은 성립되지 않음을 알 수 있다. 이러한 결과는 여성집단의 Y1, Y2, Y3의 Cronbach's α값은 신뢰하기 어렵다는 것을 의미한다. 나아가 η_1값을 구하기 위하여 Y1, Y2, Y3의 평균값을 계산한 후에 일반적인 ANOVA분석을 이용하여 성별에 따른 η_1의

차이검정을 실행한 결과도 신뢰할 수 없다는 중요한 내용을 암시하고 있다.

이러한 내용을 확인하기 위하여 ANOVA를 이용한 성별에 따른 η_1의 차이검정과 곧이어 다룰 다중집단 CFA와 MIMIC 분석을 이용한 η_1의 요인평균차이검정을 미리 살펴보기로 한다. Y1, Y2, Y3를 평균하여 η_1값을 구한 후에 성별에 따라 η_1 값이 차이를 보이는지를 ANOVA에 의하여 분석한 결과 $F_{1,1098} = 25.961$, $p = .000$으로 남성집단과 여성집단의 η_1값의 차이는 통계적으로 유의하게 나타났다. 이를 세부적으로 분석하면 성별에 따라 Y1($p = .172$)과 Y2($p = .113$)는 차이가 유의적이지 않았지만 Y3($p = .000$)는 차이가 유의하게 나타났다. 이를 구체적으로 확인하기 위하여 성별에 따른 하위 지표변수들의 평균을 확인한 결과 Y1은 남성(2.066)과 여성(1.918)에서 그리고 Y2도 남성(2.087)과 여성(1.913)에서 비슷한 값을 보인 반면에 Y3는 남성(2.086)이 여성(0.963)보다 훨씬 큰 값을 나타내고 있다. 위의 요인적재량의 차이에서도 확인한 바와 같이 성별에 따라 Y3의 값이 차이가 발생하기 때문에 전체적으로 η_1값이 유의한 차이를 보인다는 결과가 도출된 것이다. 하지만 이러한 결과는 타우동등성의 가정이 위배되기 때문에 Y1과 Y2 및 Y3를 평균하여 ANOVA를 이용한 분석결과는 신뢰하기 어렵다고 할 수 있다. 반면에 아래에서 다루게 될 다중집단 CFA의 스칼라불변성 검정결과($p = .185$)와 MIMIC결과($p = .116$)에서는 성별에 따라 η_1값의 차이가 유의하지 않게 나타났다. SEM방법은 지표변수들의 측정오차를 고려하기 때문에 이러한 결과가 산출된 것이고 이러한 SEM방법이 더 우수하다는 증거이기도 하다.

7.2 다중집단 CFA모형의 예제

앞에서 개별집단별로 지표변수의 요인적재량과 오차분산을 등가제약하는 방법과 의미를 알아보았다. 여기에서는 집단을 통합하여 최종적으로 요인평균의 차이를 검정하기 위하여(측정불변성) 최초모형부터 시작하여 요인적재량과 지표변수의 절편 및 지표변수의 오차분산에 대하여 등가제약하는 방법을 단계별로 살펴볼 예정이다. 최초모형은 형태동일성모형이라고 부르고 형태동일성모형부터 시작하여 단계별로 제약사항을 더하는 형식(step-up procedures)으로 절차가 진행된다. 즉, 요인적재량의 등가제약(equal factor loadings) → 지표변수 절편의 등가제약(equal intercepts) →

오차분산의 등가제약(equal error variances)의 순서대로 진행된다. 최종모형부터 시작하여 역으로 거슬러 올라가는 방법(step-down strategy)도 있지만 전자의 방법(step-up)이 권장된다. 그 이유는 첫째, 매 단계마다 이질성(noninvariance)의 원인을 찾아내어 모형을 수정할 수 있고 둘째, 특정단계의 불변성의 검정은 직전 불변성의 가정이 충족되어야 가능하기 때문이다. 즉, 최종모형(완전제약모형)의 유용성은 제약이 덜 된 모형에 의존하기 때문이다. 특히 요인평균(잠재평균)의 차이를 검정하기 위해서는 이전 단계인 척도불변성과 스칼라불변성이 확보되어야 하는데, 미리 후반부 모형을 검정하는 것은 논리에 맞지 않을 수 있다. 따라서 가장 제약이 덜한 모형(형태동일성모형)부터 시작하여 제약을 더하는 형식으로 순차적으로 진행하면서 다음 단계의 측정불변성 검정의 근거가 확보되는지를 확인한다. 여기에서 중요한 점이 대두되는데 바로 부분불변성(partial invariance)의 개념이다. 부분불변성은 완전불변성(full invariance)에 대비되는 개념으로 요인적재량의 등가제약(척도불변성) 이후부터는 분석결과에 따라서 집단별로 등가제약의 형태를 달리 지정할 수 있다는 의미이다. 예를 들어 척도동일성 검정결과 두 집단에서 특정 지표변수의 요인적재량이 다르기 때문에 척도동일성이 확보되지 않는 경우에 이러한 이질성을 허용한 후에 다음 단계로 넘어갈 수 있다. 또한 집단별로 일부(모두 다는 아님) 요인적재량과 절편의 값에 대한 이질성을 허용한다 해도 집단별 잠재평균의 차이를 검정할 수 있다.

제2장에서 CFA를 실행하는 경우에 Mplus는 어떤 디폴트를 설정하는지를 알아보았다. 이러한 디폴트는 매우 유용하기도 하지만 이를 제대로 숙지하지 못하면 Mplus syntax를 이해하지 못하는 것은 물론이고 syntax command를 제대로 설정하지 못할 수도 있다. 일반적인 CFA에서와 마찬가지로 Mplus는 다중집단 CFA에서도 여러 가지 디폴트를 설정하고 있다. 이는 매우 중요한 내용이므로 반드시 알고 넘어가야 한다. 이러한 디폴트를 활용하면 syntax command를 간략하게 줄일 수 있는 장점이 있다. 다음은 다중집단 CFA를 실행하는 경우의 Mplus의 디폴트들이다. 여기에서는 준거지표를 설정하는 방법을 사용하였다.

〈다중집단 CFA의 Mplus 디폴트〉

1. 자유롭게 추정되는 모수(자유모수)
   ① 요인분산
   ② 요인공분산
   ③ 지표변수의 오차분산

2. 집단에 걸쳐 동일하게 제약되는 모수(제약모수)
   ① 요인적재량
   ② 지표변수의 절편
3. 고정모수와 자유모수의 혼합
   ① 요인평균 : 첫 번째 집단의 요인평균들은 0으로 고정하고 나머지 모든 집단의 요인평균들은 자유롭게 추정한다.

위의 디폴트에서 동일하게 제약되는 제약모수의 의미는 각 집단별로 대응되는 해당 지표변수의 값이 동일하다는 것이다. 예를 들어 요인적재량이 동일하다는 것은 두 집단(예 성별)의 경우에 남성집단의 Y1의 요인적재량과 여성집단의 Y1의 요인적재량이 동일하다는 의미이다. 절편도 마찬가지이다.

이제 구체적인 사례를 통하여 다중집단 CFA를 실행하기로 한다. 연구모형은 앞에서 다룬 [그림 7.1]과 동일하고 자료파일도 동일하다. 구체적인 절차에 앞서 집단별로 다변량 정규성을 충족하는지를 확인해야 하고 집단별 모형의 최적모형을 산출해야 한다. 먼저 남성집단의 다변량 정규성을 검정하기로 한다. 다변량 정규성을 검정하기 위한 Mplus syntax는 〈표 7.8〉과 같고 MUTHEN(Male Normality).inp로 저장되어 있다.

〈표 7.8〉 남성집단의 다변량 정규성 검정을 위한 Mplus syntax

```
TITLE:     MALE (NORMALITY)
DATA:          FILE IS MUTHEN.DAT;
               LISTWISE=ON;                 ! Testing for normality
VARIABLE:      NAMES ARE Y1-Y6 X1-X3 GENDER;
               USEVARIABLES ARE Y1-Y6;
               USEOBSERVATIONS=GENDER EQ 1;
               CLASSES=C(1);                ! Testing for normality
ANALYSIS:      TYPE=MIXTURE;                ! Testing for normality
MODEL:         %OVERALL%                    ! Testing for normality
               F1 BY Y1-Y3;
               F2 BY Y4-Y6;
OUTPUT:        TECH1 MOD(3.84) TECH13;      ! Testing for normality(TECH13)
```

〈표 7.8〉을 실행하면 다변량 왜도 검정결과($p=.52$)와 다변량 첨도분석결과($p=.10$)에서 다변량 정규성을 확인할 수 있다. 마찬가지로 여성집단[MUTHEN

(Female Normality).inp로 저장]에서도 다변량 왜도 검정결과(p = .58)와 다변량 첨도 검정결과(p = .29)가 모두 비유의적으로 나타났다. 따라서 Mplus의 다변량 정규성 검정인 ML 추정법을 그대로 사용하기로 한다. 다음으로 개별집단별로 모형 [그림 7.1]의 적합도가 양호하고 수정지수 등에 이상치가 없는지를 확인해야 한다. 만일 이 단계에서 각 집단에서 적합도지수가 양호하지 않으면 수정지수를 이용하여(이론과 실질적 해석가능성의 활용) 모형을 집단별로 수정하여 최적 적합모형을 만들어야 한다. 그리고 집단별로 서로 다른 제약이 허용된다는 사실을 반드시 알아두어야 한다. 예를 들어 남성집단에서는 Y1과 Y2의 오차공분산을 허용하는 대신 여성집단에서는 Y3과 Y4의 오차공분산을 허용할 수 있다. 만일 이러한 기본모형 단계에서 집단별로 서로 다른 제약이 부과된다면 이미 부분측정불변성(partial measurement invariance)을 허용한 것이다. 이러한 남성집단의 기본모형(MUTHEN(Baseline Male).inp)과 여성집단의 기본모형(MUTHEN(Baseline Female).inp)을 분석한 결과 적합도가 모두 양호하게 나타났고 수정지수 또한 큰 값이 나타나지 않아서 모형수정의 필요성이 없다.

7.2.1 형태동일성의 검정

이제 첫 단계로 형태동일성 검정을 실행하기로 한다. 형태동일성모형은 다중집단 요인분석의 기저모형(baseline model)에 해당하는 것으로 반드시 충족되어야 하며, 만일 형태동일성이 충족되지 않으면 다음 단계로 넘어갈 수 없게 된다. 형태동일성모형은 요인의 수와 요인-지표변수의 관계가 동일하며 집단간 제약모수를 지정하지 않고 모든 모수를 자유롭게 추정하는 제약이 가장 덜한 모형(least restricted model)이다. 즉, 모수들에 대하여 어떠한 등가제약도 부과하지 않은(no equality constraints) 모형이다.

앞에서도 다루었지만 Mplus는 기본적으로 MACS의 분석을 디폴트로 하고 있다. 그렇다면 다중집단 요인분석에서 COVS의 분석은 사용할 수 없는가? 결론부터 말하면 형태동일성 검정과 척도불변성 검정은 MACS와 COVS를 모두 사용할 수 있고 스칼라불변성(잠재평균차이분석 포함)은 MACS를 이용하여 검정해야 한다. 바로 이 대목에서 연구자들이 가장 많이 혼동하고 있는 것 같다. 즉, MACS와 COVS의 개념과 차이에 대하여 이해가 부족하기 때문이라고 생각된다. 우리는 형태동일성 검정과 척도불변성 검정에서 MACS와 COVS를 모두 이용할 예정이다.

7.2.1.1 MACS에 의한 형태동일성 검정

먼저 Mplus의 디폴트인 MACS를 이용하여 형태동일성을 검정하기로 한다. 이에 관한 Mplus syntax는 〈표 7.9〉와 같고 MUTHEN(Configural MACS).inp로 저장되어 있다.

〈표 7.9〉 형태동일성 검정을 위한 Mplus syntax(MACS)

```
TITLE:   Testing for Invariance of Configural Model(MACS)
DATA:           FILE IS MUTHEN.DAT;
VARIABLE:       NAMES ARE Y1-Y6 X1-X3 GENDER;
                USEVARIABLES ARE Y1-Y6 GENDER;
                GROUPING IS GENDER (1=MALE 2=FEMALE);
MODEL:          F1 BY Y1-Y3;
                F2 BY Y4-Y6;
                [F1-F2@0];              ! for model identification in MACS
MODEL FEMALE:
                F1 BY Y1@1 Y2-Y3;       ! "F1 by Y2-Y3" is possible
                F2 BY Y4@1 Y5-Y6;       ! "F2 by Y5-Y6" is possible
                [Y1-Y6];
Output:         TECH1 MOD(3.84) STDYX RES;
```

〈표 7.9〉에서 GROUPING IS GENDER (1=MALE 2=FEMALE);의 의미는 집단을 구분하는데(GROUPING) 자료파일의 집단변수(GENDER)에서 1은 남성집단이고 2는 여성집단으로 지정한다는 의미이다. 앞에서 다룬 단일집단의 경우와는 다르게 USEVARIABLES에 GENDER를 지정해도 된다. 물론 생략해도 분석이 가능하다.

위의 자료파일에는 동일한 파일에 남성자료와 여성자료가 함께 저장되어 있다. 만일 이들 자료가 서로 다른 파일에 저장되어 있는 경우에는 두 자료파일을 따로 불러야 한다. 가령 남성자료파일과 여성자료파일이 각각 MALE.DAT와 FEMALE.DAT에 별도로 저장되어 있는 경우에는 다음과 같이 지정해야 한다.

```
DATA:        FILE (MALE) IS MALE.DAT;
             FILE (FEMALE) IS FEMALE.DAT;
VARIABLE:    NAMES ARE Y1-Y6 X1-X3 GENDER;
             USEVARIABLES ARE Y1-Y6 GENDER;
```

위의 명령문에서 FILE (MALE)은 남성을 의미하고 해당자료는 MALE.DAT에 저장되어 있다는 것을 의미하는데, 주의할 점은 FILE과 (MALE) 사이를 한 칸 띄어야 한다는 점이다. 그리고 이미 집단을 지정하였으므로 VARIABLE 명령문에서 GROUPING IS GENDER (1=MALE 2=FEMALE);를 삭제해야 한다.

〈표 7.9〉의 syntax를 살펴보면 MODEL:과 MODEL FEMALE:의 두 가지가 등장한다. MODEL은 남성과 여성 집단에 모두 적용되는, 즉 전체모형(overall model)을 의미한다. 반면에 특정집단을 의미하는 라벨(label : female)과 함께 표기된 MODEL FEMALE은 특정집단(여성집단)에만 적용되는 명령문이다. 즉, 전체모형과 특정집단의 차이를 의미한다. 그리고 지표변수의 오차분산은 Mplus 디폴트에 의하여 집단별로 자유롭게 추정하기 때문에 오차분산을 추정하는 명령문인 Y1-Y6;를 MODEL command에 지정할 필요가 없다. 물론 이들을 MODEL과 MODEL FEMALE에 동시에 지정해도(비록 redundant하지만) 결과는 동일하게 산출된다. ML 추정법은 Mplus의 디폴트이기 때문에 생략하였다.

그리고 연구자들이 가장 많이 오해하고 혼동하는 부분이 바로 MODEL command의 [F1-F2@0];에 관한 것이다. 우선 대괄호 안에 변수명을 기재하는 경우에 해당변수가 독립변수이면 평균을 추정하라는 의미이고 연속형 종속변수인 경우에는 절편을 추정하라는 의미이다. 그런데 F1과 F2는 잠재변수이고 잠재변수는 지표변수들에 영향을 주는 독립변수이므로 [F1-F2@0];은 요인 F1과 F2의 평균을 0으로 고정(@0)시키라는 의미이다. 그렇다면 이러한 요인평균을 반드시 0으로 고정해야 하는가? 바로 이 장면에서 MACS와 COVS의 차별적 이해가 필요하다. 이제 이들을 공분산구조와 평균구조를 이용하여 알아보기로 한다. 우리는 제2장의 식 (2.5)와 식 (2.6)을 통하여 이미 공분산구조와 평균구조를 분석한 바 있다. 여기에서는 식 (2.5)와 식 (2.6)을 다중집단 요인분석에 알맞게 다음과 같이 변형하여 사용한다.

$$\Sigma_{xx}^{g} = \Lambda_x^g \Phi^g \Lambda_x^{'g} + \Theta_\delta^g \tag{7.1}$$

$$\mu_x^g = \nu_x^g + \Lambda_x^g \alpha^g \tag{7.2}$$

식 (7.1)은 공분산구조이고 식 (7.2)는 평균구조이다. 지표변수들의 공분산구조는 요인적재량(Λ)과 요인분산/공분산(Φ) 및 오차분산/공분산(Θ)의 함수이다. 그리고 지표변수의 평균구조는 지표변수의 평균(μ)이 미지의 두 자유모수, 즉 지표변수의 절편(ν)과 요인평균(α)[6]의 함수라는 것을 의미한다. 위첨자 g[group(집단)의 이니셜]

는 각 집단의 행렬요소들은 집단별로 다르다는 것을 의미한다. 따라서 형태동일성모형에서는 각 집단별로 모든 모수들(Λ, Φ, Θ, ν, α)이 다르다고(자유모수) 가정하기 때문에 제약이 가장 적은 모형이다. 이제 평균구조의 식별을 알아보기로 한다. 평균구조의 정보의 개수는 두 집단의 지표변수 평균의 개수이다. 즉, [그림 7.1]에서 집단이 두 개이고 지표변수의 평균은 집단당 6개이므로 총정보의 개수는 12개가 된다. 앞에서 다중집단 요인분석의 경우에 Mplus의 디폴트에 의하여 한 집단의 요인평균들은 0으로 고정하고 다른 모든 집단의 요인평균들은 자유롭게 추정(자유모수)한다는 것을 알아보았다. 따라서 평균구조에서 자유모수의 개수는 두 집단의 지표변수의 절편의 개수(2×6=12)와 추정해야 할 요인평균의 개수(2개)를 합한 14개이다. 따라서 평균구조는 $df = -2$인 과소식별모형이 된다. 그리고 공분산구조의 식별과 평균구조의 식별은 별도로 간주되기 때문에(Kline, 2016) 결과적으로 전체모형이 과소식별되어 모형이 추정되지 않는다. 바로 이러한 문제를 해결하기 위하여(평균구조를 식별하기 위하여) 평균구조에서 모든 집단의 요인평균을 0으로 고정하는 제약이 필요하기 때문에 [F1-F2@0];의 명령문을 지정한 것이다. 이러한 지정으로 인하여 평균구조는 적정식별모형($df = 0$)으로 바뀌게 되고 전체모형이 식별가능해진다. 이러한 문제는 Mplus의 디폴트와 모형의 식별문제가 결합하여 발생하는 현상이다.

이제 여성집단에만 적용되는 MODEL FEMALE:부분을 살펴본다. 먼저 F1 BY Y1@1 Y2-Y3;에 대하여 알아본다. 이러한 명령문은 MODEL command와 동일하지만 Y1@1만 다르게 지정되어 있다. 여기에서 두 가지 질문을 할 수 있다. 첫째, 이러한 요인적재량에 관한 설정을 왜 해야 하는지와 둘째, MODEL command와는 다르게 Y1@1에서 @1이 왜 필요한가에 관한 의문이다. 첫째 질문은 Mplus의 디폴트와 관련되어 있다. 즉, 앞서 언급한 바와 같이 Mplus의 디폴트는 모든 집단의 요인적재량은 동일하게 추정되도록 설정되어 있다. 그런데 형태동일성모형에서는 모든 모수들을 서로 다르게(추정결과는 동일하게 산출될 수도 있다) 추정해야 하므로 이러한 디폴트를 무효화해야(override) 한다. 그리고 MODEL FEMALE에 지정하는 명령문은 MODEL 명령문과 다르게 추정하라는 의미이기 때문에 MODEL FEMALE에 F1 BY Y1@1 Y2-Y3;를 지정하면 MODEL(남성집단)과 MODEL FEMALE(여성집단)의 요인적재량을 서로 다르게 추정한다는 의미가 된다. 두 번째 질문에 대한 답은 모형식별과 관련되어 있다. 예를 들어 MODEL 명령문에 F1 BY Y1-Y3;로 설정되어 있는데 Mplus 디폴트에서는 첫 번째 지표변수인 Y1을 준거지표로 지정하

6) 앞서 설명한 바와 같이 요인평균의 절대적인 값은 추정할 수 없다. 따라서 α값은 실제로는 참조집단과 비교집단 간의 요인평균의 차이를 의미한다.

고 나머지 Y2와 Y3의 요인적재량은 자유롭게 추정한다. 그런데 다중집단 요인분석에서 특정집단인 MODEL FEMALE:에는 첫 번째 지표변수를 준거지표로 지정하는 디폴트가 적용되지 않기 때문에 연구자가 임의로 MODEL command와 동일하게 Y1을 준거지표로 설정해야만 한다. 그리고 Mplus syntax에도 표기가 되어 있지만 F1 BY Y1@1 Y2-Y3;에서 Y1@1을 삭제하고 F1 BY Y2-Y3;로 표기해도 동일한 내용이 된다. F2도 마찬가지이다.

요인적재량과 마찬가지로 지표변수의 절편 또한 다중집단 요인분석을 위한 Mplus 디폴트에서는 집단에 걸쳐 동일하다고 제약한다. 그런데 형태동일성모형을 검정하기 위해서는 집단별로 절편을 자유롭게 추정해야 하기 때문에 MODEL FEMALE:에 다시 이들을 추정하기 위한 명령문 [Y1-Y6];가 반드시 필요하다.

〈표 7.9〉를 실행하면 〈결과 7.9〉를 얻을 수 있다.

〈결과 7.9〉 MACS에 의한 형태동일성 검정결과

```
MODEL FIT INFORMATION
Number of Free Parameters                        38
Chi-Square Test of Model Fit
          Value                              18.266
          Degrees of Freedom                     16
          P-Value                            0.3086
Chi-Square Contribution From Each Group
          MALE                                9.257
          FEMALE                              9.009
RMSEA (Root Mean Square Error Of Approximation)
          Estimate                            0.016
          90 Percent C.I.                     0.000     0.044
          Probability RMSEA <= .05            0.982
CFI/TLI
          CFI                                 1.000
          TLI                                 0.999
SRMR (Standardized Root Mean Square Residual)
          Value                               0.007
```

```
MODEL RESULTS
                                                    Two-Tailed
                    Estimate       S.E.  Est./S.E.    P-Value
Group MALE
 F1       BY
    Y1                 1.000      0.000    999.000    999.000
    Y2                 1.035      0.030     34.332      0.000
    Y3                 1.025      0.030     34.549      0.000
 F2       BY
    Y4                 1.000      0.000    999.000    999.000
    Y5                 0.972      0.026     37.947      0.000
    Y6                 0.969      0.028     35.121      0.000
F2        WITH
    F1                 2.333      0.180     12.930      0.000
Means
    F1                 0.000      0.000    999.000    999.000
    F2                 0.000      0.000    999.000    999.000
Intercepts
    Y1                 2.066      0.080     25.719      0.000
    Y2                 2.088      0.082     25.361      0.000
    Y3                 2.088      0.081     25.714      0.000
    Y4                 1.663      0.085     19.606      0.000
    Y5                 1.623      0.081     20.012      0.000
    Y6                 1.596      0.083     19.255      0.000
Variances
    F1                 2.688      0.204     13.173      0.000
    F2                 3.071      0.228     13.485      0.000
Residual Variances
    Y1                 0.539      0.048     11.219      0.000
    Y2                 0.508      0.048     10.545      0.000
    Y3                 0.472      0.046     10.230      0.000
    Y4                 0.524      0.049     10.812      0.000
    Y5                 0.387      0.040      9.573      0.000
    Y6                 0.550      0.048     11.405      0.000

Group FEMALE
 F1       BY
    Y1                 1.000      0.000    999.000    999.000
    Y2                 0.992      0.028     35.275      0.000
    Y3                 0.475      0.020     23.940      0.000
```

```
F2       BY
   Y4              1.000     0.000   999.000   999.000
   Y5              1.028     0.025    40.679     0.000
   Y6              1.031     0.025    40.516     0.000
F2       WITH
   F1              2.476     0.173    14.273     0.000
Means
   F1              0.000     0.000   999.000   999.000
   F2              0.000     0.000   999.000   999.000
Intercepts
   Y1              1.918     0.073    26.302     0.000
   Y2              1.913     0.073    26.160     0.000
   Y3              1.963     0.042    46.272     0.000
   Y4              1.519     0.081    18.692     0.000
   Y5              1.526     0.082    18.659     0.000
   Y6              1.533     0.082    18.684     0.000
Variances
   F1              2.721     0.187    14.550     0.000
   F2              3.333     0.228    14.605     0.000
Residual Variances
   Y1              0.469     0.050     9.322     0.000
   Y2              0.529     0.052    10.206     0.000
   Y3              0.465     0.030    15.620     0.000
   Y4              0.627     0.049    12.745     0.000
   Y5              0.488     0.045    10.912     0.000
   Y6              0.497     0.045    10.958     0.000
```

먼저 형태동일성모형의 전반적인 적합도는 매우 양호하게 나타났다. 또한 두 집단의 요인평균이 0으로 고정되어 있는 것을 확인할 수 있다. 그리고 집단별로 요인의 구조는 동일하지만 모수추정치들(요인적재량, 절편, 요인분산, 요인공분산, 오차분산)은 모두 다르게(자유모수) 추정된 것을 알 수 있다. 미리 예상해 보면 남성집단에서는 Y1, Y2, Y3의 요인적재량이 비슷한 값을 보이지만 여성집단에서는 Y1과 Y2의 요인적재량은 비슷하지만 Y3(0.475)는 차이가 심하게 나타난 것을 알 수 있다.

결과물에서 자유모수의 개수가 38개이고 $\chi^2 = 18.266$, $df = 16$으로 나타나 있는데 이들은 남성과 여성의 개별 값들을 합계한 것이다. 먼저 χ^2값을 살펴보면 남성은 $\chi^2 = 9.257$이고 여성은 $\chi^2 = 9.009$이므로 이들을 합계하면 $\chi^2 = 18.266$으로 계산된다. 두 집단의 χ^2값이 거의 차이가 없기 때문에 두 집단이 형태동일성모형에 공헌하는 정도는 비슷하다고 할 수 있다. 이들의 집단별 χ^2값은 앞서 계산한 동질적 지표모형(congeneric model)에서 계산한 남성과 여성의 χ^2값과 동일한 수치이다. 다음으로 자유모수의 개수(38개)와 자유도(16개)의 계산에 대하여 알아보기로 한다. 이러한 계산은 단일집단의 계산과 유사하다. 다만 집단이 2개로 늘어난 것을 고려하면 된다. 즉, 한 집단의 정보의 개수와 자유모수를 계산한 후에 2를 곱하면 된다. 이제 남성집단에 대하여 이들을 계산해 보기로 한다. 앞의 동질적 지표모형과 다른 점은 모든 요인적재량을 자유롭게 추정하고 요인분산을 1로 설정한 동질적 지표모형과는 달리 여기에서는 준거지표를 설정했다는 점이다. 따라서 자유모수로 지정된 요인적재량은 4개이고 요인분산은 자유모수이다.

〈정보의 개수〉

공분산구조 : 21개($p(p+1)/2=6(7)/2=21$)
평균구조 : 6개(지표변수 평균의 개수)
총정보의 개수 : 27개

〈자유모수의 개수〉

요인적재량 : 4개
요인분산의 개수 : 2개
요인공분산의 개수 : 1개
오차분산의 개수 : 6개
지표변수 절편의 개수 : 6개
총자유모수의 개수 : 19개

〈자유도의 개수〉

$27-19=8$개

형태동일성모형은 남성과 여성을 결합한 모형이므로 정보의 개수는 $27\times2=54$개이고 자유모수의 개수는 $19\times2=38$개이며 따라서 자유도의 개수는 $8\times2=16$개로 계산된다. 이들은 결과물에 제시된 수치와 일치한다. 이러한 자유모수가 적절하게 지정되었는지는 TECH1 옵션 결과를 확인하면 되는데, TECH1 옵션의 결과물에서 자유모수는 남성집단과 여성집단에서 각각 19개씩으로 나타나 있다. 그리고 전반적인 적합도가 양호하게 나타났고 수정지수의 크기도 크지 않으며 표준화잔차도 큰 수치가 보이지 않기 때문에 형태동일성모형은 적합하다고 할 수 있다.

7.2.1.2 COVS에 의한 형태동일성 검정

이제 COVS를 이용하여 형태동일성모형을 검정하기로 한다. COVS의 분석에서는 공분산구조만 분석하고 평균구조는 분석하지 않는다. 이러한 이유로 여러 학자들은 형태동일성모형의 검정시에 COVS를 사용할 것을 권장하고 있다. 하지만 Mplus의 디폴트는 MACS를 분석하기 때문에 MACS와 COVS의 분석을 모두 이해하는 것이 도움이 된다. COVS를 이용하여 형태동일성을 검정하는 Mplus syntax(MUTHEN (Configural COVS).inp)는 〈표 7.10〉과 같다.

〈표 7.10〉 형태동일성 검정을 위한 Mplus syntax(COVS)

```
TITLE:  Testing for Invariance of Configural Model(COVS)
DATA:        FILE IS MUTHEN.DAT;
VARIABLE:    NAMES ARE Y1-Y6 X1-X3 GENDER;
             USEVARIABLES ARE Y1-Y6 GENDER;
             GROUPING IS GENDER (1=MALE 2=FEMALE);
                                   ! SPECIFY GROUPING FACTOR
ANALYSIS:   MODEL=NOMEANSTRUCTURE;
                                   ! OVERRIDE DEFAULT TO INCLUDE MEANS
             INFORMATION=EXPECTED;
                                   ! AND INTERCEPTS IN THE ANALYSIS MODEL
MODEL:       F1 BY Y1-Y3;          ! FREELY ESTIMATE PARAMETERS
             F2 BY Y4-Y6;          ! IN MALE AS WELL AS FEMALE
MODEL FEMALE:
             F1 BY Y1@1 Y2-Y3;             ! "F1 BY Y2-Y3" IS POSSIBLE
             F2 BY Y4@1 Y5-Y6;             ! "F2 BY Y5-Y6" IS POSSIBLE
Output:      TECH1 MOD(3.84) STDYX RES;
```

형태불변성(configural invariance)을 검정하는 경우에 있어서 MACS를 분석하는 〈표 7.9〉와 COVS를 분석하는 〈표 7.10〉을 살펴보면 세 가지 면에서 차이가 있는 것을 발견할 수 있다. 첫 번째 차이점으로 COVS의 분석에서 ANALYSIS command의 내용이다. 먼저 MODEL=NOMEANSTRUCTURE;은 평균구조를 분석하지 않는다는 내용이다. 즉, 지표변수의 절편과 요인평균의 추정은 제외된다는 의미이다. 그리고 INFORMATION=EXPECTED;은 공분산구조의 분석에서 Mplus

의 디폴트인 관찰된 정보행렬(observed information matrix) 대신 기대정보행렬을 사용한다는 의미이다. 둘째와 셋째 차이점으로 〈표 7.10〉에는 〈표 7.9〉에서 지정되었던 [F1-F2@0];과 [Y1-Y6];이 제외되어 있다. COVS는 요인평균을 추정하지 않기 때문에 [F1-F2@0];의 지정이 필요 없고 또한 지표변수의 절편을 추정하지 않기 때문에 절편을 추정하라는 명령문인 [Y1-Y6];도 당연히 필요 없게 된다. 〈표 7.10〉을 실행하면 요인평균과 지표변수의 절편들만 추정에서 제외되고 나머지 자유모수 추정치들은 〈결과 7.9〉와 동일하다는 것(결과는 생략)을 확인할 수 있다.

한 가지 중요한 내용을 제시하면 만일 자료의 비정규성이 심하여 ML 추정법을 사용하지 못하고 MLM 추정법 혹은 MLR 추정법 등을 사용하는 경우에는 이러한 COVS 분석방법을 사용할 수가 없기 때문에 반드시 MACS 분석방법을 사용해야 한다.

7.2.2 척도불변성의 검정

형태동일성이 확인되었으므로 다음 단계인 척도불변성의 검정단계로 넘어간다. 척도불변성은 각 집단에 걸쳐서 대응되는 지표변수의 요인적재량이 동일하다고 제약하는 것이다. 즉, 남성집단과 여성집단의 Y1, Y2, Y3, Y4, Y5, Y6의 요인적재량이 같다고 가정하는 것이다. 이는 단일집단에서 살펴본 타우동등성과 같은 개념이다. 이러한 내용은 식 (7.1)의 Λ에서 g를 제거하면 된다. 다시 말하면 $\Lambda_{male}=\Lambda_{female}$로 설정하는 것이다. 즉, 식 (7.1)의 Λ_x^g에서 g가 삭제되어 Λ_x로 지정된다. 따라서 식 (7.1)과 식 (7.2)는 다음과 같이 변형된다.

$$\Sigma_{xx}^g=\Lambda_x\Phi^g\Lambda_x^{'}+\Theta_\delta^g \qquad (7.3)$$

$$\mu_x^g=\nu_x^g \qquad (7.4)$$

모형식별을 위하여 요인평균(α)은 0으로 고정시키기 때문에 식 (7.4)에는 해당 항목이 삭제되어 있다. 만일 MACS를 분석한다면 여전히 Φ와 Θ및 ν는 자유모수로 지정하는 셈이 된다. 또한 COVS를 분석하기 위해서는 ν를 자유모수에서 제외시켜야 한다. 척도불변성의 검정은 측정불변성의 최소한의 요건이다. 따라서 척도불변성은 측정불변성의 실질적인 첫 단계라고 할 수 있다(Wang & Wang, 2012). 척도불변성이 확보되면 집단별로 요인점수의 척도가 동일하다는 것을 의미한다. 즉, 요인점수가 한 단위 변화하는 경우에 요인에 적재되어 있는 모든 지표변수들은 모든 집단에서 동일한 변화율을 보인다는 것을 의미한다. 척도불변성이 기각되면 각 집단에서 지표변수들이 서로 다른 요인을 측정하고 있다는 것을 의미한다.

척도불변성의 검정에 대한 귀무가설은 집단간에 요인적재량들이 통계적으로 다르지 않다는 것이다. 이러한 가설의 검정을 위해서는 일반적으로 앞에서 다룬 χ^2차이검정(우도비 검정)이 가장 많이 사용된다. 하지만 χ^2차이검정은 χ^2 자체의 한계점을 그대로 간직하고 있다. 즉, 표본의 크기와 비정규성에 민감하다는 것이다. 따라서 다중집단 요인분석에서 측정불변성을 검정하는 방법으로 χ^2차이검정 이외의 방법을 찾기 시작하였다. 이에 착안하여 Cheung & Rensvold(2002)는 시뮬레이션을 이용하여 20개의 적합도지수들을 분석하였다. 분석결과 $\Delta\chi^2$의 대안으로 적합도지수들 중에서 대표적으로 CFI의 변화율(ΔCFI)을 이용한 측정불변성 검정을 제안하였다. ΔCFI는 다음과 같이 계산된다(Cheung & Rensvold, 2002, p.239).

$$\Delta CFI = CFI_c - CFI_{uc} \tag{7.5}$$

식 (7.5)에서 ΔCFI는 제약모형(constrained model)의 CFI와 비제약모형(unconstrained model)의 CFI의 차이를 의미한다. 예를 들면 형태동일성모형은 비제약모형이고 척도동일성모형은 제약모형이다. 일반적으로 제약모수가 증가하면 CFI값은 감소하기 때문에 ΔCFI는 대부분 음수로 나타난다. Cheung & Rensvold (2002)의 시뮬레이션 결과에 의하면 비제약모형에 비하여 제약모형의 CFI값이 0.01 이하로 감소한다면 측정동일성이 확보된다는 것이다. 하지만 이러한 방법은 아직 논란의 여지가 있고 완전히 정착되지 않은 관계로 아직도 χ^2차이검정을 이용하여 측정불변성을 검정하는 방법이 주로 사용되고 있다.

7.2.2.1 MACS를 이용한 척도불변성 검정

먼저 MACS를 이용한 척도불변성을 검정하기로 한다. 이에 관한 Mplus syntax는 〈표 7.11〉(MUTHEN(metric MACS).inp)과 같다.

〈표 7.11〉 척도불변성 검정을 위한 Mplus syntax(MACS)

```
TITLE:     Testing for Invariance of Factor loadings(METRIC)
DATA:                FILE IS MUTHEN.DAT;
VARIABLE:            NAMES ARE Y1-Y6 X1-X3 GENDER;
                     USEVARIABLES ARE Y1-Y6 GENDER;
```

```
                GROUPING IS GENDER (1=MALE 2=FEMALE);
MODEL:          F1 BY Y1-Y3;
                F2 BY Y4-Y6;
                [F1-F2@0];              ! for model identification
MODEL FEMALE:
                !F1 BY Y1@1 Y2-Y3;      ! equality constraint
                !F2 BY Y4@1 Y5-Y6;      ! equality constraint
                [Y1-Y6];
Output:       TECH1 MOD(3.84) STDYX RES;
```

〈표 7.9〉와 〈표 7.11〉을 비교하면 〈표 7.11〉에 두 개의 명령문 F1 BY Y1@1 Y2-Y3;과 F2 BY Y4@1 Y5-Y6;의 앞에 느낌표(!)가 추가된 것을 알 수 있다. 이러한 느낌표는 Mplus에서 실행되지 않기 때문에 !가 붙어 있는 명령문은 해당 명령문을 삭제한 것과 동일한 효과를 가져온다. 따라서 이러한 명령문들을 MODEL FEMALE:에서 삭제해도 된다. 다만 〈표 7.9〉와의 비교목적으로 !를 사용한 것이다. 이와 같은 지정에 의하여 남성집단과 여성집단의 요인적재량들이 동일하게 지정되는 척도불변성모형으로 바뀌게 된다. 달리 말해서 Mplus 디폴트에 의하면 각 집단에서 요인적재량이 동일하다고 제약되기 때문에 MODEL FEMALE:에서 위의 두 명령문을 삭제하는 것은 원래의 디폴트를 부활시키는 것과 같다. 〈표 7.11〉을 실행하면 〈결과 7.10〉이 도출된다.

〈결과 7.10〉 척도불변성 검정결과(MACS)

```
MODEL FIT INFORMATION
Number of Free Parameters                          34
Chi-Square Test of Model Fit
          Value                                286.933
          Degrees of Freedom                        20
          P-Value                               0.0000
Chi-Square Contribution From Each Group
          MALE                                 179.073
          FEMALE                               107.859
RMSEA (Root Mean Square Error Of Approximation)
          Estimate                               0.156
          90 Percent C.I.                        0.140    0.172
          Probability RMSEA <= .05               0.000
```

```
CFI/TLI
          CFI                              0.961
          TLI                              0.941
SRMR (Standardized Root Mean Square Residual)
          Value                            0.105

MODEL RESULTS
                                                          Two-Tailed
                    Estimate       S.E.    Est./S.E.    P-Value
Group MALE
 F1       BY
   Y1                  1.000      0.000     999.000     999.000
   Y2                  1.015      0.021      47.850       0.000
   Y3                  0.680      0.023      29.014       0.000
 F2       BY
   Y4                  1.000      0.000     999.000     999.000
   Y5                  1.002      0.018      55.402       0.000
   Y6                  1.004      0.019      53.592       0.000
 F2       WITH
   F1                  2.426      0.184      13.205       0.000
 Means
   F1                  0.000      0.000     999.000     999.000
   F2                  0.000      0.000     999.000     999.000
 Intercepts
   Y1                  2.066      0.085      24.435       0.000
   Y2                  2.088      0.085      24.528       0.000
   Y3                  2.088      0.067      30.955       0.000
   Y4                  1.663      0.083      19.945       0.000
   Y5                  1.623      0.082      19.899       0.000
   Y6                  1.596      0.084      19.067       0.000
 Variances
   F1                  3.067      0.219      14.005       0.000
   F2                  2.934      0.207      14.155       0.000
 Residual Variances
   Y1                  0.508      0.057       8.945       0.000
   Y2                  0.462      0.056       8.249       0.000
   Y3                  0.857      0.074      11.561       0.000
   Y4                  0.540      0.048      11.252       0.000
   Y5                  0.379      0.040       9.535       0.000
   Y6                  0.546      0.048      11.411       0.000
```

```
Group FEMALE
 F1        BY
   Y1                1.000     0.000    999.000    999.000
   Y2                1.015     0.021     47.850      0.000
   Y3                0.680     0.023     29.014      0.000
 F2        BY
   Y4                1.000     0.000    999.000    999.000
   Y5                1.002     0.018     55.402      0.000
   Y6                1.004     0.019     53.592      0.000
 F2        WITH
   F1                2.347     0.163     14.423      0.000
 Means
   F1                0.000     0.000    999.000    999.000
   F2                0.000     0.000    999.000    999.000
 Intercepts
   Y1                1.918     0.069     27.693      0.000
   Y2                1.913     0.070     27.197      0.000
   Y3                1.963     0.051     38.365      0.000
   Y4                1.519     0.082     18.426      0.000
   Y5                1.526     0.081     18.754      0.000
   Y6                1.533     0.082     18.806      0.000
 Variances
   F1                2.330     0.164     14.168      0.000
   F2                3.459     0.224     15.432      0.000
 Residual Variances
   Y1                0.548     0.051     10.737      0.000
   Y2                0.568     0.052     10.988      0.000
   Y3                0.494     0.037     13.526      0.000
   Y4                0.617     0.049     12.630      0.000
   Y5                0.495     0.044     11.231      0.000
   Y6                0.501     0.045     11.240      0.000
```

〈결과 7.10〉을 보면 먼저 자유모수의 개수가 34개로 나타나 있다. 이는 형태동일성모형의 자유도 개수(38개)에서 척도동일성모형에서 제약모수로 추가로 지정된 요인적재량 4개를 차감한 개수이다. 다음으로 전반적 적합도지수들을 살펴보면 CFI와 TLI는 양호하게 나타났지만 RMSEA(0.156)와 SRMR(0.105)의 적합도가 양호하지 않게 나타나서 특정변수간의 관계가 잘 재생되지 않는다는 것을 암시하고 있다.

척도불변성모형과 형태동일성모형의 적합도 차이를 확인하기 위하여 χ^2차이검정을 실시하기로 한다. 가설검정형태는 다음과 같다.

H_0 : 간명한 모형(척도불변성모형)을 선택한다. $\chi^2(20) = 286.933$

H_1 : 복잡한 모형(형태동일성모형)을 선택한다. $\chi^2(16) = 18.266$

$\Delta\chi^2 = 268.667$, $\Delta df = 4$에 해당하는 p값은 6.18E−57($p < .001$)로 계산된다. 이러한 결과는 "자유도 4개를 희생시키면 모형적합도가 유의적으로 향상되기 때문에 간명한 모형을 버리고 복잡한 모형을 선택한다"고 해석한다. 따라서 척도불변성이 성립하지 않는다고 결론을 내린다.

그리고 요인적재량은 두 집단에서 모두 동일하게 제약된 것을 알 수 있다. 하지만 Y1과 Y2의 요인적재량은 비슷하지만 Y3의 요인적재량은 상당히 다르게 나타났다. 이를 확인하기 위하여 수정지수를 살펴보기로 한다. 척도불변성은 요인적재량과 관계되기 때문에 수정지수는 요인적재량과 연관되어 있는 BY Statements만 살펴보면 된다(Byrne, 2012).

〈결과 7.11〉 수정지수

Minimum M.I. value for printing the modification index 3.840

		M.I.	E.P.C.	Std E.P.C.	StdYX E.P.C.
Group MALE					
BY Statements					
F1	BY Y1	44.997	−0.263	−0.460	−0.243
F1	BY Y2	24.460	−0.088	−0.155	−0.081
F1	BY Y3	**229.410**	**0.302**	**0.529**	**0.351**
F1	BY Y4	6.215	0.070	0.123	0.066
F2	BY Y1	26.639	−0.173	−0.295	−0.156
F2	BY Y2	15.675	−0.133	−0.228	−0.120
F2	BY Y3	162.947	0.404	0.693	0.459
Group FEMALE					
BY Statements					
F1	BY Y1	45.006	0.263	0.401	0.237
F1	BY Y2	24.456	0.107	0.164	0.095
F1	BY Y3	**229.413**	**−0.221**	**−0.338**	**−0.269**
F1	BY Y4	5.013	−0.077	−0.118	−0.058

F2	BY Y1	24.965	0.138	0.257	0.151
F2	BY Y2	11.463	0.095	0.176	0.102
F2	BY Y3	114.499	−0.257	−0.477	−0.381

〈결과 7.11〉에서 수정지수를 살펴보면 Y3의 F1에 대한 요인적재량이 남성과 여성 모두에서 동시에 문제가 발생하였다는 것을 알 수 있다. 즉, 남성과 여성 집단에서 Y3의 F1에 대한 요인적재량을 동일하다고 제약하는 것이 적합하지 않다는 것을 의미하는 것이다. 그렇다면 연구자는 어떠한 의사결정을 해야 하는가? 먼저 위에서 살펴본 Putnick & Bornstein(2016)의 첫 번째 제안을 실행해 보는 것이다. 즉, 요인적재량의 이질성의 원인(여기에서는 Y3)을 찾아내어 이러한 요인적재량의 이질성을 반영하여 부분측정불변성을 먼저 검정한다. 만일 이러한 부분불변성이 확인되면 다음 단계(스칼라불변성의 검정)로 넘어갈 수 있다. 이러한 방법은 MODEL FEMALE: 에 Y3의 요인적재량을 남성집단과 여성집단에서 다르게 허용(F1 BY Y3;)하는 것이다. 즉, MODEL FEMALE:이 다음의 〈표 7.12〉와 같이 달라진다. 그리고 중요한 점은 제3장에서 언급한 것처럼 한 번에 하나의 제약을 완화시켜야(only one constraint be relaxed at a time) 한다는 점이다. 〈결과 7.11〉을 보면 수정지수가 높은 관계는 F1 BY Y3 이외에도 F2 BY Y3 등 여러 개가 있지만 수정지수가 가장 높은 관계(F1 BY Y3) 하나만 우선적으로 부분척도불변성모형에 반영해야 한다.

〈표 7.12〉 부분척도불변성을 위한 Mplus syntax(MUTHEN(metric partial MACS).inp)(MACS)

```
TITLE:  Testing for metric invariance(Partial)
DATA:            FILE IS MUTHEN.DAT;
VARIABLE:        NAMES ARE Y1-Y6 X1-X3 GENDER;
                 USEVARIABLES ARE Y1-Y6 GENDER;
                 GROUPING IS GENDER (1=MALE 2=FEMALE);
MODEL:           F1 BY Y1-Y3;
                 F2 BY Y4-Y6;
                 [F1-F2@0];              ! for model identification
MODEL FEMALE:    !F1 BY Y1@1 Y2-Y3;      ! equality constraint
                 !F2 BY Y4@1 Y5-Y6;      ! equality constraint
                 [Y1-Y6];
                 F1 BY Y3;
Output:          MOD(3.84) TECH1 STDYX RES;
```

〈표 7.12〉에서 여성집단에 F1 BY Y3;가 추가되어 있음을 알 수 있다. 따라서 두 집단에서 Y3의 F1에 대한 요인적재량은 다르게 추정되는 것이 허용된다. 〈표 7.12〉를 실행하면 〈결과 7.12〉가 얻어진다.

〈결과 7.12〉 부분척도불변성 검정결과

```
MODEL FIT INFORMATION
Number of Free Parameters                          35
Chi-Square Test of Model Fit
          Value                                22.645
          Degrees of Freedom                       19
          P-Value                              0.2533
Chi-Square Contribution From Each Group
          MALE                                 11.691
          FEMALE                               10.954
RMSEA (Root Mean Square Error Of Approximation)
          Estimate                              0.019
          90 Percent C.I.                       0.000    0.044
          Probability RMSEA <= .05              0.985
CFI/TLI
          CFI                                   0.999
          TLI                                   0.999
Chi-Square Test of Model Fit for the Baseline Model
          Value                              6844.892
          Degrees of Freedom                       30
          P-Value                              0.0000
SRMR (Standardized Root Mean Square Residual)
          Value                                 0.012

MODEL RESULTS
                                                        Two-Tailed
                     Estimate       S.E.    Est./S.E.    P-Value
Group MALE
 F1        BY
   Y1                  1.000       0.000     999.000     999.000
   Y2                  1.013       0.021      49.188       0.000
   Y3                  1.014       0.027      37.675       0.000
 F2        BY
   Y4                  1.000       0.000     999.000     999.000
```

```
   Y5                    1.003      0.018     55.409      0.000
   Y6                    1.004      0.019     53.593      0.000
 F2       WITH
   F1                    2.304      0.174     13.225      0.000
 Means
   F1                    0.000      0.000    999.000    999.000
   F2                    0.000      0.000    999.000    999.000
 Intercepts
   Y1                    2.066      0.081     25.504      0.000
   Y2                    2.088      0.082     25.561      0.000
   Y3                    2.088      0.081     25.714      0.000
   Y4                    1.663      0.083     19.944      0.000
   Y5                    1.623      0.082     19.894      0.000
   Y6                    1.596      0.084     19.075      0.000
 Variances
   F1                    2.748      0.199     13.830      0.000
   F2                    2.933      0.207     14.154      0.000
 Residual Variances
   Y1                    0.533      0.048     11.191      0.000
   Y2                    0.515      0.048     10.779      0.000
   Y3                    0.472      0.046     10.219      0.000
   Y4                    0.542      0.048     11.286      0.000
   Y5                    0.381      0.040      9.582      0.000
   Y6                    0.543      0.048     11.392      0.000

Group FEMALE
 F1       BY
   Y1                    1.000      0.000    999.000    999.000
   Y2                    1.013      0.021     49.188      0.000
   Y3                    0.480      0.020     24.475      0.000
 F2       BY
   Y4                    1.000      0.000    999.000    999.000
   Y5                    1.003      0.018     55.409      0.000
   Y6                    1.004      0.019     53.593      0.000
 F2       WITH
   F1                    2.496      0.172     14.551      0.000
 Means
   F1                    0.000      0.000    999.000    999.000
   F2                    0.000      0.000    999.000    999.000
 Intercepts
   Y1                    1.918      0.072     26.473      0.000
   Y2                    1.913      0.074     25.982      0.000
```

```
    Y3                1.963     0.042    46.271      0.000
    Y4                1.519     0.082    18.427      0.000
    Y5                1.526     0.081    18.758      0.000
    Y6                1.533     0.082    18.802      0.000
 Variances
    F1                2.667     0.178    15.014      0.000
    F2                3.458     0.224    15.431      0.000
 Residual Variances
    Y1                0.482     0.049     9.872      0.000
    Y2                0.517     0.050    10.272      0.000
    Y3                0.465     0.030    15.616      0.000
    Y4                0.618     0.049    12.638      0.000
    Y5                0.493     0.044    11.201      0.000
    Y6                0.503     0.045    11.256      0.000

Minimum M.I. value for printing the modification index     3.840
                          M.I.     E.P.C.  Std E.P.C. StdYX E.P.C.
Group MALE
BY Statements
F1         BY Y4          5.811      0.072     0.119      0.064

Group FEMALE
BY Statements
F1         BY Y4          5.123     -0.072    -0.118     -0.058
```

〈결과 7.12〉에서 Y3의 요인적재량이 두 집단에서 자유롭게 추정되기 때문에 자유모수의 개수는 완전척도불변성모형보다 1개 증가한 35개이고 자유도는 1개 감소한 19개로 나타났다. 그리고 모든 적합도가 양호하게 나타난 것을 확인할 수 있다. 또한 〈결과 7.10〉과는 달리 Y3의 F1에 대한 요인적재량이 두 집단별로 다르게 추정되고 있다는 것을 알 수 있다. 특히 수정지수를 살펴보면 단 1개의 관계만(F1 BY Y4) 낮은 수정지수를 보이고 있다. 제3장에서 설명한 바와 같이 단 하나의 오설정 모수(F1 BY Y3)만을 수정(correcting one misspecified parameter)하여도 나머지 오설정 모수관계가 모두 해결되는 사례라 할 것이다. 이러한 이유로 오설정 모수는 반드시 한 번에 하나의 모수만을 수정해야 한다.

이제 부분척도동일성모형이 형태동일성모형과 적합도의 차이가 없는지를 확인해 본다. 가설검정은 다음의 형태를 이용한다.

H_0 : 간명한 모형(부분척도불변성모형)을 선택한다. $\chi^2(19) = 22.645$

H_1 : 복잡한 모형(형태동일성모형)을 선택한다. $\chi^2(16) = 18.266$

$\Delta\chi^2 = 4.379$, $\Delta df = 3$이므로 p값은 $p = .2233$으로 계산된다. 즉, 자유도 3개를 희생해도 모형적합도가 향상되지 않기 때문에 부분척도불변성모형을 기각하지 않고 채택하게 된다. 따라서 Y3의 요인적재량을 두 집단에서 자유롭게 추정하는 부분척도불변성 가정은 충족되었다고 결론을 내릴 수 있다. 그리고 이러한 등가제약과 자유모수의 추가(F1 BY Y3)는 다음 단계의 불변성 검정에 그대로 유지되어야 한다(Wang & Wang, 2012).

7.2.2.2 COVS를 이용한 척도불변성 검정

이제 COVS 분석을 이용하는 척도불변성 검정을 알아보기로 한다. 완전척도불변성은 충족되지 않았으므로 COVS 분석을 이용한 부분척도불변성 검정만 살펴보기로 한다. 이에 관한 Mplus syntax(MUTHEN(metric partial COVS).inp)는 〈표 7.13〉과 같다.

〈표 7.13〉 부분척도불변성 검정을 위한 Mplus syntax(COVS)

```
TITLE:  Testing for Invariance of Configural Model(Partial COVS)
DATA:        FILE IS MUTHEN.DAT;
VARIABLE:    NAMES ARE Y1-Y6 X1-X3 GENDER;
             USEVARIABLES ARE Y1-Y6 GENDER;
             GROUPING IS GENDER (1=MALE 2=FEMALE);
ANALYSIS:    MODEL=NOMEANSTRUCTURE;
             INFORMATION=EXPECTED;
MODEL:       F1 BY Y1-Y3;
             F2 BY Y4-Y6;
MODEL FEMALE:
             F1 BY Y3;
Output:      MOD(3.84) TECH1 STDYX RES;
```

〈표 7.13〉은 MACS의 분석에 관한 Mplus syntax에 ANALYSIS 명령문의 내용을 추가한 반면에 [F1−F2@0];과 [Y1−Y6];를 삭제한 것이다. SRMR의 약간의 차이를 제외하고 두 방법에 의한 전반적 적합도는 동일하며 〈표 7.13〉의 실행결과

에서는 지표변수의 절편이 추정되지 않는다.

이상의 방법들은 척도불변성 검정시에 각 요인의 첫 번째 지표변수(Y1과 Y4)를 준거지표로 설정하였다. 즉, 준거지표들의 요인적재량은 추정되지 않고 1로 고정된다. 따라서 준거지표들의 요인적재량의 척도불변성은 우도비 검정시에 검정되지 않는다. 하지만 구조모수의 의미 있는 비교를 위해서는 준거지표의 요인적재량도 집단별로 동일한지를 검정하는 것이 필요하다(Wang & Wang, 2012). 준거지표의 요인적재량이 집단별로 동일한지를 검정하기 위해서는 준거지표들을 자유모수로 지정하고 다른 지표변수를 1로 고정시켜 불변성 검정을 실행해야 한다. 여기에서는 Y2와 Y5를 새로운 준거지표로 설정하여 원래 준거지표인 Y1과 Y3의 요인적재량이 집단별로 동일한지를 검정하기로 한다. 모형은 부분척도불변성모형을 이용하기로 한다. 먼저 준거지표를 달리 설정하는 Mplus syntax[MUTHEN metric Partial MACS marker a).inp]는 〈표 7.14〉와 같다.

〈표 7.14〉 새로운 준거지표의 설정을 위한 Mplus syntax

```
TITLE:  Test invariance of marker indicator factor loadings(Partial)(MACS)
DATA:           FILE IS MUTHEN.DAT;
VARIABLE:       NAMES ARE Y1-Y6 X1-X3 GENDER;
                USEVARIABLES ARE Y1-Y6 GENDER;
                GROUPING IS GENDER (1=MALE 2=FEMALE);
MODEL:          F1 BY Y1* Y2@1 Y3;
                F2 BY Y4* Y5@1 Y6;
                [F1-F2@0];              ! for model identification
MODEL FEMALE:
                F1 BY Y1 Y2@1 Y3;
                F2 BY Y4 Y5@1 Y6;
                [Y1-Y6];
                F1 BY Y3;
Output:         MOD(3.84) TECH1 STDYX RES;
```

〈표 7.14〉의 MODEL command에서 원래 준거지표인 Y1과 Y4는 자유모수로 전환되고(*) Y2와 Y5가 새로운 준거지표로 지정되어 있다. 앞에서 언급한 바와 같이 Mplus 디폴트는 특정집단의 명령문(MODEL FEMALE:)에서는 준거지표를 지정하지 않으므로 연구자가 임의로 준거지표를 설정해야 하기 때문에 Y2와 Y5를 새로운 준거지표로 설정해 주어야 한다. 〈표 7.14〉를 실행한 결과물의 일부는 〈결과

7.13〉과 같다.

〈결과 7.13〉 새로운 준거지표 설정에 대한 결과물

```
MODEL FIT INFORMATION
Number of Free Parameters                          38
Chi-Square Test of Model Fit
          Value                                18.266
          Degrees of Freedom                       16
          P-Value                              0.3086
Chi-Square Contribution From Each Group
          MALE                                  9.257
          FEMALE                                9.009
RMSEA (Root Mean Square Error Of Approximation)
          Estimate                              0.016
          90 Percent C.I.                       0.000      0.044
          Probability RMSEA <= .05              0.982
CFI/TLI
          CFI                                   1.000
          TLI                                   0.999
SRMR (Standardized Root Mean Square Residual)
          Value                                 0.007

MODEL RESULTS
                                                    Two-Tailed
                    Estimate     S.E.   Est./S.E.    P-Value
Group MALE
 F1       BY
   Y1                 0.966     0.028     34.332      0.000
   Y2                 1.000     0.000    999.000    999.000
   Y3                 0.990     0.028     35.511      0.000
 F2       BY
   Y4                 1.029     0.027     37.948      0.000
   Y5                 1.000     0.000    999.000    999.000
   Y6                 0.997     0.027     37.052      0.000

Group FEMALE
 F1       BY
   Y1                 1.008     0.029     35.275      0.000
   Y2                 1.000     0.000    999.000    999.000
```

Y3		0.479	0.020	23.700	0.000
F2	BY				
Y4		0.973	0.024	40.679	0.000
Y5		1.000	0.000	999.000	999.000
Y6		1.003	0.023	43.201	0.000

〈표 7.14〉는 형태동일성모형과 동일한 내용을 표현한 것이다. 따라서 자유모수의 개수(38개)를 비롯하여 전반적 적합도는 형태동일성모형의 적합도와 정확히 일치한다(〈결과 7.13〉). 그리고 원래 지표변수(Y1, Y4)는 자유롭게 추정되고 새로운 준거지표(Y2, Y5)가 설정된 것을 확인할 수 있다.

다음으로 원래 준거지표들의 요인적재량을 동일하게 제약하는 Mplus syntax (MUTHEN(metric Partial MACS marker b).inp)는 〈표 7.15〉와 같다.

〈표 7.15〉 원래 준거지표(Y1과 Y4)의 척도불변성 검정을 위한 Mplus syntax

```
TITLE:     Testing invariance of marker indicator factor loadings(Partial)(MACS)
DATA:      FILE IS MUTHEN.DAT;
VARIABLE:  NAMES ARE Y1-Y6 X1-X3 GENDER;
           USEVARIABLES ARE Y1-Y6 GENDER;
           GROUPING IS GENDER (1=MALE 2=FEMALE);
MODEL:     F1 BY Y1*(1)
                 Y2@1 Y3;
           F2 BY Y4*(2)
                 Y5@1 Y6;
           [F1-F2@0];              ! for model identification
MODEL FEMALE:
           F1 BY Y1(1)
                 Y2@1 Y3;
           F2 BY Y4(2)
                 Y5@1 Y6;
           [Y1-Y6];
           F1 BY Y3;
Output:    MOD(3.84) TECH1 STDYX RES;
```

〈표 7.15〉에서 (1)은 남성과 여성의 Y1의 요인적재량을 동일하게 제약하는 것을 의미하고 마찬가지로 (2)는 Y4의 요인적재량을 동일하게 제약하는 것이다. 그리

고 괄호를 이용하는 제약은 한 줄에 하나의 제약만을 지정해야 한다. 〈표 7.15〉의 결과는 〈결과 7.14〉와 같다.

〈결과 7.14〉 준거지표의 척도동일성 검정결과

```
MODEL FIT INFORMATION
Number of Free Parameters                        36
Chi-Square Test of Model Fit
          Value                              21.731
          Degrees of Freedom                     18
          P-Value                            0.2441
Chi-Square Contribution From Each Group
          MALE                               11.095
          FEMALE                             10.636
RMSEA (Root Mean Square Error Of Approximation)
          Estimate                            0.019
          90 Percent C.I.                     0.000      0.045
          Probability RMSEA <= .05            0.981
CFI/TLI
          CFI                                 0.999
          TLI                                 0.999
SRMR (Standardized Root Mean Square Residual)
          Value                               0.011

MODEL RESULTS
                                                       Two-Tailed
                     Estimate       S.E.  Est./S.E.    P-Value
Group MALE
 F1        BY
   Y1                   0.987      0.020     49.190      0.000
   Y2                   1.000      0.000    999.000    999.000
   Y3                   1.001      0.027     37.554      0.000
 F2        BY
   Y4                   0.998      0.018     55.379      0.000
   Y5                   1.000      0.000    999.000    999.000
   Y6                   0.984      0.025     39.457      0.000

Group FEMALE
 F1        BY
   Y1                   0.987      0.020     49.190      0.000
```

Y2		1.000	0.000	999.000	999.000
Y3		0.474	0.019	24.537	0.000
F2	BY				
Y4		**0.998**	**0.018**	**55.379**	**0.000**
Y5		1.000	0.000	999.000	999.000
Y6		1.015	0.023	44.942	0.000

〈결과 7.14〉에서 비제약모형에 비하여 제약모수가 2개 증가(자유모수가 2개 감소)하였기 때문에 자유도가 2개 증가하였다. 또한 두 집단에서 Y1(0.987)과 Y4(0.998)의 요인적재량이 동일한 값으로 제약되어 있는 것을 확인할 수 있다. 이제 이러한 척도동일성의 가정이 충족되는지를 χ^2검정을 통하여 검정하기로 한다. 가설 검정형태는 다음과 같다.

H_0 : 제약모형(Y1과 Y4 요인적재량은 동일하다)을 선택한다. $\chi^2(18) = 21.731$

H_1 : 비제약모형(Y1과 Y4 요인적재량은 다르다)을 선택한다. $\chi^2(16) = 18.266$

$\Delta\chi^2 = 3.465$이고 $\Delta df = 2$이므로 p값은 $p = .1768$로 계산된다. 제약모형에서 자유도 2개를 희생시키고 비제약모형으로 전환시키려 해도 적합도가 그에 상응하여 유의적으로 감소하지 않으므로 제약모형을 선택한다. 즉, 두 집단간에 Y1과 Y4의 요인적재량을 동일하게 제약한 척도불변성모형은 합리적이라고 결론을 내릴 수 있다. 이러한 결론은 더 적은 자유모수(간명한 모형)를 이용하여 표본공분산행렬을 잘 재생시킬 수 있다는 것을 의미하는 것이다.

7.2.3 스칼라불변성의 검정

부분척도불변성이 검정되었으므로 스칼라불변성 검정단계로 넘어갈 수 있다. 스칼라불변성은 지표변수의 절편에 대한 집단간 동질성을 검정하기 때문에 평균구조를 반드시 포함시켜야 한다. 따라서 스칼라불변성을 검정하는 경우에는 형태동일성 검정 및 척도불변성 검정과는 다르게 COVS만 분석하는 방법은 사용할 수 없고 반드시 Mplus 디폴트인 MACS의 분석을 이용해야 한다. 즉, MODEL=NOMEAN STRUCTURE; 명령문은 더 이상 사용할 수 없다는 의미이다. 아울러 요약자료(상관행렬)를 이용하는 경우에는 지표변수의 평균들을 입력자료에 포함시켜야 한다. 물론 원자료를 사용하면 아무런 문제가 발생하지 않는다.

스칼라불변성에 관한 공분산구조와 평균구조는 다음과 같다.

$$\Sigma_{xx}^{g} = \Lambda_x \Phi^g \Lambda_x^{'} + \Theta_\delta^g \tag{7.6}$$

$$\mu_x^g = \nu_x + \Lambda_x \alpha^g \tag{7.7}$$

위의 식을 보면 식 (7.1)의 Λ_x^g과 식 (7.2)의 ν_x^g에서 모두 g가 사라진 것을 알 수 있다. 즉, 스칼라불변성에서는 두 집단의 요인적재량(Λ)과 더불어 지표변수의 절편(ν)이 동일하다고 가정하고 있다. 따라서 스칼라불변성은 척도동일성 가정에 절편동일성을 추가한 개념이다. 하지만 여전히 집단별로 요인분산/공분산(Φ^g) 및 오차분산(θ^g)은 자유롭게 추정된다는 Mplus 디폴트는 여전히 유효하다.

이제 평균구조의 식별에 대하여 알아본다. 식 (7.7)에서 평균구조의 정보의 개수는 두 집단의 지표변수의 평균(μ) 6개씩을 합계한 12개($g(2) \times 6 = 12$)이다. 그리고 자유모수는 지표변수의 절편 12개(집단별 6개)와 요인평균 4개(집단별 2개)를 합계하여 16개로 계산된다. 따라서 별다른 제약이 없으면 평균구조는 $df = -4$인 과소식별모형이 된다. 한편 스칼라불변성에 의하여 두 집단의 지표변수의 절편들을 동일하다고 제약하기 때문에 절편추정치는 모두 6개이고 Mplus 디폴트에 의하여 한 집단의 요인평균은 0으로 고정하고 나머지 집단의 요인평균들만을 추정하므로 추정해야 할 요인평균은 2개가 된다. 따라서 평균구조에서 추정해야 할 자유모수의 개수는 8개(6+2=8)가 되기 때문에 자유도는 정보의 개수와 자유모수의 차이(12−8)인 4개로 계산된다. 그러므로 평균구조는 제약모수들의 지정 때문에 $df = 4$인 과대식별모형이 되어 식별가능하다고 할 수 있다.

이 장면에서 연구자에게 결정해야 할 문제가 하나 주어진다. 즉, 요인평균들을 모두 0으로 제약했던 [F1-F2@0];을 그대로 둘 것인지를 결정해야 한다. 앞에서도 언급한 바와 같이 [F1-F2@0];를 지정한 유일한 이유는 평균구조를 식별하기 위한 목적이었다. 그렇다면 스칼라불변성모형에서는 평균구조가 식별가능하기 때문에 당연히 해당 명령문을 삭제해야 한다. 하지만 일부 학자(Wang & Wang, 2012)는 요인(잠재)평균차이를 검정할 목적이 아닌 경우에는 이러한 명령문을 그대로 두고 분석을 실시하고 있다. 역으로 말하면 해당 명령문([F1-F2@0])을 삭제하고 분석을 진행하면 스칼라불변성 검정에서 잠재평균차이를 검정할 수 있다는 의미이기도 하다. 또한 논리적으로 보면 평균구조가 이미 식별가능하기 때문에 [F1-F2@0];를 삭제하는 것이 합당한 방법이다. 여기에서도 [F1-F2@0];를 삭제하는 방법을 따르기로 한다. 이에 관해서는 뒤의 Short-cuts 방법에서 추가로 설명할 예정이다. 〈표 7.16〉은 MACS를 이용하여 스칼라불변성을 검정하기 위한 Mplus syntax이다.

〈표 7.16〉 부분스칼라불변성 검정을 위한 Mplus syntax(MUTHEN(scalar).inp)

```
TITLE:  Testing for Strong measurement invariance(item intercepts)
DATA:        FILE IS MUTHEN.DAT;
VARIABLE:    NAMES ARE Y1-Y6 X1-X3 GENDER;
             USEVARIABLES ARE Y1-Y6 GENDER;
             GROUPING IS GENDER (1=MALE 2=FEMALE);
MODEL:       F1 BY Y1-Y3;
             F2 BY Y4-Y6;
             ![F1-F2@0];          ! mean structure is now identifiable
MODEL FEMALE:
             !F1 BY Y1@1 Y2-Y3;     ! equality constraint
             !F2 BY Y4@1 Y5-Y6;     ! equality constraint
             ![Y1-Y6];              ! equality constraint
             F1 BY Y3;
Output:      MOD(3.84) TECH1;
```

〈표 7.16〉에서 [F1-F2@0];가 삭제(!)되어 있다. 또한 스칼라불변성은 각 집단의 지표변수의 절편을 동일하게 제약하는 것이기 때문에 집단별로 절편을 자유롭게 추정하라는 명령문인 [Y1-Y6];가 삭제(!)되어 있는 것을 확인할 수 있다. 따라서 집단간에 지표변수의 절편을 동일하게 제약하는 Mplus의 디폴트를 부활시킨 것과 같다. 다시 한 번 말하지만 !(느낌표)가 첨부된 명령문은 실행되지 않는다. 〈표 7.16〉을 실행하면 〈결과 7.15〉를 얻을 수 있다.

〈결과 7.15〉 스칼라불변성 검정결과

```
MODEL FIT INFORMATION
Number of Free Parameters                31
Chi-Square Test of Model Fit
          Value                      25.087
          Degrees of Freedom             23
          P-Value                    0.3458
```

```
Chi-Square Contribution From Each Group
          MALE                              13.062
          FEMALE                            12.025
RMSEA (Root Mean Square Error Of Approximation)
          Estimate                          0.013
          90 Percent C.I.                   0.000     0.038
          Probability RMSEA <= .05          0.996
CFI/TLI
          CFI                               1.000
          TLI                               1.000
SRMR (Standardized Root Mean Square Residual)
          Value                             0.013

MODEL RESULTS
                                                        Two-Tailed
                       Estimate      S.E.   Est./S.E.    P-Value
Group MALE
 F1       BY
    Y1                    1.000     0.000    999.000    999.000
    Y2                    1.013     0.021     49.254      0.000
    Y3                    1.014     0.027     37.681      0.000
 F2       BY
    Y4                    1.000     0.000    999.000    999.000
    Y5                    1.002     0.018     55.426      0.000
    Y6                    1.003     0.019     53.579      0.000
 F2       WITH
    F1                    2.306     0.174     13.222      0.000
 Means
    F1                    0.000     0.000    999.000    999.000
    F2                    0.000     0.000    999.000    999.000
 Intercepts
    Y1                    2.037     0.065     31.349      0.000
    Y2                    2.044     0.065     31.216      0.000
    Y3                    2.034     0.047     43.144      0.000
    Y4                    1.607     0.070     23.083      0.000
    Y5                    1.591     0.069     23.184      0.000
    Y6                    1.583     0.070     22.730      0.000
 Variances
    F1                    2.748     0.199     13.826      0.000
    F2                    2.936     0.207     14.151      0.000
```

```
 Residual Variances
   Y1                 0.534      0.048     11.194      0.000
   Y2                 0.515      0.048     10.774      0.000
   Y3                 0.472      0.046     10.217      0.000
   Y4                 0.542      0.048     11.278      0.000
   Y5                 0.381      0.040      9.575      0.000
   Y6                 0.544      0.048     11.395      0.000

Group FEMALE
 F1       BY
   Y1                 1.000      0.000    999.000    999.000
   Y2                 1.013      0.021     49.254      0.000
   Y3                 0.481      0.020     24.501      0.000
 F2       BY
   Y4                 1.000      0.000    999.000    999.000
   Y5                 1.002      0.018     55.426      0.000
   Y6                 1.003      0.019     53.579      0.000
 F2       WITH
          F1          2.496      0.172     14.551      0.000
 Means
   F1                -0.127      0.095     -1.326      0.185
   F2                -0.066      0.103     -0.648      0.517
 Intercepts
   Y1                 2.037      0.065     31.349      0.000
   Y2                 2.044      0.065     31.216      0.000
   Y3                 2.034      0.047     43.144      0.000
   Y4                 1.607      0.070     23.083      0.000
   Y5                 1.591      0.069     23.184      0.000
   Y6                 1.583      0.070     22.730      0.000
 Variances
   F1                 2.665      0.178     15.012      0.000
   F2                 3.460      0.224     15.432      0.000
 Residual Variances
   Y1                 0.482      0.049      9.884      0.000
   Y2                 0.517      0.050     10.270      0.000
   Y3                 0.465      0.030     15.611      0.000
   Y4                 0.618      0.049     12.630      0.000
   Y5                 0.493      0.044     11.194      0.000
   Y6                 0.503      0.045     11.262      0.000
```

〈결과 7.15〉에서 남성과 여성의 지표변수의 절편들이 모두 동일한 값으로 제약된 것을 알 수 있다. 물론 부분척도동일성모형을 수용한 상태이기 때문에 Y3의 요인적재량을 제외한 나머지 요인적재량들도 동일하게 제약되어 있다. 반면에 아직 요인분산 및 공분산과 오차분산은 두 집단에서 자유롭게 추정되는 것을 확인할 수 있다. 중요한 사항으로 Mplus 디폴트에 의하여 참조집단인 남성의 두 요인평균은 0으로 지정되어 있고 여성의 요인평균들은 추정되어 있다는 것을 알 수 있다. 정확하게 말하면 여성의 요인 F1의 값이 −0.127로 나타나 있고 F2는 −0.066으로 나타나 있는데 이들 값은 남성의 요인평균 값(0)과의 차이를 의미한다. 즉, 이 값들은 두 집단의 잠재평균(latent means)의 차이를 의미한다. 따라서 여성의 잠재변수 F1의 평균은 남성보다 0.127만큼 작은데 통계적으로 유의하지 않고, F2의 평균도 남성보다 0.066만큼 작지만 역시 통계적으로 유의하지 않은 차이를 나타냈다고 할 수 있다.

TECH1 옵션의 결과를 이용하여 자유모수가 제대로 설정되었는지를 확인하기로 한다. 〈결과 7.16〉은 TECH1 옵션의 결과이다.

〈결과 7.16〉 스칼라불변성 검정의 TECH1 옵션결과

TECHNICAL 1 OUTPUT

PARAMETER SPECIFICATION FOR MALE

NU

Y1	Y2	Y3	Y4	Y5	Y6
1	2	3	4	5	6

LAMBDA

	F1	F2
Y1	0	0
Y2	7	0
Y3	8	0
Y4	0	0
Y5	0	9
Y6	0	10

THETA

	Y1	Y2	Y3	Y4	Y5	Y6
Y1	11					
Y2	0	12				
Y3	0	0	13			
Y4	0	0	0	14		
Y5	0	0	0	0	15	
Y6	0	0	0	0	0	16

ALPHA

F1	F2
0	0

BETA

	F1	F2
F1	0	0
F2	0	0

PSI

	F1	F2
F1	17	0
F2	18	19

PARAMETER SPECIFICATION FOR FEMALE

NU

Y1	Y2	Y3	Y4	Y5	Y6
1	2	3	4	5	6

LAMBDA

	F1	F2
Y1	0	0
Y2	7	0
Y3	20	0
Y4	0	0
Y5	0	9
Y6	0	10

THETA

	Y1	Y2	Y3	Y4	Y5	Y6
Y1	21					
Y2	0	22				
Y3	0	0	23			
Y4	0	0	0	24		
Y5	0	0	0	0	25	
Y6	0	0	0	0	0	26

ALPHA

F1	F2
27	28

BETA

	F1	F2
F1	0	0
F2	0	0

PSI

	F1	F2
F1	29	
F2	30	31

〈결과 7.16〉을 살펴보면 척도불변성 가정에 의하여 남성과 여성의 요인적재량(7, 9, 10)이 모두 동일하지만 부분척도불변성에 의하여 여성에서 Y3의 F1에 대한 요인적재량(20)이 다르게 지정된 것을 알 수 있다. 또한 스칼라불변성에 의하여 지표변수절편들(NU : 1 ~ 6)이 등가제약된 것을 확인할 수 있다. 하지만 남성의 오차분산(THETA : 11 ~ 16)과 여성의 오차분산(THETA : 21 ~ 26) 그리고 남성의 요인분산/공분산(17 ~ 19)과 여성의 요인분산/공분산(29 ~ 31)은 집단별로 자유모수로 지정된 것으로 나타났다. 중요한 점은 Mplus 디폴트에 의하여 참조집단인 남성의 요인평균(ALPHA : 0)은 0으로 고정된 반면에 비교집단인 여성의 요인평균(ALPHA : 27 ~ 28)은 자유롭게 추정되고 있다. 따라서 여성의 요인평균값은 남성과 여성의 잠재평균 차이를 의미한다고 할 수 있을 것이다. 그리고 형태동일성 검정 부분에서 정보의 개수는 54개임을 확인하였다. 그리고 여기에서 확인한 자유모수가 31개이므로 부분스칼라불변성모형의 자유도는 23개이고 이는 〈결과 7.15〉의 χ^2값에 대한 자유도 23개와 일치하는 개수이다.

이제 부분척도불변성모형과 부분스칼라불변성모형의 χ^2차이검정을 실시하기로 한다. 가설검정형태는 다음과 같다.

H_0 : 부분스칼라불변성모형(간명한 모형)을 선택한다. $\chi^2(23) = 25.087$

H_1 : 부분척도불변성모형(복잡한 모형)을 선택한다. $\chi^2(19) = 22.645$

$\Delta\chi^2 = 2.442$이고 $\Delta df = 4$이므로 $p = .6551$로 비유의적이다. 즉, 두 모형의 적합도는 차이가 없다. 부분스칼라불변성모형 입장에서 보면 자유모수를 4개 추가하려고 해도 모형적합도가 개선되지 않기 때문에 부분스칼라불변성모형을 기각하지 않고 그대로 채택하게 된다.

이제까지 형태동일성모형과 부분척도불변성모형 및 부분스칼라불변성모형을 순차적으로 검정하였다. 그런데 Mplus에서는 version 7.1부터 이들 세 가지 모형을 동시에 검정하는 간편법인 Short-cuts 기능을 제공하고 있다. 따라서 이러한 Short-cuts 방법은 매우 편리한 방법이라고 할 수 있다. 그리고 세 모형에 대한 모든 χ^2차이검정 분석결과까지도 제공하고 있다. 또한 각 모형별로 집단별 적합도와 비표준화 모수추정치도 함께 제공된다. 반면에 표준화 해와 수정지수는 아직까지 제공하지 않고 있다. 〈표 7.17〉은 이러한 Mplus short-cuts에 관한 Mplus syntax (MUTHEN(short-cuts).inp)를 제시한 것이다. Short-cuts 기능을 실행하기 위해서는 ANALYSIS 명령문에 MODEL=CONFIGURAL METRIC SCALAR;을 추가하면 된다. 그리고 Mplus short-cuts를 작성하는 경우에는 각 집단의 초기모형의 수정내용과 부분불변성을 지정하는 내용도 모두 포함시킨다.

〈표 7.17〉 세 가지 모형을 동시에 검정하기 위한 Mplus short-cuts

```
TITLE:  Mplus program for configural, metric and scalar invariance
        (SHORT-CUTS)
DATA:           FILE IS MUTHEN.DAT;
VARIABLE:       NAMES ARE Y1-Y6 X1-X3 GENDER;
                USEVARIABLES ARE Y1-Y6 GENDER;
                GROUPING IS GENDER (1=MALE 2=FEMALE);
ANALYSIS:       MODEL=CONFIGURAL METRIC SCALAR;
                                        ! MPLUS SHORT-CUTS
MODEL:          F1 BY Y1-Y3;
                F2 BY Y4-Y6;
MODEL FEMALE:   F1 BY Y3;
Output:         SAMPSTAT  RES;
```

〈표 7.17〉을 실행하면 〈결과 7.17〉을 얻을 수 있다. 그리고 Short-cuts 방법은 Output : command에 TECH1 옵션을 지정하지 않아도 모형별 및 집단별 TECH1 옵션의 결과도 함께 보여준다.

〈결과 7.17〉 Mplus Short-cuts 결과

MODEL FIT INFORMATION

Invariance Testing

Model	Number of Parameters	Chi-Square	Degrees of Freedom	P-Value
Configural	38	18.266	16	0.3086
Metric	35	22.645	19	0.2533
Scalar	31	25.087	23	0.3458

Models Compared	Chi-Square	Degrees of Freedom	P-Value
Metric against Configural	4.379	3	0.2233
Scalar against Configural	6.821	7	0.4478
Scalar against Metric	2.442	4	0.6551

위의 결과물은 Short-cuts 결과들 중에서 모형별 χ^2값과 모형간 χ^2차이검정 부분만 발췌한 것이다. 눈여겨볼 점은 Mplus에서는 다중집단 CFA 분석의 측정불변성에 관한 다양한 용어들 중에서 configural, metric 및 scalar 등의 용어를 사용한다는 것이다. 그리고 각 모형(Model 부분)의 χ^2값 등은 앞에서 우리가 분석한 값들과 일치하고 있다. Metric과 Scalar의 결과는 〈표 7.17〉의 MODEL FEMALE:에 F1 BY Y3;를 지정했기 때문에 부분측정불변성모형에 관한 검정결과이다. 또한 Model Compared 부분은 모형간 χ^2차이검정 결과를 제시한 것이다. 예를 들어 “Metric against Configural”은 형태동일성모형과 부분척도불변성모형 간의 χ^2차이검정을 의미한다. χ^2차이검정은 반드시 직전 모형과 비교하지 않고 최초모형인 형태동일성모형과의 비교도 가능하다(Wang & Wang, 2012). 즉, 위의 “Scalar against Configural”는 부분스칼라불변성모형과 형태동일성모형 간의 χ^2차이를 검정한 결과이다.

여기에서 중요한 점을 한 가지 지적하고자 한다. 앞에서 (부분)스칼라불변성모형을 검정하는 경우에 요인의 평균을 0으로 지정하는 명령문([F1-F2@0];)을 그대로 두느냐 삭제하느냐를 토론하였다. 결론적으로 말하면 위의 Mplus 결과물의 스칼라불변성모형에 관한 적합도에서 $\chi^2(23)=25.087$로 제시되어 있다. 이러한 결과는 앞에서 우리가 분석한 바와 같이 [F1-F2@0];를 삭제한 경우의 결과이다. 즉, Mplus에서는 스칼라불변성의 검정에 있어서 평균구조가 이미 식별가능하기 때문에 더 이상 요인평균들을 0으로 고정할 필요가 없다는 주장을 수용하고 있는 것이다. 만일 [F1-F2@0];를 삭제하지 않는 경우에는 부분스칼라불변성모형의 적합도가 $\chi^2(25)=27.036$으로 나타나야 한다. 따라서 스칼라불변성을 검정하는 경우에는 요인평균을 0으로 고정하는 명령문은 더 이상 필요하지 않게 된다.

7.2.4 오차분산불변성의 검정

부분스칼라불변성이 검정되었으므로 다음 단계인 오차분산불변성(엄격한 불변성)의 검정단계로 넘어간다. 오차분산불변성모형에 관한 공분산구조와 평균구조는 다음과 같다.

$$\Sigma_{xx}^{g} = \Lambda_x \Phi^{g} \Lambda_x^{'} + \Theta_\delta \tag{7.8}$$

$$\mu_x^{g} = \nu_x + \Lambda_x \alpha^{g} \tag{7.9}$$

위의 식 (7.8)을 살펴보면 스칼라불변성모형과 다르게 오차분산인 Θ_δ^g에서 g가 사라진 것을 알 수 있다. 이러한 지정은 집단별 오차분산에 대하여 등가제약한다는 것을 의미한다. 즉, 지표변수의 분산 중에서 지표변수가 적재되어 있는 해당요인(underlying factors)에 의하여 설명되지 않는 분산의 크기는 집단간에 동일하다는 제약을 의미한다. 또한 이러한 오차분산불변성의 의미는 지표변수의 분산에 대한 집단간 차이는 오로지 해당요인의 분산에 대한 집단간 차이(Φ^g) 때문에 발생한다는 것이다.

부분오차분산불변성모형을 검정하기 위한 Mplus syntax(MUTHEN(strict).inp)는 〈표 7.18〉과 같다.

〈표 7.18〉 부분오차분산불변성 검정을 위한 Mplus syntax

```
TITLE:  Testing for Strict Measurement Invariance
DATA:        FILE IS MUTHEN.DAT;
VARIABLE:    NAMES ARE Y1-Y6 X1-X3 GENDER;
             USEVARIABLES ARE Y1-Y6 GENDER;
             GROUPING IS GENDER (1=MALE 2=FEMALE);
MODEL:       F1 BY Y1-Y3;
             F2 BY Y4-Y6;
             Y1(1); Y2(2); Y3(3); Y4(4); Y5(5); Y6(6);  ! error variance equality
MODEL FEMALE:
             F1 BY Y3;
             Y1(1); Y2(2); Y3(3); Y4(4); Y5(5); Y6(6);  ! redundant
Output:      MOD(3.84) TECH1;
```

앞에서 설명한 것처럼 Mplus syntax에 변수명을 적는 경우에 해당변수가 외생변수인 경우에는 분산을 추정하고 내생변수(여기에서의 Y1~Y6)인 경우에는 변수의 오차분산을 추정한다. 〈표 7.18〉에서 Y1(1); 등은 남성과 여성의 Y1 등의 오차분산을 동일하게 제약하는 명령문이다. 그리고 MODEL FEMALE:에 동일한 명령문을 지정해도 되지만 삭제해도 동일한 결과가 산출되기 때문에 ! redundant라고 표기하였다.

〈표 7.18〉의 실행결과는 〈결과 7.18〉과 같다.

〈결과 7.18〉 부분오차분산불변성 검정결과

```
MODEL FIT INFORMATION
Number of Free Parameters                          25
Chi-Square Test of Model Fit
          Value                                31.309
          Degrees of Freedom                       29
          P-Value                              0.3510
Chi-Square Contribution From Each Group
          MALE                                 16.671
          FEMALE                               14.638
RMSEA (Root Mean Square Error Of Approximation)
          Estimate                              0.012
          90 Percent C.I.                       0.000     0.035
          Probability RMSEA <= .05              0.999
CFI/TLI
          CFI                                   1.000
          TLI                                   1.000
SRMR (Standardized Root Mean Square Residual)
          Value                                 0.014

MODEL RESULTS
Group MALE
                                                        Two-Tailed
                    Estimate       S.E.    Est./S.E.    P-Value
Residual Variances
   Y1                  0.510      0.034      14.993      0.000
   Y2                  0.513      0.035      14.742      0.000
   Y3                  0.468      0.025      18.664      0.000
   Y4                  0.585      0.035      16.785      0.000
```

```
     Y5                  0.440       0.030       14.495      0.000
     Y6                  0.523       0.033       15.831      0.000

Group FEMALE
Residual Variances
     Y1                  0.510       0.034       14.993      0.000
     Y2                  0.513       0.035       14.742      0.000
     Y3                  0.468       0.025       18.664      0.000
     Y4                  0.585       0.035       16.785      0.000
     Y5                  0.440       0.030       14.495      0.000
     Y6                  0.523       0.033       15.831      0.000
```

〈결과 7.18〉의 잔차분산 부분을 보면 두 집단간에 지표변수의 오차분산이 모두 동일하게 제약되어 있는 것을 알 수 있다. 그리고 지표변수들의 오차분산의 등가제약으로 인하여 부분스칼라불변성모형의 자유모수의 개수(31개)보다 6개 감소한 25개가 자유모수의 개수로 나타났다. 이제 이들을 이용하여 χ^2차이검정을 실행하기로 한다.

H_0 : 부분오차분산불변성모형(간명한 모형)을 선택한다. $\chi^2(29) = 31.309$

H_1 : 부분스칼라불변성모형(복잡한 모형)을 선택한다. $\chi^2(23) = 25.087$

$\Delta\chi^2 = 6.222$와 $\Delta df = 6$에 해당하는 p값은 $p = .3988$로 두 모형의 적합도는 통계적으로 차이가 없는 것으로 나타났다. 즉, 자유모수를 추가하여(자유도를 희생하여) 모형의 적합도를 향상시키려 해도 적합도가 개선되지 않기 때문에 귀무가설인 부분오차분산불변성모형을 기각하지 않고 채택하게 된다.

오차분산불변성 검정을 엄격한 검정이라고 부르는 이유는 대부분의 측정모수들(요인적재량, 지표변수 절편 및 지표변수 오차분산)이 동일한지를 검정하기 때문이다. 실제 응용연구에서는 오차분산불변성 검정을 중요하게 여기지 않고 불필요하게 생각하는 경향이 있다. 이러한 이유로 오차분산불변성 검정단계는 생략해도 큰 문제가 되지 않는다(Brown, 2015). 그리고 오차분산불변성의 가정이 충족되지 않았다고 해서 CFA모형이 문제가 있다는 것을 의미하는 것이 아니라 단지 해당요인에 의하여 설명되지 않는 지표변수의 분산의 양이 집단간에 다르다는 것을 의미할 뿐이다. 따라서 척도불변성과 스칼라불변성만 확보되면 구조모수의 불변성 검정(요인분산불변성 검정, 요인공분산불변성 검정 및 잠재평균불변성 검정)단계로 넘어갈 수 있다(Wang & Wang, 2012).

7.2.5 요인분산불변성의 검정

부분척도불변성과 부분스칼라불변성이 확인되었으므로 구조모수의 불변성 검정의 첫 단계인 요인분산불변성 검정을 실시하기로 한다. 요인분산의 불변성 검정은 각 집단의 요인의 변동성(variability) 혹은 산포도(dispersion)가 동일한지를 검정하는 것이다. 이러한 요인분산불변성 검정은 다음에 이어질 요인공분산불변성 검정과 서로 독립적으로 분석할 수도 있지만 이 두 검정을 함께 묶어서 동시에 이루어질 수도 있다(Byrne, 2012; Wang & Wang, 2012). 요인분산불변성 검정에 관한 공분산구조와 평균구조는 다음과 같다.

$$\Sigma_{xx}^{g} = \Lambda_x \Phi^{g_c} \Lambda_x^{'} + \Theta_{\delta}^{g} \tag{7.10}$$

$$\mu_x^{g} = \nu_x + \Lambda_x \alpha^{g} \tag{7.11}$$

먼저 오차분산이 Θ_{δ}^{g}로 지정되어 있기 때문에 부분스칼라불변성모형(두 집단의 오차분산은 다르게 추정된다)을 기본으로 하고 있다. 그리고 Φ^{g_c}(c는 covariance의 첫 글자임)이 의미하는 것은 요인분산–공분산행렬에서 집단간 요인공분산은 다르게 추정하고 요인분산을 동일하게 제약한다는 것이다. 이를 분석하기 위한 Mplus syntax (MUTHEN(variance).inp)는 〈표 7.19〉와 같다.

〈표 7.19〉 요인분산불변성 검정의 분석을 위한 Mplus syntax

```
TITLE:     Testing factor variance invariance
DATA:           FILE IS MUTHEN.DAT;
VARIABLE:       NAMES ARE Y1-Y6 X1-X3 GENDER;
                USEVARIABLES ARE Y1-Y6 GENDER;
                GROUPING IS GENDER (1=MALE 2=FEMALE);
MODEL:          F1 BY Y1-Y3;
                F2 BY Y4-Y6;
                F1(1); F2(2);        ! equal factor variances
```

```
MODEL FEMALE:
              ! F1(1); F2(2);     ! redundant
              F1 BY Y3;
Output:       MOD(3.84) TECH1;
```

〈표 7.19〉는 부분스칼라불변성모형(〈표 7.16〉)에 단지 F1(1); F2(2);만 추가한 모형이다. 그리고 F1(1)은 두 집단의 요인분산을 동일하게 제약하는 명령문이다. 〈표 7.18〉과 마찬가지로 이 명령문은 MODEL FEMALE:에 추가해도 되고 생략해도 된다. 〈표 7.19〉를 실행하면 〈결과 7.19〉를 얻을 수 있다.

〈결과 7.19〉 요인분산불변성 검정결과

```
MODEL FIT INFORMATION
Number of Free Parameters                     29
Chi-Square Test of Model Fit
          Value                           31.226
          Degrees of Freedom                  25
          P-Value                         0.1817
Chi-Square Contribution From Each Group
          MALE                            16.497
          FEMALE                          14.729
RMSEA (Root Mean Square Error Of Approximation)
          Estimate                         0.021
          90 Percent C.I.                  0.000    0.042
          Probability RMSEA <= .05         0.991
CFI/TLI
          CFI                              0.999
          TLI                              0.999
SRMR (Standardized Root Mean Square Residual)
          Value                            0.030

MODEL RESULTS
                                                  Two-Tailed
                    Estimate     S.E.   Est./S.E.    P-Value
Group MALE
 F1        BY
   Y1                  1.000    0.000     999.000    999.000
   Y2                  1.013    0.021      49.380      0.000
```

```
    Y3                   1.024      0.027     38.334      0.000
 F2       BY
    Y4                   1.000      0.000    999.000    999.000
    Y5                   1.001      0.018     55.512      0.000
    Y6                   1.004      0.019     53.566      0.000
 F2       WITH
    F1                   2.411      0.130     18.551      0.000
 Means
    F1                   0.000      0.000    999.000    999.000
    F2                   0.000      0.000    999.000    999.000
 Intercepts
    Y1                   2.036      0.064     31.729      0.000
    Y2                   2.044      0.065     31.594      0.000
    Y3                   2.034      0.047     43.558      0.000
    Y4                   1.604      0.072     22.297      0.000
    Y5                   1.589      0.071     22.384      0.000
    Y6                   1.581      0.072     21.941      0.000
 Variances
    F1                   2.702      0.138     19.579      0.000
    F2                   3.220      0.162     19.856      0.000
 Residual Variances
    Y1                   0.537      0.048     11.235      0.000
    Y2                   0.520      0.048     10.848      0.000
    Y3                   0.468      0.046     10.124      0.000
    Y4                   0.539      0.048     11.246      0.000
    Y5                   0.379      0.040      9.541      0.000
    Y6                   0.543      0.048     11.371      0.000

Group FEMALE
 F1       BY
    Y1                   1.000      0.000    999.000    999.000
    Y2                   1.013      0.021     49.380      0.000
    Y3                   0.477      0.019     24.722      0.000
 F2       BY
    Y4                   1.000      0.000    999.000    999.000
    Y5                   1.001      0.018     55.512      0.000
    Y6                   1.004      0.019     53.566      0.000
 F2       WITH
    F1                   2.408      0.128     18.760      0.000
 Means
    F1                  -0.126      0.095     -1.325      0.185
    F2                  -0.064      0.102     -0.627      0.531
```

Intercepts				
Y1	2.036	0.064	31.729	0.000
Y2	2.044	0.065	31.594	0.000
Y3	2.034	0.047	43.558	0.000
Y4	1.604	0.072	22.297	0.000
Y5	1.589	0.071	22.384	0.000
Y6	1.581	0.072	21.941	0.000
Variances				
F1	2.702	0.138	19.579	0.000
F2	3.220	0.162	19.856	0.000
Residual Variances				
Y1	0.478	0.049	9.786	0.000
Y2	0.515	0.051	10.189	0.000
Y3	0.466	0.030	15.634	0.000
Y4	0.618	0.049	12.626	0.000
Y5	0.496	0.044	11.236	0.000
Y6	0.505	0.045	11.280	0.000

위의 결과물을 살펴보면 두 집단의 Y3를 제외한 요인적재량과 절편 및 요인분산은 동일하게 제약되어 있는 것을 알 수 있다. 반면에 Mplus 디폴트에 의하여 요인공분산과 오차분산 및 요인평균은 서로 다르게 추정되고 있다. 부분스칼라불변성모형에 요인분산불변성 제약을 추가한 것이므로 모형비교는 부분스칼라불변성모형과 비교해야 한다. 물론 모형을 비교하는 경우에 서로 다른 참조모형(reference model)을 선택할 수 있다. 예를 들어 요인분산불변성모형을 형태동일성모형과 비교할 수도 있다. 요인분산불변성모형을 부분스칼라불변성모형과 비교하기 위한 가설은 다음과 같다.

H_0 : 요인분산불변성모형(간명한 모형)을 선택한다. $\chi^2(25) = 31.226$

H_1 : 부분스칼라불변성모형(복잡한 모형)을 선택한다. $\chi^2(23) = 25.087$

가설검정을 위한 $\Delta\chi^2 = 6.139$, $\Delta df = 2$이므로 $p = .0464$이다. 따라서 요인분산불변성은 충족되지 않았다. 자유도가 2이고 $\alpha = .05$인 임계값은 $\chi^2 = 5.99$이다. 즉, 근소한 차이로 귀무가설이 기각되었다. 이와 같이 불변성에서 약간 벗어난 차이는 연구의 한계에서 언급해 주고 집단간 차이는 그대로 해석할 수 있다(Putnick & Bornstein, 2016).

7.2.6 요인공분산불변성의 검정

부분스칼라불변성을 가정하고 요인공분산불변성을 검정하기로 한다. 요인공분산불변성의 검정을 위한 MACS는 다음과 같다.

$$\Sigma_{xx}^{g} = \Lambda_x \Phi^{g_\nu} \Lambda_x^{'} + \Theta_\delta^{g} \tag{7.12}$$

$$\mu_x^{g} = \nu_x + \Lambda_x \alpha^{g} \tag{7.13}$$

식 (7.12)의 Φ^{g_ν}의 의미는 요인분산은 자유롭게 추정하고 요인공분산은 집단간에 동일하게 제약된다는 것이다. 이러한 요인공분산의 불변성을 검정하기 위한 Mplus syntax는 〈표 7.20〉(MUTHEN(covariance).inp)과 같다.

〈표 7.20〉 요인공분산불변성 검정을 위한 Mplus syntax

```
TITLE:  Testing factor variance invariance
DATA:        FILE IS MUTHEN.DAT;
VARIABLE:    NAMES ARE Y1-Y6 X1-X3 GENDER;
             USEVARIABLES ARE Y1-Y6 GENDER;
             GROUPING IS GENDER (1=MALE 2=FEMALE);
MODEL:       F1 BY Y1-Y3;
             F2 BY Y4-Y6;
             F1 WITH F2(1);      ! equal factor covariance
MODEL FEMALE:
             F1 BY Y3;
Output:      MOD(3.84) TECH1;
```

〈표 7.20〉에서 F1 WITH F2(1);는 두 요인 F1과 F2의 공분산을 동일하게(1) 제약시키는 명령문이다. 〈표 7.20〉을 실행하면 $\chi^2(24) = 25.720$이 산출된다. 부분스칼라불변성모형과의 비교결과 $\Delta\chi^2 = 0.633$과 $\Delta df = 1$이므로 $p = .4263$으로 계산된다. 따라서 요인공분산은 두 집단간에 동일하다고 할 수 있다.

앞에서 언급한 바와 같이 요인분산불변성 검정과 요인공분산불변성 검정을 동일모형에서 실시하기로 한다. 〈표 7.21〉(MUTHEN(variance and covariance).inp)을 이용하여 이 모형을 분석하기로 한다.

〈표 7.21〉 요인분산/공분산 불변성 검정을 위한 Mplus syntax

```
TITLE:  Testing factor variance and covariance invariance
DATA:          FILE IS MUTHEN.DAT;
VARIABLE:      NAMES ARE Y1-Y6 X1-X3 GENDER;
               USEVARIABLES ARE Y1-Y6 GENDER;
               GROUPING IS GENDER (1=MALE 2=FEMALE);
MODEL:         F1 BY Y1-Y3;
               F2 BY Y4-Y6;
               F1(1); F2(2);          ! equal factor variances
               F1 WITH F2(3);         ! equal factor covariance
MODEL FEMALE:
               F1 BY Y3;
Output:        MOD(3.84) TECH1;
```

〈표 7.21〉에서 〈표 7.19〉와 〈표 7.20〉의 요인분산불변성 가정과 요인공분산불변성 가정이 모두 포함된 것을 확인할 수 있다. 그리고 불변성을 지정하는 숫자가 모두 다르게 (1), (2) 및 (3)으로 지정되어 있다. 〈표 7.21〉을 실행하면 $\chi^2(26)=31.228$을 얻을 수 있다. 이 모형을 부분스칼라불변성모형과 비교하면 $\Delta\chi^2(3)=6.141$이고 $\Delta df=3$이며 이에 해당하는 p값은 $p=.1049$로 계산된다. 따라서 요인분산 및 공분산 불변성모형이 검정되었다. 그리고 이러한 모형은 형태동일성모형과 비교할 수도 있다. 형태동일성모형과의 비교결과 $\Delta\chi^2=12.962$이고 $\Delta df=8$이므로 $p=.7938$로 계산되어 역시 요인분산/공분산 불변성모형이 검정되었다고 할 수 있다.

7.2.7 요인평균불변성의 검정

마지막으로 요인평균불변성을 검정하기로 한다. 부분스칼라불변성모형에서 이미 잠재평균의 차이분석을 실시하였다. 여기에서는 이러한 요인의 평균을 동일하게 제약한 모형이 적절한가를 검정한다. 비교모형은 요인분산/공분산 불변성모형이다. 이 모형을 검정하기 위한 Mplus syntax(MUTHEN(latent mean).inp)는 〈표 7.22〉와 같다.

〈표 7.22〉 요인평균불변성 검정모형

```
TITLE:  Testing factor mean invariance
DATA:          FILE IS MUTHEN.DAT;
VARIABLE:      NAMES ARE Y1-Y6 X1-X3 GENDER;
               USEVARIABLES ARE Y1-Y6 GENDER;
               GROUPING IS GENDER (1=MALE 2=FEMALE);
MODEL:         F1 BY Y1-Y3;
               F2 BY Y4-Y6;
               F1(1); F2(2);          ! equal factor variances
               F1 WITH F2(3);         ! equal factor covariance
MODEL FEMALE:
               F1 BY Y3;
               [F1-F2@0];             ! constraint on latent means
Output:        MOD(3.84) TECH1;
```

〈표 7.22〉는 요인분산/공분산 불변성모형에 [F1-F2@0]; 명령문이 추가된 것이다. 이 명령문은 남성과 여성의 잠재평균들을 동일하게 제약하는 것이다. 즉, 남성과 여성의 잠재평균의 차이는 0과 다르지 않다고 제약한다. 따라서 이 분석에서는 잠재평균의 차이를 분석하지 않고 다만 두 집단의 잠재평균이 전체적으로 차이가 있는지 혹은 없는지를 검정한다. 잠재평균의 구체적인 차이는 부분스칼라불변성모형을 이용하여 검정한다. 또한 〈표 7.22〉는 Mplus 디폴트에 의하여 집단간에 요인적재량(Y3 제외)과 절편은 동일하게 제약하고 명령문에 의하여 요인분산과 요인공분산도 동일하게 제약하지만(요인분산과 요인공분산을 자유롭게 추정하는 Mplus 디폴트를 무효화시킨 것임) 오차분산은 자유롭게 추정하며 두 집단의 요인평균들은 0으로 고정시키는 모형이다. 그리고 〈표 7.22〉를 실행하면 $\chi^2(28)=33.195$가 얻어진다. 요인분산/공분산 불변성모형은 $\chi^2(26)=31.228$이므로 두 모형의 χ^2값의 차이에 대한 p값은 $\Delta\chi^2=1.967$과 $\Delta df=2$를 이용하면 $p=.3739$를 얻을 수 있다. 따라서 두 집단의 요인의 평균값은 서로 차이가 없다고 할 수 있다.

단일집단 동질성 검정과 스칼라불변성 검정 부분에서도 언급하였지만 집단평균을 분석하는 전통적인 방법(ANOVA 혹은 t검정)에 비하여 다중집단 CFA를 이용한 잠재평균차이분석은 여러 면에서 더 우수한 방법이라고 할 수 있다. 첫째, CFA방법은 집단비교가 가능한지를 판단가능하게 해 준다. 전통적인 방법은 집단비교가 가능하다고 가정하는 반면에 CFA방법은 요인평균의 비교를 신뢰할 수 없게 만드는 측정이질성(measurement noninvariance)(형태동일성과 척도불변성 및 스칼라불변성의 위배)을 찾아낸다. 이질적인 측정치들에 관한 집단비교는 무의미한 것이다. 예를 들어 사과와 사과를 비교하는 것은 의미가 있지만 사과와 샌드위치를 비교하는 것은 의미가 없다. 따라서 측정불변성을 검정하는 방법만이 집단차이를 검정할 수 있다는 정당성을 제공한다(Vandenberg & Lance, 2000). 둘째, CFA를 이용하는 방법은 구조모수들(요인평균, 요인분산과 공분산)이 측정오차를 고려하여 수정되기 때문에 더 정확하고 통계적 검정력이 우수하다. 셋째, CFA방법은 부분측정불변성에 관한 제약을 도입한 분석이 가능하다.

[그림 7.1]에서 η_1(관광지 방문 선호도)을 세 가지 지표변수를 이용하여 측정하였다. 만일 ANOVA 또는 t검정을 이용한다면 Y1, Y2 및 Y3를 평균하여 자료 분석에 이용해야 한다. 이와 같은 경우에 다음과 같은 질문이 가능하다. "분석에 하나의 변수만 사용할 의도라면 왜 애써서 3개의 변수를 이용하여 선호도를 측정하였는가?" 이러한 질문은 조절효과분석에도 적용될 수 있다. 예를 들어 선호도는 7점 척도를 이용하여 계량척도로 측정하였다. 회귀분석이나 잠재변수 상호작용(본서의 후반부에 다룰 예정이다)의 지식이 없는 경우에 선호도를 mean or median split 기법을 이용하여 선호도가 높은 집단(1)과 낮은 집단(0)으로 분류하여 역시 ANOVA 또는 t검정을 이용한다고 가정하자. 이 경우에도 동일한 질문이 가능하다. "어차피 명목척도로 전환할 의도였다면 처음부터 싫어한다(0)와 좋아한다(1)로 측정할 것이지 왜 7점 척도로 측정하였는가?"

7.3 MIMIC모형

MIMIC모형(Jöreskog & Goldberger, 1975)에서 MIMIC는 다중지표변수 다중원인(multiple indicators and multiple causes)을 의미한다. 이 모형은 또한 공변량을 포함한 CFA(CFA with covariates)라고도 부른다. 명칭에서 다중지표변수부분은 다중지표변수들이 요인(들)에 적재된다는 것을 의미하고 다중원인부분은 원인인 공변량(들)이 요인에 영향을 미친다는 것을 의미한다. 공변량은 배경변수(background variables)라고도 부른다(제2장의 유형별 표준화 참조). 즉, MIMIC모형이란 CFA모형에 요인에 영향을 주는 공변량을 추가한 모형이다. 여기에서 공변량은 명목척도(예 성별)로 지정할 수도 있고 계량변수(예 연령)를 도입할 수도 있다. 중요한 점은 다중집단 CFA와는 달리 MIMIC모형에서는 단일투입행렬이 사용된다는 점이다. 앞의 다중집단 CFA에서는 남성과 여성의 투입행렬이 독립적으로 분석되지만 MIMIC모형에서는 이들을 결합한 하나의 행렬을 분석한다. 따라서 결과물도 남성과 여성을 분리하여 제시되지 않고 하나의 결과물만 제시된다. 투입행렬에는 잠재변수의 지표변수들과 집단을 나타내는 공변량이 포함되어 있다.

MIMIC모형의 분석은 두 가지 절차를 따른다. 첫째는 전체집단에 대한 최적모형을 구축해야 하고 둘째는 공변량(들)이 요인 혹은 지표변수에 미치는 직접효과를 조사하기 위하여 공변량을 도입한다. 만일 공변량이 요인에 미치는 직접효과가 유의하면 이는 요인평균이 집단별로 다르다는 모집단 이질성(population heterogeneity)을 의미한다. 그리고 MIMIC모형에서는 지표변수가 적재되어 있는 해당요인을 건너뛰어 공변량이 지표변수에 미치는 직접효과를 분석하는 차별적문항기능(differential item functioning : DIF)을 실행할 수 있다. 이 경우에 직접효과의 계수는 해당요인을 통제했을 때 공변량이 지표변수에 미치는 영향이라고 해석한다. 앞서 설명한 바와 같이 단일집단에서는 모형식별을 위하여 요인평균을 0으로 고정하기 때문에 요인평균은 추정되지 않는다. 그리고 집단평균차이는 공변량이 요인에 미치는 영향(직접효과의 계수)으로 측정된다. 예를 들어 공변량(성별)이 요인에 미치는 영향인 비표준화 계수가 0.56으로 나타났다면 이는 남성과 여성의 잠재평균의 차이는 0.56단위만큼 차이가 난다는 것을 의미한다. 이 경우에 지표변수와 요인의 평균은 0으로 가정한다. 다중집단 CFA모형과 MIMIC모형의 중요한 차이점으로 척도불변성과 스칼라불변성, 오차분산불변성, 요인분산/공분산불변성, 요인평균불변성 등을 모두 검정하는 다중집단 CFA와는 달리 MIMIC모형은 스칼라불변성(즉, DIF)과 요인평균불변성만을 검정하고 나머지 모수들(요인적재량, 오차분산, 요인분산/공분산)의 불변성 검정은 이루어지지 않는 대신 모든 공변량 수준[예 성별(명목척도)인 경우에 남성과 여성]에서 동일하다고 가정한다.

MIMIC모형은 다중집단 CFA모형에 비하여 몇 가지 장점이 있다(Brown, 2015). 먼저 MIMIC모형은 표본크기가 작은 경우에도 분석이 가능하다. 다중집단 CFA모형에서는 집단별로 독립적으로 측정모형을 분석하지만 MIMIC모형은 단일의 측정모형을 분석하기 때문이다. 예를 들어 집단이 3개이고 총표본의 크기가 150개인 경우에 다중집단 CFA모형에서는 개별집단의 표본크기가 50개씩이므로 다중집단 CFA모형을 분석하기에 적합하지 않지만 MIMIC모형은 단일집단분석이기 때문에 적합할 수 있다. 둘째, 집단이 3개 이상인 경우에 다중집단 CFA모형의 분석은 까다로울 수 있다. 반면에 MIMIC모형은 측정모형의 모수가 개별집단별로 추정되지 않기 때문에 좀더 간명하다고 할 수 있다. 셋째, MIMIC모형에서는 계량변수인 공변량을 도입할 수 있다.

그리고 공변량은 일반적으로 측정오차로부터 자유롭다고 가정한다. 즉, 오차분산은 0이라고 가정한다. 이러한 가정은 오차분산이 예상되지 않는 집단 혹은 연령인 경우에는 더욱 그렇다. 하지만 제3장의 단일지표변수가 포함된 CFA모형에서처럼 공변량(계량변수)에 대하여 비표준화오차를 0이 아닌 값으로 고정할 수 있다. MIMIC 모형은 잠재변수가 공변량에 의하여 영향을 받는 내생변수로 설정되기 때문에 제2장에서 다룬 잠재 Y 표기법을 사용한다. 따라서 요인분산 및 공분산은 TECH1 옵션의 결과에서 프사이(PSI : Ψ)에 추정결과(정확히는 요인이 내생변수이므로 요인의 오차의 분산/공분산)가 제시된다.

이제 이러한 사전지식을 이용하여 다음의 [그림 7.2]와 같이 [그림 7.1]을 변형한 MIMIC모형을 분석하기로 한다.

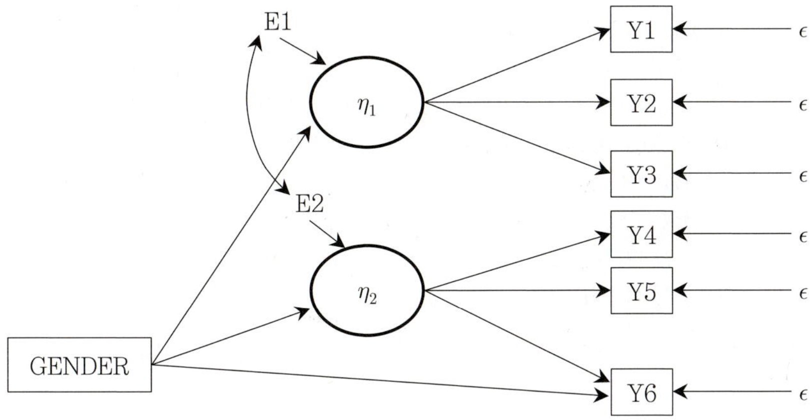

[그림 7.2] MIMIC모형(1 : 남성, 2 : 여성)

[그림 7.2]를 살펴보면 전통적인 분석방법인 다변량 분산분석(MANOVA : multivariate analysis of variance)7)에 해당한다는 것을 알 수 있다. 하지만 MANOVA와는 달리 MIMIC 분석에서는 종속변수가 관측되지 않는 잠재변수이고 또한 측정오차를 고려하고 있다. 따라서 MIMIC 분석은 측정오차가 없다고 가정하는 MANOVA보다 명확하게 더 우수한 분석방법이다(Wang & Wang, 2012).

[그림 7.2]에서 먼저 GENDER(성별)는 두 요인에 영향을 미치는 공변량이다.

7) 다변량 분산분석은 독립변수(명목척도)의 집단별로 2개 이상의 계량종속변수가 차이가 나는지를 동시에 검정하는 ANOVA를 말한다. 물론 독립변수는 2개 이상일 수도 있다.

즉, 두 요인평균의 차이(집단이질성)를 분석하는 것이다. 다음으로 성별은 지표변수 Y6에 영향을 미치는 관계(DIF)가 설정되어 있다. 이는 성별에 따른 Y6의 차이(절편의 측정불변성)를 검정하는 것이다. 그리고 요인의 두 오차의 공분산은 자유롭게 추정된다.

앞서 말한 것처럼 [그림 7.2]를 분석하기 위해서는 먼저 공변량이 제외된 CFA의 적합도를 분석해야 한다. 이러한 모형[MUTHEN(MIMIC CFA).inp]을 분석하면 적합도($\chi^2(8)=9.036$, $p=.3392$, $RMSEA=.011$, $CFI=1.000$, $TLI=1.000$, $SRMR=.004$)가 매우 양호하게 나타나고 수정지수도 높은 값을 나타내지 않았으며 표준화요인적재량 값들도 모두 0.8 이상으로 나타났다. 또한 요인상관관계도 높게 나타났다. 적합도가 양호하게 나타났으므로 다음 단계로 공변량을 도입한 〈표 7.23〉의 MIMIC모형[MUTHEN(MIMIC DIF).inp]을 분석한다.

〈표 7.23〉 MIMIC모형 분석을 위한 Mplus syntax

```
TITLE:  CFA MIMIC MODEL(DIF)
DATA:       FILE IS MUTHEN.DAT;
VARIABLE:   NAMES ARE Y1-Y6 X1-X3 GENDER;
            USEVARIABLES ARE Y1-Y6 GENDER;
MODEL:      F1 BY Y1-Y3;
            F2 BY Y4-Y6;
            F1 ON GENDER; F2 ON GENDER;
            Y6 ON GENDER;
OUTPUT:     STAND TECH1 MOD(4) RES;
```

〈표 7.23〉에서 F1 ON GENDER는 F1 is regressed ON GENDER를 표현한 것이다. 즉, GENDER에 따른 요인 F1의 평균차이를 검정하기 위한 명령문이다. 그리고 Y6 ON GENDER는 성별에 따라 Y6의 값이 차이를 보이는지(DIF)를 분석하는 것이다. MIMIC모형은 다중집단 CFA모형과는 달리 단일집단을 분석하기 때문에 VARIABLE command의 GROUPING 옵션과 MODEL FEMALE : command를 지정하지 않는다. 〈표 7.23〉을 실행하면 〈결과 7.20〉을 얻을 수 있다. 표준화 해의 해석이 중요하기 때문에 완전표준화 해와 부분표준화 해(STD)를 모두 제시하였다.

〈결과 7.20〉 MIMIC모형의 분석결과

```
MODEL FIT INFORMATION
Number of Free Parameters                        22
Chi-Square Test of Model Fit
          Value                               9.812
          Degrees of Freedom                     11
          P-Value                            0.5474
RMSEA (Root Mean Square Error Of Approximation)
          Estimate                            0.000
          90 Percent C.I.                     0.000  0.029
          Probability RMSEA <= .05            1.000
CFI/TLI
          CFI                                 1.000
          TLI                                 1.000
SRMR (Standardized Root Mean Square Residual)
          Value                               0.004

MODEL RESULTS
                                                          Two-Tailed
                     Estimate       S.E.   Est./S.E.     P-Value
 F1      BY
   Y1                  1.000       0.000     999.000     999.000
   Y2                  1.016       0.021      48.759       0.000
   Y3                  0.725       0.019      38.459       0.000
 F2      BY
   Y4                  1.000       0.000     999.000     999.000
   Y5                  1.004       0.018      55.584       0.000
   Y6                  1.004       0.019      53.656       0.000
 F1      ON
   GENDER             -0.162       0.103      -1.569       0.117
 F2      ON
   GENDER             -0.117       0.113      -1.041       0.298
 Y6      ON
   GENDER              0.055       0.053       1.031       0.303
 F2      WITH
   F1                  2.396       0.125      19.160       0.000
 Intercepts
   Y1                  2.236       0.168      13.270       0.000
   Y2                  2.247       0.171      13.128       0.000
```

Y3	2.201	0.124	17.799	0.000
Y4	1.766	0.184	9.601	0.000
Y5	1.752	0.184	9.513	0.000
Y6	1.659	0.191	8.695	0.000
Residual Variances				
Y1	0.506	0.036	13.973	0.000
Y2	0.503	0.037	13.660	0.000
Y3	0.668	0.034	19.911	0.000
Y4	0.580	0.035	16.681	0.000
Y5	0.443	0.030	14.529	0.000
Y6	0.524	0.033	15.832	0.000
F1	2.700	0.138	19.557	0.000
F2	3.216	0.162	19.875	0.000

STANDARDIZED MODEL RESULTS
STDYX Standardization

	Estimate	S.E.	Est./S.E.	Two-Tailed P-Value
F1 BY				
Y1	0.918	0.007	134.076	0.000
Y2	0.921	0.007	136.471	0.000
Y3	0.825	0.011	75.511	0.000
F2 BY				
Y4	0.920	0.006	159.205	0.000
Y5	0.938	0.005	187.361	0.000
Y6	0.928	0.005	169.020	0.000
F1 ON				
GENDER	−0.049	0.031	−1.571	0.116
F2 ON				
GENDER	−0.033	0.031	−1.042	0.297
Y6 ON				
GENDER	0.014	0.014	1.030	0.303
F2 WITH				
F1	0.813	0.012	65.852	0.000
Intercepts				
Y1	1.247	0.096	12.986	0.000
Y2	1.237	0.096	12.855	0.000
Y3	1.522	0.090	16.997	0.000
Y4	0.906	0.095	9.485	0.000
Y5	0.913	0.097	9.400	0.000

Y6	0.855	0.100	8.583	0.000
Residual Variances				
Y1	0.157	0.013	12.532	0.000
Y2	0.153	0.012	12.288	0.000
Y3	0.320	0.018	17.738	0.000
Y4	0.153	0.011	14.349	0.000
Y5	0.120	0.009	12.784	0.000
Y6	0.139	0.010	13.734	0.000
F1	0.998	0.003	325.780	0.000
F2	0.999	0.002	490.156	0.000

STD Standardization

	Estimate	S.E.	Est./S.E.	Two-Tailed P-Value
F1 BY				
Y1	1.645	0.042	39.123	0.000
Y2	1.672	0.043	39.315	0.000
Y3	1.193	0.036	32.960	0.000
F2 BY				
Y4	1.794	0.045	39.751	0.000
Y5	1.801	0.044	41.093	0.000
Y6	1.801	0.045	40.293	0.000
F1 ON				
GENDER	−0.099	0.063	−1.572	0.116
F2 ON				
GENDER	−0.065	0.063	−1.042	0.297
Y6 ON				
GENDER	0.055	0.053	1.031	0.303
F2 WITH				
F1	0.813	0.012	65.852	0.000
Intercepts				
Y1	2.236	0.168	13.270	0.000
Y2	2.247	0.171	13.128	0.000
Y3	2.201	0.124	17.799	0.000
Y4	1.766	0.184	9.601	0.000
Y5	1.752	0.184	9.513	0.000
Y6	1.659	0.191	8.695	0.000
Residual Variances				
Y1	0.506	0.036	13.973	0.000
Y2	0.503	0.037	13.660	0.000

Y3	0.668	0.034	19.911	0.000
Y4	0.580	0.035	16.681	0.000
Y5	0.443	0.030	14.529	0.000
Y6	0.524	0.033	15.832	0.000
F1	0.998	0.003	325.780	0.000
F2	0.999	0.002	490.156	0.000

R-SQUARE

Observed Variable	Estimate	S.E.	Est./S.E.	Two-Tailed P-Value
Y1	0.843	0.013	67.038	0.000
Y2	0.847	0.012	68.235	0.000
Y3	0.680	0.018	37.755	0.000
Y4	0.847	0.011	79.602	0.000
Y5	0.880	0.009	93.681	0.000
Y6	0.861	0.010	84.905	0.000

Latent Variable	Estimate	S.E.	Est./S.E.	Two-Tailed P-Value
F1	0.002	0.003	0.786	0.432
F2	0.001	0.002	0.521	0.602

〈결과 7.20〉에서 적합도지수들이 양호하게 나타났고 수정지수(제시하지 않았음)도 높은 값들이 나타나지 않았기 때문에 공변량의 도입이 요인구조를 크게 변경시키지 않았다는 것을 알 수 있다.

그리고 비표준화 해와 표준화 해에 관한 결과의 해석(제2장 참조)에서 중요한 점들이 몇 가지 있다. 이들을 해석함에 있어서 공변량(성별)이 명목척도임에 유의해야 한다. 먼저 비표준화 해에서 성별에 따른 F1의 차이(GENDER→F1)가 −0.162로 비유의적으로 나타났다. 이는 남성이 1이고 여성이 2로 지정되어 있으므로 남성의 F1의 평균이 여성의 F1의 평균보다 0.162단위(원래 척도로 표현된 값)만큼 크다는 것을 의미한다. 다음으로 완전표준화 해(STDYX)에서 GENDER→F1이 −0.049로 나타났다. 이 결과는 성별의 표준화단위가 1단위 증가하면 F1의 표준화단위가 0.49 단위만큼 감소(남성이 더 크다)한다는 것을 의미한다. 그런데 성별은 명목척도이고 성별의 표준화는 해석할 수 없기 때문에 이러한 결과에 대하여 해석하는 것도 역시 의미가 없다. 따라서 공변량이 명목척도인 경우에는 표준화 해 중에서 부분표준화 해(STD)를 해석해야 한다. STD 해에서는 명목척도는 표준화되지 않고 잠재변수만 표준화된다. 부분표준화 해에서 GENDER→F1은 −0.099로 나타났다. 따라서 성별이 1단위 증가[1(남성)에서 2(여성)로 증가]하면 F1의 표준화단위는 0.099단위 감소한다고 해석할 수 있다. 즉, 남성의 F1의 표준화점수가 여성의 표준화점수보다 0.099단위만큼 크다고 할 수 있다. 하지만 통계적으로 유의하지는 않았다. 이러한 결론은 성별집단간에 요인 F1의 요인평균불변성이 검정된 것이라고 해석할 수 있다. F2의 경우에도 동일한 결론을 내릴 수 있다.

다음으로 성별이 Y6에 미치는 영향을 분석하여 DIF가 존재하는지를 검정한다. 분석결과 η_2를 통제한 후에 GENDER→Y6의 영향이 0.055(p = .303)로 비유의적으로 나타났다. 따라서 비록 남성의 Y6의 절편이 여성보다 0.055만큼 작기는 하지만 유의적이지 않기 때문에 성별에 따른 절편 Y6의 불변성(스칼라불변성)이 확인되었다. 그리고 F1과 F2는 내생변수이기 때문에 F1 WITH F2(2.396)는 두 요인의 공분산이 아니라 두 요인의 오차들(E1과 E2)의 공분산(오차공분산)을 의미한다. 마찬가지로 Residual Variances의 F1(2.700)과 F2(3.216)는 요인의 분산이 아니라 오차분산을 의미한다. 이제 이러한 내용을 TECH1 옵션의 결과물(〈결과 7.21〉)로 확인해 본다.

〈결과 7.21〉 TECH1 옵션 결과

TECHNICAL 1 OUTPUT

PARAMETER SPECIFICATION

NU

Y1	Y2	Y3	Y4	Y5	Y6	GENDER
1	2	3	4	5	0	0

LAMBDA

	F1	F2	Y6	GENDER
Y1	0	0	0	0
Y2	6	0	0	0
Y3	7	0	0	0
Y4	0	0	0	0
Y5	0	8	0	0
Y6	0	0	0	0
GENDER	0	0	0	0

THETA

	Y1	Y2	Y3	Y4	Y5	Y6	GENDER
Y1	9						
Y2	0	10					
Y3	0	0	11				
Y4	0	0	0	12			
Y5	0	0	0	0	13		
Y6	0	0	0	0	0	0	
GENDER	0	0	0	0	0	0	0

ALPHA

F1	F2	Y6	GENDER
0	0	14	0

BETA

	F1	F2	Y6	GENDER
F1	0	0	0	15
F2	0	0	0	16
Y6	0	17	0	18
GENDER	0	0	0	0

PSI

	F1	F2	Y6	GENDER
F1	19			
F2	20	21		
Y6	0	0	22	
GENDER	0	0	0	0

〈결과 7.21〉에서 자유모수의 개수는 22개로 지정되어 있다. 그리고 공분산행렬인 PSI행렬에서 자유모수의 숫자 19와 21은 각각 F1과 F2의 오차분산을 의미하고 20은 두 요인의 오차공분산이다. 또한 22는 Y6의 임시요인(pseudo-factor : 제3장 참조)의 오차분산이다. 그 대신 THETA행렬에는 Y6의 오차분산이 자유모수로 지정되어 있지 않다. 다음으로 회귀계수행렬인 BETA행렬에서 15와 16은 각각 GENDER→F1 및 GENDER→F2의 회귀계수를 의미한다. 그리고 18은 GENDER→Y6의 회귀계수(측정불변성 검정)를 나타낸다. 마지막으로 17은 F2→Y6의 요인적재량을 가리키는 것이다. 이와 관련하여 LAMBDA행렬에는 6(F1→Y2)과 7(F1→

Y3) 및 8(F2→Y5)의 요인적재량은 나타나 있지만 F2→Y6의 요인적재량은 나타나 있지 않다. 대신 이러한 요인적재량은 BETA행렬에 제시되어 있다.

MIMIC모형은 내생변수와 외생변수들의 인과관계를 경로로 도입하면 구조방정식모형으로 전환된다. 예를 들어 F1→F2의 경로를 추가하면 GENDER→F1→F2의 매개효과(간접효과)를 분석할 수 있다. 또한 성별 이외의 공변량을 도입하여 모형을 확장할 수도 있다. 가령 단일지표변수인 연령을 공변량으로 도입하여 연령이 F1과 F2에 미치는 영향을 분석할 수 있다. 마찬가지로 오차가 존재할 수 있는 단일지표변수를 도입할 수도 있다. 하지만 오차변수가 존재하는 단일지표변수인 공변량은 제3장에서 살펴본 바와 같이 임시요인을 이용하여 오차를 수정해 주어야 한다.

CHAPTER

8

매개분석의 기초

이제까지 CFA에 관하여 자세하게 알아보았다. 이러한 CFA는 구조방정식모형의 분석에 있어서 반드시 충족되어야 할 필요조건이다. 만일 CFA의 적합도 등이 양호하지 않으면 모형수정과정을 거쳐서 최적의 CFA모형을 설정한 후에 구조방정식모형을 분석해야 한다. 그리고 CFA의 수정과정에서 추가로 도입된 모수들(예 교차적재 및 오차공분산 등)은 구조방정식의 분석모형에 그대로 반영해야 한다. 이제부터는 본서의 중심주제인 매개분석과 조절분석 및 조절된 매개분석에 대하여 알아볼 예정이다. 먼저 매개분석부터 시작한다.

매개분석이란 독립변수가 종속변수에 미치는 영향이 매개변수를 경유하여 전달되는 매개효과(mediating effect)를 분석하는 것을 말한다. 따라서 매개모형은 인과모형(causal model)이다. 매개효과는 간접효과(indirect effect)라고도 부르는데 이 책에서는 이들을 동일개념으로 상호 교환하여 사용하기로 한다. 매개변수가 한 개이면 단순매개모형(simple mediation model)이고 두 개 이상이면 다중매개모형(multiple mediator model)이라고 한다. 단순매개모형의 회귀식은 다음과 같은 두 개의 회귀방정식으로 표현된다. 앞으로 많은 회귀식이 등장하는데 이러한 회귀식 설정은 SEM의 분석에 필수적인 사항이기 때문에 반드시 숙지해야 한다. 회귀식의 설정을 이해하지 못하면 복잡한 모형을 전혀 분석할 수 없게 된다.

$$M = i_1 + aX + e_M \tag{8.1}$$

$$Y = i_2 + c'X + bM + e_Y \tag{8.2}$$

식 (8.1)은 매개변수 M에 영향을 미치는 예측변수가 X 하나밖에 없기 때문에 단순회귀방정식에 해당하며 i_1은 절편이고 e_M은 오차항이다. 식 (8.2)는 종속변수 Y에 영향을 주는 변수가 X와 M의 두 개이므로 다중회귀방정식이다.

위의 단순매개모형의 개념모형(conceptual diagram)은 [그림 8.1]과 같다.

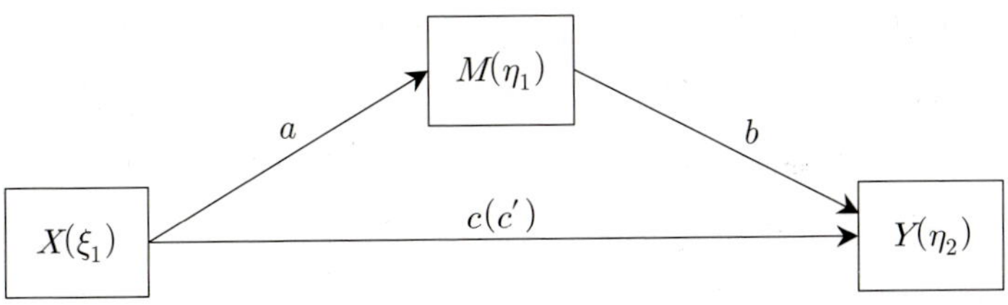

[그림 8.1] 단순매개모형의 개념모형

[그림 8.1]에서 결과변수(outcome variable)는 M과 Y의 두 개가 있으므로 회귀식도 두 개(M 회귀식과 Y 회귀식)가 설정된다. 회귀식 식 (8.1) 및 식 (8.2)와 [그림 8.1]에서 a는 단순회귀분석결과 예측변수(predictor) X가 M에 미치는 영향이고 c'(c prime(프라임)으로 읽는다)과 b는 종속변수 Y를 두 예측변수인 X과 M에 회귀시킨 다중회귀분석결과 얻어진 회귀계수이다. 그리고 간접효과의 크기는 $X \rightarrow M$의 회귀계수(a)와 $M \rightarrow Y$의 회귀계수(b)를 곱한 ab로 계산된다. 이러한 계산법과 절차는 복잡한 모형을 이해하기 위하여 잘 알아두어야 한다. c'은 직접효과(direct effect)라고 하며 c는 총효과(total effect)라고 부른다. 여기에서 c는 단순회귀식 $Y = i + cX + e$에서 얻을 수 있다.

매개모형을 분석하는 방법은 여러 유형이 있다. 먼저 위의 [그림 8.1]과 같이 단일의 관측변수로 되어 있는 경우에는 일반적인 회귀분석을 이용하는 방법이 있다. 이 방법은 a와 b 및 c'의 회귀계수와 회귀계수의 유의성은 제공하지만 간접효과의 크기인 ab의 회귀계수와 통계적 유의성은 제공하지 않는다. 그리고 매개모형을 분석하기 위한 전문통계 프로그램(PROCESS macro : Hayes, 2013, 2018)[1)]을 이용하는 방법도 있다. 이러한 PROCESS macro는 90개 이상의 매개모형과 조절모형 및 조절된 매개모형을 분석할 수 있는 강력한 분석도구이다. 하지만 PROCESS는 단일의 관측변수들로 이루어진 모형만 분석할 수 있고 이제부터 설명하게 될 잠재변수들의 매개분석(예 Mplus)은 실행할 수 없는 단점이 있다.

8.1 Baron & Kenny(1986) 방법

먼저 전통적으로 간접효과를 분석하기 위하여 사용되어 왔던 방법으로 인과단계전략(causal steps strategy)이라고 부르는 Baron & Kenny(1986) 방법을 살펴본다. 결론부터 말하면 간접효과를 분석하는 경우에 이러한 인과단계전략방법은 가능한 한(강조하면 절대로!) 사용하지 말아야 한다. 왜냐하면 간접효과(ab)를 직접 검정하지 않고 간접적으로 검정하기 때문이다. 인과단계전략은 용어 그대로 회귀분석을 이용하여 변수간의 인과관계를 단계별로 분석하는 방법이다. 회귀식은 3개를 이용하고

1) 필자는 Hayes(2013)의 책을 완역하고 해설을 추가한 편역서(이형권, 2015)를 발간하였다.

단계(조건)는 4단계로 이루어진다. 인과단계전략은 실행하기 쉽다는(비전문가도 분석 가능하다) 장점이 있다. 그리고 이 방법은 일련의 귀무가설들의 검정결과(outcome of a set of null hypothesis tests)로 간접효과의 유무를 판단한다(Hayes, 2013). 이제 이들 절차를 알아본다. Baron & Kenny(1986)는 매개효과가 나타났다고 주장하기 위해서는 다음의 4가지 조건이 충족되어야 한다고 주장하였다. 즉, 아래의 4가지 단계에서 $c \rightarrow a \rightarrow b$의 순서대로 귀무가설의 검정이 이루어진다.

1단계 : c가 통계적으로 0과 달라야(유의해야) 한다.
2단계 : a가 유의해야 한다.
3단계 : b가 유의해야 한다.
4단계 : 이상적으로 c'이 0이거나 혹은 최소한 c보다 절댓값이 작아야 한다.

이제 이들을 순서대로 알아보기로 한다. 아래의 회귀식에서 X는 독립변수이고 M과 Y는 각각 매개변수와 종속변수이다. 먼저 1단계를 알아본다.

1. 첫 번째 단계 : 1단계는 X가 Y에 미치는 총효과가 유의해야 한다는 조건이다.

$$Y = i_1 + cX + e_Y \tag{8.3}$$

여기에서는 c가 0이라는 귀무가설($H_0 : c = 0$)을 검정한다. 식 (8.3)에서 c는 단순회귀분석결과 얻어진 총효과의 크기이다. 즉, X가 한 단위 차이나는 두 사례의 Y의 차이를 의미한다. X가 한 단위 차이(single unit difference)나는 이분형(binary) 변수(예 0과 1)라면 c는 두 사례의 Y의 평균의 차이이다. 여기에서 이러한 총효과가 유의해야 한다는 것이다. 만일 c가 통계적으로 유의하지 않으면 간접효과 분석절차는 이 단계에서 종료된다(game over). Kenny는 나중에 발표한 연구(Judd & Kenny, 2010)에서 많은 학자들이 첫 번째 조건이 불필요하다는 결론에 합의를 도출했다는 내용을 소개하면서 매개효과의 검정에서 c가 유의해야 한다는 조건이 필요 없다는 점을 사실상 인정하였다.

2. 두 번째 단계 : 1단계를 통과하면 2단계로 a가 유의한지를 검정한다.

$$M = i_2 + aX + e_M \tag{8.4}$$

이 단계에서는 a가 0이라는 귀무가설($H_0 : a=0$)을 검정한다. a는 식 (8.4)에서 $X \rightarrow M$의 단순회귀분석결과 얻어진 회귀계수이다. 즉, X가 한 단위 차이나는 두 사례의 M의 차이를 의미한다. 그리고 X가 한 단위 차이나는 이분형 변수이면 a는 두 집단의 M의 평균의 차이를 의미한다. 이 단계에서 만일 $a=0$이라는 귀무가설이 기각되지 않으면(a가 유의하지 않으면) M은 X가 Y에 미치는 영향을 매개하지 않는다고 결론을 내리고 분석절차는 종료된다.

3. 세 번째 단계와 네 번째 단계 : 두 번째 단계를 통과했다는 전제하에 세 번째 단계와 네 번째 단계는 아래의 동일한 다중회귀식을 이용하여 검정한다.

$$Y = i_3 + c'X + bM + e_Y \tag{8.5}$$

다중회귀분석을 이용하였기 때문에 c'은 M을 동일한 값으로 고정시킨 경우(M을 통제한 경우)에 X가 한 단위 증가하는 경우의 Y의 변화량을 의미하고, b는 X를 통제한 경우에(controlling for X) M의 한 단위 증가가 Y를 얼마나 증가시키는가에 관한 계수[2]이다. 따라서 c'과 b는 편회귀계수(partial regression coefficients)[3]이다.

세 번째 단계에서는 식 (8.5)에서 X를 통제한 경우에 M이 Y에 미치는 영향(b)이 0이라는 귀무가설($H_0 : b=0$)을 검정한다. 귀무가설을 기각하지 못하면 M은 매개변수 역할을 수행하지 못한다고 결론을 내리고 분석절차를 종료한다. 세 번째 조건이 충족되면 네 번째 단계로 넘어간다.

네 번째 단계에서 M을 통제한 경우에 직접효과인 c'이 총효과인 c보다 0에 더 가깝고 비유의적이라면 완전매개(complete mediation)라고 부른다. 완전매개는 M이 $X \rightarrow Y$의 영향을 전부 설명한다는 것을 의미한다. 반면에 c'이 c보다 0에 더 가깝지만 유의한 경우에는 부분매개(partial mediation)[4]라고 부르는데, 부분매개에서는 $X \rightarrow Y$의 영향의 일부분만 M을 통하여 전달된다.

---

2) X를 통제한다는 의미는 X값을 동일한 값으로 고정시킨다(holding X constant)는 의미이다. 즉, b는 다음과 같이 표현된다. $b=[\hat{Y}|(M=m, X=x)]-[(M=m-1, X=x)]$. 따라서 b는 X를 x로 고정시키고(동일한 x값을 갖는 상태에서) M이 한 단위 차이(m과 $m-1$)나는 두 사례의 Y값의 추정치의 차이를 의미한다. 마찬가지로 $c'=[\hat{Y}|(X=x, M=m)]-[\hat{Y}|(X=x-1, M=m)]$이다.

3) 편회귀계수는 다른 모든 예측변수들을 통제한 상태에서(다른 모든 예측변수들이 동일한 값을 가지면서) 특정 예측변수가 종속변수에 미치는 영향을 의미한다.

4) 완전매개와 부분매개라는 구분도 사실상 불필요한 개념이다. 이에 관해서는 Hayes(2013)에 자세히 설명되어 있다.

이상에서 살펴본 Baron & Kenny 방법은 통계학적으로 그리고 철학적으로 합리적인 방법이 아니기 때문에 사용이 권장되지 않는다. 심지어 Hayes(2013)는 이 방법은 폐기되어야 한다(this strategy should be abandoned)고 주장하며 머지않아 인과단계전략방법을 사용한 논문은 출간할 수 없을 것이라고 경고하고 있다.

이러한 Baron & Kenny 방법은 SCI에 따르면 2004년 9월까지 약 5,300회 인용되었고 2007년 12월까지는 대략 9,000회 이용되었으며(Web of Science database), SSCI의 발표에 의하면 2009년 9월까지 12,688번이나 인용될 정도로 인기를 구가하고 있었다.

LeBreton, Wu, & Bing(2009)은 이러한 방법이 잘못된 방법임에도 불구하고 인기를 끌고 있는 현상에 대하여 인과단계전략을 도시의 전설(urban legend)[5]에 비유하며 다음과 같이 설명하고 있다. 이들은 먼저 도시의 전설을 구체적으로 세 가지로 세분화하였다.

1. 도시의 전설 1 : 매개가설의 검정은 반드시 Baron & Kenny의 네 가지 절차를 이용해야 한다.
2. 도시의 전설 2 : 이러한 네 가지 절차가 매개가설의 최적 검정법이다.
3. 도시의 전설 3 : 네 가지 조건이 충족되면 매개효과가 나타났다는 결론을 도출하기에 충분하다.

LeBreton et al.(2009)은 Baron & Kenny 방법이 이미 신성불가침(sacrosanct)의 성격으로 굳어진 이유를 다음과 같이 설명하고 있다.

1. 초두효과(primacy effect) : Baron & Kenny 방법은 매개효과와 조절효과를 공식적으로 검정하는 방법 중 가장 먼저 발표된 논문이다.
2. 원천 신뢰성효과(source credibility effect) : 이 논문은 심리학 분야에서 가장 권위 있고 가장 인용이 많이 되는 학회지 중의 하나(Journal of Personality and Social Psychology)에 발표되었다.
3. 이해=수용효과(comprehension=acceptance effect) : 이 방법은 요리책처럼

---

5) 도시의 괴담이라고도 부르는 도시의 전설이란 잘못 알려진 의학 상식처럼 소문은 무성한데 알고 보면 모두 허구라는 사실을 의미한다. LeBreton et al.(2009)의 논문이 실린 Handbook에는 통계분석과 방법론에서 잘못 이해하고 있는 내용들을 집중적으로 다루고 있다. 이 밖에도 신화(myth)라는 용어도 사용하는데 신화는 근거가 없는데도 무작정 신봉하는 행태를 말한다. 이 Handbook에서 눈여겨볼 분야는 지금 다루고 있는 매개분석의 도시의 전설과 조절분석의 신화에 관한 내용이다.

이해하고 실행하기 쉽게 설명되어 있다. 즉, 사람들은 자신이 이해하는 것을 거의 자동적으로 수용하고 믿는 경향이 있다.

4. "진실"효과("truth" effect) : 반복적으로 접하는 서술문은 새롭게 마주하는 설명보다 높은 진실성평가가 이루어지거나 높은 확률수준으로 진실하다고 판단된다.
5. 단순노출효과(mere exposure effect) : 동일한 자극에 계속 노출되면 해당자극의 선호도가 증가하게 된다.

LeBreton et al.(2009)은 이러한 인과단계전략에 대한 도시의 전설 깨뜨리기(debunking the urban legend)에 관하여 자세히 설명(구체적인 내용은 생략한다)한 후에 매개효과를 검정하는 경우에 인과단계전략방법의 대안으로 SEM을 이용할 것을 권장하였다.

인과단계전략에 관한 비판의 많은 부분은 c에 관한 것이다. 즉, 매개되어야 할 효과(effect to be mediated)라고 불리는 $X \rightarrow Y$ 검정에 관한 것이다. 그리고 c가 유의해야 한다는 주장의 근거는 $X \rightarrow Y$의 효과가 존재하지 않는다면 "매개될 것이 없다(nothing to mediate)"는 논리이다. 하지만 이러한 주장은 잘못된 것이다. 총효과와 간접효과 및 직접효과의 관계는 다음과 같다.

$$c = ab + c' \tag{8.6}$$

식 (8.6)이 의미하는 바는 총효과(c)는 간접효과(ab)와 직접효과(c')의 합계라는 것이다. 식 (8.6)에서 ab와 c'이 동일한 부호(sign)를 가진다면 c 또한 동일한 부호($a \times b \times c' > 0$)를 가질 것이다. 이와 같이 ab와 c'이 동일한 부호를 가지는 경우에 ab와 c'이 유의하면 이러한 매개효과를 보충적 매개(complementary mediation)라고 부른다. 보충적 매개는 부분매개와 유사한 개념이다. 반면에 ab와 c'의 부호가 다르고($a \times b \times c' < 0$) ab와 c'이 유의하다면 경쟁적 매개(competitive mediation)라고 한다. 경쟁적 매개의 경우에 ab와 c'의 절댓값의 크기가 같다면(예 $ab = .46$, $c' = -.46$) 결국 $c = 0$이 되어 총효과는 존재하지 않게(또는 최소한 유의하지 않다) 된다. 역으로 말하면 간접효과가 존재함에도 불구하고 인과단계전략의 1단계에서 총효과가 유의하지 않다는 이유로 간접효과 검정을 중단하는 결과를 초래하게 되는 것이다. 또한 c가 유의한 경우에도 ab와 c'은 유의하지 않게 나타날 수도 있다. 결론적으로 c가 유의하지 않은 경우에도 간접효과는 유의하게 나타날 수 있다. 그리고 경쟁적 매개

의 특수한 케이스가 억제효과(suppression effect)이다.

Baron & Kenny(1968) 방법은 기본적으로 귀무가설들의 검정에 기반을 두고 있기 때문에 오류의 가능성을 안고 있다. 즉, 가설검정의 오류 중에서 옳은 귀무가설[6)]을 기각하거나(α오류) 잘못된 귀무가설을 기각하지 못하는 오류(β오류)를 범할 수 있다. 그리고 귀무가설의 검정이 많아질수록(예 $c \to a \to b$) 이러한 오류의 가능성은 더 커진다. Baron & Kenny(1968) 방법의 보다 더 중요한 단점은 간접효과(ab)를 직접 검정하지 않는다는 것이다. 간접효과는 a와 b로 개별적으로 추정되지 않고 ab로 추정된다. 따라서 간접효과를 검정하는 방법은 추론과정을 최소화하여 간접효과에 관한 단일의 추론검정(a single inferential test of the indirect effect)을 실행하는 것이 최선이다. 즉, ab를 직접 검정하는 방법이 적극 권장된다. 실제로 시뮬레이션을 이용한 여러 연구결과들(Fritz & MacKinnon, 2007; MacKinnon, Lookwood, Hoffman, West, & Sheets, 2002)은 다른 간접효과분석기법들보다 Baron & Kenny (1968) 방법의 검정력이 가장 낮게 나타나는 것을 확인하였다.

8.2 Sobel 검정과 부트스트래핑 방법

이제까지 Baron & Kenny(1968) 방법의 단점과 무용론에 대하여 알아보았다. 그렇다면 Baron & Kenny(1968) 방법을 사용하는 대신 어떤 방법을 이용하여 간접효과를 검정할 것인가? 간접효과를 직접 검정하는 방법은 크게 두 가지가 사용되고 있다. 첫째는 계수의 적(product of coefficients) 혹은 델타 방법(delta method)이라고도 부르는 Sobel 검정(Sobel test)이다. Sobel 검정은 ab의 표본분포가 정규분포한다는 가정하에 이루어지기 때문에 정규이론방법(normal theory approach)이라고도 부른다. 다른 하나는 부트스트랩 신뢰구간(bootstrap confidence interval)을 이용하는 방법이다.

6) 귀무가설은 "효과가 없다"로 표현된다. 예를 들어 a에 관한 귀무가설은 $H_0 : a = 0$이다.

8.2.1 Sobel 검정

먼저 Sobel 검정에 대하여 알아보기로 한다. Sobel 검정은 정규성에 기반을 두고 있기 때문에 z검정을 이용하여 ab를 검정한다. 특정효과 ab에 대한 z값은 ab를 표준오차(standard error : SE)로 나누어서 계산한다. 그리고 이러한 SE에 대한 1차 표준오차추정량(first-order standard error estimator)은 다음의 식 (8.7)과 같이 계산한다.

$$SE_{ab} = \sqrt{a^2 se_b^2 + b^2 se_a^2} \tag{8.7}$$

식 (8.7)에서 a와 b는 식 (8.1)과 식 (8.2)에서 추정된 회귀계수이다. 그리고 se_a와 se_b는 각각 a와 b의 표준오차이며 이들은 모두 회귀식의 추정결과(예 SPSS)에서 얻을 수 있다. SE의 2차(second-order) 추정량은 루트 안에 $se_a^2 se_b^2$을 추가하는데, 1차 추정량과 2차 추정량의 차이는 미미하기 때문에 일반적으로 1차 추정량을 많이 사용한다. SE_{ab}의 추정치[7]가 얻어지면 점추정치(point estimate) ab와 SE_{ab}의 추정치를 이용하여 검정통계량(test statistic)인 $z(z = ab/SE_{ab})$를 계산하여 귀무가설을 검정할 수 있다. 여기에서 귀무가설은 간접효과가 없다($H_0 : ab = 0$)로 설정되고 대립가설은 간접효과가 존재한다($H_0 : ab \neq 0$)로 설정된다.

만일 귀무가설검정이 아니라 신뢰구간을 이용하고자 한다면 ab와 SE_{ab}를 이용하여 ab의 표본분포가 정규분포한다는 가정하에 ab의 구간추정치(interval estimate)를 얻을 수 있다. ab의 구간추정치(신뢰구간)는 다음의 식 (8.8)과 같다.

$$ab - z_{ci} se_{ab} \leq ab \leq ab + z_{ci} se_{ab} \tag{8.8}$$

식 (8.8)에서 ci는 신뢰수준(예 95%)이다. 그리고 신뢰구간은 양측검정이므로 z_{ci}는 표준정규분포에서 해당 z값 이상이 될 확률이 $(100 - ci)/2\%$의 값을 갖는 z값을 의미한다. 신뢰구간이 95%이면 표준정규분포표에서 $z = \pm 1.96$을 얻을 수 있다. 예를 들어 특정 매개모형을 분석하여 얻어진 추정치들이 다음과 같다고 가정하자.

---

7) 통계학에서 추정량(estimator)과 추정치(estimate)는 구분된다. 쉽게 설명하면 SE를 계산하는 공식 자체는 추정량이라고 부르고 공식에 구체적인 값을 대입하여 얻어진 값은 추정치라고 부른다.

$$a = .576,\ b = .486,\ se_a = .125,\ se_b = .089$$

위의 추정치들을 이용하면 $SE_{ab} = \sqrt{.576^2 \times .089^2 + .486^2 \times .125^2} = .07949$로 계산된다. 그리고 $ab = .576 \times .486 = .2799$이므로 ab의 95% 신뢰구간은 다음과 같이 설정된다.

$$.2799 - 1.96 \times .07949 \le ab \le .2799 + 1.96 \times .07949$$

따라서 ab의 95% 신뢰구간은 $.1241 \le ab \le .4357$이 된다. 이 결과를 토대로 연구자는 간접효과가 [0.1241, 0.4357]의 구간에 속한다고 95% 확신할 수 있다. 그리고 신뢰구간을 이용하는 경우에 간접효과의 유의성 검정에 대한 의사결정은 ab의 신뢰구간에 0이 포함되는지에 의하여 결정된다. 즉, 신뢰구간에 0이 포함되지 않으면 간접효과가 유의하다고 판단한다. 위의 신뢰구간에서 ab가 양수이고 이러한 양수의 구간에 0이 포함되지 않기 때문에 양의 간접효과가 유의하다고 결론을 내린다. 그리고 앞에서 설명한 z검정을 이용한 가설검정은 $z = ab/SE_{ab} = .2799/.07949 = 3.521$, $p < .001$이 되고 귀무가설이 기각되므로 역시 간접효과가 유의하다고 의사결정할 수 있다.

Sobel 검정은 계산하기 쉽고 원자료가 없는 경우에도 a와 b 및 se_a 그리고 se_b만 구하면 간접효과를 검정할 수 있다는 장점을 지니고 있다. 하지만 Sobel 검정은 이론적으로 그리고 실증적으로 중요한 단점이 있다. 먼저 이론적으로 Sobel 검정은 간접효과인 ab의 표본분포가 정규분포한다는 가정하에 이루어진다. 하지만 시뮬레이션을 이용한 여러 연구들(Bollen & Stine, 1990; Stone & Sobel, 1990)의 분석결과 ab의 표본분포는 대부분 정규분포를 이루지 않는 것으로 나타났다. 다음으로 실증적인 측면으로 역시 시뮬레이션을 통한 연구결과(MacKinnon, Lockwood, & Williams, 2004) Sobel 검정은 다른 경쟁적 추론검정방법들보다 검정력이 매우 낮게 나타났고 신뢰구간도 부정확하게 나타났다. 즉, Sobel 검정은 다른 방법들(예 아래의 부트스트랩 신뢰구간방법)에 비하여 실제로 존재하는 간접효과를 확인하지 못하는 경향이 있다. 따라서 Sobel 검정 대신 현실적으로 ab의 표본분포가 정규분포를 이루지 않는다는 것을 반영하는 다른 추론검정방법을 사용하는 것이 합리적이라고 할 것이다.

8.2.2 부트스트랩 신뢰구간 설정방법

ab의 표본분포가 일반적으로 비정규성을 나타내기 때문에 이러한 가정이 필요 없는 추론방법이 필요한데, 이에 관한 대표적인 방법이 부트스트랩 신뢰구간(bootstrap confidence interval)을 이용하여 간접효과를 검정하는 방법이다. 이러한 부트스트래핑(bootstrapping) 방법은 통계량(예 ab)의 표본분포의 형태에 대한 가정을 하지 않는 비모수기법(nonparametric approach)이다(Preacher & Hayes, 2004). 부트스트래핑 방법은 ab의 표본분포의 비정규성과 비대칭성(asymmetry)[8)]으로 인한 검정력의 저하 문제를 해결하기 위하여 고안된 방법이다. 또한 부트스트래핑 방법은 소규모 표본에서도 높은 신뢰도를 가진 검정결과를 제공해 준다. 그리고 부트스트래핑 방법에서는 ab의 표본분포가 정규분포한다는 가정을 하지 않고 실제로 정규분포하지 않는 경우가 대부분이기 때문에 부트스트랩 신뢰구간은 많은 경우에 비대칭으로 산출된다.

이제 부트스트래핑 방법에 의하여 신뢰구간이 어떻게 설정되는지 구체적인 절차를 알아보기로 한다. 부트스트래핑을 이용하기 위해서는 원자료가 필요하다. 예를 들어 원자료 혹은 원표본(original sample)의 표본크기가 n개로 이루어져 있다고 하자. 이러한 원표본은 모집단에서 추출한 것으로 모집단을 대표하는 표본(representation of the population)으로 간주된다. 그리고 이러한 원표본에서 복원재추출기법(resampling with replacement)을 통하여 표본크기(n개)가 원표본과 동일한 새로운 표본(부트스트랩 표본)을 생성한다. 이러한 재추출과정을 반복적으로 수행하여 표본분포의 대표치가 경험적으로 구축되며 이러한 경험적 대표치(empirical representation)가 추론작업에 사용된다. ab의 부트스트랩 신뢰구간을 구축하기 위해서는 다음과 같은 6가지 단계를 거친다. 그리고 이하의 모든 단계는 각종 컴퓨터 프로그램(예 PROCESS macro 또는 Mplus)에서 자동으로 실행된다.

1. 모집단에서 추출된 표본크기가 n개인 원표본($X_1, X_2, \cdots X_n$)에서 복원추출을 이용하여 원표본과 동일한 표본크기(n개)를 갖는 첫 번째 새로운 표본을 구성한다. 이러한 새로운 표본을 부트스트랩 표본(bootstrap sample : BS_1)이라고 한다. 구체적인 과정으로 예를 들어 원표본의 표본크기가 1,000개($X_1, X_2, \cdots X_{1000}$)인 경우에 먼저 하나의 표본(예 X_{562})를 무작위로 추출하여 크

8) Sobel 검정의 신뢰구간은 식 (8.8)에서 알 수 있는 것처럼 대칭적이다. 하지만 비정규분포하에서는 이러한 신뢰구간이 비대칭적으로 바뀐다.

기(예 리커트 7점 척도의 6)를 확인한 후에 X_{562}를 원표본에 다시 넣는다(복원). 다음으로 또 다른 표본(예 X_{58})을 추출[9]하여 크기를 확인하고 이 표본을 원표본에 넣는다. 이러한 과정을 반복하여 원표본과 동일한 크기(1,000개)로 구성된 부트스트랩 표본(BS_1)을 구성한다.

2. BS_1을 이용하여 첫 번째 간접효과(ab_1)를 추정한다.
3. 1과 2의 과정을 k번 반복하여 k개의 부트스트랩 표본을 생성($BS_1, \cdots BS_k$)한 후에 이들로부터 k개의 간접효과들($ab_1, ab_2, \cdots ab_k$)을 계산하여 저장한다. k는 클수록 좋고 최소한 수천 번 실시하는 것이 바람직하다. 하지만 10,000번 이상 실시할 필요는 없다.
4. k개의 간접효과 추정치들을 오름차순으로 정리한다.
5. 95%의 신뢰구간을 사용하는 경우에 k개의 ab분포에서 아래로부터 0.5(100−95)번째(2.5번째)[10] 백분위(percentile)에 해당하는 ab값을 구하여 이를 95% 신뢰구간의 하한경계(lower bound)로 정한다.[11] 이러한 하한경계는 오름차순으로 정리된 k개의 ab분포에서 아래로부터 $0.005k(100-95)$번째 위치(position)에 해당하는 ab값이다. 예를 들어 위에서처럼 ab의 개수가 1,000개라면 $0.005(1,000)(100-95)=25$번째 위치에 있는 ab값이 하한경계 값이 된다.
6. 같은 방법으로 오름차순으로 정리된 k개의 ab분포에서 [100−0.5(100−95)]번째(97.5번째) 백분위에 해당하는 ab값을 구하여 이를 95% 신뢰구간의 상한경계(upper bound) 값으로 정한다. 이러한 상한경계는 ab값들 중에서 아래로부터 $k[(1-0.005(100-95)]+1$번째 위치에 해당하는 값이다. 1,000개로 이루어진 ab값들 중에서는 $1,000[(1-0.005(100-95)]+1=976$번째 위치에 있는 ab값이 상한경계 값이 된다. 즉, 오름차순으로 이루어진 1,000개의 ab값들 중에서 하한경계는 아래에서 25번째 값이고 상한경계는 위로부터 25번째 값이다. 마찬가지로 ab값이 10,000개로 구성($k=10,000$)되어 있다면 하한경계는 아래로부터 250번째 값이고 상한경계는 위로부터 250번째 값(아래로부터 9,751번째 값)이 될 것이다.

9) 두 번째 추출 이후에는 앞에서 추출된 표본이 다시 중복 추출될 수도 있다.

10) 95% 신뢰구간을 사용하고 양측검정을 실행하는 경우에 5%의 α값은 정규분포의 왼쪽꼬리부분과 오른쪽꼬리부분에 2.5%씩 할당된다.

11) 만일 99% 신뢰수준을 사용한다면 0.5(100−99)번째(0.5번째)로 수정하면 된다. 이하의 모든 계산법도 95를 99로 변경하면 된다.

위의 6가지 단계들 중 5와 6의 단계에서 산출된 하한경계 값과 상한경계 값이 95% 신뢰구간의 양 끝점으로 결정된다. Sobel 검정의 신뢰구간에 대한 의사결정과 마찬가지로 이러한 95% 신뢰구간에 0이 포함되지 않으면 간접효과가 "통계적으로 유의하다"고 결정한다. 단, 여기에서 해석상 주의를 요하는 점이 있다. 귀무가설 검정(Sobel 검정)에서 산출된 p값은 귀무가설이 옳다는 가정($H_0: ab=0$)을 전제한 상태에서 계산된 것이다. 반면에 부트스트랩 신뢰구간은 ab의 크기 등에 관한 가정을 하지 않고 도출된 것이기 때문에 "95% 신뢰구간이 0을 포함하지 않기 때문에 $p<.05$이다"라고 말하는 것은 엄격한 의미에서 틀린 표현이다(Hayes, 2013).

부트스트랩 신뢰구간이 훌륭한 방법이지만 이를 활용하는 경우에 몇 가지 주의할 점이 있다. 첫째, 부트스트래핑 방법에서의 복원추출은 모집단으로부터의 복원추출을 대신한다고 전제하기 때문에 원표본이 모집단을 대표한다는 신뢰가 필요하다. 따라서 모집단으로부터 표본집단을 추출하는 경우에는 모집단과 가장 가까운 원표본을 얻을 수 있도록 최선을 다해야 한다. 무작위 표본추출은 모집단을 대표하는 원표본을 얻는 한 가지 방법이다. 둘째, 부트스트래핑 방법은 소규모 표본에서도 Sobel 검정보다 유용한 결과를 제시해 준다. 하지만 표본크기가 매우 적은 경우에 이상치(outlier)가 존재한다면 부트스트랩 표본의 추출시에 이러한 이상치가 중복 추출되어 간접효과의 신뢰구간을 왜곡시킬 가능성이 있다. 따라서 특히 표본크기가 적은 경우에는 이상치가 있는지를 조사할 필요가 있다. 셋째, 부트스트랩 신뢰구간은 무작위 재표본추출에 의하여 설정되기 때문에 동일한 원자료를 이용하여 신뢰구간을 추정한다 해도 매번 이러한 신뢰구간이 다르게 나타날 수 있다. 하지만 부트스트랩 표본의 개수가 커질수록 이러한 변동은 감소하기 때문에 충분한 부트스트랩 표본의 개수를 지정할 필요가 있다.

위의 6가지 절차를 거쳐서 설정된 부트스트랩 신뢰구간은 백분위를 이용하였기 때문에 백분위 부트스트랩 신뢰구간(percentile bootstrap confidence interval)이라고 한다. 반면에 편의수정 부트스트랩 신뢰구간(biased-corrected bootstrap confidence interval)은 기본적으로 백분위 신뢰구간과 동일하지만 k의 부트스트랩 표본에서 계산된 k의 간접효과 추정치들 중에서 원표본의 간접효과의 점추정치보다 작은 개수의 비율로 백분위 부트스트랩 신뢰구간의 양 끝점을 수정한 신뢰구간이다.[12]

이상에서 간접효과를 분석하는 방법을 크게 세 가지로 분류하여 알아보았다. 그렇다면 이들 중에서 어느 방법을 이용하여 간접효과를 검정해야 하는가? 이에 대하

12) 편의수정 부트스트랩 신뢰구간의 설정방법에 관한 9가지의 구체적인 절차는 Hayes(2013, pp. 111-113)에 자세히 설명되어 있다.

여 Hayes & Scharkow(2013)는 "간접효과분석방법이 정말 중요한가?(Does method really matter?)"라는 논문주제에서 시뮬레이션을 이용하여 여러 간접효과분석방법들의 효과를 비교하였다. 이들은 시뮬레이션 연구결과를 토대로 간접효과분석방법을 선택하는 경우에 연구자들에게 두 가지의 사항을 권고하였다. 첫째, 연구결과의 검정력과 신뢰성이 가장 낮게 나타난 Sobel 검정을 사용하지 말아야 한다는 것이다. 즉, 모집단에서는 간접효과가 존재하는데 Sobel 검정에서는 간접효과가 유의하지 않게 나타날 가능성이 있다는 것이다. 둘째, 특히 검정력이 주요 관심사인 경우에 가장 신뢰할 수 있는 편의수정 부트스트랩 신뢰구간을 사용하는 것이 최선책이 된다는 것이다. 이와 유사하게 Zhao, Lynch, & Chen(2010)은 Baron & Kenny 방법과 Sobel 검정을 비판한 후에 간접효과의 검정은 ab를 직접 검정해야 하고 간접효과의 유일한 검정방법(one and only one test)으로는 부트스트래핑 방법을 사용해야 한다고 주장하였다.[13] 이 외에도 많은 학자들이 부트스트래핑 방법의 사용을 권장하고 있다.

8.3 매개분석 사례(경로분석)

자료를 수집하는 경우에 각 변수들을 단일문항으로 측정하였다면 문제는 단순해진다. 하지만 대부분의 경우에는 복수문항을 이용하여 변수들을 측정한다. 이와 같이 변수들을 다문항(여러 지표변수)으로 수집한 경우에 매개모형 등을 분석하는 방법은 두 가지가 있다. 하나는 지표변수들을 모두 도입하고 이들의 잠재변수를 이용하여 간접효과를 분석하는 방법이다. 또 한 가지는 잠재변수의 하위 지표변수들을 통합하여 평균값을 계산한 후에 단일의 값(평균 값)을 갖는 변수를 이용하여 간접효과를 분석하는 방법이다. 후자의 방법은 PROCESS macro 혹은 Mplus를 이용하여 분석할 수 있다. 이러한 방법을 경로분석(path analysis)이라고 부른다. 반면에 전자의 방법은 개별지표변수들의 측정오차를 고려하는 SEM방법으로, 간접효과를 추정하는 더 우수한 방법이라고 할 수 있다. 경로분석의 대상이 되는 경로모형(path model)은

13) 이들은 학회논문심사의 폐단의 실제 사례로 SSCI급 저널 중 최고의 권위 있는 학회지에 논문을 투고한 결과 총효과인 c가 유의하지 않기 때문에 Baron & Kenny의 1단계가 충족되지 않았다는 이유로 게재불가의견을 받았다는 경험담을 소개하였다. 게재가 거절된 이들의 논문이 바로 ab와 c'의 부호가 다르고 크기가 비슷하여 총효과 c가 유의하지 않게 나타난 좋은 사례이다.

CFA와 같은 측정모형부분이 배제된 모형이다.

이제 단순매개분석에 대한 간단한 경로분석 예제를 통하여 Sobel 검정과 부트스래핑 방법의 간접효과 결과가 상이하게 나오는 사례를 알아보기로 한다. 변수는 독립변수(X)와 매개변수(M) 및 종속변수(Y)로 구성되어 있다. 이들을 이용하여 $X \rightarrow M \rightarrow Y$의 단순매개과정을 분석한다. 그리고 각 변수들은 단일의 항목으로 측정된 것으로 가정한다. 〈표 8.1〉은 이러한 모형([그림 8.1]과 동일한 모형)을 분석하기 위한 Mplus syntax이다. Mplus syntax와 자료는 chapter8에 각각 SIMPLE (inconsistency).inp와 SIMPLE(inconsistency).dat로 저장되어 있다. SPSS 파일도 SIMPLE(inconsistency).sav로 함께 저장되어 있다.

〈표 8.1〉 단순매개모형 분석(경로분석)을 위한 Mplus syntax

```
TITLE: SIMPLE MEDIATION(INCONSISTENCY)
DATA: FILE IS SIMPLE(INCONSISTENCY).DAT;
VARIABLE: NAMES ARE Y X M;
ANALYSIS: BOOTSTRAP=10000;
MODEL:   Y ON X(cprime)
              M(b);
         M ON X(a);
MODEL INDIRECT: Y IND M X;
MODEL CONSTRAINT: NEW(MED TOTAL);
                  MED=a*b;
                  TOTAL=MED+cprime;
OUTPUT: CINTERVAL(BCBOOTSTRAP);
```

〈표 8.1〉에서 ANALYSIS command의 BOOTSTRAP 옵션은 부트스트랩을 요청하고 부트스트랩 표본수(10,000개)를 지정하는 옵션이다. BOOTSTRAP 옵션은 다른 옵션과 결합하면 여러 추정치들을 얻을 수 있다. 첫째, BOOTSTRAP 옵션만 지정하면 모형모수추정치들의 부트스트랩 표준오차만 얻는다. 둘째, BOOTSTRAP 옵션을 OUTPUT command의 CINTERVAL 옵션과 함께 사용하면 모수추정치의 부트스트랩 표준오차와 부트스트랩 신뢰구간을 얻을 수 있다. 부트스트랩 신뢰구간은 지정하는 방법에 따라 대칭 부트스트랩, 백분위 부트스트랩 및 편의수정에 의한 부트스트랩 신뢰구간이 있다. 위의 syntax는 편의수정 부트스트랩(BCBOOT STRAP)을 지정하였다. 셋째, BOOTSTRAP 옵션을 MODEL INDIRECT command와 함께 사용하

면 간접효과의 부트스트랩 표준오차를 얻을 수 있다. 넷째, MODEL INDIRECT와 CINTERVAL을 함께 사용하면 부트스트랩 표준오차와 함께 연구자들이 가장 알고 싶은 간접효과의 부트스트랩 신뢰구간을 얻을 수 있다. 위의 syntax가 네 번째 결합에 해당한다. 그리고 부트스트랩 신뢰구간은 기본적으로 모수추정치의 비정규성을 고려하기 때문에 반드시 대칭 신뢰구간이 얻어지는 것은 아니다.

명령문을 살펴보면 ML 추정은 디폴트이기 때문에 생략하였다. 그리고 MODEL command에서 Y ON X(cprime)은 X가 Y에 미치는 영향의 계수를 cprime(c')으로 명명한다(labeling)는 의미이고 Y ON M(b)는 M이 Y에 미치는 영향의 계수를 b로 명명하는 것이다. c'과 b는 다중회귀분석을 이용하여 추정된다. 주의할 점은 괄호를 이용한 이러한 지정은 한 줄에 하나의 명령만을 지정해야 한다는 점이다. 그렇지 않으면 에러가 발생한다. 마찬가지로 M on X(a)는 단순회귀분석을 이용하여 추정된, X가 M에 미치는 영향을 a로 지정하는 명령문이다.

그리고 MODEL INDIRECT command는 간접효과의 분석에 사용되는 옵션이다. 간접효과분석의 지정은 IND와 VIA를 사용할 수 있는데 구체적인 설명은 다중매개분석에서 다룰 예정이다. 여기에서는 단순매개분석의 IND를 다룬다. IND의 왼쪽에 적는 변수는 종속변수(Y)이고 오른쪽의 맨 끝의 변수는 독립변수(X)이며 가운데 변수는 매개변수(M)이다. 따라서 이 명령문은 $X \rightarrow M \rightarrow Y$의 매개과정을 분석하는 것이다. MODEL CONSTRAINT command는 MODEL command에 나타난 모수들에 대하여 제약사항을 지정하거나 MODEL command에 지정되지 않은 새로운 모수를 NEW 옵션을 이용하여 지정하는 명령문이다. 이러한 MODEL CONSTRAINT command는 앞으로 자주 사용되기 때문에 잘 알아두어야 한다. 위의 syntax에는 NEW 옵션에 두 개의 새로운 변수(MED과 TOTAL)를 지정하였다. MED는 a*b로 정의하였기 때문에 간접효과의 크기와 유의성을 검정하는 것이고 TOTAL은 간접효과와 직접효과(c')를 합계한 것이므로 총효과의 추정치와 유의성을 검정하는 것이다. Mplus는 간접효과의 추정에서 Sobel 검정이 디폴트로 지정되어 있다. 따라서 NEW 옵션에 MED를 지정하지 않아도 Mplus의 디폴트에 의하여 Sobel 검정에 의한 간접효과 추정치를 얻을 수 있다. 그리고 위의 syntax에서 부트스트래핑을 지정하는 명령문들(BOOTSTRAP=10000;과 CINTERVAL(BCBOOTSTRAP))을 모두 삭제하면 Sobel 검정의 결과만을 얻을 수 있다. 혹은 BOOTSTRAP=10,000;과 CINTERVAL(BCBOOTSTRAP);의 앞에 !를 첨부해도 된다.

이상의 내용들을 정리해 본다. 간접효과를 추정하는 명령문은 두 가지가 있는데 이들은 독립적으로 지정할 수 있다. 다만 OUTPUT command는 그대로 둔다.

〈방법 1〉 MODEL INDIRECT를 사용하는 방법

```
MODEL: Y ON X M;
          M ON X;
MODEL INDIRECT: Y IND X;
```

〈방법 2〉 MODEL CONSTRAINT를 사용하는 방법

```
MODEL:  Y ON X(cprime)
                  M(b);
           M ON X(a);
MODEL CONSTRAINT: NEW(MED TOTAL);
                   MED=a*b;
                   TOTAL=MED+cprime;
```

MODEL INDIRECT를 사용하는 경우에는 cprime 등의 labeling을 할 필요가 없다. 그리고 위의 〈표 8.1〉은 이러한 두 가지 방법을 모두 지정한 것이다. 따라서 Sobel 검정결과와 부트스트랩 신뢰구간의 결과가 두 군데에 중복하여 제시된다.

〈표 8.1〉을 실행하면 〈결과 8.1〉을 얻을 수 있다.

〈결과 8.1〉 경로모형의 단순매개분석결과

MODEL RESULTS

	Estimate	S.E.	Est./S.E.	Two-Tailed P-Value	
Y ON					
X	0.433	0.327	1.324	0.186	(c′)
M	0.404	0.148	2.732	0.006	(b)
M ON					
X	0.819	0.296	2.767	0.006	(a)
Intercepts					
Y	−0.184	0.209	−0.882	0.378	
M	−0.354	0.226	−1.565	0.118	
Residual Variances					
Y	0.550	0.101	5.456	0.000	
M	0.623	0.149	4.177	0.000	

```
New/Additional Parameters
   MED              0.331    0.171      1.929    0.054   Sobel test(1)
   TOTAL            0.764    0.303      2.522    0.012   Total effect(c)

TOTAL, TOTAL INDIRECT, SPECIFIC INDIRECT, AND DIRECT EFFECTS
                                                 Two-Tailed
                      Estimate   S.E.  Est./S.E.  P-Value
Effects from X to Y
  Indirect            0.331    0.171      1.929    0.054   Sobel test(2)

CONFIDENCE INTERVALS OF MODEL RESULTS
          Lower .5% Lower 2.5% Lower 5% Estimate Upper 5% Upper 2.5% Upper .5%
Y ON
  X        -0.387    -0.194    -0.097    0.433    0.979     1.089     1.307
  M        -0.071     0.080     0.144    0.404    0.620     0.661     0.748

M ON
  X         0.069     0.257     0.340    0.819    1.315     1.409     1.618

 Intercepts
  Y        -0.736    -0.610    -0.535   -0.184    0.151     0.219     0.336
  M        -0.942    -0.802    -0.726   -0.354    0.016     0.088     0.243

 Residual Variances
  Y         0.344     0.403     0.433    0.550    0.784     0.814     0.859
  M         0.288     0.373     0.418    0.623    0.918     0.969     1.061

New/Additional Parameters
  MED      -0.008     0.072     0.112    0.331    0.693     0.770     0.953
  TOTAL    -0.023     0.163     0.257    0.764    1.259     1.358     1.555

CONFIDENCE INTERVALS OF TOTAL, TOTAL INDIRECT, SPECIFIC INDIRECT,
AND DIRECT EFFECTS
          Lower .5% Lower 2.5% Lower 5% Estimate Upper 5% Upper 2.5% Upper .5%
Effects from X to Y       (bias-corrected confidence interval)

Indirect   -0.008     0.072     0.112    0.331    0.693     0.770     0.953
```

〈결과 8.1〉의 윗부분을 보면 c, a, b가 모두 유의하고 c'이 유의하지 않으므로 Baron & Kenny(1986) 방법에 의하여 완전매개효과가 확인되었다. 그리고 Sobel 검정결과를 살펴보면 귀무가설 검정결과가 $ab = .331$, $p = .054$로 나타나서 간접효과는 유의하지 않은 것을 알 수 있다.[14] 앞서 언급한 바와 같이 Sobel 검정결과는 MODEL INDIRECT의 지정에 의하여 Effects from X to Y(indirect)에 나타나 있고 동시에 MODEL CONSTRAINT의 지정에 의하여 New/Additional Parameters의 MED에 동일한 추정치와 유의성으로 제시되어 있다.

다음으로 결과물의 끝부분에 모든 모수추정치들의 부트스트랩 신뢰구간결과가 제시되어 있다. 이들 중 간접효과의 부트스트랩 신뢰구간결과를 보면 역시 두 군데에 결과가 동일하게 제시되어 있다. 95% 부트스트랩 신뢰구간의 하한경계(Lower 2.5%=0.072)와 상한경계(Upper 2.5%=0.770)의 사이에 0이 포함되지 않기 때문에 간접효과는 유의하다고 판단할 수 있다. 그리고 간접효과와 직접효과를 합계한 총효과는 유의하게 나타났다($c = .764$, $p = .012$).

이상의 사례에서 동일한 자료를 이용하여 간접효과를 분석하였는데 Sobel 검정결과는 간접효과가 유의하지 않게 나타난 반면에 부트스트랩 신뢰구간의 결과에 의하면 간접효과가 유의하게 나타났다. 이러한 경우에 어느 분석결과를 채택할 것인가? 이에 대한 조언은 연구자가 가지고 있는 제1종 오류(실제로는 간접효과가 존재하지 않는데 간접효과가 나타났다고 판단할 오류)와 제2종 오류[15](실제로는 간접효과가 존재하는데 간접효과를 발견하지 못할 오류)에 대한 상대적인 관심에 달려 있다(Fritz & MacKinnon, 2007 ; Hayes & Scharkow, 2013 ; Williams & MacKinnon, 2008). 만일 연구자가 제1종 오류에 많은 관심을 가지고 있다면 보수적인 Sobel 검정결과를 선택할 수 있다. 하지만 이러한 보수적인 방법의 사용은 검정력의 저하라는 비용을 수반하기 때문에 선뜻 채택하기가 어렵다. 따라서 검정력이 높은 부트스트랩 신뢰구간 방법을 채택하는 것이 일반적으로 권장된다.

---

14) $p = .054$와 같이 p값이 .05보다 크지만 .1보다 작은 경우에 한계적으로 유의하다(marginally significant)라고 표현한다. $.05 < p < .1$인 경우에 통계적으로 유의하다고 부분적으로 인정할 것인지에 관한 판단은 학회지마다 다르다. p값이 .05보다 작은 경우에는 *를 이용하여 표기하지만 한계적 유의성을 표시하는 경우에는 일반적으로 †를 이용하여 표기한다.

15) 제2종 오류는 β로 표기하고 $(1-\beta)$를 검정력(power of the test)이라고 부른다. 따라서 검정력은 실제 존재하는 효과를 발견해낼 수 있는 능력을 의미한다.

8.4 매개분석 사례(SEM)

위의 예제는 X, Y 및 M이 단일변수로 이루어진 모형에 대한 경로분석을 다루는 것이었다. 이제 잠재변수와 지표변수들이 모두 도입된 SEM을 이용하여 간접효과를 분석하기로 한다. [그림 8.2]는 외생변수(F1, F2)가 두 개이고 내생변수(F3, F4)도 두 개인 구조방정식모형이다. 이 예제는 Mplus User's Guide의 example 5.12에 수록되어 있는 것이다. Mplus syntax는 example 5.12를 설명의 편의상 두 가지로 수정하여 chapter8에 각각 SEM.inp와 SEM(contrast).inp로 저장되어 있다. 그리고 자료파일은 SEM.dat로 저장하였고 CFA모형은 SEM(CFA).inp로 저장되어 있다. [그림 8.2]에서 지표변수들의 오차항들은 생략하였고 두 외생변수의 공분산은 자유롭게 추정한다.

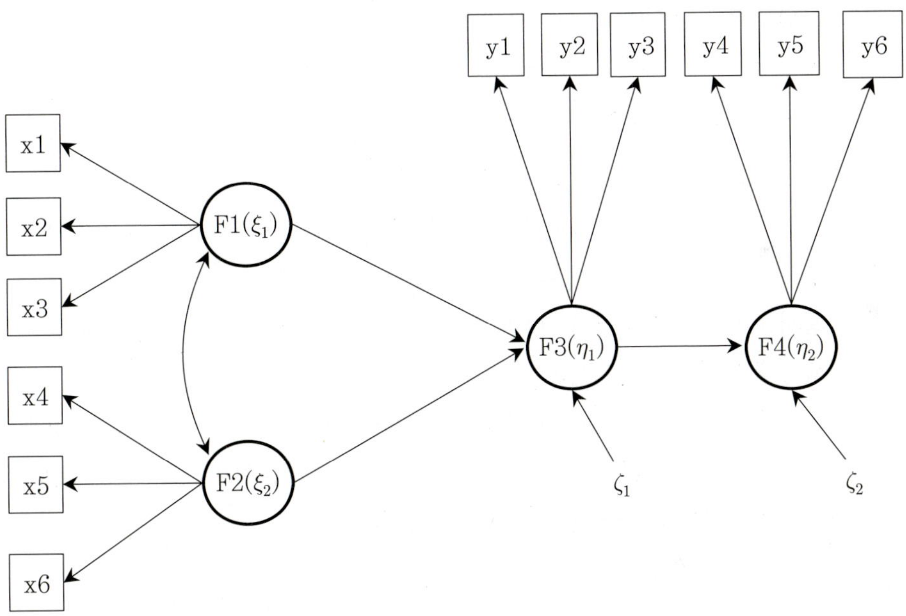

[그림 8.2] SEM을 이용한 간접효과분석

[그림 8.2]에서 두 외생잠재변수가 최종결과변수인 F4에 이르는 경로(직접효과)는 추정하지 않지만 이들을 지정할 수도 있다. [그림 8.2]의 간접효과를 분석하기 전에 CFA의 적합도 등이 양호하게 나타나야 한다. CFA모형(SEM(CFA).inp)을 분석한 결과 전반적 적합도는 양호하게 나타났다($\chi^2(48) = 51.254$, $p = .3473$, $RMSEA = .012$,

$CFI=.998$, $TLI=.997$, $SRMR=.025$). 표준화요인적재량도 모두 유의하게 나타났고 요인간 상관관계도 높지 않게 나타나서($rs<.634$) 판별타당도에 문제가 없다고 할 수 있다. 또한 표준화잔차도 높지 않고 수정지수도 높은 값이 나타나지 않았기 때문에 연구모형에 의한 모수추정치들은 표본공분산행렬을 매우 잘 재생하고 있다. 즉, 모형은 자료에 적합하다고 할 수 있다.

[그림 8.2]에서 F1과 F2는 외생잠재변수이기 때문에 분산과 공분산을 추정하는 반면에 F3와 F4는 내생잠재변수이기 때문에 분산을 추정하지 않고 오차분산(ζ_1과 ζ_2)을 추정한다.

분석결과를 알아보기 전에 MACS를 분석하는 경우에 [그림 8.2]의 모형에 관한 자유모수와 자유도의 개수를 계산하기로 한다. 요인의 척도를 결정하기 위하여 준거지표를 사용한다.

〈정보의 개수〉

공분산구조 : 78개($p(p+1)/2=12(13)/2=78$)

평균구조 : 12개(지표변수의 평균의 개수)

총정보의 개수 : 90개

〈자유모수의 개수〉

외생잠재변수의 요인적재량(Λ_x)과 내생잠재변수의 요인적재량(Λ_y) : 8개

외생잠재변수의 분산과 공분산(Φ : PHI(파이)) : 3개

외생지표변수의 오차분산(Θ_δ)과 내생지표변수의 오차분산(Θ_ϵ) : 12개

내생잠재변수의 오차분산(Ψ : PSI(프사이) : 회귀 오차항) : 2개

Γ(Gamma : 외생잠재변수에서 내생잠재변수에 이르는 경로 ; $F1, F2 \rightarrow F3$) : 2개

B(Beta : 내생잠재변수에서 다른 내생잠재변수에 이르는 경로 ; $F3 \rightarrow F4$) : 1개

지표변수의 절편(ν_x(nu(누) x)와 ν_y) : 12개

총자유모수의 개수 : 40개

〈자유도의 개수〉

50개(90−40)

위의 자유모수는 TECH1 옵션의 결과에서 확인할 수 있다. 다만 TECH1 옵션의 결과에서 Φ와 Ψ의 추정치들은 모두 PSI행렬에 제시되어 있다. 또한 Γ와 B의 회귀계수들도 BETA행렬에 함께 제시되어 있다.

CFA의 자유도가 48개인 반면에 SEM의 자유도는 50개라는 사실은 더 적은 모수를 가지는 간명한 모형(SEM)을 이용하여 표본공분산행렬을 재생하려고 시도한다는 것을 의미한다.

COVS를 분석하는 경우에 SEM의 자유모수의 행렬은 8가지가 있다는 것(ν_x와 ν_y 제외)을 알 수 있다. 반면에 앞에서 CFA의 자유모수는 Λ와 Φ 및 Θ의 세 가지라는 것을 알아보았다. 이러한 자유모수의 개수(40개)와 자유도의 개수(50개)는 〈결과 8.2〉에서 확인할 수 있다.

MACS를 분석하는 경우에 이들을 일반적인 구조방정식모형(general structural equation model)으로 나타내면 다음과 같다.

$$
\begin{aligned}
&\eta = \alpha + B\eta + \Gamma\xi + \zeta \\
&Y = \nu_y + \Lambda_y \eta + \epsilon \\
&X = \nu_x + \Lambda_x \xi + \delta
\end{aligned} \tag{8.9}
$$

식 (8.9)의 첫 방정식은 잠재변수간의 관계를 설정하는 구조모형이고 다음의 두 방정식은 잠재변수와 지표변수의 관계를 정의하는 측정모형이다. 그리고 ξ(ksi(xi) : 크사이)는 외생잠재변수($F1$과 $F2$)이고 η(eta : 에타)는 내생잠재변수($F3$과 $F4$)이며 ζ(zeta : 제타)는 회귀식에서 계산되는 내생잠재변수의 오차항이다. 만일 COVS를 분석하는 경우에는 지표변수의 절편을 추정하지 않기 때문에 측정모형에서 지표변수의 절편들의 벡터인 ν_x와 ν_y를 삭제하면 된다.

[그림 8.2]의 구조모형을 식 (8.9)를 이용하여 행렬로 표현하면 다음과 같다.

$$
\begin{pmatrix}\eta_1\\ \eta_2\end{pmatrix} = \begin{pmatrix}\alpha_1\\ \alpha_2\end{pmatrix} + \begin{pmatrix}0 & 0\\ \beta_{21} & 0\end{pmatrix}\begin{pmatrix}\eta_1\\ \eta_2\end{pmatrix} + \begin{pmatrix}\gamma_{11} & \gamma_{12}\\ 0 & 0\end{pmatrix}\begin{pmatrix}\xi_1\\ \xi_2\end{pmatrix} + \begin{pmatrix}\zeta_1\\ \zeta_2\end{pmatrix} \tag{8.10}
$$

첨자의 첫 번째 숫자는 결과변수이고 두 번째 숫자는 예측변수를 의미한다. 예를 들어 β_{21}(beta 21)은 $\eta_1 \rightarrow \eta_2$의 회귀계수를 말한다. 마찬가지로 γ_{12}(gamma 12)는 $\xi_2 \rightarrow \eta_1$의 회귀계수이다. 식 (8.10)에서 다음의 두 구조방정식을 얻을 수 있다.[16]

$$\eta_1 = \alpha_1 + \gamma_{11}\xi_1 + \gamma_{12}\xi_2 + \zeta_1$$

16) $\eta_1 = \alpha_1 + 0*\eta_1 + 0*\eta_2 + \gamma_{11}*\xi_1 + \gamma_{12}*\xi_2 + \zeta_1 = \alpha_1 + \gamma_{11}*\xi_1 + \gamma_{12}*\xi_2 + \zeta_1$이다.
마찬가지로 $\eta_2 = \alpha_2 + \beta_{21}*\eta 1 + 0*\eta_2 + 0*\xi_1 + 0*\xi_2 + \zeta_2 = \alpha_2 + \beta_{21}*\eta 1 + \zeta_2$로 계산된다.

$$\eta_2 = \alpha_2 + \beta_{21}\eta_1 + \zeta_2$$

그리고 식 (8.9)의 측정모형에서 X의 측정모형은 다음과 같다.

$$\begin{pmatrix} x_1 \\ x_2 \\ x_3 \\ x_4 \\ x_5 \\ x_6 \end{pmatrix} = \begin{pmatrix} \nu_{x1} \\ \nu_{x2} \\ \nu_{x3} \\ \nu_{x4} \\ \nu_{x5} \\ \nu_{x6} \end{pmatrix} + \begin{pmatrix} 1 & 0 \\ \lambda_{x21} & 0 \\ \lambda_{x31} & 0 \\ 0 & 1 \\ 0 & \lambda_{x52} \\ 0 & \lambda_{x62} \end{pmatrix} \begin{pmatrix} \xi_1 \\ \xi_2 \end{pmatrix} + \begin{pmatrix} \delta_1 \\ \delta_2 \\ \delta_3 \\ \delta_4 \\ \delta_5 \\ \delta_6 \end{pmatrix} \tag{8.11}$$

식 (8.11)에서 다음의 6개의 측정구조방정식(measurement structural equation)을 얻을 수 있다.

$$x_1 = \nu_{x1} + \xi_1 + \delta_1$$
$$x_2 = \nu_{x2} + \lambda_{x21}\xi_1 + \delta_2$$
$$x_3 = \nu_{x3} + \lambda_{x31}\xi_1 + \delta_3$$
$$x_4 = \nu_{x4} + \xi_2 + \delta_4$$
$$x_5 = \nu_{x5} + \lambda_{x52}\xi_2 + \delta_5$$
$$x_6 = \nu_{x6} + \lambda_{x62}\xi_2 + \delta_6$$

x_1과 x_4는 준거지표이다. Y에 관한 측정모형과 측정구조방정식도 동일한 방법으로 구할 수 있을 것이다.

그리고 [그림 8.1]은 경로분석이기 때문에 구조모형만 적용되므로 구조모형을 행렬로 나타내면 다음과 같다.

$$\begin{pmatrix} \eta_1 \\ \eta_2 \end{pmatrix} = \begin{pmatrix} \alpha_1 \\ \alpha_2 \end{pmatrix} + \begin{pmatrix} 0 & 0 \\ \beta_{21} & 0 \end{pmatrix} \begin{pmatrix} \eta_1 \\ \eta_2 \end{pmatrix} + \begin{pmatrix} \gamma_{11} & 0 \\ \gamma_{21} & 0 \end{pmatrix} \xi_1 + \begin{pmatrix} \zeta_1 \\ \zeta_2 \end{pmatrix} \tag{8.12}$$

식 (8.12)에서 다음의 두 구조방정식이 얻어진다.

$$\eta_1 = \alpha_1 + \qquad + \gamma_{11}\xi_1 + \zeta_1 \qquad (M = i_1 + aX + e_M)$$
$$\eta_2 = \alpha_2 + \beta_{21}\eta_1 + \gamma_{21}\xi_1 + \zeta_2 \qquad (Y = i_2 + bM + c'X + e_Y)$$

COVS를 분석하는 경우에 [그림 8.1]의 자유도는 다음과 같이 계산된다.

〈정보의 개수〉
　분산과 공분산의 개수 : 6개($p(p+1)/2=3(4)/2=6$)

〈자유모수의 개수〉
　외생변수(ξ_1)의 분산(Φ) : 1개
　내생변수(η_1과 η_2)의 오차분산(Ψ) : 2개
　외생변수에서 두 내생변수에 이르는 경로(Γ) : 2개
　내생변수(η_1)에서 다른 내생변수(η_2)에 이르는 경로(B) : 1개
　총자유모수의 개수 : 6개

〈자유도의 개수〉 0개

따라서 [그림 8.1]과 같은 경로모형의 모수는 Γ, B, Φ 및 Ψ의 4개로 구성된다. 또한 [그림 8.1]은 자유도가 0인 적정식별모형이라는 것을 알 수 있다.

다음으로 [그림 8.2]에 대하여 먼저 위의 〈방법 1〉(MODEL INDIRECT를 이용하는 방법)을 이용하여 간접효과를 분석하는데 이에 관한 Mplus syntax는 다음의 〈표 8.2〉와 같다. 모든 지표변수들은 계량척도이다.

〈표 8.2〉 MODEL INDIRECT를 이용한 간접효과분석(SEM.inp)

```
TITLE:  this is an example of a SEM with
        continuous factor indicators and an
        indirect effect for factors (Method 1)
DATA:         FILE IS SEM.DAT;
VARIABLE:     NAMES ARE X1-X6 Y1-Y6;
ANALYSIS:     BOOTSTRAP=10000;
MODEL:        F1 BY X1-X3;
              F2 BY X4-X6;
              F3 BY Y1-Y3;
              F4 BY Y4-Y6;
              F4 ON F3;
              F3 ON F1 F2;
MODEL INDIRECT:
              F4 IND F3 F1;
```

```
                F4 IND F3 F2;
OUTPUT: CINTERVAL(BCBOOTSTRAP) TECH1 STDYX;
```

간접효과분석결과를 얻기 위해서는 〈표 8.2〉와 같이 먼저 MODEL command에 요인들간의 관계(F4 ON F3와 F3 ON F2 F1)를 반드시 설정해야 한다. 그리고 위의 MODEL INDIRECT의 "F4 IND F3 F1"과 "F4 IND F3 F2"는 $F1 \rightarrow F3 \rightarrow F4$와 $F2 \rightarrow F3 \rightarrow F4$의 간접효과분석을 요청하는 명령문이다. 또한 간접효과의 부트스트랩 신뢰구간도 함께 지정하였다. 단일 측정변수로 구성된 모형의 경로분석과는 달리 잠재변수들에 관한 SEM은 분석하는 시간이 다소 걸린다.

다음의 〈결과 8.2〉는 〈표 8.2〉의 실행결과이다.

〈결과 8.2〉 MODEL INDIRECT를 이용한 분석결과

```
MODEL FIT INFORMATION
Number of Free Parameters                         40
Chi-Square Test of Model Fit
          Value                               53.704
          Degrees of Freedom                      50
          P-Value                             0.3344
RMSEA (Root Mean Square Error Of Approximation)
          Estimate                             0.012
          90 Percent C.I.                      0.000    0.032
          Probability RMSEA <= .05             1.000
CFI/TLI
          CFI                                  0.997
          TLI                                  0.997
SRMR (Standardized Root Mean Square Residual)
          Value                                0.027

MODEL RESULTS
                                                        Two-Tailed
                        Estimate      S.E.   Est./S.E.    P-Value
 F1       BY
   X1                      1.000     0.000     999.000    999.000
   X2                      1.183     0.108      10.924      0.000
   X3                      0.938     0.087      10.721      0.000
```

F2 BY				
X4	1.000	0.000	999.000	999.000
X5	0.870	0.086	10.166	0.000
X6	0.891	0.103	8.679	0.000
F3 BY				
Y1	1.000	0.000	999.000	999.000
Y2	0.872	0.063	13.893	0.000
Y3	0.882	0.066	13.446	0.000
F4 BY				
Y4	1.000	0.000	999.000	999.000
Y5	0.826	0.092	9.009	0.000
Y6	0.682	0.092	7.411	0.000
F4 ON				
F3	0.473	0.054	8.710	0.000
F3 ON				
F2	0.790	0.091	8.709	0.000
F1	0.563	0.067	8.410	0.000
F2 WITH				
F1	−0.030	0.057	−0.527	0.598

TOTAL, TOTAL INDIRECT, SPECIFIC INDIRECT, AND DIRECT EFFECTS

	Estimate	S.E.	Est./S.E.	Two-Tailed P-Value
Effects from F1 to F4				
Indirect	**0.266**	**0.042**	**6.298**	**0.000**
Effects from F2 to F4				
Indirect	**0.374**	**0.056**	**6.652**	**0.000**

STANDARDIZED TOTAL, TOTAL INDIRECT, SPECIFIC INDIRECT, AND DIRECT EFFECTS

STDYX Standardization

	Estimate	S.E.	Est./S.E.	Two-Tailed P-Value
Effects from F1 to F4				
Indirect	0.270	0.037	7.401	0.000
Effects from F2 to F4				
Indirect	0.380	0.041	9.286	0.000

CONFIDENCE INTERVALS OF TOTAL, TOTAL INDIRECT, SPECIFIC INDIRECT, AND DIRECT EFFECTS

	Lower .5%	Lower 2.5%	Lower 5%	Estimate	Upper 5%	Upper 2.5%	Upper .5%
Effects from F1 to F4							
Indirect	0.172	**0.193**	0.202	**0.266**	0.341	**0.357**	0.396
Effects from F2 to F4							
Indirect	0.248	**0.275**	0.291	**0.374**	0.473	**0.497**	0.547

CONFIDENCE INTERVALS OF STANDARDIZED TOTAL, TOTAL INDIRECT, SPECIFIC INDIRECT, AND DIRECT EFFECTS

STDYX Standardization

	Lower .5%	Lower 2.5%	Lower 5%	Estimate	Upper 5%	Upper 2.5%	Upper .5%
Effects from F1 to F4							
Indirect	0.185	0.203	0.214	0.270	0.334	0.346	0.372
Effects from F2 to F4							
Indirect	0.279	0.304	0.316	0.380	0.451	0.465	0.495

〈결과 8.2〉에서 전반적 적합도는 CFA의 결과와 유사하게 양호하게 나타났다. 그리고 F3가 F4에 미치는 영향($\beta = .473,\ p < .001$)과 $F1 \rightarrow F3$의 영향($\beta = .563,\ p < .001$) 및 $F2 \rightarrow F3$의 영향($\beta = .790,\ p < .001$)이 모두 유의하게 나타났다. 간접효과의 결과에서 먼저 Sobel 검정결과를 살펴보면 $F1 \rightarrow F3 \rightarrow F4$의 간접효과($ab = .266,\ p < .001$)와 $F2 \rightarrow F3 \rightarrow F4$의 간접효과($ab = .374,\ p < .001$)가 모두 유의하게 나타났다. 또한 표준화 간접효과도 유의한 것을 알 수 있다. 다음으로 부트스트랩 신뢰구간을 살펴보면 $F1 \rightarrow F3 \rightarrow F4$의 간접효과에 대한 95% 신뢰구간(0.193～0.357)과 $F2 \rightarrow F3 \rightarrow F4$의 간접효과에 대한 신뢰구간(0.275～0.497)에 0이 포함되지 않기 때문에 두 간접효과는 통계적으로 유의하다고 판단할 수 있다. 물론 99% 신뢰구간을 사용하는 경우에도 모두 유의한 것을 알 수 있다.

다음으로 〈방법 2〉에 해당하는 것으로 MODEL CONSTRAINT를 이용하여 두 간접효과를 분석하기로 한다. 이 방법에서는 두 간접효과를 대조하여(contrast) 두 간접효과의 차이에 대한 통계적 유의성을 검정할 수 있는 장점이 있다. 〈표 8.3〉(SEM(contrast).inp)은 이에 관한 Mplus syntax이다.

〈표 8.3〉 MODEL CONSTRAINT를 이용한 간접효과분석

```
TITLE:  This is an example of a SEM with
        continuous factor indicators and an
        indirect effect for factors
    including contrast between indirect effects(Method 2)
DATA:          FILE IS SEM.DAT;
VARIABLE:      NAMES ARE X1-X6 Y1-Y6;
ANALYSIS:      BOOTSTRAP=10000;
MODEL:         F1 BY X1-X3;
               F2 BY X4-X6;
               F3 BY Y1-Y3;
               F4 BY Y4-Y6;
               F4 ON F3(b);
               F3 ON F1(a1)
                     F2(a2);
MODEL CONSTRAINT:
               NEW(IND1 IND2 CONTRAST);
               IND1=a1*b;
               IND2=a2*b;
               CONTRAST=IND1-IND2;
OUTPUT: CINTERVAL(BCBOOTSTRAP) TECH1 STDYX;
```

〈표 8.3〉에서 $F3 \rightarrow F4$의 영향은 b로 명명하고 $F1 \rightarrow F3$와 $F2 \rightarrow F3$의 영향은 각각 $a1$과 $a2$로 labeling하였다. MODEL CONSTRAINT를 살펴보면 MODEL에 지정되지 않은 새로운 변수인 IND1(indirect effect 1 : $F1 \rightarrow F3 \rightarrow F4$)과 IND2(indirect effect 2 : $F2 \rightarrow F3 \rightarrow F4$)가 지정되어 있다. 또한 CONTRAST변수도 새로 지정되어 있는데 이는 간접효과 IND1의 크기에서 간접효과 IND2의 크기를 차감한 두 간접효과의 차이(IND1−IND2)가 유의한지를 검정하는 것이다. 〈결과 8.3〉은 〈표 8.3〉의 실행결과이다. 적합도와 $a1$과 $a2$ 그리고 b의 추론검정은 〈결과 8.2〉와 동일하기 때문에 이들에 관한 결과물은 생략한다.

〈결과 8.3〉 MODEL CONSTRAINT를 이용한 분석결과

MODEL RESULTS

	Estimate	S.E.	Est./S.E.	Two-Tailed P-Value
New/Additional Parameters				
IND1	0.266	0.042	6.298	0.000
IND2	0.374	0.056	6.652	0.000
CONTRAST	−0.108	0.051	−2.128	0.033

CONFIDENCE INTERVALS OF MODEL RESULTS

	Lower .5%	Lower 2.5%	Lower 5%	Estimate	Upper 5%	Upper 2.5%	Upper .5%
New/Additional Parameters							
IND1	0.172	**0.193**	0.202	**0.266**	0.341	**0.357**	0.396
IND2	0.248	**0.275**	0.291	**0.374**	0.473	**0.497**	0.547
CONTRAST	−0.254	**−0.216**	−0.197	**−0.108**	−0.031	**−0.015**	0.014

〈결과 8.3〉에서 MODEL CONSTRAINT에 지정한 모수에 관한 결과물은 새롭게 추가된 모수란(New/Additional Parameters)에 제시된다. 먼저 Sobel 검정결과를 살펴보면 위의 〈결과 8.2〉와 정확하게 일치하는 것을 알 수 있다. 또한 부트스트랩 신뢰구간도 역시 정확하게 일치한다. 앞에서 부트스트랩 신뢰구간은 분석할 때마다 다를 수 있지만 부트스트랩 표본의 수가 증가하면 편차가 크지 않다는 것을 기억하면 된다. 그리고 CONTRAST결과를 살펴보면 IND1의 간접효과가 IND2의 간접효과보다 작은데(0.266−0.374=−0.108), 이러한 간접효과의 차이는 Sobel 검정($p < .05$)과 95% 부트스트랩 신뢰구간방법(−0.216∼−0.015) 모두에서 통계적으로 유의하다는 것을 의미한다.

8.5 탐색적 요인분석과 SEM의 결합(ESEM)

Asparouhov & Muthén(2009)은 오직 Mplus(Version 5.21 이후부터 분석가능)에서만 분석이 가능한 탐색적 구조방정식모형(exploratory structural equation model : ESEM)방법을 개발하였는데 이 모형은 EFA와 CFA 및 SEM을 결합한 모형이다. ESEM은 [그림 8.2]를 [그림 8.3]과 같이 변형한 것이다. 이는 Mplus User's Guide의 Example 5.25와 동일한 모형이다. 그림에서 지표변수의 오차항은 생략하였다. 그리고 외생변수의 공분산은 허용된다.

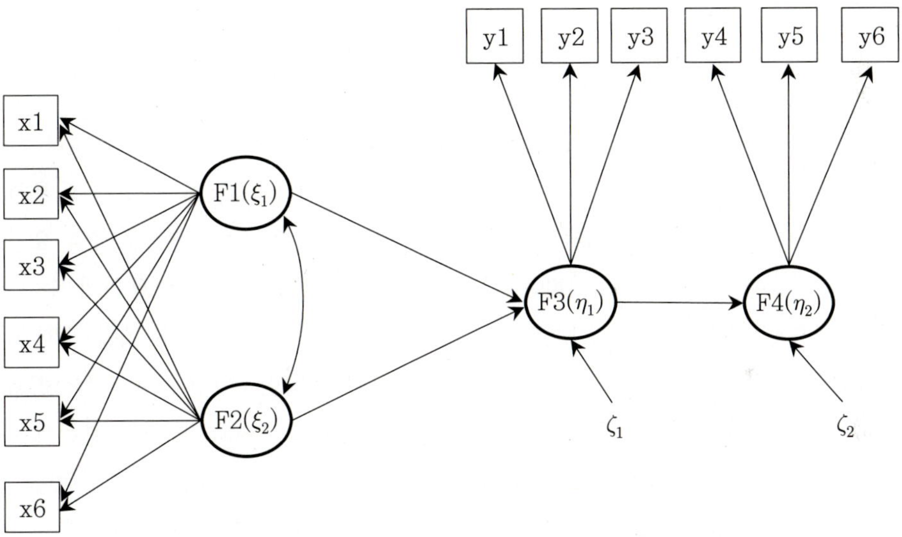

[그림 8.3] ESEM(EFA와 CFA 및 SEM의 결합모형)

[그림 8.3]에서 F1과 F2 부분은 EFA에 해당하고 F3와 F4 부분은 CFA에 해당한다. 나머지 경로는 SEM에 해당하는 것이다. ESEM은 역으로 F1과 F2 부분을 CFA로 지정하고 F3와 F4 부분을 EFA로 지정할 수도 있다. 그리고 ESEM에서는 부트스트랩 신뢰구간설정을 이용한 간접효과분석을 지정할 수 없다. ESEM을 분석하기 위해서는 원자료가 필요하다.

[그림 8.3]의 ESEM을 분석하기 위한 Mplus syntax(ESEM.inp)는 〈표 8.4〉와 같다.

〈표 8.4〉 ESEM을 분석하기 위한 Mplus syntax

```
TITLE:  This is an example of a SEM with
        EFA and CFA factors with continuous factor indicators
DATA:           FILE IS SEM.DAT;
VARIABLE:       NAMES ARE X1-X6 Y1-Y6;
MODEL:          F1-F2 BY X1-X6(*1);
                F3 BY Y1-Y3;
                F4 BY Y4-Y6;
                F4 ON F3;
                F3 ON F1- F2;
MODEL INDIRECT:
                F4 IND F3 F1;
                F4 IND F3 F2;
OUTPUT:  TECH1 STDYX;
```

〈표 8.4〉의 MODEL에서 먼저 EFA에 해당하는 부분을 살펴보면 EFA를 분석하는 F1–F2 BY X1–X6(*1)가 나타나 있다. 여기에서 (*1)은 X1–X6를 이용하여 두 요인 F1과 F2에 대한 EFA를 실행하라는 의미이다. 즉, F1과 F2가 EFA 요인들의 집합(a set of EFA factors)이라는 것을 말한다. 일반적인 EFA는 요인의 수가 사전에 정해져 있지 않지만 ESEM에서는 요인의 수를 먼저 정하고 EFA를 실행하는 점이 다르다. 이러한 의미에서 이는 EFA와 CFA를 결합한 것이다. 따라서 SEM부분을 삭제하고 EFA와 CFA만 결합한 ESEM모형설정도 가능하다. EFA부분에서는 CFA와는 달리 어떠한 요인적재량도 0으로 고정되지 않고 자유롭게 추정된다. 그 대신 모형식별을 위하여 F1과 F2의 요인분산은 디폴트에 의하여 1로 고정된다. 또한 요인회전은 연구자가 ANALYSIS에 다른 회전방법을 설정하지 않으면 디폴트로 사각회전인 GEOMIN방법을 사용한다. 또 다른 디폴트로 지표변수의 절편과 오차분산을 자유롭게 추정하며 오차공분산은 허용되지 않는다. 또한 GEOMIN방법을 이용하는 경우에 두 요인의 공분산은 자유롭게 추정한다.

다음으로 CFA부분에 관한 것으로 F3는 Y1–Y3에 의하여 측정되고 F4는 Y4–Y6에 의하여 측정된다. 그리고 요인의 척도는 자동적으로 첫 번째 지표변수의 요인적재량을 1로 고정시키는 방법으로 결정된다. 또한 일반적인 CFA와 마찬가지로 디폴트에 의하여 지표변수의 절편과 오차분산은 자유모수이고 오차항들의 상관관계는 일반적으로 허용되지 않는다. 그리고 F3와 F4는 내생잠재변수이므로 이들의 요인분산과 요인공분산은 추정되지 않고 요인의 오차분산은 디폴트에 의하여 자유롭게 추정된다. 늘 강조하지만 Mplus는 다른 SEM 프로그램과는 달리 많은 디폴트가 제공되고 분석방법과 모형(예 단일집단 CFA, 다중집단 CFA)마다 이러한 디폴트가 달라지기 때문에 이들을 숙지할 필요가 있다.

F4 ON F3는 $F3 \rightarrow F4$의 선형회귀를 나타내고 F3 ON F1-F2는 EFA요인집합인 F1과 F2의 F3에 대한 선형회귀를 의미한다. 이러한 요인집합 F1과 F2는 F3에 영향을 미치는 일종의 공변량 역할을 수행한다. 또한 요인집합 F1과 F2에 영향을 미치는 공변량을 도입할 수도 있는데, 공변량이 두 개 이상(공변량 집합)인 경우에는 동일한 공변량 집합이 F1과 F2에 영향을 주는 형식(예 F1-F2 ON C1-C3)으로 지정해야 한다. MODEL INDIRECT 부분은 위의 예제와 같다.

위의 F1-F2 BY X1-X6(*1)는 다음과 같이 구분하여 설정할 수도 있다.

```
F1 BY X1-X6(*1);
F2 BY X1-X6(*1);
```

그리고 요인회전은 두 요인적재량행렬에 의하여 6개의 지표변수에 대하여 이루어진다. 만일 요인들의 집합이 두 개 이상이라면 다음과 같이 서로 다르게 지정해야 한다.

```
F1-F2 BY X1-X6(*1);
F3-F4 BY X7-X12(*2);
```

즉, F1과 F2가 하나의 EFA요인집합이고 F3와 F4는 또 다른 EFA요인집합인데, 이때 두 요인집합의 라벨은 (*1)과 (*2)로 구분하여 설정해야 한다. 그리고 MIMIC모형에서와 같이 EFA요인집합에 영향을 미치는 공변량들을 모형에 도입할 수도 있다.

〈표 8.4〉를 실행하면 〈결과 8.4〉를 얻을 수 있다.

〈결과 8.4〉 ESEM 분석결과

MODEL FIT INFORMATION

Number of Free Parameters		44	
Chi-Square Test of Model Fit			
	Value	50.595	
	Degrees of Freedom	46	
	P-Value	0.2970	
RMSEA (Root Mean Square Error Of Approximation)			
	Estimate	0.014	
	90 Percent C.I.	0.000	0.034
	Probability RMSEA 〈= .05	1.000	
CFI/TLI			
	CFI	0.997	
	TLI	0.995	
SRMR (Standardized Root Mean Square Residual)			
	Value	0.025	

MODEL RESULTS

		Estimate	S.E.	Est./S.E.	Two-Tailed P-Value
F1	BY				
X1		0.935	0.065	14.464	0.000
X2		1.109	0.066	16.823	0.000
X3		0.888	0.064	13.830	0.000
X4		0.024	0.070	0.342	0.732
X5		−0.067	0.067	−1.005	0.315
X6		0.001	0.010	0.149	0.882
F2	BY				
X1		0.029	0.063	0.462	0.644
X2		0.000	0.004	−0.052	0.959
X3		−0.061	0.066	−0.925	0.355
X4		0.937	0.069	13.601	0.000
X5		0.826	0.062	13.405	0.000
X6		0.837	0.064	13.037	0.000
F3	BY				
Y1		1.000	0.000	999.000	999.000
Y2		0.871	0.059	14.703	0.000
Y3		0.882	0.060	14.617	0.000

```
F4       BY
   Y4              1.000      0.000    999.000    999.000
   Y5              0.826      0.094      8.812      0.000
   Y6              0.682      0.089      7.696      0.000
F4       ON
   F3              0.473      0.057      8.305      0.000
F3       ON
   F1              0.518      0.068      7.572      0.000
   F2              0.742      0.068     10.955      0.000
F2       WITH
   F1             -0.011      0.079     -0.133      0.894
Intercepts
   X1              0.011      0.062      0.183      0.855
   X2              0.047      0.064      0.738      0.460
   X3              0.005      0.062      0.078      0.938
   X4              0.104      0.064      1.627      0.104
   X5              0.078      0.057      1.361      0.173
   X6              0.074      0.059      1.241      0.215
   Y1              0.051      0.068      0.754      0.451
   Y2              0.063      0.063      1.000      0.317
   Y3              0.078      0.063      1.248      0.212
   Y4             -0.008      0.064     -0.128      0.898
   Y5              0.039      0.055      0.716      0.474
   Y6              0.031      0.054      0.563      0.574
Variances
   F1              1.000      0.000    999.000    999.000
   F2              1.000      0.000    999.000    999.000
Residual Variances
   X1              1.041      0.093     11.241      0.000
   X2              0.800      0.100      7.989      0.000
   X3              1.120      0.092     12.133      0.000
   X4              1.162      0.104     11.188      0.000
   X5              0.934      0.083     11.216      0.000
   X6              1.061      0.090     11.754      0.000
   Y1              0.954      0.089     10.762      0.000
   Y2              0.945      0.079     11.986      0.000
   Y3              0.896      0.077     11.588      0.000
   Y4              1.202      0.118     10.196      0.000
   Y5              0.915      0.085     10.774      0.000
```

Y6	1.071	0.083	12.834	0.000
F3	0.547	0.092	5.936	0.000
F4	0.555	0.102	5.421	0.000

TOTAL, TOTAL INDIRECT, SPECIFIC INDIRECT, AND DIRECT EFFECTS

	Estimate	S.E.	Est./S.E.	Two-Tailed P-Value
Effects from F1 to F4				
Indirect	0.245	0.041	5.942	0.000
Effects from F2 to F4				
Indirect	0.351	0.048	7.314	0.000

모형의 전반적 적합도는 매우 양호하게 나타났다. 그리고 자유모수의 개수와 자유도의 개수가 각각 44개와 46개로 나타났다. ESEM의 디폴트를 고려하여 이들을 확인하기로 한다.

〈정보의 개수〉

분산과 공분산의 개수 : 78개($p(p+1)=12(13)/2=78$)

지표변수의 평균의 개수 : 12개

총정보의 개수 : 90개

〈자유모수의 개수〉

외생지표변수의 요인적재량(Λ_x) : 12개

내생지표변수의 요인적재량(Λ_y) : 4개

외생잠재변수의 공분산(Φ) : 1개

외생지표변수의 오차분산(Θ_δ)과 내생지표변수의 오차분산(Θ_ϵ) : 12개

내생지표변수의 오차분산(ζ) : 2개

$F1 \rightarrow F3$와 $F2 \rightarrow F3$의 회귀계수(Γ) : 2개

$F3 \rightarrow F4$의 회귀계수(B) : 1개

지표변수의 절편 : 12개

총자유모수의 개수 : 46개

〈자유도의 개수〉 44개

계산된 자유모수와 자유도의 개수는 46개와 44개로 나타났는데 이는 결과물의 수치와 다른 것이다. 이러한 경우에 유용하게 사용되는 것이 TECH1 옵션이다. TECH1 옵션의 결과물을 살펴보면 회전하지 않은 해의 결과물(TECHNICAL 1 OUTPUT FOR THE UNROTATED SOLUTION)과 회전한 해의 결과물(TECHNICAL 1 OUTPUT FOR THE ROTATED SOLUTION)의 두 가지가 제시되어 있는데, 전자의 자유모수의 개수는 44개로 나타나 있고 후자의 자유모수의 개수는 46개로 제시되어 있는 것을 확인할 수 있다. 이와 같이 Mplus에서 ESEM을 분석하는 경우에는 회전하지 않은 해의 자유모수의 개수를 사용한다는 것을 알 수 있다.

MODEL RESULTS에서 EFA부분을 살펴보면 X1-X6의 모든 지표변수들이 F1과 F2에 적재되어 있는 반면에 CFA부분에서는 Y1-Y3가 F3에만 적재되어 있고 Y4-Y6는 F4에만 적재되어 있는 것을 알 수 있다. 그리고 X1-X6의 모든 요인적재량은 자유롭게 추정되고 Y1과 Y4의 요인적재량은 1로 고정되어 있는 것을 확인할 수 있다. 중요한 점으로 F1의 요인적재량 중에서 X1-X3의 요인적재량은 유의하게 나타났고 X4-X6의 요인적재량은 유의하지 않게 나타났다. 반면에 F2의 요인적재량 중에서는 X4-X6의 요인적재량은 유의하지만 X1-X3의 요인적재량은 유의하지 않게 나타났다. 이러한 사실은 EFA의 속성대로 X1-X3는 F1의 지표변수로 지정되어야 하고 X4-X6는 F2의 지표변수로 지정되어야 한다는 것을 암시하는 것이다. 이러한 의미에서 곧바로 CFA를 실시하는 경우에 양호하지 않은 적합도가 산출되면 번거로운 모형수정단계를 거쳐야 되기 때문에 EFA와 CFA의 중간단계로 현실적인 CFA모형에 관한 중요한 정보를 제공해 주는 ESEM을 실시하는 것이 권장된다(Brown, 2015). 그리고 디폴트에 의하여 F1과 F2의 분산은 1로 고정되어 있고 공분산은 자유롭게 추정되고 있으며 F3와 F4의 오차분산(Residual Variances의 F3와 F4)도 자유롭게 추정되고 있다.

간접효과결과를 살펴보면 $F1 \rightarrow F3 \rightarrow F4$의 간접효과($ab = .245,\ p < .001$)와 $F2 \rightarrow F3 \rightarrow F4$의 간접효과($ab = .351,\ p < .001$)가 모두 유의하게 나타났다. 이러한 ESEM의 간접효과의 효과크기(effect size)는 [그림 8.2]의 모형에 관한 간접효과의 효과크기보다 약간 작게 나타났다.

CHAPTER

9

다중매개모형

다중매개분석은 매개변수가 2개 이상인 다중매개모형(multiple mediator model)에 관한 분석을 말한다. 다중매개모형은 한 변수가 다른 변수에 미치는 영향이 다중 메커니즘(multiple mechanism)을 통하여 전달되는 것을 허용하는 모형이다. 그리고 매개변수들이 서로 인과관계를 보이지 않는 모형은 병렬다중매개모형(parallel multiple mediator model)이라고 하고 한 매개변수가 다른 매개변수에 영향을 미치는 경우에는 직렬다중매개모형(serial multiple mediator model)이라고 부른다. 이 장에서는 지표변수들을 평균하여 변수들을 단일의 값으로 변환한 후에 다중매개분석을 실행하는 방법과 지표변수들과 잠재변수를 사용하는 SEM방법을 모두 사용할 예정이다.

9.1 병렬다중매개모형

병렬다중매개모형은 매개변수가 2개 이상이고 매개변수간에 서로 인과적 영향을 미치지 않는 제약이 부과된 매개모형이다. 그렇다고 해서 모든 매개변수들이 원래 서로 독립적이라는 것을 의미하지는 않는다. 매개변수별로 따로 단순매개분석을 실시하는 것보다 이들을 동일모형에 통합하여 동시에 분석하면 간접효과검정의 검정력이 증가하고 서로 다른 매개변수를 통한 특정간접효과들을 비교할 수 있는 장점이 있다(Hayes, 2013). 매개변수가 k개인 경우에 M회귀식(k개)과 Y회귀식(1개)의 일반회귀식은 다음의 식 (9.1) 및 식 (9.2)와 같다.

$$M_i = i_{M_i} + a_i X + e_{M_i} \quad \text{1부터 } k\text{까지의 모든 } i\text{에 대하여} \tag{9.1}$$

$$Y = i_Y + c'X + \sum_{i=1}^{k} b_i M_i + e_Y \tag{9.2}$$

위의 회귀식에서 a_i는 X가 M_i에 미치는 영향의 추정치이다. 그리고 c'(직접효과)은 모든 k개의 매개변수들을 통제한 상태에서 X가 Y에 미치는 영향의 추정치(편회귀계수)이고 b_i는 해당 매개변수를 제외한 나머지 $k-1$개의 매개변수와 X를 통제한 상태에서 M_i가 Y에 미치는 영향의 편회귀계수이다. X가 특정 매개변수 M_i를 경유하여 Y에 미치는 영향에 관한 특정간접효과(specific indirect effect)는 $a_i b_i$로 계산된다. $a_i b_i$는 단순매개분석과 동일하게 해석하지만 다중매개분석이기 때문에 "모형 내의 다른 모든 매개변수를 통제한 상태에서(controlling for all other mediators in the model)"라는 단서조항이 추가된다. 그리고 총간접효과는 특정간접효과들의 합계이다. 즉, 총간접효과는 $\sum_{i=1}^{k} a_i b_i$로 계산된다. 단순매개분석과 마찬가지로 총효과(c)는 식 (9.3)과 같이 직접효과와 모든 특정간접효과들의 합계로 계산된다.

$$c = c' + \sum_{i=1}^{k} a_i b_i \tag{9.3}$$

물론 이러한 총효과는 Y를 X에 회귀시킨 단순회귀분석을 통해서도 추정될 수 있다.

9.1.1 잠재변수를 이용한 병렬다중매개모형의 분석

이제 매개변수가 2개인 경우의 병렬다중매개모형을 분석하기로 한다. 먼저 잠재변수와 잠재변수의 지표변수들을 모두 도입한 SEM을 이용한 분석을 실행한다. 그리고 앞서 분석한 것처럼 MODEL CONSTRAINT와 MODEL INDIRECT를 이용한 분석을 따로 실시할 예정이다. 또한 MODEL INDIRECT의 두 옵션인 IND와 VIA의 사용법에 대하여 살펴볼 것이다. 여기에서 다룰 모형은 [그림 9.1]과 같고 지표변수의 오차항들은 생략하였다.

[그림 9.1]은 매개변수가 2개이므로 병렬다중매개모형 중에서 이중매개모형(two mediator model)이라고 부르기도 한다. 중요한 점으로 MacKinnon(2008)은 매개분석에 관한 저서에서 이중매개모형을 추정하는 경우에 두 매개변수의 오차항들의 공분산을 반드시 허용해야 한다고 주장하였다. 또한 Preacher & Hayes(2008)도 이러한 방법을 사용하고 있다. 이러한 매개변수들의 오차공분산을 Mplus에 반영하기 위해서는 MODEL command에 MI WITH M2를 지정해야 한다. 그림의 복잡성을 피하기 위하여 [그림 9.1]에 이러한 오차공분산을 표시하지는 않았다.

[그림 9.1]의 병렬다중매개모형의 구조방정식을 행렬형태로 나타내면 식 (9.4)와 같다.

$$\begin{pmatrix}\eta_1\\ \eta_2\\ \eta_3\end{pmatrix} = \begin{pmatrix}0 & 0 & 0\\ 0 & 0 & 0\\ b1 & b2 & 0\end{pmatrix}\begin{pmatrix}\eta_1\\ \eta_2\\ \eta_3\end{pmatrix} + \begin{pmatrix}a1\\ a2\\ c'\end{pmatrix}\xi_1 + \begin{pmatrix}\zeta_1\\ \zeta_2\\ \zeta_3\end{pmatrix} \tag{9.4}$$

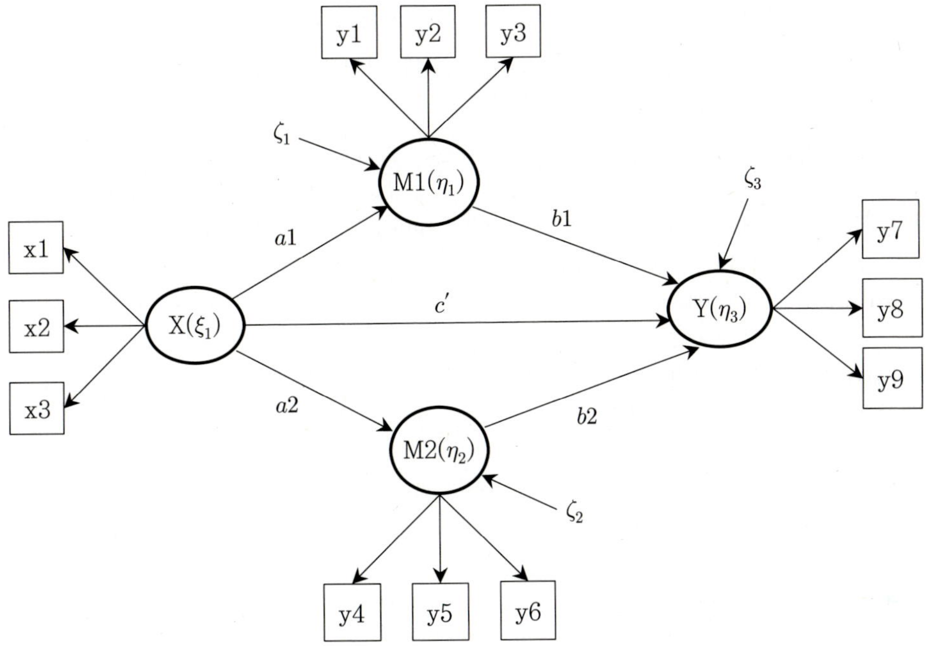

[그림 9.1] 매개변수가 2개인 병렬다중매개모형

위의 식 (9.4)는 다음의 세 회귀식으로 표현된다.

$$\eta_1 = a1\xi_1 + \zeta_1$$
$$\eta_2 = a2\xi_1 + \zeta_2$$
$$\eta_3 = b1\eta_1 + b2\eta_2 + c'\xi_1 + \zeta_3 \qquad (9.5)$$

연구자들이 익숙한 일반적인 회귀식으로 표현하면 다음과 같다. 상수는 생략된 형태이다.[1]

$$M_1 = a_1X + e_{M_1}$$
$$M_2 = a_2X + e_{M_2}$$
$$Y = b_1M_1 + b_2M_2 + c'X + e_{M_3}$$

[그림 9.1]을 분석하기 위한 Mplus syntax(ParallelMediator(SEM).inp)는

1) 즉, $M_1 = a_1X + e_{M_1}$은 $M_1 = i_{M_1} + a_1X + e_{M_1}$에서 i_{M_1}이 생략되어 있다.

〈표 9.1〉과 같다. 이 syntax는 MODEL CONSTRAINT를 이용한다. 자료파일(MULTIPLE.dat)과 syntax는 폴더 chapter9에 저장되어 있다.

〈표 9.1〉 매개변수가 2개인 병렬다중매개모형을 분석하기 위한 Mplus syntax

```
TITLE:  This is an example of a parallel multiple mediator model(SEM)
DATA:          FILE IS MULTIPLE.dat;
VARIABLE:      NAMES ARE X1-X3 Y1-Y9 X M1 M2 Y;
               USEVARIABLES ARE X1-X3 Y1-Y9;
ANALYSIS:      BOOTSTRAP=10000;
MODEL:         X BY X1-X3;
               M1 BY Y1-Y3;
               M2 BY Y4-Y6;
               Y BY Y7-Y9;
               M1 ON X(a1);
               M2 ON X(a2);
               Y ON M1(b1)
                    M2(b2)
                    X(cprime);
               M1 WITH M2;
MODEL CONSTRAINT:
               NEW(a1b1 a2b2 CONTRAST TOTALIND TOTAL);
                    a1b1 = a1*b1;
                    a2b2 = a2*b2;
                    CONTRAST = a1b1-a2b2;
                    TOTALIND = a1b1+a2b2;
                    TOTAL = cprime+a1b1+a2b2;
OUTPUT:        CINT(BCBOOTSTRAP) TECH1;
```

먼저 [그림 9.1]의 자유도를 계산하기로 한다. 〈표 9.1〉은 디폴트로 MACS를 분석한다. 따라서 지표변수의 평균이 정보의 개수에 포함되고 지표변수의 절편을 추정한다.

〈정보의 개수〉

분산과 공분산의 개수 : 78개($p(p+1)/2 = 12(13)/2 = 78$)

지표변수의 평균 : 12개

총정보의 개수 : 90개

〈자유모수의 개수〉

요인적재량(Λ) : 8개

지표변수의 오차분산(Θ_δ와 $\Theta\epsilon$) : 12개

외생잠재변수의 분산(Φ) : 1개

내생잠재변수의 오차분산과 오차공분산(Ψ) : 4개

외생잠재변수에서 내생잠재변수로 이르는 회귀계수(Γ : $a1$, $a2$, c') : 3개

내생잠재변수에서 내생잠재변수로 이르는 회귀계수(B : $b1$, $b2$) : 2개

지표변수의 절편 : 12개

총자유모수의 개수 : 42개

〈자유도의 개수〉 48개(90−42)

그리고 TECH1 옵션의 결과에서는 Φ와 Ψ는 PSI행렬에 나타나 있고 Γ와 B는 BETA행렬에 함께 제시되어 있다.

다음으로 〈표 9.1〉의 VARIABLE에 제시된 X, $M1$, $M2$, Y 등은 각 잠재변수의 지표변수들을 평균한 값으로 MODEL command에 나타나 있는 잠재변수인 X, $M1$, $M2$, Y들과는 다른 변수이다. 그리고 앞서 설명한 것처럼 $M1$과 $M2$의 오차공분산을 허용(M1 WITH M2)한 것을 알 수 있다. MODEL CONSTRAINT에는 특정간접효과(a1b1, a2b2)와 총간접효과(TOTALIND) 및 총효과(TOTAL)의 추정이 지정되어 있다. a1b1은 $X1 \rightarrow M1 \rightarrow Y$의 간접효과의 크기이고 a2b2는 $X1 \rightarrow M2 \rightarrow Y$의 간접효과를 의미한다. 또한 두 간접효과의 차이를 추정하는 명령어(CONTRAST)도 지정되어 있다. CINTERVAL은 약자를 이용하여 CINT로 표기하였다. 또한 부트스트랩 신뢰구간설정을 위하여 편의수정 부트스트랩 신뢰구간 설정방법(BCBOOTSTRAP)을 사용하였다. 〈표 9.1〉을 실행하면 〈결과 9.1〉이 얻어진다.

〈결과 9.1〉 병렬다중매개모형의 분석결과(MODEL CONSTRAINT)

```
MODEL FIT INFORMATION
Number of Free Parameters                     42
Chi-Square Test of Model Fit
          Value                           36.433
          Degrees of Freedom                  48
          P-Value                         0.8891
```

```
RMSEA (Root Mean Square Error Of Approximation)
          Estimate                          0.000
          90 Percent C.I.                   0.000    0.014
          Probability RMSEA <= .05          1.000
CFI/TLI
          CFI                               1.000
          TLI                               1.009
SRMR (Standardized Root Mean Square Residual)
          Value                             0.021

MODEL RESULTS
                                                         Two-Tailed
                      Estimate      S.E.   Est./S.E.    P-Value
 X        BY
    X1                   1.000     0.000    999.000    999.000
    X2                   1.025     0.079     13.016      0.000
    X3                   1.067     0.086     12.411      0.000
 M1       BY
    Y1                   1.000     0.000    999.000    999.000
    Y2                   0.859     0.074     11.618      0.000
    Y3                   0.755     0.084      8.948      0.000
 M2       BY
    Y4                   1.000     0.000    999.000    999.000
    Y5                   0.904     0.052     17.334      0.000
    Y6                   0.901     0.057     15.873      0.000
 Y        BY
    Y7                   1.000     0.000    999.000    999.000
    Y8                   0.668     0.073      9.125      0.000
    Y9                   0.544     0.061      8.924      0.000
 M1       ON
    X                    0.047     0.063      0.751      0.452
 M2       ON
    X                    0.517     0.081      6.405      0.000
 Y        ON
    M1                  -0.052     0.122     -0.428      0.669
    M2                   0.624     0.107      5.830      0.000
    X                   -0.025     0.075     -0.336      0.737
```

```
M1       WITH
  M2                 0.778      0.092      8.414      0.000
Intercepts
  X1                -0.011      0.066     -0.164      0.869
  X2                -0.010      0.066     -0.157      0.875
  X3                -0.022      0.066     -0.326      0.744
  Y1                -0.118      0.062     -1.891      0.059
  Y2                -0.083      0.056     -1.483      0.138
  Y3                -0.104      0.056     -1.850      0.064
  Y4                -0.060      0.072     -0.835      0.404
  Y5                -0.077      0.066     -1.156      0.248
  Y6                -0.100      0.067     -1.492      0.136
  Y7                 0.042      0.066      0.637      0.524
  Y8                -0.014      0.056     -0.247      0.805
  Y9                -0.006      0.053     -0.109      0.913
Variances
  X                  1.115      0.140      7.936      0.000
Residual Variances
  X1                 1.042      0.096     10.833      0.000
  X2                 1.019      0.095     10.745      0.000
  X3                 0.902      0.095      9.491      0.000
  Y1                 1.003      0.095     10.581      0.000
  Y2                 0.869      0.077     11.269      0.000
  Y3                 1.058      0.084     12.637      0.000
  Y4                 1.079      0.099     10.882      0.000
  Y5                 0.937      0.082     11.379      0.000
  Y6                 1.011      0.082     12.290      0.000
  Y7                 0.909      0.128      7.097      0.000
  Y8                 1.019      0.083     12.300      0.000
  Y9                 1.046      0.073     14.400      0.000
  M1                 0.977      0.136      7.166      0.000
  M2                 1.281      0.162      7.925      0.000
  Y                  0.744      0.121      6.134      0.000
New/Additional Parameters
  A1B1              -0.002      0.010     -0.251      0.802
  A2B2               0.322      0.073      4.417      0.000
  CONTRAST          -0.325      0.078     -4.159      0.000
  TOTALIND           0.320      0.069      4.642      0.000
  TOTAL              0.295      0.068      4.333      0.000
```

CONFIDENCE INTERVALS OF MODEL RESULTS

	Lower .5%	Lower 2.5%	Lower 5%	Estimate	Upper 5%	Upper 2.5%	Upper .5%
New/Additional Parameters							
A1B1	−0.062	−0.041	−0.032	−0.002	0.005	0.008	0.017
A2B2	0.174	**0.203**	0.221	**0.322**	0.463	**0.497**	0.569
CONTRAST	−0.597	−0.519	−0.480	−0.325	−0.220	−0.201	−0.171
TOTALIND	0.172	0.204	0.222	0.320	0.447	0.477	0.545
TOTAL	0.123	0.167	0.189	0.295	0.413	0.433	0.478

〈결과 9.1〉에서 자유모수와 자유도의 개수는 위에서 계산한 값과 동일하다. 그리고 모형의 전반적 적합도는 매우 우수하게 나타났다. 이러한 양호한 적합도는 M1과 M2의 오차공분산을 허용한 결과이다. 이에 관한 내용은 MODEL INDIRECT의 사용법에서 다루기로 한다. 그리고 X가 M_1에 미치는 영향(a_1)은 유의하지 않지만 M_2에 미치는 영향은 유의하게 나타났다. 또한 Y의 선행변수 중에서 M_1의 영향(b_1)과 X의 영향(c')은 유의하지 않고 M_2의 영향(b_2)만 유의하게 나타났다. M_1의 오차분산과 M_2의 오차분산의 오차공분산도 유의하게 나타났다. 그리고 총간접효과와 총효과는 유의하게($p < .001$) 나타났다.

다음으로 간접효과결과들을 살펴보면 $X \rightarrow M_2 \rightarrow Y$의 크기는 Sobel 검정결과 ($a_2b_2 = .322$, $p < .001$) 유의하게 나타났고 95% 부트스트랩 신뢰구간(0.203~0.497)도 0을 포함하지 않기 때문에 유의하다고 할 수 있다. 반면에 $X \rightarrow M_1 \rightarrow Y$의 간접효과 ($a_1b_1 = -0.002$, $p = .802$)는 유의하지 않게 나타났다. 또한 이들 두 간접효과의 차이도 유의하게($CONTRAST = -0.325$, $p < .001$) 나타나서 a_2b_2의 간접효과가 a_1b_1의 간접효과보다 크다고 판단할 수 있다. 하지만 두 간접효과의 부호(sign)가 다르기 때문에 해석의 문제는 남아 있다.

이제 MODEL INDIRECT를 이용하여 위의 모형을 분석하기로 한다. 〈표 9.2〉는 이러한 MODEL INDIRECT를 이용한 다중매개모형에 관한 Mplus syntax (ParallelMediators(SEM INDIRECT).inp)이다.

〈표 9.2〉 MODEL INDIRECT를 이용한 병렬다중매개모형의 분석

```
TITLE:  This is an example of a parallel multiple mediator model(SEM)
DATA:          FILE IS MULTIPLE.dat;
VARIABLE:      NAMES ARE X1-X3 Y1-Y9 X M1 M2 Y;
               USEVARIABLES ARE X1-X3 Y1-Y9;
ANALYSIS:      BOOTSTRAP=10000;
MODEL:         X BY X1-X3;
               M1 BY Y1-Y3;
               M2 BY Y4-Y6;
               Y BY Y7-Y9;
               M1 M2 ON X;
               Y ON M1 M2 X;
               M1 WITH M2;
MODEL INDIRECT:
               Y IND X;
OUTPUT:        CINT(BCBOOTSTRAP) TECH1;
```

다른 명령문은 〈표 9.1〉과 동일하고 MODEL 명령문이 달라졌으며 MODEL CONSTRAINT가 MODEL INDIRECT로 바뀌었다. 그리고 간접효과를 추정하는 옵션 IND가 사용되었다. 이를 이해하기 위하여 먼저 MODEL INDIRECT의 간접효과에 관한 두 가지 옵션인 IND와 VIA에 대하여 알아본다. 다음의 [그림 9.2]의 경로모형을 사용하여 IND와 VIA의 유사점과 차이점을 파악하기로 한다. [그림 9.2]에서 X1과 X2는 외생변수이기 때문에 공분산이 허용되는데 그림에서는 생략하였다. 또한 Y1, Y2, Y3의 오차분산도 생략하였다. 먼저 IND와 VIA의 공통점은 두 옵션의 왼쪽에 있는 변수는 종속변수이고 맨 오른쪽 변수는 독립변수이며 오른쪽에 있는 나머지 변수들은 매개변수라는 점이다. IND 옵션에서 매개변수를 지정하지 않으면 모든 특정간접효과와 직접효과 및 총효과 그리고 총간접효과를 제시해 준다.

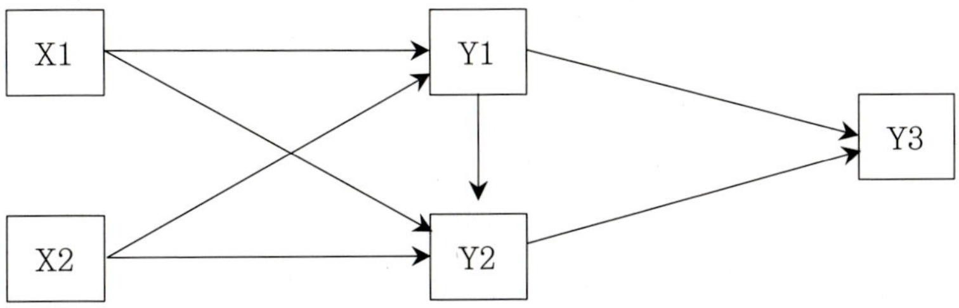

[그림 9.2] IND와 VIA를 위한 경로모형

[그림 9.2]의 간접효과를 분석하기 위해서는 먼저 다음의 MODEL 명령문이 필요하다. 연구자가 필요하다고 판단할 때에는 $X1, X2 \rightarrow Y3$의 직접효과의 경로를 지정할 수 있다.

```
MODEL:
 Y3 ON Y1 Y2;
 Y2 ON X1 X2 Y1;
 Y1 ON X1 X2;
```

먼저 IND 옵션에 대하여 알아본다.

```
MODEL INDIRECT:
 ① Y3 IND Y1 X1;
 ② Y3 IND Y2 X1;
 ③ Y3 IND X2;
```

①은 $X1 \rightarrow Y1 \rightarrow Y3$의 특정간접효과를 추정한다. ②도 특정간접효과 $X1 \rightarrow Y2 \rightarrow Y3$를 추정한다. 반면에 ③은 매개변수를 지정하지 않았기 때문에 $X2$에서 $Y3$에 이르는 모든 특정간접효과($X2 \rightarrow Y1 \rightarrow Y3$, $X2 \rightarrow Y2 \rightarrow Y3$, $X2 \rightarrow Y1 \rightarrow Y2 \rightarrow Y3$)와 총효과, 총간접효과 및 직접효과의 추정치를 제공한다.

다음으로 VIA 옵션을 알아본다.

```
MODEL INDIRECT:
 Y3 VIA Y1 X1;
```

위의 옵션은 $X1$이 매개변수 $Y1$을 경유하여(VIA) $Y3$에 영향을 미치는 모든 간접효과를 추정한다. 즉, $X1 \rightarrow Y1 \rightarrow Y3$와 $X1 \rightarrow Y1 \rightarrow Y2 \rightarrow Y3$의 간접효과를 추정한다.

이제 〈표 9.2〉를 보면 IND 옵션이 매개변수가 생략된 Y IND X로 지정되어 있기 때문에 X에서 Y에 이르는 모든 특정간접효과($X \rightarrow M_1 \rightarrow Y$, $X \rightarrow M_2 \rightarrow Y$)와 직접효과 및 총효과 그리고 총간접효과의 추정치를 보여준다. 그리고 이러한 옵션(Y IND X)은 다음과 같이 구분하여 지정할 수도 있다. 이들 두 방법은 동일한 명령문이다.

```
MODEL INDIRECT:
 Y IND M1 X;
 Y IND M2 X;
```

위의 〈표 9.2〉를 실행하면 결과물이 얻어지는데 적합도와 회귀계수 등은 MODEL CONSTRAINT를 이용한 결과물과 동일하고 간접효과의 제공형태가 달라지기 때문에 이에 관한 결과물만 살펴보기로 한다.

〈결과 9.2〉 병렬다중매개모형의 분석결과(MODEL INDIRECT)

```
TOTAL, TOTAL INDIRECT, SPECIFIC INDIRECT, AND DIRECT EFFECTS
                                                     Two-Tailed
                       Estimate     S.E.    Est./S.E.   P-Value
Effects from X to Y
  Total                  0.295     0.068      4.332      0.000
  Total indirect         0.320     0.069      4.642      0.000

  Specific indirect

    Y
    M1
    X                   -0.002     0.010     -0.251      0.802

    Y
    M2
    X                    0.322     0.073      4.417      0.000

  Direct
    Y
    X                   -0.025     0.075     -0.336      0.737

CONFIDENCE INTERVALS OF TOTAL, TOTAL INDIRECT, SPECIFIC INDIRECT,
AND DIRECT EFFECTS
                Lower .5% Lower 2.5% Lower 5%  Estimate  Upper 5%  Upper 2.5%  Upper .5%
Effects from X to Y
  Total           0.123     0.167     0.189     0.295     0.413     0.433     0.478
  Total indirect  0.172     0.204     0.222     0.320     0.447     0.477     0.545
```

Specific indirect							
Y							
M1							
X	−0.062	−0.041	−0.032	−0.002	0.005	0.008	0.017
Y							
M2							
X	0.174	0.203	0.221	0.322	0.463	0.498	0.569
Direct							
Y							
X	−0.231	−0.175	−0.148	−0.025	0.096	0.121	0.168

〈결과 9.2〉에서 얻은 특정간접효과와 총효과 및 직접효과 그리고 총간접효과의 추정결과는 〈결과 9.1〉의 결과와 일치한다. 하지만 MODEL INDIRECT를 이용하는 경우에는 간접효과들간의 차이에 대한 검정은 실행할 수 없는 단점이 있다.

앞에서 이중매개모형의 분석에서 두 매개변수의 오차공분산을 설정해야 한다고 언급하였다. 만일 이러한 오차공분산을 지정하지 않으면 어떠한 결과가 산출될 것인가? 수정지수를 이용하여 이들을 확인해 본다. BOOTSTRAP 옵션과 MODEL CONSTRAINT에서는 수정지수가 산출되지 않기 때문에 MODEL INDIRECT에서 BOOTSTRAP을 삭제하고 MOD를 추가하여 분석하면 수정지수를 얻을 수 있다. 〈표 9.3〉(ParallelMediators(SEM INDIRECT MOD).inp)은 이러한 방법을 분석하기 위한 Mplus syntax이다.

〈표 9.3〉 두 매개변수의 오차공분산이 설정되지 않은 모형

```
TITLE:      This is an example of a parallel multiple mediator model(SEM)
DATA:              FILE IS MULTIPLE.dat;
VARIABLE:          NAMES ARE X1-X3 Y1-Y9 X M1 M2 Y;
                   USEVARIABLES ARE X1-X3 Y1-Y9;
ANALYSIS:          ! BOOTSTRAP=10000;
MODEL:             X BY X1-X3;
                   M1 BY Y1-Y3;
                   M2 BY Y4-Y6;
                   Y BY Y7-Y9;
```

```
            M1 M2 ON X;
            Y ON M1 M2 X;
            ! M1 WITH M2;
MODEL INDIRECT:
            Y IND X;
OUTPUT: TECH1 MOD    ! CINT(BCBOOTSTRAP) ;
```

〈표 9.3〉을 보면 ! BOOTSTRAP=10000과 ! CINT(BCBOOTSTRAP)와 같이 부트스트래핑 명령문 앞에 !가 있기 때문에 부트스트래핑을 실행하지 않는다. 마찬가지로 오차공분산에 대해서도 ! M1 WITH M2로 !가 지정되어 있기 때문에 오차공분산을 추정하지 않는다. 수정지수를 산출하기 위하여 OUTPUT 명령문에 MOD (MODINDICES의 약자)가 추가되어 있다. 이러한 〈표 9.3〉을 실행한 결과가 〈결과 9.3〉에 나타나 있다.

〈결과 9.3〉 오차공분산을 지정하지 않은 경우의 결과물

```
MODEL FIT INFORMATION
Number of Free Parameters                              41
Chi-Square Test of Model Fit
          Value                                   178.586
          Degrees of Freedom                           49
          P-Value                                  0.0000
CFI/TLI
          CFI                                       0.923
          TLI                                       0.897
Chi-Square Test of Model Fit for the Baseline Model
          Value                                  1753.448
          Degrees of Freedom                           66
          P-Value                                  0.0000
SRMR (Standardized Root Mean Square Residual)
          Value                                     0.105

Minimum M.I. value for printing the modification index     10.000
                             M.I.     E.P.C.  Std E.P.C. StdYX E.P.C.
WITH Statements
M2        WITH M1         124.061     0.785      0.698      0.698
```

〈결과 9.3〉에서 알 수 있는 것처럼 전반적 적합도가 양호하지 않은 것으로 나타났다. 수정지수를 살펴보면 M1과 M2의 공분산을 허용하면(M2 WITH M1) χ^2값이 124.061만큼 감소할 것으로 예측되며 EPC와 표준화 EPC도 상당히 크게 나타났다. 따라서 M1과 M2의 공분산을 허용하는 것이 합리적이라고 할 수 있다. 실제로 〈결과 9.1〉과 〈결과 9.3〉을 이용하여 두 모형의 χ^2차이검정을 실시한 결과 $\Delta\chi^2 = 142.153$이고 $\Delta df = 1$이므로($p < .001$) 오차공분산을 허용하면 모형의 적합도가 모두 개선된다는 것을 확인할 수 있다.

9.1.2 병렬다중매개모형의 분석(경로분석)

이제 잠재변수의 하위 지표변수들을 평균한 값(단일변수)을 이용하여 간접효과를 분석하기로 한다. 계량방법론 측면에서 보면 앞에서 분석한 SEM방법을 사용하는 것이 권장되지만 경우에 따라서는 원래부터 단일의 관측변수로 구성된 변수관계를 분석하는 상황이 발생할 수도 있다.

위의 잠재변수의 지표변수들을 평균한 값들을 이용한 병렬다중매개분석을 실행하기 전에 먼저 경로분석의 결과에서 제시하는 자유모수의 개수에 대하여 알아볼 필요가 있다. 왜냐하면 이 내용에 관한 사전지식이 없는 경우에는 Mplus의 결과물이 이해가 되지 않는 상황이 발생하기 때문이다.

여기에서 분석할 경로모형은 [그림 9.3]과 같다. 자료파일(example.dat)과 네 가지 Mplus syntax는 chapter9 폴더의 example 폴더에 저장되어 있다. [그림 9.3]은 독립변수가 3개이고 매개변수가 2개이며 종속변수가 1개인 다중매개모형이다. 경로모형의 디폴트는 종속변수의 오차분산들은 자유롭게 추정하고 이러한 오차공분산은 추정하지 않는다(연구자는 필요에 따라서 지정할 수도 있다).

중요한 점으로 Mplus는 독립변수들의 모수들은 모형추정의 일부분이 아니라는 이유로 독립변수들의 평균(절편)과 분산 및 공분산은 추정은 하지만 결과물에서는 제시하지 않는다. 그리고 Mplus는 이러한 모수에 제약을 두지 않는 반면에 이러한 독립변수들의 모수추정치를 알고 싶은 경우에는 syntax에 이들을 지정해야 한다. 하지만 어떠한 방법(아래의 4가지 방법)을 사용해도 자유도는 항상 동일하다. 앞에서도 언급한 것처럼 Mplus는 다양한 디폴트가 제공되기 때문에 다른 SEM 프로그램보다 프로그램의 길이가 매우 짧은 장점이 있지만 초보자에게는 어려운 면이 있는 것은 사실이다. 따라서 분석방법에 따라 다르게 제공되는 이러한 디폴트를 숙지하는

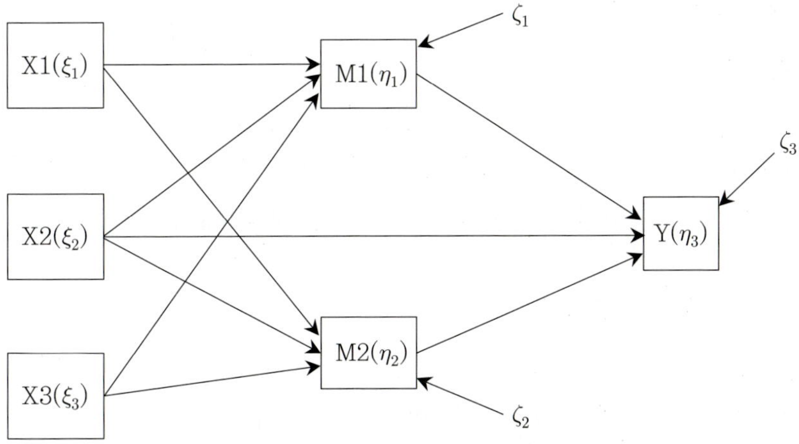

[그림 9.3] 병렬다중매개모형에 관한 경로모형

것이 Mplus를 잘 운용하는 첩경이 된다고 할 수 있다.

이제 이러한 사전지식을 가지고 4가지 방법을 이용하여 [그림 9.3]을 분석하기로 한다.

모형분석에 앞서 먼저 [그림 9.3]의 자유도를 계산해 본다.

〈정보의 개수〉

분산과 공분산의 개수 : 21개($p(p+1)/2=6(7)/2=21$)

변수의 평균의 개수 : 6개

총정보의 개수 : 27개

〈자유모수의 개수〉

- 공분산구조의 자유모수의 개수

  독립변수(외생변수)의 분산(3개)과 공분산(3개)의 개수(Φ) : 6개

  내생변수의 오차분산(Ψ) : 3개

  외생변수에서 내생변수에 이르는 경로(Γ) : 7개

  내생변수에서 다른 내생변수에 이르는 경로(B) : 2개

  공분산구조의 총자유모수의 개수 : 18개

- 평균구조의 자유모수의 개수

  외생변수의 절편(ν_x) : 3개

  내생변수의 절편(ν_y) : 3개

  평균구조의 총자유모수의 개수 : 6개

- 총자유모수의 개수 : 24개

〈자유도의 개수〉 3개(27-24)

이제 일반적으로 이용하는 MACS의 분석을 이용하여 분석한다. MACS를 분석하기 위한 Mplus syntax는 〈표 9.4〉(EXAMPLE(MACS).inp)와 같다.

〈표 9.4〉 MACS를 이용한 경로분석

```
TITLE:  This is an example of a path analysis
        with continuous dependent variables
DATA:          FILE IS example.dat;
VARIABLE:      NAMES ARE M1-M2 Y X1-X3;
MODEL:         M1 M2 ON X1 X2 X3;
               Y ON M1 M2 X2;
MODEL INDIRECT:
               Y IND X1;
               Y IND X2;
               Y IND X3;
OUTPUT:        TECH1;
```

〈표 9.4〉는 우리가 항상 사용하는 Mplus의 디폴트(MACS)에 의한 분석방법이다. 〈표 9.4〉를 실행하면 〈결과 9.4〉와 같다.

〈결과 9.4〉 MACS를 이용한 경로분석결과

```
MODEL FIT INFORMATION
Number of Free Parameters                     15
Chi-Square Test of Model Fit
          Value                            0.757
          Degrees of Freedom                   3
          P-Value                         0.8598
RMSEA (Root Mean Square Error Of Approximation)
          Estimate                         0.000
          90 Percent C.I.                  0.000    0.040
          Probability RMSEA <= .05         0.972
```

```
CFI/TLI
         CFI                               1.000
         TLI                               1.002
SRMR (Standardized Root Mean Square Residual)
         Value                             0.001

MODEL RESULTS
                                                     Two-Tailed
                      Estimate     S.E.  Est./S.E.    P-Value
 M1       ON
   X1                    0.992    0.043     22.979      0.000
   X2                    2.001    0.045     44.618      0.000
   X3                    3.052    0.045     68.274      0.000
 M2       ON
   X1                    2.935    0.050     59.002      0.000
   X2                    1.992    0.052     38.556      0.000
   X3                    1.023    0.051     19.869      0.000
 Y        ON
   M1                    0.507    0.020     25.491      0.000
   M2                    0.746    0.020     37.914      0.000
   X2                    1.046    0.072     14.540      0.000
 Intercepts
   M1                   -1.064    0.046    -23.059      0.000
   M2                   -0.042    0.053     -0.784      0.433
   Y                     1.068    0.063     17.093      0.000
 Residual Variances
   M1                    1.061    0.067     15.811      0.000
   M2                    1.408    0.089     15.811      0.000
   Y                     1.717    0.109     15.811      0.000

TOTAL, TOTAL INDIRECT, SPECIFIC INDIRECT, AND DIRECT EFFECTS
                                                     Two-Tailed
                      Estimate     S.E.  Est./S.E.    P-Value
Effects from X1 to Y
  Total                  2.691    0.066     40.498      0.000
  Total indirect         2.691    0.066     40.498      0.000
```

```
  Specific indirect
    Y
    M1
    X1                     0.503     0.029     17.068     0.000

    Y
    M2
    X1                     2.188     0.069     31.897     0.000

Effects from X2 to Y
  Total                    3.544     0.072     48.915     0.000
  Total indirect           2.499     0.059     42.061     0.000
  Specific indirect
    Y
    M1
    X2                     1.014     0.046     22.134     0.000

    Y
    M2
    X2                     1.485     0.055     27.033     0.000

  Direct
    Y
    X2                     1.046     0.072     14.540     0.000

Effects from X3 to Y
  Total                    2.309     0.069     33.231     0.000
  Total indirect           2.309     0.069     33.231     0.000
  Specific indirect
    Y
    M1
    X3                     1.546     0.065     23.881     0.000

    Y
    M2
    X3                     0.763     0.043     17.599     0.000
```

〈결과 9.4〉에서 먼저 자유모수와 자유도가 각각 15개와 3개로 나타났다. 이들 값과 위에서 계산한 값을 비교하면 자유도는 3개로 일치하는데 자유모수의 개수는 다르게 나타났다. 즉, 계산상으로는 자유모수의 개수가 24개인데 결과물에는 15개로 나타났다. 왜 이러한 결과가 나타난 것일까? 그 이유는 위에서 설명한 것처럼 Mplus는 경로분석의 결과를 제시하는 경우에 모형추정과 관계없는 외생변수의 분산과 공분산(Φ)과 절편(ν_x)의 결과를 제시하지 않고 이를 자유모수에 반영하기 때문이다. 결과물의 MODEL RESULTS를 살펴보면 모두 15개의 추정치가 제시되어 있는데 7개의 Γ(M1 ON X1, X2, X3 ; M2 ON X1, X2, X3 ; Y ON X2)와 2개의 B(Y ON M1, M2) 및 3개의 Ψ(Residual Variances; M1, M2, Y) 그리고 3개의 ν_y (Intercepts ; M1, M2, Y)가 그것이다. 반면에 6개의 독립변수의 분산 및 공분산(Φ)과 3개의 독립변수의 절편(ν_x)은 제시되지 않았다. 이러한 이유로 자유모수의 개수가 15개로 계산된 것이다. 이상의 결과는 또한 TECH1 옵션 결과를 통하여 확인할 수 있다. 그리고 모든 간접효과는 유의하게 나타났다.

그렇다면 위에서 계산한 것처럼 자유모수의 개수와 자유도의 개수를 각각 24개와 3개로 계산하려면 어떤 방법을 사용해야 하는가? 바로 Mplus가 제시하는 결과물의 디폴트를 변경하는 것이다. 즉, Mplus syntax에 독립변수의 분산과 공분산을 추정하라는 명령문을 제시하면 이들의 결과물을 보여주고(독립변수들의 평균도 보여준다) 자유모수도 이들을 반영하여 24개로 계산된다. 이제 독립변수의 분산과 공분산을 추정하는 syntax(EXAMPLE(MACS PHI).inp)를 이용하여 모형을 추정하기로 한다. 〈표 9.5〉는 이에 관한 Mplus syntax이다.

〈표 9.5〉 MACS PHI(Φ)를 이용한 경로모형분석

```
TITLE:  This is an example of a path analysis
        with continuous dependent variables
DATA:          FILE IS example.dat;
VARIABLE:      NAMES ARE M1-M2 Y X1-X3;
MODEL:         M1 M2 ON X1 X2 X3;
               Y ON M1 M2 X2;
               X1 X2 X3;
               X1 WITH X2 X3;
               X2 WITH X3;
MODEL INDIRECT:
               Y IND X1;
               Y IND X2;
               Y IND X3;
OUTPUT:        TECH1;
```

〈표 9.5〉는 〈표 9.4〉에 독립변수들의 분산과 공분산을 추정하라는 명령문이 추가된 것이다. 〈표 9.5〉를 분석하면 〈결과 9.5〉가 얻어진다.

〈결과 9.5〉 MACS PHI 분석결과

```
MODEL FIT INFORMATION
Number of Free Parameters                         24
Chi-Square Test of Model Fit
          Value                                0.757
          Degrees of Freedom                       3
          P-Value                             0.8598
RMSEA (Root Mean Square Error Of Approximation)
          Estimate                             0.000
          90 Percent C.I.                      0.000    0.040
          Probability RMSEA <= .05             0.972
CFI/TLI
          CFI                                  1.000
          TLI                                  1.002
SRMR (Standardized Root Mean Square Residual)
          Value                                0.001

MODEL RESULTS
                                                        Two-Tailed
                    Estimate      S.E.    Est./S.E.     P-Value
 M1      ON
   X1                  0.992     0.043      22.979       0.000
   X2                  2.001     0.045      44.618       0.000
   X3                  3.052     0.045      68.274       0.000
 M2      ON
   X1                  2.935     0.050      59.002       0.000
   X2                  1.992     0.052      38.556       0.000
   X3                  1.023     0.051      19.869       0.000
 Y       ON
   M1                  0.507     0.020      25.492       0.000
   M2                  0.746     0.020      37.915       0.000
   X2                  1.046     0.072      14.540       0.000
 X1      WITH
   X2                  0.039     0.049       0.793       0.428
   X3                 -0.058     0.050      -1.171       0.241
```

X2 WITH				
X3	0.096	0.048	1.992	0.046
Means				
X1	0.046	0.048	0.952	0.341
X2	−0.027	0.046	−0.582	0.560
X3	−0.012	0.046	−0.249	0.804
Intercepts				
M1	−1.064	0.046	−23.059	0.000
M2	−0.042	0.053	−0.784	0.433
Y	1.068	0.063	17.093	0.000
Variances				
X1	1.143	0.072	15.811	0.000
X2	1.066	0.067	15.811	0.000
X3	1.074	0.068	15.811	0.000
Residual Variances				
M1	1.061	0.067	15.811	0.000
M2	1.408	0.089	15.811	0.000
Y	1.717	0.109	15.811	0.000

〈결과 9.5〉를 보면 자유모수와 자유도의 개수가 24개와 3개로 제시된 것을 확인할 수 있다. MODEL RESULTS를 살펴보면 이러한 수치는 〈결과 9.4〉의 자유모수에 독립변수들의 분산(Variances : X1, X2, X3)과 공분산(X1 WITH X2, X3, X2 WITH X3) 및 독립변수들의 절편(Means : X1, X2, X3)이 추가된 것을 반영한 결과이다. 바로 이 방법이 우리가 분석하고 싶은 모형추정치들을 제공하는 방법이다.

그리고 평균구조를 생략하고 공분산구조만 분석하고 싶은 경우(즉, MACS 대신 COVS를 사용하는 경우)에는 두 가지 방법이 있다. 하나는 일반적인 COVS를 분석하는 것이고 다른 하나는 독립변수의 분산과 공분산을 확인하고 싶은 경우에는 위의 방법과 마찬가지로 COVS에 독립변수의 분산과 공분산을 추정하는 명령문을 추가하는 방법이다. 전자와 후자는 폴더 example에 각각 EXAMPLE(COVS).inp와 EXAMPLE(COVS PHI).inp로 저장되어 있다. 후자의 방법에 관한 Mplus syntax는 〈표 9.6〉과 같다.

〈표 9.6〉 COVS PHI를 이용한 경로분석

```
TITLE:   This is an example of a path analysis
         with continuous dependent variables
DATA:    FILE IS example.dat;
ANALYSIS:     MODEL=NOMEANSTRUCTURE;
              INFORMATION=EXPECTED;
VARIABLE:     NAMES ARE M1-M2 Y X1-X3;
MODEL:        M1 M2 ON X1 X2 X3;
              Y ON M1 M2 X2;
              X1 X2 X3;
              X1 WITH X2 X3;
              X2 WITH X3;
MODEL INDIRECT:
              Y IND X1;
              Y IND X2;
              Y IND X3;
OUTPUT:       TECH1;
```

〈표 9.6〉은 〈표 9.5〉에 다음의 명령문만 추가한 것이다.

```
ANALYSIS:  MODEL=NOMEANSTRUCTURE;
           INFORMATION=EXPECTED;
```

위의 ANALYSIS 명령문은 MACS가 아닌 COVS를 분석하라는 명령문이다. 즉, 〈표 9.6〉을 실행하면 〈결과 9.6〉을 얻을 수 있다.

〈결과 9.6〉 COVS PHI의 분석결과

```
MODEL FIT INFORMATION
Number of Free Parameters                       18
Chi-Square Test of Model Fit
          Value                              0.757
          Degrees of Freedom                     3
          P-Value                           0.8598
RMSEA (Root Mean Square Error Of Approximation)
          Estimate                           0.000
```

```
          90 Percent C.I.                    0.000     0.040
          Probability RMSEA <= .05           0.972

CFI/TLI

          CFI                                1.000
          TLI                                1.002

SRMR (Standardized Root Mean Square Residual)

          Value                              0.001


MODEL RESULTS

                                                      Two-Tailed
                    Estimate      S.E.   Est./S.E.     P-Value

 M1       ON
    X1                 0.992     0.043     22.979       0.000
    X2                 2.001     0.045     44.618       0.000
    X3                 3.052     0.045     68.274       0.000

 M2       ON
    X1                 2.935     0.050     59.002       0.000
    X2                 1.992     0.052     38.556       0.000
    X3                 1.023     0.051     19.869       0.000

 Y        ON
    M1                 0.507     0.020     25.494       0.000
    M2                 0.746     0.020     37.918       0.000
    X2                 1.046     0.072     14.539       0.000

 X1       WITH
    X2                 0.039     0.049      0.793       0.428
    X3                -0.058     0.050     -1.171       0.241

 X2       WITH
    X3                 0.096     0.048      1.992       0.046

 Variances
    X1                 1.143     0.072     15.811       0.000
    X2                 1.066     0.067     15.811       0.000
    X3                 1.074     0.068     15.811       0.000

 Residual Variances
    M1                 1.061     0.067     15.811       0.000
    M2                 1.408     0.089     15.811       0.000
    Y                  1.717     0.109     15.811       0.000
```

〈결과 9.6〉을 보면 COVS를 이용하여 독립변수의 분산과 공분산을 추정하였고 모든 변수들의 평균(절편)은 추정하지 않았다. 따라서 자유모수의 개수는 위에서 계산한 공분산구조의 자유모수의 개수와 동일하게 18개로 계산되었다. 마찬가지로 EXAMPLE(COVS).inp를 이용하여 분석하면 독립변수의 분산과 공분산 및 변수들의 평균이 추정되지 않기 때문에 자유모수의 개수와 자유도의 개수는 각각 12개와 3개로 계산된다. 중요한 점은 이상의 네 가지 방법들의 자유도는 3개로 동일하다는 점이다. 이와 같이 Mplus는 연구자의 의도에 따라 다양한 분석이 가능하도록 설계되어 있다는 것을 알 수 있다.

이제 잠시 접어두었던 문제를 해결하기로 한다. 즉, [그림 9.1]의 네 가지 잠재변수의 하위 지표변수들을 평균한 평균값들을 이용하여 경로분석을 실시하기로 한다. [그림 9.4]는 이러한 단일변수(평균값)를 이용한 병렬다중매개모형이다.

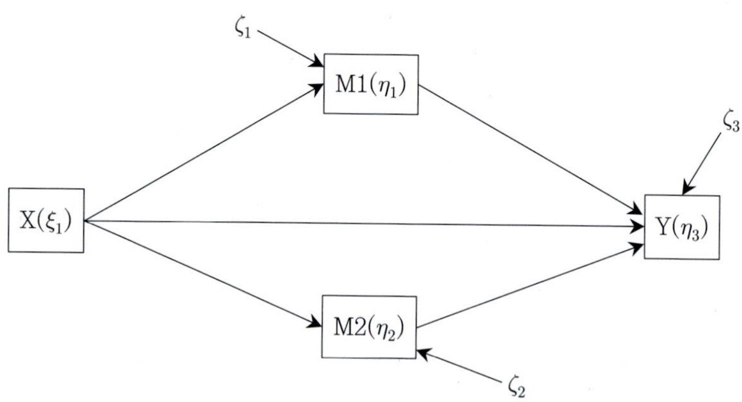

[그림 9.4] 단일지표로 구성된 변수들의 병렬다중매개모형

먼저 [그림 9.4]의 자유도를 계산해 본다.

〈정보의 개수〉

분산과 공분산의 개수 : 10개($p(p+1)/2=4(5)/2=10$)

지표변수 평균의 개수 : 4개

총정보의 개수 : 14개

〈자유모수의 개수〉

독립변수의 분산(Φ) : 1개

종속변수의 오차항(Ψ) : 4개(오차공분산 포함)

독립변수가 종속변수에 미치는 영향(Γ) : 3개
종속변수가 다른 종속변수에 미치는 영향(B) : 2개
독립변수의 절편(ν_x) : 1개
종속변수의 절편(ν_y) : 3개
총자유모수의 개수 : 14개

〈자유도의 개수〉 0개

그리고 〈표 9.7〉(ParallelMediators(SINGLE MACS PHI).inp)은 잠재변수가 아닌 단일지표로 구성된 변수들을 이용한 병렬다중매개모형을 분석하기 위한 Mplus syntax이다. 여기에는 독립변수의 분산과 절편의 추정(MACS PHI)이 포함되어 있다. 또한 간접효과분석은 MODEL CONSTRAINT를 이용할 것이다.

〈표 9.7〉 단일변수를 이용한 병렬다중매개모형의 Mplus syntax

```
TITLE:   This is an example of a parallel multiple mediator model(SINGLE)
DATA:           FILE IS MULTIPLE.dat;
VARIABLE:       NAMES ARE X1-X3 Y1-Y9 X M1 M2 Y;
                USEVARIABLES ARE X M1 M2 Y;
ANALYSIS:       BOOTSTRAP=10000;
MODEL:          M1 ON X(a1);
                M2 ON X(a2);
                Y ON M1(b1)
                     M2(b2)
                     X(cprime);
                M1 WITH M2;
                X;
MODEL CONSTRAINT:
                NEW(a1b1 a2b2 contrast totalind total);
                    a1b1=a1*b1;
                    a2b2=a2*b2;
                    contrast=a1b1-a2b2;
                    totalind= a1b1+a2b2;
                    total=cprime+a1b1+a2b2;
OUTPUT:         CINT(BCBOOTSTRAP) TECH1;
```

〈표 9.7〉을 실행하면 〈결과 9.7〉이 얻어진다.

〈결과 9.7〉 MACS PHI의 실행결과

```
MODEL FIT INFORMATION
Number of Free Parameters                       14
Chi-Square Test of Model Fit
          Value                              0.000
          Degrees of Freedom                     0
          P-Value                           0.0000
RMSEA (Root Mean Square Error Of Approximation)
          Estimate                           0.000
          90 Percent C.I.                    0.000     0.000
          Probability RMSEA <= .05           0.000
CFI/TLI
          CFI                                1.000
          TLI                                1.000
SRMR (Standardized Root Mean Square Residual)
          Value                              0.000

MODEL RESULTS
                                                        Two-Tailed
                       Estimate      S.E.    Est./S.E.    P-Value
 M1        ON
   X                      0.034     0.041       0.836      0.403
 M2        ON
   X                      0.366     0.054       6.813      0.000
 Y         ON
   M1                     0.085     0.043       1.964      0.050
   M2                     0.324     0.037       8.862      0.000
   X                      0.045     0.032       1.375      0.169
 M1        WITH
   M2                     0.645     0.063      10.231      0.000
 Means
   X                     -0.014     0.055      -0.258      0.796
 Intercepts
   M1                    -0.101     0.046      -2.209      0.027
   M2                    -0.074     0.055      -1.349      0.177
   Y                      0.042     0.040       1.057      0.291
 Variances
   X                      1.513     0.089      17.064      0.000
```

```
Residual Variances
   M1                  1.065     0.065     16.337    0.000
   M2                  1.514     0.120     12.631    0.000
   Y                   0.790     0.048     16.524    0.000
New/Additional Parameters
   A1B1                0.003     0.004      0.692    0.489
   A2B2                0.118     0.022      5.459    0.000
   CONTRAST           -0.116     0.021     -5.414    0.000
   TOTALIND            0.121     0.023      5.315    0.000
   TOTAL               0.166     0.038      4.403    0.000

CONFIDENCE INTERVALS OF MODEL RESULTS
              Lower .5% Lower 2.5% Lower 5%  Estimate  Upper 5% Upper 2.5% Upper .5%
New/Additional Parameters
 A1B1          -0.005    -0.003    -0.002     0.003     0.013     0.015     0.020
 A2B2           0.070     0.081     0.086     0.118     0.159     0.166     0.181
 CONTRAST      -0.180    -0.163    -0.156    -0.116    -0.084    -0.079    -0.069
 TOTALIND       0.067     0.080     0.087     0.121     0.162     0.170     0.184
 TOTAL          0.067     0.092     0.104     0.166     0.227     0.240     0.262
```

〈결과 9.7〉에서 자유모수의 개수(14개)와 자유도의 개수(0개)는 위에서 계산한 값과 일치한다. 또한 MODEL RESULTS에는 독립변수의 평균과 분산의 추정치가 제시되어 있다. 그리고 잠재변수를 이용한 분석과 마찬가지로 두 매개변수의 오차공분산을 지정하지 않으면(!M1 WITH M2) 모형의 적합도가 매우 좋지 않게 산출된다 ($\chi^2(1)=149.130$, $p<.001$, $RMSEA=.544$, $CFI=.566$, $TLI=-1.606$, $SRMR=.138$).

반면에 단순한 MACS방법과 COVS 및 COVA PHI를 이용하여 모형을 추정하면 자유모수의 개수가 각각 12개와 9개 및 10개로 산출되지만 자유도의 개수는 항상 0개로 동일하다. 이들에 관한 Mplus syntax는 모두 chapter9 폴더에 저장되어 있다. 이러한 추가분석은 모두 독자들에게 맡기고자 한다.

간접효과분석결과는 잠재변수를 이용한 분석결과와 유사하게 나타났다.

9.2 직렬다중매개모형

병렬다중매개모형에서는 매개변수간의 인과관계를 허용하지 않는 가정하에 분석이 이루어진다. 하지만 실제로는 매개변수간에 상관관계가 존재하는 상황이 많이 발생한다. 만일 다중매개변수들이 단지 독립변수 X에 의하여 공통으로 영향을 받는다면 이러한 공통원인 X를 통제한 후에는 매개변수간에 상관관계가 나타나지 않아야 한다. 이러한 경우에는 다른 모든 관계가 이러한 공통원인에 의하여 설명되는지를 조사하기 위하여 X를 통제한 후에 매개변수간의 편상관(partial correlation)을 추정하는 것이 한 가지 방법이 될 것이다.

하지만 다중매개모형 내의 매개변수들이 X를 수정한 후[2]에도 상관관계가 나타난다면 또 다른 공통원인이 있거나 매개변수간의 인과관계가 존재한다는 것을 의미한다(Hayes, 2013). 다른 공통원인을 도입할 수 없다면 매개변수간의 인과관계를 설정하여 직렬다중매개모형을 분석하는 것이 일반적인 방법이다. 연구자가 직렬다중매개모형을 추정하는 목적은 독립변수 X가 종속변수 Y에 영향을 미치는 직접효과와 간접효과를 분석하는 것이다. 이때 간접효과는 X가 첫 번째 매개변수인 M_1에 영향을 미치고 M_1은 다음 순서인 매개변수 M_2에 영향을 미치는 등의 순차적 인과관계를 거쳐 최종적으로는 종속변수 Y에 영향을 미치는 과정을 설정한다. 매개변수가 k개인 경우에는 결과변수의 개수가 $k+1$(종속변수 포함)이 되기 때문에 회귀식은 식 (9.6)과 같이 $k+1$개가 필요하다. 식 (9.6)은 독립변수가 1개라고 가정한 회귀식이다. 독립변수는 2개 이상으로 지정할 수도 있다.

$$M_1 = i_{M_1} + a_1 X + e_{M_1}$$

$$M_i = i_{M_i} + a_i X + \sum_{j=1}^{i-1} d_{ij} M_j + e_{M_i} \quad \text{2부터 } k\text{까지의 모든 } i\text{에 대하여}$$

$$Y = i_Y + c' X + \sum_{i=1}^{k} b_i M_i + e_Y \tag{9.6}$$

2) 동일한 X값(equal on X), 일정한 상태에서(holding X constant), 독립적으로(independent of X), 통제한 후에(controlling for X), 수정한 후에(adjusting for X), 설명한 후에(accounting for X) 등은 모두 동일한 의미를 다르게 표현한 것이다.

9.2.1 잠재변수를 이용한 직렬다중매개모형의 분석

먼저 잠재변수와 지표변수들을 이용하여 직렬다중매개모형을 분석하기로 한다. [그림 9.5]는 독립변수와 매개변수가 2개이고 종속변수가 하나인 직렬다중매개모형이다. 그리고 $M_1 \rightarrow M_2$의 인과관계를 가정한 경로가 설정되어 있기 때문에 직렬다중매개모형이고 만일 이러한 경로가 삭제되면 병렬다중매개모형으로 환원된다. 그림에서는 오차항들이 생략되어 있고 두 독립변수의 공분산도 생략되어 있지만 실제로는 이들을 자유모수로 추정한다. 모든 잠재변수들은 지표변수가 4개로 구성되어 있다. 경로계수의 첨자 중에서 첫 번째 숫자는 결과변수이고 두 번째 숫자는 선행변수이다. 예를 들어 a_{21}은 독립변수 X_1이 매개변수 M_2에 영향을 미치는 크기를 의미하는 경로계수이다. $c_{31}{}'$은 X_1이 Y에 영향을 미치는 직접효과이고 $c_{32}{}'$은 X_2의 직접효과를 의미한다.

[그림 9.5]의 경로계수들을 이용하여 변수들의 관계를 행렬형태로 표현하면 식 (9.7)과 같다.

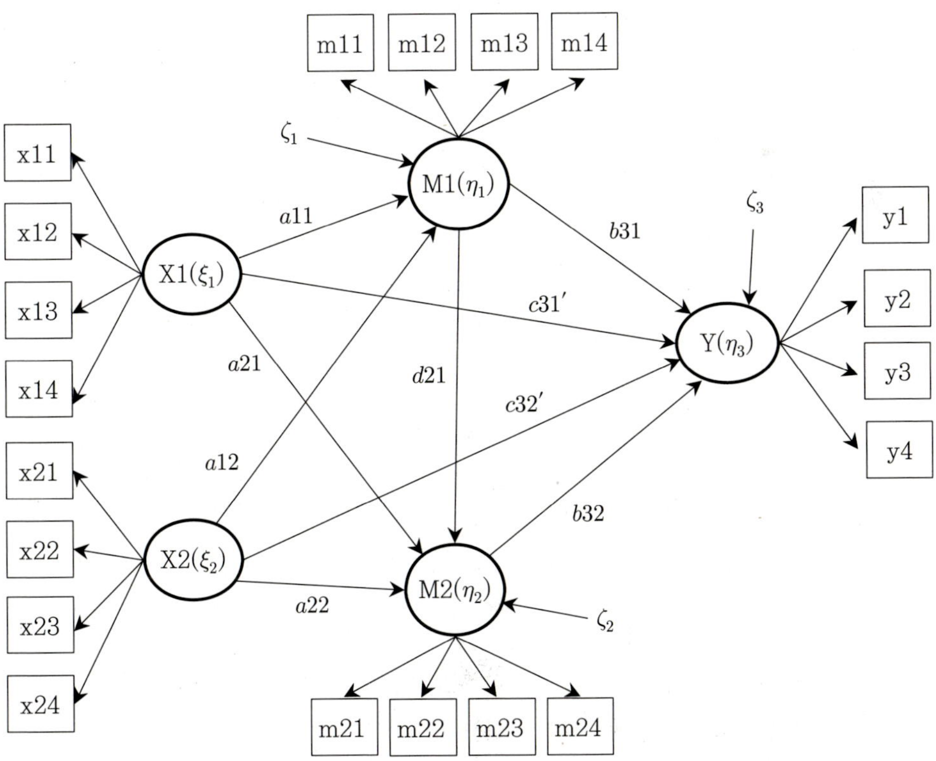

[그림 9.5] 잠재변수를 이용한 직렬다중매개모형

$$\begin{pmatrix} M_1 \\ M_2 \\ Y \end{pmatrix} = \begin{pmatrix} 0 & 0 & 0 \\ d21 & 0 & 0 \\ b31 & b32 & 0 \end{pmatrix} \begin{pmatrix} M_1 \\ M_2 \\ Y \end{pmatrix} + \begin{pmatrix} a11 & a12 & 0 \\ a21 & a22 & 0 \\ c31' & c32' & 0 \end{pmatrix} \begin{pmatrix} X1 \\ X2 \\ 0 \end{pmatrix} + \begin{pmatrix} \zeta_1 \\ \zeta_2 \\ \zeta_3 \end{pmatrix} \quad (9.7)$$

그리고 식 (9.7)은 다음의 회귀식 식 (9.8)로 나타낼 수 있다. 식 (9.8)은 식 (9.7)에서 생략된 상수항을 추가한 형태이다.

$$\begin{aligned} M_1 &= i_{M_1} + a_{11}X_1 + a_{12}X_2 + \zeta_1 \\ M_2 &= i_{M_2} + a_{21}X_1 + a_{22}X_2 + d_{21}M_1 + \zeta_2 \\ Y &= i_Y + c_{31}'X_1 + c_{32}'X_2 + b_{31}M_1 + b_{32}M_2 + \zeta_3 \end{aligned} \quad (9.8)$$

[그림 9.5]에 나타난 특정간접효과의 크기는 다음과 같다.

$X_1 \rightarrow M_1 \rightarrow Y$: $a_{11} * b_{31}$

$X_1 \rightarrow M_1 \rightarrow M_2 \rightarrow Y$: $a_{11} * d_{21} * b_{32}$

$X_1 \rightarrow M_2 \rightarrow Y$: $a_{21} * b_{32}$

$X_2 \rightarrow M_1 \rightarrow Y$: $a_{12} * b_{31}$

$X_2 \rightarrow M_1 \rightarrow M_2 \rightarrow Y$: $a_{12} * d_{21} * b_{32}$

$X_2 \rightarrow M_2 \rightarrow Y$: $a_{22} * b_{32}$

위의 모형에 대한 자유도의 계산은 다음과 같다.

〈정보의 개수〉

지표변수의 분산과 공분산 : 210개($p(p+1)/2 = 20(21)/2 = 210$)

지표변수의 평균 : 20개

총정보의 개수 : 230개

〈자유모수의 개수〉

요인적재량(Λ) : 15개

외생변수의 오차항(Θ_δ : 8개)과 내생변수의 오차항(Θ_ϵ : 12개) : 20개

외생변수가 내생변수에 미치는 영향(Γ) : 6개

내생변수가 다른 내생변수에 미치는 영향(B) : 3개

외생변수의 분산과 공분산(Φ) : 3개
내생변수의 오차분산(Ψ) : 3개
지표변수의 절편 : 20개
총자유모수의 개수 : 70개

〈자유도의 개수〉 160개(230−70)

TECH1 옵션의 결과에 Γ와 B는 BETA행렬에 제시되어 있고 Φ와 Ψ는 PSI행렬에 나타나 있다.

[그림 9.5]를 실행하기 위한 Mplus syntax(SERIAL(LATENT INDIRECT).inp)는 다음의 〈표 9.8〉과 같다. 자료파일은 SERIAL.dat로 저장되어 있다.

〈표 9.8〉 잠재변수를 이용한 직렬다중매개모형의 분석을 위한 Mplus syntax

```
TITLE:   This is an example of a serial multiple mediator model(LATENT)
DATA:    FILE IS SERIAL.dat;
VARIABLE:  NAMES ARE  X11 X12 X13 X14 X21 X22 X23 X24 M11 M12 M13 M14
                      M21 M22 M23 M24 Y1 Y2 Y3 Y4 X1 X2 M1 M2 Y;
           USEVARIABLES ARE X11 X12 X13 X14 X21 X22 X23 X24
                      M11 M12 M13 M14 M21 M22 M23 M24 Y1 Y2 Y3 Y4;
ANALYSIS:  BOOTSTRAP=10000;
MODEL:     X1 BY X11-X14;
           X2 BY X21-X24;
           M1 BY M11-M14;
           M2 BY M21-M24;
           Y BY Y1-Y4;
           M1 ON X1 X2;
           M2 ON X1 X2 M1;
           Y ON X1 X2 M1 M2;
MODEL INDIRECT:
           Y IND X1;
           Y IND X2;
OUTPUT:    STDYX TECH1 CINT(BCBOOTSTRAP);
```

〈표 9.8〉을 실행하면 〈결과 9.8〉이 산출된다.

〈결과 9.8〉 잠재변수를 이용한 직렬다중매개분석 결과

MODEL FIT INFORMATION

Number of Free Parameters	70	
Chi-Square Test of Model Fit		
Value	198.300	
Degrees of Freedom	160	
P-Value	0.0213	
RMSEA (Root Mean Square Error Of Approximation)		
Estimate	0.056	
90 Percent C.I.	0.023	0.081
Probability RMSEA <= .05	0.335	
CFI/TLI		
CFI	0.978	
TLI	0.974	
SRMR (Standardized Root Mean Square Residual)		
Value	0.037	

MODEL RESULTS

	Estimate	S.E.	Est./S.E.	Two-Tailed P-Value
X1 BY				
X11	1.000	0.000	999.000	999.000
X12	0.939	0.126	7.480	0.000
X13	1.010	0.062	16.338	0.000
X14	1.063	0.121	8.771	0.000
X2 BY				
X21	1.000	0.000	999.000	999.000
X22	0.883	0.069	12.821	0.000
X23	1.041	0.091	11.505	0.000
X24	0.924	0.075	12.289	0.000
M1 BY				
M11	1.000	0.000	999.000	999.000
M12	0.996	0.046	21.598	0.000
M13	1.060	0.058	18.299	0.000
M14	0.989	0.038	26.024	0.000
M2 BY				
M21	1.000	0.000	999.000	999.000
M22	1.004	0.088	11.359	0.000

```
    M23                1.111     0.102     10.853      0.000
    M24                1.066     0.095     11.203      0.000
 Y        BY
    Y1                 1.000     0.000    999.000    999.000
    Y2                 1.169     0.109     10.698      0.000
    Y3                 0.936     0.122      7.644      0.000
    Y4                 1.051     0.082     12.744      0.000
 M1       ON
    X1                 0.673     0.255      2.644      0.008
    X2                 0.368     0.127      2.897      0.004
 M2       ON
    X1                 0.434     0.277      1.569      0.117
    X2                 0.183     0.130      1.405      0.160
    M1                 0.398     0.149      2.665      0.008
 Y        ON
    X1                 0.459     0.238      1.924      0.054
    X2                 0.013     0.095      0.133      0.894
    M1                -0.023     0.115     -0.204      0.839
    M2                 0.628     0.207      3.041      0.002
 X2       WITH
    X1                 0.935     0.201      4.657      0.000
 Intercepts
    X11                4.107     0.121     33.837      0.000
    X12                4.147     0.120     34.619      0.000
    X13                4.160     0.117     35.595      0.000
    X14                4.213     0.124     33.850      0.000
    X21                4.013     0.213     18.827      0.000
    X22                3.813     0.187     20.389      0.000
    X23                3.960     0.239     16.544      0.000
    X24                3.880     0.199     19.531      0.000
    M11                4.480     0.179     25.002      0.000
    M12                4.627     0.175     26.426      0.000
    M13                4.573     0.188     24.294      0.000
    M14                4.613     0.177     26.117      0.000
    M21                4.573     0.178     25.632      0.000
    M22                4.533     0.194     23.312      0.000
    M23                4.267     0.216     19.722      0.000
    M24                4.240     0.214     19.839      0.000
```

Y1	4.333	0.167	25.958	0.000
Y2	4.533	0.209	21.705	0.000
Y3	4.560	0.197	23.196	0.000
Y4	4.280	0.180	23.756	0.000
Variances				
X1	0.890	0.213	4.170	0.000
X2	2.855	0.348	8.202	0.000
Residual Variances				
X11	0.245	0.078	3.128	0.002
X12	0.300	0.066	4.561	0.000
X13	0.134	0.039	3.476	0.001
X14	0.176	0.048	3.663	0.000
X21	0.492	0.149	3.303	0.001
X22	0.354	0.082	4.335	0.000
X23	1.182	0.140	8.429	0.000
X24	0.492	0.106	4.662	0.000
M11	0.227	0.095	2.405	0.016
M12	0.122	0.067	1.826	0.068
M13	0.192	0.066	2.885	0.004
M14	0.181	0.076	2.381	0.017
M21	0.424	0.123	3.433	0.001
M22	0.867	0.103	8.415	0.000
M23	1.064	0.151	7.068	0.000
M24	1.161	0.236	4.918	0.000
Y1	0.385	0.102	3.797	0.000
Y2	0.934	0.178	5.249	0.000
Y3	1.368	0.152	8.994	0.000
Y4	0.560	0.108	5.202	0.000
M1	0.929	0.174	5.336	0.000
M2	0.629	0.192	3.281	0.001
Y	0.238	0.086	2.758	0.006

TOTAL, TOTAL INDIRECT, SPECIFIC INDIRECT, AND DIRECT EFFECTS

	Estimate	S.E.	Est./S.E.	Two-Tailed P-Value
Effects from X1 to Y				
Total	0.884	0.249	3.545	0.000
Total indirect	0.425	0.245	1.737	0.082

```
  Specific indirect
    Y
    M1
    X1                      -0.016     0.088     -0.177     0.859

    Y
    M2
    X1                       0.272     0.214      1.272     0.203

    Y
    M2
    M1
    X1                       0.168     0.126      1.330     0.184

  Direct
    Y
    X1                       0.459     0.238      1.924     0.054

Effects from X2 to Y
  Total                      0.211     0.103      2.043     0.041
  Total indirect             0.198     0.102      1.943     0.052
  Specific indirect
    Y
    M1
    X2                      -0.009     0.043     -0.201     0.840

    Y
    M2
    X2                       0.115     0.102      1.124     0.261

    Y
    M2
    M1
    X2                       0.092     0.041      2.244     0.025

  Direct
    Y
    X2                       0.013     0.095      0.133     0.894
```

```
CONFIDENCE INTERVALS OF TOTAL, TOTAL INDIRECT, SPECIFIC INDIRECT,
AND DIRECT EFFECTS

              Lower .5% Lower 2.5% Lower 5% Estimate Upper 5% Upper 2.5% Upper .5%
Effects from X1 to Y
  Total        0.270     0.430    0.510    0.884    1.329     1.428     1.648
  Total indirect
              -0.106     0.027    0.102    0.425    0.892     1.023     1.246
  Specific indirect
    Y
    M1
    X1        -0.286    -0.187   -0.150   -0.016    0.107     0.146     0.224

    Y
    M2
    X1        -0.222    -0.090   -0.013    0.272    0.683     0.784     1.026

    Y
    M2
    M1
    X1         0.003     0.031    0.047    0.168    0.461     0.541     0.706

  Direct
    Y
    X1        -0.165     0.014    0.085    0.459    0.863     0.948     1.158

Effects from X2 to Y
  Total       -0.028     0.028    0.056    0.211    0.384     0.429     0.520
  Total indirect
               0.018     0.057    0.077    0.198    0.397     0.452     0.563
  Specific indirect
    Y
    M1
    X2        -0.134    -0.095   -0.078   -0.009    0.059     0.079     0.127

    Y
    M2
    X2        -0.056    -0.017    0.001    0.115    0.300     0.353     0.479

    Y
    M2
    M1
    X2         0.013     0.034    0.045    0.092    0.191     0.209     0.256
```

Direct							
Y							
X2	−0.233	−0.156	−0.127	0.013	0.180	0.217	0.285

〈결과 9.8〉에서 자유모수의 개수(70개)와 자유도의 개수(160개)는 위에서 계산한 것과 동일하게 나타났다. 또한 적합도는 모두 양호하게 나타났다. 단일변수를 이용한 경로분석과는 달리 잠재변수와 지표변수를 이용한 분석이기 때문에 별다른 지정을 하지 않아도 Mplus는 외생잠재변수의 분산과 공분산의 추정결과를 제시해 준다. MODEL RESULTS에서 a_{11}과 a_{12} 및 d_{21}은 유의하게 나타났지만 a_{21}과 a_{22}는 유의하지 않게 나타났다. 또한 b_{31}은 유의하지 않지만 b_{32}는 유의하게 나타났다. 이들은 간접효과를 구성하는 항목이기 때문에 주의 깊게 살펴볼 필요가 있다.

다음으로 간접효과의 결과 중에서 먼저 Sobel 검정결과를 보면 $X_2 \rightarrow M_1 \rightarrow M_2 \rightarrow Y$의 간접효과만 유의하게($p = .025$) 나타났다. 반면에 부트스트래핑 방법에 의한 간접효과는 Sobel 검정에서 비유의하게 나타났던 $X_1 \rightarrow M_1 \rightarrow M_2 \rightarrow Y$와 더불어 $X_2 \rightarrow M_1 \rightarrow M_2 \rightarrow Y$의 간접효과가 유의하게 나타났다. 특히 부트스트래핑 방법에서는 $X_1 \rightarrow M_1 \rightarrow M_2 \rightarrow Y$의 간접효과에 대한 99% 신뢰구간(0.003~0.706)과 $X_2 \rightarrow M_1 \rightarrow M_2 \rightarrow Y$의 간접효과의 99% 신뢰구간(0.013~0.256)에 0이 포함되지 않아서 Sobel 검정결과보다 간접효과가 더 강하게 나타났다. 유념할 점은 여기에서는 Sobel 검정을 이용하든 부트스트래핑 방법을 이용하든 표준오차는 부트스트랩 표준오차라는 점을 기억해야 한다.

이상의 방법은 부트스트래핑을 이용한 분석이지만 부트스트래핑 방법을 이용하지 않고 Mplus의 디폴트인 Sobel 검정을 이용하기 위해서는 부트스트랩에 관한 명령문들을 제거해야 한다. 만일 부트스트래핑 분석을 실행하지 않으려면 다음과 같이 설정하면 된다.

```
! BOOTSTRAP=10000
! CINT(BCBOOTSTRAP)
```

혹은 위의 두 명령문을 삭제해도 된다. 여기에서 주의할 점은 !를 첨부하면 이후의 모든 명령문이 실행되지 않는다는 점이다. 그러므로 STDYX와 TECH1의 두 명령문을 실행하려면 ! CINT(BCBOOTSTRAP) STDYX TECH1과 같이 지정하면 안 된다. 그리고 부트스트랩 명령문을 삭제하기 때문에 표준오차는 부트스트랩 표준오차가 아니다. 이러한 방법을 이용하여 Mplus를 실행하면(과정과 결과물은 생략한다) 부트스트래핑 방법에 의한 경우 유의하지 않은 $X_1 \to M_2 \to Y$의 간접효과($p = .021$)가 유의하게 나타난다. 방법별로 달라지는 이러한 세 가지 간접효과들을 표로 요약하면 〈표 9.9〉와 같다. 〈표 9.9〉에 제시하지 않은 경로의 간접효과는 모든 방법에서 유의하지 않게 나타났다.

〈표 9.9〉 Sobel 검정과 부트스트랩 신뢰구간에 의한 간접효과 비교(잠재변수)

Panel A : 순수한 Sobel 검정					
Sobel 검정	경 로	간접효과	*SE*	*z*	*p*
	$X_1 \to M_2 \to Y$	.272	.118	2.312	.021*
	$X_1 \to M_1 \to M_2 \to Y$	.168	.073	2.318	.020*
	$X_2 \to M_1 \to M_2 \to Y$	.092	.040	2.305	.021*
Panel B : 부트스트래핑 방법					
Sobel 검정	경 로	간접효과	*SE*	*z*	*p*
	$X_1 \to M_2 \to Y$	.272	.214	1.272	.203
	$X_1 \to M_1 \to M_2 \to Y$	.168	.126	1.330	.184
	$X_2 \to M_1 \to M_2 \to Y$	.092	.041	2.244	.025*
부트스트랩 신뢰구간	경 로	간접효과	95% 신뢰구간	99% 신뢰구간	
	$X_1 \to M_2 \to Y$	.272	[−0.09 ~ 0.784]	[−0.222 ~ 1.026]	
	$X_1 \to M_1 \to M_2 \to Y$	.168	[0.031 ~ 0.541]	[0.003 ~ 0.706]**	
	$X_2 \to M_1 \to M_2 \to Y$	.092	[0.034 ~ 0.209]	[0.013 ~ 0.256]**	

주 : * $p < .05$, ** $p < .01$. 부트스트랩 신뢰구간에 비교목적으로 **를 표기하였다.

Panel A는 부트스트래핑을 지정하지 않은 결과이기 때문에 순수한 Sobel 검정이라는 용어를 사용하였다. Panel A와 Panel B의 Sobel 검정결과를 비교하면 간접효과의 크기는 동일하지만 표준오차(*SE*)가 다르게 산출되기 때문에 간접효과의 유의성이 다르게 나타났다. 그리고 동일한 부트스트래핑 방법이지만 Sobel 검정에서는 유의하지 않은 $X_1 \to M_1 \to M_2 \to Y$의 간접효과가 부트스트랩 신뢰구간을 사용한 방법에서는 99% 신뢰구간에서 유의하게 나타난 것을 확인할 수 있다.

9.2.2 단일변수를 이용한 직렬다중매개모형의 분석(경로분석)

여기에서는 잠재변수의 하위 관측변수들을 평균한 평균값(단일변수)을 이용하여 직렬다중매개모형을 분석하기로 한다. 단일변수들로 이루어진 직렬다중매개모형은 [그림 9.5]가 다음의 [그림 9.6]으로 변환된다.

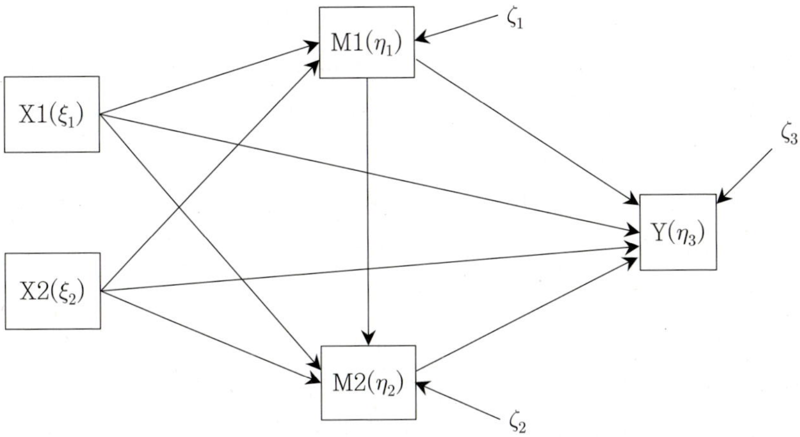

[그림 9.6] 단일변수를 이용한 직렬다중매개모형

[그림 9.6]을 분석하기 위한 Mplus syntax(SERIAL(INDIRECT SINGLE).inp)는 〈표 9.10〉과 같다.

〈표 9.10〉 단일변수를 이용한 직렬다중매개모형의 Mplus syntax

```
TITLE:  this is an example of a parallel multiple mediator model(SINGLE)
DATA:       FILE IS SERIAL.dat;
VARIABLE:   NAMES ARE  X11 X12 X13 X14 X21 X22 X23 X24 M11 M12 M13 M14
                       M21 M22 M23 M24 Y1 Y2 Y3 Y4 X1 X2 M1 M2 Y;
            USEVARIABLES ARE X1 X2 M1 M2 Y;
ANALYSIS:   BOOTSTRAP=10000;
MODEL:
            M1 ON X1 X2;
            M2 ON X1 X2 M1;
            Y ON X1 X2 M1 M2;
            X1;
            X2;
```

```
MODEL INDIRECT:
            Y IND X1;
            Y IND X2;
OUTPUT:     STDYX TECH1 CINT(BCBOOTSTRAP);
```

〈표 9.10〉을 살펴보면 외생변수의 분산과 공분산을 제시하라는 명령문 X1;과 X2;가 지정되어 있는 것을 알 수 있다. 그리고 이들만 지정하면 X1과 X2의 공분산을 지정하는 명령문(X1 WITH X2)을 지정하지 않아도 Mplus는 자동적으로 분산과 함께 공분산도 제시한다. 단, X1 혹은 X2 하나만 적으면 해당변수의 분산만 보여주고 공분산은 보여주지 않는다. 앞서 언급한 것처럼 NAMES와 USEVARIABLES에 제시한 X1 X2 M1 M2 Y의 변수들은 해당변수의 지표변수들을 평균한 값들이다.

[그림 9.5]의 자유도는 다음과 같이 계산된다.

〈정보의 개수〉

분산과 공분산의 개수 : 15개($p(p+1)/2=5(6)/2=15$)

지표변수의 평균의 개수 : 5개

총정보의 개수 : 20개

〈자유모수의 개수〉

외생변수의 분산과 공분산(Φ) : 3개

내생변수의 오차분산(Ψ) : 3개

외생변수가 내생변수에 미치는 영향(Γ) : 6개

내생변수가 다른 내생변수에 미치는 영향(B) : 3개

외생변수의 절편(ν_x)과 내생변수의 절편(ν_y) : 5개

총자유모수의 개수 : 20개

〈자유도의 개수〉 0개(20−20)

〈표 9.10〉을 실행하면 〈결과 9.9〉를 얻을 수 있다. 결과물은 모형적합도와 간섭효과결과만을 제시하였다.

〈결과 9.9〉 단일변수를 이용한 직렬다중매개모형의 분석결과(부트스트래핑)

```
MODEL FIT INFORMATION
Number of Free Parameters                       20
Chi-Square Test of Model Fit
          Value                              0.000
          Degrees of Freedom                     0
          P-Value                           0.0000
RMSEA (Root Mean Square Error Of Approximation)
          Estimate                           0.000
          90 Percent C.I.                    0.000    0.000
          Probability RMSEA <= .05           0.000
CFI/TLI
          CFI                                1.000
          TLI                                1.000
SRMR (Standardized Root Mean Square Residual)
          Value                              0.000

TOTAL, TOTAL INDIRECT, SPECIFIC INDIRECT, AND DIRECT EFFECTS
                                                         Two-Tailed
                         Estimate      S.E.   Est./S.E.   P-Value
Effects from X1 to Y
  Total                     0.995     0.250      3.977      0.000
  Total indirect            0.001     0.146      0.008      0.993
  Specific indirect
    Y
    M1
    X1                     -0.047     0.171     -0.276      0.782

    Y
    M2
    X1                      0.016     0.078      0.203      0.839

    Y
    M2
    M1
    X1                      0.032     0.104      0.313      0.754

  Direct
    Y
    X1                      0.994     0.297      3.341      0.001
```

```
Effects from X2 to Y
  Total                  0.218    0.290     0.750    0.453
  Total indirect         0.056    0.199     0.278    0.781
  Specific indirect
    Y
    M1
    X2                  -0.031    0.114    -0.270    0.787

    Y
    M2
    X2                   0.065    0.184     0.353    0.724

    Y
    M2
    M1
    X2                   0.021    0.057     0.368    0.713

  Direct
    Y
    X2                   0.162    0.348     0.465    0.642

CONFIDENCE INTERVALS OF TOTAL, TOTAL INDIRECT, SPECIFIC INDIRECT,
AND DIRECT EFFECTS

           Lower .5% Lower 2.5% Lower 5% Estimate Upper 5% Upper 2.5% Upper .5%
Effects from X1 to Y
  Total       0.362    0.517    0.593    0.995    1.413    1.497    1.677
  Total indirect
             -0.405   -0.274   -0.227    0.001    0.246    0.307    0.462
  Specific indirect
    Y
    M1
    X1       -0.644   -0.431   -0.352   -0.047    0.199    0.253    0.391

    Y
    M2
    X1       -0.141   -0.071   -0.044    0.016    0.235    0.303    0.459

    Y
    M2
    M1
    X1       -0.209   -0.129   -0.093    0.032    0.235    0.299    0.440
```

Direct							
Y							
X1	0.205	0.411	0.508	0.994	1.482	1.576	1.775
Effects from X2 to Y							
Total	−0.572	−0.375	−0.266	0.218	0.687	0.775	0.933
Total indirect							
	−0.447	−0.313	−0.256	0.056	0.382	0.465	0.640
Specific indirect							
Y							
M1							
X2	−0.359	−0.278	−0.229	−0.031	0.122	0.183	0.325
Y							
M2							
X2	−0.386	−0.263	−0.213	0.065	0.385	0.464	0.627
Y							
M2							
M1							
X2	−0.125	−0.074	−0.052	0.021	0.139	0.169	0.232
Direct							
Y							
X2	−0.778	−0.499	−0.377	0.162	0.755	0.856	1.070

〈결과 9.9〉에서 자유모수의 개수와 자유도의 개수는 20개와 0개로 나타났다. 만일 외생변수의 분산인 X1과 X2를 지정하지 않으면 Φ와 ν_x가 제외되어 자유모수의 개수는 15개로 제시되는데 이 경우에도 자유도는 여전히 0개로 나타난다. 또한 모든 간접효과가 유의하지 않게 나타난 것을 확인할 수 있다.

다음으로 부트스트래핑 방법이 아닌 순수한 Sobel 검정은 위의 방법과 마찬가지로 부트스트랩에 관한 옵션들을 지정하지 않으면 되는데 이러한 방법 역시 모든 간접효과가 비유의적으로 나타났다(결과는 생략). 두 방법의 간접효과분석결과를 〈표 9.9〉의 형식으로 정리하면 〈표 9.11〉과 같다.

〈표 9.9〉와 〈표 9.11〉의 결과를 정리해 본다. 지표변수들을 평균한 단일변수를 이용한 경우에는 모든 간접효과가 유의하지 않게 나타난 반면에 잠재변수를 이용한 간접효과분석에서는 일부 간접효과가 유의하게 나타났다. 이러한 결과는 지표변

〈표 9.11〉 Sobel 검정과 부트스트랩 신뢰구간에 의한 간접효과 비교(단일변수)

Panel A : +순수한 Sobel 검정					
	경 로	간접효과	*SE*	*z*	*p*
Sobel 검정	$X_1 \rightarrow M_2 \rightarrow Y$	.016	.039	.406	.685
	$X_1 \rightarrow M_1 \rightarrow M_2 \rightarrow Y$	.032	.076	.425	.671
	$X_2 \rightarrow M_1 \rightarrow M_2 \rightarrow Y$	.021	.050	.422	.673
Panel B : 부트스트래핑 방법					
	경 로	간접효과	*SE*	*z*	*p*
Sobel 검정	$X_1 \rightarrow M_2 \rightarrow Y$	.016	.078	.203	.839
	$X_1 \rightarrow M_1 \rightarrow M_2 \rightarrow Y$	.032	.104	.313	.754
	$X_2 \rightarrow M_1 \rightarrow M_2 \rightarrow Y$	.021	.057	.368	.713
	경 로	간접효과	95% 신뢰구간		99% 신뢰구간
부트스트랩 신뢰구간	$X_1 \rightarrow M_2 \rightarrow Y$	.016	[−0.071 ~ 0.303]		[−0.141 ~ 0.459]
	$X_1 \rightarrow M_1 \rightarrow M_2 \rightarrow Y$	.032	[−.129 ~ 0.299]		[−0.209 ~ 0.440]
	$X_2 \rightarrow M_1 \rightarrow M_2 \rightarrow Y$	.021	[−0.074 ~ 0.169]		[−0.125 ~ 0.232]

수들의 무작위 측정오차를 고려하는 잠재변수를 이용하는 방법이 검정력을 증가시키는 우수한 방법이라는 반증이 되는 것이다. 또한 잠재변수를 이용하는 방법 중에서도 순수한 Sobel 검정방법에서는 세 가지 간접효과가 유의하게($ps < .05$) 나타났는데, 부트스트래핑 방법을 이용한 경우에는 하나의 간접효과만 유의하게 나타났다. 그리고 부트스트랩 신뢰구간을 이용한 검정에서는 부트스트래핑을 이용한 Sobel 검정보다 두 간접효과가 더 강하게 나타났다. 이와 같이 분석결과가 상이하게 나타나는 경우에 앞에서 설명한 바와 같이 부트스트랩 신뢰구간을 이용한 검정결과를 사용할 것을 적극 권장한다.

CHAPTER

10

조절분석의 기초

조절분석은 잘못된 개념과 신화 및 도시의 전설도 많이 있기 때문에 제대로 이해하는 것이 요구되는 매우 중요한 부분이다. 국내에 출간된 학회지 논문들을 살펴보면 적지 않은 논문들이 이러한 오류를 범하고 있다. 이러한 오류에는 잠재변수를 이용하거나 평균값을 이용한 조절분석이 모두 포함된다.

독립변수 X가 종속변수 Y에 미치는 영향의 크기(size), 부호(sign), 혹은 강도(strength)가 변수 M에 따라 달라진다면 M을 조절변수(moderator)라고 부르고 이러한 관계를 분석하는 것을 조절분석(moderation analysis)이라고 한다. 그리고 X와 M이 상호작용하여 Y에 영향을 미치기 때문에 조절작용은 통계적 상호작용(statistical interaction)이라고도 부른다. 가장 단순한 단순조절분석(simple moderation analysis)의 개념모형과 통계모형(statistical diagram)은 [그림 10.1]과 같다. [그림 10.1]은 잠재변수로 표기한 것이고 지표변수들은 표시하지 않았다. 그리고 각 변수들은 단일변수로 표기할 수도 있다.

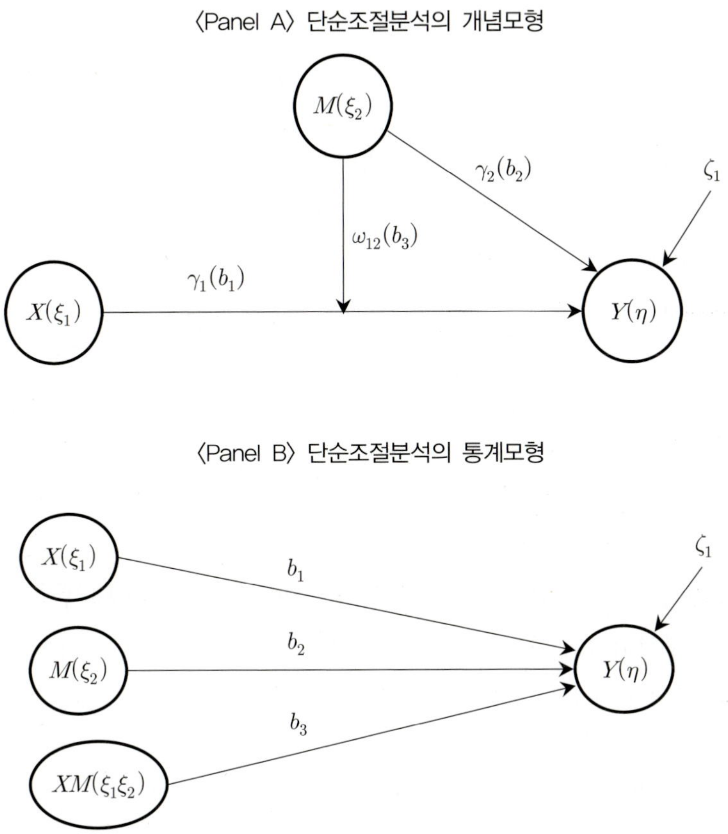

[그림 10.1] 단순조절모형의 개념모형과 통계모형

[그림 10.1]의 개념모형에서 $M \rightarrow Y$ 경로는 일반적으로 생략하는 경향이 있다.

[그림 10.1]에 관련된 변수들(잠재변수와 지표변수)을 행렬형태로 표현하면 식 (10.1)과 같다(Klein & Moosbrugger, 2000). 만일 단일변수를 사용하는 경우에는 지표변수가 존재하지 않으므로 측정방정식은 사라지고 구조방정식만 사용하게 된다. 측정방정식에서 τ(tau(타우))는 앞에서 표현한 ν를 다르게 표현한 것이다.

$$\text{구조방정식}: \eta = \alpha + (\gamma_1 \ \gamma_2)\begin{pmatrix}\xi_1\\ \xi_2\end{pmatrix} + (\xi_1 \ \xi_2)\begin{pmatrix}0 & \omega_{12}\\ 0 & 0\end{pmatrix}\begin{pmatrix}\xi_1\\ \xi_2\end{pmatrix} + \zeta_1$$
$$\text{측정방정식}: x = \tau_x + \Lambda_x \xi + \delta$$
$$y = \tau_y + \Lambda_y \eta + \epsilon \tag{10.1}$$

위의 행렬형태로 나타낸 구조방정식을 풀면 다음의 단일 회귀식으로 바뀐다.

$$\begin{aligned}\eta &= \alpha + \gamma_1\xi_1 + \gamma_2\xi_2 + \omega_{12}\xi_1\xi_2 + \zeta_1\\ &= \alpha + (\gamma_1 + \omega_{12}\xi_2)\xi_1 + \gamma_2\xi_2 + \zeta_1\end{aligned} \tag{10.2}$$

위의 회귀식에서 γ_1(gamma 1)은 독립변수 $X(\xi_1)$가 $Y(\eta)$에 영향을 미치는 조건부효과(conditional effect)이고, γ_2는 조절변수 $M(\xi_2)$이 $Y(\eta)$에 영향을 미치는 조건부효과이며, ω_{12}는 X와 M이 상호작용하여 $Y(\eta)$에 영향을 미치는 조절효과(moderator effect)를 의미한다. 그리고 회귀계수를 b로 표현하면 식 (10.2)는 다음과 같이 나타낼 수 있다.

$$Y = i_1 + b_1X + b_2M + b_3XM + e_Y \tag{10.3}$$
$$= i_1 + (b_1 + b_3M)X + b_2M + e_Y \tag{10.4}$$

식 (10.3)의 단순조절모형에서 Y에 영향을 미치는 선행변수는 X와 M 및 XM의 세 가지로 구성되어 있다는 것을 알 수 있다. 그리고 회귀식 식 (10.4)에서 X가 Y에 미치는 영향은 다음의 조건부형식으로 표현된다.

$$\theta_{X \rightarrow Y} = b_1 + b_3M \tag{10.5}$$

식 (10.5)에서 $\theta_{X \rightarrow Y}$는 X가 Y에 영향을 미치는 조건부효과이며 X가 한 단위

차이나는 두 사례가 Y에 미치는 영향의 차이라고 해석한다. 즉, $\theta_{X\to Y}$는 M이 주어진 경우에 X가 한 단위 변화하면 Y가 얼마만큼 변화하는지의 추정치이다. 그리고 이러한 b_3는 다음과 같이 차이들의 차이(difference between differences)라고 표현할 수 있다(Hayes, 2013).

$$\begin{aligned} b_3 &= ([Y|X=x, M=m)] - [Y|(X=x-1, M=m)]) \\ &\quad - ([Y|X=x, M=m-1)] - [Y|(X=x-1, M=m-1)]) \end{aligned} \tag{10.6}$$

따라서 b_3는 M이 $m-1$에서 m으로 한 단위 증가하는 경우에 X가 한 단위 차이나는($x-1$에서 x로) 두 사례의 Y값의 차이의 추정치라고 해석할 수 있다.

다음으로 b_1과 b_2의 해석에 대하여 살펴보기로 한다. 위에서도 표현한 것처럼 b_1과 b_2는 ANOVA에서 말하는 주효과(main effect)가 아니라 조건부효과이다. 조건부효과란 특정한 조건하에서(conditioned on) 한 변수가 다른 변수에 미치는 영향을 의미한다. 먼저 b_1은 식 (10.5)에서 $M=0$이면 $\theta_{X\to Y}=b_1$이 된다. 그러므로 b_1은 $M=0$인 조건하에(conditioned on $M=0$) X가 한 단위 차이나는 두 사례의 Y값의 차이라는 조건부효과라고 해석할 수 있다. 즉, $X=x$인 경우에 b_1은 다음과 같이 조건부효과로 나타낼 수 있다.

$$b_1 = [Y|(X=x, M=0)] - [Y|X=x-1, M=0)] \tag{10.7}$$

따라서 b_1은 주효과가 아니라 조건부효과이며 이는 ANOVA에서 말하는 단순효과(simple effect)와 유사한 개념이다.

b_2를 설명하기 위하여 식 (10.3)을 다음과 같이 M에 대하여 정리된 식으로 변형시킨다.

$$\begin{aligned} Y &= i_1 + b_1X + b_2M + b_3XM + e_Y \\ &= i_1 + (b_2 + b_3X)M + b_1X + e_Y \end{aligned} \tag{10.8}$$

식 (10.8)에서 M이 Y에 영향을 미치는 조건부효과는 다음의 식 (10.9)로 표현된다.

$$\theta_{M\to Y} = b_2 + b_3X \tag{10.9}$$

식 (10.9)는 X가 한 단위 증가하는 경우에 M이 Y에 영향을 미치는 조건부효과는 b_3단위라고 해석할 수 있다. 따라서 b_3는 X와 M의 두 변수 중에서 어느 변수가 독립변수로 혹은 조절변수로 선정이 되든지 모두 동일한 해석이 가능하다. 즉, M이 조절변수로 사용되면 b_3는 M이 한 단위 증가하는 경우에 X가 한 단위 차이나는 두 사례의 Y값의 차이의 추정치를 의미하고, 반면에 X가 조절변수로 사용되면 b_3는 X가 한 단위 증가하는 경우에 M이 한 단위 차이나는 두 사례의 Y값의 차이의 추정치라고 해석한다. 이러한 관점에 따라 회귀식 $Y=i_1+b_1X+b_2M+b_3XM+e_Y$는 어느 변수가 조절변수인지를 구분해 주지 않고 X와 M 중에서 어떠한 변수도 조절변수가 될 수 있기 때문에 위의 두 가지 해석이 모두 가능하다. 이러한 내용을 조절작용의 대칭성(symmetry in moderation)이라고 부른다.

다시 b_2의 해석으로 돌아가면 식 (10.9)에서 b_2는 $X=0$인 경우에(conditioned on $X=0$) M이 Y에 영향을 미치는 조건부효과($\theta_{M \to Y}$)이다. 즉, $M=m$인 경우에 b_2는 다음과 같이 나타낼 수 있다.

$$b_2=[Y|(M=m, X=0)]-(Y|(M=m-1, X=0)] \tag{10.10}$$

식 (10.10)에서 b_2는 $X=0$을 조건으로 하는 경우에 M이 한 단위 차이나는 두 사례의 Y값의 차이의 추정치라고 해석할 수 있다.

이상의 내용들과 관련하여 연구자들은 b_1과 b_2의 해석에 신중을 기해야 한다. 즉, b_1과 b_2는 조건부효과이다. 따라서 식 (10.3)에서 b_1을 주효과 또는 "M과 XM을 통제한 상태에서 X가 Y에 미치는 영향"으로 해석하는 것은 틀린 것이다. 마찬가지로 b_2의 경우에도 주효과 혹은 "X와 XM을 통제한 상태에서 M이 Y에 미치는 영향"으로 해석하면 안 된다. 하지만 상호항 XM이 배제된 상태라면 b_1과 b_2는 편회귀계수로 해석한다. 즉, 이러한 경우에 $b_1(b_2)$은 $M(X)$을 통제한 상태에서 $X(M)$가 한 단위 차이나는 두 사례의 Y값의 차이라고 해석한다. 따라서 b_1과 b_2를 조건부효과로 해석하기 위해서는 X와 M의 상호항 XM이 회귀모형에 도입된 경우에만 가능하다.

중요한 점으로 만일 조절효과가 확인되어 상호항 XM을 모형에 도입하는 경우에는 상호항을 구성하는 X와 M도 모형에 반드시 포함시켜야 한다는 것이다. 즉, 식 (10.3)을 추정하지 않고 $Y=i_1+b_3XM+e_Y$를 추정하면 안 된다. 만일 X와 M을 포함시키지 않으면 조절효과의 추정치들이 편의추정량이 될 가능성이 크다. 이는 매우 중요한 내용으로 동일한 논리가 조절효과가 포함된 다중조절모형과 조절된 매개모형 등에도 그대로 적용된다.

조절작용의 대칭성은 연구자들에게 매우 중요한 내용을 암시해 주고 있다. 예를 들어 [그림 10.1]에서 $X \rightarrow Y$의 영향을 M이 조절하는 조절모형(A모형)을 검정한다고 가정한다. 이러한 경우에 연구논문을 작성하려면 조절효과 가설 등의 논리를 개발하기 위하여 선행연구들을 조사하는데, 만일 A모형을 다룬 선행연구는 발표되지 않았고 대신 $M \rightarrow Y$의 영향이 X에 의하여 조절되는 연구모형(B모형)들만 발표되었다고 할 때에 이를 어떻게 서술할 것인가? 이미 설명한 것처럼 b_3는 대칭적(symmetric)이다. 따라서 조절효과에 있어서 A모형과 B모형은 식 (10.3)을 서로 다른 관점에서 해석한 동일한 모형이기 때문에 X가 Y에 미치는 영향을 M이 조절하는 것은 M이 Y에 미치는 영향을 X가 조절하는 것과 동일하다고 해석하여 관련 선행연구들을 제시하면 무난할 것이다.

10.1 평균중심화의 문제

Aiken & West(1991)가 조절모형에서 X와 M이 XM과 다중공선성(multicollinearity)을 나타내기 때문에 b_3의 통계적 검정력이 저하될 위험을 감소시키기 위해서 평균중심화(mean centering)의 필요성을 주장한 이후로 많은 학자들이 조절효과를 분석하는 경우에 이러한 다중공선성을 감소시켜서 조절효과의 정확한 분석을 위하여 X와 M을 평균중심화해야 한다고 주장해 왔다. 평균중심화는 각 변수에서 해당변수의 표본평균값을 차감한 새로운 변수를 생성하는 것을 의미한다. 즉, X와 M의 평균중심화 값은 다음과 같다.

$$X_c = X - \overline{X}, \quad M_c = M - \overline{M} \tag{10.11}$$

식 (10.11)에서 X_c와 M_c는 X와 M의 평균중심화 값이고 $\overline{X}$와 $\overline{M}$은 X와 M의 표본평균이다.

하지만 이러한 주장은 매개분석의 Baron & Kenny 방법과 마찬가지로 신화 혹은 도시의 전설에 지나지 않는다. 이러한 평균중심화에 관한 내용은 표준화에도 동일하게 적용된다. 이하에서 이들을 자세히 살펴보기로 한다.

앞에서 X의 계수 b_1과 M의 계수 b_2는 조건부효과라는 것을 알아보았다. 다시 설명하면 식 (10.3)에서 b_1은 $M=0$인 경우에 X가 Y에 미치는 영향이고 b_2는 $X=0$인 경우에 M이 Y에 미치는 영향을 의미한다. 여기에서 중요한 조건이 $M=0$과 $X=0$이다. 예를 들어 직무스트레스(X)가 이직의도(Y)에 미치는 영향이 조직지원(M)에 의하여 조절되는 조절모형을 검정하는데 모든 변수가 리커트(Likert) 7점 척도(1에서 7)로 측정되었다고 가정한다. 이러한 경우에 b_1은 조직지원이 0인 경우에 직무스트레스가 이직의도에 미치는 조건부효과이고 b_2는 직무스트레스가 0인 경우에 조직지원이 이직의도에 미치는 조건부효과이다. 그런데 직무스트레스와 조직지원은 1에서 7까지의 7점 척도로 측정되었고 0은 이들 척도에 포함되지 않기 때문에 M과 X가 0이라는 조건하에 이루어지는 조건부효과 b_1과 b_2의 해석은 아무런 의미가 없다. 반면에 직무스트레스와 조직지원을 의미미분법(semantic differential)을 이용하여 -3에서 $+3$까지의 척도로 측정하고 이들을 자료 분석에 사용하였다면 0이 이들 척도 내에 포함되어 있으므로 b_1과 b_2는 해석이 가능해진다.

따라서 조건부효과에서 조건에 해당하는 값인 $M=0$과 $X=0$이 의미를 갖는다면 평균중심화는 필요하지 않다. 사회과학의 실제 응용연구에서 0이 의미가 없는 측정치들은 리커트 척도 이외에도 키, 몸무게, 연령 등 다양하게 존재할 수 있다. 하지만 성별을 남성(0)과 여성(1)으로 측정하였다면 0은 남성을 의미하므로 의미를 갖게 된다. 예를 들어 변혁적 리더십(X)이 직무만족(Y)에 미치는 영향이 성별(M)에 따라 다르게 나타나는지에 관한 조절분석을 실행한다고 하자. 이 경우에 X를 1에서 5점 사이의 척도로 측정하고 M은 0과 1로 코딩했다고 가정하는 경우에 X는 평균중심화해도 되지만 M은 평균중심화할 필요가 없다. 이와 같이 평균중심화의 거의 유일한 장점은 X와 M의 척도범위 내에 0이 포함되지 않는 경우에 b_1과 b_2의 해석을 가능하게 만든다는 점이다. 상호항의 생성 전에 X와 M을 평균중심화하는 경우에 식 (10.3)은 다음과 같이 변환된다. 이 경우에 상호항(interaction term)은 평균중심화된 변수로 구성된다.

$$Y = i_Y + b_1(X - \overline{X}) + b_2(M - \overline{M}) + b_3(X - \overline{X})(M - \overline{M}) + e_Y \qquad (10.12)$$

식 (10.12)에서 b_1은 $M-\overline{M}=0$인 경우에, 즉 M이 평균값을 갖는 경우에 X가 Y에 미치는 영향으로 해석되기 때문에 의미 있고 해석가능한(meaningful and interpretable) 계수로 전환된다. 마찬가지로 b_2도 X가 평균값을 갖는다는 조건하에 M이 Y에 미치는 영향이라고 해석한다.

그렇다면 조절분석에서 독립변수와 조절변수를 반드시 평균중심화해야 하는가? 결론을 미리 말하면 조절다중회귀(moderated multiple regression)분석에서 평균중심화 혹은 표준화는 반드시 필요한 것이 아니라 연구자가 선택할 문제이다(Hayes, Glynn, & Huge, 2012). 왜냐하면 평균중심화는 b_1과 b_2의 계수와 표준오차 및 t값 등은 변화시키지만 b_3의 경우에는 동일하게 나타난다. 따라서 평균중심화는 상호항을 전혀 변화시키지 않기 때문에 b_1과 b_2의 해석이 아니라 조절효과의 분석이 목적이라면 평균중심화와는 관계없이 b_3에 대한 동일한 추론검정결과를 얻을 수 있으므로 평균중심화를 할 필요가 없다. 즉, 평균중심화는 b_1과 b_2의 회귀계수가 의미 있고 해석가능하게 만드는 목적으로만 사용해야 한다.

이제 주요 선행연구를 통하여 이론적으로 평균중심화의 영향을 알아보기로 한다. 먼저 Dalal & Zickar(2012)는 의미 있는 0점이 없는 경우에 해석상의 편의를 위해서 평균중심화를 할 뿐 나머지는 도움이 안 된다는 주장을 하면서 공선성을 비본질적 공선성(nonessential collinearity)과 본질적 공선성(essential collinearity)으로 구분하여 설명하였다. 또한 Iacobucci, Schneider, Popovich, & Bakamitsos(2016)은 다중공선성을 미시적 공선성(micro multicollinearity)과 거시적 다중공선성(macro multicollinearity)으로 세분하여 평균중심화와의 관계를 설명하였다. 미시적 공선성은 비본질적 공선성과 유사한 효과를 나타내기 때문에 본질적 공선성과 비본질적 공선성을 이용하여 평균중심화의 효과를 논하기로 한다. Dalal & Zickar(2012)는 평균중심화가 다중공선성을 해결하는 만병통치약이라는 믿음은 도시의 전설과 신화에 가까운 개념이라고 비판하고 평균중심화가 다중공선성을 감소시키기는 하는데 바로 연구자들이 크게 신경 쓰지 않는 비본질적 공선성을 감소시킨다는 것이다. 여기에서 비본질적 공선성이란 단지 X와 M의 척도(scaling) 때문에 발생하는 공선성을 의미한다. 즉, XM과 X 혹은 XM과 M의 공분산은 X와 M의 척도(평균)에 따라 달라지기 때문에 X와 M의 원점을 변경하면(예 평균중심화) XM과 X의 상관관계($r_{XM,X}$) 혹은 XM과 M의 상관관계($r_{XM,M}$)가 달라진다. 즉, 평균중심화는 이들의 상관관계를 다음과 같이 감소시킨다. 수식에서 X_C와 M_C는 각각 X와 M의 평균중심화 값이고 X_CM_C는 X_C와 M_C의 상호항을 의미한다.

〈비본질적 다중공선성의 감소〉

$$r_{X_CM_C X} < r_{XM,X}$$
$$r_{X_CM_C M} < r_{XM,M}$$
$$r_{X_CM_C Y} < r_{XM,Y} \qquad (10.13)$$

예를 들어 X가 (1, 2, 3, 4, 5)이고 M이 (1, 2, 2, 5, 5)로 구성되어 있다고 하자. 이 경우에 $\overline{X}=3$이고 $\overline{M}=3$이므로 X와 M을 평균중심화하면 $X_C(X-\overline{X})$는 (−2, −1, 0, 1, 2)이고 $M_C(M-\overline{M})$는 (−2, −1, −1, 2, 2)이며 X_CM_C는 (4, 1, 0, 2, 4)로 계산된다. 따라서 $r_{XM,X}=.953$, $p=.012$이고 $r_{X_CM_C,X}=.088$, $p=.888$로 계산되어 $r_{X_CM_C,X}<r_{XM,X}$가 성립한다. 이에 관한 SPSS 파일은 chapter9 폴더에 MeanCentering.sav로 저장되어 있다.

반면에 본질적 공선성(예 X와 M의 상관관계)은 회귀모형의 추정에 부정적인 영향을 미치는 공선성으로, 평균중심화는 이러한 본질적 공선성을 변화시키지 못한다는 것이다. 즉, 이들은 다음과 같다.

〈평균중심화 후에도 불변하는 본질적 공선성〉

$$r_{X_C M_C}=r_{X,M}$$
$$r_{X_C Y}=r_{X,Y}$$
$$r_{M_C Y}=r_{M,Y} \qquad (10.14)$$

위의 자료를 이용하여 X와 M의 상관관계를 계산하면 $r_{X,M}=.930$, $p=.022$로 나타난다. 또한 X_C와 M_C의 상관계수는 $r_{X_C M_C}=.930$, $p=.022$로 평균중심화 이전의 상관계수와 동일하게 계산된다.[1)]

이상의 논리는 잠재변수의 상관관계에도 동일하게 적용된다. 두 잠재변수 X와 M의 지표변수들을 평균중심화한 경우에 X_C와 M_C 및 X_CM_C의 상관행렬이 다음과 같다고 하자. 잠재변수의 순서는 X_C, M_C, X_CM_C로 구성되어 있다.

$$\begin{pmatrix} \phi_{11} & & \\ \phi_{21} & \phi_{22} & \\ \phi_{31} & \phi_{32} & \phi_{33} \end{pmatrix} \qquad (10.15)$$

X와 M을 평균중심화한 경우에 비본질적 다중공선성인 X_C와 X_CM_C의 상관관계인 $\phi_{31}(r_{X_C X_CM_C})$과 M_C과 X_CM_C의 상관관계인 $\phi_{32}(r_{M_C X_CM_C})$는 감소하여 0이 되지만 본질적 다중공선성인 X_C와 M_C의 상관관계 $\phi_{21}(r_{X_CM_C})$은 변하지 않는다.

잠재변수의 상호작용을 다루는 조절구조방정식모형(moderated structural equation

1) 이에 관한 수학적 증명은 Iacobucci et al.(2016)의 Appendix 2에 제시되어 있다.

models : MSEM)에서 지표변수들의 평균중심화는 모형의 수렴과 잠재변수의 관계에 영향을 미친다. 잠재상호항의 생성에 사용되는 지표변수의 개수가 많아질수록 투입 행렬이 복잡해지고 이는 역행렬의 계산을 어렵게 만드는 경향이 있다. 또한 비본질적 다중공선성은 MSEM의 비수렴(nonconvergence)의 원인이 될 수도 있다. 따라서 MSEM을 분석하는 경우에 지표변수들을 평균중심화하면 비본질적 다중공선성과 모형의 복잡성을 완화시켜서 모형의 수렴을 촉진시키는 장점이 있다.

그리고 Echambadi & Hess(2007)도 평균중심화는 중요한 다중공선성을 감소시키지 않기 때문에 단지 해석상의 목적으로만 평균중심화를 사용해야 한다고 주장하였다. 이들은 평균중심화는 손해도 없지만 조금의 이익도 없는 방법(It does not hurt but it does not help, not one iota, p.439)이라고 설명하였다.

이 외에도 많은 학자들이 조절분석에서 평균중심화의 불필요성을 역설하였다. 여기에서는 Iacobucci et al.(2016)의 제언을 소개하면서 평균중심화에 대한 논쟁을 마무리하고자 한다.

■ 평균중심화가 추천되는 경우

1. 예측변수(예 X와 M)가 임의 0점(arbitrary zero point)[2]을 가진 척도로 측정되고 연구자가 임의 0점보다 변수의 평균에 관하여 회귀계수의 해석을 증진하고자 하는 경우
2. 연구목적이 상호항의 검정뿐만 아니라 비본질적 다중공선성을 우회하면서 예측변수의 통계적 검정도 실행하는 경우

■ 평균중심화가 필요 없는 경우

1. 연구목적이 예측변수의 통계적 검정이 아니라 상호항의 검정(조절효과의 분석)에만 있는 경우
2. 연구목적이 모형의 전반적 적합도(R^2)에 있는 경우

2) 임의 0점은 구간척도(interval scale)에서 사용하는 0의 개념으로 0에 관한 의미가 고정되어 있지 않고 임의로 설정된다. 대표적인 임의 0점을 갖는 척도가 온도의 측정치인데 섭씨(Celsius)와 화씨(Fahrenheit)는 서로 다른 0점을 가지고 있으며 온도가 0이라는 것은 온도가 없다는 것(절대적인 0)을 의미하지는 않는다. 또한 섭씨 10도(10℃)가 섭씨 5도보다 2배 덥다고 할 수 없다. 반면에 비율척도(ratio scale)에서 사용하는 0의 개념은 절대 0점(absolute zero point : 의미 있는 0)이기 때문에 비율이 의미를 지니게 된다. 예를 들어 20kg은 10kg보다 2배 무겁다고 할 수 있다.

10.2 조절분석과 관련된 잘못된 신화

매개분석은 비교적 간단한 분석이기 때문에 연구자들이 쉽게 접근하지만 조절분석은 개념과 응용 및 해석에 많은 함정이 있기 때문에 접근을 꺼리는 경향이 있다. 특히 조절분석을 실행하는 경우에 여러 가지 잘못된 이론과 이른바 신화(myth)와 도시의 전설들이 널리 유포되고 있다. 이와 관련하여 Edwards(2009)는 "조절효과 검정의 7가지 치명적인 신화들(seven deadly myths of testing moderation)"이라는 제목하에 조절효과를 분석하는 경우에 연구자들이 오류를 범할 수 있는 경우들 중에서 가장 중요한 7가지를 제시하였다. 여기에서는 이들 중에서 평균중심화를 비롯하여 두 가지 신화에 관한 Edwards(2009)의 설명을 소개하고 나머지 중요한 부분은 제12장의 매개된 조절분석에서 다룰 예정이다.

1. 신화 1(Myth 1) : 상호항(XM)은 다중공선성 문제를 발생시킨다

신화 1은 $X(M)$의 XM과의 다중공선성이 회귀계수추정치의 안정성을 감소시키고 예측변수가 결과변수의 분산을 설명하는 공헌도를 약화시킨다는 것이다. $X(M)$와 XM의 상관관계는 X와 M의 평균에 의존하기 때문에 X와 M을 평균중심화하면 이들의 상관관계는 0이 된다. 하지만 평균중심화는 식 (10.3)의 추정에는 영향을 미치지 않는다. 식 (10.3)을 추정하는 경우에 조절효과는 b_3의 검정을 통하여 이루어지는데, 이러한 b_3의 검정은 평균중심화에 의하여 영향을 받지 않는다. 또한 심각한 다중공선성에 해당하는 X와 M의 상관관계(본질적 다중공선성)는 평균중심화와 관계가 없다. 그리고 X와 M을 평균중심화하면 b_3와는 달리 b_1과 b_2는 달라지는데, 이러한 변화는 다중공선성 때문이 아니라 X와 M의 척도와 b_1과 b_2 간의 체계적 관계를 반영하는 것이다. 이러한 내용은 위에서 설명한 내용들과 일부 중복되는 부분이다.

2. 신화 4(Myth 4) : 상호항은 위계적으로 검정해야 한다

조절효과를 검정하는 경우에 연구자들은 X와 M 및 XM을 위계적으로(hierarchically) 투입하는 위계적 회귀분석(hierarchical regression analysis)을 자주 사용한다. 즉, 1단계에서 X와 M을 투입하고(성별 등의 공변량 포함) 2단계에서 상호항 XM을 투입한다. 그리고 1단계의 R^2과 2단계의 R^2의 차이인 ΔR^2에 대한 F

비율검정을 실시하여 b_3의 유의성을 검정하는 방식이다.

위계적 회귀분석은 두 가지 단점이 있다. 첫째, 불필요한 과정이라는 것이다. 왜냐하면 F비율검정의 결과와 식 (10.3)을 이용한 b_3의 검정결과는 동일하기 때문이다. 즉, ΔR^2의 F값은 b_3의 t통계량($t_{b_3}=b_3/se_{b_3}$)의 제곱과 같고($F=t^2_{b_3}$) 이들의 p값은 동일하다. 이들 모형은 수학적으로 동일한 모형이고 항상 동일한 결과를 산출하기 때문에 이들을 중복하여 두 번 분석할 필요가 없다. 두 번째 단점은 b_1과 b_2를 잘못 해석할 위험이 있다. 위계적 회귀분석을 실행하는 경우에 연구자는 XM이 투입되기 전인 1단계에서 b_1과 b_2를 해석하는데 이러한 해석은 조건부효과가 아닌 비조건적(unconditional)으로 해석된다. 예를 들어 M을 통제한 경우에 X가 Y에 미치는 편효과(partial effect)인 b_1은 상수(constant)처럼 동일하다고 해석한다. b_2도 마찬가지이다. 하지만 2단계에서 b_3가 유의하여 조절효과가 확인되면 b_1과 b_2는 더 이상 편효과가 아니라 조건부효과이기 때문에 $X(M)$가 Y에 미치는 영향은 $M(X)$에 의존하게 된다. 따라서 2단계에서 조절효과가 나타난다면 1단계에서 이루어진 b_1과 b_2는 폐기하고 해석하지 말아야 한다.

10.3 조절효과와 조건부효과

앞에서 조건부효과와 조절효과를 알아보았다. 이러한 두 개념은 비슷하지만 다른 개념이며 연구자들이 흔히 오해하고 있는 개념들이다. 조절효과 혹은 상호효과의 검정(test of interaction)은 $X \rightarrow Y$의 영향이 M의 값에 따라 달라지는지(M이 명목척도(예 두 집단)인 경우에는 두 집단간에 $X \rightarrow Y$의 영향이 다른가)를 검정하는 것이다. 반면에 조건부효과는 특정한 M값 수준에서 $X \rightarrow Y$의 영향이 유의한지를 검정하는 것이다. 그리고 b_3에 대한 검정은 M의 전체 구간을 포괄하는 전체분석(overall analysis)이기 때문에 b_3가 유의하게 나타나면 특정한 두 M값의 조건부효과의 차이는 항상 통계적으로 유의하다는 것을 의미한다(Aiken & West, 1991). 이러한 내용을 간단히 증명해 본다. $X \rightarrow Y$의 조건부효과는 식 (10.5)에 의하여 $\theta_{X \rightarrow Y}=b_1+b_3M$으로 계산되기 때문에 특정한 두 M값(m_1과 m_2)에서의 조건부효과의 차이($\Delta\theta_{X \rightarrow Y}$)는 다음과 같다.

$$\Delta\theta_{X \rightarrow Y}=(b_1-b_3m_1)-(b_1-b_3m_2)=b_3(m_1-m_2)$$

$\Delta\theta_{X\to Y}$의 표본분산($V(\Delta\theta_{X\to Y})$)은 $V(\Delta\theta_{X\to Y}) = V(b_3)(m_1 - m_2)^2$으로 계산[3] 되며 $\Delta\theta_{X\to Y}$의 t통계량은 다음과 같이 계산된다.

$$t = \frac{\Delta\theta_{X\to Y}}{\sqrt{V(\Delta\theta_{X\to Y})}} = \frac{b_3(m_1 - m_2)}{\sqrt{V(b_3)(m_1 - m_2)^2}} = \frac{b_3}{SE_{b_3}} \tag{10.16}$$

식 (10.16)의 t통계량은 전체분석에서 계산된 b_3의 t통계량과 동일하고 p값도 동일하게 산출된다. 따라서 추가로 서로 다른 두 M값의 조건부효과(단순기울기)들을 비교할 필요가 없다. 단순기울기는 후에 자세히 설명할 것이다.

여기에서 지적할 중요한 사항은 조절효과와 조건부효과는 다르다는 점이다. 이들의 차이를 이해하기 위해서는 유의성의 차이(difference in significance)와 차이의 유의성(significance of difference)을 알아야 한다. 먼저 유의성의 차이는 서로 다른 M값에서 계산된 조건부효과의 유의성(p값)이 다르게 산출되었다는 것을 말하고 차이의 유의성은 이러한 두 조건부효과의 유의성이 통계적으로 차이가 난다는 것을 의미한다. 예를 들어 핵심자기평가(X)가 조직몰입도(Y)에 미치는 영향이 성별(M)에 따라 다르게 나타나는지에 관한 조절효과를 분석한다고 하자. 이 경우에 올바른 방법은 식 (10.3)을 이용하여 산출된 b_3의 검정을 통하여 조절효과를 분석해야 한다. 하지만 한 연구자가 두 집단별로 $X\to Y$의 영향을 분석하여 남성집단에서는 $X\to Y$의 영향이 $p=.025$로 나타나고 여성집단에서는 $p=.12$로 나타났다고 하자. 이러한 경우에 두 집단의 유의성의 차이는 나타났지만 유의성의 차이가 유의한지(차이의 유의성)는 알 수가 없다. 만일 전체분석을 통하여 b_3의 공식적인 검정인 조절분석을 실시하지 않고 단지 두 집단의 유의성이 차이가 난다는 이유로 조절효과가 발생했다고 결론을 내리는 것은 틀린 내용이다. 만일 두 집단의 유의성이 모두 유의하게(혹은 유의하지 않게) 산출되는 경우에는 어떠한 결정을 해야 하는가? 조절효과의 여부는 반드시 b_3의 공식적인 검정인 조절분석을 통하여 확인해야 한다.

---

3) $Y=mX$인 경우에 Y의 분산은 $Var(Y) = Var(mX) = m^2 Var(X)$로 계산된다.

10.4 계량변수의 이분화

연구자들이 흔히 오해하는 내용으로 설문조사 등을 통하여 얻은 계량변수를 평균 또는 중위수 분할(mean or median split)을 이용하여 이분화(dichotomization)하는 것이 통계방법론적으로 문제가 없다고 인식하고 있는 것이다. 예를 들어 두 계량변수 X와 M을 이분화하여 2요인 분산분석(two factor ANOVA)을 이용하여 주효과와 상호효과를 분석하는 방법이 그것이다. 결론부터 말하면 이분화의 정당성이 확인되지 않으면 이러한 방법은 틀린 방법이다. 그리고 ANOVA는 계량변수들을 이분화하는 경우에는 사용하면 안 되고 자연적으로 존재하는 집단(예 성별) 또는 실험적으로 조작한 집단(예 실험집단과 대조집단)의 경우에만 적용해야 한다(Hayes, 2013; Marsh, Wen, Nagengast, & Hau, 2012). 만일 이러한 방법을 허용하면 연구자는 계량변수를 도입하고 회귀분석을 이용하여 조절분석을 실시한 경우에 조절효과가 발생하지 않으면 이들을 이분화한 후에 ANOVA를 적용하여 조절효과가 나타난 경우에 이러한 결과를 보고하는 연구자의 분석자유도(researcher analysis degree of freedom)를 허용하는 결과를 초래하게 된다. 이러한 내용은 회귀분석과 잠재변수를 이용한 조절분석의 모두에 해당하는 매우 중요한 사항이다. 실제로 이러한 p값 사냥(p-hacking)을 이용한 연구들이 적잖이 발표되고 있는 실정이다.

계량변수를 이분화하는 경우에 발생하는 부정적인 효과에 대해서는 셀 수 없을 정도의 연구들이 다양한 내용을 지적하고 있다. 이하에서는 이분화의 몇 가지 중요한 결과를 살펴보기로 한다. 먼저 이분화는 특정효과의 효과크기(effect size)와 검정력(power)을 감소시킨다(Cohen, 1983 ; Irwin & MacClelland, 2003). 효과크기는 두 변수의 관계에서 상관계수, 회귀계수 등을 의미한다. MacCallum, Zhang, Preacher, & Rucker(2002)는 시뮬레이션 연구를 실시하여 두 변수 X와 Y의 상관관계가 이분화한 후에 현저하게 감소하는 것을 확인하였다. 이러한 연구들은 이분화가 제2종 오류(실제로 존재하는 유의한 변수간의 관계를 발견하지 못할 확률)를 증가시켜서 검정력을 약화시킨다는 것을 의미한다.

두 번째로 이분화는 정보의 손실(information loss)을 가져온다. Cohen(1983)은 논문의 결론에서 이분화는 계량변수에 의하여 설명되는 분산의 1/5에서 2/3의 손실을 가져오고 나아가 표본의 1/3에서 2/3을 버리는 것과 같기 때문에 계량정보의 이용이 가능한 경우에 이들을 이분화하여 분석하는 것은 정당화될 수 없다고 주장하였다. 또한 개인차이(individual difference)를 무시하는 경우에도 정보의 손실이 발생한다.

세 번째로 이분화는 제1종 오류에 해당하는 허위의 주효과와 상호효과(spurious main and interaction effect)가 나타날 수 있다(MacCallum et al., 2002). 즉, 존재하지도 않는 효과가 유의하게 산출되는 경우가 발생한다. 바로 이 현상이 계량변수들을 이분화하여 ANOVA를 분석하는 경우에 상호효과가 유의하게 확인되는 경우에 해당한다. 또한 Maxwell & Delaney(1993)는 이러한 허위효과에 대한 실험결과를 바탕으로 계량변수를 이분화하여 2×2 ANOVA를 이용한 상호효과검정은 제1종 오류를 팽창(허위효과)시키기 때문에 이러한 방법에 의하여 산출된 주효과와 상호효과는 신뢰할 수 없다고 단언하고 있다. 그리고 Bissonnette, Ickes, Berstein, & Knowles(1990)는 컴퓨터 시뮬레이션을 이용하여 두 성과(제1종 오류와 제2종 오류) 측면에서 중위수분할방법(median split : MS)과 조절회귀분석방법(moderated multiple regression : MMR)의 조절효과를 비교하였다. 분석결과 모집단에서 조절효과가 존재하면 MMR방법이 조절효과를 더 잘 확인하였고 반대로 모집단에서 조절효과가 존재하지 않는 경우에는 MS방법이 조절효과가 나타난다고 판단할 확률을 증가시킨다는 것이 확인되었다. 즉, 중위수분할을 이용한 방법은 허위의 상호효과인 제1종 오류가 증가한다는 중요한 내용을 암시하는 것이다.

10.5 단순조절분석의 유형

조절효과를 분석하는 경우에 가장 중요한 과제는 각 변수의 계수에 대한 해석과 더불어 계수들의 부호의 조합을 어떻게 해석할 것인가에 관한 문제라고 할 수 있다. 그리고 한 가지 중요한 점은 매개분석과 마찬가지로 $X \rightarrow Y$의 효과가 유의하지 않은 경우에도 조절분석이 가능하다는 점이다. 여기에서는 단순조절효과(2원 상호효과)를 분석하는 경우에 계수들의 부호의 조합을 알아보기로 한다. 먼저 단순조절분석모형의 회귀식 (10.3)을 다시 살펴보기로 한다.

$$Y = i_1 + b_1 X + b_2 M + b_3 XM + e_Y \tag{10.17}$$

위의 모형에서 계수는 b_1과 b_2 및 b_3의 세 가지가 있다. 따라서 해석가능한 계수들의 조합은 8가지가 있다. 하지만 실제 단순조절효과의 해석에는 주로 b_1과 b_3의 부호의 조합이 이용된다. 즉, b_1과 b_3가 양수인지 음수인지에 따라 4가지의 조합이 이루어지는데 이들은 〈표 10.1〉과 같다.

〈표 10.1〉 단순조절분석의 4가지 유형

계 수		b_1계수의 부호	
		양수(+)	음수(−)
b_3계수의 부호	양수(+)	조절효과(A)	완충효과(B)
	음수(−)	완충효과(C)	조절효과(D)

〈표 10.1〉에서 A는 b_1과 b_3가 모두 양수이다. 따라서 A는 X가 증가하면 Y가 증가하는데(b_1이 양수) M이 증가하면 X의 증가가 Y를 증가시키는 효과가 더욱 커진다(b_3가 양수)고 해석한다. 즉, 이러한 효과는 상승효과(synergistic effect)를 의미하는 것이다. 그리고 B는 b_1은 음수인 반면에 b_3는 양수이다. 따라서 B는 X가 증가하면 Y가 감소하는데(b_1이 음수) M이 증가하면 이러한 감소경향이 완화된다(b_3가 양수)고 해석한다. M이 $X \rightarrow Y$의 감소효과를 완화시키기 때문에 이러한 효과를 완충효과(buffering effect)라고 부른다. C는 b_1은 양수이고 b_3는 음수이다. 따라서 C는 X가 증가하면 Y가 증가하는데(b_1이 양수) M이 증가하면 이러한 효과를 둔화(b_3가 음수)시킨다. 따라서 C도 완충효과라고 할 수 있다. 마지막으로 D는 b_1과 b_3가 모두 음수이다. 그러므로 D는 X가 증가하면 Y가 감소하는데(b_1이 음수) M이 증가하면 이러한 감소경향이 더욱 커진다(b_3가 음수)고 해석하며 이러한 효과 역시 상승효과에 해당한다. 요약하면 b_1과 b_3의 부호가 같으면 b_1의 효과를 더욱 크게 만드는 상승효과이고 부호가 다른 경우에는 b_1의 효과를 억제하는 완충효과라고 할 수 있다.

A에 해당하는 연구로 Yousaf, Sanders, & Shipton(2013)은 종업원의 정치적 기술(political skill)의 값(M)이 커질수록 주도적 성격(proactive personality)이 조직몰입도에 미치는 긍정적인 영향이 더욱 증가하는 것을 확인하였다. 이들의 연구에서 b_1과 b_3는 모두 양수로 나타났다. B에 해당하는 연구로는 스트레스가 직무만족에 미치는 부정적인 영향(b_1이 음수)이 핵심자기평가(core self-evaluations : M)가 증가할수록 완화(b_3가 양수)되는 연구가 있다(Harris, Harvey, & Kacmar, 2009). 이들의 연구에서 b_1과 b_3는 각각 음수와 양수로 나타났다. C에 해당하는 연구로 Görgens-Ekermans & Brand(2012)는 간호사들을 대상으로 스트레스가 감정탈진(emotional exhaustion)과 탈인격화(depersonalization)에 주는 영향이 감성지능(M)이 증가하면서 점점 감소하는 것을 확인하였는데, 이 연구에서 b_1은 양수로 나타났고 b_3는 음수로 나타나서 완충효과가 확인되었다. 그리고 D를 다룬 연구로 Selvarajan, Singh, & Cloninger(2016)는 조직지원과 상사지원은 일-가정 갈등(work-family conflict)을 감소시키는데, 핵심자기평가(M)가 증가하면 이러한 효과가 더욱 감소하는 것을 확인하였다. 그리고 이들의 연구에서 b_1과 b_3는 모두 음수로 나타났다.

10.6 조절분석의 예제

이상에서 살펴본 내용들을 염두에 두고 실제자료를 이용하여 조절효과를 분석하기로 한다. 여기에서는 잠재변수를 이용한 조절분석과 단일변수를 이용한 조절분석을 모두 다룬다.

10.6.1 잠재변수의 조절분석

잠재변수의 조절효과를 분석하는 잠재변수 상호효과방법(latent variable interaction)은 여러 학자들이 다양한 방법을 제시해 왔다. 이들 방법은 크게 두 부류로 나누어진다. 하나는 잠재변수의 하위지표변수들을 전부 혹은 일부를 곱하여 상호항을 생성하는 지표변수곱셈방법(product indicator approach)이고 다른 하나는 분포분석방법(distribution analytic approach)에 해당하는 것으로 Klein & Moosbrugger(2000)가 개발하고 Mplus에서 사용이 가능한 잠재조절구조방정식(latent moderated structural equations : LMS)방법이다. LMS방법은 지표변수들의 곱셈항을 생성하지 않는 매우 강력하고 간편한 방법이다. 이하에서는 지표변수곱셈방법 중에서 지표변수 대응쌍 방법을 간단하게 알아보고 Mplus에서 사용하는 LMS방법을 이용하여 조절효과를 분석하기로 한다.

10.6.1.1 지표변수 대응쌍 방법을 이용한 잠재변수 상호효과분석

지표변수를 곱셈하여 상호항을 생성한 후에 조절효과를 분석하는 방법은 Kenny & Judd(1984)가 제안한 방법과 이를 수정 혹은 변환시킨 방법 등 다양한 방법들이 개발되어 왔다. Kenny & Judd 방법은 많은 가정과 제약이 필요하기 때문에 지금은 많이 사용하지 않고 있다. 이를 대체하기 위한 방법으로 Marsh, Wen, & Hau (2004)의 방법을 소개한다. 이들의 방법은 모수에 대한 많은 제약을 가한 기존의 제약방법(constrained approach)과는 달리 모수에 제약을 가하지 않는 비제약방법(unconstrained approach)으로 비교적 간편한 방법이다. 조절분석을 위한 기본모형은 [그림 10.2]와 같다.

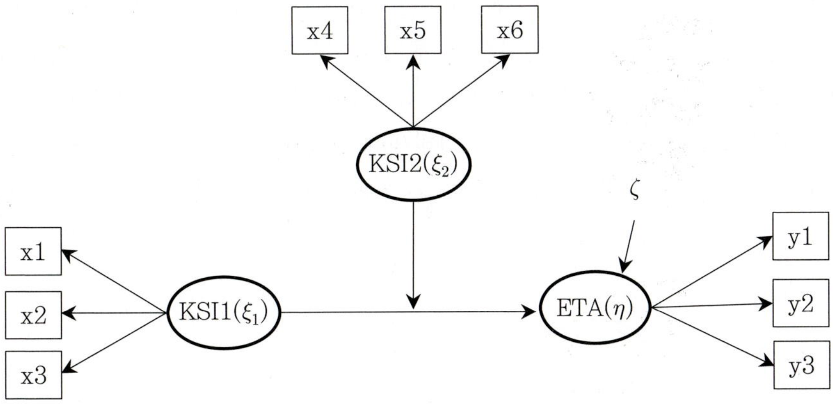

[그림 10.2] 잠재변수를 이용한 조절분석모형

[그림 10.2]는 독립변수 크사이1(ξ_1)이 종속변수 에타(η)에 미치는 영향이 조절변수인 크사이2(ξ_2)의 값에 따라 어떻게 달라지는지를 분석하는 단순조절모형이다. 독립변수와 조절변수의 지표변수의 개수는 모두 3개씩이다. 곱셈항 생성방법에 의하여 ξ_1과 ξ_2를 곱셈하는 경우에 모두 9가지의 상호항($x1x4$, $x1x5$, …, $x3x6$)이 생성된다. 그렇다면 잠재변수의 상호항($\xi_1\xi_2$)의 지표변수로 9개의 곱셈항을 모두 도입해야 하는가? 이러한 내용에 대하여 Marsh et al.(2004)은 시뮬레이션을 이용하여 9개의 모든 상호항을 도입하는 방법 그리고 대응되는 지표변수쌍(matched pairs : $x1x4$, $x2x5$, $x3x6$)을 도입하는 방법 및 하나의 곱셈항(one pair : $x1x4$)만 도입하는 세 가지 방법을 비교하였다. 시뮬레이션 분석결과 이들은 대응 지표변수쌍을 이용하여 대응쌍 곱셈상호항(matched-pair products)을 생성할 것을 권장하였다. 이 경우에 두 가지 문제가 대두된다. 첫째 문제는 ξ_1과 ξ_2를 구성하는 지표변수의 개수가

다른 경우(unequal numbers of items)이고 두 번째 문제는 지표변수의 대응쌍을 설정하는 방법이다. 첫 번째 문제는 특정 잠재변수의 지표변수가 더 많은 경우에 문항묶음(item parceling)을 통하여 지표변수의 개수를 줄이는 방법을 사용하여 해결한다. 두 번째 문제는 잠재변수별로 신뢰도(표준화요인적재량을 사용)가 높은 순서로 배열한 다음 ξ_1의 지표변수 중에서 신뢰도가 가장 높은 지표변수와 ξ_2의 지표변수 중에서 신뢰도가 가장 높은 지표변수를 대응쌍으로 결정하는 방법이다. 이들에 관한 구체적인 방법과 또 다른 기법들은 Wu, Wen, Marsh, & Hau(2013)와 Jackman, Leite, & Cochrane(2011)에 자세히 소개되어 있다. 여기에서는 대응쌍이 $x1x4$, $x2x5$, $x3x6$로 구성된다고 가정한다. 그리고 이 방법에서는 지표변수들을 평균중심화하거나 표준화하여 사용하는데 여기에서는 평균중심화방법을 사용한다. 이에 대하여 Marsh, Wen, Nagengast, & Hau(2012)는 첫째, 모든 지표변수들을 평균중심화하고 둘째, 잠재곱셈항을 생성한 후에 셋째, 평균구조를 도입하지 않고 잠재모형을 분석할 것을 권장하였다. 여기에서도 동일한 방법을 사용할 것이다.

지표변수 대응쌍을 이용하고 비제약방법에 의하여 단순조절분석을 실시하는 경우의 구조방정식모형을 설정하면 [그림 10.3]과 같다(Marsh et al., 2012, p.448).

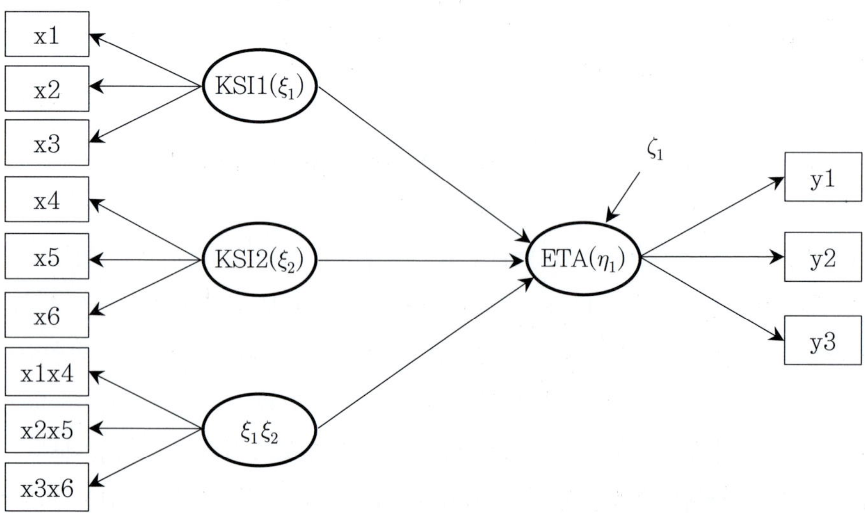

[그림 10.3] 비제약방법에 의한 잠재변수 상호효과분석의 경로도

[그림 10.3]에서 세 가지 외생변수들의 분산과 공분산은 자유롭게 추정되며 지표변수들의 오차항들은 생략하였다.

그리고 [그림 10.3]의 자유도는 다음과 같이 계산된다.

〈정보의 개수〉

지표변수의 분산과 공분산의 개수 : 78개($p(p+1)/2=12(13)/2=78$)

평균구조는 분석하지 않기 때문에 지표변수평균은 포함되지 않는다.

〈자유모수의 개수〉

외생변수의 분산과 공분산(Φ) : 6개

경로계수(Γ) : 3개

요인적재량(Λ) : 8개

지표변수의 오차항(Θ) : 12개

내생변수의 오차분산(ζ) : 1개

자유모수의 총개수 : 30개

〈자유도의 개수〉 48개

[그림 10.3]을 분석하기 위한 Mplus syntax(Unconstrained.inp)는 〈표 10.2〉와 같다. 자료는 chapter10 폴더에 Unconstrained.dat로 저장되어 있다.

〈표 10.2〉 지표변수 대응쌍을 이용한 잠재상호효과분석

```
TITLE:      Unconstrained Approach
DATA:       FILE is unconstrained.dat;
VARIABLE:   NAMES ARE X1 X2 X3 X4 X5 X6 Y1 Y2 Y3 Y4 Y5 Y6 X W M Y;
            USEVARIABLES ARE X1 X2 X3 X4 X5 X6 Y1 Y2 Y3 X1X4 X2X5
            X3X6;
DEFINE:     CENTER X1 X2 X3 X4 X5 X6(GRANDMEAN);
            X1X4 = X1 * X4;
            X2X5 = X2 * X5;
            X3X6 = X3 * X6;
ANALYSIS:   MODEL = NOMEANSTRUCTURE;
            INFORMATION=EXPECTED;
MODEL:      ETA1 BY Y1-Y3;
            KSI1 BY X1-X3;
            KSI2 BY X4-X6;
            KSI1KSI2 BY X1X4 X2X5 X3X6;
            ETA1 ON KSI1 KSI2 KSI1KSI2;
OUTPUT: STDYX TECH1;
```

〈표 10.2〉에서 DEFINE은 새로운 변수를 정의하는 명령문이다. 먼저 CENTER X1 X2 X3 X4 X5 X6(GRANDMEAN)은 6가지 지표변수들을 평균중심화하는 명령문이다. 이러한 명령문은 Mplus version 7.0 이전에는 VARIABLE 명령문에 포함시켰지만 VERSION 7.0 이후에는 DEFINE에 포함시킨다. 그리고 지표변수 대응쌍을 생성하는 수식이 다음에 입력되었다. 중요한 점은 이러한 새로운 변수인 지표변수 대응쌍의 변수이름은 USEVARIABLES의 마지막에 미리 적어야 한다는 점이다. 그리고 앞에서 언급한 것처럼 평균구조를 분석하지 않기 위한 명령문(MODEL= NOMEANSTRUCTURE; INFORMATION=EXPECTED;)을 ANALYSIS에 입력하였다. MODEL 명령문에는 네 가지 잠재변수를 구성하는 지표변수들을 설정하였고 세 잠재변수가 종속변수에 미치는 영향을 분석하는 회귀식이 설정되어 있다. 〈표 10.2〉를 실행하면 〈결과 10.1〉을 구할 수 있다.

〈결과 10.1〉 지표변수 대응쌍 방법에 의한 조절효과분석결과

```
MODEL FIT INFORMATION
Number of Free Parameters                          30
Chi-Square Test of Model Fit
          Value                                42.512
          Degrees of Freedom                       48
          P-Value                              0.6964
RMSEA (Root Mean Square Error Of Approximation)
          Estimate                              0.000
          90 Percent C.I.                       0.000    0.023
          Probability RMSEA <= .05              1.000
CFI/TLI
          CFI                                   1.000
          TLI                                   1.005
SRMR (Standardized Root Mean Square Residual)
          Value                                 0.028

MODEL RESULTS
                                                         Two-Tailed
                     Estimate      S.E.     Est./S.E.     P-Value
 ETA1     BY
    Y1                  1.000     0.000      999.000      999.000
    Y2                  0.892     0.057       15.525        0.000
    Y3                  0.912     0.058       15.607        0.000
```

KSI1 BY				
X1	1.000	0.000	999.000	999.000
X2	1.032	0.079	13.102	0.000
X3	1.070	0.081	13.251	0.000
KSI2 BY				
X4	1.000	0.000	999.000	999.000
X5	0.859	0.078	10.959	0.000
X6	0.774	0.075	10.273	0.000
KSI1KSI2 BY				
X1X4	1.000	0.000	999.000	999.000
X2X5	0.882	0.151	5.841	0.000
X3X6	0.636	0.116	5.470	0.000
ETA1 ON				
KSI1	0.452	0.062	7.230	0.000
KSI2	0.822	0.085	9.729	0.000
KSI1KSI2	0.371	0.073	5.119	0.000
KSI2 WITH				
KSI1	0.053	0.063	0.847	0.397
KSI1KSI2 WITH				
KSI1	0.077	0.089	0.870	0.384
KSI2	−0.036	0.087	−0.417	0.677
Variances				
KSI1	1.107	0.137	8.100	0.000
KSI2	0.965	0.130	7.437	0.000
KSI1KSI2	1.486	0.333	4.464	0.000
Residual Variances				
X1	1.050	0.094	11.134	0.000
X2	1.011	0.095	10.608	0.000
X3	0.902	0.094	9.553	0.000
X4	1.018	0.097	10.495	0.000
X5	0.880	0.078	11.275	0.000
X6	1.038	0.082	12.731	0.000
Y1	1.077	0.098	11.018	0.000
Y2	0.968	0.084	11.577	0.000
Y3	0.981	0.086	11.442	0.000
X1X4	3.214	0.324	9.914	0.000
X2X5	2.316	0.244	9.491	0.000
X3X6	2.913	0.219	13.305	0.000
ETA1	0.454	0.095	4.778	0.000

〈결과 10.1〉에서 자유모수와 자유도의 개수는 30개와 48개로 위의 계산결과와 동일하게 나타났다. 그리고 모형의 전반적 적합도는 매우 양호한 것을 알 수 있다. MODEL RESULTS에서 모든 지표변수의 요인적재량은 유의하게 나타났다. 가장 중요한 내용으로 잠재변수의 상호항($\xi_1\xi_2$)의 계수가 유의하게 나타나서 조절효과는 유의한 것을 확인할 수 있다. 그리고 이러한 결과는 독립변수 ξ_1이 증가하면 종속변수 η가 증가하는데($b_1 = .452,\ p = .000$) 조절변수 $\xi_2(M)$가 증가하면 이러한 증가폭이 더욱 커진다($b_3 = .371,\ p = .000$)고 해석한다. 이는 〈표 10.1〉의 조절효과 A에 해당하는 것이다.

이러한 지표변수 대응쌍을 이용한 방법은 기존의 제약방법에 비하여 간편하고 검정력도 우수한 장점이 있다. 하지만 만일 조절변수가 한 개가 아니라 두 개 이상인 경우에는 지표변수 대응쌍을 어떻게 생성할 것인가? 예를 들어 독립변수 ξ_1이 종속변수 η에 미치는 영향이 1차 조절변수 ξ_2에 의하여 조절되는 경우 잠재상호항은 $\xi_1\xi_2$가 될 것이다. 이때 1차 조절변수에 추가하여 2차 조절변수 ξ_3가 도입되어 1차 조절변수의 2원 상호작용을 ξ_3가 다시 조절하는 3원 상호효과를 분석하는 경우에 지표변수 대응쌍을 설정하는 방법은 경우의 수가 매우 많기 때문에 올바른 방법을 찾기가 쉽지 않다. 필자가 알기로는 지표변수 대응쌍 방법을 이용하여 3원 상호효과를 분석하는 문제를 다룬 연구논문은 아직 발표되지 않은 것으로 알고 있다. 더구나 이러한 3원 상호효과와 조절된 매개분석을 결합한 조절된 조절된 매개분석으로 들어가면 문제가 매우 복잡해진다. 물론 이들 문제들은 3원 상호효과와 조절된 매개분석 부분에서 자세히 다룰 예정이다. 이러한 복잡한 모형을 분석하는 경우에는 지금부터 설명할 LMS가 매우 유용한 방법이다. 이 내용들은 뒤에서 다룰 모형들의 기초가 되기 때문에 잘 알아두어야 한다.

10.6.1.2 LMS방법을 이용한 잠재변수 상호효과분석

이제 동일한 모형인 [그림 10.2]를 LMS방법을 이용하여 조절효과를 분석하기로 한다. LMS방법은 Klein이 개발하여 독일 괴테(Goethe) 대학의 심리학과에서 작성한 박사학위 논문에 포함시키고 이 내용을 Moosbrugger와 공저로 2000년에 학술지 Psychometrika에 발표함으로써 세상에 알려지게 되었다. 처음에 LMS가 개발되었을 때에는 일반 컴퓨터가 수용하기에는 어려움이 있어 대중화되지 못했다.

LMS방법의 특징은 첫째, LMS는 분포분석방법으로 추정을 위하여 원자료를 직접 이용하기 때문에 어떠한 지표변수의 곱셈항을 생성할 필요가 없다(*does not require the forming of any products of indicator variables*; Klein & Moosbrugger,

2000, p.467). 그리고 LMS를 사용하기 위해서는 원자료가 필요하다. 또한 복잡한 비선형 제약을 부과하지 않으며 Mplus에서 쉽게 이용할 수 있다. Mplus에서 잠재상호항을 생성하는 명령문은 단 한 줄로 이루어진다. 둘째, 시뮬레이션분석 결과 LMS 방법은 불편(unbiased) 추정량과 불편 표준오차를 제공하는 것이 확인되었다(Klein & Moosbrugger, 2000). 셋째, LMS는 평균구조를 모형에 포함시킨다. 그리고 곱셈항이 아닌 변수들은 정규분포를 가정하지만 또한 잠재상호항(예 $\xi_1\xi_2$)의 비정규성을 고려하는 방법이다. 이러한 차원에서 Kline(2016, p.443)은 LMS는 비정규성의 정도를 명확히 추정하기 때문에 잠재변수의 상호효과를 검정하는 모든 방법들 중에서 LMS가 가장 정확한 방법이라고 주장하였다. 이와 관련하여 Sardeshmukh & Vandenberg(2017)도 많은 분석경험상 LMS가 지금까지 개발된 잠재상호항을 분석하는 그 어떤 방법보다 우수한 결과를 가져왔다고 제시하였다. 넷째, LMS는 기대-최대화(expectation-maximization : EM) algorithm에 의한 ML방법을 이용하여 모형을 추정한다. 다섯째, LMS는 모수추정치를 얻기 위하여 수치적분(numerical integration)에 의존하기 때문에 시간이 많이 걸리는 면이 있다. 지표변수의 개수가 많거나 잠재상호항이 많은 경우에, 특히 조절된 매개분석의 경우에는 시간이 더 걸린다. 따라서 지표변수가 많은 경우에는 문항묶음 방법을 적극적으로 활용하는 것도 고려해야 한다. 여섯째, LMS를 사용하면 일반적인 적합도가 제시되지 않고 로그우도 값과 정보준거 값(AIC, BIC, SABIC)만 제시된다. 왜냐하면 일반적인 적합도는 정규이론에 입각하고 있지만 LMS는 그렇지 않기 때문이다.

잠재변수를 이용한 조절분석을 설명하기 전에 먼저 LMS를 이용하여 잠재상호작용을 분석하는 3가지 방법을 살펴볼 필요가 있다. 이들은 어느 잠재변수들을 표준화할 것인지에 관한 것이다. 따라서 계산방법에 따라 잠재상호항의 값이 달라진다. 첫 번째 방법은 모든 잠재변수들(독립변수, 조절변수 및 종속변수)을 표준화하는 방법이다(Hayes & Preacher, 2013). 두 번째 방법은 잠재조절변수만 표준화하는 방법이다(Stride, Gardener, Catley, & Thomas, 2015). 학자들은 이 방법을 변형하여 잠재독립변수도 표준화하는 방법을 사용하기도 한다. 세 번째는 잠재조절변수를 포함하여 모든 잠재변수들을 표준화하지 않고 실제 값으로 측정하는 방법이다(Cheung & Lau, 2015).

위의 Mplus의 여섯 번째 특징과 관련하여 잠재변수를 이용한 조절효과(조절된 매개효과 포함)를 분석하는 경우에는 2단계방법을 이용한다(Sardeshmukh & Vandenberg, 2017). 먼저 잠재상호항을 제외한 기저모형(baseline model)을 분석하여 이들의 적합도가 적절하고 요인적재량들이 유의하게 산출되어야 한다. 만일 기저모형의 적합도가 양호하지 않게 나타난다면 다음 단계인 잠재상호항을 도입하는 것은 아무런 의미가 없게 된다. 이러한 경우에는 CFA분석 단계에서 최적 모형을 다시 설정하는 방법을 통하여 모형을 수정해야 한다. 이러한 양호한 기저모형의 조건이 충족되는 경우에 2단계에서 잠재상호항을 도입하여 잠재변수의 상호효과를 분석한다. Cheung & Lau(2015)는 2단계에 추가하여 조절효과를 탐색하는 3단계를 추가하여 분석하는 것을 권장하고 있다. 당연한 내용이지만 이러한 3가지 단계 이전에 측정모형(CFA)의 적합도가 양호하게 나타나야 한다. 본서에서는 이러한 3단계를 모두 실행할 예정이다.

이제 잠재변수의 조절효과를 분석하기로 한다. LMS를 이용하여 [그림 10.2]를 분석하기 위하여 1단계로 기저모형을 분석한다. 기저모형은 [그림 10.4]와 같다.

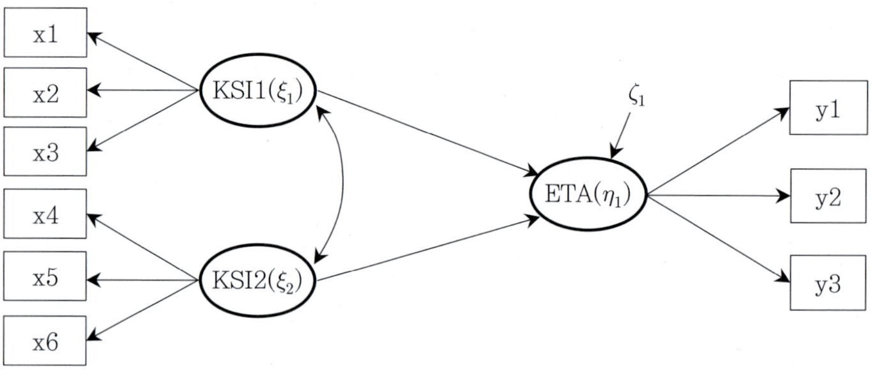

[그림 10.4] 기저모형

이러한 기저모형을 분석하기 위한 Mplus syntax(LMS(BASELINE).inp)는 폴더 chapter10에 저장되어 있고 내용은 〈표 10.3〉과 같다. 자료는 위의 지표변수 대응쌍 생성방법에서 사용한 자료와 동일하다.

〈표 10.3〉 잠재변수 상호효과를 분석하기 위한 기저모형

```
TITLE:       BASELINE model
DATA:        FILE is unconstrained.dat;
VARIABLE:    NAMES ARE X1 X2 X3 X4 X5 X6 Y1 Y2 Y3 Y4 Y5 Y6 X W M Y;
             USEVARIABLES ARE X1 X2 X3 X4 X5 X6 Y1 Y2 Y3;
MODEL:       KSI1 BY X1-X3;
             KSI2 BY X4-X6;
```

```
            ETA1 BY Y1-Y3;
            ETA1 on KSI1 KSI2;
OUTPUT:     STDYX TECH1;
```

〈표 10.3〉을 분석하면 다음의 〈결과 10.2〉를 얻을 수 있다.

〈결과 10.2〉 기저모형의 분석결과

```
MODEL FIT INFORMATION
Number of Free Parameters                          30
Chi-Square Test of Model Fit
          Value                                16.812
          Degrees of Freedom                       24
          P-Value                              0.8566
RMSEA (Root Mean Square Error Of Approximation)
          Estimate                              0.000
          90 Percent C.I.                       0.000   0.020
          Probability RMSEA <= .05              1.000
CFI/TLI
          CFI                                   1.000
          TLI                                   1.008
SRMR (Standardized Root Mean Square Residual)
          Value                                 0.019

MODEL RESULTS
                                                        Two-Tailed
                    Estimate     S.E.    Est./S.E.     P-Value
 KSI1     BY
   X1                  1.000    0.000     999.000     999.000
   X2                  1.026    0.078      13.085       0.000
   X3                  1.067    0.081      13.195       0.000
 KSI2     BY
   X4                  1.000    0.000     999.000     999.000
   X5                  0.866    0.078      11.155       0.000
   X6                  0.759    0.076       9.926       0.000
 ETA1     BY
   Y1                  1.000    0.000     999.000     999.000
```

Y2	0.886	0.058	15.376	0.000
Y3	0.895	0.059	15.209	0.000
ETA1 ON				
KSI1	0.483	0.064	7.561	0.000
KSI2	0.808	0.086	9.407	0.000
KSI2 WITH				
KSI1	0.052	0.063	0.834	0.404
Intercepts				
X1	−0.011	0.066	−0.165	0.869
X2	−0.010	0.066	−0.158	0.875
X3	−0.022	0.066	−0.328	0.743
X4	−0.118	0.063	−1.876	0.061
X5	−0.083	0.056	−1.476	0.140
X6	−0.104	0.057	−1.835	0.066
Y1	−0.060	0.073	−0.830	0.407
Y2	−0.077	0.067	−1.150	0.250
Y3	−0.100	0.068	−1.469	0.142
Variances				
KSI1	1.113	0.137	8.108	0.000
KSI2	0.972	0.131	7.412	0.000
Residual Variances				
X1	1.044	0.095	11.037	0.000
X2	1.017	0.095	10.677	0.000
X3	0.902	0.095	9.541	0.000
X4	1.011	0.098	10.303	0.000
X5	0.864	0.079	10.988	0.000
X6	1.057	0.083	12.740	0.000
Y1	1.051	0.100	10.533	0.000
Y2	0.964	0.085	11.295	0.000
Y3	1.008	0.088	11.386	0.000
ETA1	0.672	0.104	6.480	0.000

〈결과 10.2〉에서 모형의 전반적 적합도가 매우 양호하게 나타났고 지표변수들의 요인적재량도 모두 유의하게 나타났다. 따라서 잠재상호항이 없는 기저모형은 자료에 잘 적합하다고 할 수 있고 2단계로 넘어갈 수 있다.

이제 LMS에 의하여 잠재변수를 이용한 상호효과를 검정하기로 한다. 먼저 위에서 언급한 잠재변수 표준화방법 중에서 모든 잠재변수들을 표준화하는 방법을 사용하기로 한다. 이러한 Mplus syntax(LMS(MOD all).inp)는 〈표 10.4〉와 같다.

〈표 10.4〉 모든 잠재변수를 표준화하는 방법

```
TITLE:      LMS approach(Standardizing all latent variables)
DATA:       FILE is unconstrained.dat;
VARIABLE:   NAMES ARE X1 X2 X3 X4 X5 X6 Y1 Y2 Y3 Y4 Y5 Y6 X W M Y;
            USEVARIABLES ARE X1 X2 X3 X4 X5 X6 Y1 Y2 Y3;
ANALYSIS:   TYPE = RANDOM;
            ALGORITHM = INTEGRATION;
MODEL:      KSI1 BY X1* X2-X3;
            KSI2 BY X4* X5-X6;
            ETA1 BY Y1* Y2-Y3;
            KSI1@1 KSI2@1 ETA1@1;
            KSI1KSI2 | KSI1 XWITH KSI2;
            ETA1 on KSI1(b1)
                    KSI2(b2)
                    KSI1KSI2(b3);
MODEL CONSTRAINT:
            NEW(SIMPLELL SIMPLEL SIMPLEM SIMPLEH SIMPLEHH);
            SIMPLELL  = b1+b3*(-2);
            SIMPLEL   = b1+b3*(-1);
            SIMPLEM   = b1+b3*0;
            SIMPLEH   = b1+b3*1;
            SIMPLEHH = b1+b3*2;

            PLOT(LOW MIDDLE HIGH);       ! total effects of X on Y
            LOOP(KSI1, -3, 3, 0.1);      ! for low, med, high value of M
            LOW     = (b1+b3*(-1))*KSI1;
            MIDDLE = (b1+b3*0)*KSI1;
            HIGH    = (b1+b3*1)*KSI1;
PLOT:       TYPE=PLOT2;
OUTPUT:     STDYX CINT TECH1;
```

〈표 10.4〉의 syntax는 설명이 필요하다. 잠재변수의 상호효과를 분석하기 위해서는 측정모형과 구조모형을 설정하기 전에 먼저 ANALYSIS 명령문에 다음의 두 가지 옵션을 반드시 설정해 주어야 한다. 일반적으로 Mplus의 디폴트는 ML 추정법인데, 이러한 두 옵션을 지정하면 Mplus는 추정법을 MLR(maximum likelihood robust errors)로 전환하여 추정한다.

```
ANALYSIS:    TYPE = RANDOM;
             ALGORITHM = INTEGRATION;
```

다음으로 측정모형을 이용하여 잠재변수를 정의해야 한다. 그런데 일반적인 CFA모형과는 다르게 측정모형이 다음과 같이 설정된 것을 알 수 있다.

```
MODEL:       KSI1 BY X1* X2-X3;
             KSI2 BY X4* X5-X6;
             ETA1 BY Y1* Y2-Y3;
             KSI1@1 KSI2@1 ETA1@1;
```

측정모형에서 잠재변수의 척도를 결정하기 위한 디폴트는 각 잠재변수의 첫 번째 지표변수를 준거지표로 정하기 때문에 준거지표의 요인적재량을 1로 고정하고 나머지 지표변수들의 요인적재량은 자유롭게 추정한다.[4] 이 경우에 요인분산은 자유롭게 추정한다. 요인의 척도를 결정하는 두 번째 방법은 모든 지표변수들을 자유롭게 추정하는 대신 요인의 분산을 1로 고정시키는 방법인데 위의 명령문이 바로 이 방법에 속한다. 즉, X1*은 X1의 요인적재량을 자유롭게 추정하라는 의미이다. 또한 바로 아래의 명령문들(KSI1@1 KSI2@1 ETA1@1)은 모든 잠재변수의 분산을 1로 고정(표준화)시키는 것이다. 별표 *(asterisk)는 두 가지 용도가 있는데 하나는 위와 같이 모수를 자유모수로 지정하는 것이고 두 번째는 숫자와 함께 사용하면 해당 변수의 출발 값을 지정하는 것이다.[5] 잠재변수들을 표준화하였기 때문에 이들의 표준편차는 1로 계산된다.

다음으로 잠재변수들의 상호항을 지정하는 명령문이 다음과 같이 나타나 있다.

---

4) Mplus에서 이러한 자유모수의 추정은 디폴트 출발 값(starting value)인 1부터 시작하여 추정된다.

5) 이에 관하여 다음의 예를 보기로 한다. 순거지표가 아닌 지표변수의 요인적재량의 출발 값은 디폴트에 의하여 1로 설정된다.

```
F1 BY Y1* Y2*0.5 Y3 Y4 Y5;
```

위의 명령문은 먼저 모수 Y1은 요인적재량을 1로 고정시키는 디폴트 대신 디폴트 출발 값 1부터 시작하여 자유롭게 추정하고 Y2는 출발 값을 디폴트 값인 1에서 0.5로 바꾼다. 그리고 Y3, Y4, Y5는 디폴트 출발 값인 1부터 시작하여 자유롭게 추정된다.

```
KSI1KSI2 | KSI1 XWITH KSI2;
```

위의 명령문에서 |는 pike key라고 부르는데 이러한 key를 Mplus syntax에 타이핑하기 위해서는 키보드에서 shift와 \(₩)을 동시에 누르면 된다. KSI1KSI2는 두 잠재변수(ξ_1과 ξ_2)의 상호항($\xi_1\xi_2$)에 대하여 명칭을 부여한 것이고 XWITH 옵션은 TYPE=RANDOM과 함께 사용하여 계량잠재변수들간의 상호항 혹은 계량잠재변수와 단일변수 간의 상호항을 생성하는 데에 사용된다. 이러한 XWITH는 서로(WITH) 곱한다(X : multiply)의 약자이다.

바로 아래에 입력한 명령문은 다음과 같다.

```
ETA1 on KSI1(b1)
        KSI2(b2)
        KSI1KSI2(b3);
```

위의 명령문은 구조경로모형을 분석하는 명령문으로 독립변수(ξ_1)와 조절변수(ξ_2) 및 잠재상호항($\xi_1\xi_2$)이 종속변수(η)에 미치는 영향의 계수들을 추정하라는 명령문이다. 여기까지만 분석하여 $\xi_1\xi_2$의 계수가 유의하면 조절효과가 발생하였다고 결론을 내릴 수 있다. 하지만 여기에서는 추가분석을 위하여 각 효과의 계수에 이름을 부여하였다.

이러한 추가분석에 대하여 자세히 알아볼 필요가 있다. 윗부분까지 분석한 결과 조절효과가 유의하게 나타났다고 가정하자. 이러한 유의한 조절효과는 전체분석에 관한 것이기 때문에 전반적으로 조절효과가 나타났다는 사실만 알려주고 구체적으로 조절변수의 어느 특정값에서 독립변수가 종속변수에 미치는 조건부효과(위에서 다룬 $\theta_{X\to Y}$)가 유의한지에 관한 내용은 알려주지 않는다. 이와 같이 조절효과가 유의한 경우 특정 조절변수 수준에서 독립변수가 종속변수에 미치는 조건부효과를 조사하는 것을 상호작용의 탐색(probing an interaction)이라고 한다. 상호작용의 탐색은 여러 방법에 의하여 실행된다. 예를 들어 PROCESS macro(Hayes, 2013, 2018)에서는 존슨-네이만(Johnson-Neyman) 방법을 이용하여 조절변수의 전체 구간에서 $\theta_{X\to Y}$가 유의한 구간과 유의하지 않은 구간을 제시해 준다. 하지만 기본적으로 syntax command를 사용하는 Mplus에는 그러한 기능이 없기 때문에 연구자가 조절변수의 특정값을 지정하여 해당 조절변수 값에서의 조건부효과 $\theta_{X\to Y}$를 확인해야 한다. 이제 이러한 상호작용의 탐색방법을 알아보기로 한다.

식 (10.5)에서 조절변수 M값이 달라짐에 따라 X가 Y에 미치는 조건부효과는 다음과 같이 계산된다는 것을 알아보았다.

$$\theta_{X \rightarrow Y} = b_1 + b_3 M \tag{10.18}$$

위의 식에 특정 M값을 대입하면 해당 M값에서의 조건부효과가 계산된다. 특정한 M값을 선택하기 때문에 이러한 방법을 특정값 선택방법(pick-a-point approach)이라고 하는데, 이 방법은 흔히 단순기울기분석(simple slopes analysis)이라고도 부른다. 식 (10.18)에서 $b_1 + b_3M$이 단순기울기에 해당하는데, 단순기울기는 단일의 M값을 조건으로 하는 경우에 X가 Y에 미치는 영향을 의미한다(Aiken & West, 1991). 일반적으로 M값으로는 M의 평균값($\overline{M}$)과 $\overline{M}\pm 1SD$(SD는 표준편차)를 가장 많이 사용한다. 그런데 M(ξ_2 : KSI2)을 표준화하였기 때문에 $\overline{M}=0$이고 $SD=1$이 되어 결국 세 가지 값은 0과 ±1로 계산된다. 만일 연구자가 존슨-네이만 방법처럼 다양한 M값에서의 조건부효과를 알고 싶은 경우에는 세 가지 이상의 M값을 식 (10.18)에 대입하면 된다. 예를 들어 (−3, −2.5, −2, …, 0, −0.5, −1, …, 2.5, 3)과 같이 매우 많은 M값을 사용할 수 있다. 이에 관한 내용이 MODEL CONSTRAINT에 다음과 같이 지정되어 있다.

```
NEW(SIMPLELL SIMPLEL SIMPLEM SIMPLEH SIMPLEHH);
    SIMPLELL  = b1+b3*(-2);
    SIMPLEL   = b1+b3*(-1);
    SIMPLEM   = b1+b3*0;
    SIMPLEH   = b1+b3*1;
    SIMPLEHH = b1+b3*2;
```

앞에서 설명한 것처럼 MODEL CONSTRAINT에서는 MODEL command에서 지정한 모수를 제약하거나 MODEL command에서 지정하지 않은 새로운 변수를 NEW 옵션 안에 지정한다. 위에서 5개의 새로운 변수가 지정되어 있는 것을 알 수 있다. 첫 번째 변수인 SIMPLELL(SIMPLE LOWER FOR LOW)[6]은 $M=-2$인 경우의 단순기울기이고 나머지 변수들은 M값이 각각 −1, 0, 1, 2인 경우의 단순기울

6) 변수명은 연구자가 임의로 변경(예 SIMP_LL)해도 된다.

기를 의미한다. 만일 조절변수가 성별과 같은 명목척도(예 여성=0, 남성=1)라면 단순 기울기는 다음과 같이 두 개로 형성된다.

```
여성 : SIMPLEL = b1+b3*0;
남성 : SIMPLEH = b1+b3*1;
```

다음으로 Mplus는 PLOT 옵션과 LOOP 옵션을 이용하여 다양한 그래프(plot)를 그릴 수 있다. 이러한 지정이 다음과 같이 설정되어 있다.

```
PLOT(LOW MIDDLE HIGH);       ! total effects of X on Y
LOOP(KSI1, -3, 3, 0.1);      ! for low, med, high value of M
LOW    = (b1+b3*(-1))*KSI1;
MIDDLE = (b1+b3*0)*KSI1;
HIGH   = (b1+b3*1)*KSI1;
```

위의 옵션 내용에서 PLOT 옵션에는 그래프의 y-축에 그려질 변수명(들)을 기재하고 LOOP 옵션에는 x-축에 사용할 변수를 지정한다. LOOP 옵션에 있는 4가지 내용은 (x-축 변수, x의 최솟값, x의 최댓값, x의 증가분)을 의미한다. 즉, x값은 −3부터 시작하여 0.1씩 증가하고 최대 3까지의 범위로 한정하는 것이다.

그리고 PLOT에 지정한 변수들은 아래에 정의를 해주어야 한다. 정의된 3가지의 값을 알아보기 전에 총효과를 알아보기 위하여 식 (10.3)을 정리하면 다음과 같다.

$$
\begin{aligned}
Y &= i_1 + b_1X + b_2M + b_3XM \\
&= (i_1 + b_2M) + (b_1 + b_3M)X \qquad (10.19)
\end{aligned}
$$

식 (10.19)는 $Y = a + bX$의 형태로 이루어져 있고 이는 X가 Y에 미치는 총효과를 의미한다. 그런데 종속변수인 $Y(\eta_1)$는 잠재변수이기 때문에 절편$(i_1 + b_2M)$은 디폴트에 의하여 0이 되고 결국 총효과는 나머지인 $(b_1 + b_3M)X$가 된다. 이러한 이유로 $i_1 + b_2M$이 생략되어 있다. 따라서 위의 LOW=(b1+b3*(−1))*KSI1은 조절변수 M(KSI2)이 낮은 수준($-1SD$)에서 X(KSI1)가 변화함에 따라 X가 Y에 미치는 총효과를 의미하는 것이다. 그리고 그래프를 보기 위해서는 TYPE 옵션에서 PLOT2를 지정해야 한다. OUTPUT command에서 CINT는 모수추정치의 신뢰구간을 요청하는 옵션이다. 이러한 그래프를 확인하기 위해서는 Mplus 편집창에서 Plot 메뉴를 클릭한 후에 View plots를 다시 클릭하여 Loop plots를 선택하면 된다.

이제 이러한 내용을 토대로 〈표 10.4〉를 분석한 〈결과 10.3〉을 보기로 한다.

〈결과 10.3〉 모든 잠재변수를 표준화한 잠재변수 상호효과분석결과

MODEL RESULTS

	Estimate	S.E.	Est./S.E.	Two-Tailed P-Value
KSI1 BY				
X1	1.052	0.065	16.092	0.000
X2	1.090	0.058	18.824	0.000
X3	1.127	0.063	18.026	0.000
KSI2 BY				
X4	0.983	0.067	14.613	0.000
X5	0.847	0.057	14.990	0.000
X6	0.750	0.062	12.074	0.000
ETA1 BY				
Y1	0.681	0.067	10.107	0.000
Y2	0.612	0.061	10.037	0.000
Y3	0.625	0.061	10.253	0.000
ETA1 ON				
KSI1	0.679	0.117	5.811	0.000
KSI2	1.185	0.159	7.443	0.000
KSI1KSI2	0.608	0.110	5.517	0.000
KSI2 WITH				
KSI1	0.054	0.066	0.821	0.412
Intercepts				
X1	−0.012	0.066	−0.186	0.852
X2	−0.012	0.066	−0.180	0.857
X3	−0.023	0.066	−0.350	0.726
X4	−0.119	0.063	−1.890	0.059
X5	−0.084	0.056	−1.491	0.136
X6	−0.105	0.057	−1.848	0.065
Y1	−0.084	0.073	−1.157	0.247
Y2	−0.098	0.066	−1.483	0.138
Y3	−0.121	0.066	−1.827	0.068

Variances				
KSI1	1.000	0.000	999.000	999.000
KSI2	1.000	0.000	999.000	999.000
Residual Variances				
X1	1.049	0.094	11.206	0.000
X2	0.999	0.093	10.789	0.000
X3	0.898	0.091	9.845	0.000
X4	1.017	0.095	10.654	0.000
X5	0.874	0.078	11.225	0.000
X6	1.053	0.080	13.152	0.000
Y1	1.090	0.099	10.986	0.000
Y2	0.962	0.087	11.037	0.000
Y3	0.976	0.081	12.124	0.000
ETA1	1.000	0.000	999.000	999.000
New/Additional Parameters				
SIMPLELL	−0.538	0.225	−2.390	0.017
SIMPLEL	0.070	0.141	0.498	0.619
SIMPLEM	0.679	0.117	5.811	0.000
SIMPLEH	1.287	0.178	7.239	0.000
SIMPLEHH	1.895	0.272	6.972	0.000

CONFIDENCE INTERVALS OF MODEL RESULTS

	Lower .5%	Lower2.5%	Lower 5%	Estimate	Upper 5%	Upper 2.5%	Upper .5%
New/Additional Parameters							
SIMPLELL	−1.118	−0.979	−0.908	−0.538	−0.168	−0.097	0.042
SIMPLEL	−0.294	−0.207	−0.162	0.070	0.303	0.347	0.435
SIMPLEM	0.378	0.450	0.487	0.679	0.871	0.908	0.980
SIMPLEH	0.829	0.939	0.995	1.287	1.579	1.635	1.745
SIMPLEHH	1.195	1.363	1.448	1.895	2.342	2.428	2.595

〈결과 10.3〉에서 먼저 ξ_1과 ξ_2의 분산은 표준화되어 1로 나타났다. 그리고 b_1($\xi_1 \rightarrow \eta_1$)과 b_2($\xi_2 \rightarrow \eta_1$)가 모두 유의하게 양으로 나타났다. 중요한 내용으로 상호항의 계수 b_3가 양수로 유의하게($b_3 = .608$, $p = .000$) 나타났기 때문에 조절효과가 확인되었다. b_1과 b_3가 모두 양수로 나타났기 때문에(〈표 10.1〉의 A) ξ_1이 증가하면 η_1이 증가하는데, 조절변수 ξ_2가 증가하면 이러한 $\xi_1 \rightarrow \eta_1$의 양의 영향은 더욱 커진다고 해석한다. 대부분의 연구들은 여기까지 분석하고 결론을 내린다. 하지만 앞에서 살펴본 바와 같이 조절작용의 탐색과정을 거쳐 조절변수의 특정값에서 $\xi_1 \rightarrow \eta_1$의 조건부

효과를 살펴보는 것이 연구결과의 해석에 많은 도움을 준다. 결과물에서 다음의 결과를 확인할 수 있다.

New/Additional Parameters

	Estimate	S.E.	Est./S.E.	Two-Tailed P-Value
SIMPLELL	−0.538	0.225	−2.390	0.017
SIMPLEL	0.070	0.141	0.498	0.619
SIMPLEM	0.679	0.117	5.811	0.000
SIMPLEH	1.287	0.178	7.239	0.000
SIMPLEHH	1.895	0.272	6.972	0.000

위의 내용들은 단순효과(조건부효과)의 크기를 나타낸 것이다. 예를 들어 SIMPLEL은 조절변수의 값이 $\xi_2 = -1SD$인 경우에 $\theta_{X \to Y}$의 크기가 0.070이고 이는 통계적으로 유의하지 않다는($p = .619$) 의미이다. 그리고 ξ_2가 증가하면서 $\theta_{X \to Y}$의 크기는 점점 증가하는 것을 확인할 수 있다. 전반적인 조절분석결과에서는 알 수 없는 중요한 결론으로 조절변수의 값이 평균 이상인 영역에서만 $\xi_1 \to \eta_1$의 양의 효과가 유의하다는 것이다. 또한 한 가지 특이한 현상은 조절변수의 값이 매우 낮은 수준에서는 X가 Y에 미치는 영향이 오히려 음수(−0.538)로 유의하게 나타났다는 사실이다. 이러한 내용들은 X가 증가하면 항상 Y가 유의하게 증가하는 것이 아니라 조절변수의 값이 일정한 수준 이상(평균값)인 영역에서만 X가 Y에 유의한 양의 영향을 미친다고 할 수 있다. 또 한 가지 유념할 사항은 차이의 유의성과 유의성의 차이는 다른 개념이기 때문에 예를 들어 위의 5가지 조건부효과가 모두 다르기 때문에 조절효과가 유의하다고 결론을 내리는 것도 잘못된 것이다. 하단부에는 조건부효과들의 신뢰구간이 제시되어 있다.

이제 잠재변수들을 표준화하는 방법 중에서 조절변수만 표준화하는 방법에 대해서 알아보기로 한다. 이를 분석하기 위한 Mplus syntax(LMS(MOD only).inp)는 〈표 10.5〉와 같다.

〈표 10.5〉 잠재조절변수만 표준화하는 경우의 잠재변수 상호작용 분석

```
TITLE:        LMS approach(Standardizing only moderator)
DATA:         FILE is unconstrained.dat;
VARIABLE:     NAMES ARE X1 X2 X3 X4 X5 X6 Y1 Y2 Y3 Y4 Y5 Y6;
              USEVARIABLES ARE X1 X2 X3 X4 X5 X6 Y1 Y2 Y3;
ANALYSIS:     TYPE = RANDOM;
              ALGORITHM = INTEGRATION;
MODEL:      ! measurement model
              KSI1 BY X1-X3;
              KSI2 BY X4* X5-X6;
              ETA BY Y1-Y3;
              KSI2@1;

            ! create latent variables interaction
              KSI1KSI2 | KSI1 XWITH KSI2;

            ! structural model
            ! intercept of ETA1 is fixed to 0 since it is a latent variable
              ETA on KSI1(b1)
                     KSI2(b2)
                     KSI1KSI2(b3);
MODEL CONSTRAINT:
              NEW(SIMPLEL SIMPLEM SIMPLEH);

            ! calculating simple slopes for each value of KSI2
              SIMPLELL  =  b1+b3*(-2);
              SIMPLEL   =  b1+b3*(-1);
              SIMPLEM   =  b1+b3*0;
              SIMPLEH   =  b1+b3*1;
              SIMPLEHH  =  b1+b3*2;

            ! plot total effects of KSI1 on ETA1
            ! mean of factor KSI1 is set to 0 by default

              PLOT(LOW MIDDLE HIGH);
              LOOP(KSI1, -3, 3, 0.1);
              LOW     =  (b1+b3*(-1))*KSI1;
              MIDDLE  =  (b1+b3*0)*KSI1;
              HIGH    =  (b1+b3*1)*KSI1;
PLOT:         TYPE=PLOT2;
OUTPUT:       STDYX CINT TECH1;
```

〈표 10.5〉를 〈표 10.4〉와 비교하면 MODEL command가 다음과 같이 달라졌다는 것을 확인할 수 있다.

```
MODEL:    KSI1 BY X1-X3;
          KSI2 BY X4* X5-X6;
          ETA BY Y1-Y3;
          KSI2@1;
```

즉, 잠재조절변수 KSI2만 표준화하고 나머지 잠재변수들은 실제 값으로 계산된다. 〈표 10.5〉를 실행하면 〈결과 10.4〉를 얻을 수 있다. 결과물은 일부만 제시하였다.

〈결과 10.4〉 잠재조절변수만 표준화한 결과

MODEL RESULTS

	Estimate	S.E.	Est./S.E.	Two-Tailed P-Value
KSI1 BY				
X1	1.000	0.000	999.000	999.000
X2	1.042	0.077	13.611	0.000
X3	1.078	0.082	13.168	0.000
KSI2 BY				
X4	0.983	0.067	14.606	0.000
X5	0.847	0.057	14.983	0.000
X6	0.751	0.062	12.082	0.000
ETA1 BY				
Y1	1.000	0.000	999.000	999.000
Y2	0.898	0.051	17.648	0.000
Y3	0.917	0.060	15.211	0.000
ETA1 ON				
KSI1	0.443	0.067	6.660	0.000
KSI2	0.809	0.067	12.149	0.000
KSI1KSI2	0.397	0.059	6.722	0.000
KSI2 WITH				
KSI1	0.056	0.069	0.808	0.419
Variances				
KSI1	1.096	0.137	7.987	0.000
KSI2	1.000	0.000	999.000	999.000

New/Additional Parameters

SIMPLELL	−0.352	0.140	−2.512	0.012
SIMPLEL	0.046	0.092	0.495	0.621
SIMPLEM	0.443	0.067	6.660	0.000
SIMPLEH	0.840	0.086	9.821	0.000
SIMPLEHH	1.238	0.131	9.435	0.000

CONFIDENCE INTERVALS OF MODEL RESULTS

	Lower .5%	Lower 2.5%	Lower 5%	Estimate	Upper 5%	Upper 2.5%	Upper .5%
New/Additional Parameters							
SIMPLELL	−0.712	−0.626	−0.582	−0.352	−0.121	−0.077	0.009
SIMPLEL	−0.192	−0.135	−0.106	0.046	0.197	0.227	0.283
SIMPLEM	0.272	0.313	0.334	0.443	0.552	0.573	0.614
SIMPLEH	0.620	0.673	0.700	0.840	0.981	1.008	1.061
SIMPLEHH	0.900	0.981	1.022	1.238	1.454	1.495	1.576

〈결과 10.4〉에서 b_1과 b_2 및 b_3가 모두 유의하게($ps < .001$) 나타난 것을 알 수 있다. 또한 KSI1의 분산은 자유롭게 추정되는 반면에 KSI2의 분산은 1로 고정되어 있는 것도 알 수 있다. 그리고 중요한 결론으로 ξ_2에 따른 조건부효과(단순기울기)를 살펴보면 ξ_2가 매우 낮은 값($\xi_2 = -2SD$)에서는 $X \rightarrow Y$의 영향이 오히려 유의한 음의 영향으로 나타났고 ξ_2가 증가할수록 $X \rightarrow Y$의 영향이 점점 증가하는데, ξ_2가 평균값 이상의 영역에서만 $X \rightarrow Y$의 영향이 유의하게 양으로 나타나는 것을 확인할 수 있다. 그리고 신뢰구간을 이용한 검정에서도 동일한 결과를 보여주고 있다. 이러한 결론은 모든 잠재변수를 표준화한 방법인 〈결과 10.3〉의 결과와 유사한 내용이다.

다음으로 모든 잠재변수들을 실제 값으로 측정하는 방법을 이용하여 분석을 실시해 본다. 〈표 10.6〉(LMS(MOD actual).inp)은 이에 관한 Mplus syntax이다.

〈표 10.6〉 잠재변수의 실제 값을 이용한 잠재변수 상호효과분석

```
TITLE:      LMS approach(Using actual value of moderator)
DATA:       FILE is unconstrained.dat;
VARIABLE:   NAMES ARE X1 X2 X3 X4 X5 X6 Y1 Y2 Y3 Y4 Y5 Y6 X W M Y;
            USEVARIABLES ARE X1 X2 X3 X4 X5 X6 Y1 Y2 Y3;
ANALYSIS:   TYPE = RANDOM;
            ALGORITHM = INTEGRATION;
```

```
MODEL:    ! measurement model
            KSI1 BY X1-X3;
            KSI2 BY X4-X6;
            ETA1 BY Y1-Y3;
            KSI2(variance);      ! Naming the variance of KSI2 as variance
          ! create latent variables interaction
            KSI1KSI2 | KSI1 XWITH KSI2;
          ! structural model
          ! intercept of ETA1 is fixed to 0 since it is a latent variable
            ETA1 on KSI1       (b1)
                    KSI2       (b2)
                    KSI1KSI2   (b3);
MODEL CONSTRAINT:
            NEW(SD SIMPLELL SIMPLEL SIMPLEM SIMPLEH SIMPLEHH);
            SD = SQRT(variance);
          ! calculating simple slopes for each value of KSI2
            SIMPLELL  = b1 + b3*(-2*SD);
            SIMPLEL   = b1 + b3*(-1*SD);
            SIMPLEM   = b1 + b3*0;
            SIMPLEH   = b1 + b3*1*SD;
            SIMPLEHH  = b1 + b3*2*SD;
          ! plot total effects of KSI1 on ETA1
          ! mean of factor KSI1 is set to 0 by default
            PLOT(LOW MIDDLE HIGH);
            LOOP(KSI1, -3, 3, 0.1);
            LOW    = (b1+b3*(-1*SD))*KSI1;
            MIDDLE = (b1+b3*0)*KSI1;
            HIGH   = (b1+b3*1*SD)*KSI1;
PLOT:       TYPE=PLOT2;
OUTPUT:     STDYX CINT;
```

〈표 10.6〉에서 모든 잠재변수는 실제 값으로 측정된 것을 확인할 수 있다. 즉, BY 뒤의 지표변수에 *가 없고 지표변수들의 분산을 1로 고정시키는 명령문이 삭제되어 있다. 이에 관한 명령문을 살펴본다.

```
MODEL:  KSI1 BY X1-X3;
        KSI2 BY X4-X6;
        ETA1 BY Y1-Y3;
        KSI2(variance);  ! Naming the variance of KSI2 as variance
```

위의 명령문에서 KSI2(variance)는 조절변수 KSI2가 실제 값(−2, −1, 0, 1, 2가 아니다)으로 측정되었기 때문에 단순기울기를 분석하기 위하여 분산을 구하고 이러한 분산의 추정치를 variance로 명명한 것이다.

그리고 MODEL CONSTRAINT command를 보면 다음과 같이 구성되어 있다.

```
MODEL CONSTRAINT:
   NEW(SD SIMPLELL SIMPLEL SIMPLEM SIMPLEH SIMPLEHH);

   SD = SQRT(variance);

   SIMPLELL= b1+b3*(-2*SD);
   SIMPLEL= b1+b3*(-1*SD);
   SIMPLEM= b1+b3*0;
   SIMPLEH= b1+b3*1*SD;
   SIMPLEHH= b1+b3*2*SD;

   PLOT(LOW MIDDLE HIGH);
   LOOP(KSI1, -3, 3, 0.1);
   LOW= (b1+b3*(-1*SD))*KSI1;
   MIDDLE= (b1+b3*0)*KSI1;
   HIGH= (b1+b3*1*SD)*KSI1;
```

위의 명령문에서 SD = SQRT(variance)는 앞에서 KSI2의 분산을 구하고 이름을 지정한 variance의 표준편차(SQRT : square root)를 구하고 표준편차의 이름을 SD로 새로 지정하는 내용이다. 그리고 이와 같이 계산된 표준편차의 실제 값(SD)을 단순기울기분석과 PLOT 옵션에 사용한다.

이제 〈표 10.6〉을 실행한 〈결과 10.5〉를 살펴보기로 한다.

〈결과 10.5〉 잠재조절변수의 실제 값을 이용한 잠재변수 상호효과분석결과

KSI1 BY				
X1	1.000	0.000	999.000	999.000
X2	1.037	0.076	13.658	0.000
X3	1.073	0.081	13.212	0.000
KSI2 BY				
X4	1.000	0.000	999.000	999.000
X5	0.863	0.073	11.832	0.000
X6	0.765	0.081	9.478	0.000
ETA1 BY				
Y1	1.000	0.000	999.000	999.000
Y2	0.898	0.051	17.649	0.000
Y3	0.917	0.060	15.209	0.000
ETA1 ON				
KSI1	0.441	0.066	6.658	0.000
KSI2	0.824	0.087	9.507	0.000
KSI1KSI2	0.403	0.061	6.611	0.000
KSI2 WITH				
KSI1	0.055	0.068	0.808	0.419
Intercepts				
X1	−0.011	0.066	−0.163	0.870
X2	−0.011	0.066	−0.161	0.872
X3	−0.021	0.066	−0.325	0.745
X4	−0.118	0.063	−1.878	0.060
X5	−0.083	0.056	−1.478	0.139
X6	−0.105	0.057	−1.839	0.066
Y1	−0.083	0.073	−1.136	0.256
Y2	−0.097	0.066	−1.466	0.143
Y3	−0.120	0.066	−1.807	0.071
Variances				
KSI1	1.106	0.138	8.024	0.000
KSI2	0.963	0.132	7.296	0.000
New/Additional Parameters				
SD	0.982	0.067	14.592	0.000
SIMPLELL	−0.350	0.139	−2.512	0.012
SIMPLEL	0.045	0.092	0.493	0.622
SIMPLEM	0.441	0.066	6.658	0.000
SIMPLEH	0.836	0.085	9.831	0.000
SIMPLEHH	1.232	0.130	9.445	0.000

```
CONFIDENCE INTERVALS OF MODEL RESULTS
                Lower .5% Lower 2.5% Lower 5% Estimate Upper 5% Upper 2.5% Upper .5%
New/Additional Parameters
 SD            0.808     0.850     0.871    0.982    1.092     1.113     1.155
 SIMPLELL     -0.709    -0.623    -0.580   -0.350   -0.121    -0.077     0.009
 SIMPLEL      -0.191    -0.135    -0.106    0.045    0.197     0.225     0.282
 SIMPLEM       0.270     0.311     0.332    0.441    0.550     0.571     0.611
 SIMPLEH       0.617     0.670     0.696    0.836    0.976     1.003     1.055
 SIMPLEHH      0.896     0.976     1.017    1.232    1.446     1.487     1.568
```

〈결과 10.5〉에서 KSI2와 KSI2의 분산은 자유롭게 추정되고 있다. 그리고 b_1과 b_2 및 b_3가 모두 유의하게($ps < .001$) 나타났다. 또한 단순기울기 분석결과와 신뢰구간분석결과도 위의 두 가지 방법과 유사하게 나타났다. 따라서 동일한 결론을 도출할 수 있다.

이상에서 분석한 세 가지 방법의 분석결과를 〈표 10.7〉을 통하여 비교해 본다. 〈표 10.7〉에서 잠재조절변수만 표준화하는 방법과 잠재변수의 실제 값을 사용하는 방법의 모든 결과가 거의 동일하게 나타났고 모든 잠재변수를 표준화하는 방법은 이들 두 방법보다 효과크기가 더 크게 나타났다. 하지만 p값은 모두 거의 동일하다고 할 수 있다. 시뮬레이션 방법 등을 통하여 연구를 수행하지 않은 상태에서 이러한 결과를 일반화할 수는 없다. 이와 관련하여 Cheung & Lau(2015)는 모든 잠재변수

〈표 10.7〉 잠재변수 상호효과 분석방법 결과의 비교

계 수	모든 잠재변수의 표준화			잠재조절변수만 표준화			실제 값 사용		
	효과크기	z	p	효과크기	z	p	효과크기	z	p
b_1	.679	5.811	.000	.443	6.660	.000	.441	6.658	.000
b_2	1.185	7.443	.000	.809	12.149	.000	.824	9.507	.000
b_3	.608	5.517	.000	.397	6.722	.000	.403	6.611	.000
SIMPLELL	−.538	−2.39	.017	−.352	−2.512	.012	−.350	−2.512	.012
SIMPLEL	.070	.498	.619	.046	.495	.621	.045	.493	.622
SIMPLEM	.679	5.811	.000	.443	6.660	.000	.441	6.658	.000
SIMPLEH	1.287	7.239	.000	.840	9.821	.000	.836	9.831	.000
SIMPLEHH	1.895	6.972	.000	1.238	9.435	.000	1.232	9.445	.000

를 표준화하는 Hayes & Preacher(2013)의 방법이 외생잠재변수를 표준화하는데, 이 방법은 실제로는 내생잠재변수의 분산을 1로 고정시키지 않고 내생변수의 오차 분산을 1로 고정시키는 추가제약에 해당하며, 이러한 추가제약은 모수추정치와 모형의 전반적 적합도에 악영향을 끼친다고 지적하였다. 이러한 이유로 이들은 잠재변수들을 표준화하지 않는 방법을 사용한다. 필자의 분석경험상 3가지 방법의 분석결과가 크게 차이가 나는 것은 아니지만 잠재조절변수만 표준화하거나 특히 실제자료를 사용하는 방법을 권장하고 싶다.

10.6.2 단일변수의 조절분석

이상에서는 잠재변수들을 이용하여 조절효과를 분석하였다. 여기에서는 잠재변수의 하위 지표변수들을 평균한 값(단일변수)을 이용한 조절효과분석을 실행하기로 한다. 자료파일은 위의 분석에서 사용한 자료와 동일하고 자료파일에 독립변수(ξ_1)의 지표변수들의 평균은 X, 조절변수(ξ_2)의 지표변수들의 평균은 W, 그리고 종속변수(η_1)의 지표변수들의 평균은 M으로 지정[7]되어 있다. 단일변수의 조절효과에 관한 통계모형(statistical model)은 [그림 10.5]와 같다.

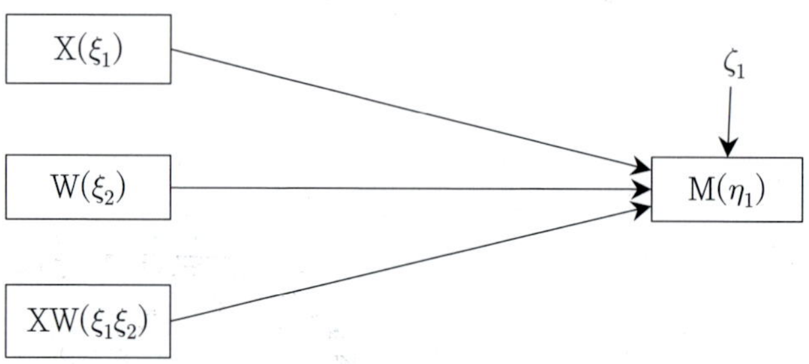

[그림 10.5] 단일변수의 조절효과분석을 위한 통계모형

[그림 10.5]는 경로모형에 속한다. 경로모형의 자유모수의 개수에 관한 내용은 병렬다중매개모형의 경로모형 부분에서 충분한 토론을 하였다. 즉, Mplus의 디폴트는 X와 W 및 XW의 분산 그리고 이들의 공분산은 보여주지 않고 자유모수의 개수에 합산하지 않는다. 따라서 이들의 추정치와 자유모수 및 자유도를 올바르게 산

7) 종속변수의 이름은 Y로 지정해야 되지만 여기에서는 M으로 지정하였다.

출하기 위해서는 Mplus syntax에 이러한 내용을 지정해야 한다. 이들이 반영된 Mplus syntax(LMS(single actual MACS).inp)는 〈표 10.8〉과 같다.

〈표 10.8〉 단일변수의 조절분석을 위한 Mplus syntax

```
TITLE:       LMS approach using single value
DATA:        FILE is unconstrained.dat;
VARIABLE:    NAMES ARE X1 X2 X3 X4 X5 X6 Y1 Y2 Y3 Y4 Y5 Y6 X W M Y;
             USEVARIABLES ARE X W M XW;
DEFINE:     ! create interaction terms
            ! this interaction term has to be placed at the end of
             USEVARIABLES
            ! subcommand above
             XW=X*W;
ANALYSIS:    BOOTSTRAP=10000;
MODEL:       [M] (b0);
             M on X(b1)
                  W(b2)
                  XW(b3);
             [W](meanw);
             W(variance);
             X;
             X WITH W; X WITH XW; W WITH XW;
MODEL CONSTRAINT:
            NEW(MEAN SD MSDLL MSDL MSDH MSDHH SIMPLELL SIMPLEL
                SIMPLEM SIMPLEH SIMPLEHH);
             MEAN   = meanw;
             SD     = SQRT(variance);
             MSDLL  = MEAN-2*SD;
             MSDL   = MEAN-SD;
             MSDH   = MEAN+SD;
             MSDHH  = MEAN+2*SD;

            ! calculating simple slopes
             SIMPLELL = b1 + b3*MSDLL;
             SIMPLEL  = b1 + b3*MSDL;
             SIMPLEM  = b1 + b3*MEAN;
             SIMPLEH  = b1 + b3*MSDH;
             SIMPLEHH = b1 + b3*MSDHH;
```

```
             ! plot total effects of X on M
               PLOT(LOW MIDDLE HIGH);
               LOOP(X, -3, 3, 0.1);
               LOW    = (b0+b2*MSDL) + (b1+b3*MSDL)*X;
               MIDDLE = (b0+b2*MEAN) + (b1+b3*MEAN)*X;
               HIGH   = (b0+b2*MSDH) + (b1+b3*MSDH)*X;
PLOT:          TYPE=PLOT2;
OUTPUT: STDYX  TECH1 CINT(BCBOOTSTRAP);
```

〈표 10.8〉의 VARIABLE command를 보면 아래의 DEFINE에서 XW의 상호항을 생성하기 전에 먼저 USEVARIABLES의 끝부분(반드시 끝부분)에 이러한 상호항을 지정해야 한다. 그리고 MODEL command는 다음과 같다.

```
MODEL:      [M] (b0);
            M on X(b1)
                 W(b2)
                 XW(b3);
            [W](meanw);
            W(variance);
            X;
            X WITH W; X WITH XW; W WITH XW;
```

위의 내용 중에서 먼저 [M](b0)는 종속변수 M의 절편(상수항)을 계산하여 이 값을 b0로 명명한 것이고 [W](meanw)는 조절변수 W의 평균값을 추정하여 meanw로 이름을 붙인 것이다. 그리고 W(variance)는 W의 분산을 추정하고 이름을 variance로 붙인 것이다. 다음으로 X는 X의 분산을 구하라는 내용이고 나머지는 각 변수의 분산간의 공분산(WITH)을 추정하는 명령문이다.

다음으로 MODEL CONSTRAINT의 내용들을 살펴본다. 먼저 MEAN=meanw는 위에서 구한 W의 평균값(meanw)을 다시 MEAN으로 명명하는 것이고 SD=SQRT(variance)는 W의 표준편차(SD)를 구하는 식이다.

그리고 다음의 식을 살펴보기로 한다.

```
MSDLL=MEAN-2*SD;
MSDL=MEAN-SD;
MSDH=MEAN+SD;
MSDHH=MEAN+2*SD;
```

위의 수식들은 단순기울기분석을 위한 사전작업에 해당한다. 조건부효과(단순기울기)를 계산하는 경우에 일반적으로 조절변수의 평균($\overline{W}$)과 조절변수의 표준편차(SD_W)의 조합(±)을 이용한다. 앞에서 조절변수를 표준화한 경우에는 $\overline{W}=0$이고 $SD=1$이므로 단순하게 $\pm 2SD$와 0 및 $\pm 1SD$를 사용했지만 여기에서는 W를 표준화하지 않고 실제자료를 사용하기 때문에 $\overline{W}\neq 0$과 $SD\neq 1$이 되어[8] $\overline{W}$와 SD_W를 도입한 $\overline{W}\pm 2SD_W$와 $\overline{W}$ 및 $\overline{W}\pm 1SD_W$를 사용해야 한다. 즉, 조절변수의 값은 $\overline{W}-2SD_W$, $\overline{W}-1SD_W$, $\overline{W}$, $\overline{W}+1SD_W$, $\overline{W}+2SD_W$를 사용하며 이들 값은 각각 MSDLL, MSDL, MEAN, MSDH, MSDHH로 명명하였다.

다음으로 단순기울기의 값들을 계산하기 위한 수식은 다음과 같이 설정되어 있다.

```
SIMPLELL= b1+b3*MSDLL;
SIMPLEL= b1+b3*MSDL;
SIMPLEM= b1+b3*MEAN;
SIMPLEH= b1+b3*MSDH;
SIMPLEHH= b1+b3*MSDHH;
```

위의 수식 중에서 한 가지를 예로 들면 SIMPLELL= b1+b3*MSDLL;은 다음과 같이 표현할 수 있다.

$$\text{SIMPLELL}=\text{b1+b3*MSDLL}=b_1+b_3\times(\overline{W}-2\times SD_W)$$

즉, SIMPELL은 조절변수의 값이 $\overline{W}-2SD_W$인 수준에서 독립변수가 종속변수에 영향을 미치는 조건부효과를 의미한다.

그리고 독립변수가 종속변수에 미치는 총효과를 확인하기 위한 PLOT과 LOOP 옵션은 다음과 같이 설정되어 있다.[9]

---

8) 실제로 이들을 계산하면 $\overline{W}=-0.1019$와 $SD_W=1.03394$로 계산된다.

```
PLOT(LOW MIDDLE HIGH);
LOOP(X, -3, 3, 0.1);
LOW= (b0+b2*MSDL)+(b1+b3*MSDL)*X;
MIDDLE= (b0+b2*MEAN)+(b1+b3*MEAN)*X;
HIGH= (b0+b2*MSDH)+(b1+b3*MSDH)*X;
```

위의 내용과 〈표 10.5〉의 내용을 비교하면 〈표 10.5〉에는 생략되었던 상수항인 (b0+b2*조절변수 값)이 추가로 도입되어 있다. 그 이유는 〈표 10.5〉의 종속변수는 잠재변수이기 때문에 상수항(b0+b2*조절변수 값)이 0이지만 여기에서는 종속변수가 잠재변수가 아니고 상수항이 0이 아니기 때문에 상수항을 적어주어야 한다.

[그림 10.5]의 자유도의 개수는 다음과 같다.

〈정보의 개수〉

분산과 공분산의 개수 : 10개($p(p+1)/2=4(5)/2=10$)

변수의 평균의 개수 : 4개

총정보의 개수 : 14개

〈자유모수의 개수〉

경로계수(Γ) : 3개

예측변수(X, W, XW)의 분산과 공분산(Φ) : 6개

종속변수의 오차분산(ζ) : 1개

예측변수의 평균과 종속변수의 절편 : 4개

총자유모수의 개수 : 14개

〈자유도의 개수〉 0개

이제 〈표 10.8〉을 실행한 결과(〈결과 10.6〉)를 살펴본다.

---

9) X는 −3.19에서 3.78 사이의 값을 가지지만 이들을 그대로 지정하지 않고 −3에서 3의 구간을 설정하였다.

〈결과 10.6〉 단일변수를 이용한 조절분석의 결과

```
MODEL FIT INFORMATION
Number of Free Parameters                          14
Chi-Square Test of Model Fit
          Value                                 0.000
          Degrees of Freedom                        0
          P-Value                              0.0000
RMSEA (Root Mean Square Error Of Approximation)
          Estimate                              0.000
          90 Percent C.I.                       0.000    0.000
          Probability RMSEA <= .05              0.000
CFI/TLI
          CFI                                   1.000
          TLI                                   1.000
SRMR (Standardized Root Mean Square Residual)
          Value                                 0.000

MODEL RESULTS
                                                            Two-Tailed
                        Estimate     S.E.    Est./S.E.     P-Value
 M         ON
   X                      0.357     0.040       8.876       0.000
   W                      0.623     0.043      14.371       0.000
   XW                     0.234     0.038       6.197       0.000
 X         WITH
   W                      0.052     0.062       0.838       0.402
   XW                    -0.080     0.133      -0.605       0.545
 W         WITH
   XW                    -0.084     0.121      -0.693       0.488
 Means
   X                     -0.014     0.055      -0.258       0.796
   W                     -0.102     0.046      -2.218       0.027
   XW                     0.053     0.062       0.859       0.390
 Intercepts
   M                     -0.023     0.045      -0.509       0.611
 Variances
   X                      1.513     0.089      17.060       0.000
   W                      1.067     0.066      16.207       0.000
   XW                     1.914     0.269       7.121       0.000
```

```
 Residual Variances
    M                    1.019      0.076     13.398      0.000
New/Additional Parameters
    MEAN                -0.102      0.046     -2.218      0.027
    SD                   1.033      0.032     32.383      0.000
    MSDLL               -2.168      0.081    -26.924      0.000
    MSDL                -1.135      0.057    -19.817      0.000
    MSDH                 0.931      0.055     17.061      0.000
    MSDHH                1.964      0.077     25.613      0.000
    SIMPLELL            -0.150      0.099     -1.524      0.128
    SIMPLEL              0.091      0.065      1.415      0.157
    SIMPLEM              0.333      0.042      7.873      0.000
    SIMPLEH              0.575      0.051     11.290      0.000
    SIMPLEHH             0.817      0.081     10.068      0.000

CONFIDENCE INTERVALS OF MODEL RESULTS
              Lower .5%Lower 2.5% Lower 5%  Estimate  Upper 5% Upper 2.5%Upper .5%
New/Additional Parameters
 MEAN          -0.226   -0.193   -0.178   -0.102   -0.027   -0.013    0.015
 SD             0.952    0.970    0.980    1.033    1.085    1.096    1.115
 MSDLL         -2.374   -2.329   -2.303   -2.168   -2.037   -2.013   -1.964
 MSDL          -1.287   -1.253   -1.233   -1.135   -1.044   -1.026   -0.992
 MSDH           0.787    0.821    0.840    0.931    1.020    1.037    1.071
 MSDHH          1.764    1.810    1.838    1.964    2.091    2.114    2.162
 SIMPLELL      -0.398   -0.346   -0.316   -0.150    0.012    0.041    0.096
 SIMPLEL       -0.076   -0.038   -0.019    0.091    0.196    0.217    0.251
 SIMPLEM        0.226    0.251    0.264    0.333    0.404    0.418    0.442
 SIMPLEH        0.445    0.476    0.492    0.575    0.661    0.676    0.706
 SIMPLEHH       0.610    0.659    0.685    0.817    0.953    0.978    1.024
```

결과물에서 먼저 자유모수와 자유도의 개수는 14개와 0개로 나타났다. 즉, [그림 10.5]는 포화모형에 해당한다. 자유모수의 종류는 위에서 설명한 바와 같다. 그리고 b_1과 b_2 및 b_3는 모두 유의하게 나타났다. 참고로 자료파일을 살펴보면 0이 자료범위 내에 포함되기 때문에 평균중심화할 필요가 없고 또한 b_1은 W가 0인 경우에 X가 한 단위 증가하면 M이 0.357단위만큼 증가한다고 해석한다. b_2의 해석도 동일하다. 만일 0이 자료범위에 포함이 되지 않는 경우에는 b_1과 b_2의 해석을 위하여 X와 W를 평균중심화하는 것도 의미가 있다. 그리고 b_3가 유의하므로 조절효과는 유의하다고 결론지을 수 있다. 또한 b_1과 b_3가 모두 양수이기 때문에 "X가 증가하면 M이 증가하는데 W가 증가할수록 이러한 $X \rightarrow M$의 영향은 더욱 증가하는 조절효과(상승효과)가 발생한다"라고 해석한다.

다음으로 조건부효과들을 살펴보면 조절변수의 값이 $\overline{W} - 2SD_W$인 수준(SIMPLELL)에서는 $X \rightarrow M$의 영향이 비록 유의하지는 않지만 음으로 나타났다. 그리고 조절변수의 값이 증가하면서 조건부효과가 점점 증가하는데, 조절변수의 값이 평균값을 갖는 수준(SIMPLEM) 이상의 영역에서만 $X \rightarrow M$의 영향이 유의하게 양으로 나타난 것을 확인할 수 있다.[10] 이들을 종합하면 일반적으로 X가 증가하면 M이 증가하지만 이러한 증가는 항상 유의한 것이 아니라 W가 일정한 값(평균값) 이상인 경우에만 양의 값을 가지면서 유의하게 나타난다는 것을 의미한다. 다시 한 번 강조하지만 이러한 단순기울기 분석(상호작용의 탐색)은 조절효과가 유의하게 나타난 경우에 조절효과의 실질적인 해석을 돕기 위한 분석에 지나지 않는 것이고 조절효과 자체에 대한 분석은 반드시 상호항인 b_3의 유의성여부를 이용하여 판단해야 한다.

단일변수를 이용한 〈결과 10.6〉의 수치와 실제 값을 이용한 잠재변수상호항의 조절분석결과(표 10.7)를 비교하면 조절변수가 평균값 이상인 경우에는 결과가 일치하지만, 조절변수의 값이 $\overline{W} - 2SD_W$인 경우에 잠재변수를 이용하는 경우에는 유의하게 나타났지만 단일변수를 사용하는 경우에는 유의하지 않게 나타났다. 이러한 차이는 전체적인 조절효과의 흐름을 해석하는 데에는 큰 영향을 주지 않는다고 여겨진다. 하지만 변수들의 측정오차를 고려하는 잠재변수를 이용하는 방법의 결과가 더 신뢰할 수 있다고 말할 수 있다.

---

10) 동일한 자료를 이용하여 OLS를 사용하는 PROCESS macro(model 1)를 이용하여 분석하면 $b_1 = .357, p = .000$, $b_2 = .623, p = .000$, $b_3 = .234, p = .000$으로 Mplus의 결과와 동일하게 나타난다. 또한 조건부효과도 $SIMPLEL = .091, p = .076$, $SIMPLEM = .333, p = .000$, $SIMPLEH = .575, p = .000$으로 나타나서 Mplus방법과 거의 동일한 것을 알 수 있다. 효과크기는 모두 동일하지만 p값이 약간 차이나는 것은 Mplus는 ML 추정법을 사용하기 때문에 두 방법의 표준오차의 계산이 달라지기 때문이다.

CHAPTER

11

다중조절모형의 분석

제10장에서 조절분석의 기초개념과 조절변수가 1개인 단순조절분석에 대하여 알아보았다. 여기에서는 조절변수가 2개인 경우의 다중조절모형(multiple moderation model)에 대하여 분석하기로 한다. 이러한 다중조절모형은 다중가산조절모형(multiple additive moderation model)과 조절된 조절모형(moderated moderation model)으로 분류된다. 이 장에서도 두 방법에 대하여 잠재변수를 이용한 분석과 단일변수를 이용한 분석을 모두 실시할 예정이다.

11.1 다중가산조절모형

예측변수가 X와 M 및 W로 구성된 경우에 이들이 종속변수 Y에 미치는 영향은 다음의 다중회귀식으로 표현된다.

$$Y = i_1 + b_1 X + b_2 M + b_3 W + e_Y \qquad (11.1)$$

위의 회귀식에서 각 회귀계수들은 편회귀계수(partial regression coefficient)를 의미한다. 즉, b_1은 M과 W가 동일한 값을 갖는 경우에(통제한 경우에) $X \to Y$의 영향을 의미한다. 또한 b_2는 X와 W가 일정한 값을 갖는 경우에 $X \to Y$의 영향이고 b_3도 X와 M을 통제한 경우에 $X \to Y$의 영향을 의미한다. 이때 X가 Y에 미치는 영향은 M과 W에 비조건적(unconditional on both M and W)이라고 부른다. 만일 X가 Y에 미치는 영향이 M과 W의 값에 따라 달라진다면 식 (11.1)이 어떻게 달라질 것인가? 이 경우에는 비조건적이라는 가정을 철회하여 식 (11.1)을 조건부모형으로 전환시켜야 한다. 이러한 조건부모형의 첫 번째 모형이 다중가산조절모형이고 이에 관한 회귀식은 식 (11.2)와 같다.

$$Y = i_1 + b_1 X + b_2 M + b_3 W + b_4 XM + b_5 XW + e_Y \qquad (11.2)$$

식 (11.2)에서 $X \to Y$의 영향은 M과 W의 가산적 선형함수(additive linear function of M and W)로 추정된다. 늘 강조하지만 회귀식이 설정되면 회귀계수의 해석이 매우 중요하다. 회귀식 식 (11.2)에서 먼저 b_1은 M과 W가 0이라는 조건하에[1] $X \rightarrow Y$의 조건부효과이다. 따라서 b_1은 ANOVA의 주효과가 아니라 조건부효과에 해당한다. b_2는 M의 상호항이 XM 하나이므로 X가 0이고 나머지 W를 통제한 상태에서 M이 Y에 미치는 조건부효과이다. 마찬가지로 b_3는 X가 0의 값을 갖고 M을 통제한 상태에서 W가 Y에 미치는 조건부효과이다.

그리고 b_4와 b_5도 M과 W의 조건부효과이다. b_4는 W를 통제한 상태에서 M이 한 단위 증가하는 경우에 X가 Y에 미치는 조건부효과이고 b_5는 M을 통제한 상태에서 W가 한 단위 증가하는 경우에 X가 Y에 미치는 조건부효과라고 해석한다.

식 (11.2)를 X에 대하여 정리하면 식 (11.3)과 같다.

$$Y = (i_1 + b_2 M + b_3 W) + (b_1 + b_4 M + b_5 W)X + e_Y \qquad (11.3)$$

단순조절분석과 마찬가지로 식 (11.3)에서 X가 Y에 미치는 조건부효과($\theta_{X \rightarrow Y}$)는 식 (11.4)와 같이 나타낼 수 있다.

$$\theta_{X \rightarrow Y} = b_1 + b_4 M + b_5 W \qquad (11.4)$$

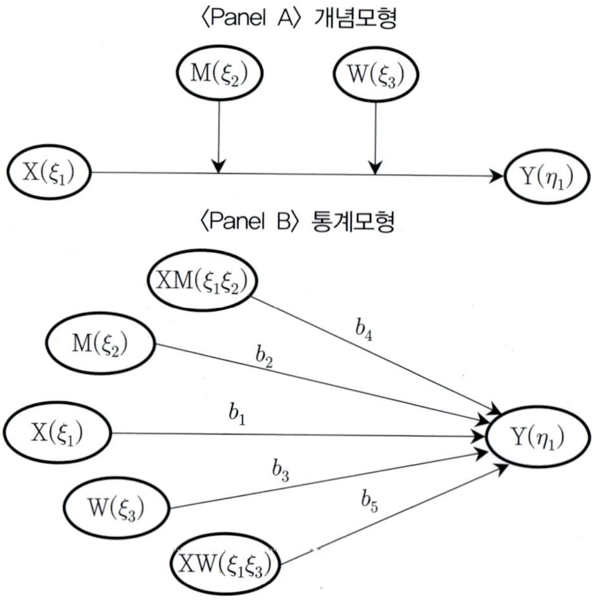

[그림 11.1] 다중가산조절모형의 개념모형과 통계모형

---

1) b_1은 X의 계수인데 X는 M 및 W와 상호항(XM, XW)을 형성하고 있기 때문에 "M과 W가 0인 경우에"라고 해석한다. 이러한 논리는 모든 상호항에 적용된다.

다중가산조절모형의 개념모형(conceptual diagram)과 통계모형(statistical diagram)은 [그림 11.1]과 같다. 모형에서 잠재변수들의 지표변수와 오차항은 생략하였다.

11.1.1 잠재변수를 이용한 다중가산조절모형

이제 예제를 통하여 잠재변수를 이용한 다중가산조절모형을 분석하기로 한다. 여기에서 다룰 예제의 자료파일(book(all).dat)은 제12장에서도 사용할 예정이며 원자료는 chapter11에 book(all).sav로 저장되어 있다. 모형은 독립변수인 직무스트레스(ξ_1)가 증가하면 종속변수인 직무만족(η_1)이 감소하는데, 첫 번째 조절변수인 조직지원(ξ_2)과 두 번째 조절변수인 상사-부하관계(ξ_3 : LMX)가 증가하면 $\xi_1 \rightarrow \eta_1$의 부정적인 관계가 완화될 것으로 예측한다. 단순조절분석에서 설명한 것처럼 상호항을 도입하기 전에 독립변수와 두 조절변수가 종속변수에 영향을 미치는 기저모형(model2(baseline).inp)을 먼저 분석한다. 이러한 기저모형은 조절된 조절모형(PROCESS model 3)의 기저모형과 동일하다. 기저모형은 〈표 11.1〉과 같다.

〈표 11.1〉 model 2와 model 3의 기저모형

```
TITLE:  model 2 and 3(baseline)
DATA:      FILE IS book(all).dat;
VARIABLE:
           NAMES ARE Gender X1 X2 X3 X4 ETA11 ETA12 ETA13 ETA14 W1
                                W2 W3 W4 M1 M2 M3 M4 ETA21 ETA22
                                ETA23 ETA24 X M W ETA1 ETA2;

           USEVARIABLES ARE X1 X2 X3 X4 ETA11 ETA12 ETA13 ETA14
                                M1 M2 M3 M4 W1 W2 W3 W4;
MODEL:
            KSI1 BY X1-X4;
            KSI2 BY M1-M4;
            KSI3 BY W1-W4;
            ETA1 BY ETA11-ETA14;

            ETA1 ON KSI1
                    KSI2
                    KSI3;
OUTPUT: STDYX TECH1;
```

위의 기저모형의 분석결과는 〈결과 11.1〉과 같다.

〈결과 11.1〉 기저모형의 분석결과

MODEL FIT INFORMATION

Number of Free Parameters	54	
Chi-Square Test of Model Fit		
Value	173.333	
Degrees of Freedom	98	
P-Value	0.0000	
RMSEA (Root Mean Square Error Of Approximation)		
Estimate	0.062	
90 Percent C.I.	0.047	0.077
Probability RMSEA <= .05	0.096	
CFI/TLI		
CFI	0.985	
TLI	0.982	
SRMR (Standardized Root Mean Square Residual)		
Value	0.031	

MODEL RESULTS

	Estimate	S.E.	Est./S.E.	Two-Tailed P-Value
KSI1 BY				
X1	1.000	0.000	999.000	999.000
X2	1.264	0.065	19.512	0.000
X3	1.281	0.064	20.118	0.000
X4	1.184	0.062	19.043	0.000
KSI2 BY				
M1	1.000	0.000	999.000	999.000
M2	0.998	0.020	50.208	0.000
M3	0.982	0.021	47.140	0.000
M4	1.033	0.020	52.953	0.000
KSI3 BY				
W1	1.000	0.000	999.000	999.000
W2	0.902	0.047	19.192	0.000
W3	0.928	0.050	18.510	0.000
W4	0.787	0.046	17.060	0.000

ETA1 BY				
ETA11	1.000	0.000	999.000	999.000
ETA12	1.116	0.022	51.720	0.000
ETA13	1.067	0.037	29.000	0.000
ETA14	0.937	0.038	24.910	0.000
ETA1 ON				
KSI1	−0.683	0.090	−7.611	0.000
KSI2	−0.056	0.117	−0.480	0.631
KSI3	0.592	0.114	5.197	0.000
KSI2 WITH				
KSI1	−0.123	0.126	−0.979	0.328
KSI3 WITH				
KSI1	−0.047	0.137	−0.344	0.731
KSI2	1.931	0.237	8.166	0.000

〈결과 11.1〉에서 모형적합도가 양호하게 나타났고 모든 지표변수의 요인적재량이 유의하기 때문에 기저모형은 자료에 적합한 것을 알 수 있다. 따라서 상호항을 도입한 다중조절모형의 분석단계로 넘어갈 수 있다.

다중가산조절모형을 분석하기 위한 Mplus code(model2(latent actual).inp)는 〈표 11.2〉와 같다. 이 분석에서 조절변수는 실제 값을 사용한다. model 2는 PROCESS macro의 번호이며 향후의 모든 모형번호는 편의상 PROCESS macro 번호를 사용하기로 한다.

〈표 11.2〉 다중가산조절모형분석을 위한 Mplus code(실제 값)

```
TITLE: model 2(latent)
DATA:        FILE IS book(all).dat;
VARIABLE:    NAMES ARE Gender X1 X2 X3 X4 ETA11 ETA12 ETA13 ETA14
                     W1 W2 W3 W4 M1 M2 M3 M4 ETA21 ETA22 ETA23
                     ETA24 X M W ETA1 ETA2;
             USEVARIABLES ARE X1 X2 X3 X4 ETA11 ETA12 ETA13 ETA14
                              M1 M2 M3 M4 W1 W2 W3 W4;
ANALYSIS:    TYPE = RANDOM;
             ALGORITHM=INTEGRATION;

MODEL:     ! measurement model
```

```
        KSI1 BY X1-X4;
        KSI2 BY M1-M4;
        KSI3 BY W1-W4;
        ETA1 BY ETA11-ETA14;
        KSI2(var1); KSI3(var2);  ! naming the variances of KSI1 and KSI2

    ! create latent variables interaction
        KSI1KSI2 | KSI1 XWITH KSI2;
        KSI1KSI3 | KSI1 XWITH KSI3;

    ! structural model
    ! intercept of ETA1 is fixed to 0 since it is a latent variable
        ETA1 ON KSI1        (b1)
                KSI2        (b2)
                KSI3        (b3)
                KSI1KSI2    (b4)
                KSI1KSI3    (b5);
MODEL CONSTRAINT:
       NEW(SD1 SD2 SIMPMLWL SIMPMMWL SIMPMHWL SIMPMLWM
           SIMPMMWM SIMPMHWM SIMPMLWH SIMPMMWH
           SIMPMHWH);
        SD1=SQRT(var1);
        SD2=SQRT(var2);

    ! calculating simple slopes for each value of KSI2 and KSI3
        SIMPMLWL  = b1 + b4*(-1*SD1) + b5*(-1*SD2);
        SIMPMMWL = b1 + b4*(0*SD1)  + b5*(-1*SD2);
        SIMPMHWL = b1 + b4*(1*SD1)  + b5*(-1*SD2);

        SIMPMLWM = b1 + b4*(-1*SD1) + b5*(0*SD2);
        SIMPMMWM = b1 + b4*(0*SD1)  + b5*(0*SD2);
        SIMPMHWM = b1 + b4*(1*SD1)  + b5*(0*SD2);

        SIMPMLWH = b1 + b4*(-1*SD1) + b5*(1*SD2);
        SIMPMMWH = b1 + b4*(0*SD1)  + b5*(1*SD2);
        SIMPMHWH = b1 + b4*(1*SD1)  + b5*(1*SD2);

    ! plot total effects of KSI1 on ETA1
    ! mean of factor KSI1 is set to 0 by default
       PLOT(PMLWL PMMWL PMHWL PMLWM PMMWM PMHWM
            PMLWH PMMWH PMHWH);
       LOOP(KSI1, -3, 3, 0.1);
```

```
          PMLWL = SIMPMLWL  * KSI1;
          PMMWL = SIMPMMWL * KSI1;
          PMHWL = SIMPMHWL  * KSI1;

          PMLWM = SIMPMLWM  * KSI1;
          PMMWM = SIMPMMWM * KSI1;
          PMHWM = SIMPMHWM  * KSI1;

          PMLWH = SIMPMLWH  * KSI1;
          PMMWH = SIMPMMWH * KSI1;
          PMHWH = SIMPMHWH  * KSI1;
PLOT:     TYPE=PLOT2;
OUTPUT:   STDYX CINT;
```

〈표 11.2〉의 측정모형에서 두 잠재조절변수는 실제 값을 사용하고 준거지표(1로 고정)를 제외한 모든 요인적재량이 자유모수로 지정되어 있다. 그리고 잠재조절변수의 분산을 계산하여 명명(var1과 var2)하고 잠재변수의 상호항을 생성하는 명령문이 제시되어 있다. 다음으로 구조모형은 식 (11.2)를 구현한 것이다. 단일집단의 경우에 모형식별을 위하여 잠재변수의 절편(평균)은 디폴트에 의하여 0으로 고정된다. 참고로 만일 공변량(covariates)을 도입하는 경우에는 ON 옵션에 추가하면 된다.[2] 그리고 이러한 공변량은 USEVARIABLES에 지정해 주어야 한다. 공변량을 도입하는 경우에 다른 계수들의 해석은 "공변량을 통제한 경우에…"라고 해석한다. 일반적으로 조절분석은 이 단계까지만 분석해도 연구자가 원하는 조절효과분석결과를 얻을 수 있다. 즉, b_4와 b_5의 유의성검정을 통하여 조절분석결과를 해석할 수 있다. 이와 관련된 추가분석은 MODEL CONSTRAINT에서 이루어진다.

MODEL CONSTRAINT에서는 조절효과가 유의한 경우에 조절효과를 탐색(probing)하기 위하여 조절변수의 값에 따라 변동하는 단순기울기(조건부효과 : 식 11.4)를 분석하는 명령문과, 역시 조절변수의 값이 달라짐에 따라 변화하는 독립변수의 종속변수에 대한 영향을 그래프로 확인하기 위한 명령문들을 지정한다. 이를 위하여 먼저 두 잠재조절변수의 표준편차(SD1, SD2)를 구한다. 그리고 SD1과 SD2의 9가지 조합(두 조절변수의 $\pm 1SD$, $0*SD$)에 대하여 분석을 실시한다. 예를 들어 단순기울기분석에서 SIMPMLWL은 식 (11.4)에서 알 수 있는 것처럼 $\xi_2 = -1SD$,

2) 공변량의 도입은 매개분석, 조절분석 및 조절된 매개분석 등의 모든 분석에서 ON 옵션에 추가하면 된다.

$\xi_3 = -1SD$인 수준에서 ξ_1이 η_1에 영향을 미치는 조건부효과를 의미한다. 또한 PLOT과 LOOP 옵션에서 PMHWL은 $\xi_2 = +1SD$, $\xi_3 = -1SD$의 수준에서 독립변수가 종속변수에 미치는 영향(총효과)에 관한 그래프이다. 단순기울기와 그래프는 두 조절변수의 조합에 따라 9가지가 생성된다.

〈표 11.2〉를 실행하면 〈결과 11.2〉를 얻을 수 있다.

〈결과 11.2〉 다중가산조절모형의 분석결과(실제 값)

MODEL RESULTS

	Estimate	S.E.	Est./S.E.	Two-Tailed P-Value
KSI1 BY				
X1	1.000	0.000	999.000	999.000
X2	1.265	0.065	19.602	0.000
X3	1.282	0.062	20.806	0.000
X4	1.185	0.062	19.009	0.000
KSI2 BY				
M1	1.000	0.000	999.000	999.000
M2	0.998	0.021	48.622	0.000
M3	0.982	0.022	44.384	0.000
M4	1.034	0.019	54.372	0.000
KSI3 BY				
W1	1.000	0.000	999.000	999.000
W2	0.902	0.049	18.425	0.000
W3	0.928	0.054	17.333	0.000
W4	0.786	0.042	18.738	0.000
ETA1 BY				
ETA11	1.000	0.000	999.000	999.000
ETA12	1.115	0.020	54.874	0.000
ETA13	1.066	0.032	33.378	0.000
ETA14	0.935	0.036	25.769	0.000
ETA1 ON				
KSI1	−0.651	0.072	−9.006	0.000
KSI2	−0.082	0.097	−0.847	0.397
KSI3	0.604	0.089	6.802	0.000
KSI1KSI2	0.070	0.075	0.941	0.347
KSI1KSI3	0.161	0.066	2.431	0.015

KSI2 WITH				
KSI1	−0.123	0.127	−0.969	0.333
KSI3 WITH				
KSI1	−0.046	0.146	−0.317	0.751
KSI2	1.932	0.183	10.573	0.000
Intercepts				
X1	3.299	0.099	33.445	0.000
X2	3.284	0.108	30.372	0.000
X3	3.309	0.108	30.604	0.000
X4	3.239	0.103	31.553	0.000
ETA11	4.061	0.123	33.098	0.000
ETA12	3.903	0.136	28.607	0.000
ETA13	3.948	0.144	27.338	0.000
ETA14	4.040	0.130	31.106	0.000
M1	3.315	0.107	30.875	0.000
M2	3.355	0.108	31.158	0.000
M3	3.355	0.107	31.497	0.000
M4	3.355	0.111	30.201	0.000
W1	3.645	0.131	27.793	0.000
W2	3.785	0.109	34.829	0.000
W3	3.750	0.114	32.952	0.000
W4	3.735	0.101	36.989	0.000
Variances				
KSI1	1.361	0.175	7.794	0.000
KSI2	2.240	0.169	13.221	0.000
KSI3	2.553	0.225	11.368	0.000
Residual Variances				
X1	0.589	0.120	4.902	0.000
X2	0.167	0.032	5.227	0.000
X3	0.108	0.024	4.474	0.000
X4	0.200	0.027	7.473	0.000
ETA11	0.143	0.024	5.848	0.000
ETA12	0.090	0.025	3.526	0.000
ETA13	0.682	0.049	14.031	0.000
ETA14	0.751	0.069	10.951	0.000
M1	0.075	0.043	1.768	0.077
M2	0.099	0.021	4.722	0.000
M3	0.118	0.022	5.446	0.000
M4	0.086	0.019	4.604	0.000

```
    W1                 0.895    0.071     12.681     0.000
    W2                 0.290    0.040      7.174     0.000
    W3                 0.401    0.049      8.149     0.000
    W4                 0.466    0.046     10.053     0.000
    ETA1               1.570    0.181      8.676     0.000
New/Additional Parameters
    SD1                1.497    0.057     26.442     0.000
    SD2                1.598    0.070     22.735     0.000
    SIMPMLWL          -1.013    0.091    -11.133     0.000
    SIMPMMWL          -0.907    0.122     -7.433     0.000
    SIMPMHWL          -0.802    0.215     -3.726     0.000
    SIMPMLWM          -0.756    0.136     -5.568     0.000
    SIMPMMWM          -0.651    0.072     -9.006     0.000
    SIMPMHWM          -0.546    0.130     -4.205     0.000
    SIMPMLWH          -0.499    0.226     -2.211     0.027
    SIMPMMWH          -0.394    0.134     -2.940     0.003
    SIMPMHWH          -0.289    0.099     -2.927     0.003

CONFIDENCE INTERVALS OF MODEL RESULTS

             Lower .5%Lower 2.5%Lower 5%  Estimate  Upper 5%Upper 2.5%Upper .5%
ETA1         ON
  KSI1        -0.837    -0.792   -0.770   -0.651   -0.532    -0.509    -0.465
  KSI2        -0.332    -0.272   -0.242   -0.082    0.077     0.108     0.168
  KSI3         0.376     0.430    0.458    0.604    0.751     0.779     0.833
  KSI1KSI2    -0.122    -0.076   -0.053    0.070    0.193     0.217     0.263
  KSI1KSI3    -0.010     0.031    0.052    0.161    0.269     0.290     0.331

New/Additional Parameters
  SD1          1.351     1.386    1.404    1.497    1.590     1.608     1.643
  SD2          1.417     1.460    1.482    1.598    1.714     1.736     1.779
  SIMPMLWL    -1.247    -1.191   -1.162   -1.013   -0.863    -0.834    -0.778
  SIMPMMWL    -1.222    -1.147   -1.108   -0.907   -0.707    -0.668    -0.593
  SIMPMHWL    -1.357    -1.224   -1.156   -0.802   -0.448    -0.380    -0.248
  SIMPMLWM    -1.106    -1.022   -0.979   -0.756   -0.533    -0.490    -0.406
  SIMPMMWM    -0.837    -0.792   -0.770   -0.651   -0.532    -0.509    -0.465
  SIMPMHWM    -0.880    -0.800   -0.759   -0.546   -0.332    -0.291    -0.211
  SIMPMLWH    -1.081    -0.942   -0.871   -0.499   -0.128    -0.057     0.083
  SIMPMMWH    -0.739    -0.657   -0.615   -0.394   -0.174    -0.131    -0.049
  SIMPMHWH    -0.543    -0.483   -0.452   -0.289   -0.127    -0.095    -0.035
```

조절변수가 두 개 이상인 모형을 LMS를 이용하여 분석하는 경우에는 분석하는 데에 시간이 많이 걸린다. 또한 모형이 복잡해질수록 시간은 더 많이 걸린다. 그리고 부트스트래핑 분석까지 요청하면 모형에 따라 몇 시간 혹은 수십 시간이 걸리기도 한다. 여기에서는 부트스트래핑을 생략하였는데, 이 모형의 부트스트래핑 분석(예 BOOTSTRAP=1000)도 몇 시간이 걸릴 것이라고 예측된다. 부트스트래핑은 조절변수가 한 개인 조절된 매개분석에서 다룰 예정이다.

〈결과 11.2〉를 보면 $b_1 = -.651$, $p < .001$로 나타났기 때문에 ξ_2와 ξ_3가 0인 경우에 ξ_1이 η_1에 유의한 음의 영향을 미치는 것을 알 수 있다. 또한 b_4는 유의하지 않지만 b_5는 유의하게($b_5 = .161$, $p < .05$) 나타났다. 따라서 ξ_2를 통제한 상태에서 ξ_3가 한 단위 증가하면 η_1은 0.161단위만큼 증가한다고 말할 수 있다.

이제 단순기울기분석결과를 살펴보기로 한다. 단순기울기분석은 두 조절변수의 ±1*SD*와 평균값 수준에서 계산되었기 때문에 결과물을 다음과 같이 나타낼 수 있다.

New/Additional Parameters

ξ_3(SD)	ξ_2(SD)	Estimate	SE	z	p	
−1.598	−1.497	−1.013	0.091	−11.133	0.000	
−1.598	0	**−0.907**	0.122	−7.433	0.000	②
−1.598	1.497	**−0.802**	0.215	−3.726	0.000	③
0	−1.497	**−0.756**	0.136	−5.568	0.000	④
0	0	−0.651	0.072	−9.006	0.000	
0	1.497	−0.546	0.130	−4.205	0.000	
1.598	−1.497	**−0.499**	0.226	−2.211	0.027	⑦
1.598	0	−0.394	0.134	−2.940	0.003	
1.598	1.497	−0.289	0.099	−2.927	0.003	

먼저 위의 결과물과 b_4를 결합하면[3] ξ_3가 일정한 경우에 독립변수(ξ_1)가 종속변수(η_1)에 미치는 음의 영향은 조절변수 ξ_2가 증가하면서 이러한 음의 영향이 점점 완화되는 조절효과가 나타난다는 것을 확인할 수 있다. 그런데 여기에서 한 단위는 1*SD*이므로 ξ_3가 동일한 표준편차의 값을 갖는 경우에 ξ_2가 1표준편차만큼 증가하면 ξ_1 한 단위의 증가는 η_1을 0.07단위만큼 증가시킨다고 해석할 수 있다. 예를 들어 ξ_3가 −1*SD*(−1.598)로 동일한 값을 가지는 경우에 ξ_2가 0**SD*(0)에서 1*SD*(1.497)로 1표준편차 증가하면 조건부효과는 ③−②(0.105)만큼, 즉 (−0.802−(−0.907))만

3) 조절효과의 탐색과정이므로 b_4가 유의하다는 전제하에서 해석한다.

큼 증가한다. b_4를 고려하면 이러한 계산은 다음과 같이 표현된다.

$$\xi_3\text{가 일정한 경우} : 0.907 - 0.802 = (1.497 - 0) \times 0.07(b_4) = 0.105$$

위의 계산은 식 (11.4)에서 계산할 수 있다. 식 (11.4)에서 M의 서로 다른 두 값(M_1과 M_2)과 W의 서로 다른 두 값(W_1과 W_2)에서의 단순기울기의 차이(ΔS)는 다음과 같이 계산된다.

$$\Delta S = b_4(M_2 - M_1) + b_5(W_2 - W_1)$$

따라서 $W(\xi_3)$가 동일한 경우에($W_2 = W_1$) ③과 ②의 단순기울기의 차이는 $b_4 \times (1.497 - 0)$으로 계산된다.

이러한 계산은 다른 모든 조절변수 수준에도 적용된다. 예를 들어 ξ_3가 $1SD$ (1.598)로 동일한 값을 가지는 경우에 ξ_2가 $-1SD(-1.497)$에서 $0*SD(0)$로 1표준편차 증가하면 두 조건부효과의 차이는 다음과 같이 계산된다.

$$\xi_3\text{가 일정한 경우} : 0.499 - 0.394 = (1.497 - 0) \times 0.07(b_4) = 0.105$$

b_5와 관련된 조건부효과도 b_4와 동일한 방식으로 계산하고 해석할 수 있다. 그리고 b_5는 유의하기 때문에 ξ_2가 동일한 경우에 ξ_3가 한 단위 증가하면 ξ_1의 증가는 η_1을 유의하게 증가시킨다고 할 수 있다. 예를 들어 ξ_2가 $-1SD(-1.497)$로 동일한 값을 갖는 경우에 ξ_3가 $0*SD$인 ④에서 ⑦로 $1SD(1.598)$만큼 증가하면 조건부효과는 $-0.499-(-0.756)=0.257$만큼 증가한다. 이러한 두 조절변수 값에서의 조건부효과의 차이는 다음과 같이 계산된다.

$$\xi_2\text{가 일정한 경우} : 0.756 - 0.499 = (1.598 - 0) \times 0.161(b_5) = 0.257$$

또한 ξ_2가 $1SD(1.497)$로 동일한 값을 갖는 경우에도 ξ_3가 $0*SD$에서 $1SD$ (1.598)로 증가하면 단순기울기의 차이는 다음과 같이 계산된다.

$$\xi_2\text{가 일정한 경우} : 0.546 - 0.289 = (1.598 - 0) \times 0.161(b_5) = 0.257$$

단순조절분석과 마찬가지로 조절변수의 표준화방법은 잠재조절변수만 표준화하는 방법과 모든 잠재조절변수를 표준화하는 방법을 사용할 수 있다. 향후의 분석에서는 잠재조절변수만 표준화하는 방법을 사용할 예정이다. 이제 잠재조절변수를 표준화하여 다중가산조절모형을 분석하기로 한다. 〈표 11.3〉은 이를 분석하기 위한 Mplus code(model2(latent MOD stand).inp)이다.

〈표 11.3〉 다중가산조절모형분석을 위한 Mplus code(잠재조절변수 표준화방법)

```
TITLE:  model 2(latent MOD stand)
DATA:       FILE IS book(all).dat;
VARIABLE:  NAMES ARE Gender X1 X2 X3 X4 ETA11 ETA12 ETA13 ETA14
                         W1 W2 W3 W4 M1 M2 M3 M4 ETA21 ETA22 ETA23
                         ETA24 X M W ETA1 ETA2;
            USEVARIABLES ARE X1 X2 X3 X4 ETA11 ETA12 ETA13 ETA14
                         M1 M2 M3 M4 W1 W2 W3 W4;
ANALYSIS:   TYPE = RANDOM;
            ALGORITHM=INTEGRATION;
MODEL:    ! measurement model
            KSI1 BY X1-X4;
            KSI2 BY M1* M2-M4;
            KSI3 BY W1* W2-W4;
            ETA1 BY ETA11-ETA14;
            KSI2@1; KSI3@1;
          ! create latent variables interaction
            KSI1KSI2 | KSI1 XWITH KSI2;
            KSI1KSI3 | KSI1 XWITH KSI3;
          ! structural model
          ! intercept of ETA1 is fixed to 0 since it is a latent variable
            ETA1 ON KSI1(b1)
                    KSI2(b2)
                    KSI3(b3)
                    KSI1KSI2(b4)
                    KSI1KSI3(b5);
MODEL CONSTRAINT:
          NEW(SIMPMLWL SIMPMMWL SIMPMHWL SIMPMLWM
               SIMPMMWM SIMPMHWM SIMPMLWH SIMPMMWH
               SIMPMHWH);
          ! calculating simple slopes for each value of KSI2 and KSI3
```

```
        SIMPMLWL = b1 + b4*(-1) + b5*(-1);
        SIMPMMWL = b1 + b4*0    + b5*(-1);
        SIMPMHWL = b1 + b4*1    + b5*(-1);

        SIMPMLWM = b1 + b4*(-1) + b5*0;
        SIMPMMWM = b1 + b4*0    + b5*0;
        SIMPMHWM = b1 + b4*1    + b5*0;

        SIMPMLWH = b1 + b4*(-1) + b5*1;
        SIMPMMWH = b1 + b4*0    + b5*1;
        SIMPMHWH = b1 + b4*1    + b5*1;

      ! plot total effects of KSI1 on ETA1
      ! mean of factor KSI1 is set to 0 by default

        PLOT(PMLWL PMMWL PMHWL PMLWM PMMWM PMHWM
             PMLWH PMMWH PMHWH);
        LOOP(KSI1, -3, 3, 0.1);
        PMLWL = SIMPMLWL * KSI1;
        PMMWL = SIMPMMWL * KSI1;
        PMHWL = SIMPMHWL * KSI1;

        PMLWM = SIMPMLWM * KSI1;
        PMMWM = SIMPMMWM * KSI1;
        PMHWM = SIMPMHWM * KSI1;

        PMLWH = SIMPMLWH * KSI1;
        PMMWH = SIMPMMWH * KSI1;
        PMHWH = SIMPMHWH * KSI1;
PLOT:   TYPE=PLOT2;
OUTPUT: CINT;
```

〈표 11.3〉에서 〈표 11.2〉와 다른 점은 먼저 두 잠재조절변수를 표준화(KSI2@1, KSI3@1)하기 위하여 ξ_2와 ξ_3의 첫 번째 지표변수들의 요인적재량을 자유모수로 지정하였다. 그리고 잠재상호항의 생성과 구조모형의 설정은 모두 동일하다. 이미 두 잠재조절변수를 표준화하였기 때문에(이들의 표준편차는 1로 계산) MODEL CONSTRAINT에서 표준편차를 별도로 계산할 필요가 없다. 그리고 단순기울기의 계산에서 〈표 11.2〉와는 달리 실제 표준편차를 지정하는 것이 아니라 0과 ±1을 지정하면 된다. 이제 〈표 11.3〉을 실행한 〈결과 11.3〉을 살펴본다.

〈결과 11.3〉 잠재조절변수 표준화방법의 분석결과

MODEL RESULTS

	Estimate	S.E.	Est./S.E.	Two-Tailed P-Value
KSI1 BY				
X1	1.000	0.000	999.000	999.000
X2	1.265	0.065	19.574	0.000
X3	1.282	0.062	20.774	0.000
X4	1.186	0.062	18.984	0.000
KSI2 BY				
M1	1.497	0.057	26.474	0.000
M2	1.493	0.054	27.733	0.000
M3	1.470	0.050	29.284	0.000
M4	1.547	0.053	29.244	0.000
KSI3 BY				
W1	1.598	0.070	22.748	0.000
W2	1.442	0.070	20.705	0.000
W3	1.482	0.075	19.831	0.000
W4	1.256	0.052	24.059	0.000
ETA1 BY				
ETA11	1.000	0.000	999.000	999.000
ETA12	1.115	0.020	54.874	0.000
ETA13	1.066	0.032	33.378	0.000
ETA14	0.935	0.036	25.769	0.000
ETA1 ON				
KSI1	−0.651	0.072	−9.005	0.000
KSI2	−0.123	0.145	−0.845	0.398
KSI3	0.966	0.145	6.671	0.000
KSI1KSI2	0.105	0.111	0.943	0.346
KSI1KSI3	0.257	0.106	2.424	0.015
KSI2 WITH				
KSI1	−0.082	0.085	−0.964	0.335
KSI3 WITH				
KSI1	−0.029	0.091	−0.317	0.751
KSI2	0.808	0.047	17.361	0.000
Intercepts				
X1	3.300	0.099	33.443	0.000
X2	3.285	0.108	30.372	0.000

```
    X3                 3.310    0.108    30.604     0.000
    X4                 3.240    0.103    31.553     0.000
    ETA11              4.061    0.123    33.095     0.000
    ETA12              3.903    0.136    28.604     0.000
    ETA13              3.947    0.144    27.337     0.000
    ETA14              4.040    0.130    31.104     0.000
    M1                 3.315    0.107    30.875     0.000
    M2                 3.355    0.108    31.159     0.000
    M3                 3.355    0.107    31.498     0.000
    M4                 3.355    0.111    30.202     0.000
    W1                 3.645    0.131    27.795     0.000
    W2                 3.785    0.109    34.831     0.000
    W3                 3.750    0.114    32.954     0.000
    W4                 3.735    0.101    36.991     0.000
 Variances
    KSI1               1.360    0.175     7.786     0.000
    KSI2               1.000    0.000   999.000   999.000
    KSI3               1.000    0.000   999.000   999.000
 Residual Variances
    X1                 0.589    0.120     4.903     0.000
    X2                 0.167    0.032     5.227     0.000
    X3                 0.108    0.024     4.474     0.000
    X4                 0.200    0.027     7.474     0.000
    ETA11              0.143    0.024     5.848     0.000
    ETA12              0.090    0.025     3.526     0.000
    ETA13              0.682    0.049    14.031     0.000
    ETA14              0.751    0.069    10.951     0.000
    M1                 0.075    0.043     1.768     0.077
    M2                 0.099    0.021     4.722     0.000
    M3                 0.118    0.022     5.445     0.000
    M4                 0.086    0.019     4.605     0.000
    W1                 0.895    0.071    12.682     0.000
    W2                 0.290    0.040     7.174     0.000
    W3                 0.401    0.049     8.150     0.000
    W4                 0.466    0.046    10.053     0.000
    ETA1               1.570    0.181     8.676     0.000
New/Additional Parameters
    SIMPMLWL          -1.013    0.091   -11.129     0.000
    SIMPMMWL          -0.908    0.122    -7.434     0.000
```

SIMPMHWL	−0.803	0.215	−3.727	0.000
SIMPMLWM	−0.756	0.136	−5.567	0.000
SIMPMMWM	−0.651	0.072	−9.005	0.000
SIMPMHWM	−0.546	0.130	−4.205	0.000
SIMPMLWH	−0.499	0.226	−2.210	0.027
SIMPMMWH	−0.394	0.134	−2.939	0.003
SIMPMHWH	−0.289	0.099	−2.927	0.003

〈결과 11.3〉에서 〈결과 11.2〉와는 달리 ξ_1의 분산만 실제분산을 계산하고 ξ_2와 ξ_3의 분산은 표준화하였기 때문에 1로 계산되어 있는 것을 알 수 있다. 그리고 모든 변수의 p값은 〈결과 11.2〉와 동일하게 나타났다. 중요한 점으로 두 상호항 $\xi_1\xi_2$와 $\xi_1\xi_3$의 계수가 달라졌다(p값은 동일). 이러한 결과를 단순기울기분석과 결합하여 알아본다. 잠재변수 표준화방법에 의한 단순기울기들은 다음과 같다.

New/Additional Parameters

ξ_3	ξ_2	Estimate	SE	z	p	
−1	−1	−1.013	0.091	−11.129	0.000	
−1	0	−0.908	0.122	−7.434	0.000	②
−1	1	−0.803	0.215	−3.727	0.000	③
0	−1	−0.756	0.136	−5.567	0.000	④
0	0	−0.651	0.072	−9.005	0.000	
0	1	−0.546	0.130	−4.205	0.000	
1	−1	−0.499	0.226	−2.210	0.027	⑦
1	0	−0.394	0.134	−2.939	0.003	
1	1	−0.289	0.099	−2.927	0.003	

실제 값을 이용하는 경우와는 달리 위의 표에서 두 잠재조절변수의 값은 1표준편차만큼 변동한다. 그리고 단순기울기의 추정치는 실제 값의 경우와 동일하다. 실제 값을 사용하는 경우와 달라진 것은 두 가지이다. 첫째는 잠재조절변수의 변동크기가 실제표준편차에서 표준화된 표준편차인 1로 바뀌었고 b_4와 b_5의 계수가 달라졌다. 즉, 잠재상호항의 계수가 $b_4 = 0.105$ 및 $b_5 = 0.257$로 나타났다. 이 값은 잠재조절변수의 실제 값을 이용하는 조절분석에서 한 조절변수를 동일하게 유지한 상황에서 다른 조절변수가 한 단위 증가하는 경우에 독립변수의 한 단위 증가가 종속변수를 몇 단위 증가시키는가에 관한 값이라고 기억할 것이다. 예를 들어 $\xi_3 = -1$로

```
            SIMPMMWH = b1 + b4*MSDMM + b5*MSDWH;
            SIMPMHWH = b1 + b4*MSDMH + b5*MSDWH;

          PLOT(PMLWL PMMWL PMHWL PMLWM PMMWM PMHWM PMLWH
               PMMWH PMHWH);
          LOOP(KSI1, -3, 3, 0.1);

         ! plot total effects of X on ETA1

            PMLWL = (b0 + b2* MSDML + b3*MSDWL) + SIMPMLWL * KSI1;
            PMMWL = (b0 + b2* MSDMM + b3*MSDWL) + SIMPMMWL * KSI1;
            PMHWL = (b0 + b2* MSDMH + b3*MSDWL) + SIMPMHWL * KSI1;

            PMLWM = (b0 + b2* MSDML + b3*MSDWM) + SIMPMLWM * KSI1;
            PMMWM = (b0 + b2* MSDMM + b3*MSDWM) + SIMPMMWM * KSI1;
            PMHWM = (b0 + b2* MSDMH + b3*MSDWM) + SIMPMHWM * KSI1;

            PMLWH = (b0 + b2* MSDML + b3*MSDWH) + SIMPMLWH * KSI1;
            PMMWH = (b0 + b2* MSDMM + b3*MSDWH) + SIMPMMWH * KSI1;
            PMHWH = (b0 + b2* MSDMH + b3*MSDWH) + SIMPMHWH * KSI1;

PLOT:       TYPE=PLOT2;
OUTPUT:     STDYX CINT(BCBOOTSTRAP) TECH1;
```

〈표 11.4〉에서 잠재변수 ξ_1, ξ_2, ξ_3 및 ETA1의 관측변수의 평균값들은 각각 X, M, W 및 ETA1으로 저장되어 있다. 그리고 b_1과 b_2 및 b_3의 해석을 의미 있게 하기 위하여 X, M, W를 평균중심화하였다. 평균중심화의 대상은 상호항을 형성하는 모든 변수들이다. ETA1은 잠재변수가 아니고 절편이 0이 아니기 때문에 절편을 추정한다. 차후분석을 위하여 두 조절변수의 평균과 분산을 추정하여 라벨을 지정하였다.

MODEL CONSTRAINT에서 두 조절변수의 표준편차를 계산하였고 이름을 지정하였다. 그리고 M과 W의 값을 평균값($\overline{M}$, $\overline{W}$) 및 $\overline{M}\pm 1SD$와 $\overline{W}\pm 1SD$의 6가지로 분류하였다. 이들을 이용하여 9가지 조합의 단순기울기분석을 지정하고 그래프를 그리기 위한 명령문도 지정하였다. 부트스트래핑 결과를 확인하기 위하여 부트스트랩 표본크기(bootstrap samples)는 500개만 지정하였다. 이를 10000개로 지정하면 시간이 많이 소요된다.

〈표 11.4〉를 실행하면 〈결과 11.4〉를 얻을 수 있다.

〈결과 11.4〉 단일변수를 이용한 다중가산조절분석의 결과

```
MODEL FIT INFORMATION
Number of Free Parameters                      16
Chi-Square Test of Model Fit
          Value                             3.366
          Degrees of Freedom                    6
          P-Value                          0.7617
RMSEA (Root Mean Square Error Of Approximation)
          Estimate                          0.000
          90 Percent C.I.                   0.000    0.064
          Probability RMSEA <= .05          0.908
CFI/TLI
          CFI                               1.000
          TLI                               1.017
SRMR (Standardized Root Mean Square Residual)
          Value                             0.032

MODEL RESULTS
                                                      Two-Tailed
                      Estimate     S.E.   Est./S.E.    P-Value
 ETA1      ON
   X                    -0.556    0.057     -9.775      0.000
   M                    -0.004    0.098     -0.036      0.971
   W                     0.609    0.087      6.966      0.000
   XM                    0.049    0.069      0.717      0.473
   XW                    0.128    0.062      2.054      0.040
 M         WITH
   X                    -0.129    0.142     -0.913      0.361
 W         WITH
   X                    -0.080    0.151     -0.528      0.598
   M                     1.778    0.155     11.438      0.000
 Means
   X                     0.000    0.098      0.000      1.000
   M                     0.000    0.101      0.000      1.000
   W                     0.000    0.104      0.000      1.000
 Intercepts
   ETA1                  3.988    0.096     41.408      0.000
```

Variances				
X	1.970	0.134	14.656	0.000
M	2.279	0.155	14.694	0.000
W	2.209	0.144	15.370	0.000
Residual Variances				
ETA1	1.793	0.177	10.145	0.000
New/Additional Parameters				
MEANM	0.000	0.101	0.000	1.000
MEANW	0.000	0.104	0.000	1.000
SD1	1.510	0.051	29.433	0.000
SD2	1.486	0.048	30.659	0.000
MSDML	−1.510	0.101	−14.964	0.000
MSDMM	0.000	0.101	0.000	1.000
MSDMH	1.510	0.125	12.075	0.000
MSDWL	−1.486	0.114	−13.047	0.000
MSDWM	0.000	0.104	0.000	1.000
MSDWH	1.486	0.115	12.878	0.000
SIMPMLWL	−0.820	0.061	−13.388	0.000
SIMPMMWL	−0.746	0.104	−7.149	0.000
SIMPMHWL	−0.672	0.199	−3.377	0.001
SIMPMLWM	−0.630	0.117	−5.393	0.000
SIMPMMWM	−0.556	0.061	−9.116	0.000
SIMPMHWM	−0.481	0.124	−3.890	0.000
SIMPMLWH	−0.440	0.202	−2.174	0.030
SIMPMMWH	−0.365	0.118	−3.099	0.002
SIMPMHWH	−0.291	0.092	−3.169	0.002

〈결과 11.4〉에서 모형의 적합도는 매우 양호하게 나타났다. 그리고 상호항의 회귀계수 중에서 XM은 유의하지 않고 XW는 유의하게 나타났다($b_5 = .128$, $p < .05$). 여기에서 중요한 점을 하나 지적하면 만일 부트스트래핑 방법을 사용하지 않고 분석을 실행하면 XW의 계수는 유의하지 않게 나타난다($b_5 = .128$, $p = .102$). 이러한 이유로 부트스트래핑 기법이 권장되는 것이다. 부트스트래핑 방법에 관한 분석결과는 제시하지 않았다. 부트스트래핑 방법을 실행하지 않기 위해서는 ANALYSIS에서 BOOTSTRAP=500을 삭제하고 동시에 OUTPUT에서 CINT(BCBOOTSTRAP)을 CINT로 수정하면 된다. b_5가 유의하게 나타났으므로 조절효과의 탐색과정을 통하여 구체적인 분석인 단순기울기분석결과를 살펴보기로 한다.

W	M	Estimate	SE	z	p	
−1.486	−1.510	−0.820	0.061	−13.388	0.000	
−1.486	0	−0.746	0.104	−7.149	0.000	
−1.486	1.510	−0.672	0.199	−3.377	0.001	③
0	−1.510	−0.630	0.117	−5.393	0.000	
0	0	−0.556	0.061	−9.116	0.000	
0	1.510	−0.481	0.124	−3.890	0.000	⑥
1.486	−1.510	−0.440	0.202	−2.174	0.030	
1.486	0	−0.365	0.118	−3.099	0.002	
1.486	1.510	−0.291	0.092	−3.169	0.002	⑨

예를 들어 M이 1SD(1.510)로 동일한 단순기울기(③, ⑥, ⑨)를 정리하면 다음과 같다.

W	M	Estimate	SE	z	p
−1.486	1.510	−0.672	0.199	−3.377	0.001
0	1.510	−0.481	0.124	−3.890	0.000
1.486	1.510	−0.291	0.092	−3.169	0.002

b_5를 이용하여 M을 1.510으로 고정시킨 후에 W가 1표준편차 증가하는 경우에 X가 한 단위 증가하면 ETA1은 얼마나 증가하는가에 관한 계산은 다음과 같이 이루어진다.

$$M\text{이 일정한 경우}: (1.486-0)\times.128(b_5)=.672-.481=.481-.291=.19$$

앞에서도 살펴본 바와 같이 이러한 계산은 W를 고정시킨 경우 혹은 다른 모든 단순기울기의 차이의 계산에 적용된다.

이상의 잠재변수와 단일변수의 분석에서 직무스트레스(X)가 증가하면 직무만족(Y)이 감소하는데, 조직지원(M)이 동일한 수준에서 상사–부하관계(W)가 양호해질수록 이러한 $X \rightarrow Y$의 부정적인 영향이 완화되는 조절효과(b_5)가 발생하였다고 결론을 내린다. 반면에 b_4의 조절효과는 유의하지 않게 나타났다. 참고로 단순조절분석에서는 M과 W의 단순조절효과가 모두 유의하게 나타났다. M과 W를 동시에 투입한 다변량분석에서는 M과 W의 다중공선성으로 인하여 b_4가 유의하지 않게 나타난 것이다. 실제로 M과 W의 표준화상관계수는 0.792로 높게 나타났다.

11.2 조절된 조절모형

식 (11.2)의 다중가산조절모형은 독립변수가 종속변수에 미치는 영향이 다른 변수와는 관계가 없다는(다른 변수를 통제한 상태) 비조건부 제약모형(다중회귀모형)인 식 (11.1)보다 탄력적이긴 하지만 아직도 중요한 제약을 가하고 있다. 이러한 제약은 X가 Y에 미치는 영향은 M과 W에 의하여 조절되지만 X와 M의 조절효과가 W에 의하여 조절되지 않고 X와 W의 조절효과 역시 M에 의하여 조절되지 않는다는 내용을 담고 있다. 다시 말하면 b_4는 M이 한 단위 증가하는 경우에 X가 Y에 미치는 조건부효과를 의미하지만 이러한 조건부효과는 W와 관계없이 동일하다는 것이다. 마찬가지로 W가 한 단위 증가하는 경우에 X가 Y에 미치는 조건부효과인 b_5도 M값 수준과는 관계없이 항상 동일하다는 것을 의미한다. 하지만 실제 응용연구에서 독립변수인 직무스트레스가 종속변수인 직무만족에 미치는 부정적인 영향을 완화시키는 조직지원의 2원 상호효과(완충효과)는 상사와 부하의 관계가 원만해질수록 이러한 완충효과가 더욱 크게 나타날 것으로 설정할 수 있을 것이다.

다중가산조절모형의 제약조건을 완화시키는 방법은 X와 M의 2원 상호효과 자체가 다시 W에 의하여 조절된다는 내용을 분석에 도입하는 것이다. 이러한 내용을 조절된 조절작용(moderated moderation)이라고 하고 조절된 조절작용은 3원 상호효과(three-way interaction effect)라고도 부른다. 그리고 두 조절변수 중에서 2원 상호효과에 먼저 투입되는 조절변수(M)를 제1조절변수(primary moderator)라고 부르고 조절된 조절효과에 도입되는 조절변수(W)를 제2조절변수(secondary moderator)라고 부른다(Hayes, 2013). 단순조절분석과 더불어 특히 조절된 조절분석은 분석방법과 해석에서 연구자들의 많은 오류가 발생하는 부분이므로 각별히 유의해야 한다. 또한 3원 상호효과의 분석은 제13장에서 다룰 조절된 조절된 매개분석과 연계되어 있기 때문에 충분히 숙지할 필요가 있다. 조절된 조절모형의 회귀식은 다음의 식 (11.5)와 같다.

$$Y = i_1 + b_1 X + b_2 M + b_3 W + b_4 XM + b_5 XW + b_6 MW + b_7 XMW + e_Y \quad (11.5)$$

식 (11.5)는 식 (11.2)에 상호항 MW와 3원 상호항(three way interaction term)인 XMW가 추가된 모형이다. 단순조절분석과 마찬가지로 조절된 조절분석에서도 각 회귀계수의 해석은 매우 중요하다. 먼저 X의 계수 b_1은 X가 M 및 W와

3원 상호항(XMW)을 형성하고 있기 때문에 M과 W가 0인 경우에 X가 Y에 영향을 미치는 조건부효과이다. 마찬가지로 M의 계수 b_2는 X와 W가 0인 경우에 X가 Y에 영향을 미치는 조건부효과이고 W의 계수 b_3는 X와 M이 0인 경우에 X가 Y에 영향을 미치는 조건부효과를 의미한다. 그리고 XM의 계수 b_4는 XM이 W와 상호항을 형성하고 있기 때문에 W가 0인 경우에 X와 M의 상호효과를 나타낸다. 동일한 논리로 b_5는 M이 0인 경우에 X와 W의 상호효과이고 b_6는 $X=0$인 경우에 M과 W의 상호효과의 추정치이다. 그리고 매우 중요한 점으로 단순조절분석과 마찬가지로 조절된 조절효과를 분석하는 경우에 XMW뿐만 아니라 나머지 6개의 변수들도 반드시 모형에 포함시켜야 한다. 만일 이들을 포함시키지 않으면 3원 상호항의 편의 추정치가 산출된다.

이러한 조절된 조절모형의 개념모형과 통계모형은 [그림 11.2]와 같다.

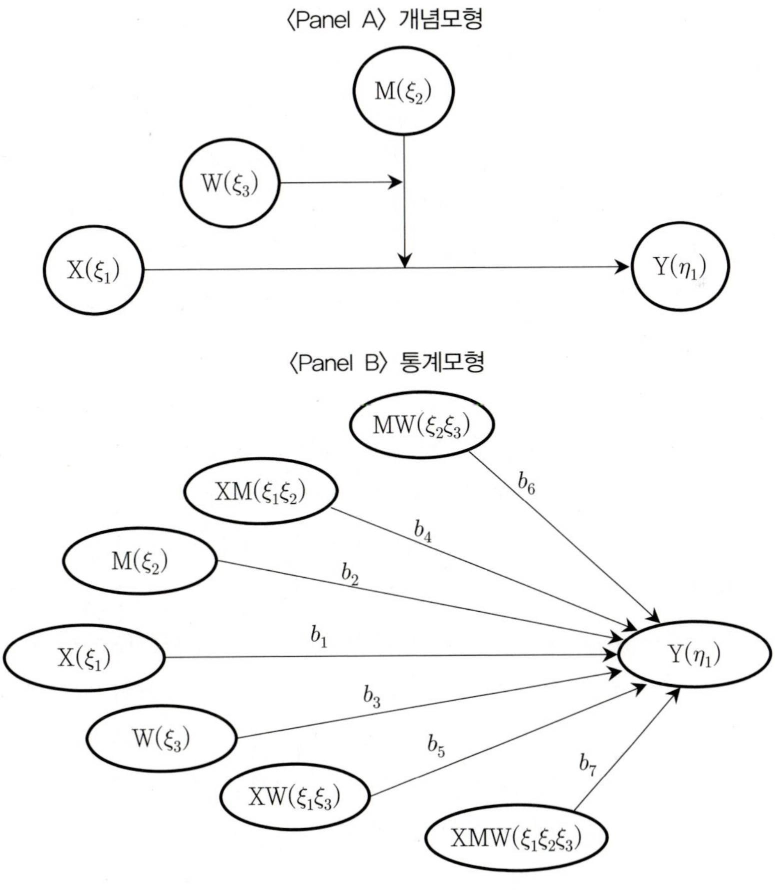

[그림 11.2] 조절된 조절모형의 개념모형과 통계모형

단순조절분석에서와 마찬가지로 조절된 조절효과에서도 조절효과의 유형을 먼저 알아보기로 한다. 〈표 11.5〉는 조절된 조절분석의 유형이다.

〈표 11.5〉 조절된 조절분석의 9가지 유형

계 수		b_1의 계수($X \rightarrow Y$)			
		양(+)		음(-)	
		2원 상호항(b_4)		2원 상호항(b_4)	
		양(+)	음(-)	양(+)	음(-)
3원 상호항(b_7)	양(+)	A	B	C	D
	음(-)	E	F	G	H

단순조절분석에서는 기본적으로 조절효과의 유형이 4가지이지만 조절된 조절분석에서는 식 (11.5)에서 b_1과 b_4 및 b_7이 양수인지 음수인지에 따라 8가지의 유형으로 분류할 수 있다.

〈표 11.5〉에서 먼저 A는 $b_1(+)$, $b_4(+)$, $b_7(+)$으로 구성되어 있다. 따라서 A는 독립변수 X가 증가하면 종속변수 Y가 증가하는데, 제1조절변수인 M이 증가하면 $X \rightarrow Y$의 양의 관계가 더 커지는 2원 상호효과(상승효과)가 나타나고 제2조절변수인 W가 증가하면 이러한 2원 상호효과의 상승효과가 더욱 커진다고 해석한다. B는 $b_1(+)$, $b_4(-)$, $b_7(+)$으로 이루어져 있기 때문에 X가 증가하면 Y가 증가하는데, M이 증가하면 이러한 증가폭이 완화되는 완충효과가 나타나지만 W가 증가하면 M의 완충효과가 감소한다고 해석한다. C는 $b_1(-)$, $b_4(+)$, $b_7(+)$으로 나타나기 때문에 X가 증가하면 Y가 감소하는데, M이 증가하면 이러한 감소폭이 완화되는 완충효과(2원 상호효과)가 나타나고 W가 증가하면 M의 완충효과가 더욱 커진다고 해석한다. D는 $b_1(-)$, $b_4(-)$, $b_7(+)$으로 이루어져 있기 때문에 X가 증가하면 Y가 감소하는데, M이 증가하면 이러한 감소폭이 증가하는 상승효과(2원 상호효과)가 나타나지만 W가 증가하면 M의 상승효과가 완화된다고 해석한다. E는 $b_1(+)$, $b_4(+)$, $b_7(-)$으로 이루어져 있으므로 X의 증가는 Y를 증가시키고 M이 증가하면 이러한 증가폭을 더욱 크게 하지만 W의 증가는 오히려 이러한 상승작용을 완화시킨다고 해석한다. 그리고 F는 $b_1(+)$, $b_4(-)$, $b_7(-)$으로 나타났기 때문에 M이 증가하면 X가 Y를 증가시키는 효과를 완화시키고 W가 증가하면 이러한 완충효과는 더욱 커진다고 해석할 수 있다. 그리고 G는 $b_1(-)$, $b_4(+)$, $b_7(-)$이므로 X가 증가하면 Y가 감소하는데, M이 증가하면 이러한 감소폭이 완화되는 완충효과가 발생하지만

W가 증가하면 M의 완충효과가 약화된다고 할 수 있다. 마지막으로 H는 $b_1(-)$, $b_4(-)$, $b_7(-)$이므로 X의 증가는 Y의 감소를 가져오고 M이 증가하면 이러한 감소폭이 증가하는 상승효과가 나타나는데, W가 증가하면 이러한 상승효과가 더욱 커지는 조절된 조절효과가 나타난다고 해석한다. 요약하면 b_1과 b_4의 부호가 동일하면 상승효과이고 부호가 다르면 완충효과이다. b_4와 b_7의 관계도 마찬가지로 해석한다.

그리고 독립변수 X와 종속변수 Y의 단순관계(단순회귀분석)에서 일관되지 않은 결과가 산출되는 경우에 취할 수 있는 방법은 일반적으로 두 가지가 있다. 하나는 X와 Y를 매개하는 매개변수를 도입하는 방법이고 다른 하나는 X가 Y에 미치는 영향을 조절하는 조절변수를 도입하는 것이다. 또한 제1조절변수의 조절효과가 나타나지 않는 경우에는 제2조절변수를 도입하여 조절된 조절분석을 실행한다. 심지어는 조절된 조절효과가 발생하지 않기 때문에 제3조절변수를 도입하여 4원 상호효과를 분석한 연구(Rodriguez, Bravo, Peiro, & Schaufeli, 2001)도 발표되었다. 물론 이러한 연구는 이론과 선행연구를 바탕으로 이루어져야 한다. 조절된 조절분석은 단순조절분석에서 역완충효과(reverse buffering effect)가 나타난 경우에 특히 효과적이다. 예를 들어 〈표 11.5〉에서 모형 B를 검정하는 경우에 연구자가 예측한 b_4의 부호가 완충효과를 의미하는 음수로 나타나야 하는데 양수로 나타난다면 역완충효과가 나타났다고 말한다. 이러한 경우에 제2조절변수를 도입하여 역완충효과를 수정, 설명하는 조절된 조절효과가 나타난다면 연구의 의의가 있다고 할 수 있다.

조절된 조절분석에서 b_4와 b_7의 해석에 유의할 부분이 있다. 예를 들어 단순조절분석에서는 b_4가 양수로 나타났지만 모든 변수를 도입한 조절된 조절분석에서는 다중공선성 등의 이유로 b_4가 음수로 나타난 경우에는 어떻게 해석할 것인가? 예를 들어 Hayes(2013)의 저서에서 환경변화에 대한 부정적 감정(X)이 정부정책지지도(Y)에 미치는 영향은 양수($b_1 = .273$, $p < .05$)이고 X와 제1조절변수인 성별(M : 여성은 0으로 코딩, 남성은 1로 코딩)의 상호항이 음수($b_4 = -.131$, $p = .435$)이며 제2조절변수인 연령(W)과의 3원 상호항은 유의하게 양수($b_7 = .007$, $p < .05$)로 나타났다. 하지만 단순조절분석에서 2원 상호항은 양수로 유의하게 나타났다($b_4 = .265$, $p < .05$). 이러한 결과에 대해 Hayes(2013, p.314)는 2원 상호효과를 기준으로 "부정적 감정과 성별 간의 유의한 양의 2원 상호효과는(a significantly positive two-way interaction between negative emotions and sex)…"이라고 서술하였다. 실제로 3원 상호효과의 탐색에서 W의 거의 모든 구간에서 2원 상호효과는 양수로 나타났다. 따라서 조절된 조절효과를 분석하는 경우에 의도하지 않은 b_4의 결과(부호)가 나타난 경우에는 연구자가 단순조절분석을 통하여 확인하는 절차를 거치는 것이 합리적이다. 또한 반

드시 단순기울기분석도 실행할 것을 권장한다.

조절된 조절분석은 여러 가지 이유로 연구가 많이 이루어지지 않고 있다. 여기에서는 조절된 조절효과를 분석한 몇 가지 선행연구를 알아본다. Noor(1995)는 〈표 11.5〉의 모형 A를 분석하였는데, 분석결과 도전적 직무(X)가 복지(Y)를 향상시키는데 사회적 지원(M)과 통제소재(W)가 증가하면 $X \rightarrow Y$가 더욱 증가하는 조절된 조절효과($b_7 = .774,\ p < .05$)를 확인하였다. Pinto, Dawood, & Pinto(2014)는 모형 F의 검정에서 직무요구(X)는 냉소주의(Y)를 증가시키지만 사회적 지원(M)과 직무통제(W)가 증가하면 이러한 부정적인 영향이 완화되는 3원 상호효과($b_7 = -1.05,\ p < .01$)가 나타난다고 주장하였다. 또한 Stetz, Stetz, & Bliese(2006)는 모형 C의 분석에서 스트레스(X)가 증가하면 심리적 안녕(Y)을 감소시키지만 자기효능감(M)과 사회적 지원(W)이 증가하면 스트레스의 부정적인 영향이 감소하는 조절된 조절효과($b_7 = .32,\ p < .01$)를 확인하였다.

반면에 조절된 조절분석의 해석이 틀린 해외 연구들도 있다는 점을 알아야 한다. 여기에서는 연구결과의 해석이 잘못된 연구 2편을 소개하고자 한다. 이들은 모두 SSCI급 저널에 실린 연구이고 이들 저널은 모두 impact factor가 2.5를 상회하는 저명한 학술지이다. 먼저 Kimura(2013)는 조직에 대한 정치지각(X)이 감정몰입도(Y)에 미치는 부정적인 영향이 상사–부하 관계(M)와 정치적 기술(W)이 증가하면 완화된다는 모형 C를 검정하는 연구모형을 설정하였다. 즉, 분석결과가 $b_1(-)$, $b_4(+)$, $b_7(+)$로 나타나면 연구가설이 검정된다고 할 수 있다. 하지만 연구결과 $b_1 = -.297, p < .01$, $b_4 = .107, p < .1$, $b_7 = -.173, p < .05$로 나타나서 모형 G의 결과가 나타났다. Kimura(2013)는 이러한 G의 연구결과를 C의 연구결과로 잘못 해석하였다. 또 다른 연구로 Zhao, Peng, & Sheard(2013)는 직장따돌림(X)이 반 생산활동(Y)에 미치는 양의 영향이 주도적 성격(M)이 강할수록 감소하는 완충효과가 나타나고 정치적 기술(W)이 강하면 이러한 완충효과는 더욱 강해질 것이라는 모형 F에 대한 가설을 설정하여 분석을 실행하였다. 따라서 분석결과가 $b_1(+)$, $b_4(-)$, $b_7(-)$로 나타나야 한다. 하지만 실증분석에서 $b_1 = .16, p < .05$, $b_4 = -.26, p < .01$, $b_7 = .20, p < .01$로 나타났다. 즉, 모형 B의 결과가 나타난 것이다. 이들은 이러한 결과에 대하여 직장따돌림이 반 생산활동에 미치는 부정적인 영향은 주도적 성격과 정치적 기술이 높은 수준에서 가장 낮게 나타난다고 잘못 해석하고 있다(Zhao et al., p.224).

이제 조절된 조절분석을 구체적으로 알아보기로 한다. 먼저 식 (11.5)는 다음과 같이 X를 중심으로 다시 표현할 수 있다.

$$Y = (i_1 + b_2 M + b_3 W + b_6 MW) + (b_1 + b_4 M + b_5 W + b_7 MW)X + e_Y \quad (11.6)$$

식 (11.6)에서 X가 Y에 영향을 미치는 조건부효과($\theta_{X \to Y}$)는 다음의 식 (11.7)과 같다.

$$\theta_{X \to Y} = b_1 + b_4 M + b_5 W + b_7 MW \quad (11.7)$$

그리고 식 (11.6)은 다음과 같이 X의 조건부효과를 나누어서 변환시킬 수 있다.

$$Y = (i_1 + b_2 M + b_3 W + b_6 MW) + (b_1 + b_5 W)X + [(b_4 + b_7 W)M]X + e_Y \quad (11.8)$$

식 (11.8)에서 X와 M 및 W가 함께 조합된 항은 $[(b_4 + b_7 W)M]X$인데, 이는 X가 Y에 미치는 영향을 조절하는 2원 상호효과(XM)가 $b_4 + b_7 W$에 의존한다는 것을 의미한다. 따라서 X가 M에 의하여 조절되는 2원 상호효과가 W에 의하여 다시 조절되는 조건부 조절효과(conditional moderation of X by M : $\theta_{XM \to Y}$)는 다음과 같이 계산된다.

$$\theta_{XM \to Y} = b_4 + b_7 W \quad (11.9)$$

식 (11.9)는 3원 상호항이 유의하게 나타난 경우에 W의 특정값 수준에서 X와 M의 2원 상호효과가 유의한지를 확인하는 3원 상호작용의 탐색(probing a three-way interaction)에 유용하게 사용된다.

본격적인 분석에 앞서 조절된 조절분석을 요약해 본다. 조절된 조절분석은 독립변수가 종속변수에 미치는 영향이 제1조절변수에 의하여 조절되는 2원 상호효과의 크기와 방향이 제2조절변수에 의하여 달라지는지를 검정하는 기법이다. 3원 상호항(b_7)에 대한 검정은 X와 M의 2원 상호효과 자체가 제2조절변수인 W의 값에 의하여 다시 조절되는지를 검정한다. 그리고 조절된 조절효과가 나타나기 위해서는 이러한 b_7이 유의하게 나타나야 한다. 중요한 내용으로 단순조절분석에서와 마찬가지로 조절된 조절분석에서도 두 계량조절변수를 평균 혹은 중앙값(mean or median split)을 기준으로 명목척도로 변환시킨 후에 SEM 등을 이용하여 조절된 조절분석을 실행하는 것은 적절한 방법이 아니다. 이러한 행태의 주요 원인은 조절된 조절분석의 개념과 분석방법에 대한 이해부족일 것이다. 특히 많은 연구들이 조절변수를 mean or median split을 이용하여 두 집단으로 분류한 후에 3원 분산분석(three-way ANOVA)을 이용하여 조절된 조절효과를 분석하고 있는데 이러한 접근법은 권장되지 않는다. 그리고 회귀분석을 이용하는 경우에는 식 (11.5)에 도입된 회귀계수들의 유의성검정 결과만 알 수 있고 조절된 조절분석의 중요한 해석인 $\theta_{XM \to Y}$와 단순기울기 검정 등의 결과는 알 수 없는 단점이 있다. 또한 회귀분석은 잠재변수를 이용한 조절된 조절효과는 분석할 수 없다.

이제 실제자료를 이용하여 조절된 조절효과를 분석하기로 한다. 자료는 다중가산조절분석의 자료와 동일하고 연구모형은 X가 Y에 미치는 영향이 M에 의하여 조절되는 2원 상호효과가 다시 W에 의하여 조절되는 조절된 조절효과가 나타난다고 가정하는 모형이다. 기저모형은 앞의 model 2와 동일하기 때문에 생략한다. 순서에 따라 먼저 잠재조절변수의 실제 값을 이용한 조절된 조절분석을 실행한다. 〈표 11.6〉(model3(latent actual).inp)은 이를 분석하기 위한 Mplus syntax이다.

〈표 11.6〉 실제 값을 이용한 조절된 조절분석

```
TITLE:  model 3(latent actual)
DATA:       FILE IS book(all).dat;
VARIABLE: NAMES ARE Gender X1 X2 X3 X4 ETA11 ETA12 ETA13 ETA14
                    W1 W2 W3 W4 M1 M2 M3 M4 ETA21 ETA22 ETA23
                    ETA24 X M W ETA1 ETA2;
          USEVARIABLES ARE X1 X2 X3 X4 ETA11 ETA12 ETA13 ETA14
                           M1 M2 M3 M4 W1 W2 W3 W4;
ANALYSIS: TYPE = RANDOM;
          ALGORITHM = INTEGRATION;
MODEL:   ! measurement model
          KSI1 BY X1-X4;
          KSI2 BY M1-M4;
          KSI3 BY W1-W4;
          ETA1 BY ETA11-ETA14;
          KSI2(var1); KSI3(var2);

         ! create latent variables interaction
          KSI1KSI2 | KSI1 XWITH KSI2;
          KSI1KSI3 | KSI1 XWITH KSI3;
          KSI2KSI3 | KSI2 XWITH KSI3;
          KSI123   | KSI1KSI2 XWITH KSI3;
```

```
        ! structural model
        ! intercept of ETA1 is fixed to 0 since it is a latent variable
          ETA1 ON KSI1       (b1)
                  KSI2       (b2)
                  KSI3       (b3)
                  KSI1KSI2   (b4)
                  KSI1KSI3   (b5)
                  KSI2KSI3   (b6)
                  KSI123     (b7);
MODEL CONSTRAINT:
         NEW(SD1 SD2 XMYWLL XMYWL XMYWM XMYWH XMYWHH
              SIMPMLWL SIMPMMWL SIMPMHWL SIMPMLWM SIMPMMWM
              SIMPMHWM SIMPMLWH SIMPMMWH SIMPMHWH);
          SD1=SQRT(var1);
          SD2=SQRT(var2);
        ! conditional moderation of X by M
          XMYWLL = b4 + b7  * (-2*SD2);
          XMYWL  = b4 + b7  * (-1*SD2);
          XMYWM  = b4 + b7  * (0*SD2);
          XMYWH  = b4 + b7  * 1*SD2;
          XMYWHH = b4 + b7  * 2*SD2;
        ! testing simple slopes (9 combinations)
          SIMPMLWL = b1 + b4*(-1*SD1) + b5*(-1*SD2) + b7*(-1*SD1)*(-1*SD2);
          SIMPMMWL = b1 + b4*(0*SD1)  + b5*(-1*SD2) + b7*(0*SD1)*(-1*SD2);
          SIMPMHWL = b1 + b4*(1*SD1)  + b5*(-1*SD2) + b7*(1*SD1)*(-1*SD2);

          SIMPMLWM = b1 + b4*(-1*SD1) + b5*(0*SD2)  + b7*(-1*SD1)*(0*SD2);
          SIMPMMWM = b1 + b4*(0*SD1)  + b5*(0*SD2)  + b7*(0*SD1)*(0*SD2);
          SIMPMHWM = b1 + b4*(1*SD1)  + b5*(0*SD2)  + b7*(1*SD1)*(0*SD2);

          SIMPMLWH = b1 + b4*(-1*SD1) + b5*(1*SD2)  + b7*(-1*SD1)*(1*SD2);
          SIMPMMWH = b1 + b4*(0*SD1)  + b5*(1*SD2)  + b7*(0*SD1)*(1*SD2);
          SIMPMHWH = b1 + b4*(1*SD1)  + b5*(1*SD2)  + b7*(1*SD1)*(1*SD2);
        ! plot total effects of KSI1 on ETA1 for specific values of KSI2 and KSI3
        ! The mean of factor KSI1 is set to 0 by default
          PLOT(PMLWL PMMWL PMHWL PMLWM PMMWM PMHWM
               PMLWH PMMWH PMHWH);
          LOOP(KSI1, -3, 3, 0.1);
```

```
          PMLWL = SIMPMLWL * KSI1;
          PMMWL = SIMPMMWL * KSI1;
          PMHWL = SIMPMHWL * KSI1;

          PMLWM = SIMPMLWM * KSI1;
          PMMWM = SIMPMMWM * KSI1;
          PMHWM = SIMPMHWM * KSI1;

          PMLWH = SIMPMLWH * KSI1;
          PMMWH = SIMPMMWH * KSI1;
          PMHWH = SIMPMHWH * KSI1;
PLOT:     TYPE=PLOT2;
OUTPUT:   CINT;
```

〈표 11.6〉에서 주의할 점이 있다. 잠재변수의 상호항을 생성하기 위하여 사용하는 XWITH 옵션은 한 번밖에 사용할 수 없기 때문에 3원 상호항을 생성하는 경우에 "KSI123 | KSI1 XWITH KSI2 XWITH KSI3"와 같이 XWITH를 두 번 사용하면 에러가 발생한다. 따라서 3원 상호항을 생성하는 경우에는 위의 명령문(KSI123 | KSI1KSI2 XWITH KSI3)처럼 기존에 생성한 2원 상호항(KSI1KSI2)에 새로운 조절변수(KSI3)를 추가하는 형식을 취해야 한다. 그리고 두 잠재조절변수(ξ_2, ξ_3)의 실제 값을 사용하기 때문에 이들의 분산을 측정하였다. MODEL CONSTRAINT에서 XMY는 위에서 설명한 $\theta_{XM \rightarrow Y}$를 의미하는 것인데, XMYWL은 제2조절변수(W : ξ_3)가 $-1SD$인 수준에서의 $\theta_{XM \rightarrow Y}$의 추정치이다. 그리고 단순기울기를 비롯한 나머지 명령문들은 앞의 다중가산조절모형과 동일하다. 〈표 11.6〉을 실행하면 〈결과 11.5〉를 얻을 수 있다.

〈결과 11.5〉 조절된 조절분석결과(실제 값)

MODEL RESULTS

	Estimate	S.E.	Est./S.E.	Two-Tailed P-Value
KSI1 BY				
X1	1.000	0.000	999.000	999.000
X2	1.264	0.064	19.654	0.000
X3	1.281	0.061	20.855	0.000
X4	1.184	0.062	19.032	0.000

```
KSI2     BY
  M1                 1.000    0.000   999.000   999.000
  M2                 0.998    0.021    48.620     0.000
  M3                 0.982    0.022    44.402     0.000
  M4                 1.034    0.019    54.341     0.000
KSI3     BY
  W1                 1.000    0.000   999.000   999.000
  W2                 0.904    0.049    18.320     0.000
  W3                 0.928    0.054    17.269     0.000
  W4                 0.787    0.042    18.736     0.000
ETA1     BY
  ETA11              1.000    0.000   999.000   999.000
  ETA12              1.115    0.020    55.011     0.000
  ETA13              1.066    0.032    33.380     0.000
  ETA14              0.935    0.036    25.725     0.000
ETA1     ON
  KSI1              -0.830    0.114    -7.270     0.000
  KSI2              -0.082    0.105    -0.776     0.438
  KSI3               0.568    0.106     5.354     0.000
  KSI1KSI2           0.082    0.090     0.919     0.358
  KSI1KSI3           0.131    0.090     1.462     0.144
  KSI2KSI3           0.022    0.038     0.583     0.560
  KSI123             0.081    0.031     2.613     0.009
KSI2     WITH
  KSI1              -0.124    0.127    -0.973     0.331
KSI3     WITH
  KSI1              -0.047    0.146    -0.324     0.746
  KSI2               1.931    0.183    10.563     0.000
Intercepts
  X1                 3.300    0.099    33.445     0.000
  X2                 3.284    0.108    30.372     0.000
  X3                 3.309    0.108    30.604     0.000
  X4                 3.239    0.103    31.553     0.000
  ETA11              4.006    0.162    24.803     0.000
  ETA12              3.842    0.181    21.245     0.000
  ETA13              3.889    0.184    21.126     0.000
  ETA14              3.989    0.164    24.391     0.000
  M1                 3.315    0.107    30.874     0.000
  M2                 3.355    0.108    31.157     0.000
```

M3	3.355	0.107	31.497	0.000
M4	3.355	0.111	30.201	0.000
W1	3.645	0.131	27.793	0.000
W2	3.785	0.109	34.829	0.000
W3	3.750	0.114	32.951	0.000
W4	3.735	0.101	36.989	0.000
Variances				
KSI1	1.362	0.175	7.804	0.000
KSI2	2.240	0.169	13.221	0.000
KSI3	2.550	0.226	11.302	0.000
Residual Variances				
X1	0.588	0.120	4.909	0.000
X2	0.167	0.032	5.223	0.000
X3	0.108	0.024	4.569	0.000
X4	0.202	0.027	7.522	0.000
ETA11	0.142	0.025	5.713	0.000
ETA12	0.090	0.026	3.495	0.000
ETA13	0.682	0.048	14.070	0.000
ETA14	0.753	0.069	10.969	0.000
M1	0.076	0.043	1.773	0.076
M2	0.099	0.021	4.723	0.000
M3	0.118	0.022	5.454	0.000
M4	0.086	0.019	4.603	0.000
W1	0.898	0.072	12.547	0.000
W2	0.287	0.041	7.023	0.000
W3	0.402	0.049	8.164	0.000
W4	0.467	0.047	10.019	0.000
ETA1	1.532	0.187	8.201	0.000
New/Additional Parameters				
SD1	1.497	0.057	26.442	0.000
SD2	1.597	0.071	22.605	0.000
XMYWLL	−0.176	0.082	−2.163	0.031
XMYWL	−0.047	0.071	−0.666	0.506
XMYWM	0.082	0.090	0.919	0.358
XMYWH	0.212	0.126	1.680	0.093
XMYWHH	0.341	0.169	2.021	0.043
SIMPMLWL	−0.969	0.082	−11.784	0.000
SIMPMMWL	−1.040	0.128	−8.113	0.000
SIMPMHWL	−1.110	0.220	−5.045	0.000

SIMPMLWM	−0.953	0.211	−4.527	0.000
SIMPMMWM	−0.830	0.114	−7.270	0.000
SIMPMHWM	−0.707	0.133	−5.295	0.000
SIMPMLWH	−0.938	0.404	−2.324	0.020
SIMPMMWH	−0.620	0.226	−2.744	0.006
SIMPMHWH	−0.303	0.104	−2.913	0.004

〈결과 11.5〉에서 KSI123($b_7 = .081$, $p < .01$)이 유의하게 나타났기 때문에 조절된 조절효과가 확인되었다. 일반적인 회귀분석은 여기까지만 결과를 알 수 있다. 회귀계수들을 이용하여 회귀모형을 설정하면 다음과 같다.

$$ETA1 = -0.830X - 0.082M + 0.568W + 0.082XM \\ + 0.131XW + 0.022MW + 0.081XMW$$

그리고 식 (11.9)에 의하여 $\theta_{XM \to Y}$는 다음과 같다.

$$\theta_{XM \to Y} = b_4 + b_7 W \\ = 0.082 + 0.081W \tag{11.10}$$

이제 식 (11.10)을 이용하여 3원 상호효과의 탐색과정을 알아본다. 결과물의 New/Additional Parameters에서 2원 상호효과가 W에 의하여 다시 조절되는 조건부 조절효과를 살펴보면 W가 매우 낮은 수준($\overline{W} - 2SD$: XMYWLL)에서는 오히려 2원 상호효과가 유의하게 음으로 나타났다($\theta_{XM \to Y} = -0.176$, $p < .05$). 또한 W가 낮은 수준에서도 유의하지는 않지만 조건부 조절효과가 음으로 나타났다. 그리고 W값이 증가하면서 이러한 조건부 조절효과는 점점 증가하는데, W값이 높은 수준($p = .093$: 한계적 유의성)과 매우 높은 수준($\theta_{XM \to Y} = .341$, $p < .05$)에서 유의하게 양으로 나타나는 것을 확인할 수 있다. 이러한 결론은 $X \to Y$의 부정적인 영향($b_1 = -.830$, $p < .001$)을 M이 완화시키는 2원 상호효과(완충효과)가 나타나기 위해서는 반드시 W가 필요하다는 사실을 암시하는 것이다.

다음으로 조절된 조절효과의 탐색과정을 단순기울기분석결과를 이용하여 알아보기로 한다. 식 (11.7)을 이용하여 특정 W값에서 서로 다른 두 M값(M_2와 M_1)에서의 단순기울기의 차이(ΔS)를 계산하면 다음과 같다.

$$\Delta S = \Delta(X \rightarrow Y_{|M,W}) = b_4(M_2 - M_1) + b_7(M_2 - M_1)(W) \qquad (11.11)$$

〈결과 11.5〉에서 얻어진 단순기울기분석결과는 다음과 같이 변환된다.

$W(\xi_3)$	$M(\xi_2)$	Estimate	SE	z	p	
−1.597	−1.497	−0.969	0.082	−11.784	0.000	
−1.597	0	−1.040	0.128	−8.113	0.000	②
−1.597	1.497	−1.110	0.220	−5.045	0.000	③
0	−1.497	−0.953	0.211	−4.527	0.000	
0	0	−0.830	0.114	−7.270	0.000	⑤
0	1.497	−0.707	0.133	−5.295	0.000	⑥
1.597	−1.497	−0.938	0.404	−2.324	0.020	
1.597	0	−0.620	0.226	−2.744	0.006	⑧
1.597	1.497	−0.303	0.104	−2.913	0.004	⑨

단순기울기분석결과는 조건부 조절효과분석결과와 더불어 중요한 내용을 제시한다. 먼저 식 (11.10)과 식 (11.11)을 비교해 본다. 만일 $M_2 - M_1 = 1$이고 W=−1, 0, 1이면 $\theta_{XM \rightarrow Y} = \Delta S$가 성립한다. 하지만 이 예에서는 $M_2 - M_1 = 1.497$이고 W=−1.597, 0, 1.597이기 때문에 이들은 같지 않게 된다. 그리고 XMW항이 제외된 다중가산조절모형에서는 M값에 따라 변화하는 X가 Y에 미치는 조건부효과는 W와 관계없다는 제약조건이 있었지만 조절된 조절모형에서는 이러한 M값에 따른 조건부효과의 차이는 W값에 따라 달라진다. 다중가산조절모형에서는 위의 결과에서 ③−②=⑥−⑤=⑨−⑧이 성립한다. 하지만 조절된 조절분석에서는 이러한 단순기울기의 차이는 W가 증가하면서 같이 증가한다. 다시 말하면 ③−②<⑥−⑤<⑨−⑧로 나타난다.

이제 서로 다른 W값에서의 단순기울기의 차이들을 계산해 본다.

③−②(W=−1.597) : $b_4 * 1.497 + b_7 * 1.497 * (-1.597) = 1.04 - 1.11 = -0.07$

⑥−⑤(W=0) : $b_4 * 1.497 + b_7 * 1.497 * 0 = .83 - .707 = .123$

⑨−⑧(W=1.597) : $b_4 * 1.497 + b_7 * 1.497 * (1.597) = .62 - .303 = .317$

이러한 결과는 W가 높은 수준에서 M이 한 단위 증가하는 경우의 두 단순기울기의 차이는 W가 낮은 수준에서 M이 한 단위 증가하는 경우의 단순기울기의 차이보다 크다는 것을 의미하는 것이다.

이제 두 번째로 두 잠재조절변수를 표준화하여 조절된 조절효과를 분석하기로 한다. 〈표 11.7〉(model3(latent MOD stand).inp)은 이를 분석하기 위한 Mplus syntax이다.

〈표 11.7〉 잠재조절변수의 표준화를 이용한 조절된 조절분석

```
TITLE:  model 3(latent MOD stand)
DATA:        FILE IS book(all).dat;
VARIABLE:  NAMES ARE Gender X1 X2 X3 X4 ETA11 ETA12 ETA13 ETA14
                          W1 W2 W3 W4 M1 M2 M3 M4 ETA21 ETA22
                          ETA23 ETA24;
           USEVARIABLES ARE X1 X2 X3 X4 ETA11 ETA12 ETA13 ETA14
                          M1 M2 M3 M4 W1 W2 W3 W4;
ANALYSIS:  TYPE = RANDOM;
           ALGORITHM=INTEGRATION;
MODEL:   ! measurement model
         ! moderator factors are standardized
           KSI1 BY X1-X4;
           KSI2 BY M1* M2-M4;
           KSI3 BY W1* W2-W4;
           ETA1 BY ETA11-ETA14;
           KSI2@1; KSI3@1;
         ! create latent variables interaction
           KSI1KSI2 | KSI1 XWITH KSI2;
           KSI1KSI3 | KSI1 XWITH KSI3;
           KSI2KSI3 | KSI2 XWITH KSI3;
           KSI123   | KSI1KSI2 XWITH KSI3;
         ! structural model
         ! intercept of ETA1 is fixed to 0 since it is a latent variable
           ETA1 ON KSI1       (b1)
                   KSI2       (b2)
                   KSI3       (b3)
                   KSI1KSI2   (b4)
                   KSI1KSI3   (b5)
                   KSI2KSI3   (b6)
                   KSI123     (b7);
```

```
MODEL CONSTRAINT:
          NEW(XMYWLL XMYWL XMYWM XMYWH XMYWHH SIMPMLWL
               SIMPMMWL SIMPMHWL SIMPMLWM SIMPMMWM
               SIMPMHWM SIMPMLWH SIMPMMWH SIMPMHWH);
        ! conditional moderation of X by M
           XMYWLL = b4 + b7 * (-2);
           XMYWL  = b4 + b7 * (-1);
           XMYWM  = b4 + b7 * 0;
           XMYWH  = b4 + b7 * 1;
           XMYWHH = b4 + b7 * 2;
        ! testing simple slopes (9 combinations)
          SIMPMLWL = b1 + b4*(-1) + b5*(-1) + b7*(-1)*(-1);
          SIMPMMWL = b1 + b4*0    + b5*(-1) + b7*0*(-1);
          SIMPMHWL = b1 + b4*1    + b5*(-1) + b7*1*(-1);

          SIMPMLWM = b1 + b4*(-1) + b5*0    + b7*(-1)*0;
          SIMPMMWM = b1 + b4*0    + b5*0    + b7*0*0;
          SIMPMHWM = b1 + b4*1    + b5*0    + b7*1*0;

          SIMPMLWH = b1 + b4*(-1) + b5*1    + b7*(-1)*1;
          SIMPMMWH = b1 + b4*0    + b5*1    + b7*0*1;
          SIMPMHWH = b1 + b4*1    + b5*1    + b7*1*1;

        ! plot total effects of X on Y for specific values of W
        ! The mean of factor KSI1 is set to 0 by default

          PLOT(PMLWL PMMWL PMHWL PMLWM PMMWM PMHWM
               PMLWH PMMWH PMHWH);
         LOOP(KSI1, -3, 3, 0.1);

          PMLWL = SIMPMLWL * KSI1;
          PMMWL = SIMPMMWL * KSI1;
          PMHWL = SIMPMHWL * KSI1;

          PMLWM = SIMPMLWM * KSI1;
          PMMWM = SIMPMMWM * KSI1;
          PMHWM = SIMPMHWM * KSI1;

          PMLWH = SIMPMLWH * KSI1;
          PMMWH = SIMPMMWH * KSI1;
          PMHWH = SIMPMHWH * KSI1;
PLOT:     TYPE=PLOT2;
OUTPUT:   CINT;
```

〈표 11.7〉에서 두 잠재조절변수를 표준화(KSI2@1, KSI3@1)한 것을 알 수 있다. 따라서 실제 값을 사용하는 경우와는 달리 표준편차의 값이 −2, −1, 0, 1, 2 등으로 설정된다. 나머지 명령문들은 〈표 11.6〉과 동일하다.

〈표 11.7〉을 실행하면 〈결과 11.6〉을 얻을 수 있다.

〈결과 11.6〉 잠재조절변수 표준화방법에 의한 조절된 조절분석결과

MODEL RESULTS

	Estimate	S.E.	Est./S.E.	Two-Tailed P-Value
KSI1 BY				
X1	1.000	0.000	999.000	999.000
X2	1.264	0.064	19.638	0.000
X3	1.281	0.061	20.838	0.000
X4	1.185	0.062	19.018	0.000
KSI2 BY				
M1	1.497	0.057	26.470	0.000
M2	1.494	0.054	27.732	0.000
M3	1.470	0.050	29.277	0.000
M4	1.547	0.053	29.236	0.000
KSI3 BY				
W1	1.597	0.071	22.615	0.000
W2	1.443	0.070	20.713	0.000
W3	1.482	0.075	19.800	0.000
W4	1.256	0.052	24.031	0.000
ETA1 BY				
ETA11	1.000	0.000	999.000	999.000
ETA12	1.115	0.020	55.011	0.000
ETA13	1.066	0.032	33.380	0.000
ETA14	0.935	0.036	25.725	0.000
ETA1 ON				
KSI1	−0.830	0.114	−7.270	0.000
KSI2	−0.122	0.158	−0.775	0.438
KSI3	0.907	0.173	5.249	0.000
KSI1KSI2	0.123	0.134	0.918	0.358
KSI1KSI3	0.210	0.144	1.456	0.145
KSI2KSI3	0.053	0.091	0.584	0.559

KSI123	0.194	0.073	2.640	0.008
KSI2 WITH				
KSI1	−0.083	0.085	−0.968	0.333
KSI3 WITH				
KSI1	−0.030	0.091	−0.325	0.746
KSI2	0.808	0.046	17.432	0.000
Intercepts				
X1	3.300	0.099	33.443	0.000
X2	3.285	0.108	30.372	0.000
X3	3.310	0.108	30.603	0.000
X4	3.240	0.103	31.553	0.000
ETA11	4.006	0.162	24.799	0.000
ETA12	3.842	0.181	21.241	0.000
ETA13	3.889	0.184	21.124	0.000
ETA14	3.989	0.164	24.389	0.000
M1	3.315	0.107	30.873	0.000
M2	3.355	0.108	31.156	0.000
M3	3.355	0.107	31.496	0.000
M4	3.355	0.111	30.199	0.000
W1	3.645	0.131	27.793	0.000
W2	3.785	0.109	34.829	0.000
W3	3.750	0.114	32.951	0.000
W4	3.735	0.101	36.988	0.000
Variances				
KSI1	1.362	0.175	7.800	0.000
KSI2	1.000	0.000	999.000	999.000
KSI3	1.000	0.000	999.000	999.000
Residual Variances				
X1	0.588	0.120	4.909	0.000
X2	0.167	0.032	5.222	0.000
X3	0.108	0.024	4.569	0.000
X4	0.202	0.027	7.522	0.000
ETA11	0.142	0.025	5.713	0.000
ETA12	0.090	0.026	3.495	0.000
ETA13	0.682	0.048	14.070	0.000
ETA14	0.753	0.069	10.969	0.000
M1	0.076	0.043	1.773	0.076
M2	0.099	0.021	4.723	0.000
M3	0.118	0.022	5.453	0.000

M4	0.086	0.019	4.604	0.000
W1	0.898	0.072	12.547	0.000
W2	0.287	0.041	7.024	0.000
W3	0.402	0.049	8.165	0.000
W4	0.467	0.047	10.019	0.000
ETA1	1.532	0.187	8.201	0.000
New/Additional Parameters				
XMYWLL	−0.264	0.123	−2.153	0.031
XMYWL	−0.070	0.106	−0.666	0.505
XMYWM	0.123	0.134	0.918	0.358
XMYWH	0.317	0.189	1.678	0.093
XMYWHH	0.511	0.253	2.017	0.044
SIMPMLWL	−0.970	0.082	−11.780	0.000
SIMPMMWL	−1.040	0.128	−8.113	0.000
SIMPMHWL	−1.110	0.220	−5.046	0.000
SIMPMLWM	−0.954	0.211	−4.527	0.000
SIMPMMWM	−0.830	0.114	−7.270	0.000
SIMPMHWM	−0.707	0.133	−5.296	0.000
SIMPMLWH	−0.938	0.404	−2.323	0.020
SIMPMMWH	−0.620	0.226	−2.744	0.006
SIMPMHWH	−0.303	0.104	−2.914	0.004

〈결과 11.6〉에서 먼저 두 잠재조절변수의 분산이 1로 고정되어 있는 것을 알 수 있다. 또한 3원 상호항이 유의하게 나타나서($b_7 = .194$, $p < .01$) 조절된 조절효과가 유의한 것을 확인할 수 있다. 따라서 3원 상호효과를 탐색할 필요가 있다. 결과물에서 실제 값을 사용하는 경우와 마찬가지로 제2조절변수가 −2 표준편차의 경우에는 2원 상호효과가 오히려 유의하게 음으로 나타났고($\theta_{XM \to Y|W=-2} = -.264$, $p < .05$), W 값이 증가하면서 이러한 조건부 조절효과는 점점 증가하다가 $W = 2$에서 2원 상호효과가 유의하게 양($\theta_{XM \to Y|W=2} = .511$, $p < .05$)으로 나타났다. 실제 값을 이용하는 경우와 잠재조절변수를 표준화하는 방법을 사용하는 경우의 5가지 조건부 조절효과의 p값은 동일하게 나타났다.

다음으로 단순기울기분석결과를 알아본다. 〈결과 11.6〉의 단순기울기분석결과는 다음과 같이 나타낼 수 있다.

$W(\xi_3)$	$M(\xi_2)$	Estimate	SE	z	p	
−1	−1	−0.970	0.082	−11.780	0.000	
−1	0	−1.040	0.128	−8.113	0.000	②
−1	1	−1.110	0.220	−5.046	0.000	③
0	−1	−0.954	0.211	−4.527	0.000	
0	0	−0.830	0.114	−7.270	0.000	⑤
0	1	−0.707	0.133	−5.296	0.000	⑥
1	−1	−0.938	0.404	−2.323	0.020	
1	0	−0.620	0.226	−2.744	0.006	⑧
1	1	−0.303	0.104	−2.914	0.004	⑨

위의 결과를 이용하여 단순기울기의 차이를 분석하면 다음과 같다.

③−②($W=-1$) : $b_4{*}1+b_7{*}1{*}(-1)=1.04-1.11=-0.07$

⑥−⑤($W=0$) : $b_4{*}1+b_7{*}1{*}0=.83-.707=.123$

⑨−⑧($W=1$) : $b_4{*}1+b_7{*}1{*}(1)=.62-.303=.317$

단순기울기의 차이는 실제 값의 경우와 동일한 크기로 계산된다. 그리고 눈여겨볼 내용은 각 단순기울기의 차이는 조건부 조절효과의 크기와 동일하다는 점이다. 즉, $\theta_{XM\rightarrow Y|W=-1}$=③−②=−.07, $\theta_{XM\rightarrow Y|W=0}$=⑥−⑤=.123, $\theta_{XM\rightarrow Y|W=1}$=⑨−⑧=.317로 계산된다. 이러한 현상은 앞에서도 설명한 바와 같이 $M_2-M_1=1$이고 W값이 실제표준편차가 아니라 −1, 0 및 1로 설정되어 있기 때문이다. 즉, 식 (11.11)은 다음과 같이 계산되기 때문이다.

$$\Delta S=\Delta(X\rightarrow Y_{|M,W})=b_4(M_2-M_1)+b_7(M_2-M_1)(W)=b_4+b_7W \quad (11.12)$$

위의 식 (11.12)는 식 (11.10)과 동일하다는 것을 알 수 있다.

다음으로 잠재변수의 하위 지표변수들을 평균한 단일변수를 이용하여 조절된 조절분석을 실행하기로 한다. 〈표 11.8〉(model3(single bootstrap).inp)은 이를 분석하기 위한 Mplus code이다.

〈표 11.8〉 단일변수를 이용한 조절된 조절분석

```
TITLE:    Moderated moderation(single)
DATA:        FILE IS book(all).dat;
VARIABLE:  NAMES ARE Gender X1 X2 X3 X4 ETA11 ETA12 ETA13 ETA14
                     W1 W2 W3 W4 M1 M2 M3 M4 ETA21 ETA22 ETA23
                     ETA24 X M W ETA1 ETA2;
           USEVARIABLES ARE X M W ETA1 XM XW MW XMW;
DEFINE:  ! mean centering of X, M, W
          CENTER X M W (GRANDMEAN);
         ! create interaction terms
         ! these interaction terms have to be placed at the end of
USEVARIABLES
         ! subcommand above
          XM=X*M; XW=X*W; MW=M*W; XMW=X*M*W;
ANALYSIS:   BOOTSTRAP=10000;
MODEL:      [ETA1](b0);
            ETA1 ON X(b1)
                    M(b2)
                    W(b3)
                    XM(b4)
                    XW(b5)
                    MW(b6)
                    XMW(b7);
          [M](mean1);
           M(var1);
          [W](mean2);
           W(var2);

MODEL CONSTRAINT:
          NEW(XMYWLL XMYWL XMYWM XMYWH XMYWHH
              MEANM MEANW SD1 SD2
              MSDML MSDMM MSDMH MSDWLL MSDWL MSDWM MSDWH
              MSDWHH SIMPMLWL SIMPMMWL SIMPMHWL SIMPMLWM
              SIMPMMWM SIMPMHWM SIMPMLWH SIMPMMWH
              SIMPMHWH);
          MEANM = mean1;
          MEANW = mean2;
          SD1   = SQRT(var1);
          SD2   = SQRT(var2);
```

```
    MSDML  = MEANM - SD1;
    MSDMM  = MEANM;
    MSDMH  = MEANM + SD1;
    MSDWLL = MEANW - 2*SD2;
    MSDWL  = MEANW - SD2;
    MSDWM  = MEANW;
    MSDWH  = MEANW + SD2;
    MSDWHH = MEANW + 2*SD2;

! conditional moderation of X by M

    XMYWLL = b4 + b7 * MSDWLL;
    XMYWL  = b4 + b7 * MSDWL;
    XMYWM  = b4 + b7 * MSDWM;
    XMYWH  = b4 + b7 * MSDWH;
    XMYWHH = b4 + b7 * MSDWHH;

! test simple slopes

    SIMPMLWL = b1 + b4*MSDML  + b5*MSDWL + b7*MSDML*MSDWL;
    SIMPMMWL = b1 + b4*MSDMM  + b5*MSDWL + b7*MSDMM*MSDWL;
    SIMPMHWL = b1 + b4*MSDMH  + b5*MSDWL + b7*MSDMH*MSDWL;

    SIMPMLWM = b1 + b4*MSDML  + b5*MSDWM  + b7*MSDML*MSDWM;
    SIMPMMWM = b1 + b4*MSDMM  + b5*MSDWM  + b7*MSDMM*MSDWM;
    SIMPMHWM = b1 + b4*MSDMH  + b5*MSDWM  + b7*MSDMH*MSDWM;

    SIMPMLWH = b1 + b4*MSDML  + b5*MSDWH  + b7*MSDML*MSDWH;
    SIMPMMWH = b1 + b4*MSDMM  + b5*MSDWH  + b7*MSDMM*MSDWH;
    SIMPMHWH = b1 + b4*MSDMH  + b5*MSDWH  + b7*MSDMH*MSDWH;

! plot total effects of X on Y for specific values of KSI2 and KSI3

    PLOT(PMLWL PMMWL PMHWL PMLWM PMMWM PMHWM PMLWH
         PMMWH PMHWH);
    LOOP(KSI1, -3, 3, 0.1);
PMLWL = (b0 + b2*MSDML + b3*MSDWL + b6*MSDML*MSDWL) + SIMPMLWL * KSI1;
PMMWL = (b0 + b2*MSDMM + b3*MSDWL + b6*MSDMM*MSDWL) + SIMPMMWL * KSI1;
PMHWL = (b0 + b2*MSDMH + b3*MSDWL + b6*MSDMH*MSDWL) + SIMPMHWL * KSI1;
PMLWM = (b0 + b2*MSDML + b3*MSDWM + b6*MSDML*MSDWM) + SIMPMLWM * KSI1;
PMMWM = (b0 + b2*MSDMM + b3*MSDWM + b6*MSDMM*MSDWM)+SIMPMMWM * KSI1;
PMHWM = (b0 + b2*MSDMH + b3*MSDWM + b6*MSDMH*MSDWM) + SIMPMHWM * KSI1;
PMLWH = (b0 + b2*MSDML + b3*MSDWH + b6*MSDML*MSDWH) + SIMPMLWH * KSI1;
```

```
PMMWH = (b0 + b2*MSDMM + b3*MSDWH + b6*MSDMM*MSDWH) + SIMPMMWH * KSI1;
PMHWH = (b0 + b2*MSDMH + b3*MSDWH + b6*MSDMH*MSDWH) + SIMPMHWH * KSI1;
PLOT:    TYPE=PLOT2;
OUTPUT: CINT(BCBOOTSTRAP);
```

〈표 11.8〉에서 상호항을 생성하는 모든 변수들을 평균중심화하였고 부트스트래핑을 지정하였으며(부트스트래핑을 지정하지 않은 Mplus syntax는 model3(single).inp로 저장되어 있다) 두 조절변수의 평균과 표준편차의 계산을 설정하였다. 그리고 MODEL CONSTRAINT에서 다양한 W값에서의 조건부 조절효과의 추정치의 계산을 설정하였고 단순기울기분석을 지정하였다. 단순조절분석과 마찬가지로 그래프를 그리는 PLOT과 LOOP 옵션에서 상수항이 0인 잠재변수와는 달리 단일변수를 사용하는 이 분석에서는 상수항이 0이 아니기 때문에 식 (11.6)의 상수항($i_1 + b_2M + b_3W + b_6MW$)을 $X \rightarrow Y$의 총효과를 그래프로 그리는 명령문에 포함하였다.

〈표 11.8〉을 실행하면 〈결과 11.7〉이 산출된다.

〈결과 11.7〉 단일변수를 이용한 조절된 조절분석 결과

```
MODEL FIT INFORMATION
Number of Free Parameters                        14
Chi-Square Test of Model Fit
          Value                               18.893
          Degrees of Freedom                      10
          P-Value                             0.0416
RMSEA (Root Mean Square Error Of Approximation)
          Estimate                             0.067
          90 Percent C.I.                      0.013    0.112
          Probability RMSEA <= .05             0.242
CFI/TLI
          CFI                                  0.931
          TLI                                  0.952
SRMR (Standardized Root Mean Square Residual)
          Value                                0.043
```

MODEL RESULTS

	Estimate	S.E.	Est./S.E.	Two-Tailed P-Value
ETA1 ON				
X	−0.684	0.097	−7.073	0.000
M	0.001	0.107	0.007	0.994
W	0.579	0.108	5.375	0.000
XM	0.058	0.079	0.733	0.463
XW	0.114	0.080	1.418	0.156
MW	−0.018	0.045	−0.397	0.692
XMW	0.064	0.032	2.000	0.045
W WITH				
M	1.778	0.154	11.516	0.000
Means				
M	0.000	0.107	0.000	1.000
W	0.000	0.105	0.000	1.000
Intercepts				
ETA1	4.011	0.143	27.994	0.000
Variances				
M	2.279	0.152	15.042	0.000
W	2.209	0.146	15.131	0.000
Residual Variances				
ETA1	1.760	0.184	9.546	0.000
New/Additional Parameters				
XMYWLL	−0.132	0.089	−1.487	0.137
XMYWL	−0.037	0.070	−0.532	0.595
XMYWM	0.058	0.079	0.733	0.464
XMYWH	0.153	0.110	1.394	0.163
XMYWHH	0.248	0.149	1.662	0.096
MEANM	0.000	0.107	0.000	1.000
MEANW	0.000	0.105	0.000	1.000
SD1	1.510	0.050	30.000	0.000
SD2	1.486	0.049	30.168	0.000
MSDML	−1.510	0.107	−14.081	0.000
MSDMM	0.000	0.107	0.000	1.000
MSDMH	1.510	0.128	11.809	0.000
MSDWLL	−2.973	0.138	−21.511	0.000
MSDWL	−1.486	0.113	−13.203	0.000
MSDWM	0.000	0.105	0.000	1.000
MSDWH	1.486	0.120	12.391	0.000

MSDWHH	2.973	0.150	19.805	0.000
SIMPMLWL	−0.797	0.055	−14.459	0.000
SIMPMMWL	−0.853	0.114	−7.485	0.000
SIMPMHWL	−0.909	0.212	−4.290	0.000
SIMPMLWM	−0.772	0.177	−4.358	0.000
SIMPMMWM	−0.684	0.099	−6.936	0.000
SIMPMHWM	−0.597	0.128	−4.659	0.000
SIMPMLWH	−0.746	0.339	−2.200	0.028
SIMPMMWH	−0.515	0.186	−2.766	0.006
SIMPMHWH	−0.285	0.096	−2.963	0.003

〈결과 11.7〉에서 조절된 조절모형의 적합도는 비교적 양호하게 나타났다. 그리고 3원 상호항이 유의하게 양($b_7 = .064$, $p < .05$)으로 나타났기 때문에 조절된 조절효과는 유의하다고 결론내릴 수 있다. 이 분석은 부트스트래핑 기법을 사용한 것이다. 반면에 부트스트래핑을 사용하지 않는 경우에는(model3(single).inp) $b_7 = .064$, $p = .065$로 한계적으로 유의하게 나타난다. 따라서 가능한 한 부트스트래핑 방법을 사용할 것을 권장한다.

다음으로 조건부 조절효과의 결과를 살펴보면 제2조절변수인 W가 증가하면서 X와 M이 상호작용하여 Y에 영향을 미치는 2원 상호효과는 점점 증가하는 것을 확인할 수 있다. 하지만 W의 전 구간에서 $\theta_{XM\rightarrow Y}$가 유의하지 않게($\theta_{XM\rightarrow Y|W=MEANW-2SD}$에서는 한계적 유의성) 나타났다. 또한 W의 전체 구간에서 단일변수를 사용한 경우의 $\theta_{XM\rightarrow Y}$의 p값은 잠재변수를 사용한 $\theta_{XM\rightarrow Y}$의 대응되는 p값보다 더 크게 나타났다.

이제 단순기울기분석결과를 살펴보기로 한다. 두 조절변수를 평균중심화하였으므로 이들의 평균은 모두 0이 된다. 따라서 단순기울기분석결과는 다음과 같이 표현된다.

W	*M*	Estimate	SE	z	p	
−1.486	−1.51	−0.797	0.055	−14.459	0.000	
−1.486	0	−0.853	0.114	−7.485	0.000	②
−1.486	1.51	−0.909	0.212	−4.290	0.000	③
0	−1.51	−0.772	0.177	−4.358	0.000	
0	0	−0.684	0.099	−6.936	0.000	⑤
0	1.51	−0.597	0.128	−4.659	0.000	⑥
1.486	−1.51	−0.746	0.339	−2.200	0.028	
1.486	0	−0.515	0.186	−2.766	0.006	⑧
1.486	1.51	−0.285	0.096	−2.963	0.003	⑨

잠재변수를 활용한 분석과 마찬가지로 특정 W값에서의 두 단순기울기의 차이는 다음과 같이 계산된다. $b_4 = .058$이고 $b_7 = .064$이다.

③−②($W = -1.486$) : $b_4 * 1.51 + b_7 * 1.51 * (-1.486) = .853 - .909 = -.056$

⑥−⑤($W = 0$) : $b_4 * 1.51 + b_7 * 1.51 * 0 = .684 - .597 = .087$

⑨−⑧($W = 1.486$) : $b_4 * 1.51 + b_7 * 1.51 * (1.486) = .515 - .285 = .23$

실제 값을 이용한 잠재변수 방법과 마찬가지로 조건부 조절효과의 크기와 단순기울기의 차이는 일치하지 않는다. 그리고 여기에서의 결과는 PROCESS macro의 결과와 일치한다.

CHAPTER

12

조절된 매개분석의 기초

지금까지 단순매개모형과 다중매개모형 및 단순조절모형 그리고 다중조절모형을 알아보았다. 이들은 서로 다른 분석방법과 해석을 가진 것으로 서로 독립적으로 이루어졌다. 복잡한 사회현상과 인간의 마음상태에서 대부분의 관계는 다른 변수에 의하여 매개되거나 조절된다고 보는 것이 안전할 것이다. 지금부터는 단순(다중)매개모형과 단순(다중)조절모형을 동일 모형에 통합한 조절된 매개모형을 학습할 예정이다. 매개분석이 $X \rightarrow Y$의 효과가 어떻게(how) 발생하는지를 분석하는 것이고 조절분석이 $X \rightarrow Y$의 효과가 언제(when) 발생하는지를 분석하는 것이라면 조절된 매개분석은 이들을 결합하여 어떻게가 언제(when of the how) 발생하는지를 분석하는 기법이라고 할 수 있다(Hayes, 2017). 이러한 조절된 매개모형은 인과관계분석에서 가장 복잡한 모형에 속하기 때문에 연구자들이 분석방법과 해석에서 가장 많이 오류를 범하고 있는 영역이다. 따라서 올바르고 정확한 이론서에 입각하여 확실하게 이해하는 것이 가장 중요하다고 생각된다. 조절된 매개분석은 조절변수가 한 개인 경우와 두 개 이상인 경우로 분류되는데, 이 장에서는 먼저 조절변수가 한 개인 경우의 조절된 매개분석을 다룬다.

조절된 매개분석은 여러 학자들을 거쳐 Muller, Judd, Yzerbyt(2005)가 처음으로 회귀분석을 이용하여 조절된 매개분석과 매개된 조절분석을 공식적으로 분석하는 방법을 소개하였다. 이 연구는 비록 조절된 매개효과의 분석법을 제시한 훌륭한 논문이지만 무수히 많은 조절된 매개모형 중에서 하나의 모형만 분석하는 방법이다. 즉, 이들의 연구는 다음의 [그림 12.1]의 모형에 관한 조절된 매개효과를 분석하는 것이다. 이 모형은 PROCESS macro의 model 59에 해당하는 것이다.

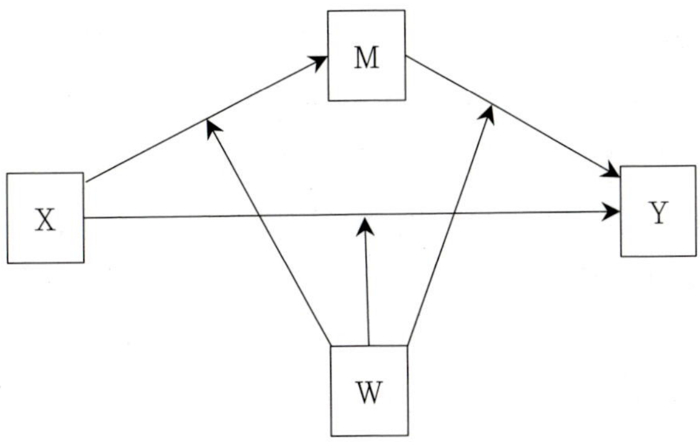

[그림 12.1] Muller et al.(2005)의 조절된 매개모형

[그림 12.1]은 하나의 조절변수(W)가 $X \rightarrow M$경로와 $M \rightarrow Y$경로 및 $X \rightarrow Y$경로

를 모두 조절하는 모형이다. 누차 강조하지만 인과관계모형을 분석하는 경우에 모형에 관한 회귀식을 정확히 설정해야 연구자가 원하는 효과를 제대로 분석할 수 있다. Muller et al.(2005)의 모형에 관한 M 회귀식과 Y 회귀식은 다음과 같다.

$$M = i_1 + a_1 X + a_2 W + a_3 XW + e_M \quad (12.1)$$

$$Y = i_2 + c_1' X + c_2' W + c_3' XW + b_1 M + b_2 MW + e_Y \quad (12.2)$$

식 (12.1)의 회귀식은 단순조절분석의 회귀식과 동일하다. 식 (12.2)에서 $M \rightarrow Y$ 경로는 원래 회귀식이 $b_1 M + b_2 W + b_3 MW$이지만 W가 Y에 미치는 영향은 $c_2' W$로 이미 측정되기 때문에 $b_2 W$는 생략된 것이다.

단순조절분석에서 알아본 것처럼 한 변수가 다른 변수에 미치는 영향이 제3의 변수에 의하여 조절되는 경우에 조건부효과라고 부른다. 이러한 조건부효과를 확인하기 위하여 식 (12.1)과 식 (12.2)를 다음과 같이 재구성한다.

$$M = (i_1 + a_2 W + e_M) + (a_1 + a_3 W) X \quad (12.3)$$

$$Y = (i_2 + c_2' W + e_Y) + (c_1' + c_3' W) X + (b_1 + b_2 W) M \quad (12.4)$$

식 (12.3)에서 X가 M에 영향을 미치는 조건부효과($\theta_{X \rightarrow M}$)는 $\theta_{X \rightarrow M} = (a_1 + a_3 W)$로 계산된다. 또한 식 (12.4)에서 M이 Y에 영향을 미치는 조건부효과($\theta_{M \rightarrow Y}$)는 $\theta_{M \rightarrow Y} = (b_1 + b_2 W)$가 되며 X가 Y에 미치는 영향의 조건부효과($\theta_{X \rightarrow Y}$)는 $\theta_{X \rightarrow Y} = (c_1' + c_3' W)$로 구성된다. 단순매개분석에서는 조건부효과가 도입되지 않기 때문에 $X \rightarrow M$의 경로계수(a)와 $M \rightarrow Y$의 경로계수(b)를 곱한 ab가 간접효과 추정치가 된다. 하지만 조절된 매개모형에서는 각 경로가 조절변수에 의하여 조절되기 때문에 이러한 조건부효과를 반영하여 간접효과를 계산해야 한다. 이와 같이 간접효과가 조절변수에 의하여 조절되는 현상을 조절된 매개(moderated mediation)라고 부른다. Hayes(2013)는 조절된 매개분석을 조건부과정분석(conditional process analysis)이라고 명명하였다.[1] 그리고 조절변수의 특정값에서의 간접효과의 추정치를 조건부 간접효과(conditional indirect effect)라고 부르며, 특정한 조절변수 수준에서의 직접효과의 크기를 조건부 직접효과(conditional direct effect)라고 부른다.

---

1) 여기에서 과정은 매개과정을 의미한다. 경우에 따라서는 매개과정을 메커니즘(mechanism)이라고도 한다.

[그림 12.1]의 조건부 간접효과(ω : omega ; 오메가)와 조건부 직접효과($\theta_{X \to Y}$)는 다음과 같다.

$$\omega = (a_1 + a_3 W)(b_1 + b_2 W) \tag{12.5}$$

$$\theta_{X \to Y} = (c_1{}' + c_3{}' W) \tag{12.6}$$

조절된 매개분석의 핵심 중의 하나는 조건부 간접효과와 조건부 직접효과의 추정 및 이들에 관한 추론검정이다. 그리고 이러한 조건부 간접효과와 조건부 직접효과의 추정치는 연구모형마다 다르기 때문에 정확한 회귀식의 설정을 토대로 올바르게 이루어져야 한다.

Muller et al.(2005)의 연구 이후에 많은 학자들이 이들의 연구를 이용하여 조절된 매개분석을 시도하고 있다. 하지만 적지 않은 연구들이 Muller et al.(2005)의 회귀모형을 다른 연구모형에 무분별하게 사용하고 있다. 예를 들어 [그림 12.1]에서 $M \to Y$가 W에 의하여 조절되지 않는 모형(PROCESS model 8)에서는 Y 회귀식이 다음과 같이 설정되어야 한다.

$$Y = i_2 + c_1{}' X + c_2{}' W + c_3{}' XW + bM + e_Y \tag{12.7}$$

이러한 경우에 조건부 간접효과의 크기는 다음의 식 (12.8)과 같이 계산된다.

$$\omega = \theta_{X \to M} \times b = (a_1 + a_3 W) \times b \tag{12.8}$$

식 (12.8)은 식 (12.5)와 다르다는 것을 알 수 있다. 만일 연구자가 PROCESS model 8을 분석하는 경우에 식 (12.5)를 이용하여 조건부 간접효과를 계산하면 오류에 해당한다는 것을 알 수 있다. 마찬가지로 $X \to M$경로와 $X \to Y$경로가 W에 의하여 조절되지 않는 모형(PROCESS model 14)도 조건부 간접효과의 추정치가 달라진다.

Muller et al.(2005)의 연구가 발표된 후에 거의 비슷한 시기에 Edwards & Lambert(2007)와 Preacher, Rucker, & Hayes(2007)는 Muller et al.(2005)의 모형 이외의 다른 조절된 매개모형의 분석방법을 제시하였다. Edwards & Lambert (2007)는 6개의 조절된 매개모형(PROCESS models 7, 8, 14, 15, 58, 59)을 제시하였고 Preacher et al.(2007)은 5개의 조절된 매개모형(PROCESS models 8, 14, 22, 59, 74)을 제시하였다. 이들의 모형은 공교롭게도 Muller et al.(2005)의 모형

(PROCESS model 59)을 모두 포함하고 있다. 두 연구 중에서 특히 Preacher et al. (2007)의 연구가 각광을 받은 이유는 5개의 조절된 매개모형을 분석할 수 있는 MODMED macro[2)]를 개발하고 이를 무료로 제공했다는 점이다.

조절된 매개모형은 위의 두 연구자가 제시한 소수의 모형 이외에도 많은 다른 모형이 존재할 수 있다. Hayes는 이러한 점에 착안하여 무려 70개의 조절된 매개모형을 분석할 수 있는 PROCESS macro(Hayes, 2012)를 개발하고 이를 무료로 배포하였다. 그리고 이듬해에 Hayes(2013)는 PROCESS macro의 사용법과 매개분석과 조절분석 및 조절된 매개분석을 이론적으로 해설한 책(Introduction to mediation, moderation, and conditional process analysis : A regression-based approach)을 출간하기에 이른다. 그리고 Hayes의 개정판(2018)에서는 모두 92개의 통계모형을 분석할 수 있다. Hayes는 이 외에도 무수히 많은 관련 연구들을 발표하고 있다. 하지만 Hayes(2013, 2018)의 PROCESS 방법은 회귀분석을 이용하여 단일변수로 구성된 조절된 매개분석을 다루고 있고 잠재변수를 이용한 조절된 매개효과는 분석할 수 없다. 그럼에도 불구하고 조절된 매개분석을 올바르게 이해하기 위해서는 Hayes(2013)의 저서를 먼저 연구하는 것이 권장된다(Stride et al., 2015). 왜냐하면 조절된 매개분석의 분석절차와 논리 및 해석은 Hayes(2013, 2015)의 제안을 따라야 올바른 분석을 실시할 수 있기 때문이다. 그리고 필자(이형권, 2015)는 Hayes(2013)의 책을 편역하여 출간하였고 단일변수의 조절된 매개분석과 더불어 잠재변수를 이용한 조절된 매개분석의 경험을 토대로 조절된 매개분석의 분석방법과 해석을 본서에 소개할 예정이다. 잠재변수를 이용한 조절된 매개분석에 관해서는 아직까지 올바른 저서도 없을 뿐만 아니라 실증연구도 거의 이루어지지 않고 있다. 다만 일부 모형에 관하여 잠재변수를 이용한 조절된 매개분석의 분석방법에 대한 연구가 발표되고 있는 실정이다.

2) 만일 MODMED macro를 이용하여 조절된 매개분석을 실시하는 경우에 MODMED macro model 2(PROCESS model 8)를 이용하여 PROCESS model 7을 분석한다면 이는 올바른 방법이 아니다. 왜냐하면 Y 회귀식에서 M의 계수인 b의 추정치가 달라지기 때문이다.

12.1 PROCESS model 7의 분석

이제 조절된 매개모형을 분석하기로 한다. 먼저 PROCESS macro model 7을 분석한다. 이 모형의 개념모형과 통계모형은 [그림 12.2]와 같다. 잠재변수의 지표변수들과 오차분산 등은 생략하였다.

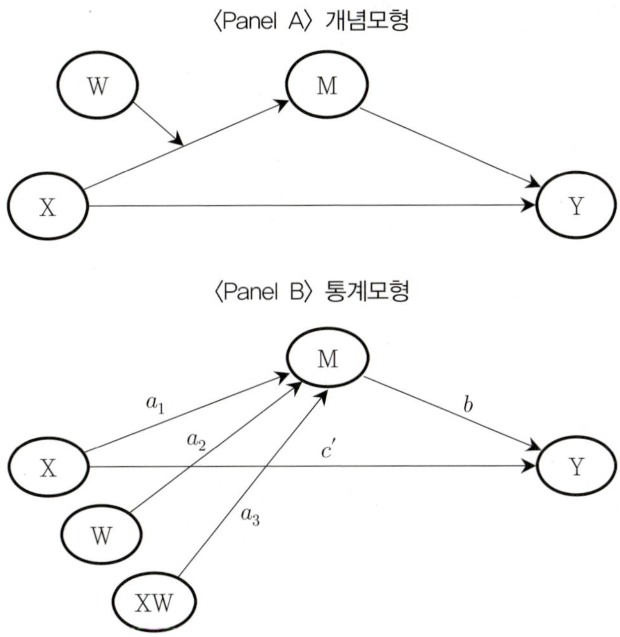

[그림 12.2] 조절된 매개모형(PROCESS model 7)

[그림 12.2]는 $X \rightarrow M$경로가 조절변수 W에 의하여 조절되고 다른 경로들은 조절되지 않는 조절된 매개모형이다. [그림 12.2]의 M 회귀식과 Y 회귀식은 다음과 같다.

$$
\begin{aligned}
M &= i_1 + a_1 X + a_2 W + a_3 XW + e_M \\
&= (i_1 + a_2 W + e_M) + (a_1 + a_3 W)X \qquad (12.9)
\end{aligned}
$$

$$Y = i_2 + c'X + bM + e_Y \qquad (12.10)$$

식 (12.9)에서 $\theta_{X \to M} = a_1 + a_3 W$이고 식 (12.10)에서 $M \to Y$의 영향은 b이므로 조건부 간접효과는 다음과 같이 추정된다.

$$\omega = (a_1 + a_3 W) \times b \tag{12.11}$$

이제 본격적인 조절된 매개효과를 분석하기 전에 조절된 매개지수(index of moderated mediation)의 개념을 알아본다. 조절된 매개지수는 Hayes(2015)에 의하여 처음으로 제시된 개념으로 조절된 매개효과의 유의성은 반드시 조절된 매개지수의 유의성여부를 이용하여 판단해야 한다. 즉, 이러한 조절된 매개지수의 유의성 검정은 조절된 매개의 공식적인 검정(formal test)이다. 조절된 매개지수는 모형이 달라지면서 같이 달라진다. [그림 12.2]의 조절된 매개지수는 식 (12.11)에서 계산된다. 식 (12.11)은 다음과 같이 표현할 수 있다.

$$\omega = (a_1 + a_3 W) \times b = a_1 b + a_3 b W \tag{12.12}$$

식 (12.12)에서 조절변수 W의 가중치(weight)인 $a_3 b$를 PROCESS macro model 7의 조절된 매개지수라고 부른다. 따라서 조절된 매개지수인 $a_3 b$가 유의한 경우에만 [그림 12.2]의 조절된 매개효과가 유의하다고 할 수 있다. 그리고 개별경로(특히 조건부효과)의 유의성과 조절된 매개효과의 유의성(조절된 매개지수의 유의성)은 관계가 없다. 즉, [그림 12.2]에서 $X \to M$의 조건부효과 $\theta_{X \to M} = a_1 + a_3 W$에서 a_3가 유의해도 조절된 매개지수 $a_3 b$가 유의하지 않으면 조절된 매개효과는 유의하지 않은 것이고 반대로 a_3가 유의하지 않아도 $a_3 b$가 유의하면 조절된 매개효과는 유의하다고 판정한다(Hayes, 2015).

조절분석과 마찬가지로 조절된 매개지수의 추론검정에서 조절된 매개효과가 유의하게 산출되는 경우에는 조절된 매개의 탐색(probing moderated mediation)을 실행한다. 이러한 탐색은 조건부 간접효과의 크기와 유의성 검정을 이용한다. 조건부 간접효과의 추론은 식 (12.11)을 이용하여 검정한다. 조절분석에서 b_3가 유의하면 조절변수의 어떠한 두 값에서의 조건부효과는 통계적으로 유의한 차이가 난다는 것을 알아보았다(Aiken & West, 1991). 이와 마찬가지로 조절된 매개지수가 유의하여 조절된 매개효과가 유의한 경우에는 조절변수의 어떠한 두 값에서의 조건부 간접효과는 통계적으로 차이가 난다고 결론을 내린다(Hayes, 2015). 또한 중요한 내용으로 조절효과와 조건부효과가 다른 개념인 것처럼 조건부 간접효과의 유의성과 조절된 매개효과의 유의성은 관계가 없다. 따라서 조건부 간접효과가 모두 유의하기(유의하지 않기) 때문에 조절된 매개효과가 유의하다(유의하지 않다)고 판단하는 것은 잘못된 것이다. 즉, 유의성의 차이(조건부 간접효과의 유의성이 서로 다르다)는 차이의 유의성(조절된 매개효과가 유의하다)과 다른 개념이다. 이는 매우 중요한 내용이기 때문에 반드시 유념해야 한다.

여기에서 연구자들이 흔히 오해하는 매우 중요한 내용을 소개하고자 한다. 앞의 매개분석과 단순조절분석에서 독립변수 X가 종속변수 Y에 미치는 영향이 유의하지 않은 경우에도 매개분석과 조절분석을 실행할 수 있다는 것을 살펴보았다. 그렇다면 동일한 논리로 [그림 12.2]에서 조절변수 W를 도입하지 않은 단순매개효과인 비조건부 간접효과(unconditional indirect effect)가 유의하지 않은 경우에도 조절된 매개분석을 실시할 수 있는가? 대답은 "그렇다"이다. 이에 관하여 Hayes는 초판(Hayes, 2013)에서 언급이 없다가 개정판(Hayes, 2018)에서는 이를 명확히 설명하고 있다. Hayes(2018)의 주장을 필자는 다음과 같이 설명한다. 다음은 각 분석의 연구주제이다.

1. 단순매개분석 : "$X \rightarrow Y$"가 M(매개변수)에 의하여 매개되는가?
2. 단순조절분석 : "$X \rightarrow Y$"가 M(조절변수)에 의하여 조절되는가?
3. 조절된 매개분석 : "$X \rightarrow M \rightarrow Y$"가 W(조절변수)에 의하여 조절되는가?

관심사항은 위의 세 연구주제에서 따옴표 안에 있는 효과가 유의해야 하는지에 관한 내용이다. 결론은 이들이 유의하지 않은 경우에도 세 가지 분석을 실시할 수 있다는 것이다. 그리고 이들이 유의해야 한다고 주장하는 입장은 다음과 같다. 먼저 단순매개분석에서 총효과(c)가 유의하지 않으면 매개될 것이 없다는 것이고 단순조절분석에서 "$X \rightarrow Y$"가 유의하지 않으면 조절될 것이 없다는 것이다, 마찬가지로 "$X \rightarrow M \rightarrow Y$"가 유의하지 않으면 조절될 간접효과가 없다는 내용이다. 하지만 명확한 것은 유의하지 않은 효과도 조절 혹은 매개될 수 있다는 것이다. 이러한 내용에 관하여 Hayes(2018, p.426)는 비조건부 간접효과의 유의성 여부는 간접효과가 조절되는지(조절된 매개효과)에 관하여 아무것도 알려주지 않기 때문에 "조절변수가 도입되지 않은 비조건부 간접효과가 유의한지에 관한 염려 없이 조절된 매개분석을 실시하라(conduct the test of moderation of mediation without worrying about whether X is indirectly related to Y through M in a simpler model without a moderation component)"고 조언하고 있다.

12.1.1 잠재변수를 이용하는 방법

이제 잠재변수를 이용하여 model 7에 관한 조절된 매개분석을 실시한다. Cheung & Lau(2015)는 잠재변수를 이용하여 조절된 매개모형을 분석하는 경우에 3가지 단계를 거칠 것을 제안하였다. 첫째 단계는 잠재상호항이 도입되지 않은 기저모형을 분석하여 모형적합도가 양호하고 요인적재량들이 모두 통계적으로 유의하면 잠재상호항이 없는 모형은 자료에 적합하다고 판단하고 다음 단계로 넘어간다. 두 번째 단계에서는 잠재상호항을 도입한 조절된 매개모형을 분석한다. 이 단계에서 조절된 매개지수가 유의하기 때문에 조절된 매개효과가 유의하게 산출되면 다음 단계로 넘어간다. 세 번째 단계는 조절된 매개효과의 탐색단계이다. 이 단계에서는 특정한 조절변수 값에서 조건부 간접효과가 유의한지 혹은 유의하지 않은지와 조건부 간접효과의 부호와 추세를 조사한다. 조절분석에서도 다루었지만 Mplus는 잠재변수의 분산은 추정하고 모형식별을 위하여 잠재변수의 평균은 디폴트에 의하여 0으로 고정시킨다.

먼저 기저모형을 분석하기 위한 Mplus code(model7(latent baseline).inp)는 다음과 같다.

〈표 12.1〉 PROCESS model 7의 기저모형

```
TITLE:  model 7 (baseline model)
DATA:     FILE IS book(all).dat;
VARIABLE:
          NAMES ARE Gender X1 X2 X3 X4 ETA11 ETA12 ETA13 ETA14 W1
                    W2 W3 W4 M1 M2 M3 M4 ETA21 ETA22 ETA23
                    ETA24 X M W ETA1 ETA2;
          USEVARIABLES ARE X1 X2 X3 X4 ETA11 ETA12 ETA13 ETA14 M1
                           M2 M3 M4 ETA21 ETA22 ETA23 ETA24;
MODEL:    KSI1 BY X1-X4;
          KSI2 BY M1-M4;
          ETA1 BY ETA11-ETA14;
          ETA2 BY ETA21-ETA24;
          ETA1 ON KSI1 KSI2;
          ETA2 ON KSI1 ETA1;
OUTPUT: STDYX;
```

〈표 12.1〉을 살펴보면 매개변수(η_1 : ETA1)에 영향을 미치는 변수는 독립변수(ξ_1 : KSI1)와 조절변수(ξ_2 : KSI2)이고 이들의 상호항($\xi_1\xi_2$)은 제외되어 있다. 그리고 종속변수(η_2 : ETA2)에 영향을 미치는 변수는 ξ_1과 η_1으로 지정되어 있다. 종속변수 모형은 흔히 말하는 부분매개모형을 가정한 것이다. 완전매개모형을 분석하는 경우에는 KSI1을 제외하고 ETA2 ON ETA1으로 지정하면 된다.

이 장면에서 Mplus를 개발한 Muthén & Muthén의 User's Guide(1998~2015)에 관하여 언급하고자 한다. User's Guide의 구형 버전의 EXAMPLE 3.18에는 단일변수를 이용하여 [그림 12.2]의 조절된 매개효과를 분석하는 Mplus code가 다음과 같이 잘못 제시되어 있다.

```
MODEL : y on m x z;
        m on x z xz;
```

이제 독자 여러분들은 위의 MODEL command가 틀린 이유를 알 것이다. 즉, y 회귀식에서 z(조절변수)를 제외(x가 그대로 있으면 부분매개모형)해야 한다. 하지만 Mplus version 8에 관한 새로운 Mplus User's Guide에는 다음과 같이 제대로 수정되어 있다. 위에서 언급한 바와 같이 이 모형은 x가 제외되어 있으므로 완전매개를 가정한 것이다.

```
MODEL : y on m;
        m on x z xz;
```

〈표 12.1〉의 실행결과는 〈결과 12.1〉과 같다.

〈결과 12.1〉 기저모형의 분석결과

```
MODEL FIT INFORMATION
Number of Free Parameters                        53
Chi-Square Test of Model Fit
          Value                             210.530
          Degrees of Freedom                     99
          P-Value                            0.0000
```

```
RMSEA (Root Mean Square Error Of Approximation)
          Estimate                          0.075
          90 Percent C.I.                   0.061     0.089
          Probability RMSEA <= .05          0.002
CFI/TLI
          CFI                               0.979
          TLI                               0.975
SRMR (Standardized Root Mean Square Residual)

          Value                             0.033

MODEL RESULTS
                                                        Two-Tailed
                       Estimate      S.E.    Est./S.E.    P-Value
 KSI1      BY
    X1                   1.000      0.000    999.000    999.000
    X2                   1.264      0.065     19.496      0.000
    X3                   1.282      0.064     20.127      0.000
    X4                   1.184      0.062     19.035      0.000
 KSI2      BY
    M1                   1.000      0.000    999.000    999.000
    M2                   0.998      0.020     49.995      0.000
    M3                   0.983      0.021     47.141      0.000
    M4                   1.034      0.020     52.763      0.000
 ETA1      BY
    ETA11                1.000      0.000    999.000    999.000
    ETA12                1.108      0.021     51.959      0.000
    ETA13                1.063      0.036     29.425      0.000
    ETA14                0.931      0.037     24.955      0.000
 ETA2      BY
    ETA21                1.000      0.000    999.000    999.000
    ETA22                1.025      0.026     39.303      0.000
    ETA23                1.074      0.042     25.774      0.000
    ETA24                1.056      0.044     24.191      0.000
```

〈결과 12.1〉에서 모형의 적합도가 양호하고 모든 지표변수들의 요인적재량이 유의하게 나타났다. 따라서 잠재상호항이 제외된 기저모형은 자료에 적합한 것을 알 수 있다.

다음으로 잠재상호항을 도입하여 조절된 매개모형을 검정한다. 조절된 매개모형을 분석하기 위한 Mplus syntax(model7(latent).inp)는 다음과 같다. 여기에서는 잠재조절변수의 실제 값을 사용한다.

〈표 12.2〉 실제 값을 이용한 조절된 매개모형을 위한 Mplus syntax

```
TITLE:  Two way MODMED (latent)
DATA:     FILE IS book(all).dat;
VARIABLE:
          NAMES ARE Gender X1 X2 X3 X4 ETA11 ETA12 ETA13 ETA14 W1
                    W2 W3 W4 M1 M2 M3 M4 ETA21 ETA22 ETA23
                    ETA24 X M W ETA1 ETA2;
          USEVARIABLES ARE X1 X2 X3 X4 ETA11 ETA12 ETA13 ETA14 M1
                    M2 M3 M4 ETA21 ETA22 ETA23 ETA24;
ANALYSIS: ! remove exclamation points to get bootstrap confidence interval
          TYPE = RANDOM;
          ALGORITHM=INTEGRATION;
         ! ESTIMATOR=ML;
         ! BOOTSTRAP=500;
         ! PROCESSORS=4;
MODEL:    ! measurement model

          KSI1 BY X1-X4;
          KSI2 BY M1-M4;
          ETA1 BY ETA11-ETA14;
          ETA2 BY ETA21-ETA24;

          KSI2(variance);          ! naming the variance of KSI2 as variance

         ! create latent variables interaction

          KSI1KSI2 | KSI1 XWITH KSI2;

         ! structural model
         ! intercepts of ETA1 and ETA2 are fixed to 0 since they are latent
          variables

          ETA1 ON KSI1       (a1)
                  KSI2       (a2)
                  KSI1KSI2   (a3);
          ETA2 ON KSI1       (cprime)
                  ETA1       (b);
```

```
MODEL CONSTRAINT: NEW(SD INDEX CONINDLL CONINDL CONINDM
                      CONINDH CONINDHH TOTALLL TOTALL TOTALM
                      TOTALH TOTALHH);
          SD = SQRT(variance);

        ! index of moderated mediation

          INDEX = a3*b;

        ! conditional indirect effects for specific values of KSI2

          CONINDLL  = (a1+a3*(-2*SD))*b;
          CONINDL   = (a1+a3*(-1*SD))*b;
          CONINDM   = (a1+a3*0*SD)*b;
          CONINDH   = (a1+a3*1*SD)*b;
          CONINDHH  = (a1+a3*2*SD)*b;

        ! conditional total effects for specific values of KSI2

         TOTALLL = CONINDLL + cprime;
         TOTALL  = CONINDL  + cprime;
         TOTALM  = CONINDM  + cprime;
         TOTALH  = CONINDH  + cprime;
         TOTALHH = CONINDHH + cprime;

        ! plot conditional indirect effect of X on Y for specific values of KSI2
        ! these options could be edited to examine conditional total effects or
        ! conditional direct effects
        ! the mean of factor KSI1 is set to 0 by default

         PLOT(MODLOW MODMID MODHI);
         LOOP(KSI1 -3, 3, 0.1);
         MODLOW = CONINDL*KSI1;
         MODMID = CONINDM*KSI1;
         MODHI  = CONINDH*KSI1;

PLOT:     TYPE=PLOT2;

        ! remove exclamation point to get bootstrap confidence interval

OUTPUT:   CINT!(BCBOOTSTRAP);
```

〈표 12.2〉는 부트스트래핑 기법을 이용하고 있다. 조절된 매개분석에서 부트스트래핑 기법은 Mplus version 7.2 이후부터 가능하게 되었다. 그리고 LMS를 이용

하여 잠재조절변수의 상호작용을 분석하는 경우에는 기본적으로 MLR 추정법을 사용하고 MLR에서는 부트스트래핑 방법을 사용할 수 없기 때문에 ANALYSIS에서 MLR 추정법을 ML 추정법으로 변경(ESTIMATOR=ML)해 주어야 한다. 그리고 ANALYSIS에서 PROCESSORS=4는 부트스트래핑 방법이 시간이 많이 걸리기 때문에 연구자의 컴퓨터에서 사용가능한 core processors를 모두 사용한다는 의미이다. 이러한 지정은 연구자의 컴퓨터마다 다를 것이다. 그리고 OUTPUT에서 BCBOOTSTRAP을 지정해 주어야 한다. 만일 부트스트래핑 방법을 분석하지 않는다면 위의 syntax를 그대로(!를 삭제하지 않음) 사용하면 된다. bootstrap samples는 500개를 지정하였는데 앞에서와 같이 10,000개를 지정하면 syntax를 실행하는 데에 몇 시간이 걸리게 된다. 필자의 컴퓨터로 bootstrap samples= 500을 실행하는 데 10분 이상이 소요되었다. 반면에 부트스트래핑 분석을 하지 않으면 5초 정도가 걸린다. 쉽게 설명하면 5초 걸리는 분석을 500회 실시한다고 보면 된다.

이제 나머지 명령문들을 살펴본다. 잠재조절변수의 실제 값을 사용하기 때문에 잠재조절변수의 분산을 추정하여 variance로 명명하였다. 결과변수는 M(ETA1)과 Y(ETA2)의 두 개가 있기 때문에 ON 옵션은 두 개가 등장한다. M 회귀식에서 $X \rightarrow M$과 $W \rightarrow M$ 및 $XW \rightarrow M$의 계수는 각각 a_1과 a_2 및 a_3로 명명하였다. 그리고 Y 회귀식에서 $X \rightarrow Y$(직접효과)와 $M \rightarrow Y$의 계수는 각각 cprime(c')과 b로 이름을 부여하였다.

MODEL CONSTRAINT에서 가장 먼저 잠재조절변수의 표준편차를 구하는 수식이 지정되어 있다. 다음으로 조절된 매개지수의 추정치와 유의성을 검정하는 명령문(INDEX = a3*b)을 설정하였다. 다음에는 W의 특정값에서의 간접효과(조건부 간접효과)의 추론검정에 관한 명령문이 제시되어 있다. 이러한 조건부 간접효과는 W의 $\pm 2SD$, $\pm 1SD$ 및 $\overline{W}$에 대하여 계산되고 추정된다. 예를 들어 CONINDL (conditional indirect effect at low value of moderator)은 $W=-1SD$에서의 조건부 간접효과를 의미하는 것이다. 다음으로 조건부 총효과를 계산하는 수식이 지정되어 있는데 이는 조절변수의 특정값에서의 조건부 간접효과와 직접효과(cprime)를 합계한 것이다. 마지막으로 조건부 간접효과의 그래프를 그리는 명령문이 제시되어 있다. syntax에도 제시한 바와 같이 조건부 간접효과 대신 조건부 총효과를 그리는 명령문으로 대체할 수 있다. 그리고 독립변수인 KSI1은 잠재변수이고 디폴트에 의하여 평균은 0으로 지정되어 있다.

〈표 12.2〉를 실행하면 〈결과 12.2〉가 산출된다. 〈결과 12.2〉는 부트스트래핑 기법을 사용한 결과이다.

〈결과 12.2〉 실제 값을 이용한 model 7의 분석결과(부트스트래핑)

MODEL RESULTS

	Estimate	S.E.	Est./S.E.	Two-Tailed P-Value
KSI1 BY				
X1	1.000	0.000	999.000	999.000
X2	1.266	0.069	18.331	0.000
X3	1.284	0.068	18.981	0.000
X4	1.187	0.065	18.391	0.000
KSI2 BY				
M1	1.000	0.000	999.000	999.000
M2	0.998	0.021	47.533	0.000
M3	0.983	0.023	43.303	0.000
M4	1.034	0.020	52.681	0.000
ETA1 BY				
ETA11	1.000	0.000	999.000	999.000
ETA12	1.107	0.020	54.286	0.000
ETA13	1.062	0.033	32.069	0.000
ETA14	0.931	0.037	25.162	0.000
ETA2 BY				
ETA21	1.000	0.000	999.000	999.000
ETA22	1.025	0.026	40.110	0.000
ETA23	1.074	0.048	22.243	0.000
ETA24	1.056	0.042	25.143	0.000
ETA1 ON				
KSI1	−0.630	0.087	−7.276	0.000
KSI2	0.439	0.066	6.693	0.000
KSI1KSI2	0.225	0.055	4.097	0.000
ETA2 ON				
KSI1	0.120	0.066	1.826	0.068
ETA1	0.674	0.044	15.193	0.000
KSI2 WITH				
KSI1	−0.124	0.118	−1.054	0.292
Intercepts				
X1	3.297	0.097	33.906	0.000
X2	3.282	0.104	31.439	0.000
X3	3.307	0.107	31.021	0.000
X4	3.237	0.103	31.362	0.000

ETA11	4.074	0.122	33.336	0.000
ETA12	3.917	0.136	28.806	0.000
ETA13	3.961	0.144	27.586	0.000
ETA14	4.052	0.128	31.689	0.000
M1	3.313	0.102	32.547	0.000
M2	3.353	0.101	33.264	0.000
M3	3.353	0.102	32.828	0.000
M4	3.353	0.105	31.869	0.000
ETA21	3.704	0.109	33.849	0.000
ETA22	3.815	0.112	34.188	0.000
ETA23	3.806	0.123	30.878	0.000
ETA24	3.900	0.124	31.515	0.000
Variances				
KSI1	1.357	0.178	7.634	0.000
KSI2	2.239	0.172	13.042	0.000
Residual Variances				
X1	0.590	0.123	4.809	0.000
X2	0.168	0.030	5.524	0.000
X3	0.107	0.024	4.462	0.000
X4	0.200	0.026	7.773	0.000
ETA11	0.120	0.026	4.677	0.000
ETA12	0.116	0.027	4.249	0.000
ETA13	0.682	0.049	13.919	0.000
ETA14	0.760	0.069	11.080	0.000
M1	0.077	0.045	1.721	0.085
M2	0.099	0.020	4.923	0.000
M3	0.116	0.021	5.461	0.000
M4	0.085	0.018	4.646	0.000
ETA21	0.138	0.028	4.909	0.000
ETA22	0.153	0.027	5.571	0.000
ETA23	0.641	0.043	14.917	0.000
ETA24	0.729	0.068	10.645	0.000
ETA1	1.914	0.201	9.509	0.000
ETA2	1.095	0.128	8.529	0.000
New/Additional Parameters				
SD	1.496	0.057	26.138	0.000
INDEX	0.152	0.041	3.712	0.000
CONINDLL	−0.878	0.138	−6.360	0.000
CONINDL	−0.651	0.090	−7.242	0.000

CONINDM	−0.425	0.067	−6.342	0.000
CONINDH	−0.198	0.091	−2.177	0.029
CONINDHH	0.029	0.139	0.211	0.833
TOTALLL	−0.759	0.143	−5.296	0.000
TOTALL	−0.532	0.103	−5.160	0.000
TOTALM	−0.305	0.090	−3.387	0.001
TOTALH	−0.078	0.114	−0.684	0.494
TOTALHH	0.149	0.159	0.941	0.347

CONFIDENCE INTERVALS OF MODEL RESULTS

	Lower .5%	Lower 2.5%	Lower 5%	Estimate	Upper 5%	Upper 2.5%	Upper .5%
New/Additional Parameters							
SD	1.367	1.395	1.409	1.496	1.600	1.616	1.639
INDEX	0.061	0.083	0.092	0.152	0.222	0.240	0.263
CONINDLL	−1.298	−1.164	−1.116	−0.878	−0.677	−0.644	−0.601
CONINDL	−0.907	−0.817	−0.790	−0.651	−0.512	−0.504	−0.487
CONINDM	−0.636	−0.547	−0.528	−0.425	−0.324	−0.297	−0.255
CONINDH	−0.481	−0.360	−0.331	−0.198	−0.053	−0.023	0.080
CONINDHH	−0.326	−0.215	−0.185	0.029	0.248	0.306	0.415
TOTALLL	−1.168	−1.038	−0.977	−0.759	−0.520	−0.505	−0.421
TOTALL	−0.799	−0.720	−0.676	−0.532	−0.353	−0.344	−0.291
TOTALM	−0.602	−0.500	−0.463	−0.305	−0.165	−0.142	−0.110
TOTALH	−0.455	−0.331	−0.293	−0.078	0.084	0.120	0.184
TOTALHH	−0.349	−0.169	−0.126	0.149	0.398	0.460	0.549

〈결과 12.2〉에서 먼저 $X \rightarrow M$의 영향은 음으로 유의하게($a_1 = -.63$, $p < .001$) 나타났고 상호항도 유의하게($a_3 = .225$, $p < .001$) 나타났다. 따라서 조절변수의 값이 증가하면 X가 M에 미치는 부정적인 영향이 완화된다는 것을 알 수 있다. 그리고 $M \rightarrow Y$의 관계도 유의하게($b = .674$, $p < .001$) 나타났다. 하지만 $X \rightarrow Y$의 직접효과는 한계적으로 유의하게($c' = .12$, $p < .1$) 나타났다. 중요한 결론으로 조절된 매개지수가 양으로 유의하게($a_3 b = .152$, $p < .001$) 나타났다. 이러한 내용은 W가 증가하면 $X \rightarrow M \rightarrow Y$의 음의 간접효과가 완화되는 조절된 매개효과가 발생하는데, 이러한 효과는 W가 $X \rightarrow M$의 부정적인 효과를 완충시키기 때문에 발생한다고 볼 수 있다.

다음으로 특정 W값에서의 조건부 간접효과의 크기를 살펴보면 W값이 증가하면서 음의 간접효과는 점점 감소하는 것을 확인할 수 있다. 특기할 만한 내용은 W

값이 높은 값 수준 이하에서는 간접효과가 음으로 유의하지만 W값이 매우 높은 수준($2SD$)에서는 비록 유의하지 않지만 간접효과가 오히려 양으로 나타났다는 점이다. 다시 한 번 강조하지만 W값이 증가하면서 조건부 간접효과가 점점 감소한다는 사실이 조절된 매개효과의 공식적인 검정이 될 수 없고 반드시 조절된 매개지수가 유의한 경우에만 조절된 매개효과가 유의하다고 결론을 내려야 한다. 그리고 조건부 간접효과의 추세 등을 조사하는 것은 조절된 매개지수가 유의한 경우에 조절된 매개효과가 유의하다고 판단한 다음 조절된 매개효과를 탐색하는 과정에 속하는 것이다. 그리고 W값이 증가하면서 X가 Y에 영향을 미치는 음의 총효과도 점점 감소하는 것으로 나타났다. 조건부 간접효과와 마찬가지로 W값이 매우 큰 값에서는 총효과가 오히려 양수로 나타났다. 결과물의 마지막에는 90% 및 95% 그리고 99% 신뢰수준에서의 각 계수들의 편의수정(bias-corrected) 부트스트랩 신뢰구간이 제시되어 있다. 예를 들어 조절된 매개지수의 99% 신뢰구간(0.061~0.263)에 0이 포함되지 않기 때문에 조절된 매개지수가 유의한 것을 알 수 있다.

본 예제에서는 조절된 매개지수가 $a_3b = .152$의 양수로 나타났다. 하지만 조절된 매개지수는 분석모형마다 부호가 다르게 나타나고 해석도 달라져야 한다. 이러한 내용은 결과물을 해석하는 경우에 매우 중요한 과제이다. 이들은 a_1과 a_3 및 b가 양수인지 음수인지에 따라 8가지의 유형으로 분류될 수 있다. 〈표 12.3〉은 이러한 유형에 관한 내용이다.

〈표 12.3〉 회귀계수와 간접효과 및 조절된 매개지수의 부호들의 관계

계 수	부 호	계 수	부 호	계 수	부 호	간접효과의 부호	a_3b의 부호
a_1	+	a_3	+	b	+	+	A : +(상승효과)
					−	−	B : −(상승효과)
			−	b	+	+	C : −(완충효과)
					−	−	D : +(완충효과)
	−	a_3	+	b	+	−	E : +(완충효과)
					−	+	F : −(완충효과)
			−	b	+	−	G : −(상승효과)
					−	+	H : +(상승효과)

〈표 12.3〉에서 간접효과의 부호는 a_1b의 부호를 의미한다. 앞에서 분석한 모형은 위의 8가지 모형 중에서 모형 E에 해당하는 것이다. 그리고 상승효과는 간접효

과의 부호와 a_3b의 부호가 일치하는 것으로 조절변수의 값이 증가함에 따라 간접효과가 증가하는 것을 의미한다. 예를 들어 Leung et al.(2011)은 모형 G를 검정하였다. 이들의 연구에서 X(직장따돌림)가 증가하면 M(직무열의)이 감소하고($a_1=-.25$, $p<.01$) M은 Y(서비스성과)를 증가시키는($b=.23$, $p<.01$) 음의 간접효과가 발생하는데, 이때 조절변수인 W(신경증)가 증가하면 $X\rightarrow M$관계를 증대($a_3=-.11$, $p<.01$)시키기 때문에 결과적으로 음의 간접효과가 더욱 증가하게 된다. 상승효과의 또 다른 연구로 Zhou, Ma, & Dong(2018)은 모형 B를 분석하였다. 이 연구에서 X(임파워먼트에 의한 관리)가 증가하면 M(직무열의)이 증가하고($a_1=.26$, $p<.01$) M은 Y(서비스 태업)를 감소시키는($b=-.28$, $p<.01$) 음의 간접효과가 발생하는데, W(자기효능감)가 증가하면 $X\rightarrow M$관계를 증대($a_3=.06$, $p<.01$)시키기 때문에 음의 간접효과가 증가하는 것으로 나타났다.

반면에 완충효과는 간접효과의 부호와 a_3b의 부호가 상이하게 나타나고 조절변수의 값이 증가하면서 간접효과의 크기가 약화되는 현상이다. 이러한 예는 C인데 Lee & Ok(2014)은 모형 C를 검정하였다. 이들의 연구에서 감정부조화(X)가 증가하면 직무소진(M)이 증가($a_1=.50$, $p<.001$)하고 직무소진은 서비스 태업(Y)을 증가($b=.24$, $p<.01$)시키는 양의 간접효과가 발생하는데, 감성지능(W)이 증가하면 $X\rightarrow M$ 관계를 약화($a_3=-.18$, $p<.001$)시키기 때문에 양의 간접효과가 감소하는 것이 확인되었다.

결과적으로 a_1의 부호와 a_3의 부호가 일치하면 상승효과가 발생하고 부호가 다른 경우에는 완충효과가 발생하게 된다. 왜냐하면 두 계수의 부호가 동일한 경우에는 조절변수가 a_1의 강도를 강화하게 되고 부호가 다른 경우에는 a_1의 강도를 약화시키기 때문이다.

다음으로 조절변수를 표준화하여 조절된 매개효과를 분석하는 방법을 알아보기로 한다. 이를 위한 Mplus syntax(model7(latent MOD stand).inp)는 〈표 12.4〉와 같다. 여기에서는 부트스트래핑 방법을 사용하지 않았다.

〈표 12.4〉 잠재조절변수의 표준화를 이용한 조절된 매개분석(model 7)

```
TITLE:  model 7 (latent MOD stand)
DATA:     FILE IS book(all).dat;
VARIABLE:
           NAMES ARE Gender X1 X2 X3 X4 ETA11 ETA12 ETA13 ETA14 W1
                     W2 W3 W4 M1 M2 M3 M4 ETA21 ETA22 ETA23
```

```
                     ETA24 X M W ETA1 ETA2;
          USEVARIABLES ARE X1 X2 X3 X4 ETA11 ETA12 ETA13 ETA14 M1
                               M2 M3 M4 ETA21 ETA22 ETA23 ETA24;
ANALYSIS:  TYPE = RANDOM;
           ALGORITHM=INTEGRATION;
MODEL: ! measurement model
          KSI1 BY X1-X4;
          KSI2 BY M1* M2-M4;
          ETA1 BY ETA11-ETA14;
          ETA2 BY ETA21-ETA24;
          KSI2@1;
        ! create latent variables interaction
          KSI1KSI2 | KSI1 XWITH KSI2;
        ! structural model
        ! intercepts of ETA1 and ETA2 are fixed to 0 since they are latent
          variables
          ETA1 ON KSI1(a1)
                  KSI2
                  KSI1KSI2(a3);
          ETA2 ON KSI1(cprime)
                  ETA1(b);
MODEL CONSTRAINT: NEW(INDEX CONINDLL CONINDL CONINDM CONINDH
                         CONINDHH TOTALLL TOTALL TOTALM TOTALH
                         TOTALHH);
        ! index of moderated mediation
          INDEX = a3*b;
        ! conditional indirect effects for specific values of KSI2
          CONINDLL = (a1+a3*(-2))*b;
          CONINDL = (a1+a3*(-1))*b;
          CONINDM = (a1+a3*0)*b;
          CONINDH = (a1+a3*1)*b;
          CONINDHH = (a1+a3*2)*b;
        ! conditional total effects for specific values of KSI2
          TOTALLL = CONINDLL + cprime;
          TOTALL  = CONINDL  + cprime;
          TOTALM  = CONINDM  + cprime;
          TOTALH  = CONINDH  + cprime;
          TOTALHH = CONINDHH + cprime;
```

```
          ! plot conditional indirect effect of X on Y for specific values of KSI2
          ! these options could be edited to examine conditional total effects or
          ! conditional direct effects

          PLOT(MODLOW MODMID MODHI);
          LOOP(KSI1 -3, 3, 0.1);
          MODLOW = CONINDLL*KSI1;
          MODMID = CONINDM*KSI1;
          MODHI  = CONINDH*KSI1;
PLOT:     TYPE=PLOT2;
OUTPUT: CINT;
```

〈표 12.4〉에서 잠재조절변수가 표준화(KSI2@1)되기 때문에 KSI2의 첫 번째 지표변수는 자유롭게 추정(M1*)된다. MODEL CONSTRAINT에서 잠재조절변수가 표준화되었으므로 조건부 간접효과의 계산에서 -2SD 등으로 사용된 〈표 12.2〉와는 다르게 표준편차가 −2, −1, … 등으로 사용되었다.

〈표 12.4〉의 실행결과는 〈결과 12.3〉과 같다. 여기에서는 부트스트래핑 방법을 사용하지 않았다.

〈결과 12.3〉 잠재조절변수 표준화방법의 결과

MODEL RESULTS

	Estimate	S.E.	Est./S.E.	Two-Tailed P-Value
KSI1 BY				
X1	1.000	0.000	999.000	999.000
X2	1.265	0.065	19.528	0.000
X3	1.282	0.062	20.749	0.000
X4	1.186	0.063	18.961	0.000
KSI2 BY				
M1	1.496	0.057	26.336	0.000
M2	1.493	0.054	27.713	0.000
M3	1.471	0.050	29.308	0.000
M4	1.547	0.053	29.232	0.000
ETA1 BY				
ETA11	1.000	0.000	999.000	999.000

```
    ETA12             1.107     0.020     54.372      0.000
    ETA13             1.062     0.032     32.839      0.000
    ETA14             0.931     0.037     25.410      0.000
ETA2     BY
    ETA21             1.000     0.000    999.000    999.000
    ETA22             1.025     0.026     38.838      0.000
    ETA23             1.074     0.045     24.127      0.000
    ETA24             1.056     0.042     25.382      0.000
ETA1     ON
    KSI1             -0.628     0.080     -7.898      0.000
    KSI2              0.658     0.102      6.456      0.000
    KSI1KSI2          0.336     0.076      4.398      0.000
ETA2     ON
    KSI1              0.120     0.063      1.895      0.058
    ETA1              0.674     0.043     15.640      0.000
KSI2     WITH
    KSI1             -0.083     0.085     -0.974      0.330
Intercepts
    X1                3.300     0.099     33.425      0.000
    X2                3.285     0.108     30.350      0.000
    X3                3.310     0.108     30.580      0.000
    X4                3.240     0.103     31.530      0.000
    ETA11             4.073     0.124     32.765      0.000
    ETA12             3.916     0.138     28.431      0.000
    ETA13             3.960     0.145     27.370      0.000
    ETA14             4.051     0.130     31.105      0.000
    M1                3.315     0.108     30.817      0.000
    M2                3.355     0.108     31.100      0.000
    M3                3.355     0.107     31.440      0.000
    M4                3.355     0.111     30.145      0.000
    ETA21             3.704     0.109     33.944      0.000
    ETA22             3.815     0.112     34.055      0.000
    ETA23             3.805     0.128     29.844      0.000
    ETA24             3.900     0.127     30.692      0.000
Variances
    KSI1              1.360     0.175      7.779      0.000
    KSI2              1.000     0.000    999.000    999.000
Residual Variances
    X1                0.590     0.121      4.889      0.000
```

X2	0.168	0.032	5.259	0.000
X3	0.107	0.024	4.411	0.000
X4	0.200	0.027	7.408	0.000
ETA11	0.120	0.025	4.768	0.000
ETA12	0.116	0.028	4.201	0.000
ETA13	0.682	0.050	13.752	0.000
ETA14	0.760	0.068	11.175	0.000
M1	0.077	0.045	1.717	0.086
M2	0.099	0.021	4.687	0.000
M3	0.116	0.022	5.351	0.000
M4	0.085	0.019	4.531	0.000
ETA21	0.138	0.030	4.631	0.000
ETA22	0.153	0.027	5.668	0.000
ETA23	0.641	0.041	15.605	0.000
ETA24	0.729	0.069	10.599	0.000
ETA1	1.914	0.208	9.183	0.000
ETA2	1.095	0.130	8.429	0.000
New/Additional Parameters				
INDEX	0.227	0.056	4.056	0.000
CONINDLL	−0.877	0.127	−6.911	0.000
CONINDL	−0.650	0.083	−7.883	0.000
CONINDM	−0.424	0.061	−6.913	0.000
CONINDH	−0.197	0.083	−2.363	0.018
CONINDHH	0.030	0.128	0.231	0.817
TOTALLL	−0.757	0.133	−5.674	0.000
TOTALL	−0.531	0.097	−5.483	0.000
TOTALM	−0.304	0.085	−3.591	0.000
TOTALH	−0.077	0.106	−0.730	0.465
TOTALHH	0.149	0.147	1.018	0.309

〈결과 12.3〉에서 $a_1 = -.628$, $p < .001$로 그리고 $a_3 = .336$, $p < .001$로 모두 유의하게 나타났다. 또한 $b = .674$, $p < .001$로 유의하게 나타났다. 그리고 잠재조절변수가 표준화되었기 때문에 분산이 1로 나타났다. 중요한 결론으로 조절된 매개지수가 양으로 유의하게($a_3b = .227$, $p < .001$) 나타났다. 따라서 조절된 매개효과가 유의하다고 결론내릴 수 있다. 그리고 실제 값을 사용하는 경우보다 a_3와 a_3b의 계수와 z값이 약간 크게 나타났다. 조절된 매개지수가 유의하기 때문에 탐색작업을 실시하는데 탐색결과는 실제 값을 사용하는 경우와 거의 동일하게 나타났다.

12.1.2 단일변수를 이용하는 방법

다음으로 잠재변수의 지표변수들을 평균한 단일변수를 이용하여 model 7을 분석하기로 한다. 단일변수를 이용한 Mplus code(model7(single).inp)는 〈표 12.5〉와 같다.

〈표 12.5〉 단일변수를 이용한 model 7의 분석

```
TITLE:  model 7 (single)
DATA:     FILE IS book(all).dat;
VARIABLE:
          NAMES ARE Gender X1 X2 X3 X4 ETA11 ETA12 ETA13 ETA14 W1
                    W2 W3 W4 M1 M2 M3 M4 ETA21 ETA22 ETA23
                    ETA24 X M W ETA1 ETA2;
          USEVARIABLES ARE X M ETA1 ETA2 XM;
DEFINE:   ! mean centering of X, M
          ! including all variables involved in the construction of a product
            CENTER X M(GRANDMEAN);
          ! create interaction term
          ! this interaction term has to be placed at the end of USEVARIABLES
          ! subcommand above
            XM=X*M;
ANALYSIS:  BOOTSTRAP=10000;
MODEL:   ETA1 ON X(a1)
                 M
                 XM(a3);
          [ETA2](b0);
          ETA2 ON X(cprime)
                  ETA1(b);
          [M](meanm);
          M(variance);

MODEL CONSTRAINT: NEW(MEAN SD MSDLL MSDL MSDM MSDH MSDHH
                  INDEX CONINDLL CONINDL CONINDM CONINDH
                  CONINDHH TOTALLL TOTALL TOTALM TOTALH
                  TOTALHH);
          MEAN = meanm;
          SD = SQRT(variance);
          MSDLL = MEAN - 2*SD;
          MSDL  = MEAN - SD;
```

```
                MSDM   = MEAN;
                MSDH   = MEAN + SD;
                MSDHH = MEAN + 2*SD;

              ! index of moderated mediation
                INDEX = a3*b;

              ! conditional indirect effects for specific values of KSI2
                CONINDLL = (a1+a3*MSDLL))*b;
                CONINDL = (a1+a3*MSDL)*b;
                CONINDM = (a1+a3*MSDM)*b;
                CONINDH = (a1+a3*MSDH)*b;
                CONINDHH = (a1+a3*MSDHH)*b;

              ! conditional total effects for specific values of KSI2
                TOTALLL = CONINDLL + cprime;
                TOTALL   = CONINDL   + cprime;
                TOTALM   = CONINDM   + cprime;
                TOTALH   = CONINDH   + cprime;
                TOTALHH = CONINDHH + cprime;

              ! plot conditional indirect effect of X on Y for specific values of KSI2
              ! these options could be edited to examine conditional total effects or
              ! conditional direct effects
                PLOT(MODLOW MODMID MODHI);
                LOOP(KSI1 -2, 3, 0.1);
                MODLOW = CONINDLL*KSI1;
                MODMID = CONINDM*KSI1;
                MODHI   = CONINDH*KSI1;
PLOT:           TYPE=PLOT2;
OUTPUT:         CINT(BCBOOTSTRAP);
```

〈표 12.5〉에서 상호항(XM)을 구성하는 두 변수 X와 M을 평균중심화하였다.[3] 다시 한 번 설명하지만 이러한 상호항은 USEVARIABLES의 마지막에 지정해야 한다. 그리고 조절변수 M의 평균([M])과 분산(M)을 계산하고 각각 meanm과 variance로 이름을 부여하였다. 다음으로 MODEL CONSTRAINT에서 조절된 매개지수의 추정을 지정하였고 조절변수의 수준(MSDLL~MSDHH)에 따른 조건부 간접효과의

3) 단일변수를 이용한 분석에서는 조절변수인 W를 M으로 표기하였다. 물론 W로 사용해도 된다.

계산이 지정되어 있다. 그리고 총효과와 조건부 간접효과의 그래프를 그리는 명령문이 지정되어 있다. 이 분석은 부트스트래핑 방법을 사용한 것이다.

〈표 12.5〉를 실행하면 〈결과 12.4〉를 얻을 수 있다.

〈결과 12.4〉 단일변수를 이용한 model 7 분석결과

```
MODEL FIT INFORMATION
Number of Free Parameters                          11
Chi-Square Test of Model Fit
          Value                                10.271
          Degrees of Freedom                        4
          P-Value                              0.0361
RMSEA (Root Mean Square Error Of Approximation)
          Estimate                              0.089
          90 Percent C.I.                       0.021    0.157
          Probability RMSEA <= .05              0.138
CFI/TLI
          CFI                                   0.973
          TLI                                   0.952
SRMR (Standardized Root Mean Square Residual)
          Value                                 0.042

MODEL RESULTS
                                                          Two-Tailed
                      Estimate     S.E.    Est./S.E.     P-Value
 ETA1     ON
   X                    -0.547    0.061      -8.942       0.000
   M                     0.471    0.066       7.159       0.000
   XM                    0.162    0.039       4.122       0.000
 ETA2     ON
   X                     0.064    0.061       1.053       0.293
   ETA1                  0.629    0.045      13.825       0.000
 Means
   M                     0.000    0.107       0.000       1.000
 Intercepts
   ETA1                  3.992    0.103      38.740       0.000
   ETA2                  1.290    0.177       7.274       0.000
 Variances
   M                     2.279    0.152      15.043       0.000
```

Residual Variances				
ETA1	2.110	0.201	10.514	0.000
ETA2	1.438	0.144	10.009	0.000
New/Additional Parameters				
MEAN	0.000	0.107	0.000	1.000
SD	1.510	0.050	30.001	0.000
MSDLL	−3.019	0.129	−23.388	0.000
MSDL	−1.510	0.107	−14.081	0.000
MSDM	0.000	0.107	0.000	1.000
MSDH	1.510	0.128	11.809	0.000
MSDHH	3.019	0.162	18.595	0.000
INDEX	0.102	0.027	3.774	0.000
CONINDLL	−0.652	0.090	−7.262	0.000
CONINDL	−0.498	0.059	−8.486	0.000
CONINDM	−0.344	0.046	−7.446	0.000
CONINDH	−0.190	0.064	−2.958	0.003
CONINDHH	−0.036	0.097	−0.374	0.709
TOTALLL	−0.588	0.103	−5.732	0.000
TOTALL	−0.434	0.079	−5.506	0.000
TOTALM	−0.280	0.072	−3.880	0.000
TOTALH	−0.126	0.087	−1.457	0.145
TOTALHH	0.028	0.115	0.241	0.810

〈결과 12.4〉에서 먼저 $a_1 = -.547$, $p < .001$과 $a_3 = .162$, $p < .001$로 유의하게 나타났다. 또한 $b = .629$, $p < .001$로 유의하게 나타났다. 하지만 직접효과는 유의하지 않은 것으로 나타났다. New/Additional Parameters에서 조절된 매개지수(INDEX)가 유의하게($a_3b = .102$, $p < .001$) 나타난 것을 확인할 수 있다. 그리고 조절변수의 값이 증가하면서 음의 조건부 간접효과의 크기가 감소하는 것을 알 수 있다. 잠재변수를 이용한 분석결과와 다른 점은 조절변수가 매우 큰 값에서도 조건부 간접효과의 부호가 음수로 나타났다는 점이다. 당연한 결론이지만 단일변수를 이용한 Mplus의 결과와 단일변수를 사용하는 PROCESS model 7의 분석결과는 모두 정확하게 일치하고 있다.

12.2 PROCESS model 8의 분석

PROCESS model 8은 model 7에 조건부 직접효과가 추가된 모형이다. 즉, 조절변수 W가 $X \rightarrow M$경로를 조절하기도 하지만 $X \rightarrow Y$경로도 동시에 조절하는 모형이다. 이에 관한 모형도 잠재변수를 이용한 분석과 단일변수를 이용한 분석의 두 가지 분석방법을 모두 실시할 예정이다.

12.2.1 잠재변수를 이용한 분석

잠재변수를 이용하여 분석되는 PROCESS model 8은 [그림 12.3]과 같다.

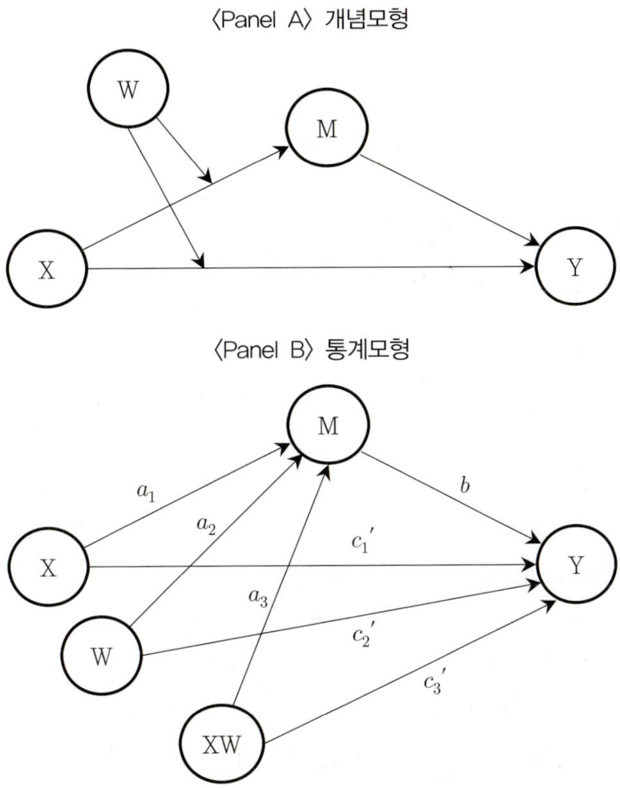

[그림 12.3] PROCESS model 8의 개념모형과 통계모형

[그림 12.3]에서 조절변수 W는 $X \rightarrow M$경로와 $X \rightarrow Y$경로를 모두 조절하는 형식으로 모형이 설정되어 있다.

[그림 12.3]을 분석하기 위한 M 회귀식과 Y 회귀식은 다음과 같다.

$$\begin{aligned} M &= i_1 + a_1 X + a_2 W + a_3 XW + e_M \\ &= (i_1 + a_2 W + e_M) + (a_1 + a_3 W)X \qquad (12.13) \\ Y &= i_2 + c_1{}' X + c_2{}' W + c_3{}' XW + bM + e_Y \\ &= (i_2 + c_2{}' W + e_Y) + (c_1{}' + c_3{}' W)X + bM \qquad (12.14) \end{aligned}$$

M 회귀식인 식 (12.13)은 model 7의 M 회귀식과 동일하다. 그리고 Y 회귀식에서 X가 Y에 미치는 직접효과는 W값에 따라 달라지는데, 이러한 효과를 조건부 직접효과(conditional direct effect : $\theta_{X \rightarrow Y}$)라고 부르며 조건부 직접효과의 크기는 식 (12.14)에서 다음과 같다.

$$\theta_{X \rightarrow Y} = c_1{}' + c_3{}' W \qquad (12.15)$$

그리고 조절된 매개지수는 model 7과 동일하게 $a_3 b$로 계산된다. 또한 조건부 간접효과의 크기는 $\theta_{X \rightarrow M} = a_1 + a_3 W$와 b를 곱한 $(a_1 + a_3 W)b$로 계산되는데 이 수식은 model 7과 동일하다. 하지만 model 7과 model 8의 Y 회귀식이 다르기 때문에 b의 추정치는 다르게 계산되고 조절된 매개지수와 조건부 간접효과의 크기는 다르게 추정된다.

■ 매개된 조절효과

model 8은 여러 가지 중요한 내용을 암시하고 있다. 흔히 여러 학자들이 매개된 조절(mediated moderation)이라고 부르는 용어가 있는데 model 8에서 계산된 $a_3 b$가 바로 매개된 조절효과의 공식적인 검정통계량이다. 즉, $a_3 b$는 조절된 매개지수와 매개된 조절의 공식적인 검정을 겸하고 있다. 이러한 의미에서 Muller et al.(2005, p.852)은 조절된 매개모형과 매개된 조절모형은 동일한 모형을 다른 관점에서 보는 것이기 때문에 동일한 동전의 양면(flip sides of the same coin)이라고 부르고 있다. 여기에서 중요한 점을 지적하고자 한다. 결론부터 말하면 매개된 조절효과는 의미가 없으므로 조절된 매개모형으로 전환하여 조절된 매개효과를 검정하는 것이 합리적이다. 매개된 조절이란 X와 W의 상호효과(XW)가 M을 경유하여 Y에 영향을 미치는 간접효과를 검정하는 것이다. 즉, $XW \rightarrow M \rightarrow Y$의 매개과정을 검정하는 것이다. 반면에 조절된 매개는 $X \rightarrow M \rightarrow Y$의 매개과정이 W값에 따라 달라지는지를 검정하는 것이다. 그런데 문제는 XW가 아무런 의미가 없다는(meaningless) 점이다(Hayes, 2013). 예를 들어 X가 체중이고 W가 신장을 나타내는 경우에 두 변수를 곱한 값은 무엇을 의미하는가?

여러 학자들이 매개된 조절분석의 사용을 반대하고 있다. 먼저 앞의 조절분석 부분(제10장)에서 소개한 Edwards(2009)의 조절분석의 7가지 신화 중에서 6번째 신화(Myth 6 : Product terms can be treated as causal variables)를 제시하고자 한다. 6번째 신화의 주제를 쉽게 설명하면 XW는 독립변수 혹은 원인변수(causal variable)로 사용할 수 없다는 내용이다. Edwards(2009)[4)]는 XW가 그 자체로 인과작용을 발생시킬 능력이 없기 때문에 XW를 원인변수로 사용하는 것은 오도된(misguided) 것이라고 설명한다. XW는 단지 X가 Y에 미치는 영향이 W값에 따라 달라지는 영향을 조사하기 위하여 설정된 수학적 장치(mathematical device)에 불과한 것이다. 인과적 의미에서 Y에 영향을 미칠 수 있는 것은 상호항 XW를 구성하고 있는 X와 W이다. 상호항 XW는 X 및 W와 분리하여 기능할 수 있는 독립적인 기능체가 아니기 때문에 그 자체로 Y에 영향을 미칠 수 있는 고유한 실체(unique entity)가 아니다. Edwards(2009)의 이러한 관점에 대하여 Hayes(2013)와 Kline(2016)도 의견을 함께하고 있다.

매개된 조절모형은 XW를 독립변수로 하고 X와 W를 통제변수로 도입하여 $XW \rightarrow M \rightarrow Y$의 단순매개모형을 분석하는 것이다(Hayes, 2013). 따라서 매개된 조절모형의 회귀식은 조절된 매개모형의 회귀식인 식 (12.13) 및 식 (12.14)와 정확하게 일치하기 때문에 두 모형은 수학적으로 동일한 모형이다. 또한 회귀식이 동일하기 때문에 결과물도 동일하다. 두 모형의 유일한 차이점은 관심의 초점을 어디에 두는가와 해석방법일 뿐이다. 즉, 조절된 매개는 $X \rightarrow M \rightarrow Y$의 간접효과가 W값이 변화하면서 어떻게 달라지는지를 분석하는 반면에 매개된 조절은 X와 W의 상호작용(XW)이 M을 거쳐서 Y에 영향을 미치는지($XW \rightarrow M \rightarrow Y$)를 조사하는 것이다. 하지만 XW는 아무런 의미가 없기 때문에(XW means nothing) XW를 독립변수로 도입한 매개된 조절분석도 실질적인 의미가 없게 된다. 따라서 "XW가 M을 경유하여 Y에 영향을 미치는가?(Does XW carry its effect on Y through M?)"의 매개된 조절분석 대신 "X가 M을 경유하여 Y에 영향을 미치는 간접효과가 W에 의존하는

4) Edwards(2009)의 연구에서는 조절변수가 W 대신 Z로 표기되어 있다.

가?(Does the indirect effect of X on Y through M depends on W?)"의 조절된 매개분석으로 전환하면 a_3b는 "W가 한 단위 차이나는 두 사례간에 간접효과의 차이가 어느 정도인가?"를 나타내는 측정치로 의미를 가지게 된다.

그렇다면 왜 아직도 연구자들은 매개된 조절분석을 실시하고 있는가? 먼저 Hayes(2013, p.382)는 학회지 등에 매개된 조절분석에 관한 연구가 종종 발표되고 있는 빈도수(frequency)와 매개된 조절분석의 의미성(meaningfulness)을 혼동해서는 안 된다고 경고하고 있다. 이는 마치 매개분석에서 아직도 Baron & Kenny(1986) 방법이 사용되고 있는 것과 동일한 현상이다. 이에 관하여 Hayes(2013)는 매개된 조절분석을 완전히 폐기해야 한다(abandoning mediated moderation entirely)고 강력하게 주장하고 있다. 매개된 조절분석이 아직도 사용되는 것은 Muller et al.(2005)이 매개된 조절분석을 비교적 자세히 설명한 영향이 있을 것이다. 그리고 특히 Morgan-Lopez & MacKinnon(2006)이 매개된 조절효과를 분석하는 공식적인 방법을 발표한 영향이 클 것이라고 생각한다. 이들은 model 8의 식 (12.13)에서 얻은 a_3와 식 (12.14)에서 구한 b를 곱한 추정치 a_3b를 SE로 나눈 후에 Sobel test를 이용하여 검정해야 한다고 주장하였다.

지금 매개된 조절분석의 내용을 다루고 있기 때문에 만일 연구자들이 굳이 매개된 조절분석을 실시한다면 올바른 방법을 이용하여 매개된 조절효과를 분석해야 할 것이다. 먼저 유의할 사항은 매개된 조절분석을 실시하는 경우에 앞에서 다룬 model 7에서 추정된 a_3와 b를 곱한 a_3b를 매개된 조절효과의 점추정치로 사용하면 안 된다는 것이다. 즉, 식 (12.9)와 식 (12.13)에서 추정된 a_3는 동일하지만 식 (12.10)과 식 (12.14)에서 추정된 b는 다르게 나타나기 때문에 두 모형에서 계산된 a_3b는 서로 다른 값을 갖게 된다. 즉, 매개된 조절모형의 회귀식을 설정하는 경우에는 M 회귀식과 Y 회귀식에 모두 동시에 XW가 도입되어야 한다. 다시 말하면 매개된 조절분석을 실행하는 경우에는 model 8을 사용해야 한다는 것이다. 이러한 의미에서 PROCESS macro에서는 model 8과 뒤에서 다루게 될 model 12에 대해서만 결과물에서 매개된 조절분석결과(결과물의 indirect effect of highest order product)를 제공하고 있다. 발표된 연구들을 살펴보면 model 7을 이용하여 매개된 조절분석을 실시한 경우가 있는데 이는 잘못된 것이다. 본서에서는 저명한 학자들의 견해를 따라서 매개된 조절효과의 구체적인 분석과정은 제시하지 않을 예정이다. 매개된 조절효과의 분석방법은 Hayes(2013)의 저서 혹은 관련 연구들을 참고하면 도움이 될 것이다.

이제 다시 model 8의 분석으로 돌아간다. model 8을 분석하기 전에 Cheung

& Lau(2015)의 절차에 따라 먼저 기저모형을 분석하기로 한다. 기저모형을 분석하기 위한 Mplus code(model8(latent baseline).inp)는 〈표 12.6〉과 같다.

〈표 12.6〉 model 8의 분석을 위한 기저모형

```
TITLE:  model 8 (latent baseline)
DATA:       FILE IS book(all).dat;
VARIABLE:
            NAMES ARE Gender X1 X2 X3 X4 ETA11 ETA12 ETA13 ETA14
                      W1 W2 W3 W4 M1 M2 M3 M4 ETA21 ETA22 ETA23
                      ETA24 X M W ETA1 ETA2;
            USEVARIABLES ARE X1 X2 X3 X4 ETA11 ETA12 ETA13 ETA14
                             M1 M2 M3 M4 ETA21 ETA22 ETA23 ETA24;
MODEL:      KSI1 BY X1-X4;
            KSI2 BY M1-M4;
            ETA1 BY ETA11-ETA14;
            ETA2 BY ETA21-ETA24;
            ETA1 ON KSI1  KSI2;
            ETA2 ON KSI1  KSI2 ETA1;
```

〈표 12.6〉에서 *M*(ETA1) 회귀식과 *Y*(ETA2) 회귀식에는 모두 상호항 *XW*가 제외되어 있다. 즉, *M*의 예측변수는 *X*와 *W*(KSI2)이고 *Y*의 예측변수는 *X*와 *W* 및 *M*으로 설정되어 있다는 것을 알 수 있다.

〈표 12.6〉의 기저모형을 실행하면 〈결과 12.5〉를 얻을 수 있다.

〈결과 12.5〉 model 8의 기저모형의 결과

```
MODEL FIT INFORMATION
Number of Free Parameters                    54
Chi-Square Test of Model Fit
          Value                         208.915
          Degrees of Freedom                 98
          P-Value                        0.0000
RMSEA (Root Mean Square Error Of Approximation)
          Estimate                        0.075
          90 Percent C.I.                 0.061    0.089
          Probability RMSEA <= .05        0.002
```

```
CFI/TLI
          CFI                               0.979
          TLI                               0.974
SRMR (Standardized Root Mean Square Residual)
          Value                             0.030

MODEL RESULTS

                                                  Two-Tailed
                  Estimate    S.E.   Est./S.E.    P-Value
 KSI1     BY
    X1               1.000    0.000    999.000    999.000
    X2               1.264    0.065     19.497      0.000
    X3               1.282    0.064     20.126      0.000
    X4               1.184    0.062     19.035      0.000
 KSI2     BY
    M1               1.000    0.000    999.000    999.000
    M2               0.998    0.020     50.046      0.000
    M3               0.983    0.021     47.146      0.000
    M4               1.034    0.020     52.735      0.000
 ETA1     BY
    ETA11            1.000    0.000    999.000    999.000
    ETA12            1.107    0.021     51.949      0.000
    ETA13            1.063    0.036     29.464      0.000
    ETA14            0.931    0.037     24.952      0.000
 ETA2     BY
    ETA21            1.000    0.000    999.000    999.000
    ETA22            1.025    0.026     39.337      0.000
    ETA23            1.074    0.042     25.773      0.000
    ETA24            1.056    0.044     24.159      0.000
 ETA1     ON
    KSI1            -0.662    0.095     -6.977      0.000
    KSI2             0.458    0.070      6.564      0.000
 ETA2     ON
    KSI1             0.133    0.076      1.747      0.081
    KSI2            -0.073    0.057     -1.274      0.203
    ETA1             0.704    0.056     12.602      0.000
 KSI2     WITH
    KSI1            -0.123    0.126     -0.981      0.327
```

〈결과 12.5〉에서 모형적합도는 비교적 양호하게 나타났고 모든 지표변수들의 요인적재량은 통계적으로 유의하게 나타났기 때문에 기저모형은 자료에 적합하다는 것을 알 수 있다. 기저모형이 적합하기 때문에 다음 단계로 model 8을 분석하기로 한다. model 8도 잠재변수의 실제 값과 표준화 및 단일변수를 이용한 방법을 모두 사용할 것이다.

〈표 12.7〉(model8(latent).inp)은 잠재변수의 실제 값을 이용하여 model 8을 분석하기 위한 Mplus syntax이다.

〈표 12.7〉 실제 값을 이용하여 model 8을 분석하기 위한 Mplus code

```
TITLE:  model 8 (latent)
DATA:      FILE IS book(all).dat;
VARIABLE:
           NAMES ARE Gender X1 X2 X3 X4 ETA11 ETA12 ETA13 ETA14 W1
                     W2 W3 W4 M1 M2 M3 M4 ETA21 ETA22 ETA23
                     ETA24 X M W ETA1 ETA2;
           USEVARIABLES ARE X1 X2 X3 X4 ETA11 ETA12 ETA13 ETA14 M1
                            M2 M3 M4 ETA21 ETA22 ETA23 ETA24;
ANALYSIS:
           TYPE=RANDOM;
           ALGORITHM=INTEGRATION;
           ESTIMATOR=ML;
           BOOTSTRAP=500;
           PROCESSORS=4;
MODEL:     ! measurement model

           KSI1 BY X1-X4;
           KSI2 BY M1-M4;
           ETA1 BY ETA11-ETA14;
           ETA2 BY ETA21-ETA24;

           KSI2(variance);          ! naming the variance of KSI2 as variance

          ! create latent variables interaction

           KSI1KSI2 | KSI1 XWITH KSI2;

          ! structural model
          ! intercepts of ETA1 and ETA2 are fixed to 0 since they are latent
            variables
```

```
          ETA1 ON KSI1      (a1)
                  KSI2      (a2)
                  KSI1KSI2  (a3);
          ETA2 ON KSI1      (cprime1)
                  KSI2      (cprime2)
                  KSI1KSI2  (cprime3)
                  ETA1      (b);

MODEL CONSTRAINT: NEW(SD INDEX
                  CONINDLL CONINDL CONINDM CONINDH CONINDHH
                  CONDIRLL CONDIRL CONDIRM CONDIRH CONDIRHH
                  TOTALLL TOTALL TOTALM TOTALH TOTALHH);

          SD = SQRT(variance);

         ! index of moderated mediation
          INDEX = a3*b;

         ! conditional indirect effects for specific values of KSI2
          CONINDLL = (a1+a3*(-2*SD))*b;
          CONINDL  = (a1+a3*(-1*SD))*b;
          CONINDM  = (a1+a3*0*SD)*b;
          CONINDH  = (a1+a3*1*SD)*b;
          CONINDHH = (a1+a3*2*SD)*b;

         ! conditional direct effects for specific values of KSI2
          CONDIRLL = cprime1 + cprime3 * (-2*SD);
          CONDIRL  = cprime1 + cprime3 * (-1*SD);
          CONDIRM  = cprime1 + cprime3 * 0*SD;
          CONDIRH  = cprime1 + cprime3 * 1*SD;
          CONDIRHH = cprime1 + cprime3 * 2*SD;

         ! conditional total effects for specific values of KSI2
          TOTALLL = CONINDLL + CONDIRLL;
          TOTALL  = CONINDL  + CONDIRL;
          TOTALM  = CONINDM  + CONDIRM;
          TOTALH  = CONINDH  + CONDIRH;
          TOTALHH = CONINDHH + CONDIRHH;

         ! plot conditional indirect effect of X on Y for specific values of KSI2
         ! these options could be edited to examine conditional total effects or
         ! conditional direct effects
         ! the mean of factor KSI1 is set to 0 by default
```

```
          PLOT(MODLOW MODMID MODHI);
          LOOP(KSI1 -3, 3, 0.1);
          MODLOW = CONINDL*KSI1;
          MODMID = CONINDM*KSI1;
          MODHI  = CONINDH*KSI1;
PLOT:     TYPE=PLOT2;
OUTPUT:   CINT(BCBOOTSTRAP);
```

〈표 12.7〉에서 먼저 부트스트래핑 방법의 사용이 지정되어 있다. 그리고 ETA1 회귀식은 model 7과 동일하고 ETA2 회귀식에 식 (12.14)가 지정되어 있다. 즉, X와 W 및 XW는 M뿐만 아니라 Y에도 영향을 미치는 것으로 회귀식이 설정되어 있다. 또한 MODEL CONSTRAINT에 조절된 매개지수를 추정하는 명령문이 지정되어 있고 조건부 직접효과를 계산하는 명령문도 지정되어 있다. 조건부 총효과의 추정과 조건부 간접효과의 그래프를 그리는 명령문은 model 7과 유사하다.

〈표 12.7〉을 실행하면 〈결과 12.6〉이 산출된다. 〈결과 12.6〉은 일부 결과물이다.

〈결과 12.6〉 실제 값을 이용한 model 8 분석결과

```
MODEL RESULTS
                                                    Two-Tailed
                  Estimate      S.E.    Est./S.E.    P-Value
 KSI1     BY
    X1               1.000     0.000    999.000    999.000
    X2               1.267     0.069     18.315      0.000
    X3               1.283     0.068     18.969      0.000
    X4               1.187     0.064     18.404      0.000
 KSI2     BY
    M1               1.000     0.000    999.000    999.000
    M2               0.998     0.021     47.435      0.000
    M3               0.983     0.023     43.255      0.000
    M4               1.034     0.020     52.729      0.000
 ETA1     BY
    ETA11            1.000     0.000    999.000    999.000
    ETA12            1.107     0.020     54.564      0.000
    ETA13            1.063     0.033     32.172      0.000
```

```
    ETA14              0.931      0.037     25.222      0.000
 ETA2     BY
    ETA21              1.000      0.000    999.000    999.000
    ETA22              1.025      0.026     39.862      0.000
    ETA23              1.074      0.048     22.235      0.000
    ETA24              1.056      0.042     25.120      0.000
 ETA1     ON
    KSI1              -0.630      0.086     -7.288      0.000
    KSI2               0.442      0.066      6.731      0.000
    KSI1KSI2           0.222      0.055      4.048      0.000
 ETA2     ON
    KSI1               0.125      0.069      1.815      0.070
    KSI2              -0.064      0.059     -1.083      0.279
    KSI1KSI2           0.115      0.048      2.374      0.018
    ETA1               0.666      0.052     12.889      0.000
 KSI2     WITH
    KSI1              -0.123      0.118     -1.042      0.298
 Variances
    KSI1               1.357      0.178      7.630      0.000
    KSI2               2.239      0.172     13.043      0.000

New/Additional Parameters
    SD                 1.496      0.057     26.141      0.000
    INDEX              0.148      0.038      3.872      0.000
    CONINDLL          -0.861      0.131     -6.553      0.000
    CONINDL           -0.640      0.090     -7.153      0.000
    CONINDM           -0.420      0.072     -5.833      0.000
    CONINDH           -0.199      0.094     -2.124      0.034
    CONINDHH           0.022      0.137      0.162      0.871
    CONDIRLL          -0.219      0.169     -1.295      0.195
    CONDIRL           -0.047      0.107     -0.438      0.662
    CONDIRM            0.125      0.069      1.815      0.070
    CONDIRH            0.297      0.093      3.216      0.001
    CONDIRHH           0.470      0.151      3.109      0.002
    TOTALLL           -1.080      0.192     -5.612      0.000
    TOTALL            -0.687      0.123     -5.585      0.000
    TOTALM            -0.294      0.090     -3.275      0.001
    TOTALH             0.099      0.126      0.785      0.433
    TOTALHH            0.492      0.196      2.508      0.012
```

CONFIDENCE INTERVALS OF MODEL RESULTS

	Lower .5%	Lower 2.5%	Lower 5%	Estimate	Upper 5%	Upper 2.5%	Upper .5%
New/Additional Parameters							
SD	1.367	1.395	1.409	1.496	1.600	1.616	1.639
INDEX	0.063	0.079	0.091	0.148	0.210	0.225	0.259
CONINDLL	-1.280	−1.114	−1.062	−0.861	−0.664	−0.643	−0.591
CONINDL	−0.899	−0.810	−0.785	−0.640	−0.503	−0.498	−0.477
CONINDM	−0.642	−0.565	−0.539	−0.420	−0.313	−0.293	−0.265
CONINDH	0.479	−0.380	−0.340	−0.199	−0.059	−0.029	0.071
CONINDHH	−0.339	−0.243	−0.202	0.022	0.230	0.278	0.400
CONDIRLL	−0.654	−0.554	−0.505	−0.219	0.078	0.130	0.198
CONDIRL	−0.309	−0.254	−0.222	−0.047	0.132	0.158	0.237
CONDIRM	−0.127	−0.027	0.001	0.125	0.222	0.243	0.290
CONDIRH	0.077	0.117	0.146	0.297	0.448	0.469	0.540
CONDIRHH	0.073	0.196	0.227	0.470	0.717	0.751	0.882
TOTALLL	−1.600	−1.461	−1.376	−1.080	−0.748	−0.713	−0.552
TOTALL	−1.039	−0.918	−0.876	−0.687	−0.470	−0.431	−0.386
TOTALM	−0.554	−0.494	−0.448	−0.294	−0.154	−0.129	−0.109
TOTALH	−0.347	−0.206	−0.140	0.099	0.273	0.310	0.362
TOTALHH	−0.060	0.054	0.134	0.492	0.785	0.841	0.938

〈결과 12.6〉에서 $a_1 = -.630$, $p < .001$과 $a_3 = .222$, $p < .001$로 유의하게 나타났다. 즉, X가 증가하면 M이 감소하는데 W가 증가하면 $X \to M$의 음의 영향이 완화된다는 것을 알 수 있다. 그리고 $M \to Y$의 경로 또한 $b = .666$, $p < .001$로 유의하게 나타났다. 또한 X와 W가 상호작용하여 Y에 유의한 영향($c_3{}' = .115$, $p < .05$)을 미치는 것을 알 수 있다. 잠재조절변수는 실제 값을 사용하기 때문에 잠재독립변수와 더불어 실제 분산 값이 추정되어 있다. 그리고 New/Additional Parameters에서 먼저 조절된 매개지수(INDEX)의 추정치가 $a_3b = .148$, $p < .001$로 유의하게 나타나서 조절된 매개효과가 유의함을 알 수 있다. 이 값은 model 7과 거의 비슷한 것이다. 아래의 부트스트랩 신뢰구간에서도 조절된 매개지수의 99% 신뢰구간(.063 ~.259)에 0이 포함되지 않아서 역시 유의함을 알 수 있다.

조절된 매개효과의 탐색과정으로 조절변수의 값이 증가하면서 조건부 간접효과의 음의 추정치가 점점 감소하는 것을 확인할 수 있다. model 7과 마찬가지로 조절변수의 값이 매우 큰 수준에서는 간접효과의 부호가 양수로 나타났다. 그리고 조건부 직접효과(CONDIR로 표시)도 조절변수의 값이 증가하면서 음의 직접효과[5]가 점점 감소하다가 조절변수의 값이 큰 수준에서는 오히려 직접효과의 부호가 양수로 유의하게 나타나는 것을 확인할 수 있다. 따라서 조절변수의 값이 증가하면 간접효과와 직접효과의 음의 영향을 모두 완화시킨다고 결론을 내릴 수 있다. 마찬가지로 음의 조건부 총효과(TOTAL로 표기)도 조절변수 값이 증가하면서 점점 감소하다가 조절변수의 값이 높은 수준에서는 양수로 나타나는 것을 알 수 있다.

다음으로 잠재조절변수를 표준화하여 model 8을 분석하기로 한다. 〈표 12.8〉은 이러한 잠재변수 표준화를 이용한 Mplus code(model8(latent MOD stand).inp)이다. 여기에서는 부트스트래핑 방법을 이용하지 않았다.

〈표 12.8〉 잠재조절변수의 표준화를 이용한 model 8의 분석

```
TITLE:  model 8 (latent MOD stand)
DATA:     FILE IS book(all).dat;
VARIABLE:
          NAMES ARE Gender X1 X2 X3 X4 ETA11 ETA12 ETA13 ETA14 W1
                    W2 W3 W4 M1 M2 M3 M4 ETA21 ETA22 ETA23
                    ETA24 X M W ETA1 ETA2;
          USEVARIABLES ARE X1 X2 X3 X4 ETA11 ETA12 ETA13 ETA14 M1
                           M2 M3 M4 ETA21 ETA22 ETA23 ETA24;
ANALYSIS:
          TYPE = RANDOM;
          ALGORITHM=INTEGRATION;

MODEL: ! measurement model

          KSI1 BY X1-X4;
          KSI2 BY M1* M2-M4;
          ETA1 BY ETA11-ETA14;
          ETA2 BY ETA21-ETA24;

          KSI2@1;

        ! create latent variables interaction

          KSI1KSI2 | KSI1 XWITH KSI2;
```

5) 원래 $X \rightarrow Y$의 영향을 단순회귀로 분석하면 $c_1' = -.316$, $p < .001$로 음수로 나타난다. 위의 결과물에서 $c_1' = .125$, $p = .070$의 양수로 나타난 것은 다른 변수와의 관계 때문이다.

```
        ! structural model
        ! intercepts of ETA1 and ETA2 are fixed to 0 since they are latent
          variables

          ETA1 ON KSI1       (a1)
                  KSI2       (a2)
                  KSI1KSI2   (a3);
          ETA2 ON KSI1       (cprime1)
                  KSI2       (cprime2)
                  KSI1KSI2   (cprime3)
                  ETA1       (b);

MODEL CONSTRAINT: NEW(INDEX CONINDLL CONINDL CONINDM CONINDH
                      CONINDHH CONDIRLL CONDIRL CONDIRM
                      CONDIRH CONDIRHH TOTALLL TOTALL
                      TOTALM TOTALH TOTALHH);

        ! index of moderated mediation
          INDEX = a3*b;

        ! conditional indirect effects for specific values of KSI2
          CONINDLL = (a1+a3*(-2))*b;
          CONINDL  = (a1+a3*(-1))*b;
          CONINDM  = (a1+a3*0)*b;
          CONINDH  = (a1+a3*1)*b;
          CONINDHH = (a1+a3*2)*b;

        ! conditional direct effects for specific values of KSI2
          CONDIRLL = cprime1 + cprime3 * (-2);
          CONDIRL  = cprime1 + cprime3 * (-1);
          CONDIRM  = cprime1 + cprime3 * 0;
          CONDIRH  = cprime1 + cprime3 * 1;
          CONDIRHH = cprime1 + cprime3 * 2;

        ! conditional total effects for specific values of KSI2
          TOTALLL = CONINDLL + CONDIRLL;
          TOTALL  = CONINDL  + CONDIRL;
          TOTALM  = CONINDM  + CONDIRM;
          TOTALH  = CONINDH  + CONDIRH;
          TOTALHH = CONINDHH + CONDIRHH;

        ! plot conditional indirect effect of X on Y for specific values of KSI2
```

```
        ! these options could be edited to examine conditional total effects or
        ! conditional direct effects
        ! the mean of factor KSI1 is set to 0 by default

        PLOT(MODLOW MODMID MODHI);
        LOOP(KSI1 -3, 3, 0.1);
        MODLOW = CONINDL*KSI1;
        MODMID = CONINDM*KSI1;
        MODHI  = CONINDH*KSI1;

PLOT:     TYPE=PLOT2;
OUTPUT:   CINT;
```

〈표 12.8〉에서 잠재조절변수를 표준화(KSI12@1)하는 명령문이 지정되어 있다. *M* 회귀식과 *Y* 회귀식의 설정은 실제 값을 이용하는 경우와 동일하다. 또한 잠재조절변수가 표준화되었으므로 MODEL CONSTRAINT에서 조건부 간접효과와 조건부 직접효과를 계산하는 경우에 −2, −1, …, 1, 2 등으로 지정되어 있다.

〈표 12.8〉을 실행하면 〈결과 12.7〉이 얻어진다.

〈결과 12.7〉 잠재변수의 표준화를 이용한 model 8의 분석결과

MODEL RESULTS

	Estimate	S.E.	Est./S.E.	Two-Tailed P-Value
KSI1 BY				
X1	1.000	0.000	999.000	999.000
X2	1.265	0.065	19.498	0.000
X3	1.282	0.062	20.734	0.000
X4	1.186	0.062	18.972	0.000
KSI2 BY				
M1	1.496	0.057	26.341	0.000
M2	1.493	0.054	27.714	0.000
M3	1.471	0.050	29.308	0.000
M4	1.547	0.053	29.216	0.000
ETA1 BY				
ETA11	1.000	0.000	999.000	999.000
ETA12	1.107	0.020	54.579	0.000

```
    ETA13              1.063      0.032     32.948      0.000
    ETA14              0.931      0.037     25.434      0.000
 ETA2     BY
    ETA21              1.000      0.000    999.000    999.000
    ETA22              1.025      0.027     38.647      0.000
    ETA23              1.074      0.044     24.140      0.000
    ETA24              1.056      0.042     25.378      0.000
 ETA1     ON
    KSI1              -0.629      0.080     -7.907      0.000
    KSI2               0.662      0.102      6.478      0.000
    KSI1KSI2           0.331      0.076      4.350      0.000
 ETA2     ON
    KSI1               0.125      0.068      1.855      0.064
    KSI2              -0.096      0.087     -1.100      0.271
    KSI1KSI2           0.172      0.070      2.443      0.015
    ETA1               0.666      0.052     12.790      0.000
 KSI2     WITH
    KSI1              -0.082      0.085     -0.963      0.336
 Variances
    KSI1               1.360      0.175      7.775      0.000
    KSI2               1.000      0.000    999.000    999.000
New/Additional Parameters
    INDEX              0.221      0.052      4.249      0.000
    CONINDLL          -0.860      0.120     -7.141      0.000
    CONINDL           -0.639      0.082     -7.780      0.000
    CONINDM           -0.419      0.066     -6.318      0.000
    CONINDH           -0.198      0.086     -2.300      0.021
    CONINDHH           0.022      0.126      0.178      0.859
    CONDIRLL          -0.219      0.168     -1.305      0.192
    CONDIRL           -0.047      0.107     -0.437      0.662
    CONDIRM            0.125      0.068      1.855      0.064
    CONDIRH            0.297      0.088      3.393      0.001
    CONDIRHH           0.469      0.144      3.262      0.001
    TOTALLL           -1.079      0.186     -5.812      0.000
    TOTALL            -0.686      0.118     -5.823      0.000
    TOTALM            -0.293      0.085     -3.455      0.001
    TOTALH             0.099      0.120      0.825      0.410
    TOTALHH            0.492      0.189      2.608      0.009
```

CONFIDENCE INTERVALS OF MODEL RESULTS

	Lower .5%	Lower 2.5%	Lower 5%	Estimate	Upper 5%	Upper 2.5%	Upper .5%
New/Additional Parameters							
INDEX	0.087	0.119	0.135	0.221	0.306	0.322	0.354
CONINDLL	−1.170	−1.096	−1.058	−0.860	−0.662	−0.624	−0.550
CONINDL	−0.851	−0.801	−0.775	−0.639	−0.504	−0.478	−0.428
CONINDM	−0.590	−0.549	−0.528	−0.419	−0.310	−0.289	−0.248
CONINDH	−0.420	−0.367	−0.340	−0.198	−0.056	−0.029	0.024
CONINDHH	−0.302	−0.224	−0.185	0.022	0.229	0.269	0.347
CONDIRLL	−0.650	−0.547	−0.494	−0.219	0.057	0.110	0.213
CONDIRL	−0.321	−0.256	−0.222	−0.047	0.129	0.162	0.228
CONDIRM	−0.049	−0.007	0.014	0.125	0.236	0.258	0.299
CONDIRH	0.072	0.126	0.153	0.297	0.441	0.469	0.523
CONDIRHH	0.099	0.187	0.233	0.469	0.706	0.751	0.840
TOTALLL	−1.557	−1.442	−1.384	−1.079	−0.773	−0.715	−0.601
TOTALL	−0.990	−0.917	−0.880	−0.686	−0.492	−0.455	−0.383
TOTALM	−0.512	−0.460	−0.433	−0.293	−0.154	−0.127	−0.075
TOTALH	−0.210	−0.136	−0.099	0.099	0.297	0.335	0.409
TOTALHH	0.006	0.122	0.181	0.492	0.802	0.861	0.977

〈결과 12.7〉에서 X는 M에 유의한 음의 영향($a_1 = -.629$, $p < .001$)을 미치는데, W가 증가하면 이러한 음의 영향이 완화되는 것($a_3 = .331$, $p < .001$)을 알 수 있다. 그리고 M은 Y에 유의한 양의 영향($b = .666$, $p < .001$)을 미치는 것으로 나타났다. 또한 X와 W가 상호작용하여 Y에 유의한 영향($c_3' = .172$, $p < .05$)을 미치는 것을 확인할 수 있다. KSI2를 표준화하였기 때문에 분산이 1로 나타나 있다. New/Additional Parameters에서 먼저 조절된 매개지수가 양으로 유의하게($a_3b = .221$, $p < .001$) 나타나서 조절된 매개효과가 유의한 것을 알 수 있다. 앞서도 언급한 바와 같이 이러한 a_3b의 검정은 매개된 조절효과에 관한 검정이기도 하다. 조절된 매개효과가 유의하게 나타났기 때문에 조건부 간접효과를 이용하여 조절된 매개효과를 탐색하게 된다. 탐색결과 W가 증가하면서 음의 간접효과는 점점 감소하다가 조절변수가 매우 큰 값에서는 간접효과가 유의적이지는 않지만 양으로 나타났다. 또한 조건부 직접효과의 결과에서 W가 증가하면서 음의 직접효과가 점점 감소하다가 조절변수의 값이 평균 값 수준 이상에서는 직접효과가 양으로 나타났는데, 이러한 결과는 실제 값을 이용하는 경우와 동일한 것이다. 이상의 결과들은 신뢰구간을 이용한 검정에서도 동일하게 나타났다.

12.2.2 단일변수를 이용한 분석

이제 마지막으로 잠재변수의 지표변수들을 평균한 단일변수를 이용하여 model 8을 분석하기로 한다. 〈표 12.9〉(model8(single).inp)는 이를 분석하기 위한 Mplus syntax이다.

〈표 12.9〉는 단일변수를 이용한 분석이기 때문에 이에 관한 개념모형은 [그림 12.4]와 같이 변수들을 사각형으로 나타내야 한다. 그리고 조절변수는 *W* 대신 *M*으로 표기하였다.

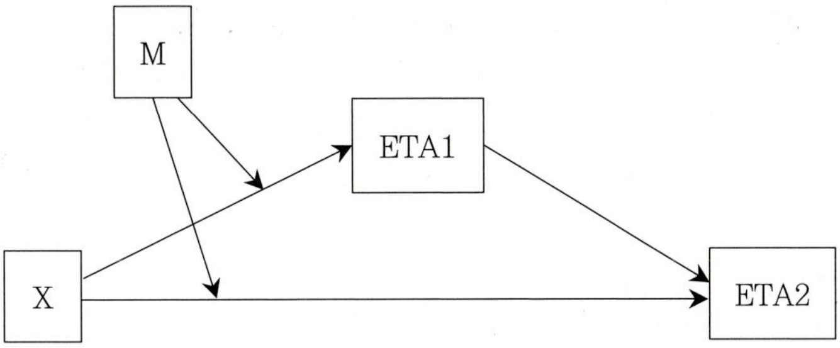

[그림 12.4] 단일변수를 이용한 model 8의 개념모형

〈표 12.9〉 단일변수를 이용하여 model 8을 분석하기 위한 Mplus code

```
TITLE:   model 8 (single)
DATA:       FILE IS book(all).dat;
VARIABLE:
            NAMES ARE Gender X1 X2 X3 X4 ETA11 ETA12 ETA13 ETA14 W1
                      W2 W3 W4 M1 M2 M3 M4 ETA21 ETA22 ETA23
                      ETA24 X M W ETA1 ETA2;
            USEVARIABLES ARE X M ETA1 ETA2 XM;
DEFINE: ! mean centering of X, M
            CENTER X M(GRANDMEAN);

          ! create interaction terms
          ! these interaction terms have to be placed at the end of
            USEVARIABLES
          ! subcommand above
            XM=X*M;
ANALYSIS:  BOOTSTRAP=10000;
```

```
MODEL:  ETA1 ON X      (a1)
               M       (a2)
               XM      (a3);

        [ETA2](b0);
        ETA2 ON X      (cprime1)
                M      (cprime2)
                XM     (cprime3)
                ETA1   (b);
        [M](meanm);
        M(variance);

MODEL CONSTRAINT: NEW(MEAN SD MSDLL MSDL MSDM MSDH MSDHH
                  INDEX CONINDLL CONINDL CONINDM CONINDH
                  CONINDHH CONDIRLL CONDIRL CONDIRM CONDIRH
                  CONDIRHH TOTALLL TOTALL TOTALM TOTALH
                  TOTALHH);

        MEAN  = meanm;
        SD    = SQRT(variance);
        MSDLL = MEAN - 2*SD;
        MSDL  = MEAN - SD;
        MSDM  = MEAN;
        MSDH  = MEAN + SD;
        MSDHH = MEAN + 2*SD;

       ! index of moderated mediation
        INDEX = a3*b;

       ! conditional indirect effects for specific values of KSI2
        CONINDLL = (a1+a3*MSDLL)*b;
        CONINDL  = (a1+a3*MSDL)*b;
        CONINDM  = (a1+a3*MSDM)*b;
        CONINDH  = (a1+a3*MSDH)*b;
        CONINDHH = (a1+a3*MSDHH)*b;

       ! conditional direct effects for specific values of KSI2
        CONDIRLL = cprime1 + cprime3 * MSDLL;
        CONDIRL  = cprime1 + cprime3 * MSDL;
        CONDIRM  = cprime1 + cprime3 * MSDM;
        CONDIRH  = cprime1 + cprime3 * MSDH;
        CONDIRHH = cprime1 + cprime3 * MSDHH;
```

```
        ! conditional total effects for specific values of KSI2
         TOTALLL = CONINDLL + CONDIRLL;
         TOTALL  = CONINDL  + CONDIRL;
         TOTALM  = CONINDM  + CONDIRM;
         TOTALH  = CONINDH  + CONDIRH;
         TOTALHH = CONINDHH + CONDIRHH;

        ! plot conditional indirect effect of X on Y for specific values of KSI2
        ! these options could be edited to examine conditional total effects or
        ! conditional direct effects

         PLOT(MODLOW MODMID MODHI);
         LOOP(KSI1 -3, 3, 0.1);
         MODLOW = CONINDL*KSI1;
         MODMID = CONINDM*KSI1;
         MODHI  = CONINDH*KSI1;

PLOT:     TYPE=PLOT2;
OUTPUT:   CINT(BCBOOTSTRAP);
```

〈표 12.9〉에서 X, M, ETA1, ETA2 등은 각 잠재변수의 지표변수들을 평균한 값이다. 이 분석에서도 부트스트래핑을 이용하였고 상호항 XM을 형성하는 X와 M은 평균중심화하였다. MODEL CONSTRAINT에 조절된 매개지수의 추론검정과 조건부 직접효과, 조건부 간접효과 및 조건부 총효과의 계산 및 추론이 지정되어 있다. 그리고 조건부 간접효과의 그래프를 그리기 위한 명령문도 지정되어 있다.

〈표 12.9〉를 실행하면 〈결과 12.8〉을 얻을 수 있다.

〈결과 12.8〉 단일변수를 이용한 model 8의 분석결과

```
MODEL FIT INFORMATION
Number of Free Parameters                      13
Chi-Square Test of Model Fit
          Value                             1.077
          Degrees of Freedom                    2
          P-Value                          0.5837
RMSEA (Root Mean Square Error Of Approximation)
          Estimate                          0.000
          90 Percent C.I.                   0.000    0.117
```

```
          Probability RMSEA <= .05              0.715
CFI/TLI
          CFI                                   1.000
          TLI                                   1.014
SRMR (Standardized Root Mean Square Residual)
          Value                                 0.022

MODEL RESULTS
                                                          Two-Tailed
                      Estimate       S.E.    Est./S.E.     P-Value
 ETA1     ON
    X                   -0.547      0.061       -8.943       0.000
    M                    0.471      0.066        7.159       0.000
    XM                   0.162      0.039        4.122       0.000
 ETA2     ON
    X                    0.067      0.063        1.065       0.287
    M                   -0.031      0.064       -0.487       0.626
    XM                   0.120      0.042        2.830       0.005
    ETA1                 0.607      0.054       11.243       0.000
 Means
    M                    0.000      0.107        0.000       1.000
 Intercepts
    ETA1                 3.992      0.103       38.740       0.000
    ETA2                 1.393      0.212        6.577       0.000
 Variances
    M                    2.279      0.152       15.042       0.000
 Residual Variances
    ETA1                 2.110      0.201       10.515       0.000
    ETA2                 1.373      0.145        9.490       0.000
New/Additional Parameters
    MEAN                 0.000      0.107        0.000       1.000
    SD                   1.510      0.050       30.001       0.000
    MSDLL               -3.019      0.129      -23.388       0.000
    MSDL                -1.510      0.107      -14.081       0.000
    MSDM                 0.000      0.107        0.000       1.000
    MSDH                 1.510      0.128       11.809       0.000
    MSDIIH               3.019      0.162       18.595       0.000
    INDEX                0.098      0.024        4.079       0.000
    CONINDLL            -0.629      0.081       -7.751       0.000
    CONINDL             -0.481      0.057       -8.409       0.000
    CONINDM             -0.332      0.051       -6.540       0.000
    CONINDH             -0.184      0.067       -2.729       0.006
```

CONINDHH	−0.035	0.095	−0.367	0.713
CONDIRLL	−0.295	0.147	−2.006	0.045
CONDIRL	−0.114	0.094	−1.209	0.226
CONDIRM	0.067	0.064	1.044	0.297
CONDIRH	0.248	0.087	2.865	0.004
CONDIRHH	0.429	0.137	3.121	0.002
TOTALLL	−0.924	0.151	−6.101	0.000
TOTALL	−0.594	0.097	−6.120	0.000
TOTALM	−0.265	0.073	−3.632	0.000
TOTALH	0.065	0.103	0.627	0.531
TOTALHH	0.394	0.159	2.480	0.013

CONFIDENCE INTERVALS OF MODEL RESULTS

	Lower .5%	Lower 2.5%	Lower 5%	Estimate	Upper 5%	Upper 2.5%	Upper .5%
New/Additional Parameters							
MEAN	−0.269	−0.209	−0.177	0.000	0.175	0.209	0.267
SD	1.382	1.412	1.429	1.510	1.593	1.610	1.641
MSDLL	−3.342	−3.268	−3.229	−3.019	−2.804	−2.765	−2.675
MSDL	−1.772	−1.709	−1.679	−1.510	−1.325	−1.294	−1.222
MSDM	−0.269	−0.209	−0.177	0.000	0.175	0.209	0.267
MSDH	1.170	1.249	1.296	1.510	1.715	1.756	1.827
MSDHH	2.578	2.685	2.746	3.019	3.278	3.327	3.414
INDEX	0.037	0.053	0.061	0.098	0.140	0.148	0.164
CONINDLL	−0.863	−0.805	−0.773	−0.629	−0.506	−0.482	−0.443
CONINDL	−0.643	−0.600	−0.578	−0.481	−0.390	−0.375	−0.346
CONINDM	−0.475	−0.439	−0.421	−0.332	−0.254	−0.239	−0.213
CONINDH	−0.381	−0.330	−0.308	−0.184	−0.084	−0.065	−0.028
CONINDHH	−0.310	−0.239	−0.206	−0.035	0.107	0.135	0.196
CONDIRLL	−0.660	−0.569	−0.523	−0.295	−0.043	0.005	0.098
CONDIRL	−0.349	−0.289	−0.263	−0.114	0.046	0.077	0.129
CONDIRM	−0.092	−0.054	−0.034	0.067	0.176	0.200	0.241
CONDIRH	0.030	0.081	0.107	0.248	0.392	0.420	0.476
CONDIRHH	0.067	0.155	0.201	0.429	0.649	0.699	0.773
TOTALLL	−1.298	−1.211	−1.165	−0.924	−0.668	−0.619	−0.517
TOTALL	−0.826	−0.778	−0.748	−0.594	−0.429	−0.397	−0.331
TOTALM	−0.452	−0.404	−0.382	−0.265	−0.144	−0.118	−0.075
TOTALH	−0.239	−0.151	−0.113	0.065	0.225	0.255	0.319
TOTALHH	−0.082	0.053	0.114	0.394	0.635	0.682	0.767

〈결과 12.8〉에서 먼저 모형의 적합도는 매우 양호하게 나타난 것을 알 수 있다. 그리고 조절변수 M이 증가하면 X가 매개변수 ETA1에 미치는 음의 영향($a_1 = -.547$, $p < .001$)을 완화시키는 조절효과($a_3 = .162$, $p < .001$)가 나타났다. 또한 X는 M과 상호작용하여 $X \rightarrow Y$의 음의 영향을 완화시키는 것($c_3{}' = .120$, $p < .01$)도 알 수 있다. 매개변수 또한 종속변수에 유의한 양의 영향($b = .607$, $p < .001$)을 미치는 것으로 나타났다.

New/Additional Parameters에서 먼저 조절된 매개지수가 양으로 유의하게($a_3b = .098$, $p < .001$) 나타났기 때문에 조절된 매개효과가 유의함을 알 수 있다. 이에 관한 99% 편의수정(bias-corrected) 부트스트랩 신뢰구간(.037~.164)도 0을 포함하지 않기 때문에 역시 유의하다는 것을 확인할 수 있다. 그리고 조절된 매개효과의 탐색결과 조절변수 M이 증가하면 음의 간접효과가 점점 감소하는 것이 확인되었다. 잠재변수를 이용한 분석결과와의 차이점은 조절변수가 매우 큰 값 수준에서도 간접효과는 여전히 음의 값을 가지고 있다는 것이다. 그리고 조건부 직접효과의 분석에서 조절변수 M이 증가하면서 음의 직접효과가 완화되는 것을 확인할 수 있다. 마찬가지로 M이 증가하면 음의 조건부 총효과도 점점 감소하는 것으로 나타났다.

단일변수를 이용한 model 8의 분석결과는 PROCESS macro의 분석결과와 거의 일치한다. 본서의 단일변수를 이용한 분석결과에서 별도의 언급이 있지 않는 한 Mplus의 분석결과와 PROCESS macro의 분석결과는 일치하는 것이다. PROCESS와 SEM의 유사점과 차이점에 관한 논의는 Hayes, Montoya, & Rockwood(2017)에 제시되어 있다. 다만 PROCESS macro는 조절된 매개지수와 조건부 간접효과 및 조건부 직접효과의 추론검정만 제시하고 조건부 총효과의 추론검정은 제시하지 않는다. 그리고 단일변수를 이용하여 조절된 매개효과를 분석하는 경우에는 PROCESS macro의 사용도 권장된다. 왜냐하면 Mplus를 이용하는 경우와는 달리 위와 같은 복잡한 Mplus syntax를 작성할 필요도 없을 뿐만 아니라 분석시간도 매우 짧은 장점이 있기 때문이다. 거듭 언급하지만 Mplus의 장점은 PROCESS macro의 기본 모형 이외의 모형을 연구자가 프로그램을 통하여 분석할 수 있고 특히 잠재변수의 상호효과를 이용하는 모형을 분석할 수 있는 장점을 지니고 있다. 또한 단일변수를 이용한 분석에서도 위와 같이 모형적합도가 제시된다.

12.3 PROCESS model 14의 분석

이제 PROCESS의 model 14를 분석하기로 한다. 여기에서는 자료파일(book(all).dat)을 새로운 자료파일(book(other).dat)로 바꾸어 사용할 예정이다. 또한 잠재변수를 이용한 방법과 단일변수를 이용한 검정을 모두 실시할 예정이다.

12.3.1 잠재변수를 이용한 검정

model 14의 개념모형과 통계모형은 [그림 12.5]와 같다.

〈Panel A〉 개념모형

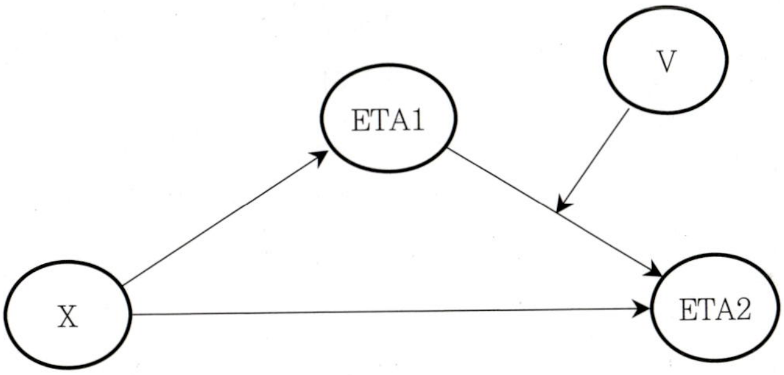

〈Panel B〉 통계모형

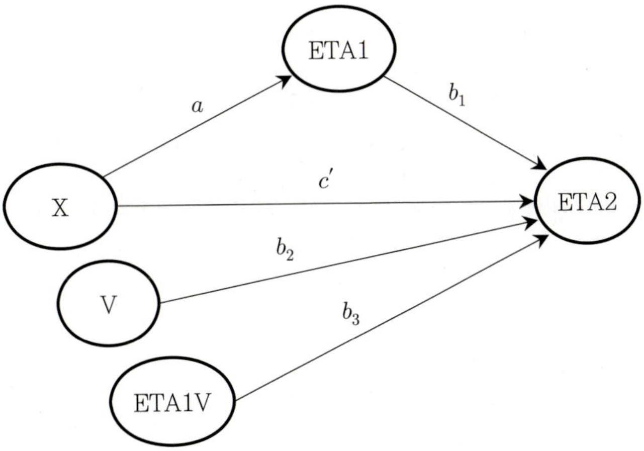

[그림 12.5] model 14의 개념모형과 통계모형

model 14의 M(ETA1) 회귀식과 Y(ETA2) 회귀식은 다음과 같다.

$$M = i_1 + aX + e_M \tag{12.16}$$

$$\begin{aligned} Y &= i_2 + c'X + b_1M + b_2V + b_3MV + e_Y \\ &= (i_2 + b_2V + e_Y) + c'X + (b_1 + b_3V)M \end{aligned} \tag{12.17}$$

Y 회귀식인 식 (12.17)에서 매개변수 M이 종속변수 Y에 영향을 미치는 조건부효과는 $\theta_{M \to Y} = b_1 + b_3V$이므로 조건부 간접효과($\omega$)는 식 (12.18)과 같다.

$$\begin{aligned} \omega &= a(b_1 + b_3V) \\ &= ab_1 + ab_3V \end{aligned} \tag{12.18}$$

그리고 식 (12.18)에서 조절된 매개지수는 V의 가중치인 ab_3이고 이러한 조절된 매개지수의 추론검정결과가 유의하게 나타나면 model 14의 조절된 매개효과가 유의하다고 결론을 내린다. 직접효과는 단순히 c'이다.

잠재변수를 이용하는 방법을 사용하는 경우에는 먼저 기저모형의 적합도를 분석해야 하는데 〈표 12.10〉은 이러한 기저모형분석을 위한 Mplus code이다. [그림 12.5]의 조절변수 V는 M으로 변환하였다.

〈표 12.10〉 model 14를 분석하기 위한 기저모형의 Mplus code

```
TITLE:  model 14 (latent baseline)
DATA:     FILE IS book(other).dat;
VARIABLE:
          NAMES ARE Gender X1 X2 X3 X4 ETA11 ETA12 ETA13 ETA14 W1
                    W2 W3 W4 M1 M2 M3 M4 ETA21 ETA22 ETA23
                    ETA24 X M W ETA1 ETA2;
          USEVARIABLES ARE X1 X2 X3 X4 ETA11 ETA12 ETA13 ETA14 M1
                           M2 M3 M4 ETA21 ETA22 ETA23 ETA24;
MODEL:    KSI1 BY X1-X4;
          M    BY M1-M4;
          ETA1 BY ETA11-ETA14;
          ETA2 BY ETA21-ETA24;
          ETA1 ON KSI1;
```

```
        ETA2 ON KSI1
                ETA1
                M;
```

〈표 12.10〉의 기저모형의 분석결과는 〈결과 12.9〉와 같다.

〈결과 12.9〉 model 14의 기저모형분석결과

```
MODEL FIT INFORMATION
Number of Free Parameters                         53
Chi-Square Test of Model Fit
        Value                                209.549
        Degrees of Freedom                        99
        P-Value                               0.0000
RMSEA (Root Mean Square Error Of Approximation)
        Estimate                               0.075
        90 Percent C.I.                        0.061    0.089
        Probability RMSEA <= .05               0.003
CFI/TLI
        CFI                                    0.963
        TLI                                    0.956
SRMR (Standardized Root Mean Square Residual)
        Value                                  0.049

MODEL RESULTS
                                                       Two-Tailed
                     Estimate     S.E.   Est./S.E.     P-Value
 KSI1      BY
    X1                  1.000    0.000     999.000     999.000
    X2                  0.904    0.046      19.512       0.000
    X3                  0.808    0.056      14.418       0.000
    X4                  0.908    0.042      21.691       0.000
 M         BY
    M1                  1.000    0.000     999.000     999.000
    M2                  1.104    0.060      18.533       0.000
    M3                  0.916    0.062      14.896       0.000
    M4                  1.062    0.061      17.455       0.000
```

```
ETA1     BY
   ETA11            1.000     0.000   999.000   999.000
   ETA12            1.249     0.081    15.326     0.000
   ETA13            0.955     0.055    17.480     0.000
   ETA14            1.286     0.082    15.675     0.000
ETA2     BY
   ETA21            1.000     0.000   999.000   999.000
   ETA22            0.944     0.059    15.923     0.000
   ETA23            0.923     0.060    15.349     0.000
   ETA24            0.985     0.054    18.210     0.000
ETA1     ON
   KSI1             0.477     0.039    12.314     0.000
ETA2     ON
   KSI1            -0.154     0.091    -1.695     0.090
   ETA1             0.676     0.150     4.508     0.000
   M                0.527     0.077     6.807     0.000
M        WITH
   KSI1             1.619     0.231     6.997     0.000
Variances
   KSI1             2.690     0.325     8.282     0.000
   M                2.283     0.291     7.841     0.000
```

〈결과 12.9〉에서 모형적합도가 양호하고 지표변수들의 요인적재량이 모두 유의하게 나타났기 때문에 기저모형은 자료에 적합하다고 할 수 있으므로 다음 단계로 넘어갈 수 있다.

잠재변수의 실제 값을 이용한 model 14를 분석하기 위한 Mplus code(model14(latent).inp)는 〈표 12.11〉과 같다.

〈표 12.11〉 model 14를 분석하기 위한 Mplus code(실제 값)

```
TITLE:  model 14 (latent)
DATA:     FILE IS book(other).dat;
VARIABLE:
          NAMES ARE Gender X1 X2 X3 X4 ETA11 ETA12 ETA13 ETA14 W1
                    W2 W3 W4 M1 M2 M3 M4 ETA21 ETA22 ETA23
                    ETA24 X M W ETA1 ETA2;
```

```
         USEVARIABLES ARE X1 X2 X3 X4 ETA11 ETA12 ETA13 ETA14 M1
                           M2 M3 M4 ETA21 ETA22 ETA23 ETA24;
ANALYSIS:
         TYPE = RANDOM;
         ALGORITHM=INTEGRATION;
         ESTIMATOR=ML;
         BOOTSTRAP=500;
         PROCESSORS=4;
MODEL: ! measurement model
         KSI1 BY X1-X4;
         M    BY M1-M4;
         ETA1 BY ETA11-ETA14;
         ETA2 BY ETA21-ETA24;

         M(variance);          ! naming the variance of M as variance

       ! create latent variables interaction
         ETA1M | ETA1 XWITH M;

       ! structural model
       ! intercepts of ETA1 and ETA2 are fixed to 0 since they are latent
         variables

         ETA1 ON KSI1    (a);

         ETA2 ON KSI1    (cprime)
                 ETA1    (b1)
                 M       (b2)
                 ETA1M   (b3);

MODEL CONSTRAINT: NEW(SD INDEX CONINDLL CONINDL CONINDM
                  CONINDH CONINDHH TOTALLL TOTALL TOTALM
                  TOTALH TOTALHH);

         SD = SQRT(variance);

       ! index of moderated mediatiom
         INDEX = a*b3;

       ! conditional indirect effects for specific values of M
         CONINDLL = a * (b1+b3*(-2*SD));
         CONINDL  = a * (b1+b3*(-1*SD));
         CONINDM  = a * (b1+b3*0*SD);
```

```
          CONINDH  = a * (b1+b3*1*SD);
          CONINDHH = a * (b1+b3*2*SD);

        ! conditional total effects for specific values of M
         TOTALLL = CONINDLL + cprime;
         TOTALL  = CONINDL  + cprime;
         TOTALM  = CONINDM  + cprime;
         TOTALH  = CONINDH  + cprime;
         TOTALHH = CONINDHH + cprime;

        ! plot conditional indirect effect of X on Y for specific values of M
        ! these options could be edited to examine conditional total effects or
        ! conditional direct effects

         PLOT(MODLOW MODMID MODHI);
         LOOP(KSI1 -3, 3, 0.1);
         MODLOW = CONINDLL*KSI1;
         MODMID = CONINDM*KSI1;
         MODHI  = CONINDH*KSI1;

PLOT:      TYPE=PLOT2;
OUTPUT:    CINT(BCBOOTSTRAP);
```

<표 12.11>은 부트스트랩 신뢰구간을 이용하기 위하여 다음의 명령문이 추가되어 있다.

```
ANALYSIS:   ESTIMATOR=ML;
            BOOTSTRAP=500;
            PROCESSORS=4;
OUTPUT:     CINT(BCBOOTSTRAP);
```

만일 부트스트래핑 방법을 사용하지 않는 경우에는 위의 명령문들을 제거하면 된다. 물론 신뢰구간을 얻고자 하는 경우에는 CINT는 그대로 두면 된다. MODEL CONSTRAINT에 조절된 매개지수의 추론검정을 위한 수식(INDEX= $a*b_3$)이 지정되어 있다. 또한 조절변수의 5가지 수준에서의 조건부 간접효과의 계산도 지정되어 있다. 위의 <표 12.11>에서 알 수 있는 것처럼 조절변수는 V 대신 M으로 지정되어 있다.

〈표 12.11〉을 실행하면 〈결과 12.10〉을 얻을 수 있다.

〈결과 12.10〉 실제 값을 사용한 model 14의 분석결과

MODEL RESULTS

		Estimate	S.E.	Est./S.E.	Two-Tailed P-Value
KSI1	BY				
	X1	1.000	0.000	999.000	999.000
	X2	0.904	0.051	17.672	0.000
	X3	0.809	0.054	15.106	0.000
	X4	0.908	0.045	20.287	0.000
M	BY				
	M1	1.000	0.000	999.000	999.000
	M2	1.106	0.062	17.954	0.000
	M3	0.924	0.062	15.007	0.000
	M4	1.070	0.062	17.347	0.000
ETA1	BY				
	ETA11	1.000	0.000	999.000	999.000
	ETA12	1.241	0.100	12.457	0.000
	ETA13	0.956	0.041	23.061	0.000
	ETA14	1.279	0.097	13.221	0.000
ETA2	BY				
	ETA21	1.000	0.000	999.000	999.000
	ETA22	0.945	0.053	17.876	0.000
	ETA23	0.920	0.058	15.810	0.000
	ETA24	0.985	0.050	19.616	0.000
ETA1	ON				
	KSI1	0.478	0.043	11.114	0.000
ETA2	ON				
	KSI1	−0.195	0.088	−2.200	0.028
	ETA1	0.869	0.158	5.484	0.000
	M	0.503	0.088	5.700	0.000
	ETA1M	0.203	0.061	3.313	0.001
M	WITH				
	KSI1	1.616	0.179	9.003	0.000

Variances				
KSI1	2.689	0.212	12.668	0.000
M	2.264	0.203	11.132	0.000
New/Additional Parameters				
SD	1.505	0.068	22.254	0.000
INDEX	0.097	0.030	3.270	0.001
CONINDLL	0.123	0.093	1.321	0.187
CONINDL	0.269	0.075	3.596	0.000
CONINDM	0.415	0.080	5.204	0.000
CONINDH	0.561	0.105	5.347	0.000
CONINDHH	0.707	0.140	5.057	0.000
TOTALLL	−0.071	0.099	−0.717	0.474
TOTALL	0.075	0.078	0.957	0.338
TOTALM	0.221	0.079	2.793	0.005
TOTALH	0.366	0.101	3.617	0.000
TOTALHH	0.512	0.135	3.799	0.000

CONFIDENCE INTERVALS OF MODEL RESULTS

	Lower .5%	Lower 2.5%	Lower 5%	Estimate	Upper 5%	Upper 2.5%	Upper .5%
New/Additional Parameters							
SD	1.326	1.369	1.393	1.505	1.616	1.633	1.670
INDEX	0.024	0.040	0.050	0.097	0.146	0.160	0.180
CONINDLL	−0.177	−0.056	−0.031	0.123	0.260	0.294	0.379
CONINDL	0.096	0.133	0.152	0.269	0.390	0.415	0.506
CONINDM	0.218	0.276	0.296	0.415	0.539	0.581	0.671
CONINDH	0.318	0.381	0.400	0.561	0.742	0.771	0.890
CONINDHH	0.377	0.438	0.494	0.707	0.941	0.981	1.141
TOTALLL	−0.349	−0.277	−0.244	−0.071	0.083	0.117	0.171
TOTALL	−0.118	−0.069	−0.046	0.075	0.215	0.232	0.262
TOTALM	0.048	0.085	0.109	0.221	0.371	0.390	0.414
TOTALH	0.136	0.187	0.212	0.366	0.552	0.575	0.615
TOTALHH	0.191	0.265	0.301	0.512	0.738	0.787	0.855

〈결과 12.10〉에서 $\xi_1 \rightarrow \eta_1$의 영향이 양으로 유의하게 나타났다($a = .478$, $p < .001$). 그리고 매개변수가 종속변수에 미치는 영향($\eta_1 \rightarrow \eta_2$)은 유의하게 양으로($b_1 = .869$, $p < .001$) 나타났는데, 조절변수의 값이 증가하면 이러한 관계는 더욱 증가($b_3 = .203$, $p < .001$)하는 것을 알 수 있다. New/Additional Parameters에서 조절된 매개지수($a^* b_3 = .097$, $p < .001$)가 유의하게 양으로 나타나서 조절된 매개효과는 유의한 것을

알 수 있다. 이러한 결과는 99% 부트스트랩 신뢰구간(.024~.180)에 0이 포함되지 않기 때문에 동일한 결과가 나타났다. 따라서 조절변수 M이 증가하면 독립변수 ξ_1이 매개변수 η_1의 증가를 경유하여 η_2를 증가시키는 양의 간접효과는 더욱 증가하는 조절된 매개효과가 유의하게 나타났다고 결론을 내릴 수 있다. 조절된 매개효과가 유의하게 나타났으므로 조건부 간접효과의 추세를 이용하여 조절된 매개효과의 탐색을 실시하는데, 결과물에서 조절변수가 매우 낮은 수준에서는 양의 간접효과가 유의하지 않았지만 조절변수의 값이 증가하면서 양의 간접효과는 점점 증가하고 조절변수의 값이 $-1SD$ 이상인 수준에서는 간접효과가 모두 유의하게 양으로 나타났다. 이 외에도 조절변수의 값이 증가하면서 조건부 총효과도 역시 증가하는 것을 확인할 수 있다.

다음으로 잠재조절변수를 표준화하는 방법을 이용하여 model 14를 분석하기로 한다. 다음의 〈표 12.12〉(model14(latent MOD stand).inp)는 이에 관한 Mplus syntax이다.

〈표 12.12〉 잠재변수의 표준화를 이용한 model 14의 분석

```
TITLE: model 14 (latent MOD stand)
DATA:     FILE IS book(other).dat;
VARIABLE:
          NAMES ARE Gender X1 X2 X3 X4 ETA11 ETA12 ETA13 ETA14 W1
                    W2 W3 W4 M1 M2 M3 M4 ETA21 ETA22 ETA23
                    ETA24 X M W ETA1 ETA2;

          USEVARIABLES ARE X1 X2 X3 X4 ETA11 ETA12 ETA13 ETA14 M1
                           M2 M3 M4 ETA21 ETA22 ETA23 ETA24;
ANALYSIS:
          TYPE = RANDOM;
          ALGORITHM=INTEGRATION;
MODEL: ! measurement model
       ! moderator factors are stadardized

          KSI1 BY X1-X4;
          M    BY M1* M2-M4;
          ETA1 BY ETA11-ETA14;
          ETA2 BY ETA21-ETA24;

          M@1;
```

```
        ! Create latent variables interaction
          ETA1M | ETA1 XWITH M;
        ! structural model
        ! intercepts of ETA1 and ETA2 are fixed to 0 since they are latent
          variables
          ETA1 ON KSI1    (a);
          ETA2 ON KSI1    (cprime)
                  ETA1    (b1)
                  M       (b2)
                  ETA1M   (b3);
MODEL CONSTRAINT: NEW(INDEX CONINDLL CONINDL CONINDM CONINDH
                      CONINDHH TOTALLL TOTALL TOTALM TOTALH
                      TOTALHH);
        ! index of moderated mediatiom
          INDEX = a*b3;
        ! conditional indirect effects for specific values of M
          CONINDLL = a * (b1+b3*(-2));
          CONINDL  = a * (b1+b3*(-1));
          CONINDM  = a * (b1+b3*0);
          CONINDH  = a * (b1+b3*1);
          CONINDHH = a * (b1+b3*2);
        ! conditional total effects for specific values of M
         TOTALLL = CONINDLL + cprime;
         TOTALL  = CONINDL  + cprime;
         TOTALM  = CONINDM  + cprime;
         TOTALH  = CONINDH  + cprime;
         TOTALHH = CONINDHH + cprime;
        ! plot conditional indirect effect of X on Y for specific values of M
        ! these options could be edited to examine conditional total effects or
        ! conditional direct effects
         PLOT(MODLOW MODMID MODHI);
         LOOP(KSI1 -3, 3, 0.1);
         MODLOW = CONINDLL*KSI1;
         MODMID = CONINDM*KSI1;
```

```
          MODHI   = CONINDH*KSI1;

PLOT:       TYPE=PLOT2;
OUTPUT:   CINT;
```

〈표 12.12〉에서 잠재조절변수의 표준화(M@1)가 설정되어 있다. 이를 위하여 M1의 요인적재량은 자유롭게 추정(M1*)된다. 나머지는 실제 값을 이용하는 경우와 유사하다.

〈표 12.12〉의 추정결과의 일부분은 〈결과 12.11〉과 같다.

〈결과 12.11〉 잠재조절변수의 표준화방법을 이용한 model 14의 분석결과

MODEL RESULTS

	Estimate	S.E.	Est./S.E.	Two-Tailed P-Value
ETA1 ON				
KSI1	0.477	0.045	10.665	0.000
ETA2 ON				
KSI1	−0.195	0.088	−2.202	0.028
ETA1	0.870	0.163	5.341	0.000
M	0.757	0.129	5.850	0.000
ETA1M	0.306	0.087	3.519	0.000
New/Additional Parameters				
INDEX	0.146	0.043	3.381	0.001
CONINDLL	0.123	0.091	1.358	0.174
CONINDL	0.269	0.075	3.566	0.000
CONINDM	0.415	0.083	5.008	0.000
CONINDH	0.561	0.108	5.172	0.000
CONINDHH	0.706	0.143	4.951	0.000
TOTALLL	−0.071	0.093	−0.764	0.445
TOTALL	0.074	0.075	0.991	0.321
TOTALM	0.220	0.079	2.781	0.005
TOTALH	0.366	0.103	3.551	0.000
TOTALHH	0.512	0.137	3.743	0.000

〈결과 12.11〉에서 $b_3 = .306$, $p < .001$로 나타났는데, 이는 실제 값을 사용하는 경우보다는 효과크기가 크게 나타났고 p값도 약간 작게 나타났다. 그리고 New/Additional Parameters에서 조절된 매개지수의 값($ab_3 = .146$, $p < .001$)이 유의하기 때문에 조절된 매개효과가 유의하다는 것을 알 수 있다. 조건부 간접효과와 조건부 총효과의 해석은 실제 값을 이용한 분석결과와 동일하다.

12.3.2 단일변수를 이용한 검정

다음으로 잠재변수의 지표변수들을 평균한 단일변수를 이용하여 model 14를 분석하기로 한다. 〈표 12.13〉(model14(single).inp)은 이를 분석하기 위한 Mplus code이다.

〈표 12.13〉 단일변수를 이용하여 model 14의 분석을 위한 Mplus code

```
TITLE:  model 14 (single)
DATA:     FILE IS book(other).dat;
VARIABLE:
          NAMES ARE Gender X1 X2 X3 X4 ETA11 ETA12 ETA13 ETA14 W1
                    W2 W3 W4 M1 M2 M3 M4 ETA21 ETA22 ETA23
                    ETA24 X M W ETA1 ETA2;
          USEVARIABLES ARE X M ETA1 ETA2 ETA1M;

        ! mean centering
DEFINE:   CENTER ETA1 M(GRANDMEAN);

        ! create interaction term
        ! it should be placed at the end of USEVARIABLES subcommand
          above
          ETA1M = ETA1*M;
ANALYSIS:  BOOTSTRAP=10000;
MODEL:
          [ETA1](a0);

          ETA1 ON X        (a);

          [ETA2](b0);

          ETA2 ON X        (cprime)
                  ETA1     (b1)
                  M        (b2)
```

```
              ETA1M (b3);

            X;
            ETA1;
            ETA1M;
            ETA1 WITH M;
            ETA1 WITH ETA1M;

            [M](meanm);
            M(variance);

MODEL CONSTRAINT: NEW(MEAN SD INDEX MSDLL MSDL MSDM MSDH
                  MSDHH CONINDLL CONINDL CONINDM CONINDH
                  CONINDHH TOTALLL TOTALL TOTALM TOTALH
                  TOTALHH);

     MEAN = meanm;
     SD = SQRT(variance);

   ! index of moderated mediatiom
     INDEX = a*b3;

     MSDLL = MEAN - 2*SD;
     MSDL  = MEAN - SD;
     MSDM  = MEAN;
     MSDH  = MEAN + SD;
     MSDHH = MEAN + 2*SD;

   ! conditional indirect effects for specific values of M
     CONINDLL = a * (b1+b3*MSDLL);
     CONINDL  = a * (b1+b3*MSDL);
     CONINDM  = a * (b1+b3*MSDM);
     CONINDH  = a * (b1+b3*MSDH);
     CONINDHH = a * (b1+b3*MSDHH);

   ! conditional total effects for specific values of M
    TOTALLL = CONINDLL + cprime;
    TOTALL  = CONINDL  + cprime;
    TOTALM  = CONINDM  + cprime;
    TOTALH  = CONINDH  + cprime;
    TOTALHH = CONINDHH + cprime;

   ! plot conditional indirect effect of X on Y for specific values of M
   ! these options could be edited to examine conditional total effects or
```

```
          ! conditional direct effects

           PLOT(MODLOW MODMID MODHI);
           LOOP(KSI1 -3, 3, 0.1);
           MODLOW = CONINDLL*KSI1;
           MODMID = CONINDM*KSI1;
           MODHI  = CONINDH*KSI1;

PLOT:      TYPE=PLOT2;
OUTPUT:    CINT(BCBOOTSTRAP);
```

〈표 12.13〉에서 X; …, ETA1 WITH ETA1M; 등은 모형의 적합도를 향상시키기 위하여 지정한 것이다. 이들을 지정하지 않아도 회귀계수들과 조절된 매개지수 등의 추론검정은 달라지지 않는다.

〈표 12.13〉의 실행결과는 〈결과 12.12〉와 같다.

〈결과 12.12〉 단일변수를 이용한 MODEL 14의 분석결과

```
MODEL RESULTS
                                                    Two-Tailed
                    Estimate       S.E.   Est./S.E.    P-Value
ETA1      ON
   X                   0.559      0.043      13.076      0.000
ETA2      ON
   X                  -0.082      0.075      -1.098      0.272
   ETA1                0.622      0.106       5.867      0.000
   M                   0.418      0.068       6.125      0.000
   ETA1M               0.160      0.044       3.619      0.000
ETA1      WITH
   M                   0.259      0.078       3.312      0.001
   ETA1M              -0.544      0.131      -4.138      0.000
M         WITH
   X                   1.502      0.149      10.056      0.000
ETA1M     WITH
   X                  -0.642      0.226      -2.848      0.004
   M                  -0.465      0.244      -1.903      0.057
Means
   X                   3.994      0.109      36.738      0.000
   M                   0.000      0.113       0.000      1.000
```

ETA1M	1.099	0.124	8.840	0.000
Intercepts				
ETA1	−2.233	0.212	−10.521	0.000
ETA2	3.999	0.318	12.582	0.000
Variances				
X	2.365	0.128	18.501	0.000
M	2.569	0.133	19.319	0.000
ETA1M	3.148	0.336	9.358	0.000
Residual Variances				
ETA1	0.598	0.084	7.146	0.000
ETA2	0.981	0.090	10.849	0.000
New/Additional Parameters				
MEAN	0.000	0.113	0.000	1.000
SD	1.603	0.042	38.500	0.000
INDEX	0.089	0.026	3.489	0.000
MSDLL	−3.205	0.147	−21.764	0.000
MSDL	−1.603	0.125	−12.855	0.000
MSDM	0.000	0.113	0.000	1.000
MSDH	1.603	0.117	13.721	0.000
MSDHH	3.205	0.134	23.963	0.000
CONINDLL	0.062	0.080	0.770	0.441
CONINDL	0.205	0.060	3.400	0.001
CONINDM	0.348	0.065	5.360	0.000
CONINDH	0.491	0.090	5.433	0.000
CONINDHH	0.634	0.124	5.094	0.000
TOTALLL	−0.021	0.087	−0.239	0.811
TOTALL	0.122	0.069	1.779	0.075
TOTALM	0.265	0.072	3.672	0.000
TOTALH	0.409	0.095	4.284	0.000
TOTALHH	0.552	0.128	4.316	0.000

〈결과 12.12〉에서 $a = .559, p < .001$, $b_1 = .622, p < .001$, $b_3 = .160, p < .001$로 모두 유의하게 나타났다. 그리고 New/Additional Parameters에서 조절된 매개지수($ab_3 = .089$, $p < .001$)가 유의하게 나타났기 때문에 조절된 매개효과가 통계적으로 유의함을 알 수 있다. 또한 조절된 매개효과의 탐색에서 조절변수의 값이 증가하면서 간접효과의 크기도 점점 증가하는 것을 확인할 수 있다. 조건부 총효과의 크기도 동일한 추세를 나타내고 있다. 앞서도 언급한 바와 같이 Mplus에 의한 단일변수를 이용한 분석결과는 PROCESS macro를 사용한 결과들과 정확히 일치하는 것이다.

12.4 PROCESS model 15의 분석

여기에서는 model 14의 모형에 조절변수가 $X \rightarrow Y$경로를 조절하는 내용을 추가한 model 15를 분석하기로 한다. model 15에 관한 M 회귀식과 Y 회귀식은 다음과 같다.

$$M = i_1 + aX + e_M \tag{12.19}$$

$$\begin{aligned} Y &= i_2 + c_1{}'X + c_2{}'V + c_3{}'XV + b_1M + b_2MV + e_Y \\ &= (i_2 + c_2{}'V + e_Y) + (c_1{}' + c_3{}'V)X + (b_1 + b_2V)M \end{aligned} \tag{12.20}$$

식 (12.20)이 식 (12.17)과 다른 점은 $V \rightarrow Y$의 영향에 관한 계수가 이미 $c_2{}'V$에 지정되어 있기 때문에 b_2V가 제외되어 있다는 점이다. 식 (12.20)에서 $X \rightarrow Y$의 조건부 직접효과($\theta_{X \rightarrow Y}$)는 다음과 같다.

$$\theta_{X \rightarrow Y} = c_1{}' + c_3{}'V \tag{12.21}$$

그리고 $\theta_{M \rightarrow Y} = b_1 + b_2V$이므로 조건부 간접효과($\omega$)는 다음과 같이 계산된다.

$$\begin{aligned} \omega &= a(b_1 + b_2V) \\ &= ab_1 + ab_2V \end{aligned} \tag{12.22}$$

식 (12.22)에서 조절된 매개지수는 조절변수 V의 가중치인 ab_2이다.

그리고 model 15의 개념모형과 통계모형은 [그림 12.6]과 같다.

model 15를 분석하기 전에 Cheung & Lau(2015)의 절차에 따라 먼저 기저모형을 분석하기로 한다. 〈표 12.14〉(model15(latent baseline).inp)는 model 15의 기저모형을 분석하기 위한 Mplus code이다. 여기에서도 조절변수 V는 M으로 대체하였다.

〈Panel A〉 model 15의 개념모형

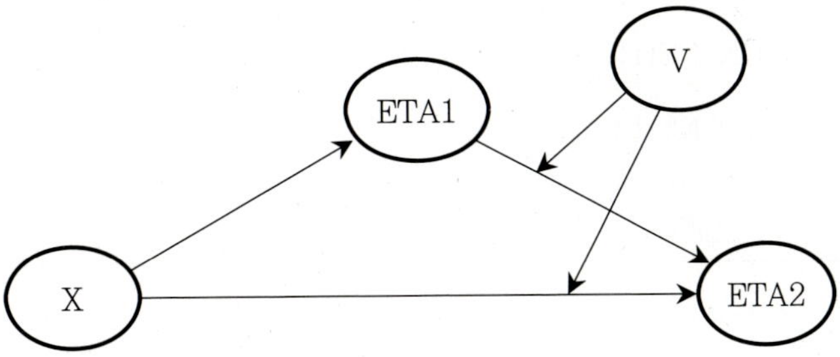

〈Panel B〉 model 15의 통계모형

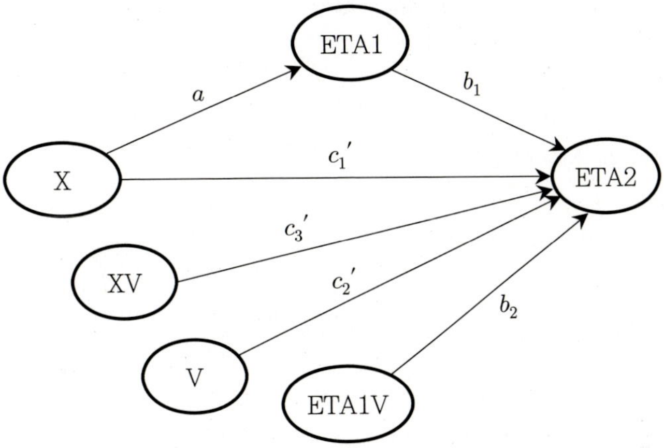

[그림 12.6] model 15의 개념모형과 통계모형

〈표 12.14〉 model 15에 대한 기저모형의 Mplus code

```
TITLE:  model 15 (latent baseline)
DATA:     FILE IS book(other).dat;
VARIABLE:
          NAMES ARE Gender X1 X2 X3 X4 ETA11 ETA12 ETA13 ETA14 W1
                    W2 W3 W4 M1 M2 M3 M4 ETA21 ETA22 ETA23
                    ETA24 X M W ETA1 ETA2;
          USEVARIABLES ARE X1 X2 X3 X4 ETA11 ETA12 ETA13 ETA14 M1
                    M2 M3 M4 ETA21 ETA22 ETA23 ETA24;
MODEL:    KSI1 BY X1-X4;
          M    BY M1-M4;
          ETA1 BY ETA11-ETA14;
```

```
ETA2 BY ETA21-ETA24;

ETA1 ON KSI1;

ETA2 ON KSI1
        M
        ETA1;
```

〈표 12.14〉의 실행결과는 〈결과 12.13〉과 같다.

〈결과 12.13〉 model 15의 기저모형분석결과

```
MODEL FIT INFORMATION
Number of Free Parameters                        53
Chi-Square Test of Model Fit
          Value                              209.549
          Degrees of Freedom                      99
          P-Value                             0.0000
RMSEA (Root Mean Square Error Of Approximation)
          Estimate                             0.075
          90 Percent C.I.                      0.061     0.089
          Probability RMSEA <= .05             0.003
CFI/TLI
          CFI                                  0.963
          TLI                                  0.956
SRMR (Standardized Root Mean Square Residual)
          Value                                0.049

MODEL RESULTS
                                                          Two-Tailed
                         Estimate     S.E.    Est./S.E.    P-Value
 KSI1     BY
    X1                      1.000    0.000    999.000    999.000
    X2                      0.904    0.046     19.512      0.000
    X3                      0.808    0.056     14.418      0.000
    X4                      0.908    0.042     21.691      0.000
 M        BY
    M1                      1.000    0.000    999.000    999.000
```

```
   M2              1.104    0.060     18.533     0.000
   M3              0.916    0.062     14.896     0.000
   M4              1.062    0.061     17.455     0.000
 ETA1     BY
   ETA11           1.000    0.000    999.000   999.000
   ETA12           1.249    0.081     15.326     0.000
   ETA13           0.955    0.055     17.480     0.000
   ETA14           1.286    0.082     15.675     0.000
 ETA2     BY
   ETA21           1.000    0.000    999.000   999.000
   ETA22           0.944    0.059     15.923     0.000
   ETA23           0.923    0.060     15.349     0.000
   ETA24           0.985    0.054     18.210     0.000
 ETA1     ON
   KSI1            0.477    0.039     12.314     0.000
 ETA2     ON
   KSI1           -0.154    0.091     -1.695     0.090
   M               0.527    0.077      6.807     0.000
   ETA1            0.676    0.150      4.508     0.000
 M        WITH
   KSI1            1.619    0.231      6.997     0.000
```

model 15의 기저모형분석결과에서 모형의 적합도가 양호하게 나타났고 지표변수들의 요인적재량이 모두 유의하게 예측된 방향으로 나타났기 때문에 기저모형은 자료에 적합하고 따라서 다음 단계로 넘어갈 수 있다. 이러한 결과는 잠재상호항이 기저모형에 포함되지 않기 때문에 model 14의 결과와 동일하다는 것을 알 수 있다.

〈표 12.15〉(model15(latent).inp)는 잠재조절변수의 실제 값을 이용하여 model 15를 분석하기 위한 Mplus code이다.

〈표 12.15〉 model 15를 분석하기 위한 Mplus code

```
TITLE:  model 15 (latent)
DATA:      FILE IS book(other).dat;
VARIABLE:
           NAMES ARE Gender X1 X2 X3 X4 ETA11 ETA12 ETA13 ETA14 W1
                     W2 W3 W4 M1 M2 M3 M4 ETA21 ETA22 ETA23
```

```
                    ETA24 X M W ETA1 ETA2;
          USEVARIABLES ARE X1 X2 X3 X4 ETA11 ETA12 ETA13 ETA14 M1
                     M2 M3 M4 ETA21 ETA22 ETA23 ETA24;
ANALYSIS:  TYPE = RANDOM;
          ALGORITHM=INTEGRATION;
         ! ESTIMATOR=ML;              ! remove exclamation points
         ! BOOTSTRAP=500;             ! for bootstrap confidence
         ! PROCESSORS=4;              ! intervals
MODEL: ! measurement model

          KSI1 BY X1-X4;
          M    BY M1-M4;
          ETA1 BY ETA11-ETA14;
          ETA2 BY ETA21-ETA24;

          M(variance);          ! naming the variance of M as variance

         ! create latent variables interaction

          KSI1M | KSI1 XWITH M;
          ETA1M | ETA1 XWITH M;

         ! structural model
         ! intercepts of ETA1 and ETA2 are fixed to 0 since they are latent
           variables

          ETA1 ON KSI1   (a);

          ETA2 ON KSI1   (cprime1)
                  M      (cprime2)
                  KSI1M  (cprime3)
                  ETA1   (b1)
                  ETA1M  (b2);

MODEL CONSTRAINT: NEW(SD INDEX
                  CONINDLL CONINDL CONINDM CONINDH CONINDHH
                  DIRLL DIRL DIRM DIRH DIRHH
                  TOTALLL TOTALL TOTALM TOTALH TOTALHH);

          SD = SQRT(variance);

         ! index of moderated mediatiom
          INDEX = a*b2;
```

```
        ! conditional indirect effects for specific values of M
          CONINDLL = a * (b1+b2*(-2*SD));
          CONINDL  = a * (b1+b2*(-1*SD));
          CONINDM  = a * (b1+b2*0*SD);
          CONINDH  = a * (b1+b2*1*SD);
          CONINDHH = a * (b1+b2*2*SD);

        ! conditional direct effects for specific values of M
          DIRLL = cprime1 + cprime3*(-2*SD);
          DIRL  = cprime1 + cprime3*(-1*SD);
          DIRM  = cprime1 + cprime3*(0*SD);
          DIRH  = cprime1 + cprime3*(1*SD);
          DIRHH = cprime1 + cprime3*(2*SD);

        ! conditional total effects for specific values of M
         TOTALLL = CONINDLL + DIRLL;
         TOTALL  = CONINDL  + DIRL;
         TOTALM  = CONINDM  + DIRM;
         TOTALH  = CONINDH  + DIRH;
         TOTALHH = CONINDHH + DIRHH;

        ! plot conditional indirect effect of X on Y for specific values of M
        ! these options could be edited to examine conditional total effects or
        ! conditional direct effects

         PLOT(MODLOW MODMID MODHI);
         LOOP(KSI1 -3, 3, 0.1);
         MODLOW = CONINDLL*KSI1;
         MODMID = CONINDM*KSI1;
         MODHI  = CONINDH*KSI1;

PLOT:      TYPE=PLOT2;
OUTPUT:   CINT!(BCBOOTSTRAP);   ! remove exclamation point for
                                  bootstrapping
```

〈표 12.15〉에서 조절변수는 V 대신 M으로 지정되어 있다. 그리고 부트스트랩 신뢰구간을 지정하는 명령문은 느낌표(!)로 지정하였는데, 만일 부트스트래핑 방법을 이용하는 경우에는 이들을 제거하면 된다. 부트스트래핑 방법을 지정하지 않은 이유는 이를 분석하는 데에 상당한 시간이 소요되기 때문이다. 조절된 매개모형이 복잡한 경우에는 부트스트래핑 방법을 이용하는 경우에 수시간(several hours)이 소

요되고 매우 복잡한 모형은 하루 이상이 걸리기도 한다. 물론 bootstrap samples를 증가(예 BOOTSTRAP=10000)시키면 시간이 훨씬 더 소요된다.

MODEL command를 살펴보면 독립변수와 조절변수의 상호항(KSI1M)과 매개변수와 조절변수의 상호항(ETA1M)의 생성이 지정되어 있고 이들이 Y(ETA2)에 미치는 영향을 Y 회귀식에 지정하였다. 그리고 MODEL CONSTRAINT에 조절된 매개지수의 추론검정을 위한 수식이 설정되어 있고(INDEX=ab_2) 조건부 간접효과(CONIND), 조건부 직접효과(DIR) 그리고 조건부 총효과(TOTAL)의 추론검정을 위한 명령문이 지정되어 있다.

〈표 12.15〉의 실행결과는 〈결과 12.14〉와 같다.

〈결과 12.14〉 model 15의 분석결과(잠재조절변수의 실제 값 사용)

```
MODEL RESULTS
                                                    Two-Tailed
                    Estimate       S.E.  Est./S.E.    P-Value
 KSI1     BY
    X1                 1.000      0.000    999.000    999.000
    X2                 0.905      0.051     17.614      0.000
    X3                 0.809      0.053     15.188      0.000
    X4                 0.909      0.044     20.432      0.000
 M        BY
    M1                 1.000      0.000    999.000    999.000
    M2                 1.106      0.058     19.013      0.000
    M3                 0.924      0.058     15.795      0.000
    M4                 1.069      0.062     17.187      0.000
 ETA1     BY
    ETA11              1.000      0.000    999.000    999.000
    ETA12              1.238      0.103     12.044      0.000
    ETA13              0.955      0.041     23.205      0.000
    ETA14              1.275      0.099     12.823      0.000
 ETA2     BY
    ETA21              1.000      0.000    999.000    999.000
    ETA22              0.945      0.054     17.644      0.000
    ETA23              0.920      0.059     15.589      0.000
    ETA24              0.985      0.053     18.499      0.000
 ETA1     ON
    KSI1               0.479      0.045     10.722      0.000
```

ETA2 ON				
KSI1	−0.197	0.087	−2.257	0.024
M	0.500	0.088	5.702	0.000
KSI1M	−0.019	0.057	−0.323	0.747
ETA1	0.876	0.163	5.380	0.000
ETA1M	0.226	0.087	2.590	0.010
M WITH				
KSI1	1.615	0.175	9.210	0.000
Variances				
KSI1	2.686	0.214	12.537	0.000
M	2.267	0.194	11.664	0.000
New/Additional Parameters				
SD	1.506	0.065	23.329	0.000
INDEX	0.108	0.043	2.525	0.012
CONINDLL	0.094	0.128	0.733	0.464
CONINDL	0.257	0.086	2.974	0.003
CONINDM	0.419	0.083	5.041	0.000
CONINDH	0.582	0.122	4.773	0.000
CONINDHH	0.744	0.177	4.210	0.000
DIRLL	−0.141	0.202	−0.701	0.483
DIRL	−0.169	0.129	−1.311	0.190
DIRM	−0.197	0.087	−2.257	0.024
DIRH	−0.225	0.117	−1.929	0.054
DIRHH	−0.253	0.186	−1.360	0.174
TOTALLL	−0.047	0.130	−0.366	0.714
TOTALL	0.087	0.091	0.961	0.336
TOTALM	0.222	0.080	2.790	0.005
TOTALH	0.357	0.105	3.388	0.001
TOTALHH	0.491	0.150	3.275	0.001

〈결과 12.14〉에서 먼저 $\xi_1 \rightarrow \eta_1$경로는 유의하게($a = .479,\ p < .001$) 양으로 나타났다. 그리고 조절변수의 값이 증가하면서 매개변수가 종속변수에 미치는 양의 영향($b_1 = .876,\ p < .001$)은 더욱 커지는 것으로 나타났다($b_2 = .226,\ p < .01$). 하지만 $c_3{}' = -.019,\ p = 747$로 나타났기 때문에 $X \rightarrow Y$경로는 조절변수에 의하여 조절되지 않는 것을 알 수 있다. New/Additional Parameters에서 조절된 매개지수($ab_2 = .108,\ p < .05$)가 유의하게 나타났기 때문에 조절된 매개효과는 유의하다고 할 수 있다. 또

한 조건부 간접효과를 이용한 조절된 매개효과의 탐색결과에서 조절변수가 증가하면 양의 간접효과가 점점 증가하는 것을 확인할 수 있다. c_3'이 유의하지 않기 때문에 비록 해석의 의미는 없지만 음의 조건부 직접효과 또한 조절변수의 값이 증가하면서 점점 증대되는 것으로 나타났다. 여기에서는 잠재변수의 표준화방법은 생략할 예정이다. 이에 관해서는 지금까지 충분히 다루었기 때문에 독자 여러분께서 스스로 프로그램할 수 있을 것으로 기대한다.

다음으로 지표변수들의 평균값을 이용하여 model 15를 분석하기로 한다. 〈표 12.16〉은 단일변수를 이용하여 model 15를 분석하기 위한 Mplus syntax(model15 (single).inp)이다.

〈표 12.16〉 단일변수를 이용한 model 15의 분석을 위한 Mplus code

```
TITLE:    model 15 (single)
DATA:     FILE IS book(other).dat;
VARIABLE:
          NAMES ARE Gender X1 X2 X3 X4 ETA11 ETA12 ETA13 ETA14 W1
                    W2 W3 W4 M1 M2 M3 M4 ETA21 ETA22 ETA23
                    ETA24 X M W ETA1 ETA2;
          USEVARIABLES ARE X M ETA1 ETA2 XM ETA1M;

        ! mean centering

DEFINE:   CENTER ETA1 X M(GRANDMEAN);

        ! create interaction term
        ! it should be placed at the end of USEVARIABLES subcommand above

          XM=X*M; ETA1M = ETA1*M;
ANALYSIS:  BOOTSTRAP=10000;
MODEL:
          [ETA1](a0);

          ETA1 ON X        (a);

          [ETA2](b0);

          ETA2 ON X        (cprime1)
                  M        (cprime2)
                  XM       (cprime3)
                  ETA1     (b1)
```

```
               ETA1M  (b2);

              [M](meanm);
              M(variance);

MODEL CONSTRAINT: NEW(MEAN SD INDEX MSDLL MSDL MSDM MSDH
                      MSDHH CONINDLL CONINDL CONINDM
                      CONINDH CONINDHH
                      DIRLL DIRL DIRM DIRH DIRHH
                      TOTALLL TOTALL TOTALM TOTALH TOTALHH);

      MEAN = meanm;
      SD = SQRT(variance);

     ! index of moderated mediatiom
      INDEX = a*b2;

      MSDLL = MEAN - 2*SD;
      MSDL  = MEAN - SD;
      MSDM   = MEAN ;
      MSDH   = MEAN + SD;
      MSDHH = MEAN + 2*SD;

     ! conditional indirect effects for specific values of M
      CONINDLL = a * (b1+b2*MSDLL);
      CONINDL  = a * (b1+b2*MSDL);
      CONINDM   = a * (b1+b2*MSDM);
      CONINDH   = a * (b1+b2*MSDH);
      CONINDHH = a * (b1+b2*MSDHH);

     ! conditional direct effects for specific values of M
      DIRLL = cprime1 + cprime3*MSDLL;
      DIRL  = cprime1 + cprime3*MSDL;
      DIRM  = cprime1 + cprime3*MSDM;
      DIRH  = cprime1 + cprime3*MSDH;
      DIRHH = cprime1 + cprime3*MSDHH;

     ! conditional total effects for specific values of M
      TOTALLL = CONINDLL + DIRLL;
      TOTALL  = CONINDL  + DIRL;
      TOTALM  = CONINDM  + DIRM;
      TOTALH  = CONINDH  + DIRH;
      TOTALHH = CONINDHH + DIRHH;
```

```
        ! plot conditional indirect effect of X on Y for specific values of M
        ! these options could be edited to examine conditional total effects or
        ! conditional direct effects

         PLOT(MODLOW MODMID MODHI);
         LOOP(KSI1 -3, 3, 0.1);
         MODLOW = CONINDLL*KSI1;
         MODMID = CONINDM*KSI1;
         MODHI  = CONINDH*KSI1;

PLOT:     TYPE=PLOT2;
OUTPUT:   CINT(BCBOOTSTRAP);
```

〈표 12.16〉에서는 모형의 적합도를 향상시키기 위한 명령문은 지정하지 않았다. 앞서도 언급하였지만 이러한 명령문의 지정은 관심변수들의 추론검정에 영향을 미치지 않는다. 이제 단일변수를 이용한 분석에 관한 Mplus code에 익숙해졌을 것으로 기대된다.

〈표 12.16〉의 실행결과는 〈결과 12.15〉와 같다.

〈결과 12.15〉 단일변수를 이용한 model 15의 분석결과

MODEL RESULTS

	Estimate	S.E.	Est./S.E.	Two-Tailed P-Value
ETA1 ON				
X	0.559	0.043	13.076	0.000
ETA2 ON				
X	−0.084	0.076	−1.099	0.272
M	0.417	0.069	6.049	0.000
XM	−0.007	0.048	−0.143	0.886
ETA1	0.625	0.108	5.806	0.000
ETA1M	0.166	0.059	2.825	0.005
Means				
M	0.000	0.113	0.000	1.000
Intercepts				
ETA1	0.000	0.055	0.000	1.000
ETA2	3.673	0.099	36.924	0.000

Variances				
M	2.569	0.133	19.320	0.000
Residual Variances				
ETA1	0.598	0.084	7.146	0.000
ETA2	0.981	0.090	10.919	0.000
New/Additional Parameters				
MEAN	0.000	0.113	0.000	1.000
SD	1.603	0.042	38.502	0.000
INDEX	0.093	0.034	2.706	0.007
MSDLL	−3.205	0.147	−21.764	0.000
MSDL	−1.603	0.125	−12.855	0.000
MSDM	0.000	0.113	0.000	1.000
MSDH	1.603	0.117	13.721	0.000
MSDHH	3.205	0.134	23.963	0.000
CONINDLL	0.052	0.105	0.497	0.619
CONINDL	0.201	0.068	2.939	0.003
CONINDM	0.349	0.066	5.284	0.000
CONINDH	0.498	0.101	4.946	0.000
CONINDHH	0.646	0.148	4.363	0.000
DIRLL	−0.062	0.173	−0.356	0.722
DIRL	−0.073	0.110	−0.662	0.508
DIRM	−0.084	0.076	−1.100	0.271
DIRH	−0.095	0.106	−0.892	0.372
DIRHH	−0.106	0.169	−0.626	0.531
TOTALLL	−0.009	0.125	−0.076	0.940
TOTALL	0.128	0.084	1.519	0.129
TOTALM	0.266	0.073	3.651	0.000
TOTALH	0.403	0.101	3.992	0.000
TOTALHH	0.541	0.148	3.659	0.000

〈결과 12.15〉에서 독립변수가 매개변수에 미치는 영향($a=.559$, $p<.001$)은 양으로 유의하게 나타났다. 그리고 매개변수가 증가하면 종속변수가 증가하는데($b_1=.625$, $p<.001$) 조절변수가 증가하면 이러한 $\eta_1 \rightarrow \eta_2$의 영향은 더욱 커지는 결과($b_2=.166$, $p<.01$)가 나타났다. 하지만 $X \rightarrow Y$경로는 조절변수에 의하여 조절되지 않는 것($c_3'=-.007$, $p=.886$)으로 나타났다. 다음으로 New/Additional Parameters에서 조절된 매개지수($ab_2=.093$, $p<.01$)가 유의하게 나타났기 때문에 조절변수의 값이 증가하면 $\xi_1 \rightarrow \eta_1 \rightarrow \eta_2$의 간접효과도 함께 증가하는 조절된 매개효과가 유의하다

고 결론을 내릴 수 있다. 조절된 매개효과의 탐색을 위하여 조건부 간접효과의 추세를 조사한 결과 특정한 조절변수의 값이 증가하면서 간접효과도 증가하는 것을 확인할 수 있다. 이러한 결과는 PROCESS macro를 이용한 분석결과와 정확하게 일치하고 있다.

CHAPTER

13

조절변수가 두 개인 조절된 매개모형

제12장에서는 조절변수가 한 개인 경우에 해당하는 조절된 매개모형을 분석하였다. 지금부터는 조절변수가 두 개인 경우의 조절된 매개모형을 분석할 예정이다. 이제 조절된 매개모형이 본격적으로 복잡해지고 분석시간도 많이 소요된다. 여기에서는 먼저 다중가산조절모형과 단순매개모형을 결합한 조절된 매개모형(PROCESS models 9, 10, 16, 17)을 분석하고 다음으로 조절된 조절모형과 단순매개모형을 결합한 조절된 조절된 매개모형(PROCESS models 11, 12, 18, 19)을 분석할 예정이다. 그리고 마지막으로 서로 다른 조절변수가 $X \rightarrow M$경로와 $M \rightarrow Y$경로를 조절하는 조절된 매개모형(PROCESS model 21)을 분석할 것이다.

13.1 PROCESS model 9의 분석(부분 조절된 매개)

PROCESS model 9는 model 2(다중가산조절모형)와 model 4(단순매개모형)를 결합한 모형이다. PROCESS model 9의 개념모형과 통계모형은 [그림 13.1]과 같다.

〈Panel A〉 model 9의 개념모형

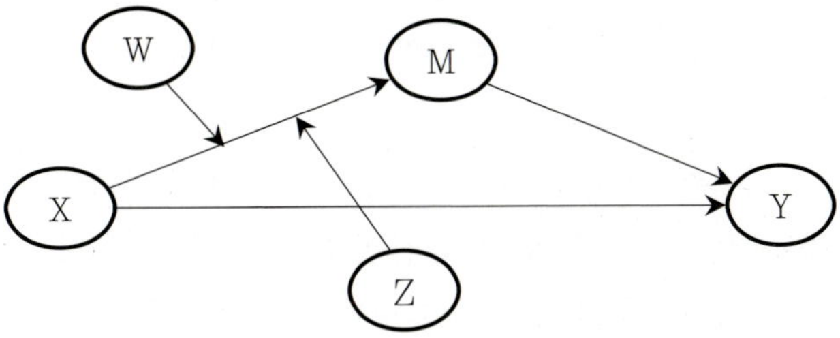

〈Panel B〉 model 9의 통계모형

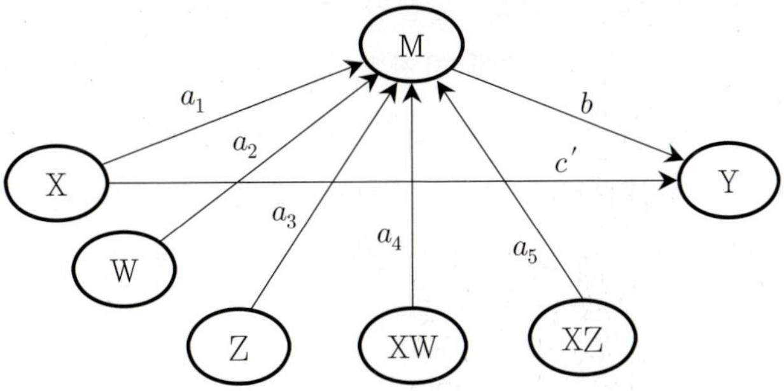

[그림 13.1] model 9의 개념모형과 통계모형

[그림 13.1]은 $X \rightarrow M$경로가 두 조절변수 W와 Z에 의하여 가산적으로 조절되는(additively moderated) 모형으로 부분 조절된 매개(partial moderated mediation : Hayes, 2017)에 해당한다. 그리고 이 모형은 1단계 이중 조절된 매개모형(the first stage dual moderated mediation model)이라고도 부른다. 이 모형에 관한 M 회귀식과 Y 회귀식은 다음과 같다.

$$\begin{aligned} M &= i_1 + a_1X + a_2W + a_3Z + a_4XW + a_5XZ + e_M \\ &= (i_1 + a_2W + a_3Z + e_M) + (a_1 + a_4W + a_5Z)X \end{aligned} \quad (13.1)$$

$$Y = i_2 + c'X + bM + e_Y \quad (13.2)$$

식 (13.1)에서 X가 M에 영향을 미치는 조건부효과는 $\theta_{X \rightarrow M} = a_1 + a_4W + a_5Z$이고 식 (13.2)에서 M이 Y에 미치는 영향은 b이므로 이들을 곱하면 다음과 같이 $X \rightarrow M \rightarrow Y$의 조건부 간접효과가 계산된다.

$$\omega = \theta_{X \rightarrow M} \times b = (a_1 + a_4W + a_5Z)b = a_1b + a_4bW + a_5bZ \quad (13.3)$$

식 (13.3)에서 ω는 W와 Z의 가산함수이다. 그리고 a_1b는 W와 Z가 0인 경우에 $X \rightarrow M \rightarrow Y$의 조건부 간접효과이고 a_4b는 Z가 일정한 값을 갖는 경우에(통제한 경우에) W가 변함에 따른 X의 간접효과의 변화율이며 a_5b는 W가 일정한 경우에 Z가 변함에 따른 X의 간접효과의 변화율이다. 만일 a_4b가 0이면(통계적으로 유의하지 않으면) Z를 고정시킨 경우에 X의 간접효과는 W와 선형적으로 독립적이고, $a_5b = 0$이면 W를 고정시킨 경우에 X의 간접효과는 Z와 선형적으로 독립적이라는 것을 의미한다. 다른 예측변수를 고정시킨 경우에 한 예측변수와 종속변수의 관계를 편회귀계수(partial regression coefficients)라고 부르는 것처럼, a_4b는 X의 간접효과가 W에 의하여 조절되는 부분 조절된 매개지수(index of partial moderated mediation)[1]라고 부르며, a_5b는 X의 간접효과가 Z에 의하여 조절되는 부분 조절된 매개지수라고 부른다(Hayes, 2017). 이들은 다른 조절변수를 고정시킨 경우에 한 조절변수와 $X \rightarrow M \rightarrow Y$의 간접효과 크기의 관계를 계량화한 것이다. 이러한 부분 조절된 매개는 부분매개(partial mediation)와 혼동해서는 안 된다.

---

1) 상관관계분석에서 일반적으로 partial은 '편'으로 번역하고 part는 '부분'으로 번역하지만 여기에서는 어감 때문에 partial을 부분으로 번역하였다.

이제 model 9를 분석하기로 한다. model 9의 분석 전에 잠재상호항이 제외된 기저모형을 분석해야 하는데, 기저모형에 관한 Mplus code는 다음의 〈표 13.1〉(model9(latent baseline).inp)과 같다. 그리고 자료파일은 book(all).dat이다.

〈표 13.1〉 model 9의 분석을 위한 기저모형

```
TITLE:  model 9 (latent baseline)
DATA:       FILE IS book(all).dat;
VARIABLE:
            NAMES ARE Gender X1 X2 X3 X4 ETA11 ETA12 ETA13 ETA14 W1
                          W2 W3 W4 M1 M2 M3 M4 ETA21 ETA22 ETA23
                          ETA24 X M W ETA1 ETA2;
            USEVARIABLES ARE X1 X2 X3 X4 ETA11 ETA12 ETA13 ETA14 W1
                                  W2 W3 W4 M1 M2 M3 M4 ETA21 ETA22
                                  ETA23 ETA24;
MODEL:      KSI1 BY X1-X4;
            KSI2 BY M1-M4;
            KSI3 BY W1-W4;
            ETA1 BY ETA11-ETA14;
            ETA2 BY ETA21-ETA24;

            ETA1 ON KSI1
                    KSI2
                    KSI3;

            ETA2 ON KSI1
                    ETA1;
```

〈표 13.1〉을 실행하면 〈결과 13.1〉을 얻을 수 있다.

〈결과 13.1〉 model 9의 기저모형 분석결과

```
MODEL FIT INFORMATION
Number of Free Parameters                          68
Chi-Square Test of Model Fit
          Value                               332.655
          Degrees of Freedom                      162
          P-Value                              0.0000
```

```
RMSEA (Root Mean Square Error Of Approximation)
          Estimate                          0.073
          90 Percent C.I.                   0.061    0.084
          Probability RMSEA <= .05          0.001
CFI/TLI
          CFI                               0.973
          TLI                               0.968
Chi-Square Test of Model Fit for the Baseline Model
          Value                          6542.086
          Degrees of Freedom                  190
          P-Value                          0.0000
SRMR (Standardized Root Mean Square Residual)
          Value                             0.039

MODEL RESULTS
                                                    Two-Tailed
                   Estimate      S.E.   Est./S.E.    P-Value
 KSI1     BY
    X1                1.000     0.000    999.000    999.000
    X2                1.265     0.065     19.508      0.000
    X3                1.282     0.064     20.106      0.000
    X4                1.184     0.062     19.033      0.000
 KSI2     BY
    M1                1.000     0.000    999.000    999.000
    M2                0.998     0.020     50.208      0.000
    M3                0.982     0.021     47.139      0.000
    M4                1.033     0.020     52.952      0.000
 KSI3     BY
    W1                1.000     0.000    999.000    999.000
    W2                0.902     0.047     19.201      0.000
    W3                0.927     0.050     18.501      0.000
    W4                0.787     0.046     17.069      0.000
 ETA1     BY
    ETA11             1.000     0.000    999.000    999.000
    ETA12             1.106     0.021     52.011      0.000
    ETA13             1.062     0.036     29.518      0.000
    ETA14             0.930     0.037     24.937      0.000
```

```
ETA2     BY
   ETA21            1.000      0.000    999.000    999.000
   ETA22            1.025      0.026     39.306      0.000
   ETA23            1.074      0.042     25.775      0.000
   ETA24            1.056      0.044     24.191      0.000
ETA1     ON
   KSI1            -0.689      0.090     -7.652      0.000
   KSI2            -0.064      0.118     -0.543      0.587
   KSI3             0.602      0.114      5.275      0.000
ETA2     ON
   KSI1             0.119      0.075      1.572      0.116
   ETA1             0.674      0.050     13.374      0.000
KSI2     WITH
   KSI1            -0.124      0.126     -0.982      0.326
KSI3     WITH
   KSI1            -0.048      0.137     -0.349      0.727
   KSI2             1.932      0.237      8.167      0.000
Variances
   KSI1             1.361      0.187      7.282      0.000
   KSI2             2.241      0.232      9.674      0.000
   KSI3             2.552      0.338      7.558      0.000
```

〈결과 13.1〉에서 모형적합도가 양호하고 모든 지표변수의 요인적재량이 통계적으로 유의하게 나타났기 때문에 기저모형은 자료에 적합하다고 할 수 있다. 따라서 잠재변수의 상호항을 도입하는 다음 단계로 넘어갈 수 있다.

〈표 13.2〉는 잠재변수의 실제 값을 이용한 model 9의 분석을 위한 Mplus code(model9(latent).inp)이다. 여기에서 두 잠재조절변수는 KSI2(M)와 KSI3(W)로 지정되어 있다.

〈표 13.2〉 model 9의 분석을 위한 Mplus syntax(실제 값)

```
TITLE:  model 9 (latent)
DATA:     FILE IS book(all).dat;
VARIABLE:
          NAMES ARE Gender X1 X2 X3 X4 ETA11 ETA12 ETA13 ETA14 W1
                    W2 W3 W4 M1 M2 M3 M4 ETA21 ETA22 ETA23
```

```
                    ETA24 X M W ETA1 ETA2;
          USEVARIABLES ARE X1 X2 X3 X4 ETA11 ETA12 ETA13 ETA14 W1
                    W2 W3 W4 M1 M2 M3 M4 ETA21 ETA22 ETA23
                    ETA24;
ANALYSIS: TYPE = RANDOM;
          ALGORITHM=INTEGRATION;
MODEL:    KSI1 BY X1-X4;
          KSI2 BY M1-M4;
          KSI3 BY W1-W4;
          ETA1 BY ETA11-ETA14;
          ETA2 BY ETA21-ETA24;

          KSI2(var1); KSI3(var2);   ! naming the variance of KSI2 and KSI3

         ! Create latent variables interaction
         ! intercepts of ETA1 and ETA2 are fixed to 0 since they are latent
           variables

          KSI1KSI2 | KSI1 XWITH KSI2;
          KSI1KSI3 | KSI1 XWITH KSI3;

          ETA1 ON KSI1      (a1)
                  KSI2      (a2)
                  KSI3      (a3)
                  KSI1KSI2  (a4)
                  KSI1KSI3  (a5);

          ETA2 ON KSI1      (cprime)
                  ETA1      (b);

MODEL CONSTRAINT: NEW(SD1 SD2 INDEX1 INDEX2
                  CONMLWL CONMMWL CONMHWL CONMLWM
                  CONMMWM CONMHWM CONMLWH CONMMWH
                  CONMHWH TOTMLWL TOTMMWL TOTMHWL
                  TOTMLWM TOTMMWM TOTMHWM TOTMLWH
                  TOTMMWH TOTMHWH);

          SD1 = SQRT(var1);
          SD2 = SQRT(var2);
         ! an index of partial moderated mediation by M when W is held constant
            INDEX1 = a4*b;

         ! an index of partial moderated mediation by W when M is held constant
            INDEX2 = a5*b;
```

```
! conditional indirect effects for specific values of KSI2 and KSI3
  CONMLWL = (a1 + a4*(-1*SD1) + a5*(-1*SD2))*b;
  CONMMWL = (a1 + a4*(0*SD1)  + a5*(-1*SD2))*b;
  CONMHWL = (a1 + a4*(1*SD1)  + a5*(-1*SD2))*b;

  CONMLWM = (a1 + a4*(-1*SD1) + a5*(0*SD2))*b;
  CONMMWM = (a1 + a4*(0*SD1)  + a5*(0*SD2))*b;
  CONMHWM = (a1 + a4*(1*SD1)  + a5*(0*SD2))*b;

  CONMLWH = (a1 + a4*(-1*SD1) + a5*(1*SD2))*b;
  CONMMWH = (a1 + a4*(0*SD1)  + a5*(1*SD2))*b;
  CONMHWH = (a1 + a4*(1*SD1)  + a5*(1*SD2))*b;

! conditional total effects for specific values of KSI2 and KSI3
 TOTMLWL = CONMLWL + cprime;
 TOTMMWL = CONMMWL + cprime;
 TOTMHWL = CONMHWL + cprime;

 TOTMLWM = CONMLWM + cprime;
 TOTMMWM = CONMMWM + cprime;
 TOTMHWM = CONMHWM + cprime;

 TOTMLWH = CONMLWH + cprime;
 TOTMMWH = CONMMWH + cprime;
 TOTMHWH = CONMHWH + cprime;

! plot conditional indirect effect of X on Y
! for specific values of KSI2 and KSI3
! these options could be edited to examine conditional total effects or
! conditional direct effects
! mean of factor KSI1 is set to 0 by default

  PLOT(PMLWL PMMWL PMHWL PMLWM PMMWM PMHWM PMLWH
       PMMWH PMHWH);
  LOOP(KSI1, -3, 3, 0.1);

   PMLWL = CONMLWL * KSI1;
   PMMWL = CONMMWL * KSI1;
   PMHWL = CONMHWL * KSI1;

   PMLWM = CONMLWM * KSI1;
   PMMWM = CONMMWM * KSI1;
   PMHWM = CONMHWM * KSI1;
```

```
            PMLWH = CONMLWH * KSI1;
            PMMWH = CONMMWH * KSI1;
            PMHWH = CONMHWH * KSI1;

PLOT:     TYPE=PLOT2;
OUTPUT: CINT;
```

〈표 13.2〉에서 먼저 두 개의 상호항(KSI1KSI2, KSI1KSI3)이 생성되어 있고 M (ETA1) 회귀식에 반영되어 있다. 만일 연구자가 공변량(예 C_1과 C_2)을 도입하는 경우에는 다음과 같이 회귀식에 이들을 도입하면 된다. 단, 이러한 공변량은 NAMES와 USEVARIABLES에 미리 지정해 주어야 한다. 이러한 방법은 모든 모형에 적용된다.

```
ETA1 ON KSI1         (a1)
        KSI2         (a2)
        KSI3         (a3)
        KSI1KSI2     (a4)
        KSI1KSI3     (a5)
        C1 C2;

ETA2 ON KSI1         (cprime)
        ETA1         (b)
        C1 C2;
```

그리고 MODEL CONSTRAINT에 두 개의 부분 조절된 매개지수에 관한 추론 검정이 지정되어 있다. 또한 두 조절변수 값에 따른 9가지의 조건부 간접효과와 조건부 총효과의 계산도 지정되어 있다. 마지막으로 조건부 간접효과의 그래프를 그리기 위한 PLOT과 LOOP 옵션도 지정되어 있다.

〈표 13.2〉를 실행하면 〈결과 13.2〉를 얻을 수 있다.

〈결과 13.2〉 model 9의 분석결과

MODEL RESULTS

	Estimate	S.E.	Est./S.E.	Two-Tailed P-Value
ETA1 ON				
KSI1	−0.656	0.073	−9.004	0.000
KSI2	−0.092	0.098	−0.942	0.346
KSI3	0.617	0.089	6.947	0.000
KSI1KSI2	0.068	0.075	0.915	0.360
KSI1KSI3	0.170	0.066	2.576	0.010
ETA2 ON				
KSI1	0.121	0.063	1.934	0.053
ETA1	0.676	0.043	15.801	0.000
KSI2 WITH				
KSI1	−0.123	0.127	−0.971	0.332
KSI3 WITH				
KSI1	−0.047	0.146	−0.319	0.749
KSI2	1.932	0.183	10.573	0.000
Variances				
KSI1	1.361	0.175	7.791	0.000
KSI2	2.240	0.169	13.222	0.000
KSI3	2.554	0.225	11.367	0.000
New/Additional Parameters				
SD1	1.497	0.057	26.443	0.000
SD2	1.598	0.070	22.734	0.000
INDEX1	0.046	0.051	0.910	0.363
INDEX2	0.115	0.045	2.546	0.011
CONMLWL	−0.696	0.081	−8.595	0.000
CONMMWL	−0.626	0.093	−6.770	0.000
CONMHWL	−0.557	0.149	−3.749	0.000
CONMLWM	−0.512	0.101	−5.074	0.000
CONMMWM	−0.443	0.058	−7.601	0.000
CONMHWM	−0.374	0.090	−4.152	0.000
CONMLWH	−0.329	0.156	−2.112	0.035
CONMMWH	−0.260	0.093	−2.791	0.005
CONMHWH	−0.191	0.068	−2.820	0.005
TOTMLWL	−0.575	0.101	−5.663	0.000
TOTMMWL	−0.505	0.115	−4.377	0.000

TOTMHWL	−0.436	0.167	−2.612	0.009
TOTMLWM	−0.391	0.113	−3.459	0.001
TOTMMWM	−0.322	0.084	−3.842	0.000
TOTMHWM	−0.253	0.113	−2.238	0.025
TOTMLWH	−0.208	0.160	−1.297	0.195
TOTMMWH	−0.139	0.106	−1.315	0.189
TOTMHWH	−0.070	0.090	−0.774	0.439

결과물에서 독립변수는 매개변수에 유의한 음의 영향을 미치고($a_1 = -.656$, $p < .001$) 매개변수는 종속변수에 유의한 양의 영향을 미치는 것으로 나타났다($b = .676$, $p < .001$). 또한 W는 간접효과를 유의하게 조절($a_5 = .170$, $p < .01$)하지만 M은 그렇지 않은 것($a_4 = .068$, $p = .36$)을 확인할 수 있다. 하지만 매개변수와 종속변수 간의 유의한 관계 혹은 유의한 상호항은 조절된 매개의 공식적인 추론검정결과가 아니다(Hayes, 2015). 조절변수와 간접효과의 관계를 확인하는 경우에 중요한 것은 b, a_4, a_5 등이 아니라 식 (13.3)에서 제시된 부분 조절된 매개지수인 a_4b와 a_5b의 추론검정이다.

〈결과 13.2〉와 식 (13.3)에서 KSI1이 ETA1을 경유하여 ETA2에 영향을 미치는 간접효과는 다음과 같이 KSI2(M)와 KSI3(W)의 함수로 표현된다.

$$\begin{aligned}\omega = a_1b + a_4bM + a_5bW &= (-0.656)(0.676) + (0.068)(0.676)M \\ &\quad + (0.170)(0.676)W \\ &= -.443 + .046M + 0.115W\end{aligned}$$

위의 식에서 부분 조절된 매개지수는 각각 M의 가중치인 $a_4b = 0.046$과 W의 가중치인 $a_5b = 0.115$이다. 이러한 부분 조절된 매개지수는 다른 조절변수가 일정한 경우에 특정 조절변수와 $X \rightarrow M \rightarrow Y$의 간접효과의 크기 간의 관계를 계량화한 것이다. 위의 결과물의 New/Additional Parameters에서 부분 조절된 매개지수의 추론검정결과가 제시되어 있다. 먼저 M에 관한 부분 조절된 매개지수는 $a_4b = .046$, $p = .363$으로 유의하지 않은 반면에 W에 관한 부분 조절된 매개지수는 $a_5b = .115$, $p < .05$로 유의하게 나타났다. 따라서 M이 일정한 값을 가지는 경우에 W가 증가하면서 $X \rightarrow M \rightarrow Y$의 음의 간접효과는 완화된다고 할 수 있다. 이러한 사실은 조건부 간접효과의 추세에서도 알 수 있다. New/Additional Parameters를 살펴보면 다음의 결과가 나타나 있다. 결과물에서 W는 M으로 Z는 W로 대체되어 있다.

	Estimate	S.E.	Est./S.E.	Two-Tailed P-Value	
CONMLWL	−0.696	0.081	−8.595	0.000	①
CONMMWL	−0.626	0.093	−6.770	0.000	
CONMHWL	−0.557	0.149	−3.749	0.000	
CONMLWM	−0.512	0.101	−5.074	0.000	④
CONMMWM	−0.443	0.058	−7.601	0.000	
CONMHWM	−0.374	0.090	−4.152	0.000	
CONMLWH	−0.329	0.156	−2.112	0.035	⑦
CONMMWH	−0.260	0.093	−2.791	0.005	
CONMHWH	−0.191	0.068	−2.820	0.005	

위의 결과에서 M이 낮은 값으로 동일(ML)한 경우에 W가 증가(WL→WM→WH : ①→④→⑦)하면 음의 간접효과는 완화(−.696→−.512→−.329)되는 것을 확인할 수 있다. 이러한 추세는 M이 중간 값(MM)과 높은 값(MH)에서도 동일하게 나타나고 있다.

다음으로 지표변수들을 평균한 단일변수를 이용하여 model 9를 분석하기로 한다. 〈표 13.3〉(model9(single).inp)은 이를 분석하기 위한 Mplus code이다.

〈표 13.3〉 단일변수를 이용하여 model 9의 분석을 위한 Mplus code

```
TITLE:  model 9 (single)
DATA:     FILE IS book(all).dat;
VARIABLE:
          NAMES ARE Gender X1 X2 X3 X4 ETA11 ETA12 ETA13 ETA14 W1
                    W2 W3 W4 M1 M2 M3 M4 ETA21 ETA22 ETA23
                    ETA24 X M W ETA1 ETA2;
          USEVARIABLES ARE X M W ETA1 ETA2 XM XW;
DEFINE:   CENTER X M W(GRANDMEAN);
          XM=X*M; XW=X*W;
ANALYSIS:  BOOTSTRAP = 10000;
MODEL:    [ETA1]          (a0);
          ETA1 ON X       (a1)
                  M       (a2)
                  W       (a3)
                  XM      (a4)
```

```
                XW     (a5);

          [ETA2]       (b0);
          ETA2 ON X    (cprime)
                ETA1   (b);

          [M](mean1);
          M(var1);
          [W](mean2);
          W(var2);

MODEL CONSTRAINT: NEW(MEANM MEANW SD1 SD2 INDEX1 INDEX2
                  MSDML MSDMM MSDMH MSDWL MSDWM MSDWH
                  CONMLWL CONMMWL CONMHWL CONMLWM
                  CONMMWM CONMHWM CONMLWH CONMMWH
                  CONMHWH TOTMLWL TOTMMWL TOTMHWL
                  TOTMLWM TOTMMWM TOTMHWM TOTMLWH
                  TOTMMWH TOTMHWH);

          MEANM = mean1;
          MEANW = mean2;

          SD1 = SQRT(var1);
          SD2 = SQRT(var2);

          MSDML = MEANM - SD1;
          MSDMM = MEANM;
          MSDMH = MEANM + SD1;
          MSDWL = MEANW - SD2;
          MSDWM = MEANW;
          MSDWH = MEANW + SD2;

        ! an index of partial moderated mediation by M when W is held constant
            INDEX1 = a4*b;

        ! an index of partial moderated mediation by W when M is held constant
            INDEX2 = a5*b;

        ! conditional indirect effects for specific values of M and W
          CONMLWL = (a1 + a4*MSDML  + a5*MSDWL)*b;
          CONMMWL = (a1 + a4*MSDMM  + a5*MSDWL)*b;
          CONMHWL = (a1 + a4*MSDMH  + a5*MSDWL)*b;

          CONMLWM = (a1 + a4*MSDML  + a5*MSDWM)*b;
```

```
    CONNMWM = (a1 + a4*MSDMM  + a5*MSDWM)*b;
    CONMHWM = (a1 + a4*MSDMH  + a5*MSDWM)*b;

    CONMLWH = (a1 + a4*MSDML  + a5*MSDWH)*b;
    CONMMWH = (a1 + a4*MSDMM  + a5*MSDWH)*b;
    CONMHWH = (a1 + a4*MSDMH  + a5*MSDWH)*b;

  ! conditional total effects for specific values of M and W
   TOTMLWL = CONMLWL + cprime;
   TOTMMWL = CONMMWL + cprime;
   TOTMHWL = CONMHWL + cprime;

   TOTMLWM = CONMLWM + cprime;
   TOTMMWM = CONMMWM + cprime;
   TOTMHWM = CONMHWM + cprime;

   TOTMLWH = CONMLWH + cprime;
   TOTMMWH = CONMMWH + cprime;
   TOTMHWH = CONMHWH + cprime;

  ! plot conditional indirect effect of X on Y
  ! for specific values of M and W
  ! these options could be edited to examine conditional total effects or
  ! conditional direct effects

   PLOT(PMLWL PMMWL PMHWL PMLWM PMMWM PMHWM PMLWH
        PMMWH PMHWH);
   LOOP(KSI1, -3, 3, 0.1);

     PMLWL = CONMLWL * KSI1;
     PMMWL = CONMMWL * KSI1;
     PMHWL = CONMHWL * KSI1;

     PMLWM = CONMLWM * KSI1;
     PMMWM = CONMMWM * KSI1;
     PMHWM = CONMHWM * KSI1;

     PMLWH = CONMLWH * KSI1;
     PMMWH = CONMMWH * KSI1;
     PMHWH = CONMHWH * KSI1;
PLOT:    TYPE=PLOT2;
OUTPUT: CINT(BCBOOTSTRAP);
```

〈표 13.3〉에서 상호항(*XM*과 *XW*)을 구성하고 있는 변수들인 *X*, *M* 및 *W*의 평균중심화가 지정되어 있다. 그리고 MODEL CONSTRAINT에 두 가지 부분 조절된 매개지수의 계산식이 설정되어 있다. 또한 조건부 간접효과와 조건부 총효과의 추정이 지정되어 있고 조건부 간접효과의 그래프를 그리기 위한 계산식도 설정되어 있다.

〈표 13.3〉을 실행하면 〈결과 13.3〉이 얻어진다.

〈결과 13.3〉 단일변수를 이용한 model 9의 분석결과

MODEL RESULTS

	Estimate	S.E.	Est./S.E.	Two-Tailed P-Value
ETA1 ON				
X	−0.556	0.055	−10.070	0.000
M	−0.004	0.099	−0.036	0.972
W	0.609	0.089	6.866	0.000
XM	0.049	0.071	0.692	0.489
XW	0.128	0.065	1.979	0.048
ETA2 ON				
X	0.064	0.061	1.052	0.293
ETA1	0.629	0.045	13.825	0.000
W WITH				
M	1.778	0.154	11.516	0.000
Means				
M	0.000	0.107	0.000	1.000
W	0.000	0.105	0.000	1.000
Intercepts				
ETA1	3.988	0.096	41.746	0.000
ETA2	1.290	0.177	7.274	0.000
Variances				
M	2.279	0.152	15.042	0.000
W	2.209	0.146	15.131	0.000
Residual Variances				
ETA1	1.793	0.181	9.913	0.000
ETA2	1.438	0.144	10.009	0.000

New/Additional Parameters

MEANM	0.000	0.107	0.000	1.000
MEANW	0.000	0.105	0.000	1.000
SD1	1.510	0.050	30.000	0.000
SD2	1.486	0.049	30.168	0.000
INDEX1	0.031	0.045	0.690	0.490
INDEX2	0.081	0.041	1.949	0.051
MSDML	−1.510	0.107	−14.081	0.000
MSDMM	0.000	0.107	0.000	1.000
MSDMH	1.510	0.128	11.809	0.000
MSDWL	−1.486	0.113	−13.203	0.000
MSDWM	0.000	0.105	0.000	1.000
MSDWH	1.486	0.120	12.391	0.000
CONMLWL	−0.516	0.054	−9.490	0.000
CONMMWL	−0.469	0.075	−6.254	0.000
CONMHWL	−0.422	0.132	−3.201	0.001
CONMLWM	−0.396	0.081	−4.909	0.000
CONMMWM	−0.349	0.044	−7.857	0.000
CONMHWM	−0.303	0.081	−3.740	0.000
CONMLWH	−0.276	0.133	−2.082	0.037
CONMMWH	−0.230	0.077	−2.995	0.003
CONMHWH	−0.183	0.057	−3.210	0.001
TOTMLWL	−0.452	0.080	−5.672	0.000
TOTMMWL	−0.405	0.094	−4.319	0.000
TOTMHWL	−0.358	0.143	−2.512	0.012
TOTMLWM	−0.332	0.098	−3.374	0.001
TOTMMWM	−0.285	0.070	−4.059	0.000
TOTMHWM	−0.239	0.096	−2.476	0.013
TOTMLWH	−0.213	0.144	−1.481	0.139
TOTMMWH	−0.166	0.093	−1.783	0.075
TOTMHWH	−0.119	0.076	−1.565	0.118

〈결과 13.3〉에서 a_4(XM의 계수)는 유의하지 않은 반면에 a_5(XW의 계수)는 유의하게 나타났다($a_5 = .128$, $p < .05$). 그리고 X→ETA1의 계수($a_1 = -.556$, $p < .001$)와 ETA1→ETA2의 계수인 b도 유의하게($b = .629$, $p < .001$) 나타난 것을 알 수 있다. 중요한 결론으로 New/Additional Parameters에서 a_4b는 유의하지 않게 나타났고 a_5b는 한계적으로 유의하게($a_5b = .081$, $p = .051$) 나타났다. 잠재변수를 이용한 분석결

과에서는 $a_5b = .115$, $p = .011$로 유의하게 나타난 것과는 대조적이다. a_5b에 대한 탐색으로 조건부 간접효과의 추세를 살펴보면 M이 일정한 값(ML)을 갖는 경우에 W가 증가하면(CONMLWL → CONMLWM → CONDMLWH) 음의 간접효과가 완화(−.516 → −.396 → −.276)되는 것을 확인할 수 있다. 또한 MM과 MH 수준에서도 동일한 추세를 나타내고 있다는 것을 알 수 있다.

13.2 PROCESS model 10의 분석

여기에서는 model 9에 조건부 직접효과의 추정을 도입한 model 10을 분석하기로 한다. 즉, 조건부 간접효과와 더불어 두 조절변수가 $X \rightarrow Y$경로를 조절하는 조건부 직접효과의 추론검정을 실시한다. 이 모형의 M 회귀식과 Y 회귀식은 다음과 같다.

$$\begin{aligned} M &= i_1 + a_1X + a_2W + a_3Z + a_4XW + a_5XZ + e_M \\ &= (i_1 + a_2W + a_3Z + e_M) + (a_1 + a_4W + a_5Z)X \qquad (13.4) \\ Y &= i_2 + c_1'X + c_2'W + c_3'Z + c_4'XW + c_5'XZ + bM + e_Y \\ &= (i_2 + c_2'W + c_3'Z + e_Y) + (c_1' + c_4'W + c_5'Z)X + bM \qquad (13.5) \end{aligned}$$

식 (13.4)는 앞의 model 9의 식 (13.1)과 동일하다. 그리고 식 (13.5)에 두 조절변수 W와 Z가 $X \rightarrow Y$경로를 조절하는 관계가 지정되어 있다. 부분 조절된 매개지수와 조건부 간접효과는 model 9와 동일하다. 그리고 식 (13.5)에서 조건부 직접효과($\theta_{X \rightarrow Y}$)는 다음과 같다.

$$\theta_{X \rightarrow Y} = c_1' + c_4'W + c_5'Z \qquad (13.6)$$

model 10의 개념모형과 통계모형은 [그림 13.2]와 같다.

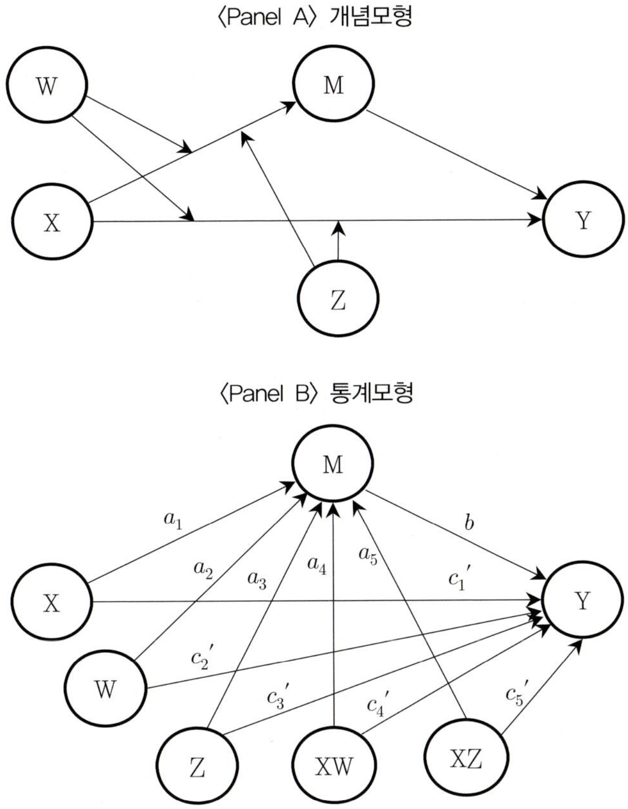

[그림 13.2] model 10의 개념모형과 통계모형

잠재변수를 이용하여 model 10을 분석하기 위해서는 먼저 기저모형을 분석해야 한다. 기저모형을 분석하기 위한 Mplus code(model10(latent baseline).inp)는 〈표 13.4〉와 같다.

〈표 13.4〉 model 10을 분석하기 위한 기저모형

```
TITLE:    model 10 (latent baseline)
DATA:     FILE IS book(all).dat;
VARIABLE:
          NAMES ARE Gender X1 X2 X3 X4 ETA11 ETA12 ETA13 ETA14 W1
                    W2 W3 W4 M1 M2 M3 M4 ETA21 ETA22 ETA23
                    ETA24 X M W ETA1 ETA2;
          USEVARIABLES ARE X1 X2 X3 X4 ETA11 ETA12 ETA13 ETA14 W1
                           W2 W3 W4 M1 M2 M3 M4 ETA21 ETA22
```

```
                              ETA23 ETA24;
MODEL:    KSI1 BY X1-X4;
          KSI2 BY M1-M4;
          KSI3 BY W1-W4;
          ETA1 BY ETA11-ETA14;
          ETA2 BY ETA21-ETA24;

          ETA1 ON KSI1
                  KSI2
                  KSI3;

          ETA2 ON KSI1
                  KSI2
                  KSI3
                  ETA1;
```

〈표 13.4〉를 실행하면 〈결과 13.4〉를 얻을 수 있다.

〈결과 13.4〉 기저모형분석결과

```
MODEL FIT INFORMATION
Number of Free Parameters                        70
Chi-Square Test of Model Fit
          Value                               329.931
          Degrees of Freedom                      160
          P-Value                              0.0000
RMSEA (Root Mean Square Error Of Approximation)
          Estimate                              0.073
          90 Percent C.I.                       0.062    0.084
          Probability RMSEA <= .05              0.001
CFI/TLI
          CFI                                   0.973
          TLI                                   0.968
SRMR (Standardized Root Mean Square Residual)
          Value                                 0.035
```

```
MODEL RESULTS
                                                    Two-Tailed
                    Estimate       S.E.  Est./S.E.    P-Value
 KSI1     BY
    X1                 1.000      0.000    999.000    999.000
    X2                 1.265      0.065     19.510      0.000
    X3                 1.282      0.064     20.102      0.000
    X4                 1.184      0.062     19.030      0.000
 KSI2     BY
    M1                 1.000      0.000    999.000    999.000
    M2                 0.998      0.020     50.217      0.000
    M3                 0.982      0.021     47.140      0.000
    M4                 1.033      0.020     52.946      0.000
 KSI3     BY
    W1                 1.000      0.000    999.000    999.000
    W2                 0.902      0.047     19.185      0.000
    W3                 0.928      0.050     18.525      0.000
    W4                 0.787      0.046     17.063      0.000
 ETA1     BY
    ETA11              1.000      0.000    999.000    999.000
    ETA12              1.104      0.021     51.967      0.000
    ETA13              1.061      0.036     29.570      0.000
    ETA14              0.929      0.037     24.915      0.000
 ETA2     BY
    ETA21              1.000      0.000    999.000    999.000
    ETA22              1.025      0.026     39.332      0.000
    ETA23              1.074      0.042     25.783      0.000
    ETA24              1.056      0.044     24.144      0.000
 ETA1     ON
    KSI1              -0.690      0.090     -7.670      0.000
    KSI2              -0.065      0.117     -0.553      0.580
    KSI3               0.606      0.114      5.308      0.000
 ETA2     ON
    KSI1               0.157      0.079      1.982      0.047
    KSI2              -0.001      0.093     -0.007      0.994
    KSI3              -0.099      0.098     -1.014      0.310
    ETA1               0.731      0.061     11.928      0.000
 KSI2     WITH
    KSI1              -0.123      0.126     -0.979      0.328
 KSI3     WITH
    KSI1              -0.047      0.137     -0.343      0.732
    KSI2               1.932      0.237      8.167      0.000
```

〈결과 13.4〉에서 모형적합도가 양호하게 나타났고 지표변수들의 요인적재량이 모두 통계적으로 유의하게 나타났기 때문에 기저모형은 자료에 적합하다고 할 수 있다. 따라서 잠재상호항을 도입한 조절된 매개모형을 분석하는 다음 단계로 넘어갈 수 있다.

〈표 13.5〉(model10(latent).inp)는 잠재변수를 이용하여 model 10을 분석하기 위한 Mplus code이다.

〈표 13.5〉 잠재변수를 이용하여 model 10을 분석하기 위한 Mplus code(실제 값)

```
TITLE:  model 10 (latent)
DATA:      FILE IS book(all).dat;
VARIABLE:
           NAMES ARE Gender X1 X2 X3 X4 ETA11 ETA12 ETA13 ETA14 W1
                     W2 W3 W4 M1 M2 M3 M4 ETA21 ETA22 ETA23
                     ETA24 X M W ETA1 ETA2;
           USEVARIABLES ARE X1 X2 X3 X4 ETA11 ETA12 ETA13 ETA14 W1
                            W2 W3 W4 M1 M2 M3 M4 ETA21 ETA22 ETA23
                            ETA24;
ANALYSIS: TYPE = RANDOM;
           ALGORITHM=INTEGRATION;
MODEL: ! measurement model

           KSI1 BY X1-X4;
           KSI2 BY M1-M4;
           KSI3 BY W1-W4;
           ETA1 BY ETA11-ETA14;
           ETA2 BY ETA21-ETA24;

           KSI2(var1); KSI3(var2);     ! naming the variance of KSI2 and KSI3

         ! create latent variables interaction

           KSI1KSI2 | KSI1 XWITH KSI2;
           KSI1KSI3 | KSI1 XWITH KSI3;

         ! structural model
         ! intercepts of ETA1 and ETA2 are fixed to 0 since they are latent variables

           ETA1 ON KSI1         (a1)
                   KSI2         (a2)
                   KSI3         (a3)
```

```
                KSI1KSI2  (a4)
                KSI1KSI3  (a5);

    ETA2 ON KSI1          (cprime1)
                KSI2      (cprime2)
                KSI3      (cprime3)
                KSI1KSI2  (cprime4)
                KSI1KSI3  (cprime5)
                ETA1      (b);

MODEL CONSTRAINT: NEW(SD1 SD2 INDEX1 INDEX2
                      CONMLWL CONMMWL CONMHWL CONMLWM
                      CONMMWM CONMHWM CONMLWH CONMMWH
                      CONMHWH DIRMLWL DIRMMWL DIRMHWL
                      DIRMLWM DIRMMWM DIRMHWM DIRMLWH
                      DIRMMWH DIRMHWH TOTMLWL TOTMMWL
                      TOTMHWL TOTMLWM TOTMMWM TOTMHWM
                      TOTMLWH TOTMMWH TOTMHWH);

    SD1 = SQRT(var1);
    SD2 = SQRT(var2);

  ! an index of partial moderated mediation by M when W is held constant
     INDEX1 = a4*b;

  ! an index of partial moderated mediation by W when M is held constant
     INDEX2 = a5*b;

  ! conditional indirect effects for specific values of KSI2 and KSI3
    CONMLWL = (a1 + a4*(-1*SD1) + a5*(-1*SD2))*b;
    CONMMWL = (a1 + a4*(0*SD1)  + a5*(-1*SD2))*b;
    CONMHWL = (a1 + a4*(1*SD1)  + a5*(-1*SD2))*b;

    CONMLWM = (a1 + a4*(-1*SD1) + a5*(0*SD2))*b;
    CONMMWM = (a1 + a4*(0*SD1)  + a5*(0*SD2))*b;
    CONMHWM = (a1 + a4*(1*SD1)  + a5*(0*SD2))*b;

    CONMLWH = (a1 + a4*(-1*SD1) + a5*(1*SD2))*b;
    CONMMWH = (a1 + a4*(0*SD1)  + a5*(1*SD2))*b;
    CONMHWH = (a1 + a4*(1*SD1)  + a5*(1*SD2))*b;

  ! conditional direct effects for specific values of KSI2 and KSI3
    DIRMLWL = cprime1 + cprime4*(-1*SD1) + cprime5*(-1*SD2);
```

```
    DIRMMWL = cprime1 + cprime4*(0*SD1)  + cprime5*(-1*SD2);
    DIRMHWL = cprime1 + cprime4*(1*SD1)  + cprime5*(-1*SD2);

    DIRMLWM = cprime1 + cprime4*(-1*SD1) + cprime5*(0*SD2);
    DIRMMWM = cprime1 + cprime4*(0*SD1)  + cprime5*(0*SD2);
    DIRMHWM = cprime1 + cprime4*(1*SD1)  + cprime5*(0*SD2);

    DIRMLWH = cprime1 + cprime4*(-1*SD1) + cprime5*(1*SD2);
    DIRMMWH = cprime1 + cprime4*(0*SD1)  + cprime5*(1*SD2);
    DIRMHWH = cprime1 + cprime4*(1*SD1)  + cprime5*(1*SD2);

! conditional total effects for specific values of KSI2 and KSI3
  TOTMLWL = CONMLWL + DIRMLWL;
  TOTMMWL = CONMMWL + DIRMMWL;
  TOTMHWL = CONMHWL + DIRMHWL;

  TOTMLWM = CONMLWM + DIRMLWM;
  TOTMMWM = CONMMWM + DIRMMWM;
  TOTMHWM = CONMHWM + DIRMHWM;

  TOTMLWH = CONMLWH + DIRMLWH;
  TOTMMWH = CONMMWH + DIRMMWH;
  TOTMHWH = CONMHWH + DIRMHWH;

! plot conditional indirect effect of  KSI1 on ETA2
! for specific values of KSI2 and KSI3
! these options could be edited to examine conditional total effects or
! conditional direct effects
! mean of factor KSI1 is set to 0 by default

  PLOT(PMLWL PMMWL PMHWL PMLWM PMMWM PMHWM PMLWH
       PMMWH PMHWH);
  LOOP(KSI1, -3, 3, 0.1);

   PMLWL = CONMLWL * KSI1;
   PMMWL = CONMMWL * KSI1;
   PMHWL = CONMHWL * KSI1;

   PMLWM = CONMLWM * KSI1;
   PMMWM = CONMMWM * KSI1;
   PMHWM = CONMHWM * KSI1;

   PMLWH = CONMLWH * KSI1;
   PMMWH = CONMMWH * KSI1;
```

```
            PMHWH = CONMHWH * KSI1;

PLOT:      TYPE=PLOT2;
OUTPUT: CINT;
```

〈표 13.5〉에서 매개변수 ETA1의 회귀식은 model 9와 동일하고 종속변수 ETA2의 회귀식에 KSI1 이외에 KSI2, KSI3, KSI1KSI2, KSI1KSI3 등이 지정되었고 이들의 회귀계수에 이름(cprime1~cprime5)을 부여하였다. 그리고 MODEL CONSTRAINT에서 부분 조절된 매개지수의 지정과 조건부 간접효과의 지정은 model 9와 동일하게 지정되어 있다. model 9와 다른 점은 조건부 직접효과의 지정이 추가되었고(model 9에서는 직접효과가 단순히 cprime이다) 조건부 총효과의 지정형태가 달라졌다는 점이다.

〈표 13.5〉를 실행하면 다음의 〈결과 13.5〉를 얻을 수 있다.

〈결과 13.5〉 model 10의 분석결과(실제 값)

MODEL RESULTS

	Estimate	S.E.	Est./S.E.	Two-Tailed P-Value
KSI1 BY				
X1	1.000	0.000	999.000	999.000
X2	1.266	0.065	19.536	0.000
X3	1.282	0.062	20.776	0.000
X4	1.186	0.062	19.002	0.000
KSI2 BY				
M1	1.000	0.000	999.000	999.000
M2	0.998	0.021	48.561	0.000
M3	0.982	0.022	44.372	0.000
M4	1.033	0.019	54.441	0.000
KSI3 BY				
W1	1.000	0.000	999.000	999.000
W2	0.901	0.049	18.394	0.000
W3	0.928	0.054	17.304	0.000
W4	0.787	0.042	18.740	0.000

```
ETA1     BY
  ETA11           1.000     0.000   999.000   999.000
  ETA12           1.104     0.020    54.094     0.000
  ETA13           1.060     0.033    32.576     0.000
  ETA14           0.928     0.037    25.121     0.000
ETA2     BY
  ETA21           1.000     0.000   999.000   999.000
  ETA22           1.025     0.027    38.624     0.000
  ETA23           1.075     0.045    24.068     0.000
  ETA24           1.056     0.042    25.356     0.000
ETA1     ON
  KSI1           -0.657     0.073    -9.019     0.000
  KSI2           -0.093     0.099    -0.945     0.345
  KSI3            0.621     0.090     6.917     0.000
  KSI1KSI2        0.067     0.075     0.899     0.369
  KSI1KSI3        0.168     0.066     2.541     0.011
ETA2     ON
  KSI1            0.140     0.073     1.910     0.056
  KSI2           -0.016     0.093    -0.170     0.865
  KSI3           -0.065     0.088    -0.735     0.462
  KSI1KSI2        0.055     0.080     0.685     0.493
  KSI1KSI3        0.060     0.068     0.882     0.378
  ETA1            0.682     0.056    12.174     0.000
KSI2     WITH
  KSI1           -0.122     0.127    -0.961     0.337
KSI3     WITH
  KSI1           -0.045     0.146    -0.305     0.760
  KSI2            1.933     0.183    10.584     0.000

New/Additional Parameters
  SD1             1.497     0.057    26.448     0.000
  SD2             1.598     0.070    22.761     0.000
  INDEX1          0.046     0.051     0.902     0.367
  INDEX2          0.114     0.046     2.486     0.013
  CONMLWL        -0.700     0.087    -8.050     0.000
  CONMMWL         0.631     0.102    -6.176     0.000
  CONMHWL        -0.563     0.158    -3.565     0.000
  CONMLWM        -0.517     0.104    -4.983     0.000
  CONMMWM        -0.448     0.066    -6.750     0.000
  CONMHWM        -0.380     0.098    -3.872     0.000
```

CONMLWH	−0.334	0.158	−2.120	0.034
CONMMWH	−0.266	0.096	−2.758	0.006
CONMHWH	−0.197	0.072	−2.722	0.006
DIRMLWL	−0.039	0.112	−0.347	0.729
DIRMMWL	0.044	0.129	0.340	0.734
DIRMHWL	0.126	0.223	0.567	0.571
DIRMLWM	0.058	0.150	0.383	0.702
DIRMMWM	0.140	0.073	1.910	0.056
DIRMHWM	0.223	0.130	1.706	0.088
DIRMLWH	0.154	0.238	0.647	0.518
DIRMMWH	0.236	0.134	1.762	0.078
DIRMHWH	0.319	0.091	3.505	0.000
TOTMLWL	−0.739	0.123	−5.988	0.000
TOTMMWL	−0.588	0.136	−4.312	0.000
TOTMHWL	−0.436	0.233	−1.873	0.061
TOTMLWM	−0.460	0.159	−2.882	0.004
TOTMMWM	−0.308	0.084	−3.665	0.000
TOTMHWM	−0.157	0.145	−1.082	0.279
TOTMLWH	−0.181	0.244	−0.740	0.459
TOTMMWH	−0.029	0.140	−0.210	0.834
TOTMHWH	0.122	0.109	1.124	0.261

〈결과 13.5〉에서 a_4는 유의하지 않은 반면에 a_5는 유의하게($a_5 = .168$, $p < .05$) 나타났다. 그리고 c_4'(KSI1KSI2 : cprime4)과 c_5'(KSI1KSI3 : cprime5)은 모두 유의하지 않기 때문에 두 조절변수는 $X \rightarrow Y$경로를 조절하지 않는다고 할 수 있다. 또한 b는 유의하게($b = .682$, $p < .001$) 나타났다.

중요한 결론으로 New/Additional Parameters에서 $a_4 b$(INDEX1)는 유의하지 않게 나타났지만 $a_5 b$(INDEX2)는 유의하게($a_5 b = .114$, $p < .05$) 나타났다. 이러한 결과는 model 9의 결과($a_5 b = .115$, $p < .05$)와 거의 동일한 결과이다. $a_5 b$가 유의하게 나타났으므로 이에 관한 조건부 간접효과의 추세를 살펴본다. 결과물을 살펴보면 M(KSI2)이 일정한 경우에(ML) W가 증가하면(WL → WM → WH) 음의 간접효과는 점점 완화(−.700 → −.517 → −.334)되는 것을 알 수 있다.

만일 model 10의 ETA2(Y) 회귀식에서 ETA1 이외의 다른 변수들(일종의 통제변수)이 ETA2에 미치는 영향이 크게 나타나는(유의한) 경우에는 ETA1의 회귀계수가 작아지고 결과적으로 $a_5 b$의 점추정치가 작아지기 때문에 $a_5 b$의 추론검정결과가

model 9의 추론검정결과와 다르게 나타날 수도 있다. 하지만 본 분석에서는 ETA1 이외에 ETA2에 영향을 미치는 나머지 변수들의 회귀계수가 모두 비유의적이기 때문에 $a_5 b$의 추론검정결과가 model 9의 결과와 유사하게 나타난 것이다.

다음으로 잠재변수의 하위 관측변수들을 평균한 단일변수들을 이용하여 model 10을 분석하기로 한다. 〈표 13.6〉(model10(single).inp)은 이를 분석하기 위한 Mplus code이다.

〈표 13.6〉 단일변수를 이용하여 model 10의 분석을 위한 Mplus code

```
TITLE:  model 10 (single)
DATA:       FILE IS book(all).dat;
VARIABLE: NAMES ARE Gender X1 X2 X3 X4 ETA11 ETA12 ETA13 ETA14 W1
                    W2 W3 W4 M1 M2 M3 M4 ETA21 ETA22 ETA23
                    ETA24 X M W ETA1 ETA2;
          USEVARIABLES ARE X M W ETA1 ETA2 XM XW;
DEFINE:  ! mean centering
         CENTER X M W(GRANDMEAN);
         ! create interaction terms
         XM=X*M; XW=X*W;
ANALYSIS:  BOOTSTRAP=10000;
MODEL:   [ETA1](a0);
         ETA1 ON X      (a1)
                 M      (a2)
                 W      (a3)
                 XM     (a4)
                 XW     (a5);

         [ETA2](b0);
         ETA2 ON X      (cprime1)
                 M      (cprime2)
                 W      (cprime3)
                 XM     (cprime4)
                 XW     (cprime5)
                 ETA1   (b);

         [M](mean1);
         M(var1);
         [W](mean2);
         W(var2);
```

```
MODEL CONSTRAINT: NEW((MEANM MEANW SD1 SD2 INDEX1 INDEX2
                  MSDML MSDMM MSDMH MSDWL MSDWM MSDWH
                  CONMLWL CONMMWL CONMHWL CONMLWM
                  CONMMWM CONMHWM CONMLWH CONMMWH
                  CONMHWH DIRMLWL DIRMMWL DIRMHWL DIRMLWM
                  DIRMMWM DIRMHWM DIRMLWH DIRMMWH
                  DIRMHWH TOTMLWL TOTMMWL TOTMHWL
                  TOTMLWM TOTMMWM TOTMHWM TOTMLWH
                  TOTMMWH TOTMHWH);

  MEANM = mean1;
  MEANW = mean2;
  SD1   = SQRT(var1);
  SD2   = SQRT(var2);

  MSDML = MEANM - SD1;
  MSDMM = MEANM;
  MSDMH = MEANM + SD1;
  MSDWL = MEANW - SD2;
  MSDWM = MEANW;
  MSDWH = MEANW + SD2;

! an index of partial moderated mediation by M when W is held constant
   INDEX1 = a4*b;

! an index of partial moderated mediation by W when M is held constant
   INDEX2 = a5*b;

! conditional indirect effects for specific values of KSI2 and KSI3
  CONMLWL = (a1 + a4*MSDML  + a5*MSDWL)*b;
  CONMMWL = (a1 + a4*MSDMM  + a5*MSDWL)*b;
  CONMHWL = (a1 + a4*MSDMH  + a5*MSDWL)*b;

  CONMLWM = (a1 + a4*MSDML  + a5*MSDWM)*b;
  CONMMWM = (a1 + a4*MSDMM  + a5*MSDWM)*b;
  CONMHWM = (a1 + a4*MSDMH  + a5*MSDWM)*b;

  CONMLWH = (a1 + a4*MSDML  + a5*MSDWH)*b;
  CONMMWH = (a1 + a4*MSDMM  + a5*MSDWH)*b;
  CONMHWH = (a1 + a4*MSDMH  + a5*MSDWH )*b;

! conditional direct effects for specific values of M and W
  DIRMLWL = cprime1 + cprime4*MSDML  + cprime5*MSDWL;
```

```
    DIRMMWL = cprime1 + cprime4*MSDMM  + cprime5*MSDWL;
    DIRMHWL = cprime1 + cprime4*MSDMH  + cprime5*MSDWL;

    DIRMLWM = cprime1 + cprime4*MSDML  + cprime5*MSDWM;
    DIRMMWM = cprime1 + cprime4*MSDMM  + cprime5*MSDWM;
    DIRMHWM = cprime1 + cprime4*MSDMH  + cprime5*MSDWM;

    DIRMLWH = cprime1 + cprime4*MSDML  + cprime5*MSDWH;
    DIRMMWH = cprime1 + cprime4*MSDMM  + cprime5*MSDWH;
    DIRMHWH = cprime1 + cprime4*MSDMH  + cprime5*MSDWH;

! conditional total effects for specific values of M and W
   TOTMLWL = CONMLWL + DIRMLWL;
   TOTMMWL = CONMMWL + DIRMMWL;
   TOTMHWL = CONMHWL + DIRMHWL;

   TOTMLWM = CONMLWM + DIRMLWM;
   TOTMMWM = CONMMWM + DIRMMWM;
   TOTMHWM = CONMHWM + DIRMHWM;

   TOTMLWH = CONMLWH + DIRMLWH;
   TOTMMWH = CONMMWH + DIRMMWH;
   TOTMHWH = CONMHWH + DIRMHWH;

! plot conditional indirect effect of X on ETA2
! for specific values of M and W
! these options could be edited to examine conditional total effects or
! conditional direct effects
! mean of factor KSI1 is set to 0 by default

    PLOT(PMLWL PMMWL PMHWL PMLWM PMMWM PMHWM PMLWH
         PMMWH PMHWH);
    LOOP(KSI1, -3, 3, 0.1);

     PMLWL = CONMLWL * KSI1;
     PMMWL = CONMMWL * KSI1;
     PMHWL = CONMHWL * KSI1;

     PMLWM = CONMLWM * KSI1;
     PMMWM = CONMMWM * KSI1;
     PMHWM = CONMHWM * KSI1;

     PMLWH = CONMLWH * KSI1;
     PMMWH = CONMMWH * KSI1;
```

```
            PMHWH = CONMHWH * KSI1;

PLOT:     TYPE=PLOT2;
OUTPUT: CINT;
```

〈표 13.6〉에서 상호항(XM, XW)을 형성하고 있는 X, M, W의 평균중심화가 지정되어 있고 부트스트랩 신뢰구간의 계산도 지정되어 있다. 여기에서도 식 (13.4)와 식 (13.5)의 W와 Z가 각각 M과 W로 변환되어 있다. 그리고 ETA1 회귀식과 ETA2 회귀식이 설정되어 있다. MODEL CONSTRAINT에서 잠재변수를 이용한 분석과 동일하게 부분 조절된 매개지수의 추론검정이 지정되어 있고 조건부 간접효과와 조건부 직접효과 및 조건부 총효과의 계산이 설정되어 있다.

〈표 13.6〉을 실행하면 〈결과 13.6〉을 얻을 수 있다.

〈결과 13.6〉 단일변수를 이용한 model 10의 분석결과

```
MODEL FIT INFORMATION
Number of Free Parameters                    20
Chi-Square Test of Model Fit
          Value                           2.017
          Degrees of Freedom                  6
          P-Value                        0.9181
RMSEA (Root Mean Square Error Of Approximation)
          Estimate                        0.000
          90 Percent C.I.                 0.000    0.033
          Probability RMSEA <= .05        0.974
CFI/TLI
          CFI                             1.000
          TLI                             1.028
SRMR (Standardized Root Mean Square Residual)
          Value                           0.020
```

MODEL RESULTS

	Estimate	S.E.	Est./S.E.	Two-Tailed P-Value
ETA1 ON				
X	−0.556	0.055	−10.070	0.000
M	−0.003	0.099	−0.035	0.972
W	0.608	0.089	6.866	0.000
XM	0.049	0.071	0.692	0.489
XW	0.128	0.065	1.979	0.048
ETA2 ON				
X	0.063	0.068	0.935	0.350
M	−0.019	0.097	−0.193	0.847
W	−0.013	0.097	−0.137	0.891
XM	0.021	0.073	0.286	0.775
XW	0.115	0.065	1.769	0.077
ETA1	0.602	0.059	10.264	0.000
W WITH				
M	1.778	0.154	11.516	0.000
Means				
M	0.000	0.107	0.000	1.000
W	0.000	0.105	0.000	1.000
Intercepts				
ETA1	3.988	0.096	41.746	0.000
ETA2	1.408	0.233	6.055	0.000
Variances				
M	2.279	0.152	15.042	0.000
W	2.209	0.146	15.131	0.000
Residual Variances				
ETA1	1.793	0.181	9.913	0.000
ETA2	1.353	0.144	9.415	0.000

New/Additional Parameters				
MEANM	0.000	0.107	0.000	1.000
MEANW	0.000	0.105	0.000	1.000
SD1	1.510	0.050	30.000	0.000
SD2	1.486	0.049	30.168	0.000
INDEX1	0.030	0.043	0.690	0.490
INDEX2	0.077	0.040	1.931	0.053
MSDML	−1.510	0.107	−14.081	0.000
MSDMM	0.000	0.107	0.000	1.000
MSDMH	1.510	0.128	11.809	0.000

MSDWL	−1.486	0.113	−13.203	0.000
MSDWM	0.000	0.105	0.000	1.000
MSDWH	1.486	0.120	12.391	0.000
CONMLWL	−0.494	0.058	−8.520	0.000
CONMMWL	−0.449	0.080	−5.646	0.000
CONMHWL	−0.404	0.133	−3.045	0.002
CONMLWM	−0.379	0.080	−4.728	0.000
CONMMWM	−0.334	0.051	−6.569	0.000
CONMHWM	−0.290	0.084	−3.440	0.001
CONMLWH	−0.265	0.129	−2.057	0.040
CONMMWH	−0.220	0.077	−2.859	0.004
CONMHWH	−0.175	0.060	−2.917	0.004
DIRMLWL	−0.139	0.100	−1.389	0.165
DIRMMWL	−0.108	0.124	−0.872	0.383
DIRMHWL	−0.076	0.211	−0.362	0.718
DIRMLWM	0.032	0.129	0.247	0.805
DIRMMWM	0.063	0.069	0.922	0.356
DIRMHWM	0.095	0.129	0.734	0.463
DIRMLWH	0.203	0.205	0.988	0.323
DIRMMWH	0.234	0.114	2.061	0.039
DIRMHWH	0.266	0.088	3.034	0.002
TOTMLWL	−0.633	0.101	−6.287	0.000
TOTMMWL	−0.557	0.127	−4.381	0.000
TOTMHWL	−0.481	0.223	−2.150	0.032
TOTMLWM	−0.347	0.139	−2.493	0.013
TOTMMWM	−0.271	0.071	−3.798	0.000
TOTMHWM	−0.195	0.136	−1.430	0.153
TOTMLWH	−0.062	0.224	−0.276	0.783
TOTMMWH	0.014	0.125	0.116	0.908
TOTMHWH	0.091	0.093	0.971	0.331

〈결과 13.6〉에서 먼저 모형적합도는 매우 양호하게 나타난 것을 확인할 수 있다. 특히 χ^2값이 비유의적으로($\chi^2 = 2.017$, $df = 6$, $p = .9181$) 나타났다. 다음으로 MODEL RESULTS에서 $a_4(XM)$는 비유의적으로 나타났지만 $a_5(XW)$는 유의적으로($a_5 = .128$, $p < .05$) 나타났고 b(ETA1)도 유의하게($b = .602$, $p < .001$) 나타났다. 조건부 직접효과의 분석을 위한 회귀계수에서 c_4'은 비유의적이지만 c_5'은 한계적으로 유의하게($c_5' = .115$, $p = .077$) 나타났다.

그리고 New/Additional Parameters에서 M의 부분 조절된 매개지수(INDEX1)는 유의하지 않지만 W의 부분 조절된 매개지수(INDEX2)는 한계적으로 유의하게($a_5b = .077$, $p = .053$) 나타났다. 이러한 결과는 잠재변수를 이용한 분석에서는 유의하게($a_5b = .114$, $p < .05$) 나타난 결과와 다른 결과이다. 거듭 강조하지만 잠재변수를 이용하는 경우에는 단일변수를 사용하는 경우에 비하여 무작위 측정오차를 고려하기 때문에 검정력이 커지고 따라서 특정효과를 발견해낼 확률이 증가한다.

13.3 PROCESS model 16의 분석

model 16은 단순매개모형과 다중가산조절모형을 결합한 것이다. 이 모형은 model 9와는 다르게 두 조절변수가 $M \rightarrow Y$경로를 조절하는 조절된 매개모형이다. model 16의 개념모형과 통계모형은 [그림 13.3]과 같다.

〈Panel A〉 model 16의 개념모형

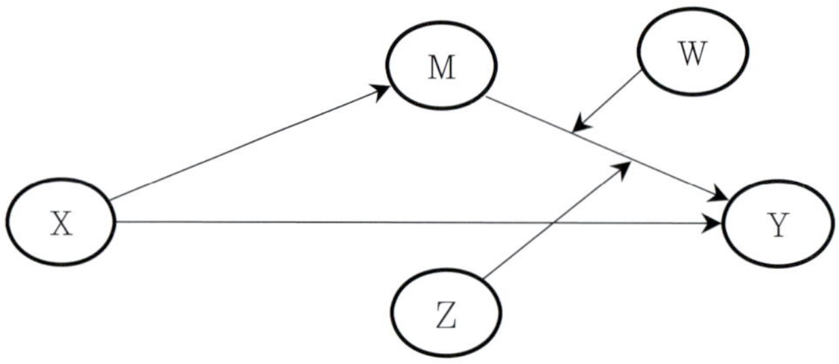

〈Panel B〉 model 16의 통계모형

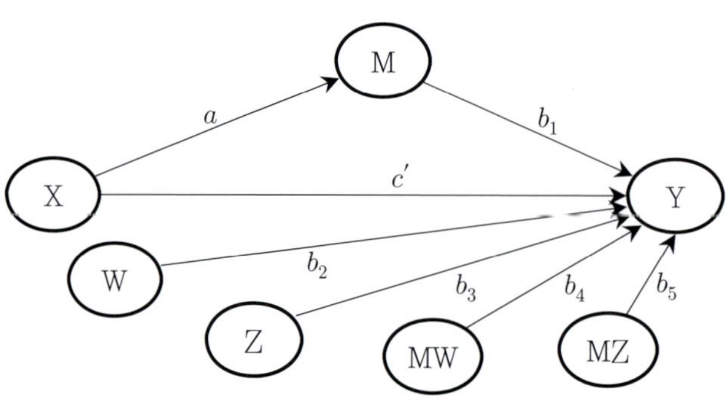

[그림 13.3] model 16의 개념모형과 통계모형

[그림 13.3]은 2단계 이중 조절된 매개모형(the second stage dual moderated mediation model)이라고도 부른다(Hayes, 2017).

그리고 [그림 13.3]의 M 회귀식과 Y 회귀식은 다음과 같다.

$$M = i_1 + aX + e_M \tag{13.7}$$

$$\begin{aligned} Y &= i_2 + c'X + b_1 M + b_2 W + b_3 Z + b_4 MW + b_5 MZ + e_Y \\ &= i_2 + e_Y + c'X + b_2 W + b_3 Z + (b_1 + b_4 W + b_5 Z)M \end{aligned} \tag{13.8}$$

식 (13.7)에서 $X \rightarrow M$경로는 조절되지 않기 때문에 이 효과는 단순히 a이다. 반면에 식 (13.8)에서 $M \rightarrow Y$경로는 W와 Z에 의하여 조절되기 때문에 매개변수 M이 종속변수 Y에 영향을 미치는 조건부효과($\theta_{M \rightarrow Y}$)는 다음과 같다.

$$\theta_{M \rightarrow Y} = b_1 + b_4 W + b_5 Z \tag{13.9}$$

위의 두 효과를 곱하면 X가 M을 경유하여 Y에 영향을 미치는 간접효과는 다음과 같이 W와 Z의 선형함수로 계산된다.

$$a \times \theta_{M \rightarrow Y} = a(b_1 + b_4 W + b_5 Z) = ab_1 + ab_4 W + ab_5 Z \tag{13.10}$$

식 (13.10)에서 ab_1은 W와 Z가 모두 0인 경우의 조건부 간접효과이다. 그리고 ab_4와 ab_5는 부분 조절된 매개지수이다. 즉, ab_4는 Z가 일정한 값을 갖는 경우에 W가 변화함에 따른 간접효과의 변화비율이고 ab_5는 W를 고정시킨 경우에 Z의 변화에 따른 간접효과의 변화율을 의미한다.

[그림 13.3]을 분석하기 전에 먼저 기저모형을 분석해야 하는데, 〈표 13.7〉은 이러한 기저모형을 분석하기 위한 Mplus code(model16(latent baseline).inp)이다.

〈표 13.7〉 model 16을 분석하기 위한 기저모형에 대한 Mplus syntax

```
TITLE:  model 16 (latent baseline)
DATA:      FILE IS book(other).dat;
VARIABLE:
           NAMES ARE Gender X1 X2 X3 X4 ETA11 ETA12 ETA13 ETA14 W1
```

```
                  W2 W3 W4  M1 M2 M3 M4 ETA21 ETA22 ETA23
                  ETA24 X M W ETA1 ETA2;
          USEVARIABLES ARE X1 X2 X3 X4 ETA11 ETA12 ETA13 ETA14 W1
                     W2 W3 W4 M1 M2 M3 M4 ETA21 ETA22 ETA23
                     ETA24;
MODEL:    KSI1 BY X1-X4;
          M    BY M1-M4;
          W    BY W1-W4;
          ETA1 BY ETA11-ETA14;
          ETA2 BY ETA21-ETA24;

          ETA1 ON KSI1;
          ETA2 ON KSI1
                  M
                  W
                  ETA1;
```

〈표 13.7〉을 실행하면 〈결과 13.7〉을 얻을 수 있다.

〈결과 13.7〉 model 16의 기저모형의 분석결과

```
MODEL FIT INFORMATION
Number of Free Parameters                      68
Chi-Square Test of Model Fit
          Value                           309.877
          Degrees of Freedom                  162
          P-Value                          0.0000
RMSEA (Root Mean Square Error Of Approximation)
          Estimate                          0.068
          90 Percent C.I.                   0.056    0.079
          Probability RMSEA <= .05          0.007
CFI/TLI
          CFI                               0.962
          TLI                               0.955
SRMR (Standardized Root Mean Square Residual)
          Value                             0.047
```

```
MODEL RESULTS
                                                    Two-Tailed
                    Estimate       S.E.  Est./S.E.    P-Value
 KSI1     BY
    X1                 1.000      0.000    999.000    999.000
    X2                 0.903      0.046     19.506      0.000
    X3                 0.809      0.056     14.439      0.000
    X4                 0.906      0.042     21.608      0.000
 M        BY
    M1                 1.000      0.000    999.000    999.000
    M2                 1.104      0.059     18.770      0.000
    M3                 0.916      0.061     15.046      0.000
    M4                 1.057      0.060     17.514      0.000
 W        BY
    W1                 1.000      0.000    999.000    999.000
    W2                 1.132      0.058     19.547      0.000
    W3                 0.993      0.054     18.431      0.000
    W4                 1.086      0.058     18.807      0.000
 ETA1     BY
    ETA11              1.000      0.000    999.000    999.000
    ETA12              1.252      0.082     15.354      0.000
    ETA13              0.956      0.055     17.431      0.000
    ETA14              1.288      0.082     15.688      0.000
 ETA2     BY
    ETA21              1.000      0.000    999.000    999.000
    ETA22              0.944      0.059     15.924      0.000
    ETA23              0.923      0.060     15.355      0.000
    ETA24              0.985      0.054     18.217      0.000
 ETA1     ON
    KSI1               0.478      0.039     12.367      0.000
 ETA2     ON
    KSI1              -0.170      0.093     -1.841      0.066
    M                  0.509      0.107      4.742      0.000
    W                  0.019      0.086      0.221      0.825
    ETA1               0.720      0.158      4.564      0.000
 M        WITH
    KSI1               1.622      0.231      7.007      0.000
 W        WITH
    KSI1               0.672      0.179      3.745      0.000
    M                  1.387      0.197      7.026      0.000
```

〈결과 13.7〉에서 모형적합도가 양호하고 모든 지표변수들의 요인적재량이 통계적으로 유의하게 나타났기 때문에 기저모형은 자료에 적합하다고 할 수 있다. 따라서 잠재상호항을 도입한 조절된 매개모형을 분석하는 다음 단계로 넘어갈 수 있다.

〈표 13.8〉(model16(latent).inp)은 잠재변수의 실제 값을 이용하여 model 16을 분석하기 위한 Mplus syntax이다. 자료파일은 book(other).dat를 사용한다.

〈표 13.8〉 잠재변수를 이용하여 model 16을 분석하기 위한 Mplus code

```
TITLE:  model 16 (latent)
DATA:     FILE IS book(other).dat;
VARIABLE:
          NAMES ARE Gender X1 X2 X3 X4 ETA11 ETA12 ETA13 ETA14 W1
                      W2 W3 W4 M1 M2 M3 M4 ETA21 ETA22 ETA23
                      ETA24 X M W ETA1 ETA2;
          USEVARIABLES ARE X1 X2 X3 X4 ETA11 ETA12 ETA13 ETA14 W1
                         W2 W3 W4 M1 M2 M3 M4 ETA21 ETA22 ETA23
                         ETA24;
ANALYSIS:  TYPE = RANDOM;
           ALGORITHM=INTEGRATION;
MODEL:   ! measurement model
           KSI1 BY X1-X4;
           M    BY M1-M4;
           W    BY W1-W4;
           ETA1 BY ETA11-ETA14;
           ETA2 BY ETA21-ETA24;

           M(var1); W(var2);        ! naming the variances of M and W

        ! create latent variables interaction
          ETA1M | ETA1 XWITH M;

          ETA1W | ETA1 XWITH W;

        ! structural model
        ! intercepts of ETA1 and ETA2 are fixed to 0 since they are latent variables

          ETA1 ON KSI1     (a);

          ETA2 ON KSI1     (cprime)
                  ETA1     (b1)
                  M        (b2)
```

```
                    W       (b3)
                    ETA1M  (b4)
                    ETA1W  (b5);

MODEL CONSTRAINT: NEW(SD1 SD2 INDEX0 INDEXM INDEXW
                    CONMLWL CONMMWL CONMHWL CONMLWM
                    CONMMWM CONMHWM CONMLWH CONMMWH
                    CONMHWH TOTMLWL TOTMMWL TOTMHWL
                    TOTMLWM TOTMMWM TOTMHWM TOTMLWH
                    TOTMMWH TOTMHWH);

      SD1 = SQRT(var1);
      SD2 = SQRT(var2);

    ! conditional indirect effect of KSI1 when M an W are both zero
        INDEX0 = a*b1;

    ! an index of partial moderated mediation by M when W is held constant
        INDEXM = a*b4;

    ! an index of partial moderated mediation by W when M is held constant
        INDEXW = a*b5;

    ! conditional indirect effects for specific values of M and W
      CONMLWL = a * (b1 + b4*(-1*SD1) + b5*(-1*SD2));
      CONMMWL = a * (b1 + b4*(0*SD1)  + b5*(-1*SD2));
      CONMHWL = a * (b1 + b4*(1*SD1)  + b5*(-1*SD2));

      CONMLWM = a * (b1 + b4*(-1*SD1) + b5*(0*SD2));
      CONMMWM = a * (b1 + b4*(0*SD1)  + b5*(0*SD2));
      CONMHWM = a * (b1 + b4*(1*SD1)  + b5*(0*SD2));

      CONMLWH = a * (b1 + b4*(-1*SD1) + b5*(1*SD2));
      CONMMWH = a * (b1 + b4*(0*SD1)  + b5*(1*SD2));
      CONMHWH = a * (b1 + b4*(1*SD1)  + b5*(1*SD2));

    ! conditional total effects for specific values of M and W

      TOTMLWL = CONMLWL + cprime;
      TOTMMWL = CONMMWL + cprime;
      TOTMHWL = CONMHWL + cprime;

      TOTMLWM = CONMLWM + cprime;
      TOTMMWM = CONMMWM + cprime;
```

```
          TOTMHWM = CONMHWM + cprime;

          TOTMLWH = CONMLWH + cprime;
          TOTMMWH = CONMMWH + cprime;
          TOTMHWH = CONMHWH + cprime;

        ! plot conditional indirect effect of X on Y for specific values of M and W
        ! these options could be edited to examine conditional total effects or
        ! conditional direct effects
        ! mean of factor KSI1 is set to 0 by default

          PLOT(PMLWL PMMWL PMHWL PMLWM PMMWM PMHWM PMLWH
               PMMWH PMHWH);
          LOOP(KSI1, -3, 3, 0.1);

           PMLWL = CONMLWL * KSI1;
           PMMWL = CONMMWL * KSI1;
           PMHWL = CONMHWL * KSI1;

           PMLWM = CONMLWM * KSI1;
           PMMWM = CONMMWM * KSI1;
           PMHWM = CONMHWM * KSI1;

           PMLWH = CONMLWH * KSI1;
           PMMWH = CONMMWH * KSI1;
           PMHWH = CONMHWH * KSI1;

PLOT:     TYPE=PLOT2;
OUTPUT: CINT;
```

〈표 13.8〉에서 식 (13.8)의 두 조절변수 W와 Z는 M과 W로 대체되어 있다. 그리고 독립변수는 KSI1이고 매개변수와 종속변수는 ETA1과 ETA2로 명명되었다. MODEL command에는 측정모형과 구조모형이 지정되어 있는데, model 9와는 달리 M과 W 및 상호항이 종속변수인 ETA2(Y) 회귀식에 설정되어 있다. MODEL CONSTRAINT에 M의 부분 조절된 매개지수(ab_4)와 W의 부분 조절된 매개지수(ab_5)의 추론검정이 지정되이 있다. 또한 M과 W 값의 변화에 따른 조건부 간접효과와 조건부 총효과의 계산이 설정되어 있고 조건부 간접효과의 그래프를 그리기 위한 명령문도 설정되어 있다.

〈표 13.8〉을 실행하면 〈결과 13.8〉을 얻을 수 있다.

〈결과 13.8〉 model 16의 분석결과(잠재변수)

MODEL RESULTS

	Estimate	S.E.	Est./S.E.	Two-Tailed P-Value
KSI1 BY				
X1	1.000	0.000	999.000	999.000
X2	0.904	0.051	17.651	0.000
X3	0.809	0.053	15.200	0.000
X4	0.906	0.044	20.478	0.000
M BY				
M1	1.000	0.000	999.000	999.000
M2	1.106	0.058	18.979	0.000
M3	0.923	0.059	15.606	0.000
M4	1.063	0.063	16.938	0.000
W BY				
W1	1.000	0.000	999.000	999.000
W2	1.133	0.067	16.960	0.000
W3	0.993	0.046	21.743	0.000
W4	1.088	0.066	16.581	0.000
ETA1 BY				
ETA11	1.000	0.000	999.000	999.000
ETA12	1.242	0.103	12.017	0.000
ETA13	0.957	0.041	23.136	0.000
ETA14	1.279	0.100	12.856	0.000
ETA2 BY				
ETA21	1.000	0.000	999.000	999.000
ETA22	0.947	0.054	17.572	0.000
ETA23	0.924	0.059	15.601	0.000
ETA24	0.988	0.053	18.558	0.000
ETA1 ON				
KSI1	0.479	0.045	10.710	0.000
ETA2 ON				
KSI1	-0.179	0.093	-1.935	0.053
ETA1	0.874	0.168	5.201	0.000
M	0.438	0.124	3.530	0.000
W	0.038	0.092	0.408	0.683
ETA1M	0.142	0.068	2.098	0.036
ETA1W	0.101	0.067	1.510	0.131

```
        ! plot conditional indirect effect of X on ETA2 for specific values of M
          and W
        ! these options could be edited to examine conditional total effects or
        ! conditional direct effects
        ! mean of factor X is set to 0 by default

          PLOT(PMLWL PMMWL PMHWL PMLWM PMMWM PMHWM PMLWH
               PMMWH PMHWH);
          LOOP(KSI1, -3, 3, 0.1);

           PMLWL = CONMLWL * KSI1;
           PMMWL = CONMMWL * KSI1;
           PMHWL = CONMHWL * KSI1;

           PMLWM = CONMLWM * KSI1;
           PMMWM = CONMMWM * KSI1;
           PMHWM = CONMHWM * KSI1;

           PMLWH = CONMLWH * KSI1;
           PMMWH = CONMMWH * KSI1;
           PMHWH = CONMHWH * KSI1;

PLOT:      TYPE=PLOT2;
OUTPUT:    CINT(BCBOOTSTRAP);
```

〈표 13.9〉에서 먼저 상호항(ETA1M과 ETA1W)을 형성하고 있는 변수 ETA1과 M 및 W를 평균중심화하였으며 상호항은 USEVARIABLES의 마지막에 지정해야 한다. 누차 언급하지만 평균중심화가 반드시 필요한 것은 아니고 회귀계수의 해석을 돕기 위한 목적이다. 그리고 부트스트랩 신뢰구간을 계산하기 위한 명령문이 지정되어 있다. 또한 두 조절변수의 평균과 분산을 계산한 값에 대한 이름이 부여되어 있다. MODEL CONSTRAINT의 첫 부분에는 M과 W의 세 가지 값을 계산하여 이름(MSDML~MSDWH)을 부여하였고 부분 조절된 매개지수의 계산이 지정되어 있다. 또한 조건부 간접효과와 조건부 총효과의 계산이 지정되어 있고 조건부 간접효과의 그래프를 그리기 위한 명령문도 설정되어 있다.

〈표 13.9〉를 실행하면 〈결과 13.9〉를 얻을 수 있다.

〈결과 13.9〉 단일변수를 이용한 model 16의 분석결과

MODEL RESULTS

	Estimate	S.E.	Est./S.E.	Two-Tailed P-Value
ETA1 ON				
X	0.559	0.043	13.076	0.000
ETA2 ON				
X	-0.071	0.076	-0.934	0.350
ETA1	0.629	0.110	5.737	0.000
M	0.349	0.092	3.792	0.000
W	0.064	0.074	0.860	0.390
ETA1M	0.116	0.052	2.230	0.026
ETA1W	0.072	0.049	1.477	0.140
W WITH				
M	1.488	0.166	8.966	0.000
Means				
M	0.000	0.113	0.000	1.000
W	0.000	0.107	0.000	1.000
Intercepts				
ETA1	-2.233	0.212	-10.521	0.000
ETA2	3.982	0.320	12.437	0.000
Variances				
M	2.569	0.133	19.319	0.000
W	2.267	0.155	14.619	0.000
Residual Variances				
ETA1	0.598	0.084	7.146	0.000
ETA2	0.971	0.090	10.822	0.000
New/Additional Parameters				
MEANM	0.000	0.113	0.000	1.000
MEANW	0.000	0.107	0.000	1.000
SD1	1.603	0.042	38.501	0.000
SD2	1.506	0.052	29.080	0.000
INDEX1	0.065	0.030	2.194	0.028
INDEX2	0.040	0.027	1.476	0.140
MSDML	-1.603	0.125	-12.855	0.000
MSDMM	0.000	0.113	0.000	1.000
MSDMH	1.603	0.117	13.721	0.000

MSDWL	−1.506	0.139	−10.809	0.000
MSDWM	0.000	0.107	0.000	1.000
MSDWH	1.506	0.094	16.078	0.000
CONMLWL	0.187	0.070	2.660	0.008
CONMMWL	0.291	0.081	3.607	0.000
CONMHWL	0.395	0.112	3.520	0.000
CONMLWM	0.248	0.068	3.629	0.000
CONMMWM	0.352	0.067	5.259	0.000
CONMHWM	0.456	0.094	4.856	0.000
CONMLWH	0.308	0.088	3.512	0.000
CONMMWH	0.412	0.076	5.430	0.000
CONMHWH	0.516	0.091	5.651	0.000
TOTMLWL	0.116	0.073	1.591	0.112
TOTMMWL	0.220	0.078	2.829	0.005
TOTMHWL	0.324	0.106	3.047	0.002
TOTMLWM	0.176	0.081	2.189	0.029
TOTMMWM	0.281	0.074	3.788	0.000
TOTMHWM	0.385	0.095	4.055	0.000
TOTMLWH	0.237	0.105	2.257	0.024
TOTMMWH	0.341	0.091	3.753	0.000
TOTMHWH	0.445	0.100	4.448	0.000

〈결과 13.9〉에서 $a = .559, p < .001$, $b_1 = .629, p < .001$ 및 $b_4 = .116, p < .05$로 유의하게 나타났다. 그리고 New/Additional Parameters에서 W의 부분 조절된 매개지수는 유의하지 않지만 M의 부분 조절된 매개지수($ab_4 = .065,\ p < .05$)는 유의하게 나타났다. 따라서 W를 고정시키는 경우에 조절변수 M이 증가하면 간접효과는 증가한다고 볼 수 있다. 이러한 내용에 관한 탐색과정을 살펴보기 위한 조건부 간접효과의 추세는 다음과 같다.

	Estimate	S.E.	Est./S.E.	Two-Tailed P-Value
CONMLWL	0.187	0.070	2.660	0.008
CONMMWL	0.291	0.081	3.607	0.000
CONMHWL	0.395	0.112	3.520	0.000

CONMLWM	0.248	0.068	3.629	0.000
CONMMWM	0.352	0.067	5.259	0.000
CONMHWM	0.456	0.094	4.856	0.000
CONMLWH	0.308	0.088	3.512	0.000
CONMMWH	0.412	0.076	5.430	0.000
CONMHWH	0.516	0.091	5.651	0.000

위의 결과물에서 W를 일정한 값(WL)으로 고정시킨 경우에 M이 증가하면서 간접효과도 함께 증가(0.187→0.291→0.395)하는 것을 확인할 수 있다. 또한 W의 다른 수준(WM, WH)에서도 동일한 추세를 보이고 있다. 특이한 점은 ab_4의 p값이 (추정치는 약간 작지만) 잠재변수를 이용한 방법($p = .040$)보다 단일변수를 이용한 방법($p = .028$)에서 약간 더 유의하게 산출되었다는 점이다.

13.4 PROCESS model 17의 분석

model 17은 model 16에 두 조절변수가 $X \rightarrow Y$경로를 조절하는 효과가 추가된 모형이다. model 17의 개념모형과 통계모형은 [그림 13.4]와 같다.

[그림 13.4]의 M 회귀식과 Y 회귀식은 다음과 같다.

$$M = i_1 + aX + e_M \tag{13.11}$$

$$\begin{aligned} Y &= i_2 + c_1{}'X + c_2{}'W + c_3{}'Z + c_4{}'XW + c_5{}'XZ \\ &\quad + b_1M + b_2MW + b_3MZ + e_Y \\ &= i_2 + c_2{}'W + c_3{}'Z + e_Y + (c_1{}' + c_4{}'W + c_5{}'Z)X \\ &\quad + (b_1 + b_2W + b_3Z)M \end{aligned} \tag{13.12}$$

과 1 혹은 −0.5와 0.5)하는 것이 편리하다.

이제 잠재변수를 이용하여 model 17을 분석하기로 한다. 기저모형은 model 16과 동일하기 때문에 생략한다. 〈표 13.10〉(model17(latent).inp)은 잠재변수를 이용하여 model 17을 분석하기 위한 Mplus code이다.

〈표 13.10〉 잠재변수를 이용하여 model 17을 분석하기 위한 Mplus code

```
TITLE:  model 17 (latent)
DATA:      FILE IS book(other).dat;
VARIABLE:
           NAMES ARE Gender X1 X2 X3 X4 ETA11 ETA12 ETA13 ETA14 W1
                        W2 W3 W4 M1 M2 M3 M4 ETA21 ETA22 ETA23
                        ETA24 X M W ETA1 ETA2;
           USEVARIABLES ARE X1 X2 X3 X4 ETA11 ETA12 ETA13 ETA14 W1
                           W2 W3 W4 M1 M2 M3 M4 ETA21 ETA22 ETA23
                           ETA24;
ANALYSIS: TYPE = RANDOM;
            ALGORITHM=INTEGRATION;
            INTEGRATION = MONTECARLO(20000);

MODEL: ! measurement model

           KSI1 BY X1-X4;
           M    BY M1-M4;
           W    BY W1-W4;
           ETA1 BY ETA11-ETA14;
           ETA2 BY ETA21-ETA24;

           M(var1); W(var2);        ! naming the variance of M and W

          ! create latent variables interaction
           KSI1M | KSI1 XWITH M;
           KSI1W | KSI1 XWITH W;
           ETA1M | ETA1 XWITH M;
           ETA1W | ETA1 XWITH W;

          ! structural model
          ! intercepts of ETA1 and ETA2 are fixed to 0 since they are latent
            variables

           ETA1 ON KSI1      (a);
```

```
          ETA2 ON KSI1    (cprime1)
                  M       (cprime2)
                  W       (cprime3)
                  KSI1M   (cprime4)
                  KSI1W   (cprime5)
                  ETA1    (b1)
                  ETA1M   (b2)
                  ETA1W   (b3);

MODEL CONSTRAINT: NEW(SD1 SD2 INDEX0 INDEXM INDEXW
                  CONMLWL CONMMWL CONMHWL CONMLWM CONMMWM
                  CONMHWM CONMLWH CONMMWH CONMHWH DIRMLWL
                  DIRMMWL DIRMHWL DIRMLWM DIRMMWM DIRMHWM
                  DIRMLWH DIRMMWH DIRMHWH TOTMLWL TOTMMWL
                  TOTMHWL TOTMLWM TOTMMWM TOTMHWM TOTMLWH
                  TOTMMWH TOTMHWH);

          SD1 = SQRT(var1);
          SD2 = SQRT(var2);

        ! conditional indirect effect of KSI1 when M and W are both zero
            INDEX0 = a*b1;

        ! an index of partial moderated mediation by M when W is held constant
            INDEXM = a*b2;

        ! an index of partial moderated mediation by W when M is held constant
            INDEXW = a*b3;

        ! conditional indirect effects for specific values of M and W
          CONMLWL = a * (b1 + b2*(-1*SD1) + b3*(-1*SD2));
          CONMMWL = a * (b1 + b2*(0*SD1)  + b3*(-1*SD2));
          CONMHWL = a * (b1 + b2*(1*SD1)  + b3*(-1*SD2));

          CONMLWM = a * (b1 + b2*(-1*SD1) + b3*(0*SD2));
          CONMMWM = a * (b1 + b2*(0*SD1)  + b3*(0*SD2));
          CONMHWM = a * (b1 + b2*(1*SD1)  + b3*(0*SD2));

          CONMLWH = a * (b1 + b2*(-1*SD1) + b3*(1*SD2));
          CONMMWH = a * (b1 + b2*(0*SD1)  + b3*(1*SD2));
          CONMHWH = a * (b1 + b2*(1*SD1)  + b3*(1*SD2));

        ! conditional direct effects for specific values of M and W
          DIRMLWL = cprime1 + cprime4*(-1*SD1) + cprime5*(-1*SD2);
```

```
    DIRMMWL = cprime1 + cprime4*(0*SD1)  + cprime5*(-1*SD2);
    DIRMHWL = cprime1 + cprime4*(1*SD1)  + cprime5*(-1*SD2);

    DIRMLWM = cprime1 + cprime4*(-1*SD1) + cprime5*(0*SD2);
    DIRMMWM = cprime1 + cprime4*(0*SD1)  + cprime5*(0*SD2);
    DIRMHWM = cprime1 + cprime4*(1*SD1)  + cprime5*(0*SD2);

    DIRMLWH = cprime1 + cprime4*(-1*SD1) + cprime5*(1*SD2);
    DIRMMWH = cprime1 + cprime4*(0*SD1)  + cprime5*(1*SD2);
    DIRMHWH = cprime1 + cprime4*(1*SD1)  + cprime5*(1*SD2);

  ! conditional total effects for specific values of M and W
    TOTMLWL = CONMLWL + DIRMLWL;
    TOTMMWL = CONMMWL + DIRMMWL;
    TOTMHWL = CONMHWL + DIRMHWL;

    TOTMLWM = CONMLWM + DIRMLWM;
    TOTMMWM = CONMMWM + DIRMMWM;
    TOTMHWM = CONMHWM + DIRMHWM;

    TOTMLWH = CONMLWH + DIRMLWH;
    TOTMMWH = CONMMWH + DIRMMWH;
    TOTMHWH = CONMHWH + DIRMHWH;

  ! plot conditional indirect effect of KSI1 on ETA2 for specific values
    of M and W
  ! these options could be edited to examine conditional total effects or
  ! conditional direct effects
  ! mean of factor KSI1 is set to 0 by default

    PLOT(PMLWL PMMWL PMHWL PMLWM PMMWM PMHWM PMLWH
         PMMWH PMHWH);
    LOOP(KSI1, -3, 3, 0.1);

     PMLWL = CONMLWL * KSI1;
     PMMWL = CONMMWL * KSI1;
     PMHWL = CONMHWL * KSI1;

     PMLWM = CONMLWM * KSI1;
     PMMWM = CONMMWM * KSI1;
     PMHWM = CONMHWM * KSI1;

     PMLWH = CONMLWH * KSI1;
     PMMWH = CONMMWH * KSI1;
```

```
            PMHWH = CONMHWH * KSI1;

PLOT:     TYPE=PLOT2;
OUTPUT: CINT;
```

〈표 13.10〉의 ANALYSIS에서 INTEGRATION=MONTECARLO(20000)은 ALGORITHM =INTEGRATION이 사용되는 경우에 INTEGRATION의 옵션을 MONTECARLO로 지정한 것이다. 이를 지정하지 않으면 시간이 상당히 많이 걸린다. integration points는 일반적으로 5000이 사용되지만 큰 숫자로 지정할수록 정교한 분석이 이루어진다. 컴퓨터 성능이 좋은 경우에는 본 분석에서 사용한 20000 대신 50000도 지정할 수 있다. 모형이 복잡해질수록 추가 옵션이 필요한 경우가 자주 발생한다.

MODEL CONSTRAINT에서 부분 조절된 매개지수가 지정되어 있다. 또한 조건부 간접효과 및 조건부 총효과와 더불어 model 16에서는 지정되지 않은 조건부 직접효과의 계산도 지정되어 있다. 여기에서도 *W*와 *Z*는 *M*과 *W*로 대체되어 있다.

〈표 13.10〉을 실행하면 〈결과 13.10〉을 얻을 수 있다.

〈결과 13.10〉 잠재변수를 이용한 model 17의 분석결과

	Estimate	S.E.	Est./S.E.	Two-Tailed P-Value
KSI1 BY				
X1	1.000	0.000	999.000	999.000
X2	0.908	0.050	18.272	0.000
X3	0.812	0.053	15.465	0.000
X4	0.910	0.042	21.450	0.000
M BY				
M1	1.000	0.000	999.000	999.000
M2	1.106	0.058	18.980	0.000
M3	0.922	0.059	15.642	0.000
M4	1.062	0.063	16.852	0.000
W BY				
W1	1.000	0.000	999.000	999.000
W2	1.133	0.067	16.910	0.000
W3	0.994	0.046	21.763	0.000

```
    W4                1.089     0.066     16.599      0.000
 ETA1     BY
    ETA11             1.000     0.000    999.000    999.000
    ETA12             1.235     0.102     12.085      0.000
    ETA13             0.954     0.041     23.140      0.000
    ETA14             1.273     0.099     12.908      0.000
 ETA2     BY
    ETA21             1.000     0.000    999.000    999.000
    ETA22             0.947     0.054     17.579      0.000
    ETA23             0.924     0.059     15.578      0.000
    ETA24             0.988     0.053     18.477      0.000
 ETA1     ON
    KSI1              0.483     0.044     11.043      0.000
 ETA2     ON
    KSI1             -0.188     0.091     -2.071      0.038
    M                 0.439     0.123      3.559      0.000
    W                 0.034     0.091      0.368      0.713
    KSI1M            -0.025     0.070     -0.363      0.716
    KSI1W            -0.005     0.087     -0.052      0.959
    ETA1              0.887     0.167      5.299      0.000
    ETA1M             0.175     0.104      1.685      0.092
    ETA1W             0.107     0.134      0.797      0.426
 M        WITH
    KSI1              1.616     0.176      9.155      0.000
 W        WITH
    KSI1              0.670     0.174      3.859      0.000
    M                 1.382     0.168      8.221      0.000

New/Additional Parameters
    SD1               1.508     0.066     22.913      0.000
    SD2               1.386     0.067     20.826      0.000
    INDEX0            0.429     0.085      5.032      0.000
    INDEXM            0.084     0.050      1.679      0.093
    INDEXW            0.052     0.065      0.790      0.429
    CONMLWL           0.230     0.111      2.071      0.038
    CONMMWL           0.357     0.137      2.611      0.009
    CONMHWL           0.484     0.192      2.526      0.012
    CONMLWM           0.301     0.091      3.308      0.001
    CONMMWM           0.429     0.085      5.032      0.000
```

CONMHWM	0.556	0.134	4.155	0.000
CONMLWH	0.373	0.144	2.596	0.009
CONMMWH	0.500	0.110	4.535	0.000
CONMHWH	0.628	0.124	5.059	0.000
DIRMLWL	−0.143	0.149	−0.962	0.336
DIRMMWL	−0.181	0.166	−1.092	0.275
DIRMHWL	−0.219	0.235	−0.935	0.350
DIRMLWM	−0.149	0.133	−1.123	0.261
DIRMMWM	−0.188	0.091	−2.071	0.038
DIRMHWM	−0.226	0.144	−1.564	0.118
DIRMLWH	−0.156	0.206	−0.756	0.450
DIRMMWH	−0.194	0.134	−1.443	0.149
DIRMHWH	−0.232	0.126	−1.847	0.065
TOTMLWL	0.087	0.095	0.911	0.362
TOTMMWL	0.176	0.098	1.790	0.074
TOTMHWL	0.265	0.140	1.889	0.059
TOTMLWM	0.152	0.105	1.444	0.149
TOTMMWM	0.241	0.083	2.902	0.004
TOTMHWM	0.330	0.110	2.995	0.003
TOTMLWH	0.217	0.145	1.503	0.133
TOTMMWH	0.306	0.109	2.804	0.000

〈결과 13.10〉에서 a와 b_1은 유의하지만 b_2는 한계적으로 유의하고 b_3는 유의하지 않게 나타났다. 또한 M의 부분 조절된 매개지수도 한계적으로 유의하고 W의 부분 조절된 매개지수는 유의하지 않게 나타났다.

다음으로 지표변수들을 평균한 단일변수를 이용하여 model 17을 분석하기로 한다. 〈표 13.11〉(model17(single).inp)은 이에 관한 Mplus code이다.

〈표 13.11〉 단일변수를 이용한 model 17의 분석

```
TITLE:  model 17 (single)
DATA:     FILE IS book(other).dat;
VARIABLE:
          NAMES ARE Gender X1 X2 X3 X4 ETA11 ETA12 ETA13 ETA14 W1
                    W2 W3 W4 M1 M2 M3 M4 ETA21 ETA22 ETA23 ETA24
                    X M W ETA1 ETA2;
```

```
          USEVARIABLES ARE X M W ETA1 ETA2 XM XW ETA1M ETA1W;
DEFINE: ! mean centering

          CENTER X M W ETA1(GRANDMEAN);

        ! create interaction terms

          ETA1M=ETA1*M; ETA1W=ETA1*W; XM=X*M; XW=X*W;
ANALYSIS: BOOTSTRAP=10000;
MODEL:    [ETA1](a0);
          ETA1 ON X  (a);

          [ETA2](b0);

          ETA2 ON X         (cprime1)
                  M         (cprime2)
                  W         (cprime3)
                  XM        (cprime4)
                  XW        (cprime5)
                  ETA1      (b1)
                  ETA1M     (b2)
                  ETA1W     (b3);

          [M](mean1);
          M(var1);
          [W](mean2);
          W(var2);

MODEL CONSTRAINT: NEW(MEANM MEANW SD1 SD2 INDEX0 INDEXM INDEXW
                  MSDML MSDMM MSDMH MSDWL MSDWM MSDWH
                  CONMLWL CONMMWL CONMHWL CONMLWM CONMMWM
                  CONMHWM CONMLWH CONMMWH CONMHWH DIRMLWL
                  DIRMMWL DIRMHWL DIRMLWM DIRMMWM DIRMHWM
                  DIRMLWH DIRMMWH DIRMHWH TOTMLWL TOTMMWL
                  TOTMHWL TOTMLWM TOTMMWM TOTMHWM TOTMLWH
                  TOTMMWH TOTMHWH);

          MEANM = mean1;
          MEANW = mean2;
          SD1 = SQRT(var1);
          SD2 = SQRT(var2);

          MSDML = MEANM - SD1;
          MSDMM = MEANM;
```

```
  MSDMH = MEANM + SD1;
  MSDWL = MEANW - SD2;
  MSDWM = MEANW;
  MSDWH = MEANW + SD2;

! conditional indirect effect of KSI1 when M an W are both zero
    INDEX0 = a*b1;

! an index of partial moderated mediation by M when W is held constant
    INDEXM = a*b2;

! an index of partial moderated mediation by W when M is held constant
    INDEXW = a*b3;

! conditional indirect effects for specific values of M
  CONMLWL = a * (b1 + b2*MSDML  + b3*MSDWL);
  CONMMWL = a * (b1 + b2*MSDMM  + b3*MSDWL);
  CONMHWL = a * (b1 + b2*MSDMH  + b3*MSDWL);

  CONMLWM = a * (b1 + b2*MSDML  + b3*MSDWM);
  CONMMWM = a * (b1 + b2*MSDMM  + b3*MSDWM);
  CONMHWM = a * (b1 + b2*MSDMH  + b3*MSDWM);

  CONMLWH = a * (b1 + b2*MSDML  + b3*MSDWH);
  CONMMWH = a * (b1 + b2*MSDMM  + b3*MSDWH);
  CONMHWH = a * (b1 + b2*MSDMH  + b3*MSDWH);

! conditional direct effects for specific values of KSI2 and KSI3
  DIRMLWL = cprime1 + cprime4*MSDML  + cprime5*MSDWL;
  DIRMMWL = cprime1 + cprime4*MSDMM  + cprime5*MSDWL;
  DIRMHWL = cprime1 + cprime4*MSDMH  + cprime5*MSDWL;

  DIRMLWM = cprime1 + cprime4*MSDML  + cprime5*MSDWM;
  DIRMMWM = cprime1 + cprime4*MSDMM  + cprime5*MSDWM;
  DIRMHWM = cprime1 + cprime4*MSDMH  + cprime5*MSDWM;

  DIRMLWH = cprime1 + cprime4*MSDML  + cprime5*MSDWH;
  DIRMMWH = cprime1 + cprime4*MSDMM  + cprime5*MSDWH;
  DIRMHWH = cprime1 + cprime4*MSDMH  + cprime5*MSDWH;

! conditional total effects for specific values of M and W
  TOTMLWL = CONMLWL + DIRMLWL;
  TOTMMWL = CONMMWL + DIRMMWL;
  TOTMHWL = CONMHWL + DIRMHWL;
```

```
        TOTMLWM = CONMLWM + DIRMLWM;
        TOTMMWM = CONMMWM + DIRMMWM;
        TOTMHWM = CONMHWM + DIRMHWM;

        TOTMLWH = CONMLWH + DIRMLWH;
        TOTMMWH = CONMMWH + DIRMMWH;
        TOTMHWH = CONMHWH + DIRMHWH;

    ! plot conditional indirect effect of KSI1 on ETA2 for specific values of
      M and W
    ! these options could be edited to examine conditional total effects or
    ! conditional direct effects
    ! mean of factor KSI1 is set to 0 by default

        PLOT(PMLWL PMMWL PMHWL PMLWM PMMWM PMHWM PMLWH
             PMMWH PMHWH);
        LOOP(KSI1, -3, 3, 0.1);

         PMLWL = CONMLWL * KSI1;
         PMMWL = CONMMWL * KSI1;
         PMHWL = CONMHWL * KSI1;

         PMLWM = CONMLWM * KSI1;
         PMMWM = CONMMWM * KSI1;
         PMHWM = CONMHWM * KSI1;

         PMLWH = CONMLWH * KSI1;
         PMMWH = CONMMWH * KSI1;
         PMHWH = CONMHWH * KSI1;

PLOT:    TYPE=PLOT2;
OUTPUT: CINT;
```

〈표 13.11〉을 실행하면 〈결과 13.11〉을 얻을 수 있다.

〈결과 13.11〉 단일변수를 이용한 model 17의 분석결과

MODEL RESULTS

	Estimate	S.E.	Est./S.E.	Two-Tailed P-Value
ETA1 ON				
X	0.559	0.043	13.076	0.000
ETA2 ON				
X	−0.070	0.077	−0.916	0.360
M	0.345	0.092	3.738	0.000
W	0.067	0.074	0.908	0.364
XM	−0.025	0.063	−0.394	0.694
XW	0.019	0.073	0.259	0.795
ETA1	0.633	0.111	5.701	0.000
ETA1M	0.138	0.074	1.865	0.062
ETA1W	0.056	0.085	0.652	0.514
W WITH				
M	1.488	0.166	8.966	0.000
Means				
M	0.000	0.113	0.000	1.000
W	0.000	0.107	0.000	1.000
Intercepts				
ETA1	0.000	0.055	0.000	1.000
ETA2	3.703	0.103	35.890	0.000
Variances				
M	2.569	0.133	19.319	0.000
W	2.267	0.155	14.619	0.000
Residual Variances				
ETA1	0.598	0.084	7.146	0.000
ETA2	0.971	0.089	10.866	0.000
New/Additional Parameters				
MEANM	0.000	0.113	0.000	1.000
MEANW	0.000	0.107	0.000	1.000
SD1	1.603	0.042	38.500	0.000
SD2	1.506	0.052	29.079	0.000
INDEX0	0.354	0.067	5.244	0.000
INDEXM	0.077	0.042	1.820	0.069
INDEXW	0.031	0.048	0.650	0.516
MSDML	−1.603	0.125	−12.855	0.000

MSDMM	0.000	0.113	0.000	1.000
MSDMH	1.603	0.117	13.721	0.000
MSDWL	−1.506	0.139	−10.809	0.000
MSDWM	0.000	0.107	0.000	1.000
MSDWH	1.506	0.094	16.078	0.000
CONMLWL	0.183	0.084	2.175	0.030
CONMMWL	0.307	0.106	2.887	0.004
CONMHWL	0.431	0.158	2.735	0.006
CONMLWM	0.230	0.077	3.007	0.003
CONMMWM	0.354	0.068	5.192	0.000
CONMHWM	0.478	0.113	4.234	0.000
CONMLWH	0.277	0.122	2.268	0.023
CONMMWH	0.401	0.091	4.405	0.000
CONMHWH	0.525	0.105	5.017	0.000
DIRMLWL	−0.059	0.119	−0.494	0.621
DIRMMWL	−0.099	0.137	−0.723	0.470
DIRMHWL	−0.139	0.209	−0.664	0.507
DIRMLWM	−0.030	0.125	−0.241	0.809
DIRMMWM	−0.070	0.076	−0.918	0.359
DIRMHWM	−0.110	0.128	−0.857	0.391
DIRMLWH	−0.002	0.203	−0.008	0.993
DIRMMWH	−0.042	0.130	−0.320	0.749
DIRMHWH	−0.082	0.115	−0.708	0.479
TOTMLWL	0.125	0.087	1.425	0.154
TOTMMWL	0.209	0.091	2.302	0.021
TOTMHWL	0.292	0.138	2.116	0.034
TOTMLWM	0.200	0.102	1.954	0.051
TOTMMWM	0.284	0.075	3.788	0.000
TOTMHWM	0.368	0.105	3.493	0.000
TOTMLWH	0.275	0.148	1.862	0.063
TOTMMWH	0.359	0.108	3.335	0.001
TOTMHWH	0.443	0.108	4.105	0.000

〈결과 13.11〉에서도 잠재변수를 이용한 분석결과와 마찬가지로 ab_2가 한계적으로 유의하고 ab_3는 유의하지 않게 나타났다. 다만 단일변수에 의한 p값이 잠재변수를 이용한 경우의 p값보다 약간 낮게 나타났다. 그리고 이러한 단일변수를 이용한 분석결과는 PROCESS에 의한 분석결과와 정확하게 일치하는 것이다.

13.5 PROCESS model 11의 분석(조절된 조절된 매개모형)

앞에서 살펴본 PROCESS models 9, 10, 16, 17은 $X \rightarrow M \rightarrow Y$의 간접효과가 한 조절변수에 의하여 조절되는 효과는 다른 조절변수와 독립적이라는 가정하에 분석하는 모형들이다. 지금부터는 첫 번째 조절변수에 의하여 조절되는 간접효과(조절된 매개효과)가 두 번째 조절변수에 의존하는(다시 조절되는) 모형에 대하여 알아보기로 한다. Hayes(2017)는 이러한 모형을 조절된 조절된 매개모형(moderated moderated mediation model)이라고 명명하였다. 이러한 모형은 3원 상호효과(조절된 조절모형 : PROCESS model 3)와 단순매개모형을 결합한 것이다. 여기에서는 먼저 $X \rightarrow M$경로에 3원 상호작용이 도입되는 1단계 조절된 조절된 매개모형(first stage moderated moderated mediation model)을 분석하기로 한다.

이러한 model 11의 개념모형과 통계모형은 [그림 13.5]와 같다.

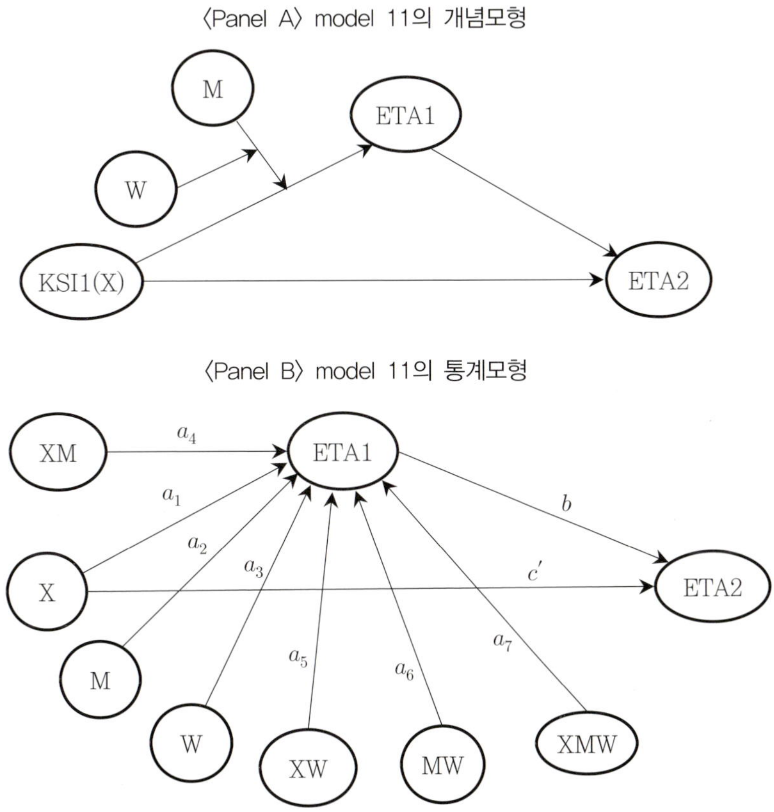

[그림 13.5] model 11의 개념모형과 통계모형

model 11의 매개변수인 ETA1 회귀식과 종속변수인 ETA2 회귀식의 추정(오차항 제외)은 다음과 같다.

$$ETA1 = i_1 + a_1X + a_2M + a_3W + a_4XM + a_5XW + a_6MW + a_7XMW$$
$$= (i_1 + a_2M + a_3W + a_6MW) + (a_1 + a_4M + a_5W + a_7MW)X \quad (13.17)$$

$$ETA2 = i_2 + c'X + bETA1 \quad (13.18)$$

앞에서 살펴본 것처럼 만일 공변량을 도입하는 경우에는 ETA1과 ETA2 회귀식에 공변량을 지정해 주면 된다. 그리고 식 (13.17)은 조절된 조절효과의 회귀식(식 (11.5))과 동일하다는 것을 알 수 있다. 식 (13.17)에서 X가 $ETA1$에 영향을 미치는 조건부효과($\theta_{X\to ETA1}$)는 다음과 같다.

$$\theta_{X\to ETA1} = a_1 + a_4M + a_5W + a_7MW \quad (13.19)$$

그리고 식 (13.18)에서 $ETA1\to ETA2$의 영향은 단순히 b이므로 $X\to ETA1 \to ETA2$의 조건부 간접효과(ω)는 다음과 같이 계산된다.

$$\omega = \theta_{X\to ETA1} \times b = (a_1 + a_4M + a_5W + a_7MW)b \quad (13.20)$$

$$= a_1b + a_5bW + (a_4b + a_7bW)M \quad (13.21)$$

식 (13.20)에 M과 W의 특정값을 대입하면 해당값들을 조건으로 하는 간접효과의 크기를 얻을 수 있다. 그리고 식 (13.21)은 X의 간접효과와 조절변수 M의 관계는 W의 선형함수(즉, a_4b+a_7bW)라는 것을 의미한다. 식 (13.21)에서 a_4b+a_7bW는 특정한 W값을 조건으로 하면서 M의 변화에 따른 간접효과의 변화율을 계량화한 것이다. 즉, a_4b+a_7bW는 특정한 W값에서 X의 간접효과가 M에 의하여 조절되는 크기를 계량화한 것이다. 그리고 이러한 a_4b+a_7bW를 M에 의한 조건부 조절된 매개지수(index of conditional moderated mediation by M)라고 부른다(Hayes, 2017). 만일 특정 W값에서 M에 의한 조건부 조절된 매개지수가 통계적으로 0과 다르다면(유의하다면) 이러한 사실은 해당 W값에서 조절변수 M이 간접효과를 조절한다는 것(조절된 매개효과 : 2원 상호효과와 단순매개효과의 결합)을 의미하는 것이다. 그리고 M이 이분형 변수이고 두 집단의 코딩값이 한 단위 차이 난다면 M에 의한 조건부 조절된 매개지수는 특정한 W값에서의 두 집단의 조건부 간접효과의 차이를 의미한다.

앞에서 조절효과와 간접효과의 탐색(probing)에 대하여 알아보았다. 여기에서 두 가지 사실을 유념할 필요가 있다. 첫째는 조절된 조절된 매개효과의 탐색은 조절된 조절된 매개효과가 유의한 경우에 이루어진다는 사실이다. 둘째는 조절된 조절된 매개효과의 유의성과 조건부 조절된 매개효과의 크기와 유의성의 추세는 구별해야 한다는 점이다. 즉, model 11에서 W값이 달라지면서 조절된 매개효과의 크기와 유의성이 함께 달라진다는 것이 반드시 조절된 조절된 매개효과가 유의하다는 것을 의미하는 것은 아니라는 사실이다. 조절된 매개효과의 공식적인 검정은 조절된 매개지수(예 model 7에서의 a_3b)를 이용해야 하는 것처럼 조절된 조절된 매개분석에서도 공식적인 검정통계량을 이용해야 한다. 이러한 조절된 조절된 매개분석의 공식적인 검정통계량을 조절된 조절된 매개지수(index of moderated moderated mediation : Hayes, 2017)라고 부르며 식 (13.21)의 a_7b가 바로 조절된 조절된 매개지수에 해당한다. 이러한 a_7b는 X의 간접효과가 M에 의하여 조절되는 조절된 매개효과가 다시 W에 의하여 조절되는지에 관한 조절된 조절된 매개효과를 계량화한 것이다. 이는 회귀식 식 (13.21)의 $(a_4b + a_7bW)M$에서 a_7b는 X의 간접효과가 M에 의하여 조절되는 효과와 W 간의 관계를 계량화하였다는 점에서 알 수 있다. 이 함수에서 a_4b는 $W=0$인 경우에 M이 변화함에 따라 X의 간접효과가 어떻게 달라지는가를 추정하는 것이고 a_7b는 W가 변화하면서 X의 간접효과가 M의 변화에 따라 어떻게 달라지는지를 계량화한 것이다.

조절된 조절된 매개지수의 추론검정은 $X \rightarrow ETA1 \rightarrow ETA2$의 간접효과가 M에 의하여 조절되는 효과가 W에 의하여 조절되는지에 관한 공식적인 추론검정이다. 따라서 a_7b가 0이라면(유의하지 않다면) W는 M에 의하여 조절되는 간접효과를 조절하지 않는다고 보아야 한다. 조절된 조절된 매개효과의 유의성은 조건부 조절된 매개지수의 추세가 아닌 조절된 조절된 매개지수의 유의성으로 판단해야 한다. 그리고 이러한 조절된 조절된 매개지수가 유의하기 때문에 조절된 조절된 매개효과를 확인한 경우에 조건부 조절된 매개지수를 이용하여 특정 W값에서 M에 의하여 조절되는 간접효과가 유의한지에 관한 조절된 조절된 매개효과의 탐색을 실시하는 것이다.

앞의 조절분석에서 조절작용의 대칭성을 알아보았다. 이러한 대칭성 논리는 조절된 조절된 매개분석에도 동일하게 적용된다. 이러한 내용은 제1조절변수(primary moderator)인 M과 제2조절변수(secondary moderator)인 W의 역할은 교환가능하다는 것을 의미한다. 이와 같이 M과 W의 역할을 바꾸면 [그림 13.5]의 Panel A에서 M과 W의 위치는 바뀌지만 Panel B는 동일하다는 것을 알 수 있다. 즉, 식

(13.17)과 식 (13.18)은 동일하게 설정된다. 그리고 식 (13.20)은 다음과 같이 나타낼 수 있다.

$$\theta_{X \to ETA1} \times b = a_1 b + a_4 bM + (a_5 b + a_7 bM)W \quad (13.22)$$

식 (13.22)에서는 W가 제1조절변수이고 M이 제2조절변수로 지정되어 있다. 그리고 W에 의한 조건부 조절된 매개지수는 $a_5 b + a_7 bM$으로 표현되며, 이는 W에 의하여 조절되는 X의 간접효과가 다시 M에 의하여 조절되는 것을 계량화한 것이다. 따라서 $a_7 b$는 M과 W를 제1조절변수와 제2조절변수로 교환하여 해석할 수 있다는 점에서 대칭적(symmetrical)이다. 즉, 조절된 조절된 매개지수 $a_7 b$가 통계적으로 유의하면 W에 의하여 조절되는 간접효과를 M이 다시 조절한다고 해석할 수도 있고 M에 의하여 조절되는 간접효과를 W가 다시 조절한다고 해석할 수도 있는 것이다.

이제 [그림 13.5]를 이용하여 단순조절분석과 조절된 조절분석 및 조절된 매개분석(model 7) 그리고 조절된 조절된 매개분석(model 11)의 연구주제 등을 비교해 본다.

① 단순조절분석 : "$X \to ETA1$"이 M에 의하여 조절되는가?
② 조절된 조절분석 : "$X \to ETA1$이 M에 의하여 조절되는 단순조절효과"가 W에 의하여 다시 조절되는가?
③ 조절된 매개분석 : "$X \to ETA1 \to ETA2$"의 간접효과가 M에 의하여 조절되는가?
④ 조절된 조절된 매개분석 : "$X \to ETA1 \to ETA2$의 간접효과가 M에 의하여 조절되는 조절된 매개효과"가 다시 W에 의하여 조절되는가?

위의 각 분석에서 따옴표 안의 효과가 유의하지 않아도 해당분석을 실시할 수 있다고 보아야 할 것이다. 그리고 단순조절분석에서는 상호항 XM의 계수 b_3가 유의하고 조절된 조절분석에서는 상호항 XMW의 계수 b_7이 유의한 경우에 조절효과 혹은 조절된 조절효과가 유의하다고 판정한다. 반면에 model 7에서는 조절된 매개지수($a_3 b$)가 유의해야 조절된 매개효과가 유의하고 model 11에서는 조절된 조절된 매개지수인 $a_7 b$가 유의해야 조절된 조절된 매개효과가 유의하다고 결론지을 수 있다.

〈표 13.12〉는 model 11을 분석하기 위한 기저모형의 Mplus code(model11(latent baseline).inp)이다. 자료파일은 book(all).dat를 사용하였다.

〈표 13.12〉 model 11을 분석하기 위한 기저모형

```
TITLE:  model 11 (latent baseline)
DATA:     FILE IS book(all).dat;
VARIABLE:
          NAMES ARE Gender X1 X2 X3 X4 ETA11 ETA12 ETA13 ETA14 W1
                    W2 W3 W4 M1 M2 M3 M4 ETA21 ETA22 ETA23
                    ETA24 X M W ETA1 ETA2;
          USEVARIABLES ARE X1 X2 X3 X4 ETA11 ETA12 ETA13 ETA14 W1
                           W2 W3 W4 M1 M2 M3 M4 ETA21 ETA22
                           ETA23 ETA24;
MODEL:    KSI1 BY X1-X4;
          KSI2 BY M1-M4;
          KSI3 BY W1-W4;
          ETA1 BY ETA11-ETA14;
          ETA2 BY ETA21-ETA24;

          ETA1 ON KSI1
                  KSI2
                  KSI3;

          ETA2 ON KSI1
                  ETA1;
```

〈표 13.12〉를 실행하면 〈결과 13.12〉를 얻을 수 있다.

〈결과 13.12〉 model 11의 기저모형 분석결과

```
MODEL FIT INFORMATION
Number of Free Parameters                      68
Chi-Square Test of Model Fit
          Value                           332.655
          Degrees of Freedom                  162
          P-Value                          0.0000
RMSEA (Root Mean Square Error Of Approximation)
          Estimate                          0.073
          90 Percent C.I.                   0.061    0.084
          Probability RMSEA <= .05          0.001
CFI/TLI
          CFI                               0.973
```

```
          TLI                              0.968
SRMR (Standardized Root Mean Square Residual)
          Value                            0.039

MODEL RESULTS

                                                  Two-Tailed
                    Estimate     S.E.   Est./S.E.    P-Value
 KSI1     BY
    X1                 1.000    0.000    999.000    999.000
    X2                 1.265    0.065     19.508      0.000
    X3                 1.282    0.064     20.106      0.000
    X4                 1.184    0.062     19.033      0.000
 KSI2     BY
    M1                 1.000    0.000    999.000    999.000
    M2                 0.998    0.020     50.208      0.000
    M3                 0.982    0.021     47.139      0.000
    M4                 1.033    0.020     52.952      0.000
 KSI3     BY
    W1                 1.000    0.000    999.000    999.000
    W2                 0.902    0.047     19.201      0.000
    W3                 0.927    0.050     18.501      0.000
    W4                 0.787    0.046     17.069      0.000
 ETA1     BY
    ETA11              1.000    0.000    999.000    999.000
    ETA12              1.106    0.021     52.011      0.000
    ETA13              1.062    0.036     29.518      0.000
    ETA14              0.930    0.037     24.937      0.000
 ETA2     BY
    ETA21              1.000    0.000    999.000    999.000
    ETA22              1.025    0.026     39.306      0.000
    ETA23              1.074    0.042     25.775      0.000
    ETA24              1.056    0.044     24.191      0.000
 ETA1     ON
    KSI1              -0.689    0.090     -7.652      0.000
    KSI2              -0.064    0.118     -0.543      0.587
    KSI3               0.602    0.114      5.275      0.000
 ETA2     ON
    KSI1               0.119    0.075      1.572      0.116
    ETA1               0.674    0.050     13.374      0.000
```

KSI2 WITH				
KSI1	−0.124	0.126	−0.982	0.326
KSI3 WITH				
KSI1	−0.048	0.137	−0.349	0.727
KSI2	1.932	0.237	8.167	0.000

〈결과 13.12〉에서 모형적합도가 양호하게 나타났고 지표변수들의 요인적재량이 통계적으로 유의하기 때문에 기저모형은 자료에 적합하다고 할 수 있다.

다음으로 잠재변수를 이용하여 model 11을 분석하기로 한다. 〈표 13.13〉은 model 11을 분석하기 위한 Mplus code(model11(latent).inp)이다.

〈표 13.13〉 model 11을 분석하기 위한 Mplus code(잠재변수의 실제 값)

```
TITLE:  model 11 (latent)
DATA:     FILE IS book(all).dat;
VARIABLE:
          NAMES ARE Gender X1 X2 X3 X4 ETA11 ETA12 ETA13 ETA14 W1
                    W2 W3 W4 M1 M2 M3 M4 ETA21 ETA22 ETA23
                    ETA24 X M W ETA1 ETA2;
          USEVARIABLES ARE X1 X2 X3 X4 ETA11 ETA12 ETA13 ETA14 W1
                           W2 W3 W4 M1 M2 M3 M4 ETA21 ETA22
                           ETA23 ETA24;
ANALYSIS:  TYPE = RANDOM;
          ALGORITHM=INTEGRATION;
MODEL:    ! measurement model

          KSI1 BY X1-X4;
          KSI2 BY M1-M4;
          KSI3 BY W1-W4;
          ETA1 BY ETA11-ETA14;
          ETA2 BY ETA21-ETA24;

          KSI2(var1); KSI3(var2);    ! naming the variance of KSI2 and KSI3

        ! Create latent variables interaction

          KSI1KSI2 | KSI1 XWITH KSI2;
          KSI1KSI3 | KSI1 XWITH KSI3;
```

```
        KSI2KSI3 | KSI2 XWITH KSI3;
        KSI123   | KSI1KSI2 XWITH KSI3;

      ! structural model
      ! intercepts of ETA1 and ETA2 are fixed to 0 since they are latent
        variables

        ETA1 ON KSI1      (a1)
                KSI2      (a2)
                KSI3      (a3)
                KSI1KSI2  (a4)
                KSI1KSI3  (a5)
                KSI2KSI3  (a6)
                KSI123    (a7);
        ETA2 ON KSI1      (cprime)
                ETA1      (b);

MODEL CONSTRAINT: NEW(SD1 SD2 INDEX ICMMWL ICMMWM ICMMWH
                  ICMMML ICMMMM ICMMMH CONMLWL CONMMWL
                  CONMHWL CONMLWM CONMMWM CONMHWM
                  CONMLWH CONMMWH CONMHWH TOTMLWL
                  TOTMMWL TOTMHWL TOTMLWM TOTMMWM
                  TOTMHWM TOTMLWH TOTMMWH TOTMHWH);

        SD1 = SQRT(var1);
        SD2 = SQRT(var2);

      ! an index of moderated moderated mediation
      ! the moderation of the indirect effect of KSI1 by KSI2 changes as
        KSI3 changes
      ! the moderation of the indirect effect of KSI1 by KSI3 changes as
        KSI2 changes
      ! a7*b is symmetrical

        INDEX = a7*b;

      ! index of conditional moderated mediation by KSI3 and KSI2

      ! ICMMW=a4*b+a7*b*KSI3 (index of conditional moderated mediation
        by KSI2)

          ICMMWL = a4*b + a7*b*(-1*SD2);
          ICMMWM = a4*b + a7*b*0*SD2;
```

```
    ICMMWH = a4*b + a7*b*1*SD2;

! ICMMM=a5*b+a7*b*KSI2 (index of conditional moderated mediation
  by KSI3)

    ICMMML = a5*b + a7*b*(-1*SD1);
    ICMMMM = a5*b + a7*b*0*SD1;
    ICMMMH = a5*b + a7*b*1*SD1;

! conditional indirect effects for specific values of KSI2 and KSI3
  CONMLWL = (a1 + a4*(-1*SD1) + a5*(-1*SD2) + a7*(-1*SD1)*(-1*SD2))*b;
  CONMMWL = (a1 + a4*(0*SD1)  + a5*(-1*SD2) + a7*(0*SD1)*(-1*SD2))*b;
  CONMHWL = (a1 + a4*(1*SD1)  + a5*(-1*SD2) + a7*(1*SD1)*(-1*SD2))*b;

  CONMLWM = (a1 + a4*(-1*SD1) + a5*(0*SD2)  + a7*(-1*SD1)*(0*SD2))*b;
  CONMMWM = (a1 + a4*(0*SD1)  + a5*(0*SD2)  + a7*(0*SD1)*(0*SD2))*b;
  CONMHWM = (a1 + a4*(1*SD1)  + a5*(0*SD2)  + a7*(1*SD1)*(0*SD2))*b;

  CONMLWH = (a1 + a4*(-1*SD1) + a5*(1*SD2)  + a7*(-1*SD1)*(1*SD2))*b;
  CONMMWH = (a1 + a4*(0*SD1)  + a5*(1*SD2)  + a7*(0*SD1)*(1*SD2))*b;
  CONMHWH = (a1 + a4*(1*SD1)  + a5*(1*SD2)  + a7*(1*SD1)*(1*SD2))*b;

! conditional total effects for specific values of KSI2 and KSI3
  TOTMLWL = CONMLWL + cprime;
  TOTMMWL = CONMMWL + cprime;
  TOTMHWL = CONMHWL + cprime;

  TOTMLWM = CONMLWM + cprime;
  TOTMMWM = CONMMWM + cprime;
  TOTMHWM = CONMHWM + cprime;

  TOTMLWH = CONMLWH + cprime;
  TOTMMWH = CONMMWH + cprime;
  TOTMHWH = CONMHWH + cprime;

! plot conditional indirect effect of X on Y
! for specific values of KSI2 and KSI3
! these options could be edited to examine conditional total effects or
! conditional direct effects

  PLOT(PMLWL PMMWL PMHWL PMLWM PMMWM PMHWM PMLWH
       PMMWH PMHWH);
  LOOP(KSI1, -3, 3, 0.1);
```

```
              PMLWL = CONMLWL * KSI1;
              PMMWL = CONMMWL * KSI1;
              PMHWL = CONMHWL * KSI1;

              PMLWM = CONMLWM * KSI1;
              PMMWM = CONMMWM * KSI1;
              PMHWM = CONMHWM * KSI1;

              PMLWH = CONMLWH * KSI1;
              PMMWH = CONMMWH * KSI1;
              PMHWH = CONMHWH * KSI1;

PLOT:      TYPE=PLOT2;
OUTPUT: CINT;
```

〈표 13.13〉에서 측정모형과 구조모형이 설정되어 있다. 그리고 잠재변수의 상호항이 지정되어 있는데, 주의할 점은 조절된 조절분석에서 설명한 것과 같이 잠재변수의 상호항을 지정하는 XWITH 옵션은 한 번밖에 사용할 수 없기 때문에 KSI1, KSI2 및 KSI3의 3원 상호항(KSI123)을 생성하는 경우에 "KSI123 | KSI1 XWITH KSI2 XWITH KSI3"과 같이 XWITH를 두 번 사용하면 안 된다. 대신 이미 생성한 2원 상호항(KSI1KSI2)에 새로운 조절변수를 추가(KSI123 | KSI1KSI2 XWITH KSI3)해야 한다. MODEL CONSTRAINT에 먼저 조절된 조절된 매개지수(a_7b)의 추론검정이 설정되어 있다. 다음으로 a_7b가 대칭적이라는 논리하에 KSI2(M)에 의한 조건부 조절된 매개지수(a_4b+a_7bW)와 KSI3(W)에 의한 조건부 조절된 매개지수(a_5b+a_7bM)의 추론검정이 지정되어 있다. 이 외에 두 조절변수가 변화함에 따른 조건부 간접효과와 조건부 총효과 및 조건부 간접효과의 그래프를 그리기 위한 명령문도 지정되어 있다.

〈표 13.13〉을 실행하면 〈결과 13.13〉을 얻을 수 있다.

〈결과 13.13〉 model 11의 분석결과(잠재변수)

MODEL RESULTS

	Estimate	S.E.	Est./S.E.	Two-Tailed P-Value
KSI1 BY				
X1	1.000	0.000	999.000	999.000

```
    X2                   1.265     0.065     19.600      0.000
    X3                   1.282     0.062     20.812      0.000
    X4                   1.185     0.062     18.995      0.000
 KSI2     BY
    M1                   1.000     0.000    999.000    999.000
    M2                   0.998     0.021     48.636      0.000
    M3                   0.982     0.022     44.416      0.000
    M4                   1.034     0.019     54.379      0.000
 KSI3     BY
    W1                   1.000     0.000    999.000    999.000
    W2                   0.904     0.049     18.321      0.000
    W3                   0.927     0.054     17.258      0.000
    W4                   0.787     0.042     18.722      0.000
 ETA1     BY
    ETA11                1.000     0.000    999.000    999.000
    ETA12                1.103     0.020     54.196      0.000
    ETA13                1.060     0.033     32.472      0.000
    ETA14                0.927     0.037     25.037      0.000
 ETA2     BY
    ETA21                1.000     0.000    999.000    999.000
    ETA22                1.025     0.026     38.843      0.000
    ETA23                1.074     0.045     24.125      0.000
    ETA24                1.056     0.042     25.384      0.000
 ETA1     ON
    KSI1                -0.840     0.115     -7.297      0.000
    KSI2                -0.093     0.107     -0.867      0.386
    KSI3                 0.579     0.107      5.427      0.000
    KSI1KSI2             0.082     0.091      0.901      0.368
    KSI1KSI3             0.137     0.091      1.511      0.131
    KSI2KSI3             0.029     0.038      0.761      0.447
    KSI123               0.083     0.031      2.653      0.008
 ETA2     ON
    KSI1                 0.121     0.063      1.932      0.053
    ETA1                 0.676     0.043     15.826      0.000
 KSI2     WITH
    KSI1                -0.124     0.127     -0.976      0.329
 KSI3     WITH
    KSI1                -0.048     0.146     -0.328      0.743
    KSI2                 1.931     0.183     10.559      0.000
```

```
            PMLWL = CONMLWL * KSI1;
            PMMWL = CONMMWL * KSI1;
            PMHWL = CONMHWL * KSI1;

            PMLWM = CONMLWM * KSI1;
            PMMWM = CONMMWM * KSI1;
            PMHWM = CONMHWM * KSI1;

            PMLWH = CONMLWH * KSI1;
            PMMWH = CONMMWH * KSI1;
            PMHWH = CONMHWH * KSI1;

PLOT:     TYPE=PLOT2;
OUTPUT: CINT(BCBOOTSTRAP);
```

〈표 13.14〉에서 상호항(*XM*, *XW*, *MW*, *XMW*)을 생성하고 있는 변수들인 *X*, *M* 및 *W*의 평균중심화가 지정되어 있다. 그리고 ETA1 회귀식과 ETA2 회귀식이 설정되어 있다. 또한 MODEL CONSTRAINT에 조절된 조절된 매개지수의 추론검정이 지정되어 있다. 그리고 MODEL에서 명명한 *M*과 *W*의 평균 및 분산을 이용하여 *M*과 *W*의 여러 수준의 값들(MSDML~MSDWH)이 계산되었고 이들을 이용하여 조건부 조절된 매개지수의 계산이 설정되어 있다. 나아가 *M*과 *W*가 변화함에 따른 조건부 간접효과와 조건부 총효과의 계산 및 조건부 간접효과의 그래프를 그리기 위한 명령문도 지정되어 있다.

〈표 13.14〉를 실행하면 〈결과 13.14〉를 얻을 수 있다.

〈결과 13.14〉 단일변수를 이용한 model 11의 분석결과

MODEL RESULTS

	Estimate	S.E.	Est./S.E.	Two-Tailed P-Value
ETA1 ON				
X	−0.684	0.097	−7.073	0.000
M	0.001	0.107	0.007	0.994
W	0.579	0.108	5.375	0.000
XM	0.058	0.079	0.734	0.463
XW	0.114	0.080	1.418	0.156
MW	−0.018	0.045	−0.397	0.691

```
    XMW               0.064      0.032       2.000      0.045
 ETA2     ON
    X                 0.064      0.061       1.052      0.293
    ETA1              0.629      0.045      13.825      0.000
 W          WITH
    M                 1.778      0.154      11.516      0.000
 Means
    M                 0.000      0.107       0.000      1.000
    W                 0.000      0.105       0.000      1.000
 Intercepts
    ETA1              4.011      0.143      27.994      0.000
    ETA2              1.290      0.177       7.274      0.000
 Variances
    M                 2.279      0.152      15.042      0.000
    W                 2.209      0.146      15.131      0.000
 Residual Variances
    ETA1              1.760      0.184       9.546      0.000
    ETA2              1.438      0.144      10.009      0.000

New/Additional Parameters
    MEANM             0.000      0.107       0.000      1.000
    MEANW             0.000      0.105       0.000      1.000
    SD1               1.510      0.050      30.000      0.000
    SD2               1.486      0.049      30.168      0.000
    INDEX             0.040      0.021       1.945      0.052
    MSDML            -1.510      0.107     -14.081      0.000
    MSDMM             0.000      0.107       0.000      1.000
    MSDMH             1.510      0.128      11.809      0.000
    MSDWL            -1.486      0.113     -13.203      0.000
    MSDWM             0.000      0.105       0.000      1.000
    MSDWH             1.486      0.120      12.391      0.000
    ICMMWL           -0.023      0.044      -0.529      0.597
    ICMMWM            0.036      0.050       0.728      0.466
    ICMMWH            0.096      0.070       1.374      0.169
    ICMMML            0.011      0.071       0.152      0.879
    ICMMMM            0.071      0.051       1.412      0.158
    ICMMMH            0.132      0.045       2.931      0.003
    CONMLWL          -0.501      0.051      -9.772      0.000
    CONMMWL          -0.536      0.083      -6.469      0.000
```

CONMHWL	−0.571	0.141	−4.053	0.000
CONMLWM	−0.485	0.119	−4.080	0.000
CONMMWM	−0.430	0.071	−6.041	0.000
CONMHWM	−0.375	0.086	−4.385	0.000
CONMLWH	−0.469	0.218	−2.151	0.031
CONMMWH	−0.324	0.121	−2.686	0.007
CONMHWH	−0.179	0.062	−2.905	0.004
TOTMLWL	−0.437	0.076	−5.745	0.000
TOTMMWL	−0.472	0.099	−4.749	0.000
TOTMHWL	−0.507	0.151	−3.364	0.001
TOTMLWM	−0.421	0.128	−3.301	0.001
TOTMMWM	−0.366	0.087	−4.234	0.000
TOTMHWM	−0.311	0.100	−3.112	0.002
TOTMLWH	−0.405	0.221	−1.836	0.066
TOTMMWH	−0.260	0.128	−2.034	0.042
TOTMHWH	−0.115	0.079	−1.452	0.147

〈결과 13.14〉에서 XM의 계수가 양수로 나타나 있고($a_4 = .058$) 3원 상호항도 양수로 유의하게($a_7 = .064$, $p < .05$) 나타났다. 또한 b도 유의하게($b = .629$, $p < .001$) 나타났다. 그리고 New/Additional Parameters에서 조절된 조절된 매개지수는 한계적으로 유의하게 나타났다(INDEX $= a_7 b = .040$, $p = .052$). 잠재변수를 이용한 분석에서는 조절된 조절된 매개지수가 유의하게 나타난 것과는 대조적인 결과이다. 잠재변수를 이용한 분석과 마찬가지로 W가 낮은 수준(WL : $\overline{W} - 1SD_W$)에서는 M에 의하여 조절되는 조건부 조절된 매개효과가 음의 값(ICMMWL $= -0.023$)을 가진다. 따라서 W가 낮은 수준에서 M이 증가하면서 음의 간접효과가 더 강해지는 것($-0.501 \rightarrow -0.536 \rightarrow -0.571$)을 확인할 수 있다. 나머지 결과물의 해석 또한 잠재변수를 이용한 분석결과의 해석과 동일하다. 그리고 단일변수를 이용한 이러한 결과는 PROCESS macro의 분석결과와 정확하게 일치한다.

13.6 PROCESS model 12의 분석(조절된 조절된 매개모형)

여기에서 분석하는 model 12는 X와 M 및 W의 3원 상호작용이 $X \rightarrow M$경로와 $X \rightarrow Y$경로에 모두 적용되는 모형이다.

model 12의 매개변수와 종속변수의 두 회귀식은 다음과 같고 여기에서도 오차항은 생략하였다.

$$\begin{aligned} ETA1 &= i_1 + a_1 X + a_2 M + a_3 W + a_4 XM + a_5 XW + a_6 MW + a_7 XMW \\ &= i_1 + a_2 M + a_3 W + a_6 MW + (a_1 + a_4 M + a_5 W + a_7 MW) X \quad (13.23) \\ ETA2 &= i_2 + c_1' X + c_2' M + c_3' W + c_4' XM + c_5' XW + c_6' MW + c_7' XMW \\ &\quad + bETA1 \\ &= i_2 + c_2' M + c_3' W + a_6' MW + (c_1' + c_4' M + c_5' W + c_7' MW) X \\ &\quad + bETA1 \quad (13.24) \end{aligned}$$

식 (13.23)은 model 11의 식 (13.17)과 동일한 것이다. 그리고 식 (13.24)에서 조건부 직접효과($\theta_{X \rightarrow Y}$)는 다음과 같이 계산된다.

$$\theta_{X \rightarrow Y} = c_1' + c_4' M + c_5' W + c_7' MW \quad (13.25)$$

그리고 조건부 간접효과는 model 11의 식 (13.20)과 동일하게 계산된다. 또한 조절된 조절된 매개지수도 $a_7 b$로 계산된다. 다만 식 (13.24)에서 추정된 b와 식 (13.18)에서 추정된 b가 다르기 때문에 조건부 조절된 매개지수와 조건부 간접효과 및 조절된 조절된 매개지수의 계산이 어느 정도 달라질 것이다. 따라서 연구자는 3원 상호작용이 도입되는 경우에 model 11을 분석할 것인지와 model 12를 분석할 것인지를 먼저 결정한 후에 분석을 실시해야 한다. 이들은 상호 교환하여 사용될 성격이 아니기 때문이다.

model 12와 관련하여 model 8에서 설명한 매개된 조절효과를 살펴보기로 하자. model 8에서 조절변수가 W인 경우에 매개된 조절효과는 "$XW \rightarrow M \rightarrow Y$"를 검정하는 것이라고 설명하였다. 여기에서 XW가 원인변수이기 때문에 M(매개변수) 회귀식과 Y(종속변수) 회귀식에 반드시 XW를 포함시켜야 한다고 언급하였다. 따라서

model 7을 이용하여 매개된 조절효과를 분석하면 잘못된 결과가 산출된다. 이와 마찬가지로 3원 상호효과가 포함된 경우에도 model 12에서 매개된 조절효과[2]를 분석해야 하고, mode 11을 이용하여 매개된 조절효과를 분석하는 것은 잘못된 방법이다. 왜냐하면 M이 제1조절변수이고 W가 제2조절변수라고 할 때에 3원 상호작용이 포함된 경우에 매개된 조절효과는 "$XMW \rightarrow ETA1 \rightarrow ETA2$"의 효과를 검정하기 때문에 역시 $ETA1$ 회귀식과 $ETA2$ 회귀식에 원인변수인 XMW가 모두 도입되어야 한다. 이러한 경우에 a_7b는 조절된 조절된 매개효과와 매개된 조절효과를 동시에 검정하는 것이다. 또한 PROCESS macro에서도 model 8과 model 12에서만 매개된 조절효과의 검정결과(indirect effect of highest order product)를 제시하고 model 7과 model 11에서는 이러한 결과를 제시하지 않는다. 당연한 얘기지만 매개된 조절효과의 분석결과와 조절된 조절된 매개지수의 분석결과는 모든 통계량이 정확하게 일치한다. 따라서 다시 한 번 설명하지만 매개된 조절효과는 조절된 (조절된) 매개효과로 전환하여 분석하는 것이 합리적이다.

비록 매개된 조절효과가 계량방법론적으로 권장되는 방법은 아니지만 매개된 조절효과를 굳이 실행하는 경우에는 제대로 검정해야 한다. 요약하면 매개된 조절효과모형은 X가 독립변수이고 M이 매개변수이며 Y가 종속변수인 경우에 조절변수가 $X \rightarrow M$경로와 $X \rightarrow Y$경로를 조절하는 형태가 동일하게 설정되어야 한다. 만일 이러한 형태가 다르게 설정되었다면(예 model 7과 model 11) 이는 올바른 매개된 조절효과모형이 아니라고 보면 된다. 또한 당연한 내용이지만 조절변수가 $M \rightarrow Y$경로를 조절하는 모형은 매개된 조절효과의 분석모형에 해당하지 않는다는 것도 함께 알아두어야 한다.

model 12의 개념모형과 통계모형은 [그림 13.6]과 같다.

[그림 13.6]에서 X와 M 및 W와 이들의 상호항들은 매개변수 $ETA1$과 종속변수 $ETA2$에 모두 영향을 미치는 것으로 나타나 있다.

이제 model 12를 분석하기로 한다. 먼저 model 12에 관한 기저모형을 분석하는데 기저모형의 Mplus code는 〈표 13.15〉(model12(latent baseline).inp)와 같다.

2) 3원 상호효과가 도입되는 경우에는 매개된 조절된 조절효과(mediated moderated moderation effect)라고 이름을 붙이는 것이 합리적일 것이다. 왜냐하면 조절된 조절효과가 매개되기 때문이다. 하지만 필자가 알기로는 이와 관련한 연구는 아직 한 편도 발표되지 않았기 때문에 용어 또한 아직 정해지지 않았다.

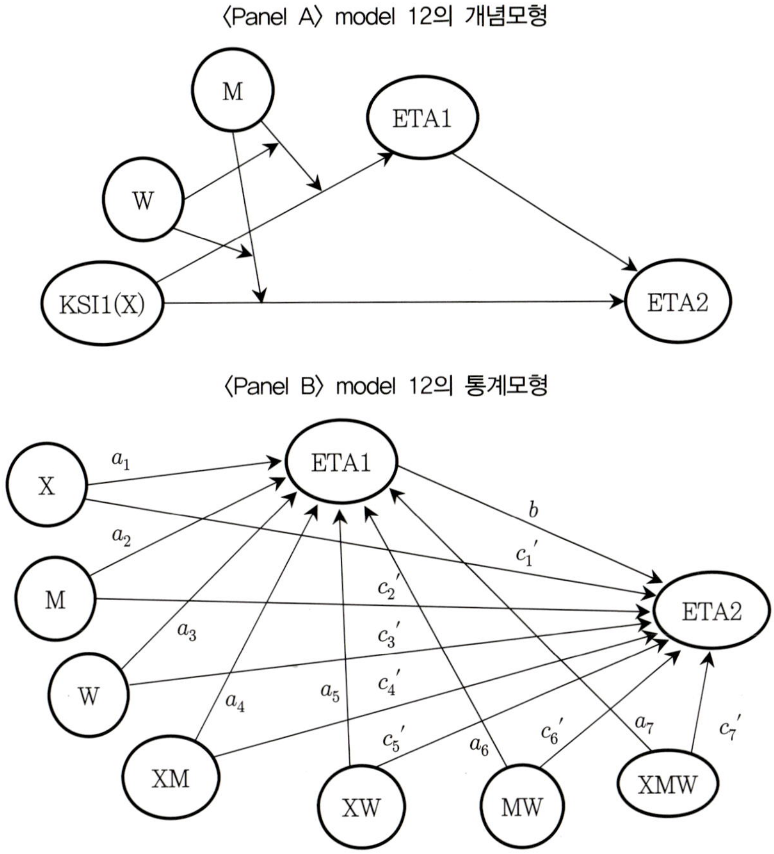

[그림 13.6] model 12의 개념모형과 통계모형

〈표 13.15〉 model 12의 기저모형을 분석하기 위한 Mplus code

```
TITLE:  model 12 (latent baseline)
DATA:     FILE IS book(all).dat;
VARIABLE:
          NAMES ARE Gender X1 X2 X3 X4 ETA11 ETA12 ETA13 ETA14 W1
                    W2 W3 W4 M1 M2 M3 M4 ETA21 ETA22 ETA23
                    ETA24 X M W ETA1 ETA2;
          USEVARIABLES ARE X1 X2 X3 X4 ETA11 ETA12 ETA13 ETA14 W1
                           W2 W3 W4 M1 M2 M3 M4 ETA21 ETA22
                           ETA23 ETA24;
MODEL:    KSI1 BY X1-X4;
          KSI2 BY M1-M4;
          KSI3 BY W1-W4;
```

```
        ETA1 BY ETA11-ETA14;
        ETA2 BY ETA21-ETA24;

        ETA1 ON KSI1
                KSI2
                KSI3;

        ETA2 ON KSI1
                KSI2
                KSI3
                ETA1;
```

〈표 13.15〉에서 ETA1 회귀식과 ETA2 회귀식이 모든 상호항이 배제된 상태로 지정되어 있다. 〈표 13.15〉를 실행하면 〈결과 13.15〉가 얻어진다.

〈결과 13.15〉 model 12의 기저모형 분석결과

```
MODEL FIT INFORMATION

Number of Free Parameters                          70
Chi-Square Test of Model Fit
          Value                               329.931
          Degrees of Freedom                      160
          P-Value                              0.0000
RMSEA (Root Mean Square Error Of Approximation)
          Estimate                              0.073
          90 Percent C.I.                       0.062    0.084
          Probability RMSEA <= .05              0.001
CFI/TLI
          CFI                                   0.973
          TLI                                   0.968
SRMR (Standardized Root Mean Square Residual)
          Value                                 0.035

MODEL RESULTS
                                                        Two-Tailed
                        Estimate     S.E.    Est./S.E.    P-Value
 KSI1     BY
    X1                     1.000    0.000      999.000    999.000
```

X2	1.265	0.065	19.510	0.000
X3	1.282	0.064	20.102	0.000
X4	1.184	0.062	19.030	0.000
KSI2 BY				
M1	1.000	0.000	999.000	999.000
M2	0.998	0.020	50.217	0.000
M3	0.982	0.021	47.140	0.000
M4	1.033	0.020	52.946	0.000
KSI3 BY				
W1	1.000	0.000	999.000	999.000
W2	0.902	0.047	19.185	0.000
W3	0.928	0.050	18.525	0.000
W4	0.787	0.046	17.063	0.000
ETA1 BY				
ETA11	1.000	0.000	999.000	999.000
ETA12	1.104	0.021	51.967	0.000
ETA13	1.061	0.036	29.570	0.000
ETA14	0.929	0.037	24.915	0.000
ETA2 BY				
ETA21	1.000	0.000	999.000	999.000
ETA22	1.025	0.026	39.332	0.000
ETA23	1.074	0.042	25.783	0.000
ETA24	1.056	0.044	24.144	0.000
ETA1 ON				
KSI1	−0.690	0.090	−7.670	0.000
KSI2	−0.065	0.117	−0.553	0.580
KSI3	0.606	0.114	5.308	0.000
ETA2 ON				
KSI1	0.157	0.079	1.982	0.047
KSI2	−0.001	0.093	−0.007	0.994
KSI3	−0.099	0.098	−1.014	0.310
ETA1	0.731	0.061	11.928	0.000
KSI2 WITH				
KSI1	−0.123	0.126	−0.979	0.328
KSI3 WITH				
KSI1	−0.047	0.137	−0.343	0.732
KSI2	1.932	0.237	8.167	0.000

〈결과 13.15〉의 기저모형 분석결과에서 모형적합도가 우수하고 지표변수들의 요인적재량도 모두 통계적으로 유의하기 때문에 기저모형은 자료에 적합하다고 할 수 있고 따라서 잠재상호항을 도입한 조절된 조절된 매개모형의 분석단계로 넘어갈 수 있다.

이제 잠재변수를 이용하여 model 12를 분석하기로 한다. 〈표 13.16〉(model12(latent).inp)은 잠재변수를 이용하여 model 12를 분석하기 위한 Mplus code이다.

〈표 13.16〉 model 12를 분석하기 위한 Mplus code

```
TITLE:  model 12 (latent)
DATA:     FILE IS book(all).dat;
VARIABLE:
          NAMES ARE Gender X1 X2 X3 X4 ETA11 ETA12 ETA13 ETA14 W1
                    W2 W3 W4 M1 M2 M3 M4 ETA21 ETA22 ETA23
                    ETA24 X M W ETA1 ETA2;
          USEVARIABLES ARE X1 X2 X3 X4 ETA11 ETA12 ETA13 ETA14 W1
                       W2 W3 W4 M1 M2 M3 M4 ETA21 ETA22 ETA23
                       ETA24;

ANALYSIS: TYPE = RANDOM;
           ALGORITHM=INTEGRATION;

MODEL: ! measurement model

          KSI1 BY X1-X4;
          KSI2 BY M1-M4;
          KSI3 BY W1-W4;
          ETA1 BY ETA11-ETA14;
          ETA2 BY ETA21-ETA24;

          KSI2(var1); KSI3(var2);    ! naming the variance of KSI2 and KSI3

        ! Create latent variables interaction

          KSI1KSI2 | KSI1 XWITH KSI2;
          KSI1KSI3 | KSI1 XWITH KSI3;
          KSI2KSI3 | KSI2 XWITH KSI3;
          KSI123   | KSI1KSI2 XWITH KSI3;

        ! structural model
```

```
        ! intercepts of ETA1 and ETA2 are fixed to 0 since they are latent
          variables

          ETA1 ON KSI1       (a1)
                  KSI2       (a2)
                  KSI3       (a3)
                  KSI1KSI2   (a4)
                  KSI1KSI3   (a5)
                  KSI2KSI3   (a6)
                  KSI123     (a7);
          ETA2 ON KSI1       (cprime1)
                  KSI2       (cprime2)
                  KSI3       (cprime3)
                  KSI1KSI2   (cprime4)
                  KSI1KSI3   (cprime5)
                  KSI2KSI3   (cprime6)
                  KSI123     (cprime7)
                  ETA1       (b);
MODEL CONSTRAINT: NEW(SD1 SD2 INDEX
                  ICMMML ICMMMM ICMMMH ICMMWL ICMMWM
                  ICMMWH DIRMLWL DIRMMWL DIRMHWL DIRMLWM
                  DIRMMWM DIRMHWM DIRMLWH DIRMMWH DIRMHWH
                  CONMLWL CONMMWL CONMHWL CONMLWM
                  CONMMWM CONMHWM CONMLWH CONMMWH
                  CONMHWH TOTMLWL TOTMMWL TOTMHWL
                  TOTMLWM TOTMMWM TOTMHWM TOTMLWH
                  TOTMMWH TOTMHWH);

          SD1 = SQRT(var1);
          SD2 = SQRT(var2);

        ! an index of moderated moderated mediation
        ! the moderation of the indirect effect of KSI1 by KSI2 changes as
          KSI3 changes
        ! the moderation of the indirect effect of KSI1 by KSI3 changes as
          KSI2 changes
        ! a7*b is symmetrical

          INDEX = a7*b;

        ! index of conditional moderated mediation by KSI3 and KSI2
```

```
! ICMMW=a4*b+a7*b*KSI3 (index of conditional moderated mediation
  by KSI2)

   ICMMWL = a4*b + a7*b*(-1*SD2);
   ICMMWM = a4*b + a7*b*0*SD2;
   ICMMWH = a4*b + a7*b*1*SD2;

! ICMML=a5*b+a7*b*KSI2 (index of conditional moderated mediation
  by KSI3)

   ICMMML = a5*b + a7*b*(-1*SD1);
   ICMMMM = a5*b + a7*b*0*SD1;
   ICMMMH = a5*b + a7*b*1*SD1;

! conditional indirect effects for specific values of KSI2 and KSI3

  CONMLWL = (a1 + a4*(-1*SD1) + a5*(-1*SD2) + a7*(-1*SD1)*(-1*SD2))*b;
  CONMMWL = (a1 + a4*(0*SD1)  + a5*(-1*SD2) + a7*(0*SD1)*(-1*SD2))*b;
  CONMHWL = (a1 + a4*(1*SD1)  + a5*(-1*SD2) + a7*(1*SD1)*(-1*SD2))*b;

  CONMLWM = (a1 + a4*(-1*SD1) + a5*(0*SD2)  + a7*(-1*SD1)*(0*SD2))*b;
  CONMMWM = (a1 + a4*(0*SD1)  + a5*(0*SD2)  + a7*(0*SD1)*(0*SD2))*b;
  CONMHWM = (a1 + a4*(1*SD1)  + a5*(0*SD2)  + a7*(1*SD1)*(0*SD2))*b;

  CONMLWH = (a1 + a4*(-1*SD1) + a5*(1*SD2)  + a7*(-1*SD1)*(1*SD2))*b;
  CONMMWH = (a1 + a4*(0*SD1)  + a5*(1*SD2)  + a7*(0*SD1)*(1*SD2))*b;
  CONMHWH = (a1 + a4*(1*SD1)  + a5*(1*SD2)  + a7*(1*SD1)*(1*SD2))*b;

! conditional direct effects for specific values of KSI2 and KSI3

  DIRMLWL = cprime1 + cprime4*(-1*SD1) + cprime5*(-1*SD2)
            + cprime7*(-1*SD1)*(-1*SD2);
  DIRMMWL = cprime1 + cprime4*(0*SD1)  + cprime5*(-1*SD2)
            + cprime7*(0*SD1)*(-1*SD2);
  DIRMHWL = cprime1 + cprime4*(1*SD1)  + cprime5*(-1*SD2)
            + cprime7*(1*SD1)*(-1*SD2);

  DIRMLWM = cprime1 + cprime4*(-1*SD1) + cprime5*(0*SD2)
            + cprime7*(-1*SD1)*(0*SD2);
  DIRMMWM = cprime1 + cprime4*(0*SD1)  + cprime5*(0*SD2)
            + cprime7*(0*SD1)*(0*SD2);
  DIRMHWM = cprime1 + cprime4*(1*SD1)  + cprime5*(0*SD2)
            + cprime7*(1*SD1)*(0*SD2);

  DIRMLWH = cprime1 + cprime4*(-1*SD1) + cprime5*(1*SD2)
```

```
                + cprime7*(−1*SD1)*(1*SD2);
   DIRMMWH = cprime1 + cprime4*(0*SD1)  + cprime5*(1*SD2)
                + cprime7*(0*SD1)*(1*SD2);
   DIRMHWH = cprime1 + cprime4*(1*SD1)  + cprime5*(1*SD2)
                + cprime7*(1*SD1)*(1*SD2);

  ! conditional total effects for specific values of KSI2 and KSI3

   TOTMLWL = CONMLWL + DIRMLWL;
   TOTMMWL = CONMMWL + DIRMMWL;
   TOTMHWL = CONMHWL + DIRMHWL;

   TOTMLWM = CONMLWM + DIRMLWM;
   TOTMMWM = CONMMWM + DIRMMWM;
   TOTMHWM = CONMHWM + DIRMHWM;

   TOTMLWH = CONMLWH + DIRMLWH;
   TOTMMWH = CONMMWH + DIRMMWH;
   TOTMHWH = CONMHWH + DIRMHWH;

  ! plot conditional indirect effect of KSI1 on ETA2
  ! for specific values of KSI2 and KSI3
  ! these options could be edited to examine conditional totoal effects or
  ! conditional direct effects
  ! the mean of factor KSI1 is set to 0 by default

   PLOT(PMLWL PMMWL PMHWL PMLWM PMMWM PMHWM PMLWH
        PMMWH PMHWH);
    LOOP(KSI1, −3, 3, 0.1);

    PMLWL = CONMLWL * KSI1;
    PMMWL = CONMMWL * KSI1;
    PMHWL = CONMHWL * KSI1;

    PMLWM = CONMLWM * KSI1;
    PMMWM = CONMMWM * KSI1;
    PMHWM = CONMHWM * KSI1;

    PMLWH = CONMLWH * KSI1;
    PMMWH = CONMMWH * KSI1;
    PMHWH = CONMHWH * KSI1;

PLOT:   TYPE=PLOT2;
OUTPUT: CINT;
```

〈표 13.16〉에서 부트스트랩 신뢰구간을 계산하는 명령문은 지정하지 않았다. 부트스트랩 표본 크기를 1000개(bootstrap=1000)로 지정하면 분석시간이 1시간 이상이 걸릴 것으로 예측된다. 그리고 구조모형에서 모든 상호항은 $ETA1$ 회귀식과 $ETA2$ 회귀식에 모두 지정되어 있는 것을 확인할 수 있다. MODEL CONSTRAINT에 조절된 조절된 매개지수와 조건부 조절된 매개지수의 계산이 설정되어 있고 조건부 간접효과와 조건부 총효과의 계산도 지정되어 있다. model 11과 다른 점은 여기에서는 조건부 직접효과의 계산도 지정되어 있다는 것이다. 두 조절변수 M과 W는 각각 KSI2와 KSI3로 지정되어 있다.

〈표 13.16〉을 실행하면 〈결과 13.16〉을 얻을 수 있다.

〈결과 13.16〉 model 12의 분석결과(잠재변수)

MODEL RESULTS

	Estimate	S.E.	Est./S.E.	Two-Tailed P-Value
KSI1 BY				
X1	1.000	0.000	999.000	999.000
X2	1.266	0.065	19.568	0.000
X3	1.282	0.062	20.801	0.000
X4	1.185	0.062	18.987	0.000
KSI2 BY				
M1	1.000	0.000	999.000	999.000
M2	0.998	0.021	48.543	0.000
M3	0.982	0.022	44.372	0.000
M4	1.033	0.019	54.317	0.000
KSI3 BY				
W1	1.000	0.000	999.000	999.000
W2	0.902	0.049	18.276	0.000
W3	0.926	0.054	17.105	0.000
W4	0.786	0.042	18.718	0.000
ETA1 BY				
ETA11	1.000	0.000	999.000	999.000
ETA12	1.104	0.020	54.141	0.000
ETA13	1.060	0.033	32.571	0.000
ETA14	0.928	0.037	25.096	0.000

```
ETA2     BY
   ETA21             1.000     0.000    999.000    999.000
   ETA22             1.026     0.026     38.832      0.000
   ETA23             1.075     0.045     24.087      0.000
   ETA24             1.056     0.042     25.367      0.000
ETA1     ON
   KSI1             -0.838     0.115     -7.298      0.000
   KSI2             -0.094     0.108     -0.874      0.382
   KSI3              0.583     0.107      5.428      0.000
   KSI1KSI2          0.080     0.091      0.879      0.379
   KSI1KSI3          0.136     0.091      1.501      0.133
   KSI2KSI3          0.028     0.038      0.735      0.462
   KSI123            0.082     0.031      2.645      0.008
ETA2     ON
   KSI1              0.062     0.095      0.655      0.513
   KSI2             -0.022     0.088     -0.252      0.801
   KSI3             -0.072     0.085     -0.850      0.395
   KSI1KSI2          0.068     0.071      0.957      0.338
   KSI1KSI3          0.032     0.063      0.514      0.607
   KSI2KSI3          0.049     0.036      1.337      0.181
   KSI123            0.029     0.030      0.961      0.336
   ETA1              0.671     0.057     11.829      0.000
KSI2     WITH
   KSI1             -0.124     0.127     -0.973      0.330
KSI3     WITH
   KSI1             -0.048     0.146     -0.329      0.742
   KSI2              1.934     0.183     10.574      0.000
Variances
   KSI1              1.360     0.175      7.786      0.000
   KSI2              2.240     0.169     13.221      0.000
   KSI3              2.555     0.226     11.315      0.000

New/Additional Parameters
   SD1               1.497     0.057     26.442      0.000
   SD2               1.598     0.071     22.631      0.000
   INDEX             0.055     0.021      2.590      0.010
   ICMMML            0.009     0.085      0.102      0.919
   ICMMMM            0.091     0.061      1.486      0.137
   ICMMMH            0.174     0.048      3.599      0.000
```

ICMMWL	−0.034	0.049	−0.701	0.483
ICMMWM	0.054	0.061	0.881	0.378
ICMMWH	0.142	0.086	1.654	0.098
DIRMLWL	−0.022	0.110	−0.201	0.841
DIRMMWL	0.010	0.132	0.079	0.937
DIRMHWL	0.043	0.234	0.183	0.855
DIRMLWM	−0.040	0.148	−0.271	0.786
DIRMMWM	0.062	0.095	0.655	0.513
DIRMHWM	0.164	0.137	1.197	0.231
DIRMLWH	−0.058	0.255	−0.227	0.820
DIRMMWH	0.114	0.144	0.791	0.429
DIRMHWH	0.286	0.105	2.728	0.006
CONMLWL	−0.657	0.083	−7.954	0.000
CONMMWL	−0.708	0.111	−6.381	0.000
CONMHWL	−0.759	0.169	−4.501	0.000
CONMLWM	−0.643	0.154	−4.175	0.000
CONMMWM	−0.562	0.095	−5.931	0.000
CONMHWM	−0.482	0.105	−4.584	0.000
CONMLWH	−0.629	0.278	−2.259	0.024
CONMMWH	−0.417	0.158	−2.631	0.009
CONMHWH	−0.204	0.075	−2.720	0.007
TOTMLWL	−0.679	0.120	−5.681	0.000
TOTMMWL	−0.698	0.150	−4.659	0.000
TOTMHWL	−0.716	0.272	−2.634	0.008
TOTMLWM	−0.683	0.169	−4.033	0.000
TOTMMWM	−0.500	0.111	−4.497	0.000
TOTMHWM	−0.317	0.168	−1.891	0.059
TOTMLWH	−0.687	0.310	−2.213	0.027
TOTMMWH	−0.303	0.179	−1.693	0.091
TOTMHWH	0.081	0.120	0.677	0.498

〈결과 13.16〉에서 XMW의 3원 상호항이 $ETA1$에 미치는 영향($a_7 = .082,\ p < .01$)은 유의하게 나타났고 b 또한 유의하게($b = .671,\ p < .001$) 나타났다. 하지만 XMW가 $ETA2$에 미치는 영향은 유의하지 않게($c_7' = .029,\ p = .336$) 나타났기 때문에 X가 Y에 미치는 영향을 M이 조절하는 효과가 다시 W에 의하여 조절되는 3원 상호효과는 유의하지 않다는 것을 알 수 있다. 그리고 New/Additional Parameters에서

조절된 조절된 매개지수가 유의하게(INDEX = a_7b = .055, p < .01) 나타나서 조절된 조절된 매개효과는 유의하다고 판단할 수 있다. 또한 조건부 조절된 매개지수의 값의 유형은 model 11과 유사하게 나타났다. 결과물에서 조절된 조절된 매개지수와 조건부 조절된 매개지수의 값들이 model 11과 유사하게 나타난 이유는 $ETA1$ 회귀식은 model 11과 동일(a_1과 a_7의 결과도 거의 동일)하고 $ETA2$ 회귀식만 다른데 model 12의 $ETA2$ 회귀식에서 $c_2' \cdots c_7'$의 회귀계수가 유의하지 않은 관계로 model 12의 b값(b = .671)과 model 11의 b값(b = .676)이 거의 동일하기 때문이다. 하지만 만일 $c_2' \cdots c_7'$의 회귀계수들 중에서 유의한 회귀계수들이 나타난다면 b가 영향을 받아서 b값이 달라질 가능성이 있기 때문에 model 11과 다른 결과가 산출될 것이다. 나머지 결과들의 유형도 model 11과 유사하고 해석 또한 동일하다.

다음으로 지표변수들을 평균한 단일변수를 이용하여 model 12를 분석하기로 한다. 〈표 13.17〉(model12(single).inp)은 이를 분석하기 위한 Mplus code이다.

〈표 13.17〉 단일변수를 이용하여 model 12를 분석하기 위한 Mplus code

```
TITLE:  model 12 (single)
DATA:     FILE IS book(all).dat;
VARIABLE:
          NAMES ARE Gender X1 X2 X3 X4 ETA11 ETA12 ETA13 ETA14 W1
                    W2 W3 W4 M1 M2 M3 M4 ETA21 ETA22 ETA23
                    ETA24 X M W ETA1 ETA2;

          USEVARIABLES  ARE X M W ETA1 ETA2 XM XW MW XMW;

        ! create interaction terms
        ! this term should be placed at the end of USEVARIABLES subcommand

DEFINE: ! mean centering of X, M, W

          CENTER X M W (GRANDMEAN);

          XM=X*M; XW=X*W; MW=M*W; XMW=X*M*W;

ANALYSIS:
          BOOTSTRAP=10000;

MODEL:
          ETA1 ON X      (a1)
                  M      (a2)
                  W      (a3)
```

```
              XM    (a4)
              XW    (a5)
              MW    (a6)
              XMW   (a7);
     ETA2 ON X      (cprime1)
              M     (cprime2)
              W     (cprime3)
              XM    (cprime4)
              XW    (cprime5)
              MW    (cprime6)
              XMW   (cprime7)
              ETA1  (b);

     [M](mean1);
      M(var1);
     [W](mean2);
      W(var2);

MODEL CONSTRAINT: NEW(MEANM MEANW SD1 SD2 INDEX
                  MSDML MSDMM MSDMH MSDWL MSDWM MSDWH
                  ICMMWL ICMMWM ICMMWH ICMMML ICMMMM
                  ICMMMH DIRMLWL DIRMMWL DIRMHWL DIRMLWM
                  DIRMMWM DIRMHWM DIRMLWH DIRMMWH DIRMHWH
                  CONMLWL CONMMWL CONMHWL CONMLWM
                  CONMMWM CONMHWM CONMLWH CONMMWH
                  CONMHWH TOTMLWL TOTMMWL TOTMHWL
                  TOTMLWM TOTMMWM TOTMHWM TOTMLWH
                  TOTMMWH TOTMHWH);

     MEANM = mean1;
     MEANW = mean2;
     SD1 = SQRT(var1);
     SD2 = SQRT(var2);

     MSDML = MEANM - SD1;
     MSDMM = MEANM;
     MSDMH = MEANM + SD1;
     MSDWL = MEANW - SD2;
     MSDWM = MEANW;
     MSDWH = MEANW + SD2;
```

```
! an index of moderated moderated mediation
! the moderation of the indirect effect of X by M changes as W changes
! also, the moderation of the indirect effect of X by W changes as M
  changes
! a7*b is symmetrical

  INDEX = a7*b;

! index of conditional moderated mediation by W and M
! ICMMW=a4*b+a7*b*W (index of conditional moderated mediation by M)

  ICMMWL = a4*b + a7*b*MSDWL;
  ICMMWM = a4*b + a7*b*MSDWM;
  ICMMWH = a4*b + a7*b*MSDWH;

! ICMML=a5*b+a7*b*M (index of conditional moderated mediation by W)

  ICMMML = a5*b + a7*b*MSDML;
  ICMMMM = a5*b + a7*b*MSDMM;
  ICMMMH = a5*b + a7*b*MSDMH;

! conditional indirect effects for specific values of M and W
  CONMLWL = (a1 + a4*MSDML  + a5*MSDWL
                + a7*MSDML*MSDWL)*b;
  CONMMWL = (a1 + a4*MSDMM  + a5*MSDWL
                + a7*MSDMM*MSDWL)*b;
  CONMHWL = (a1 + a4*MSDMH  + a5*MSDWL
                + a7*MSDMH*MSDWL)*b;

  CONMLWM = (a1 + a4*MSDML  + a5*MSDWM
                + a7*MSDML*MSDWM)*b;
  CONMMWM = (a1 + a4*MSDMM  + a5*MSDWM
                + a7*MSDMM*MSDWM)*b;
  CONMHWM = (a1 + a4*MSDMH  + a5*MSDWM
                + a7*MSDMH*MSDWM)*b;

  CONMLWH = (a1 + a4*MSDML  + a5*MSDWH
                + a7*MSDML*MSDWH)*b;
  CONMMWH = (a1 + a4*MSDMM  + a5*MSDWH
                + a7*MSDMM*MSDWH)*b;
  CONMHWH = (a1 + a4*MSDMH  + a5*MSDWH
                + a7*MSDMH*MSDWH)*b;
```

```
! conditional direct effects for specific values of M and W
  DIRMLWL = cprime1 + cprime4*MSDML  + cprime5*MSDWL
          + cprime7*MSDML*MSDWL;
  DIRMMWL = cprime1 + cprime4*MSDMM  + cprime5*MSDWL
          + cprime7*MSDMM*MSDWL;
  DIRMHWL = cprime1 + cprime4*MSDMH  + cprime5*MSDWL
          + cprime7*MSDMH*MSDWL;

  DIRMLWM = cprime1 + cprime4*MSDML  + cprime5*MSDWM
          + cprime7*MSDML*MSDWM;
  DIRMMWM = cprime1 + cprime4*MSDMM  + cprime5*MSDWM
          + cprime7*MSDMM*MSDWM;
  DIRMHWM = cprime1 + cprime4*MSDMH  + cprime5*MSDWM
          + cprime7*MSDMH*MSDWM;

  DIRMLWH = cprime1 + cprime4*MSDML  + cprime5*MSDWH
          + cprime7*MSDML*MSDWH;
  DIRMMWH = cprime1 + cprime4*MSDMM  + cprime5*MSDWH
          + cprime7*MSDMM*MSDWH;
  DIRMHWH = cprime1 + cprime4*MSDMH  + cprime5*MSDWH
          + cprime7*MSDMH*MSDWH;

! conditional total effects for specific values of KSI2 and KSI3

  TOTMLWL = CONMLWL + DIRMLWL;
  TOTMMWL = CONMMWL + DIRMMWL;
  TOTMHWL = CONMHWL + DIRMHWL;

  TOTMLWM = CONMLWM + DIRMLWM;
  TOTMMWM = CONMMWM + DIRMMWM;
  TOTMHWM = CONMHWM + DIRMHWM;

  TOTMLWH = CONMLWH + DIRMLWH;
  TOTMMWH = CONMMWH + DIRMMWH;
  TOTMHWH = CONMHWH + DIRMHWH;

! plot conditional indirect effect of X on ETA2 for specific values of M
  and W
! these options could be edited to examine conditional totoal effects or
! conditional direct effects

 PLOT(PMLWL PMMWL PMHWL PMLWM PMMWM PMHWM PMLWH
      PMMWH PMHWH);
```

```
          LOOP(KSI1, -3, 3, 0.1);
            PMLWL = CONMLWL * KSI1;
            PMMWL = CONMMWL * KSI1;
            PMHWL = CONMHWL * KSI1;

            PMLWM = CONMLWM * KSI1;
            PMMWM = CONMMWM * KSI1;
            PMHWM = CONMHWM * KSI1;

            PMLWH = CONMLWH * KSI1;
            PMMWH = CONMMWH * KSI1;
            PMHWH = CONMHWH * KSI1;

PLOT:     TYPE=PLOT2;
OUTPUT: CINT;
```

〈표 13.17〉에서 상호항을 생성하는 3개의 변수들(X, M, W)을 평균중심화하였고 이러한 상호항들이 USEVARIABLES의 끝에 지정되어 있다. MODEL CONSTRAINT에 조절된 조절된 매개지수와 M과 W에 의한 조건부 조절된 매개지수 및 조건부 간접효과와 조건부 총효과의 추론검정이 지정되어 있다.

〈표 13.17〉을 실행하면 다음의 〈결과 13.17〉이 산출된다.

〈결과 13.17〉 단일변수를 이용한 model 12의 분석결과

MODEL RESULTS

	Estimate	S.E.	Est./S.E.	Two-Tailed P-Value
ETA1 ON				
X	−0.684	0.097	−7.073	0.000
M	0.001	0.107	0.007	0.994
W	0.579	0.108	5.375	0.000
XM	0.058	0.079	0.733	0.463
XW	0.114	0.080	1.418	0.156
MW	−0.018	0.045	−0.397	0.691
XMW	0.064	0.032	2.000	0.045
ETA2 ON				
X	−0.013	0.092	−0.144	0.885
M	−0.019	0.097	−0.195	0.846

```
    W                    -0.040     0.097     -0.409      0.683
    XM                    0.029     0.072      0.401      0.688
    XW                    0.088     0.065      1.357      0.175
    MW                    0.075     0.041      1.846      0.065
    XMW                   0.033     0.032      1.021      0.307
    ETA1                  0.598     0.058     10.386      0.000
 W        WITH
    M                     1.778     0.154     11.516      0.000
 Means
    M                     0.000     0.107      0.000      1.000
    W                     0.000     0.105      0.000      1.000
 Intercepts
    ETA1                  4.011     0.143     27.994      0.000
    ETA2                  1.284     0.228      5.644      0.000
 Variances
    M                     2.279     0.152     15.042      0.000
    W                     2.209     0.146     15.131      0.000
 Residual Variances
    ETA1                  1.760     0.184      9.546      0.000
    ETA2                  1.324     0.138      9.577      0.000

New/Additional Parameters
    MEANM                 0.000     0.107      0.000      1.000
    MEANW                 0.000     0.105      0.000      1.000
    SD1                   1.510     0.050     30.000      0.000
    SD2                   1.486     0.049     30.168      0.000
    INDEX                 0.038     0.020      1.953      0.051
    MSDML                -1.510     0.107    -14.081      0.000
    MSDMM                 0.000     0.107      0.000      1.000
    MSDMH                 1.510     0.128     11.809      0.000
    MSDWL                -1.486     0.113    -13.203      0.000
    MSDWM                 0.000     0.105      0.000      1.000
    MSDWH                 1.486     0.120     12.391      0.000
    ICMMWL               -0.022     0.042     -0.523      0.601
    ICMMWM                0.035     0.047      0.731      0.464
    ICMMWH                0.091     0.066      1.389      0.165
    ICMMML                0.010     0.068      0.152      0.879
    ICMMMM                0.068     0.049      1.395      0.163
    ICMMMH                0.126     0.044      2.877      0.004
    DIRMLWL              -0.114     0.097     -1.172      0.241
```

DIRMMWL	−0.145	0.134	−1.075	0.282
DIRMHWL	−0.175	0.250	−0.701	0.483
DIRMLWM	−0.057	0.134	−0.424	0.671
DIRMMWM	−0.013	0.092	−0.145	0.885
DIRMHWM	0.030	0.149	0.203	0.839
DIRMLWH	0.000	0.240	0.002	0.999
DIRMMWH	0.118	0.133	0.890	0.373
DIRMHWH	0.236	0.096	2.454	0.014
CONMLWL	−0.477	0.056	−8.509	0.000
CONMMWL	−0.510	0.087	−5.845	0.000
CONMHWL	−0.544	0.142	−3.824	0.000
CONMLWM	−0.461	0.114	−4.059	0.000
CONMMWM	−0.409	0.073	−5.612	0.000
CONMHWM	−0.357	0.089	−4.027	0.000
CONMLWH	−0.446	0.207	−2.160	0.031
CONMMWH	−0.308	0.116	−2.656	0.008
CONMHWH	−0.170	0.063	−2.705	0.007
TOTMLWL	−0.591	0.098	−6.006	0.000
TOTMMWL	−0.655	0.146	−4.492	0.000
TOTMHWL	−0.719	0.278	−2.583	0.010
TOTMLWM	−0.518	0.157	−3.303	0.001
TOTMMWM	−0.422	0.104	−4.046	0.000
TOTMHWM	−0.327	0.166	−1.965	0.049
TOTMLWH	−0.446	0.297	−1.502	0.133
TOTMMWH	−0.190	0.167	−1.140	0.254
TOTMHWH	0.065	0.103	0.634	0.526

결과물의 $ETA1$에서 $a_1 = -.684, p < .001$, $a_7 = .064, p < .05$ 및 $b = .598, p < .001$로 유의하게 나타났다. b의 계수가 잠재변수를 이용한 분석보다 약간 작게 나타났는데, 이는 MW의 계수인 a_6의 계수가 한계적으로 유의하게($a_6 = .075$, $p = .065$) 나타난 영향을 받은 것으로 보인다. 그리고 $ETA2$에서 3원 상호항은 $c_7{}' = .033$, $p = .307$로 유의하지 않게 나타났다.

New/Additional Parameters에서 조절된 조절된 매개지수(INDEX$= a_7 b = .038$, $p = .051$)는 한계적으로 유의하게 나타났다. 그리고 조건부 조절된 매개지수와 조건부 간접효과가 비록 값은 약간 다르지만 추세는 잠재변수를 이용한 분석결과와 유사하게 나타났다. 그리고 단일변수를 이용한 분석결과는 PROCESS macro의 분석결과와 완벽하게 일치하고 있다. 다만 필자의 컴퓨터로 단일변수를 이용한 model 12를 분석하는 데 10분 이상이 소요되었지만 PROCESS를 이용하여 분석하는 경우에는 10초 정도밖에 걸리지 않았다. 그리고 단일변수를 이용하여 Mplus에 의하여 분석하는 경우에 Mplus code가 정확하게 입력되었는지를 PROCESS를 이용하여 확인하는 것도 유용할 것으로 생각된다.

13.7 PROCESS model 18의 분석(조절된 조절된 매개모형)

model 18은 매개변수($ETA1$)와 두 조절변수(M과 W)의 3원 상호작용이 $M \rightarrow Y$에 적용되는 모형이다. 이러한 model 18의 개념모형과 통계모형은 [그림 13.7]과 같다.

[그림 13.7]은 "$X \rightarrow ETA1 \rightarrow ETA2$"의 간접효과가 제1조절변수 M에 의하여 조절되는 조절된 매개효과가 발생하고, 이러한 조절된 매개효과가 제2조절변수인 W에 의하여 다시 조절된다는 것을 의미한다. 그리고 이러한 조절된 조절된 매개효과는 $ETA1 \rightarrow ETA2$경로가 M과 W에 의하여 조절되기 때문에 발생한다.

〈Panel A〉 model 18의 개념모형

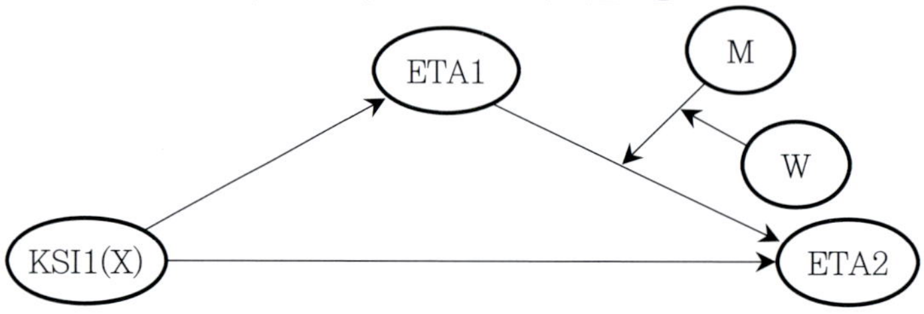

〈Panel B〉 model 18의 통계모형

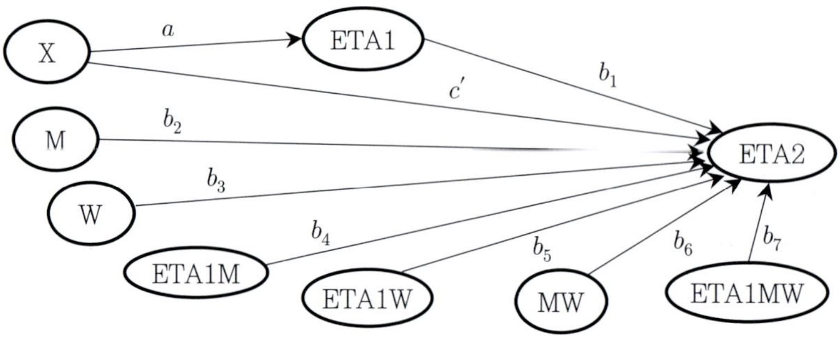

[그림 13.7] model 18의 개념모형과 통계모형

model 18의 $ETA1$ 회귀식과 $ETA2$ 회귀식은 다음과 같다. 여기에서도 오차항은 생략하였다.

$$ETA1 = i_1 + aX \tag{13.26}$$

$$\begin{aligned} ETA2 &= i_2 + c'X + b_1 ETA1 + b_2 M + b_3 W + b_4 ETA1M + b_5 ETA1W \\ &\quad + b_6 MW + b_7 ETA1MW \\ &= i_2 + c'X + b_2 M + b_3 W + b_6 MW \\ &\quad + (b_1 + b_4 M + b_5 W + b_7 MW)ETA1 \end{aligned} \tag{13.27}$$

식 (13.27)에서 $ETA1$이 $ETA2$에 미치는 조건부효과($\theta_{ETA1 \rightarrow ETA2}$)는 다음과 같다.

$$\theta_{ETA1 \rightarrow ETA2} = b_1 + b_4 M + b_5 W + b_7 MW \tag{13.28}$$

또한 직접효과는 단순히 c'이다. 그리고 X가 $ETA1$에 미치는 영향은 식 (13.26)에서 a이므로 조건부 간접효과는 다음과 같이 계산된다.

$$\begin{aligned} \omega = a \times \theta_{EAT1 \rightarrow ETA2} &= a(b_1 + b_4 M + b_5 W + b_7 MW) \\ &= ab_1 + ab_4 M + ab_5 W + ab_7 MW && (13.29) \\ &= ab_1 + ab_5 W + (ab_4 + ab_7 W)M && (13.30) \\ &= ab_1 + ab_4 M + (ab_5 + ab_7 M)W && (13.31) \end{aligned}$$

식 (13.29)에서 ab_7이 model 18의 조절된 조절된 매개지수이다. 그리고 식 (13.30)은 M을 제1조절변수로 도입하고 W를 제2조절변수로 도입한 경우로, 이 경우에 조건부 조절된 매개지수는 $ab_4 + ab_7 W$로 계산된다. 반면에 식 (13.31)은 대칭성 원리에 입각하여 W와 M을 각각 제1조절변수와 제2조절변수로 도입한 경우이고, 이러한 경우에는 $ab_5 + ab_7 M$이 조건부 조절된 매개지수로 계산된다. 이러한 조건부 조절된 매개지수는 조절된 조절된 매개효과가 유의하게 나타난 경우에 조절된 조절된 매개효과의 탐색에 사용된다. 즉, 다양한 W값 수준에서 M의 조건부 조절된 매개지수에 관한 추론검정(inference about the index of conditional moderated mediation by M at various values of W)을 실시하고 또한 다양한 M값 수준에서

W의 조건부 조절된 매개지수에 관한 추론검정을 실시하게 된다.

이제 잠재변수를 이용하여 model 18을 검정하기로 한다. 이에 앞서 먼저 〈표 13.18〉의 기저모형(model18(latent baseline).inp)을 분석하기로 한다. 자료파일은 book(other).dat를 사용하기로 한다.

〈표 13.18〉 model 18의 분석을 위한 기저모형의 Mplus code

```
TITLE:  model 18 (latent baseline)
DATA:     FILE IS book(other).dat;
VARIABLE:
          NAMES ARE Gender X1 X2 X3 X4 ETA11 ETA12 ETA13 ETA14 W1
                    W2 W3 W4 M1 M2 M3 M4 ETA21 ETA22 ETA23
                    ETA24 X M W ETA1 ETA2;

          USEVARIABLES ARE X1 X2 X3 X4 ETA11 ETA12 ETA13 ETA14 W1
                           W2 W3 W4 M1 M2 M3 M4 ETA21 ETA22
                           ETA23 ETA24;
MODEL:    KSI1 BY X1-X4;
          M    BY M1-M4;
          W    BY W1-W4;
          ETA1 BY ETA11-ETA14;
          ETA2 BY ETA21-ETA24;

          ETA1 ON KSI1;

          ETA2 ON KSI1
                  ETA1
                  M
                  W;
```

〈표 13.18〉을 실행하면 〈결과 13.18〉을 얻을 수 있다.

〈결과 13.18〉 model 18의 기저모형의 분석결과

```
MODEL FIT INFORMATION
Number of Free Parameters                    68
Chi-Square Test of Model Fit
          Value                         309.877
          Degrees of Freedom                162
```

```
          P-Value                              0.0000
RMSEA (Root Mean Square Error Of Approximation)
          Estimate                             0.068
          90 Percent C.I.                      0.056   0.079
          Probability RMSEA <= .05             0.007
CFI/TLI
          CFI                                  0.962
          TLI                                  0.955
SRMR (Standardized Root Mean Square Residual)
          Value                                0.047
```

MODEL RESULTS

	Estimate	S.E.	Est./S.E.	Two-Tailed P-Value
KSI1 BY				
X1	1.000	0.000	999.000	999.000
X2	0.903	0.046	19.506	0.000
X3	0.809	0.056	14.439	0.000
X4	0.906	0.042	21.608	0.000
M BY				
M1	1.000	0.000	999.000	999.000
M2	1.104	0.059	18.770	0.000
M3	0.916	0.061	15.046	0.000
M4	1.057	0.060	17.514	0.000
W BY				
W1	1.000	0.000	999.000	999.000
W2	1.132	0.058	19.547	0.000
W3	0.993	0.054	18.431	0.000
W4	1.086	0.058	18.807	0.000
ETA1 BY				
ETA11	1.000	0.000	999.000	999.000
ETA12	1.252	0.082	15.354	0.000
ETA13	0.956	0.055	17.431	0.000
ETA14	1.288	0.082	15.688	0.000
ETA2 BY				
ETA21	1.000	0.000	999.000	999.000
ETA22	0.944	0.059	15.924	0.000
ETA23	0.923	0.060	15.355	0.000
ETA24	0.985	0.054	18.217	0.000

ETA1 ON				
KSI1	0.478	0.039	12.367	0.000
ETA2 ON				
KSI1	−0.170	0.093	−1.841	0.066
ETA1	0.720	0.158	4.564	0.000
M	0.509	0.107	4.742	0.000
W	0.019	0.086	0.221	0.825
M WITH				
KSI1	1.622	0.231	7.007	0.000
W WITH				
KSI1	0.672	0.179	3.745	0.000
M	1.387	0.197	7.026	0.000

〈결과 13.18〉에서 모형적합도가 양호하고 지표변수의 요인적재량이 모두 유의하게 나타났기 때문에 기저모형은 자료에 적합하다는 것을 알 수 있다. 따라서 잠재상호항을 도입한 조절된 조절된 매개모형을 분석하는 단계로 넘어갈 수 있다.

〈표 13.19〉(model18(latent).inp)는 잠재상호항을 도입한 model 18을 분석하기 위한 Mplus code이다.

〈표 13.19〉 model 18을 분석하기 위한 Mplus code(잠재변수)

```
TITLE:  model 18 (latent)
DATA:     FILE IS book(other).dat;
VARIABLE:
          NAMES ARE Gender X1 X2 X3 X4 ETA11 ETA12 ETA13 ETA14 W1
                    W2 W3 W4 M1 M2 M3 M4 ETA21 ETA22 ETA23
                    ETA24 X M W ETA1 ETA2;
          USEVARIABLES ARE X1 X2 X3 X4 ETA11 ETA12 ETA13 ETA14 W1
                           W2 W3 W4 M1 M2 M3 M4 ETA21 ETA22
                           ETA23 ETA24;
ANALYSIS: TYPE = RANDOM;
           ALGORITHM=INTEGRATION;
MODEL: ! measurement model

          KSI1 BY X1-X4;
          M    BY M1-M4;
          W    BY W1-W4;
```

```
      ETA1 BY ETA11-ETA14;
      ETA2 BY ETA21-ETA24;

      M(var1);          ! naming the variances of M and W as var1 and var2
      W(var2);

    ! create latent variables interaction

      ETA1M   | ETA1 XWITH M;
      ETA1W   | ETA1 XWITH W;
      MW      | M XWITH W;
      ETA1MW  | ETA1M XWITH W;

    ! structural model
    ! intercepts of ETA1 and ETA2 are fixed to 0 since they are latent
      variables

      ETA1 ON KSI1        (a);

      ETA2 ON KSI1        (cprime)
              ETA1        (b1)
              M           (b2)
              W           (b3)
              ETA1M       (b4)
              ETA1W       (b5)
              MW          (b6)
              ETA1MW      (b7);

MODEL CONSTRAINT: NEW(SD1 SD2 INDEX
                  ICMMWL ICMMWM ICMMWH ICMMML ICMMMM
                  ICMMMH CONMLWL CONMMWL CONMHWL CONMLWM
                  CONMMWM CONMHWM CONMLWH CONMMWH
                  CONMHWH TOTMLWL TOTMMWL TOTMHWL
                  TOTMLWM TOTMMWM TOTMHWM TOTMLWH
                  TOTMMWH TOTMHWH);

      SD1 = SQRT(var1);
      SD2 = SQRT(var2);

    ! index of moderated moderated mediation

      INDEX = a*b7;

    ! index of conditional moderated mediation by M and W
```

```
! ICMMW=a4*b+a7*b*W (index of conditional moderated mediation by M)

   ICMMWL = a*b4 + a*b7*(-1*SD2);
   ICMMWM = a*b4 + a*b7*0*SD2;
   ICMMWH = a*b4 + a*b7*1*SD2;

! ICMML=a5*b+a7*b*M (index of conditional moderated mediation by W)

   ICMMML = a*b5 + a*b7*(-1*SD1);
   ICMMMM = a*b5 + a*b7*0*SD1;
   ICMMMH = a*b5 + a*b7*1*SD1;

! conditional indirect effects for specific values of M and W

  CONMLWL = a * (b1 + b4*(-1*SD1) + b5*(-1*SD2)
               + b7*(-1*SD1)*(-1*SD2));
  CONMMWL = a * (b1 + b4*(0*SD1)  + b5*(-1*SD2)
               + b7*(0*SD1)*(-1*SD2));
  CONMHWL = a * (b1 + b4*(1*SD1)  + b5*(-1*SD2)
               + b7*(1*SD1)*(-1*SD2));

  CONMLWM = a * (b1 + b4*(-1*SD1) + b5*(0*SD2)
               + b7*(-1*SD1)*(0*SD2));
  CONMMWM = a * (b1 + b4*(0*SD1)  + b5*(0*SD2)
               + b7*(0*SD1)*(0*SD2));
  CONMHWM = a * (b1 + b4*(1*SD1)  + b5*(0*SD2)
               + b7*(1*SD1)*(0*SD2));

  CONMLWH = a * (b1 + b4*(-1*SD1) + b5*(1*SD2)
               + b7*(-1*SD1)*(1*SD2));
  CONMMWH = a * (b1 + b4*(0*SD1)  + b5*(1*SD2)
               + b7*(0*SD1)*(1*SD2));
  CONMHWH = a * (b1 + b4*(1*SD1)  + b5*(1*SD2)
               + b7*(1*SD1)*(1*SD2));

! conditional total effects for specific values of M and W

 TOTMLWL = CONMLWL + cprime;
 TOTMMWL = CONMMWL + cprime;
 TOTMHWL = CONMHWL + cprime;

 TOTMLWM = CONMLWM + cprime;
 TOTMMWM = CONMMWM + cprime;
 TOTMHWM = CONMHWM + cprime;
```

```
        TOTMLWH = CONMLWH + cprime;
        TOTMMWH = CONMMWH + cprime;
        TOTMHWH = CONMHWH + cprime;

       ! plot conditional indirect effect of X on Y for specific values of M
         and W
       ! these options could be edited to examine conditional total effects or
       ! conditional direct effects

        PLOT(PMLWL PMMWL PMHWL PMLWM PMMWM PMHWM PMLWH
             PMMWH PMHWH);
          LOOP(KSI1, -3, 3, 0.1);

          PMLWL = CONMLWL * KSI1;
          PMMWL = CONMMWL * KSI1;
          PMHWL = CONMHWL * KSI1;

          PMLWM = CONMLWM * KSI1;
          PMMWM = CONMMWM * KSI1;
          PMHWM = CONMHWM * KSI1;

          PMLWH = CONMLWH * KSI1;
          PMMWH = CONMMWH * KSI1;
          PMHWH = CONMHWH * KSI1;

PLOT:     TYPE=PLOT2;
OUTPUT: CINT;
```

〈표 13.19〉의 구조모형에 매개변수(*ETA*1)와 두 조절변수(*M*, *W*) 및 이들의 상호항이 미치는 영향이 *ETA*2 회귀식에 반영되어 있다. 그리고 앞에서 살펴본 바와 같이 3원 상호항(*ETA*1*MW*)의 생성시에 XWITH 옵션을 두 번 사용할 수 없기 때문에 이미 생성된 2원 상호항(*ETA*1*M*)에 추가 조절변수(*W*)를 곱하는 형식으로 지정되어 있다. 또한 MODEL CONSTRAINT에 조절된 조절된 매개지수(ab_7)의 추론검정이 지정되어 있고 *M*과 *W*의 조건부 조절된 매개지수의 계산이 지정되어 있다. 그리고 *M*과 *W*의 변화에 따른 조건부 간접효과와 조건부 총효과 및 조건부 간접효과의 그래프를 그리기 위한 명령문도 설정되어 있다.

〈표 13.19〉를 실행하면 〈결과 13.19〉를 얻을 수 있다.

〈결과 13.19〉 잠재변수를 이용한 model 18의 분석결과

MODEL RESULTS

	Estimate	S.E.	Est./S.E.	Two-Tailed P-Value
KSI1 BY				
X1	1.000	0.000	999.000	999.000
X2	0.904	0.051	17.654	0.000
X3	0.808	0.053	15.199	0.000
X4	0.906	0.044	20.503	0.000
M BY				
M1	1.000	0.000	999.000	999.000
M2	1.105	0.058	18.946	0.000
M3	0.919	0.059	15.645	0.000
M4	1.055	0.062	17.032	0.000
W BY				
W1	1.000	0.000	999.000	999.000
W2	1.132	0.067	17.013	0.000
W3	0.994	0.046	21.641	0.000
W4	1.089	0.066	16.596	0.000
ETA1 BY				
ETA11	1.000	0.000	999.000	999.000
ETA12	1.241	0.104	11.988	0.000
ETA13	0.956	0.041	23.270	0.000
ETA14	1.276	0.100	12.742	0.000
ETA2 BY				
ETA21	1.000	0.000	999.000	999.000
ETA22	0.949	0.054	17.590	0.000
ETA23	0.928	0.059	15.633	0.000
ETA24	0.993	0.054	18.359	0.000
ETA1 ON				
KSI1	0.479	0.045	10.699	0.000
ETA2 ON				
KSI1	−0.173	0.092	−1.890	0.059
ETA1	0.629	0.186	3.387	0.001
M	0.538	0.132	4.062	0.000
W	−0.110	0.136	−0.804	0.422
ETA1M	0.094	0.073	1.291	0.197
ETA1W	0.200	0.117	1.712	0.087

```
    MW                  0.022     0.062      0.351      0.726
    ETA1MW              0.133     0.058      2.287      0.022
 M        WITH
    KSI1                1.621     0.176      9.193      0.000
 W        WITH
    KSI1                0.675     0.174      3.866      0.000
    M                   1.388     0.168      8.271      0.000
Variances
    KSI1                2.691     0.214     12.557      0.000
    M                   2.288     0.198     11.535      0.000
    W                   1.924     0.185     10.414      0.000

New/Additional Parameters
    SD1                 1.513     0.066     23.070      0.000
    SD2                 1.387     0.067     20.828      0.000
    INDEX               0.064     0.028      2.252      0.024
    ICMMWL             -0.043     0.059     -0.737      0.461
    ICMMWM              0.045     0.035      1.281      0.200
    ICMMWH              0.134     0.046      2.908      0.004
    ICMMML             -0.001     0.042     -0.023      0.981
    ICMMMM              0.096     0.057      1.685      0.092
    ICMMMH              0.192     0.091      2.117      0.034
    CONMLWL             0.234     0.086      2.716      0.007
    CONMMWL             0.169     0.138      1.226      0.220
    CONMHWL             0.103     0.215      0.479      0.632
    CONMLWM             0.233     0.083      2.810      0.005
    CONMMWM             0.301     0.091      3.307      0.001
    CONMHWM             0.370     0.124      2.977      0.003
    CONMLWH             0.232     0.115      2.019      0.043
    CONMMWH             0.434     0.100      4.329      0.000
    CONMHWH             0.637     0.128      4.973      0.000
    TOTMLWL             0.061     0.088      0.698      0.485
    TOTMMWL            -0.005     0.132     -0.034      0.973
    TOTMHWL            -0.070     0.208     -0.338      0.735
    TOTMLWM             0.060     0.098      0.612      0.540
    TOTMMWM             0.128     0.094      1.363      0.173
    TOTMHWM             0.197     0.118      1.670      0.095
    TOTMLWH             0.058     0.135      0.432      0.666
    TOTMMWH             0.261     0.112      2.328      0.020
    TOTMHWH             0.464     0.128      3.629      0.000
```

〈결과 13.19〉에서 $a = .479$, $p < .001$이고 $b_1 = .629$, $p < .001$로 양의 간접효과가 나타났다. 그리고 3원 상호항 $ETA1MW$의 계수가 $b_7 = .133$, $p < .05$로 유의하게 나타났다. 이러한 결과는 $ETA1$이 $ETA2$에 미치는 영향이 M에 의하여 조절되는 2원 상호효과가 W에 의하여 다시 조절되는 3원 상호효과가 유의하게 나타났다는 것을 의미한다. 그리고 New/Additional Parameters에서 조절된 조절된 매개지수가 유의하게($ab_7 = .064$, $p < .05$) 나타났다. 이러한 결과는 제1조절변수 M이 증가하면 $KSI \rightarrow ETA1 \rightarrow ETA2$의 양의 간접효과가 증가하는 조절된 매개효과가 나타나는데, 제2조절변수 W가 증가하면 이러한 조절된 매개효과가 더욱 커지는 조절된 조절된 매개효과가 나타난다는 것을 의미한다.

다음으로 조건부 조절된 매개지수를 이용한 조절된 조절된 매개효과의 탐색을 실시한다. 먼저 W가 변화함에 따른 M의 조건부 조절된 매개지수($ab_4 + ab_7 W$)의 결과는 다음과 같다.

	Estimate	S.E.	Est./S.E.	Two-Tailed P-Value
ICMMWL	−0.043	0.059	−0.737	0.461
ICMMWM	0.045	0.035	1.281	0.200
ICMMWH	0.134	0.046	2.908	0.004

위의 결과에서 W가 증가하면서 M에 의하여 조절되는 간접효과(조절된 매개효과)가 점점 증가($-0.043 \rightarrow 0.045 \rightarrow 0.134$)하는 것을 알 수 있다. 그리고 W가 높은 수준(WH)에서만 $KSI1(X)$의 간접효과가 M에 의하여 조절되는 조절된 매개효과가 유의한 것을 확인할 수 있다. 여기에서 중요한 점을 하나 지적하면 W가 증가하면서 M에 의하여 조절되는 간접효과가 증가한다는 사실이 조절된 조절된 매개효과가 유의하다는 것을 의미하지는 않는다는 것이다. 조절된 조절된 매개효과의 유의성은 이러한 증가추세를 이용한 부분 접근법(piecemeal approach)이 아닌 조절된 조절된 매개지수(ab_7)의 공식적인 추론검정에 의하여 판단해야 한다. 또한 M이 증가하면서 W에 의하여 조절되는 조절된 매개효과에 관한 조건부 조절된 매개지수($ab_5 + ab_7 M$)의 결과도 동일한 추세를 보이고 있다.

그리고 M과 W의 변화에 따른 조건부 간접효과를 살펴보면 다음과 같다.

	Estimate	S.E.	Est./S.E.	Two-Tailed P-Value	
CONMLWL	0.234	0.086	2.716	0.007	①
CONMMWL	0.169	0.138	1.226	0.220	②
CONMHWL	0.103	0.215	0.479	0.632	③
CONMLWM	0.233	0.083	2.810	0.005	④
CONMMWM	0.301	0.091	3.307	0.001	⑤
CONMHWM	0.370	0.124	2.977	0.003	⑥
CONMLWH	0.232	0.115	2.019	0.043	⑦
CONMMWH	0.434	0.100	4.329	0.000	⑧
CONMHWH	0.637	0.128	4.973	0.000	⑨

위의 결과에서 *W*가 낮은 수준(WL)에서 *M*이 증가하면 오히려 간접효과가 감소(① → ② → ③ : 0.234 → 0.169 → 0.103)하는 것으로 나타났다. 또한 *M*이 낮은 수준에서 *W*가 증가하면서 간접효과가 감소(① → ④ → ⑦ : 0.234 → 0.233 → 0.232)하는 것으로 나타났다. 이러한 현상은 *W*가 낮은 수준에서의 조건부 조절된 매개지수(ICMMWL = −0.043)와 *M*이 낮은 수준에서의 조건부 조절된 매개지수(ICMMML = −0.001)가 음수로 나타난 것과 맥을 같이하는 것이다. 그리고 *W*가 중간 값(WM)과 높은 값(WH)에서 *M*이 증가하면 간접효과는 증가하는 것을 알 수 있다. 마찬가지로 *M*이 중간 값(MM)과 높은 값(MH)에서도 *W*가 증가하면서 간접효과가 증가하는 것을 확인할 수 있다. 이러한 추세는 조건부 총효과에서도 동일하게 나타났다.

다음으로 지표변수들을 평균한 단일변수를 이용하여 model 18을 분석하기로 한다. 〈표 13.20〉(model18(single).inp)은 단일변수를 이용하여 model 18을 분석하기 위한 Mplus code이다.

〈표 13.20〉 단일변수를 이용하여 model 18을 분석하기 위한 Mplus code

```
TITLE:  model 18 (single)
DATA:     FILE IS book(other).dat;
VARIABLE:
          NAMES ARE Gender X1 X2 X3 X4 ETA11 ETA12 ETA13 ETA14 W1
                    W2 W3 W4 M1 M2 M3 M4 ETA21 ETA22 ETA23
                    ETA24 X M W ETA1 ETA2;
          USEVARIABLES ARE X M W ETA1 ETA2 ETA1M ETA1W MW
                          ETA1MW;
```

```
         ! create interaction terms
         ! theses terms should be placed at the end of USEVARIABLES
           subcommand

DEFINE: ! mean centering of ETA1 M W

           CENTER ETA1 M W (GRANDMEAN);
           ETA1M=ETA1*M; ETA1W=ETA1*W; MW=M*W;
           ETA1MW=ETA1*M*W;

ANALYSIS:
           BOOTSTRAP=10000;

MODEL:     [ETA1](a0);
           ETA1 ON X  (a);

           [ETA2](b0);
           ETA2 ON X          (cprime)
                   ETA1       (b1)
                   M          (b2)
                   W          (b3)
                   ETA1M      (b4)
                   ETA1W      (b5)
                   MW         (b6)
                   ETA1MW     (b7);

          [M](mean1);
          M(var1);
          [W](mean2);
          W(var2);

MODEL CONSTRAINT: NEW(MEANM MEANW SD1 SD2 INDEX
                  MSDML MSDMM MSDMH MSDWL MSDWM MSDWH
                  ICMMWL ICMMWM ICMMWH ICMMML ICMMMM
                  ICMMMH CONMLWL CONMMWL CONMHWL
                  CONMLWM CONMMWM CONMHWM CONMLWH
                  CONMMWH CONMHWH TOTMLWL TOTMMWL
                  TOTMHWL TOTMLWM TOTMMWM TOTMHWM
                  TOTMLWH TOTMMWH TOTMHWH);

           MEANM = mean1;
           MEANW = mean2;
           SD1   = SQRT(var1);
```

```
  SD2    = SQRT(var2);

  MSDML = MEANM - SD1;
  MSDMM = MEANM;
  MSDMH = MEANM + SD1;
  MSDWL = MEANW - SD2;
  MSDWM = MEANW;
  MSDWH = MEANW + SD2;

! index of moderated moderated mediatiom

  INDEX = a*b7;

! index of conditional moderated mediation by M and W

! ICMMW=a4*b+a7*b*W (index of conditional moderated mediation by M)

    ICMMWL = a*b4 + a*b7*MSDWL;
    ICMMWM = a*b4 + a*b7*MSDWM;
    ICMMWH = a*b4 + a*b7*MSDWH;

! ICMML=a5*b+a7*b*M (index of conditional moderated mediation by W)

    ICMMML = a*b5 + a*b7*MSDML;
    ICMMMM = a*b5 + a*b7*MSDMM;
    ICMMMH = a*b5 + a*b7*MSDMH;

! conditional indirect effects for specific values of M and W

  CONMLWL = a * (b1 + b4*MSDML  + b5*MSDWL
              + b7*MSDML*MSDWL);
  CONMMWL = a * (b1 + b4*MSDMM  + b5*MSDWL
              + b7*MSDMM*MSDWL);
  CONMHWL = a * (b1 + b4*MSDMH  + b5*MSDWL
              + b7*MSDMH*MSDWL);

  CONMLWM = a * (b1 + b4*MSDML  + b5*MSDWM
              + b7*MSDML*MSDWM);
  CONMMWM = a * (b1 + b4*MSDMM  + b5*MSDWM
              + b7*MSDMM*MSDWM);
  CONMHWM = a * (b1 + b4*MSDMH  + b5*MSDWM
              + b7*MSDMH*MSDWM);

  CONMLWH = a * (b1 + b4*MSDML  + b5*MSDWH
              + b7*MSDML*MSDWH);
```

```
        CONMMWH = a * (b1 + b4*MSDMM  + b5*MSDWH
                       + b7*MSDMM*MSDWH);
        CONMHWH = a * (b1 + b4*MSDMH  + b5*MSDWH
                       + b7*MSDMH*MSDWH);

      ! conditional total effects for specific values of M and W

       TOTMLWL = CONMLWL + cprime;
       TOTMMWL = CONMMWL + cprime;
       TOTMHWL = CONMHWL + cprime;

       TOTMLWM = CONMLWM + cprime;
       TOTMMWM = CONMMWM + cprime;
       TOTMHWM = CONMHWM + cprime;

       TOTMLWH = CONMLWH + cprime;
       TOTMMWH = CONMMWH + cprime;
       TOTMHWH = CONMHWH + cprime;

      ! plot conditional indirect effect of X on Y for specific values of M and W
      ! these options could be edited to examine conditional total effects or
      ! conditional direct effects

       PLOT(PMLWL PMMWL PMHWL PMLWM PMMWM PMHWM PMLWH
            PMMWH PMHWH);
       LOOP(KSI1, -3, 3, 0.1);

         PMLWL = CONMLWL * KSI1;
         PMMWL = CONMMWL * KSI1;
         PMHWL = CONMHWL * KSI1;

         PMLWM = CONMLWM * KSI1;
         PMMWM = CONMMWM * KSI1;
         PMHWM = CONMHWM * KSI1;

         PMLWH = CONMLWH * KSI1;
         PMMWH = CONMMWH * KSI1;
         PMHWH = CONMHWH * KSI1;

PLOT:    TYPE=PLOT2;
OUTPUT:  CINT(BCBOOTSTRAP);
```

〈표 13.20〉에서 상호항(*ETA1M*, *ETA1W*, *MW* 및 *ETA1MW*)을 형성하고 있는 3가지 변수들(*ETA1*, *M* 및 *W*)을 평균중심화하였다. 그리고 부트스트랩 표본 크기는 10,000개로 지정하였다.

〈표 13.20〉을 실행하면 〈결과 13.20〉이 산출된다.

〈결과 13.20〉 단일변수를 이용한 model 18의 분석결과

MODEL RESULTS

	Estimate	S.E.	Est./S.E.	Two-Tailed P-Value
ETA1 ON				
X	0.559	0.043	13.076	0.000
ETA2 ON				
X	−0.058	0.076	−0.767	0.443
ETA1	0.482	0.133	3.628	0.000
M	0.401	0.098	4.082	0.000
W	−0.006	0.105	−0.061	0.952
ETA1M	0.100	0.060	1.681	0.093
ETA1W	0.097	0.085	1.134	0.257
MW	0.051	0.049	1.058	0.290
ETA1MW	0.069	0.041	1.658	0.097
W WITH				
M	1.488	0.166	8.966	0.000
Means				
M	0.000	0.113	0.000	1.000
W	0.000	0.107	0.000	1.000
Intercepts				
ETA1	−2.233	0.212	−10.521	0.000
ETA2	3.826	0.311	12.286	0.000
Variances				
M	2.569	0.133	19.319	0.000
W	2.267	0.155	14.619	0.000
Residual Variances				
ETA1	0.598	0.084	7.146	0.000
ETA2	0.936	0.086	10.878	0.000

```
New/Additional Parameters
    MEANM              0.000     0.113      0.000      1.000
    MEANW              0.000     0.107      0.000      1.000
    SD1                1.603     0.042     38.501      0.000
    SD2                1.506     0.052     29.080      0.000
    INDEX              0.038     0.023      1.637      0.102
    MSDML             -1.603     0.125    -12.855      0.000
    MSDMM              0.000     0.113      0.000      1.000
    MSDMH              1.603     0.117     13.721      0.000
    MSDWL             -1.506     0.139    -10.809      0.000
    MSDWM              0.000     0.107      0.000      1.000
    MSDWH              1.506     0.094     16.078      0.000
    ICMMWL            -0.002     0.058     -0.031      0.975
    ICMMWM             0.056     0.034      1.647      0.100
    ICMMWH             0.114     0.038      2.973      0.003
    ICMMML            -0.007     0.035     -0.209      0.835
    ICMMMM             0.054     0.048      1.132      0.258
    ICMMMH             0.116     0.078      1.480      0.139
    CONMLWL            0.191     0.071      2.698      0.007
    CONMMWL            0.188     0.123      1.528      0.126
    CONMHWL            0.185     0.206      0.900      0.368
    CONMLWM            0.180     0.071      2.549      0.011
    CONMMWM            0.270     0.077      3.483      0.000
    CONMHWM            0.359     0.114      3.157      0.002
    CONMLWH            0.169     0.103      1.638      0.102
    CONMMWH            0.351     0.084      4.160      0.000
    CONMHWH            0.533     0.106      5.042      0.000
    TOTMLWL            0.133     0.076      1.742      0.082
    TOTMMWL            0.130     0.116      1.126      0.260
    TOTMHWL            0.127     0.195      0.653      0.514
    TOTMLWM            0.122     0.086      1.420      0.155
    TOTMMWM            0.212     0.081      2.601      0.009
    TOTMHWM            0.301     0.109      2.770      0.006
    TOTMLWH            0.111     0.121      0.918      0.359
    TOTMMWH            0.293     0.101      2.906      0.004
    TOTMHWH            0.476     0.116      4.116      0.000
```

〈결과 13.20〉에서 $a(a = .559,\ p < .001)$와 $b_1(b_1 = .482,\ p < .001)$은 유의하게 나타났지만 $b_7(b_7 = .069,\ p = .097)$은 한계적으로 유의하게 나타났다. 그리고 New/Additional Parameters에서 조절된 조절된 매개지수($ab_7 = .038,\ p = .102$)가 유의하지 않기 때문에 조절된 조절된 매개효과는 유의하지 않다고 판단한다. 잠재변수를 이용한 분석에서는 이러한 조절된 조절된 매개지수가 유의한($ab_7 = .064,\ p < .05$) 것과는 대조적이다. 여기에서의 단일변수를 이용한 분석결과도 PROCESS macro의 분석결과와 일치하고 있다.

13.8 PROCESS model 19의 분석(조절된 조절된 매개모형)

model 19는 독립변수가 종속변수에 영향을 미치는 효과가 두 조절변수에 의하여 조절되는 효과(3원 상호효과)를 model 18에 추가한 모형이다. model 19의 $ETA1$ 회귀식과 $ETA2$ 회귀식은 다음과 같다. 여기에서도 오차항은 생략하였다.

$$ETA1 = i_1 + aX \tag{13.32}$$

$$\begin{aligned} ETA2 &= i_2 + c_1{}'X + c_2{}'M + c_3{}'W + c_4{}'XM + c_5{}'XW + c_6{}'MW + c_7{}'XMW \\ &\quad + b_1ETA1 + b_2ETA1M + b_3ETA1W + b_4ETA1MW \qquad (13.33) \\ &= i_2 + c_2{}'M + c_3{}'W + c_6{}'MW + (c_1{}' + c_4{}'M + c_5{}'W + c_7{}')X \\ &\quad + (b_1 + b_2M + b_3W + b_4MW)ETA1 \qquad (13.34) \end{aligned}$$

식 (13.33)에서 M과 W 및 MW가 $ETA2$에 미치는 영향은 이미 $c_2{}'M$과 $c_3{}'W$ 및 $c_6{}'MW$로 반영되어 있으므로 b_2M과 b_3W 및 b_6MW를 추가로 도입할 필요가 없기 때문에 이들은 생략되어 있다.

식 (13.34)에서 조건부 직접효과($\theta_{X \to ETA2}$)는 다음과 같이 계산된다.

$$\theta_{X \to ETA2} = c_1{}' + c_4{}'M + c_5{}'W + c_7{}'MW \tag{13.35}$$

그리고 $ETA1$이 $ETA2$에 미치는 조건부효과($\theta_{ETA1 \to ETA2}$)는 다음과 같다.

$$\theta_{ETA1 \rightarrow ETA2} = b_1 + b_2 M + b_3 W + b_4 MW \tag{13.36}$$

또한 X(KSI1)가 $ETA1$에 미치는 영향은 식 (13.32)에서 단순히 a이므로 조건부 간접효과는 다음과 같이 계산된다.

$$w = a(b_1 + b_2 M + b_3 W + b_4 MW) = ab_1 + ab_2 M + ab_3 W + ab_4 MW \tag{13.37}$$

$$= ab_1 + ab_3 W + (ab_2 + ab_4 W)M \tag{13.38}$$

$$= ab_1 + ab_2 M + (ab_3 + ab_4 M)W \tag{13.39}$$

〈Panel A〉 model 19의 개념모형

〈Panel B〉 model 19의 통계모형

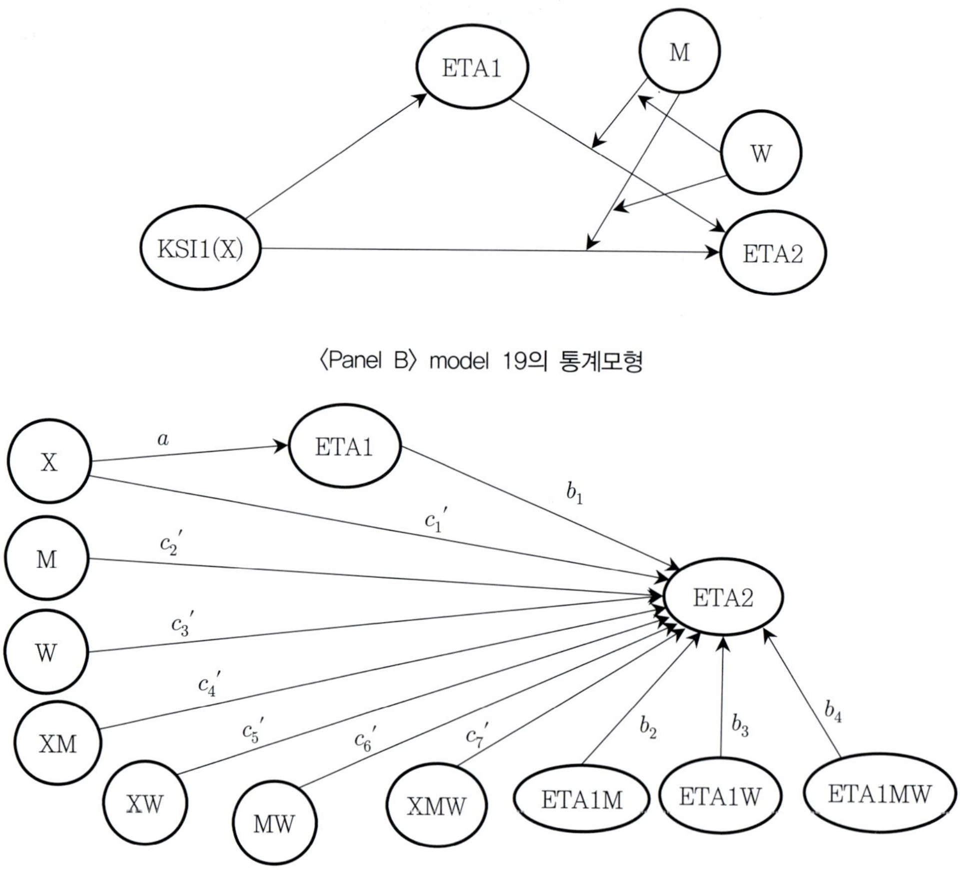

[그림 13.8] model 19의 개념모형과 통계모형

식 (13.37)에서 조절된 조절된 매개지수는 ab_4로 계산된다. 그리고 식 (13.38)은 제1조절변수 M이 간접효과에 미치는 영향이 제2조절변수 W에 의하여 조절되는 내용으로 조건부 조절된 매개지수는 $ab_2 + ab_4 W$로 계산된다. 또한 대칭성원리에 의하여 식 (13.39)는 제1조절변수 W가 간접효과에 미치는 영향이 M에 의하여 조절되는 수식으로 여기에서 조건부 조절된 매개지수는 $ab_3 + ab_4 M$으로 계산된다.

이러한 model 19의 개념모형과 통계모형은 [그림 13.8]과 같다.

model 19의 기저모형(model19(latent baseline).inp)은 〈표 13.21〉과 같다.

〈표 13.21〉 model 19의 기저모형

```
TITLE:   model 19 (latent baseline)
DATA:       FILE IS book(other).dat;
VARIABLE:
            NAMES ARE Gender X1 X2 X3 X4 ETA11 ETA12 ETA13 ETA14 W1
                         W2 W3 W4 M1 M2 M3 M4 ETA21 ETA22 ETA23
                         ETA24 X M W ETA1 ETA2;
            USEVARIABLES ARE X1 X2 X3 X4 ETA11 ETA12 ETA13 ETA14 W1
                                 W2 W3 W4 M1 M2 M3 M4 ETA21 ETA22
                                 ETA23 ETA24;
MODEL:      KSI1 BY X1-X4;
            M    BY M1-M4;
            W    BY W1-W4;
            ETA1 BY ETA11-ETA14;
            ETA2 BY ETA21-ETA24;

            ETA1 ON KSI1;

            ETA2 ON KSI1
                    M
                    W
                    ETA1;
```

〈표 13.21〉을 실행하면 〈결과 13.21〉이 산출된다.

〈결과 13.21〉 model 19의 기저모형 분석결과

MODEL FIT INFORMATION

Number of Free Parameters	68	
Chi-Square Test of Model Fit		
Value	309.877	
Degrees of Freedom	162	
P-Value	0.0000	
RMSEA (Root Mean Square Error Of Approximation)		
Estimate	0.068	
90 Percent C.I.	0.056	0.079
Probability RMSEA <= .05	0.007	
CFI/TLI		
CFI	0.962	
TLI	0.955	
SRMR (Standardized Root Mean Square Residual)		
Value	0.047	

MODEL RESULTS

	Estimate	S.E.	Est./S.E.	Two-Tailed P-Value
KSI1 BY				
X1	1.000	0.000	999.000	999.000
X2	0.903	0.046	19.506	0.000
X3	0.809	0.056	14.439	0.000
X4	0.906	0.042	21.608	0.000
M BY				
M1	1.000	0.000	999.000	999.000
M2	1.104	0.059	18.770	0.000
M3	0.916	0.061	15.046	0.000
M4	1.057	0.060	17.514	0.000
W BY				
W1	1.000	0.000	999.000	999.000
W2	1.132	0.058	19.547	0.000
W3	0.993	0.054	18.431	0.000
W4	1.086	0.058	18.807	0.000
ETA1 BY				
ETA11	1.000	0.000	999.000	999.000
ETA12	1.252	0.082	15.354	0.000

```
   ETA13              0.956    0.055     17.431      0.000
   ETA14              1.288    0.082     15.688      0.000
 ETA2     BY
   ETA21              1.000    0.000    999.000    999.000
   ETA22              0.944    0.059     15.924      0.000
   ETA23              0.923    0.060     15.355      0.000
   ETA24              0.985    0.054     18.217      0.000
 ETA1     ON
   KSI1               0.478    0.039     12.367      0.000
 ETA2     ON
   KSI1              -0.170    0.093     -1.841      0.066
   M                  0.509    0.107      4.742      0.000
   W                  0.019    0.086      0.221      0.825
   ETA1               0.720    0.158      4.564      0.000
 M        WITH
   KSI1               1.622    0.231      7.007      0.000
 W        WITH
   KSI1               0.672    0.179      3.745      0.000
   M                  1.387    0.197      7.026      0.000
```

〈결과 13.21〉에서 모형적합도가 양호하고 지표변수의 요인적재량이 모두 통계적으로 유의하기 때문에 기저모형은 자료에 적합하다고 할 수 있다. model 19의 기저모형은 model 18의 기저모형과 동일한 것이다. 기저모형이 양호하므로 잠재상호항을 도입한 조절된 조절된 매개모형을 분석하기로 한다. 〈표 13.22〉(model19(latent).inp)는 model 19를 분석하기 위한 Mplus code이다.

〈표 13.22〉 잠재변수를 이용하여 model 19를 분석하기 위한 Mplus code

```
TITLE:  model 19 (latent)
DATA:     FILE IS book(other).dat;
VARIABLE:
              NAMES ARE Gender X1 X2 X3 X4 ETA11 ETA12 ETA13 ETA14 W1
                        W2 W3 W4 M1 M2 M3 M4 ETA21 ETA22 ETA23
                        ETA24 X M W ETA1 ETA2;

              USEVARIABLES ARE X1 X2 X3 X4 ETA11 ETA12 ETA13 ETA14 W1
```

```
                              W2 W3 W4 M1 M2 M3 M4 ETA21 ETA22
                              ETA23 ETA24;

ANALYSIS: TYPE = RANDOM;
          ALGORITHM=INTEGRATION;
          INTEGRATION=MONTECARLO;
          MITERATIONS=10000;
          MCONVERGENCE=0.01;

MODEL: ! measurement model

        KSI1 BY X1-X4;
        M    BY M1-M4;
        W    BY W1-W4;
        ETA1 BY ETA11-ETA14;
        ETA2 BY ETA21-ETA24;

        M(var1);        ! naming the variances of M and W as var1 and var2
        W(var2);

       ! create latent variables interaction

        KSI1M   | KSI1 XWITH M;
        KSI1W   | KSI1 XWITH W;
        MW      | M XWITH W;
        KSI1MW  | KSI1M XWITH W;
        ETA1M   | ETA1 XWITH M;
        ETA1W   | ETA1 XWITH W;
        ETA1MW  | ETA1M XWITH W;

       ! structural model
       ! intercepts of ETA1 and ETA2 are fixed to 0 since they are latent
         variables
        ETA1 ON KSI1  (a);

        ETA2 ON KSI1     (cprime1)
                M        (cprime2)
                W        (cprime3)
                KSI1M    (cprime4)
                KSI1W    (cprime5)
                MW       (cprime6)
                KSI1MW   (cprime7)
                ETA1     (b1)
```

```
                ETA1M   (b2)
                ETA1W   (b3)
                ETA1MW  (b4);

MODEL CONSTRAINT: NEW(SD1 SD2 INDEX
                  ICMMWL ICMMWM ICMMWH ICMMML ICMMMM
                  ICMMMH CONMLWL CONMMWL CONMHWL CONMLWM
                  CONMMWM CONMHWM CONMLWH CONMMWH
                  CONMHWH DIRMLWL DIRMMWL DIRMHWL DIRMLWM
                  DIRMMWM DIRMHWM DIRMLWH DIRMMWH DIRMHWH
                  TOTMLWL TOTMMWL TOTMHWL TOTMLWM
                  TOTMMWM TOTMHWM TOTMLWH TOTMMWH
                  TOTMHWH);

     SD1 = SQRT(var1);
     SD2 = SQRT(var2);

   ! index of moderated moderated mediatiom

     INDEX = a*b4;

   ! index of conditional moderated mediation by M and W

   ! ICMMW = a*b2 + a*b4*W (index of conditional moderated mediation
              by M)

      ICMMWL = a*b2 + a*b4*(-1*SD2);
      ICMMWM = a*b2 + a*b4*0*SD2;
      ICMMWH = a*b2 + a*b4*1*SD2;

   ! ICMML = a*b3 + a*b4*M (index of conditional moderated mediation
              by W)

      ICMMML = a*b3 + a*b4*(-1*SD1);
      ICMMMM = a*b3 + a*b4*0*SD1;
      ICMMMH = a*b3 + a*b4*1*SD1;

   ! conditional indirect effects for specific values of M and W

     CONMLWL = a * (b1 + b2*(-1*SD1) + b3*(-1*SD2)
                + b4*(-1*SD1)*(-1*SD2));
     CONMMWL = a * (b1 + b2*(0*SD1)  + b3*(-1*SD2)
                + b4*(0*SD1)*(-1*SD2));
     CONMHWL = a * (b1 + b2*(1*SD1)  + b3*(-1*SD2)
```

```
                + b4*(1*SD1)*(-1*SD2));

  CONMLWM = a * (b1 + b2*(-1*SD1) + b3*(0*SD2)
                + b4*(-1*SD1)*(0*SD2));
  CONMMWM = a * (b1 + b2*(0*SD1)  + b3*(0*SD2)
                + b4*(0*SD1)*(0*SD2));
  CONMHWM = a * (b1 + b2*(1*SD1)  + b3*(0*SD2)
                + b4*(1*SD1)*(0*SD2));

  CONMLWH = a * (b1 + b2*(-1*SD1) + b3*(1*SD2)
                + b4*(-1*SD1)*(1*SD2));
  CONMMWH = a * (b1 + b2*(0*SD1)  + b3*(1*SD2)
                + b4*(0*SD1)*(1*SD2));
  CONMHWH = a * (b1 + b2*(1*SD1)  + b3*(1*SD2)
                + b4*(1*SD1)*(1*SD2));

! conditional direct effects for specific values of M and W

  DIRMLWL = cprime1 + cprime4*(-1*SD1) + cprime5*(-1*SD2)
              + cprime7*(-1*SD1)*(-1*SD2);
  DIRMMWL = cprime1 + cprime4*(0*SD1)  + cprime5*(-1*SD2)
              + cprime7*(0*SD1)*(-1*SD2);
  DIRMHWL = cprime1 + cprime4*(1*SD1)  + cprime5*(-1*SD2)
              + cprime7*(1*SD1)*(-1*SD2);

  DIRMLWM = cprime1 + cprime4*(-1*SD1) + cprime5*(0*SD2)
              + cprime7*(-1*SD1)*(0*SD2);
  DIRMMWM = cprime1 + cprime4*(0*SD1)  + cprime5*(0*SD2)
              + cprime7*(0*SD1)*(0*SD2);
  DIRMHWM = cprime1 + cprime4*(1*SD1)  + cprime5*(0*SD2)
              + cprime7*(1*SD1)*(0*SD2);
  DIRMLWH = cprime1 + cprime4*(-1*SD1) + cprime5*(1*SD2)
              + cprime7*(-1*SD1)*(1*SD2);
  DIRMMWH = cprime1 + cprime4*(0*SD1)  + cprime5*(1*SD2)
              + cprime7*(0*SD1)*(1*SD2);
  DIRMHWH = cprime1 + cprime4*(1*SD1)  + cprime5*(1*SD2)
              + cprime7*(1*SD1)*(1*SD2);

! conditional total effects for specific values of M and W

 TOTMLWL = CONMLWL + DIRMLWL;
 TOTMMWL = CONMMWL + DIRMMWL;
 TOTMHWL = CONMHWL + DIRMHWL;
```

```
          TOTMLWM = CONMLWM + DIRMLWM;
          TOTMMWM = CONMMWM + DIRMMWM;
          TOTMHWM = CONMHWM + DIRMHWM;

          TOTMLWH = CONMLWH + DIRMLWH;
          TOTMMWH = CONMMWH + DIRMMWH;
          TOTMHWH = CONMHWH + DIRMHWH;

         ! plot conditional indirect effect of X on Y for specific values of M
           and W
         ! these options could be edited to examine conditional total effects or
         ! conditional direct effects

          PLOT(PMLWL PMMWL PMHWL PMLWM PMMWM PMHWM PMLWH
               PMMWH PMHWH);
          LOOP(KSI1, -3, 3, 0.1);

            PMLWL = CONMLWL * KSI1;
            PMMWL = CONMMWL * KSI1;
            PMHWL = CONMHWL * KSI1;

            PMLWM = CONMLWM * KSI1;
            PMMWM = CONMMWM * KSI1;
            PMHWM = CONMHWM * KSI1;

            PMLWH = CONMLWH * KSI1;
            PMMWH = CONMMWH * KSI1;
            PMHWH = CONMHWH * KSI1;

PLOT:     TYPE=PLOT2;
OUTPUT: CINT;
```

〈표 13.22〉의 ANALYSIS에서 MONTECARLO integration이 지정되어 있다. 그리고 model 19는 매우 복잡한 모형이기 때문에 MITERATIONS를 10000회로 설정하였다. 이러한 MITERATIONS 옵션은 EM algorithm에 허용된 반복횟수를 정하는 경우에 사용된다. 모형이 매우 복잡한 경우에는 100000회로 설정할 수도 있다. Mplus의 디폴트 반복횟수는 500회인데 모형이 복잡한 경우에는 500회 이내에 수렴하지 않을 수도 있다. 그리고 다음에 지정된 MCONVERGENCE 옵션은 EM algorithm에서 로그우도비 값의 수렴기준을 설정하는 것이다. TYPE=RANDOM과 ALGORITHM=INTEGRATION의 디폴트 수렴기준은 0.001이지만 분석시간이 많이 걸리기 때문에 0.01로 지정하였다. 기타모형의 디폴트 수렴기준은

0.000001이다. 컴퓨터 성능에 따라 다르겠지만 이러한 옵션을 추가하여도 필자의 컴퓨터로 분석하는 데에 10분 이상이 소요되었다.

MODEL command에 7개의 상호항을 생성하는 명령문이 지정되어 있다. 그리고 MODEL CONSTRAINT에 조절된 조절된 매개지수와 *M*과 *W*의 조건부 조절된 매개지수 및 조건부 간접효과 그리고 조건부 직접효과의 추론검정이 설정되어 있다.

〈표 13.22〉를 실행하면 〈결과 13.22〉를 얻을 수 있다.

〈결과 13.22〉 잠재변수를 이용한 model 19의 분석결과

MODEL RESULTS

	Estimate	S.E.	Est./S.E.	Two-Tailed P-Value
KSI1 BY				
X1	1.000	0.000	999.000	999.000
X2	0.909	0.050	18.003	0.000
X3	0.812	0.053	15.371	0.000
X4	0.911	0.043	20.942	0.000
M BY				
M1	1.000	0.000	999.000	999.000
M2	1.107	0.057	19.414	0.000
M3	0.922	0.057	16.099	0.000
M4	1.057	0.061	17.373	0.000
W BY				
W1	1.000	0.000	999.000	999.000
W2	1.137	0.067	16.873	0.000
W3	0.996	0.046	21.524	0.000
W4	1.092	0.066	16.468	0.000
ETA1 BY				
ETA11	1.000	0.000	999.000	999.000
ETA12	1.243	0.103	12.061	0.000
ETA13	0.958	0.042	22.876	0.000
ETA14	1.278	0.100	12.817	0.000
ETA2 BY				
ETA21	1.000	0.000	999.000	999.000
ETA22	0.949	0.054	17.610	0.000
ETA23	0.928	0.059	15.637	0.000
ETA24	0.993	0.055	18.197	0.000

```
 ETA1     ON
    KSI1               0.481      0.044      10.921       0.000
 ETA2     ON
    KSI1              -0.169      0.101      -1.678       0.093
    M                  0.546      0.136       4.032       0.000
    W                 -0.122      0.139      -0.879       0.379
    KSI1M              0.034      0.072       0.473       0.636
    KSI1W             -0.105      0.101      -1.045       0.296
    MW                 0.033      0.062       0.531       0.596
    KSI1MW            -0.012      0.045      -0.269       0.788
    ETA1               0.600      0.197       3.042       0.002
    ETA1M              0.047      0.110       0.425       0.671
    ETA1W              0.345      0.176       1.967       0.049
    ETA1MW             0.162      0.079       2.043       0.041

New/Additional Parameters
    SD1                1.509      0.064      23.618       0.000
    SD2                1.383      0.067      20.490       0.000
    INDEX              0.078      0.039       2.007       0.045
    ICMMWL            -0.085      0.089      -0.959       0.337
    ICMMWM             0.023      0.053       0.425       0.670
    ICMMWH             0.130      0.060       2.189       0.029
    ICMMML             0.049      0.068       0.713       0.476
    ICMMMM             0.166      0.088       1.893       0.058
    ICMMMH             0.284      0.133       2.139       0.032
    CONMLWL            0.188      0.111       1.695       0.090
    CONMMWL            0.059      0.183       0.321       0.748
    CONMHWL           -0.070      0.301      -0.231       0.817
    CONMLWM            0.255      0.088       2.894       0.004
    CONMMWM            0.289      0.096       2.997       0.003
    CONMHWM            0.323      0.154       2.100       0.036
    CONMLWH            0.322      0.145       2.223       0.026
    CONMMWH            0.519      0.120       4.315       0.000
    CONMHWH            0.715      0.155       4.603       0.000
    DIRMLWL           -0.101      0.153      -0.659       0.510
    DIRMMWL           -0.024      0.194      -0.123       0.902
    DIRMHWL            0.053      0.327       0.162       0.872
    DIRMLWM           -0.221      0.130      -1.691       0.091
    DIRMMWM           -0.169      0.101      -1.678       0.093
```

DIRMHWM	−0.118	0.164	−0.720	0.471
DIRMLWH	−0.340	0.226	−1.506	0.132
DIRMMWH	−0.314	0.146	−2.158	0.031
DIRMHWH	−0.289	0.140	−2.059	0.039
TOTMLWL	0.087	0.105	0.827	0.408
TOTMMWL	0.035	0.139	0.252	0.801
TOTMHWL	−0.017	0.225	−0.075	0.940
TOTMLWM	0.034	0.117	0.292	0.770
TOTMMWM	0.120	0.097	1.233	0.218
TOTMHWM	0.205	0.123	1.659	0.097
TOTMLWH	−0.018	0.185	−0.099	0.921
TOTMMWH	0.204	0.131	1.555	0.120
TOTMHWH	0.427	0.131	3.255	0.001

〈결과 13.22〉에서 먼저 주요한 회귀계수들로 $a = .481, p < .001$, $b_1 = .600$, $p < .01$, $b_4 = .162, p < .05$로 유의하게 나타났다. 하지만 조건부 직접효과의 판단 기준이 되는 c_7'은 $c_7' = -.012$, $p = .788$로 유의하지 않게 나타났다. 따라서 독립변수가 종속변수에 미치는 영향이 M에 의하여 조절되는 효과는 W에 의하여 조절되지 않는다고 할 수 있다.

그리고 New/Additional Parameters에서 조절된 조절된 매개지수가 유의한 것으로 나타났기 때문에(INDEX $= ab_4 = .078$, $p < .05$) 조절된 조절된 매개효과가 유의하다고 판단한다. 그러므로 "M에 의하여 조절되는 X의 간접효과가 다시 W에 의하여 조절된다(W moderates the moderation of the indirect effect of X by M)"라고 결론을 내릴 수 있다. 또한 대칭성원리에 의거하여 "W에 의하여 조절되는 X의 간접효과가 다시 M에 의하여 조절된다"라고 해석할 수도 있다. 조절된 조절된 매개지수가 유의하므로 조건부 조절된 매개지수를 이용하여 조절된 조절된 매개효과의 탐색작업(probing the moderation of moderated mediation)을 실시할 수 있다. 이러한 탐색은 특정한 M(W)값 수준에서 W(M)에 의하여 조절되는 간접효과가 유의한지를 검정하는 것이다.

먼저 특정 W값에서 M에 의하여 조절되는 간접효과가 유의한지에 관한 검정결과를 살펴본다. 이에 관한 결과는 다음과 같다.

	Estimate	S.E.	Est./S.E.	Two-Tailed P-Value
ICMMWL	−0.085	0.089	−0.959	0.337
ICMMWM	0.023	0.053	0.425	0.670
ICMMWH	0.130	0.060	2.189	0.029

위의 결과에서 *W*가 낮은 값(WL)에서는 *M*에 의하여 조절되는 간접효과가 오히려 음수로 나타났다. 그리고 *W*가 증가하면서 *M*에 의하여 조절되는 간접효과가 점점 증가하는 것을 알 수 있고 *W*가 높은 값(WH)에서 *M*이 간접효과를 조절하는 효과가 유의한 것을 확인할 수 있다. 이러한 결과는 다음과 같은 조건부 간접효과의 추세에서도 확인할 수 있다.

	Estimate	S.E.	Est./S.E.	Two-Tailed P-Value	
CONMLWL	0.188	0.111	1.695	0.090	①
CONMMWL	0.059	0.183	0.321	0.748	②
CONMHWL	−0.070	0.301	−0.231	0.817	③
CONMLWM	0.255	0.088	2.894	0.004	④
CONMMWM	0.289	0.096	2.997	0.003	⑤
CONMHWM	0.323	0.154	2.100	0.036	⑥
CONMLWH	0.322	0.145	2.223	0.026	⑦
CONMMWH	0.519	0.120	4.315	0.000	⑧
CONMHWH	0.715	0.155	4.603	0.000	⑨

위의 결과에서 *W*가 낮은 값(WL)에서는 *M*이 증가하면 오히려 간접효과가 감소하는 것(①→②→③)을 알 수 있다. 그리고 *W*가 높은 값(WH)에서 *M*이 증가하면 간접효과의 증가폭이 크다는 것을 확인할 수 있다.

마찬가지로 특정 *M*값에서 *W*에 의하여 조절되는 간접효과가 유의한지에 관한 검정결과를 살펴보면 다음과 같다.

	Estimate	S.E.	Est./S.E.	Two-Tailed P-Value
ICMMML	0.049	0.068	0.713	0.476
ICMMMM	0.166	0.088	1.893	0.058
ICMMMH	0.284	0.133	2.139	0.032

위의 결과에서도 M이 증가하면서 W에 의하여 조절되는 간접효과가 증가하고 M이 높은 값 수준에서 W에 의하여 조절되는 간접효과가 유의한 것을 알 수 있다. 이러한 결과는 위의 조건부 간접효과의 추세에서 M이 높은 값 수준인 경우에 W가 증가하면서 간접효과가 증가하는 것(③→⑥→⑨)과 동일한 내용이다.

그리고 비록 유의하지는 않지만 조건부 직접효과의 추세도 조건부 간접효과의 추세와 유사하게 나타났다. 또한 조건부 총효과의 추세도 동일하게 나타났다.

다음으로 지표변수들의 평균값인 단일변수를 이용하여 model 19를 분석하기로 한다. 〈표 13.23〉(model19(single).inp)은 이를 분석하기 위한 Mplus code이다.

〈표 13.23〉 단일변수를 이용한 model 19의 분석(단일변수)

```
TITLE:  model 19 (single)
DATA:      FILE IS book(other).dat;
VARIABLE:  NAMES ARE Gender X1 X2 X3 X4 ETA11 ETA12 ETA13 ETA14 W1
                   W2 W3 W4 M1 M2 M3 M4 ETA21 ETA22 ETA23
                   ETA24 X M W ETA1 ETA2;
           USEVARIABLES ARE X M W ETA1 ETA2 XM XW MW XMW
                         ETA1M ETA1W ETA1MW;

DEFINE:    CENTER X M W ETA1(GRANDMEAN);
           XM=X*M; XW=X*W; MW=M*W; XMW=X*M*W;
           ETA1M=ETA1*M; ETA1W=ETA1*W; ETA1MW=ETA1*M*W;

ANALYSIS:  BOOTSTRAP=10000;

MODEL:     [ETA1]          (a0);

           ETA1 ON X       (a);

           [ETA2]          (b0);
           ETA2 ON X       (cprime1)
                   M       (cprime2)
                   W       (cprime3)
                   XM      (cprime4)
                   XW      (cprime5)
                   MW      (cprime6)
                   XMW     (cprime7)
                   ETA1    (b1)
                   ETA1M   (b2)
                   ETA1W   (b3)
```

```
                ETA1MW (b4);

     [M](mean1);
     M(var1);
     [W](mean2);
     W(var2);

MODEL CONSTRAINT: NEW(MEANM MEANW SD1 SD2 INDEX
                  MSDML MSDMM MSDMH MSDWL MSDWM MSDWH
                  ICMMWL ICMMWM ICMMWH ICMMML ICMMMM
                  ICMMMH CONMLWL CONMMWL CONMHWL
                  CONMLWM CONMMWM CONMHWM CONMLWH
                  CONMMWH CONMHWH DIRMLWL DIRMMWL
                  DIRMHWL DIRMLWM DIRMMWM DIRMHWM DIRMLWH
                  DIRMMWH DIRMHWH TOTMLWL TOTMMWL
                  TOTMHWL TOTMLWM TOTMMWM TOTMHWM
                  TOTMLWH TOTMMWH TOTMHWH);

     MEANM = mean1;
     MEANW = mean2;
     SD1 = SQRT(var1);
     SD2 = SQRT(var2);

     MSDML = MEANM - SD1;
     MSDMM = MEANM;
     MSDMH = MEANM + SD1;
     MSDWL = MEANW - SD2;
     MSDWM = MEANW;
     MSDWH = MEANW + SD2;

    ! index of moderated moderated mediation

     INDEX = a*b4;

    ! index of conditional moderated mediation by M and W
    ! ICMMW=a*b2 + a*b4*W (index of conditional moderated mediation
     by M)

       ICMMWL = a*b2 + a*b4*MSDWL;
       ICMMWM = a*b2 + a*b4*MSDWM;
       ICMMWH = a*b2 + a*b4*MSDWH;

    ! ICMMM=a*b3 + a*b4*M (index of conditional moderated mediation
     by W)
```

```
    ICMMML = a*b3 + a*b4*MSDML;
    ICMMMM = a*b3 + a*b4*MSDMM;
    ICMMMH = a*b3 + a*b4*MSDMH;

! conditional indirect effects for specific values of M and W

  CONMLWL = a * (b1 + b2*MSDML  + b3*MSDWL
              + b4*MSDML*MSDWL);
  CONMMWL = a * (b1 + b2*MSDMM  + b3*MSDWL
              + b4*MSDMM*MSDWL);
  CONMHWL = a * (b1 + b2*MSDMH  + b3*MSDWL
              + b4*MSDMH*MSDWL);

  CONMLWM = a * (b1 + b2*MSDML  + b3*MSDWM
              + b4*MSDML*MSDWM);
  CONMMWM = a * (b1 + b2*MSDMM  + b3*MSDWM
              + b4*MSDMM*MSDWM);
  CONMHWM = a * (b1 + b2*MSDMH  + b3*MSDWM
              + b4*MSDMH*MSDWM);

  CONMLWH = a * (b1 + b2*MSDML  + b3*MSDWH
              + b4*MSDML*MSDWH);
  CONMMWH = a * (b1 + b2*MSDMM  + b3*MSDWH
              + b4*MSDMM*MSDWH);
  CONMHWH = a * (b1 + b2*MSDMH  + b3*MSDWH
              + b4*MSDMH*MSDWH);

! conditional direct effects for specific values of M and W

  DIRMLWL = cprime1 + cprime4*MSDML  + cprime5*MSDWL
            + cprime7*MSDML*MSDWL;
  DIRMMWL = cprime1 + cprime4*MSDMM  + cprime5*MSDWL
            + cprime7*MSDMM*MSDWL;
  DIRMHWL = cprime1 + cprime4*MSDMH  + cprime5*MSDWL
            + cprime7*MSDMH*MSDWL;

  DIRMLWM = cprime1 + cprime4*MSDML  + cprime5*MSDWM
            + cprime7*MSDML*MSDWM;
  DIRMMWM = cprime1+ cprime4*MSDMM  + cprime5*MSDWM
            + cprime7*MSDMM*MSDWM;
  DIRMHWM = cprime1 + cprime4*MSDMH  + cprime5*MSDWM
            + cprime7*MSDMH*MSDWM;
```

```
    DIRMLWH = cprime1 + cprime4*MSDML  + cprime5*MSDWH
              + cprime7*MSDML*MSDWH;
    DIRMMWH = cprime1 + cprime4*MSDMM  + cprime5*MSDWH
              + cprime7*MSDMM*MSDWH;
    DIRMHWH = cprime1 + cprime4*MSDMH  + cprime5*MSDWH
              + cprime7*MSDMH*MSDWH;

  ! conditional total effects for specific values of M and W

    TOTMLWL = CONMLWL + DIRMLWL;
    TOTMMWL = CONMMWL + DIRMMWL;
    TOTMHWL = CONMHWL + DIRMHWL;

    TOTMLWM = CONMLWM + DIRMLWM;
    TOTMMWM = CONMMWM + DIRMMWM;
    TOTMHWM = CONMHWM + DIRMHWM;

    TOTMLWH = CONMLWH + DIRMLWH;
    TOTMMWH = CONMMWH + DIRMMWH;
    TOTMHWH = CONMHWH + DIRMHWH;

  ! plot conditional indirect effect of X on Y for specific values of M
    and W
  ! these options could be edited to examine conditional total effects or
  ! conditional direct effects

    PLOT(PMLWL PMMWL PMHWL PMLWM PMMWM PMHWM PMLWH
         PMMWH PMHWH);
    LOOP(KSI1, -3, 3, 0.1);

      PMLWL = CONMLWL * KSI1;
      PMMWL = CONMMWL * KSI1;
      PMHWL = CONMHWL * KSI1;

      PMLWM = CONMLWM * KSI1;
      PMMWM = CONMMWM * KSI1;
      PMHWM = CONMHWM * KSI1;

      PMLWH = CONMLWH * KSI1;
      PMMWH = CONMMWH * KSI1;
      PMHWH = CONMHWH * KSI1;

PLOT:   TYPE=PLOT2;
OUTPUT: CINT(BCBOOTSTRAP);
```

〈표 13.23〉에서 7개의 상호항을 구성하고 있는 4개의 변수들(X, M, W 및 $ETA1$)을 평균중심화하였다. 이러한 〈표 13.23〉을 실행하면 〈결과 13.23〉을 얻을 수 있다.

〈결과 13.23〉 단일변수에 의한 model 19의 분석결과

MODEL RESULTS

	Estimate	S.E.	Est./S.E.	Two-Tailed P-Value
ETA1 ON				
X	0.559	0.043	13.076	0.000
ETA2 ON				
X	−0.035	0.091	−0.383	0.702
M	0.405	0.104	3.910	0.000
W	−0.012	0.111	−0.107	0.915
XM	0.028	0.070	0.402	0.688
XW	−0.059	0.084	−0.704	0.482
MW	0.053	0.051	1.040	0.298
XMW	−0.019	0.038	−0.499	0.618
ETA1	0.443	0.157	2.831	0.005
ETA1M	0.066	0.090	0.733	0.463
ETA1W	0.162	0.121	1.337	0.181
ETA1MW	0.093	0.057	1.636	0.102
W WITH				
M	1.488	0.166	8.966	0.000
Means				
M	0.000	0.113	0.000	1.000
W	0.000	0.107	0.000	1.000
Intercepts				
ETA1	0.000	0.055	0.000	1.000
ETA2	3.601	0.113	32.006	0.000
Variances				
M	2.569	0.133	19.319	0.000
W	2.267	0.155	14.619	0.000
Residual Variances				
ETA1	0.598	0.084	7.146	0.000
ETA2	0.933	0.084	11.153	0.000

New/Additional Parameters

MEANM	0.000	0.113	0.000	1.000
MEANW	0.000	0.107	0.000	1.000
SD1	1.603	0.042	38.501	0.000
SD2	1.506	0.052	29.080	0.000
INDEX	0.052	0.033	1.605	0.109
MSDML	−1.603	0.125	−12.855	0.000
MSDMM	0.000	0.113	0.000	1.000
MSDMH	1.603	0.117	13.721	0.000
MSDWL	−1.506	0.139	−10.809	0.000
MSDWM	0.000	0.107	0.000	1.000
MSDWH	1.506	0.094	16.078	0.000
ICMMWL	−0.041	0.089	−0.464	0.643
ICMMWM	0.037	0.052	0.716	0.474
ICMMWH	0.116	0.047	2.486	0.013
ICMMML	0.007	0.049	0.141	0.888
ICMMMM	0.091	0.069	1.318	0.187
ICMMMH	0.174	0.111	1.563	0.118
CONMLWL	0.178	0.084	2.109	0.035
CONMMWL	0.111	0.170	0.656	0.512
CONMHWL	0.045	0.302	0.149	0.882
CONMLWM	0.188	0.075	2.504	0.012
CONMMWM	0.248	0.091	2.729	0.006
CONMHWM	0.307	0.157	1.960	0.050
CONMLWH	0.199	0.123	1.618	0.106
CONMMWH	0.384	0.095	4.036	0.000
CONMHWH	0.570	0.119	4.774	0.000
DIRMLWL	−0.036	0.126	−0.285	0.776
DIRMMWL	0.055	0.171	0.319	0.750
DIRMHWL	0.145	0.312	0.465	0.642
DIRMLWM	−0.080	0.128	−0.622	0.534
DIRMMWM	−0.035	0.090	−0.385	0.700
DIRMHWM	0.010	0.158	0.067	0.947
DIRMLWH	−0.124	0.221	−0.560	0.575
DIRMMWH	−0.124	0.138	−0.897	0.370
DIRMHWH	−0.124	0.131	−0.949	0.342
TOTMLWL	0.142	0.099	1.438	0.150
TOTMMWL	0.166	0.123	1.352	0.176
TOTMHWL	0.190	0.212	0.895	0.371

TOTMLWM	0.109	0.116	0.935	0.350
TOTMMWM	0.213	0.085	2.504	0.012
TOTMHWM	0.318	0.113	2.818	0.005
TOTMLWH	0.075	0.188	0.400	0.689
TOTMMWH	0.260	0.128	2.028	0.043
TOTMHWH	0.446	0.129	3.455	0.001

〈결과 13.23〉에서 $a(a = .559,\ p < .001)$와 $b_1(b_1 = .443,\ p < .01)$은 유의하게 나타났지만 $b_4(b_4 = .093,\ p = .102)$는 유의하지 않게 나타났다. 그리고 New/Additional Parameters에서 조절된 조절된 매개지수($ab_4 = .052,\ p = .109$)가 유의하지 않기 때문에 조절된 조절된 매개효과는 유의하지 않다고 판단한다. 단일변수를 이용한 Mplus의 분석결과는 PROCESS macro의 분석결과와 완벽하게 일치하고 있다. 그리고 단일변수를 이용한 분석과는 달리 잠재변수를 이용한 분석에서는 조절된 조절된 매개지수가 유의하게 나타났다. 따라서 검정력이 큰 잠재변수를 이용하는 방법을 적극적으로 고려해야 할 것으로 판단된다.

13.9 PROCESS model 21의 분석(조절된 조절된 매개모형)

model 21은 하나의 조절변수는 독립변수가 매개변수에 미치는 영향(1단계)을 조절하고, 다른 조절변수는 매개변수가 종속변수에 미치는 영향(2단계)을 조절하는 모형이다. 이러한 모형은 1단계 및 2단계 이중 조절된 매개모형(first and second stage dual moderated mediation model)이라고도 부른다.

model 21의 개념모형과 통계모형은 [그림 13.9]와 같다.

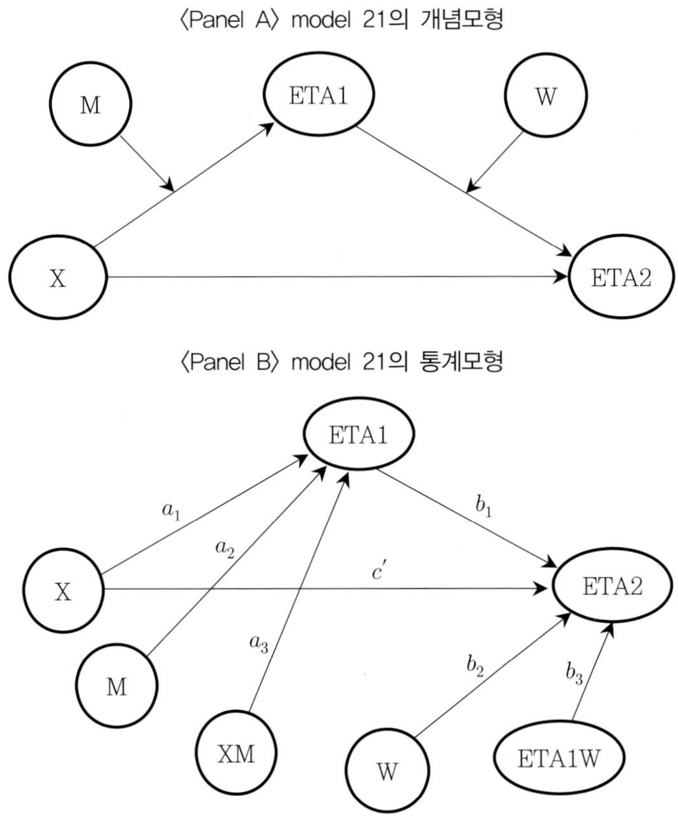

[그림 13.9] model 21의 개념모형과 통계모형

model 21의 $ETA1$ 회귀식과 $ETA2$ 회귀식은 다음과 같다. 여기에서도 오차항은 생략하였다.

$$\begin{aligned} ETA1 &= i_1 + a_1 X + a_2 M + a_3 XM \\ &= i_1 + a_2 M + (a_1 + a_3 M) X \end{aligned} \quad (13.40)$$

$$\begin{aligned} ETA2 &= i_2 + c' X + b_1 ETA1 + b_2 W + b_3 ETA1\, W \\ &= i_2 + c' X + b_2 W + (b_1 + b_3 W) ETA1 \end{aligned} \quad (13.41)$$

식 (13.40)에서 독립변수가 매개변수에 영향을 미치는 조건부효과($\theta_{X \to ETA1}$)는 다음과 같이 계산된다.

$$\theta_{X \to ETA1} = a_1 + a_3 M \quad (13.42)$$

또한 매개변수가 종속변수에 영향을 미치는 조건부효과($\theta_{ETA1 \rightarrow ETA2}$)는 다음과 같다.

$$\theta_{ETA1 \rightarrow ETA2} = b_1 + b_3 W \tag{13.43}$$

따라서 간접효과가 M과 W에 의하여 조절되는 조건부 간접효과는 다음과 같이 계산된다.

$$\begin{aligned} \omega = \theta_{X \rightarrow ETA1} \times \theta_{ETA1 \rightarrow ETA2} &= (a_1 + a_3 M)(b_1 + b_3 W) \\ &= a_1 b_1 + a_3 b_1 M + a_1 b_3 W + a_3 b_3 MW \quad (13.44) \\ &= a_1 b_1 + a_1 b_3 W + (a_3 b_1 + a_3 b_3 W)M \quad (13.45) \\ &= a_1 b_1 + a_3 b_1 M + (a_1 b_3 + a_3 b_3 M)W \quad (13.46) \end{aligned}$$

식 (13.44)에서 $a_3 b_3$가 model 21의 조절된 조절된 매개지수에 해당한다. 이러한 조절된 조절된 매개지수는 $W(M)$가 변하면서 $M(W)$에 의하여 조절되는 간접효과의 변화율을 의미한다. 그리고 식 (13.45)는 X의 간접효과와 M의 관계는 W의 선형함수라는 것을 의미하며, 이 경우에 조건부 조절된 매개지수는 $a_3 b_1 + a_3 b_3 W$로 계산된다. 이러한 조건부 조절된 매개지수는 특정 W값 수준에서 M에 의하여 조절되는 간접효과를 계량화한 것을 의미한다. 또한 대칭성원리에 의하여 식 (13.46)은 X의 간접효과와 W의 관계는 M의 선형함수라는 것을 의미하며, 이 경우에는 조건부 조절된 매개지수가 $a_1 b_3 + a_3 b_3 M$으로 계산된다. 또한 이러한 조건부 조절된 매개지수는 특정 M값 수준에서 W에 의하여 조절되는 간접효과를 계량화한 것을 의미하는 것이다.

model 21을 분석하기 위한 기저모형의 Mplus code(model21(latent baseline).inp)는 〈표 13.24〉와 같다.

〈표 13.24〉 model 21을 분석하기 위한 기저모형의 Mplus code

```
TITLE: model 21 (latent baseline)
DATA:     FILE IS book(other).dat;
VARIABLE:
          NAMES ARE Gender X1 X2 X3 X4 ETA11 ETA12 ETA13 ETA14 W1
                    W2 W3 W4 M1 M2 M3 M4 ETA21 ETA22 ETA23
                    ETA24 X M W ETA1 ETA2;
          USEVARIABLES ARE X1 X2 X3 X4 ETA11 ETA12 ETA13 ETA14 W1
                           W2 W3 W4 M1 M2 M3 M4 ETA21 ETA22
                           ETA23 ETA24;
MODEL:    X BY X1-X4;
          M BY M1-M4;
          W BY W1-W4;
          ETA1 BY ETA11-ETA14;
          ETA2 BY ETA21-ETA24;
          ETA1 ON X  M;
          ETA2 ON X  W  ETA1;
```

〈표 13.24〉를 실행하면 〈결과 13.24〉를 얻을 수 있다.

〈결과 13.24〉 model 21의 기저모형분석결과

```
MODEL FIT INFORMATION

Number of Free Parameters                      68
Chi-Square Test of Model Fit
          Value                           319.715
          Degrees of Freedom                  162
          P-Value                          0.0000
RMSEA (Root Mean Square Error Of Approximation)
          Estimate                          0.070
          90 Percent C.I.                   0.058     0.081
          Probability RMSEA <= .05          0.003
CFI/TLI
          CFI                               0.959
          TLI                               0.952
SRMR (Standardized Root Mean Square Residual)
          Value                             0.061
```

MODEL RESULTS

		Estimate	S.E.	Est./S.E.	Two-Tailed P-Value
X	BY				
X1		1.000	0.000	999.000	999.000
X2		0.907	0.046	19.586	0.000
X3		0.804	0.056	14.274	0.000
X4		0.911	0.042	21.756	0.000
M	BY				
M1		1.000	0.000	999.000	999.000
M2		1.110	0.060	18.577	0.000
M3		0.920	0.062	14.900	0.000
M4		1.071	0.061	17.591	0.000
W	BY				
W1		1.000	0.000	999.000	999.000
W2		1.134	0.058	19.524	0.000
W3		0.994	0.054	18.357	0.000
W4		1.088	0.058	18.771	0.000
ETA1	BY				
ETA11		1.000	0.000	999.000	999.000
ETA12		1.240	0.080	15.569	0.000
ETA13		0.951	0.054	17.695	0.000
ETA14		1.272	0.080	15.856	0.000
ETA2	BY				
ETA21		1.000	0.000	999.000	999.000
ETA22		0.944	0.059	15.985	0.000
ETA23		0.919	0.060	15.313	0.000
ETA24		0.983	0.054	18.206	0.000
ETA1	ON				
X		0.379	0.044	8.606	0.000
M		0.164	0.046	3.592	0.000
ETA2	ON				
X		−0.063	0.091	−0.697	0.486
W		0.307	0.064	4.817	0.000
ETA1		0.986	0.158	6.250	0.000
M	WITH				
X		1.571	0.229	6.864	0.000
W	WITH				
X		0.650	0.179	3.640	0.000
M		1.370	0.196	6.979	0.000

〈결과 13.24〉에서 모형적합도가 우수하고 지표변수들의 요인적재량이 모두 통계적으로 유의하게 나타나서 기저모형은 자료에 적합하다고 할 수 있다.

잠재변수를 이용하여 model 21을 분석하기 위한 Mplus code(model21(latent).inp)는 〈표 13.25〉와 같다.

〈표 13.25〉 잠재변수를 이용하여 model 21을 분석하기 위한 Mplus code

```
TITLE:  model 21 (latent)
DATA:      FILE IS book(other).dat;
VARIABLE:
           NAMES ARE Gender X1 X2 X3 X4 ETA11 ETA12 ETA13 ETA14 W1
                     W2 W3 W4 M1 M2 M3 M4 ETA21 ETA22 ETA23
                     ETA24 X M W ETA1 ETA2;
           USEVARIABLES ARE X1 X2 X3 X4 ETA11 ETA12 ETA13 ETA14
                            W1 W2 W3 W4 M1 M2 M3 M4 ETA21 ETA22
                            ETA23 ETA24;
ANALYSIS: TYPE = RANDOM;
          ALGORITHM=INTEGRATION;
          INTEGRATION=MONTECARLO;
MODEL:    X BY X1-X4;
          M BY M1-M4;
          W BY W1-W4;
          ETA1 BY ETA11-ETA14;
          ETA2 BY ETA21-ETA24;

        ! naming the variance of M and W
          M(var1); W(var2);

        ! Create latent variables interaction
          XM   | X XWITH M;
          ETA1W  | ETA1 XWITH W;

          ETA1 ON X      (a1)
                  M      (a2)
                  XM     (a3);

          ETA2 ON X      (cprime)
                  ETA1   (b1)
                  W      (b2)
                  ETA1W (b3);
```

```
MODEL CONSTRAINT: NEW(SD1 SD2 INDEX
                  ICMMWL ICMMWM ICMMWH ICMMML ICMMMM
                  ICMMMH CONMLWL CONMMWL CONMHWL
                  CONMLWM CONMMWM CONMHWM CONMLWH
                  CONMMWH CONMHWH TOTMLWL TOTMMWL
                  TOTMHWL TOTMLWM TOTMMWM TOTMHWM
                  TOTMLWH TOTMMWH TOTMHWH);

     SD1 = SQRT(var1);
     SD2 = SQRT(var2);

   ! index of  moderated moderated mediation

      INDEX = a3*b3;

   ! index of conditional moderated mediation by M

     ICMMWL = a3*b1 + a3*b3*(-1*SD2);
     ICMMWM = a3*b1 + a3*b3*0*SD2;
     ICMMWH = a3*b1 + a3*b3*1*SD2;

   ! index of conditional moderated mediation by W

     ICMMML = a1*b3 + a3*b3*(-1*SD1);
     ICMMMM = a1*b3 + a3*b3*0*SD1;
     ICMMMH = a1*b3 + a3*b3*1*SD1;

   ! conditional indirect effects for specific values of M and W

     CONMLWL = (a1 + a3*(-1*SD1)) * (b1+b3*(-1*SD2));
     CONMMWL = (a1 + a3*0)        * (b1+b3*(-1*SD2));
     CONMHWL = (a1 + a3*1*SD1)    * (b1+b3*(-1*SD2));

     CONMLWM = (a1 + a3*(-1*SD1)) * (b1+b3*0);
     CONMMWM = (a1 + a3*0)        * (b1+b3*0);
     CONMHWM = (a1 + a3*1*SD1)    * (b1+b3*0);

     CONMLWH = (a1 + a3*(-1*SD1)) * (b1+b3*1*SD2);
     CONMMWH = (a1 + a3*0)        * (b1+b3*1*SD2);
     CONMHWH = (a1 + a3*1*SD1)    * (b1+b3*1*SD2);

   ! conditional total effects for specific values of M and W

    TOTMLWL = CONMLWL + cprime;
    TOTMMWL = CONMMWL + cprime;
```

```
        TOTMHWL = CONMHWL + cprime;

        TOTMLWM = CONMLWM + cprime;
        TOTMMWM = CONMMWM + cprime;
        TOTMHWM = CONMHWM + cprime;

        TOTMLWH = CONMLWH + cprime;
        TOTMMWH = CONMMWH + cprime;
        TOTMHWH = CONMHWH + cprime;

       ! plot conditional indirect effect of X on Y
       ! for specific values of M and W
       ! these options could be edited to examine conditional total effects or
       ! conditional direct effects

        PLOT(PMLWL PMMWL PMHWL PMLWM PMMWM PMHWM PMLWH
             PMMWH PMHWH);
        LOOP(KSI1, -3, 3, 0.1);

          PMLWL = CONMLWL * KSI1;
          PMMWL = CONMMWL * KSI1;
          PMHWL = CONMHWL * KSI1;

          PMLWM = CONMLWM * KSI1;
          PMMWM = CONMMWM * KSI1;
          PMHWM = CONMHWM * KSI1;

          PMLWH = CONMLWH * KSI1;
          PMMWH = CONMMWH * KSI1;
          PMHWH = CONMHWH * KSI1;

PLOT:    TYPE=PLOT2;
OUTPUT: CINT;
```

〈표 13.25〉에서 MONTECARLO integration이 설정되어 있다. 그리고 MODEL CONSTRAINT에 조절된 조절된 매개지수와 조건부 조절된 매개지수 및 조건부 간접효과 그리고 조건부 총효과의 추론검정이 설정되어 있다.

〈표 13.25〉를 실행하면 〈결과 13.25〉를 얻을 수 있다.

〈결과 13.25〉 잠재변수를 이용한 model 21의 분석결과

MODEL RESULTS

	Estimate	S.E.	Est./S.E.	Two-Tailed P-Value
X BY				
X1	1.000	0.000	999.000	999.000
X2	0.913	0.050	18.256	0.000
X3	0.808	0.053	15.374	0.000
X4	0.916	0.043	21.424	0.000
M BY				
M1	1.000	0.000	999.000	999.000
M2	1.119	0.055	20.178	0.000
M3	0.928	0.057	16.264	0.000
M4	1.082	0.062	17.565	0.000
W BY				
W1	1.000	0.000	999.000	999.000
W2	1.131	0.066	17.100	0.000
W3	0.990	0.046	21.627	0.000
W4	1.087	0.065	16.732	0.000
ETA1 BY				
ETA11	1.000	0.000	999.000	999.000
ETA12	1.234	0.100	12.317	0.000
ETA13	0.950	0.042	22.447	0.000
ETA14	1.267	0.095	13.361	0.000
ETA2 BY				
ETA21	1.000	0.000	999.000	999.000
ETA22	0.950	0.054	17.537	0.000
ETA23	0.926	0.059	15.766	0.000
ETA24	0.990	0.053	18.521	0.000
ETA1 ON				
X	0.371	0.049	7.547	0.000
M	0.165	0.051	3.273	0.001
XM	−0.068	0.024	−2.873	0.004
ETA2 ON				
X	−0.063	0.085	−0.745	0.456
ETA1	0.983	0.153	6.414	0.000
W	0.355	0.067	5.323	0.000
ETA1W	0.270	0.055	4.891	0.000

Variances				
X	2.658	0.206	12.893	0.000
M	2.233	0.185	12.085	0.000
W	1.931	0.187	10.332	0.000
New/Additional Parameters				
SD1	1.494	0.062	24.170	0.000
SD2	1.390	0.067	20.665	0.000
INDEX	−0.018	0.007	−2.487	0.013
ICMMWL	−0.041	0.018	−2.317	0.021
ICMMWM	−0.067	0.024	−2.767	0.006
ICMMWH	−0.092	0.032	−2.846	0.004
ICMMML	0.128	0.029	4.390	0.000
ICMMMM	0.100	0.024	4.194	0.000
ICMMMH	0.073	0.023	3.164	0.002
CONMLWL	0.287	0.087	3.296	0.001
CONMMWL	0.226	0.071	3.158	0.002
CONMHWL	0.164	0.063	2.591	0.010
CONMLWM	0.464	0.083	5.609	0.000
CONMMWM	0.365	0.072	5.061	0.000
CONMHWM	0.265	0.078	3.409	0.001
CONMLWH	0.642	0.096	6.653	0.000
CONMMWH	0.504	0.086	5.831	0.000
CONMHWH	0.367	0.101	3.635	0.000
TOTMLWL	0.224	0.068	3.311	0.001
TOTMMWL	0.162	0.064	2.522	0.012
TOTMHWL	0.101	0.071	1.411	0.158
TOTMLWM	0.401	0.066	6.123	0.000
TOTMMWM	0.302	0.067	4.490	0.000
TOTMHWM	0.202	0.085	2.373	0.018
TOTMLWH	0.579	0.085	6.818	0.000
TOTMMWH	0.441	0.084	5.244	0.000
TOTMHWH	0.304	0.107	2.833	0.005

〈결과 13.25〉에서 $a_1(a_1 = .371,\ p < .001)$과 $a_2(a_2 = .165,\ p < .001)$, $a_3(a_3 = -.068,\ p < .01)$가 유의하게 나타났다. 이 자료는 흥미로운 자료이다. 즉, X와 M이 증가하면 $ETA1$이 증가하는데, M이 증가하면 $X \rightarrow ETA1$의 양의 관계가 감소(a_3가 음수)한다는 결과이다. 이러한 결과를 의미하는 이론으로 특성활성화 이론(trait activation theory)

이 있는데, 이는 개인 특성은 환경변수가 약한 경우에 활성화된다는 이론이다. 예를 들어 개인특성인 주도적 성격(X)과 환경특성인 조직지원(M)은 모두 조직몰입도($ETA1$)를 증가시키는데, 조직지원이 부족한 경우에만 개인특성을 활성화시켜 대응한다는 이론이다. 이러한 경우에 XM의 계수 a_3는 음수로 나타난다. 그리고 b_1 ($b_1 = .983$, $p < .001$)과 b_3($b_3 = .270$, $p < .001$)는 모두 양수로 유의하게 나타났다.

New/Additional Parameters에서 조절된 조절된 매개지수($a_3b_3 = -.018, p < .05$)는 음수형태로 유의하게 나타났다. 조절된 조절된 매개지수가 음수로 나타난 것은 a_3는 음수이고 b_3는 양수로 나타났기 때문이다. 이러한 조절된 조절된 매개지수는 다음의 조건부 조절된 매개지수와 함께 설명할 수 있다.

	Estimate	S.E.	Est./S.E.	Two-Tailed P-Value
ICMMWL	-0.041	0.018	-2.317	0.021
ICMMWM	-0.067	0.024	-2.767	0.006
ICMMWH	-0.092	0.032	-2.846	0.004
ICMMML	0.128	0.029	4.390	0.000
ICMMMM	0.100	0.024	4.194	0.000
ICMMMH	0.073	0.023	3.164	0.002

위의 결과에서 W가 증가하면서 M에 의하여 조절되는 간접효과의 크기는 점점 감소(−0.041 → −0.067 → −0.092)하고 M이 증가하면서 W에 의하여 조절되는 간접효과의 크기 역시 점점 감소(0.128 → 0.100 → 0.073)하는 것을 알 수 있다.

그리고 조건부 간접효과의 추세는 다음과 같다.

	Estimate	S.E.	Est./S.E.	Two-Tailed P-Value	
CONMLWL	0.287	0.087	3.296	0.001	①
CONMMWL	0.226	0.071	3.158	0.002	②
CONMHWL	0.164	0.063	2.591	0.010	③
CONMLWM	0.464	0.083	5.609	0.000	④
CONMMWM	0.365	0.072	5.061	0.000	⑤
CONMHWM	0.265	0.078	3.409	0.001	⑥
CONMLWH	0.642	0.096	6.653	0.000	⑦
CONMMWH	0.504	0.086	5.831	0.000	⑧
CONMHWH	0.367	0.101	3.635	0.000	⑨

위의 조건부 간접효과의 추세에서 W가 일정한 값(예 WL)을 갖는 경우에 M이 증가하면 간접효과는 점점 감소(a_3가 음수)하지만(① → ② → ③), M이 일정한 값(예 ML)을 갖는 경우에 W가 증가하면 간접효과는 점점 증가(b_3가 양수)하는 것(① → ④ → ⑦)을 알 수 있다.

다음으로 지표변수들을 평균한 단일변수를 이용하여 model 21을 분석하기로 한다. 〈표 13.26〉(model21(single).inp)은 이를 분석하기 위한 Mplus code이다.

〈표 13.26〉 단일변수를 이용하여 model 21을 분석하기 위한 Mplus code

```
TITLE:   model 21 (single)
DATA:       FILE IS book(other).dat;
VARIABLE:
            NAMES ARE Gender X1 X2 X3 X4 ETA11 ETA12 ETA13 ETA14 W1
                      W2 W3 W4 M1 M2 M3 M4 ETA21 ETA22 ETA23
                      ETA24 X M W ETA1 ETA2;
            USEVARIABLES ARE X M W ETA1 ETA2 XM ETA1W;

DEFINE:     CENTER X M W ETA1(GRANDMEAN);
            XM=X*M; ETA1W=ETA1*W;

ANALYSIS:   BOOTSTRAP=10000;

MODEL:      ETA1 ON X      (a1)
                    M      (a2)
                    XM     (a3);
            ETA2 ON X      (cprime)
                    ETA1   (b1)
                    W      (b2)
                    ETA1W  (b3);

            [M](mean1);
             M(var1);
            [W](mean2);
             W(var2);

MODEL CONSTRAINT: NEW(MEANM MEANW SD1 SD2 INDEX
                  ICMMWL ICMMWM ICMMWH ICMMML ICMMMM
                  ICMMMH MSDML MSDMM MSDMH MSDWL MSDWM
                  MSDWH CONMLWL CONMMWL CONMHWL CONMLWM
                  CONMMWM CONMHWM CONMLWH CONMMWH
```

```
                    CONMHWH TOTMLWL TOTMMWL TOTMHWL
                    TOTMLWM TOTMMWM TOTMHWM TOTMLWH
                    TOTMMWH TOTMHWH);

  MEANM = mean1;
  MEANW = mean2;
  SD1 = SQRT(var1);
  SD2 = SQRT(var2);

  MSDML = MEANM - SD1;
  MSDMM = MEANM;
  MSDMH = MEANM + SD1;
  MSDWL = MEANW - SD2;
  MSDWM = MEANW;
  MSDWH = MEANW + SD2;

! index of  moderated moderated mediation
    INDEX = a3*b3;

! index of conditional moderated mediation by M
  ICMMWL = a3*b1 + a3*b3*MSDWL;
  ICMMWM = a3*b1 + a3*b3*MSDWM;
  ICMMWH = a3*b1 + a3*b3*MSDWH;

! index of conditional moderated mediation by W

  ICMMML = a1*b3 + a3*b3*MSDML;
  ICMMMM = a1*b3 + a3*b3*MSDMM;
  ICMMMH = a1*b3 + a3*b3*MSDMH;

! conditional indirect effects for specific values of M and W

  CONMLWL = (a1 + a3*MSDML) * (b1+b3*MSDWL);
  CONMMWL = (a1 + a3*MSDMM) * (b1+b3*MSDWL);
  CONMHWL = (a1 + a3*MSDMH) * (b1+b3*MSDWL);

  CONMLWM = (a1 + a3*MSDML) * (b1+b3*MSDWM);
  CONMMWM = (a1 + a3*MSDMM) * (b1+b3*MSDWM);
  CONMHWM = (a1 + a3*MSDMH) * (b1+b3*MSDWM);

  CONMLWH = (a1 + a3*MSDML) * (b1+b3*MSDWH);
  CONMMWH = (a1 + a3*MSDMM) * (b1+b3*MSDWH);
  CONMHWH = (a1 + a3*MSDMH) * (b1+b3*MSDWH);
```

```
        ! conditional total effects for specific values of M and W

         TOTMLWL = CONMLWL + cprime;
         TOTMMWL = CONMMWL + cprime;
         TOTMHWL = CONMHWL + cprime;

         TOTMLWM = CONMLWM + cprime;
         TOTMMWM = CONMMWM + cprime;
         TOTMHWM = CONMHWM + cprime;

         TOTMLWH = CONMLWH + cprime;
         TOTMMWH = CONMMWH + cprime;
         TOTMHWH = CONMHWH + cprime;

        ! plot conditional indirect effect of X on Y
        ! for specific values of M and W
        ! these options could be edited to examine conditional total effects or
        ! conditional direct effects

         PLOT(PMLWL PMMWL PMHWL PMLWM PMMWM PMHWM PMLWH
              PMMWH);
         LOOP(KSI1, -3, 3, 0.1);

           PMLWL = CONMLWL * KSI1;
           PMMWL = CONMMWL * KSI1;
           PMHWL = CONMHWL * KSI1;

           PMLWM = CONMLWM * KSI1;
           PMMWM = CONMMWM * KSI1;
           PMHWM = CONMHWM * KSI1;

           PMLWH = CONMLWH * KSI1;
           PMMWH = CONMMWH * KSI1;
           PMHWH = CONMHWH * KSI1;

PLOT:    TYPE=PLOT2;
OUTPUT: CINT;
```

〈표 13.26〉을 실행하면 〈결과 13.26〉을 얻을 수 있다.

〈결과 13.26〉 단일변수를 이용한 model 21의 분석결과

MODEL RESULTS

	Estimate	S.E.	Est./S.E.	Two-Tailed P-Value
ETA1 ON				
X	0.443	0.052	8.492	0.000
M	0.156	0.043	3.643	0.000
XM	−0.063	0.028	−2.290	0.022
ETA2 ON				
X	0.001	0.076	0.008	0.994
ETA1	0.723	0.096	7.546	0.000
W	0.303	0.054	5.572	0.000
ETA1W	0.191	0.040	4.755	0.000
W WITH				
M	1.488	0.166	8.966	0.000
Means				
M	0.000	0.113	0.000	1.000
W	0.000	0.107	0.000	1.000
Intercepts				
ETA1	0.095	0.066	1.436	0.151
ETA2	3.792	0.075	50.456	0.000
Variances				
M	2.569	0.133	19.319	0.000
W	2.267	0.155	14.619	0.000
Residual Variances				
ETA1	0.540	0.072	7.510	0.000
ETA2	1.053	0.096	10.988	0.000
New/Additional Parameters				
MEANM	0.000	0.113	0.000	1.000
MEANW	0.000	0.107	0.000	1.000
SD1	1.603	0.042	38.500	0.000
SD2	1.506	0.052	29.080	0.000
INDEX	−0.012	0.006	−2.003	0.045
ICMMWL	−0.027	0.014	−1.974	0.048
ICMMWM	−0.046	0.020	−2.237	0.025
ICMMWH	−0.064	0.028	−2.255	0.024
ICMMML	0.104	0.024	4.257	0.000
ICMMMM	0.084	0.020	4.177	0.000
ICMMMH	0.065	0.020	3.234	0.001

MSDML	−1.603	0.125	−12.855	0.000
MSDMM	0.000	0.113	0.000	1.000
MSDMH	1.603	0.117	13.721	0.000
MSDWL	−1.506	0.139	−10.809	0.000
MSDWM	0.000	0.107	0.000	1.000
MSDWH	1.506	0.094	16.078	0.000
CONMLWL	0.237	0.069	3.415	0.001
CONMMWL	0.193	0.059	3.269	0.001
CONMHWL	0.149	0.056	2.657	0.008
CONMLWM	0.393	0.063	6.200	0.000
CONMMWM	0.320	0.056	5.716	0.000
CONMHWM	0.247	0.066	3.738	0.000
CONMLWH	0.549	0.077	7.136	0.000
CONMMWH	0.447	0.068	6.558	0.000
CONMHWH	0.345	0.086	4.002	0.000
TOTMLWL	0.238	0.067	3.575	0.000
TOTMMWL	0.194	0.063	3.057	0.002
TOTMHWL	0.150	0.068	2.207	0.027
TOTMLWM	0.394	0.064	6.203	0.000
TOTMMWM	0.321	0.063	5.132	0.000
TOTMHWM	0.248	0.077	3.225	0.001
TOTMLWH	0.550	0.080	6.905	0.000
TOTMMWH	0.448	0.075	5.950	0.000
TOTMHWH	0.346	0.095	3.635	0.000

〈결과 13.26〉에서 잠재변수를 이용한 분석결과와 마찬가지로 $a_1(a_1 = .443,\ p < .001)$과 $a_3(a_3 = -.063,\ p < .05)$가 유의하게 나타났다. 또한 $b_1(b_1 = .723,\ p < .001)$과 b_3 $(b_3 = .191,\ p < .001)$도 유의하게 나타났다. 그리고 New/Additional Parameters에서 조절된 조절된 매개지수$(a_3b_3 = -.012,\ p < .05)$가 유의하게 나타났다. 나머지 결과의 해석은 잠재변수를 이용한 분석결과와 같다. 여기에서의 Mplus에 의한 분석결과 또한 PROCESS macro의 분석결과와 정확하게 일치하고 있다.

CHAPTER

14

다중매개모형이 포함된 조절된 매개모형

지금까지는 단순매개모형과 조절모형을 결합한 조절된 매개모형의 분석을 알아보았다. 지금부터는 다중매개모형(직렬 및 병렬)과 조절모형을 통합한 조절된 매개모형을 분석할 예정이다. 먼저 직렬다중매개모형과 조절모형의 결합을 알아보고 다음으로 병렬다중매개모형과 조절모형의 결합에 대하여 분석하기로 한다. 2017년 12월에 발표된 PROCESS macro Version 3.0에서도 기존의 PROCESS macro에 직렬다중매개모형과 조절모형을 결합한 10개의 조절된 매개모형(models 83-92)을 추가하였다.

14.1 PROCESS model 84의 분석

model 84는 직렬다중매개모형과 조절모형의 결합인데 이에 관한 개념모형과 통계모형은 [그림 14.1]과 같다.

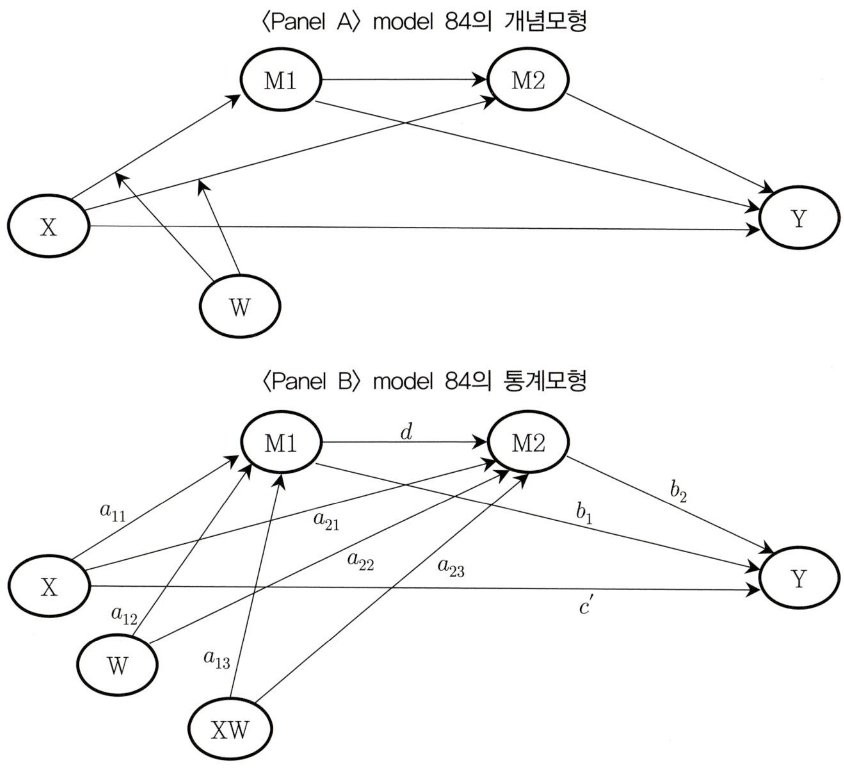

[그림 14.1] model 84의 개념모형과 통계모형

model 84의 M_1 회귀식과 M_2 회귀식 및 Y 회귀식은 다음과 같다. 항상 강조하지만 연구모형을 올바르게 분석하기 위해서는 회귀식을 정확하게 설정해야 한다. 여기에서도 오차항은 생략된다.

$$
\begin{aligned}
M_1 &= i_1 + a_{11}X + a_{12}W + a_{13}XW \\
&= i_1 + a_{12}W + (a_{11} + a_{13}W)X \qquad (14.1) \\
M_2 &= i_2 + a_{21}X + a_{22}W + a_{23}XW + dM_1 \\
&= i_2 + a_{22}W + dM_1 + (a_{21} + a_{23}W)X \qquad (14.2) \\
Y &= i_3 + c'X + b_1M_1 + b_2M_2 \qquad (14.3)
\end{aligned}
$$

식 (14.1)에서 X가 M_1에 영향을 미치는 조건부효과($\theta_{X\to M_1}$)는 다음과 같다.

$$\theta_{X\to M_1} = a_{11} + a_{13}W \qquad (14.4)$$

마찬가지로 식 (14.2)에서 X가 M_2에 영향을 미치는 조건부효과($\theta_{X\to M_2}$)는 다음과 같이 계산된다.

$$\theta_{X\to M_2} = a_{21} + a_{23}W \qquad (14.5)$$

또한 식 (14.2)에서 $M_1 \to M_2$의 영향은 d로 계산된다. 식 (14.3)에서 X가 Y에 영향을 미치는 직접효과는 단순히 c'이다. 또한 $M_1 \to Y$의 영향은 b_1이고 $M_2 \to Y$의 영향은 b_2이다.

그리고 X가 M_1을 경유하여 Y에 영향을 미치는 조건부 간접효과(ω_1)는 다음과 같다.

$$\omega_1 = (a_{11} + a_{13}W)b_1 = a_{11}b_1 + a_{13}b_1W \qquad (14.6)$$

식 (14.6)에서 조절된 매개지수는 W의 가중치인 $a_{13}b_1$이다.

또한 X가 M_2를 경유하여 Y에 영향을 미치는 조건부 간접효과(ω_2)는 다음과 같다.

$$\omega_2 = (a_{21} + a_{23}W)b_2 = a_{21}b_2 + a_{23}b_2W \tag{14.7}$$

위의 식 (14.7)에서 조절된 매개지수는 $a_{23}b_2$로 계산된다.
그리고 $X \rightarrow M_1 \rightarrow M_2 \rightarrow Y$의 조건부 간접효과($\omega_3$)는 다음과 같다.

$$\omega_3 = (a_{11} + a_{13}W) \times d \times b_2 = a_{11}db_2 + a_{13}db_2W \tag{14.8}$$

식 (14.8)에서 조절된 매개지수는 $a_{13}db_2$이다.

model 84를 분석하기 전에 먼저 기저모형을 분석한다. 〈표 14.1〉은 기저모형에 관한 Mplus code(model84(latent baseline).inp)이다. 자료파일은 model 88.dat 이다.

〈표 14.1〉 model 84의 기저모형에 관한 Mplus code

```
TITLE:  model 84 (latent baseline)
DATA:     FILE IS model 88.dat;
VARIABLE:
          NAMES ARE  GENDER X1 X2 X3 X4 M21 M22 M23 M24
                     M11 M12 M13 M14 W1 W2 W3 W4 Y1 Y2 Y3 Y4 X
                     M2 M1 W Y;
          USEVARIABLES ARE X1- X4  M21- M24 M11-M14  W1- W4  Y1- Y4;

MODEL:    X BY X1-X4;
          W BY W1-W4;
          M1 BY M11-M14;
          M2 BY M21-M24;
          Y BY Y1-Y4;

          M1 ON X
                W;

          M2 ON X
                W
                M1;

          Y ON  X
                M1
                M2;
```

〈표 14.1〉을 실행하면 〈결과 14.1〉을 얻을 수 있다.

〈결과 14.1〉 model 84의 기저모형의 분석결과

```
MODEL FIT INFORMATION
Number of Free Parameters                        69
Chi-Square Test of Model Fit
          Value                             294.281
          Degrees of Freedom                    161
          P-Value                            0.0000
RMSEA (Root Mean Square Error Of Approximation)
          Estimate                            0.064
          90 Percent C.I.                     0.053    0.076
          Probability RMSEA <= .05            0.024
CFI/TLI
          CFI                                 0.966
          TLI                                 0.959
SRMR (Standardized Root Mean Square Residual)
          Value                               0.042

MODEL RESULTS
                                                     Two-Tailed
                       Estimate     S.E.   Est./S.E.    P-Value
 X        BY
    X1                    1.000    0.000     999.000    999.000
    X2                    0.908    0.046      19.574      0.000
    X3                    0.804    0.056      14.240      0.000
    X4                    0.914    0.042      21.857      0.000
 W        BY
    W1                    1.000    0.000     999.000    999.000
    W2                    1.115    0.060      18.638      0.000
    W3                    0.918    0.062      14.817      0.000
    W4                    1.072    0.061      17.571      0.000
 M1       BY
    M11                   1.000    0.000     999.000    999.000
    M12                   1.136    0.058      19.538      0.000
    M13                   0.996    0.054      18.318      0.000
    M14                   1.090    0.058      18.765      0.000
```

M2	BY				
	M21	1.000	0.000	999.000	999.000
	M22	1.264	0.080	15.726	0.000
	M23	0.953	0.055	17.215	0.000
	M24	1.282	0.081	15.776	0.000
Y	BY				
	Y1	1.000	0.000	999.000	999.000
	Y2	0.943	0.059	15.967	0.000
	Y3	0.920	0.060	15.326	0.000
	Y4	0.983	0.054	18.214	0.000
M1	ON				
	X	−0.171	0.068	−2.525	0.012
	W	0.730	0.082	8.942	0.000
M2	ON				
	X	0.320	0.042	7.611	0.000
	W	0.368	0.061	6.085	0.000
	M1	−0.253	0.050	−5.031	0.000
Y	ON				
	X	−0.113	0.092	−1.218	0.223
	M1	0.342	0.065	5.266	0.000
	M2	1.069	0.161	6.628	0.000
W	WITH				
	X	1.562	0.228	6.844	0.000

〈결과 14.1〉에서 모형적합도가 양호하고 지표변수들의 요인적재량이 통계적으로 유의하기 때문에 기저모형은 자료에 적합한 것을 알 수 있다.

기저모형의 적합성이 확인되었으므로 잠재변수의 상호항을 도입한 조절된 매개모형을 분석한다. 〈표 14.2〉(model84(latent).inp)는 이에 관한 Mplus code이다.

〈표 14.2〉 model 84를 분석하기 위한 Mplus code(잠재변수)

```
TITLE:  model 84 (latent)
DATA:     FILE IS model 88.dat;
VARIABLE:
          NAMES ARE   GENDER X1 X2 X3 X4 M21 M22 M23 M24
                      M11 M12 M13 M14 W1 W2 W3 W4 Y1 Y2 Y3 Y4 X
```

```
                    M2 M1 W Y;

          USEVARIABLES ARE X1- X4  M21- M24 M11-M14  W1- W4  Y1- Y4;

ANALYSIS: TYPE=RANDOM;
          ALGORITHM=INTEGRATION;
          INTEGRATION=MONTECARLO;

MODEL: ! measurement model
          X BY X1-X4;
          W BY W1-W4;
          M1 BY M11-M14;
          M2 BY M21-M24;
          Y BY Y1-Y4;

        ! create latent variable interaction

          XW | X XWITH W;

        ! structural model

        M1 ON X    (a11)
              W
              XW   (a13);

        M2 ON X    (a21)
              W
              XW   (a23)
              M1   (d);

        Y ON  X    (cprime)
              M1   (b1)
              M2   (b2);

          W(wvar);

MODEL CONSTRAINT:
              NEW(SD INDEX1 INDEX2 INDEX3
                  CON1WLL CON1WL CON1WM CON1WH CON1WHH
                  CON2WLL CON2WL CON2WM CON2WH CON2WHH
                  CON3WLL CON3WL CON3WM CON3WH CON3WHH
                  TOTWLL TOTWL TOTWM TOTWH TOTWHH);

              SD=SQRT(wvar);
```

```
! index of moderated mediation (via M1 only)

INDEX1 = a13*b1;

! index of moderated mediation (via M2 only)

INDEX2 = a23*b2;

! index of moderated mediation (via M1 and M2)

INDEX3 = a13*d*b2;

! conditional indirect effects of X on Y
! via M1 only for specific values of W

CON1WLL = a11*b1 + a13*b1*(-2*SD);
CON1WL  = a11*b1 + a13*b1*(-1*SD);
CON1WM  = a11*b1 + a13*b1*(0*SD);
CON1WH  = a11*b1 + a13*b1*(1*SD);
CON1WHH = a11*b1 + a13*b1*(2*SD);

! conditional indirect effects of X on Y
! via M2 only for specific values of W

CON2WLL = a21*b2 + a23*b2*(-2*SD);
CON2WL  = a21*b2 + a23*b2*(-1*SD);
CON2WM  = a21*b2 + a23*b2*(0*SD);
CON2WH  = a21*b2 + a23*b2*(1*SD);
CON2WHH = a21*b2 + a23*b2*(2*SD);

! conditional indirect effects of X on Y
! via M1 and M2 for specific values of W

CON3WLL = a11*d*b2 + a13*d*b2*(-2*SD);
CON3WL  = a11*d*b2 + a13*d*b2*(-1*SD);
CON3WM  = a11*d*b2 + a13*d*b2*(0*SD);
CON3WH  = a11*d*b2 + a13*d*b2*(1*SD);
CON3WHH = a11*d*b2 + a13*d*b2*(2*SD);

! conditional total effects of X on Y for specific value of W

TOTWLL = CON1WLL + CON2WLL + CON3WLL + cprime;
TOTWL  = CON1WL  + CON2WL  + CON3WL  + cprime;
TOTWM  = CON1WM  + CON2WM  + CON3WM  + cprime;
TOTWH  = CON1WH  + CON2WH  + CON3WH  + cprime;
```

```
                TOTWHH = CON1WHH + CON2WHH + CON3WHH + cprime;
              ! plot total effects of X on Y for specific value of W
               PLOT(PLOW PMID PHI);
               LOOP(X, -3, 3, 0.1);
               PLOW = TOTWL * X;
               PMID  = TOTWM * X;
               PHI   = TOTWH * X;
PLOT: TYPE=PLOT2;
OUTPUT: CINT;
```

〈표 14.2〉에서 MONTECARLO integration이 설정되어 있다. 이는 생략해도 결과가 비슷하게 산출되지만 분석시간을 절약하기 위하여 설정한 것이다. 그리고 유일한 잠재상호항 XW가 생성되어 있다. MODEL CONSTRAINT에 3가지의 조절된 매개지수의 추론검정이 지정되어 있고 3가지의 조건부 간접효과의 계산이 설정되어 있으며 조건부 총효과의 계산도 지정되어 있다. 여기에서는 총효과의 그래프를 그리기 위한 명령문이 지정되어 있다.

〈표 14.2〉를 실행하면 〈결과 14.2〉를 얻을 수 있다.

〈결과 14.2〉 잠재변수를 이용한 model 84의 분석결과

MODEL RESULTS

	Estimate	S.E.	Est./S.E.	Two-Tailed P-Value
X BY				
X1	1.000	0.000	999.000	999.000
X2	0.910	0.051	17.834	0.000
X3	0.806	0.053	15.205	0.000
X4	0.914	0.044	20.843	0.000
W BY				
W1	1.000	0.000	999.000	999.000
W2	1.117	0.058	19.330	0.000
W3	0.921	0.058	15.774	0.000
W4	1.078	0.063	17.140	0.000

```
M1       BY
   M11            1.000     0.000   999.000   999.000
   M12            1.135     0.066    17.272     0.000
   M13            0.995     0.046    21.682     0.000
   M14            1.090     0.065    16.807     0.000
M2       BY
   M21            1.000     0.000   999.000   999.000
   M22            1.268     0.103    12.330     0.000
   M23            0.953     0.041    23.175     0.000
   M24            1.283     0.096    13.337     0.000
Y        BY
   Y1             1.000     0.000   999.000   999.000
   Y2             0.943     0.054    17.554     0.000
   Y3             0.920     0.058    15.760     0.000
   Y4             0.983     0.053    18.473     0.000
M1       ON
   X             -0.157     0.054    -2.933     0.003
   W              0.732     0.074     9.841     0.000
   XW             0.097     0.040     2.434     0.015
M2       ON
   X              0.320     0.052     6.200     0.000
   W              0.346     0.068     5.100     0.000
   XW            -0.043     0.025    -1.757     0.079
   M1            -0.226     0.059    -3.815     0.000
Y        ON
   X             -0.102     0.098    -1.038     0.299
   M1             0.342     0.072     4.750     0.000
   M2             1.051     0.174     6.024     0.000
W        WITH
   X              1.557     0.179     8.719     0.000

New/Additional Parameters
   SD             1.499     0.066    22.722     0.000
   INDEX1         0.033     0.015     2.277     0.023
   INDEX2        -0.045     0.024    -1.854     0.064
   INDEX3        -0.023     0.011    -2.080     0.037
   CON1WLL       -0.153     0.058    -2.621     0.009
   CON1WL        -0.103     0.038    -2.701     0.007
   CON1WM        -0.054     0.022    -2.466     0.014
```

CON1WH	−0.004	0.021	−0.202	0.840
CON1WHH	0.045	0.037	1.232	0.218
CON2WLL	0.472	0.096	4.925	0.000
CON2WL	0.404	0.077	5.258	0.000
CON2WM	0.336	0.072	4.638	0.000
CON2WH	0.268	0.085	3.154	0.002
CON2WHH	0.200	0.109	1.838	0.066
CON3WLL	0.106	0.047	2.282	0.022
CON3WL	0.072	0.031	2.314	0.021
CON3WM	0.037	0.018	2.116	0.034
CON3WH	0.003	0.015	0.201	0.841
CON3WHH	−0.031	0.026	−1.217	0.224
TOTWLL	0.324	0.088	3.659	0.000
TOTWL	0.271	0.073	3.713	0.000
TOTWM	0.218	0.075	2.893	0.004
TOTWH	0.165	0.094	1.749	0.080
TOTWHH	0.112	0.122	0.914	0.361

〈결과 14.2〉에서 $a_{11} =-0.157$, $p < .01$과 $b_1 = .342$, $p < .001$로 나타났기 때문에 $X \rightarrow M_1 \rightarrow Y$의 간접효과($a_{11}*b_1$)는 음으로 계산된다. 또한 $a_{21} = .320$, $p < .001$과 $b_2 = 1.051$, $p < .001$이기 때문에 $X \rightarrow M_2 \rightarrow Y$의 간접효과($a_{21}*b_2$)는 양으로 나타난 것을 알 수 있다. 마찬가지로 $d =-.226$, $p < .001$이므로 $X \rightarrow M_1 \rightarrow M_2 \rightarrow Y$의 간접효과($a_{11}*d*b_2$)는 양으로 계산된다. 그리고 a_{13}의 계수가 양으로 유의하게 ($a_{13} = .097$, $p < .05$) 나타났으므로 조절변수 W가 증가하면 $X \rightarrow M_1$의 음의 효과(a_{11})가 완화된다고 할 수 있다. 또한 a_{23}의 계수는 음으로 한계적으로 유의하게 나타났기 때문에($a_{23} =-.043$, $p = .079$) W가 증가하면 $X \rightarrow M_2$의 양의 효과(a_{21})가 감소한다고 할 수 있다.

New/Additional Parameters에서 첫 번째 간접효과인 $X \rightarrow M_1 \rightarrow Y$에 관한 조절된 매개지수(INDEX1=$a_{13}b_1 = .033$, $p < .05$)가 유의하게 양으로 나타났다. 이러한 결과는 W가 증가하면 $X \rightarrow M_1$의 음의 효과가 완화되기 때문에 결과적으로 $X \rightarrow M_1 \rightarrow Y$의 음의 간접효과가 완화된다는 것을 의미한다. 그리고 $X \rightarrow M_2 \rightarrow Y$의 간접효과에 관한 조절된 매개지수는 음으로 한계적으로 유의하게(INDEX2=$a_{23}b_2 =-0.045$, $p = .064$) 나타났다. 이러한 결과는 W가 증가하면 $X \rightarrow M_2$의 양의 효과가 완화되기 때문에 양의 간접효과가 감소한다는 것을 의미한다. 마지막으로 $X \rightarrow M_1 \rightarrow M_2 \rightarrow Y$의 간접효

과에 대한 조절된 매개지수(INDEX3=$a_{13}db_2$ =$-$0.023, $p < .05$)는 음으로 유의하게 나타났다. 이러한 사실은 W가 증가하면 $X \rightarrow M_1$의 음의 효과가 완화되기 때문에 결과적으로 양의 간접효과가 감소한다는 내용을 알려주는 것이다. 이러한 결과는 제12장의 model 7에서 설명한 바와 같이 원래의 간접효과의 부호와 조절된 매개지수의 부호가 동일한 경우에는 상승효과가 발생하고 부호가 다른 경우에는 완충효과가 발생한다는 내용과 같은 것이다.

조절된 매개지수의 해석은 조건부 간접효과의 추세를 이용하여 살펴볼 수 있다. 다음은 결과물에 나타난 3가지의 조건부 간접효과들에 관한 추세이다.

	Estimate	S.E.	Est./S.E.	Two-Tailed P-Value
CON1WLL	−0.153	0.058	−2.621	0.009
CON1WL	−0.103	0.038	−2.701	0.007
CON1WM	−0.054	0.022	−2.466	0.014
CON1WH	−0.004	0.021	−0.202	0.840
CON1WHH	0.045	0.037	1.232	0.218
CON2WLL	0.472	0.096	4.925	0.000
CON2WL	0.404	0.077	5.258	0.000
CON2WM	0.336	0.072	4.638	0.000
CON2WH	0.268	0.085	3.154	0.002
CON2WHH	0.200	0.109	1.838	0.066
CON3WLL	0.106	0.047	2.282	0.022
CON3WL	0.072	0.031	2.314	0.021
CON3WM	0.037	0.018	2.116	0.034
CON3WH	0.003	0.015	0.201	0.841
CON3WHH	−0.031	0.026	−1.217	0.224

위의 결과에서 W가 증가하면 $X \rightarrow M_1 \rightarrow Y$의 음의 간접효과(CON1)는 점점 완화되고 $X \rightarrow M_2 \rightarrow Y$의 양의 간접효과(CON2)는 감소하며 $X \rightarrow M_1 \rightarrow M_2 \rightarrow Y$의 양의 간접효과(CON3) 또한 감소하는 추세를 확인할 수 있다. 그리고 앞서 설명한 바와 같이 Mplus는 잠재변수의 평균은 0으로 고정하고 잠재분산을 계산하기 때문에 WLL은 $\overline{W} - 2SD_W = -2SD_W$로 계산된다. 마찬가지로 $WL = -SD_W$, $WM = 0$, $WH = SD_W$, $WHH = 2SD_W$로 지정된다. 그리고 W가 증가하면서 조건부 총효과도 점점 감소하는 것을 확인할 수 있다.

여기에서 흥미로운 주제를 한 가지 제시하고자 한다. 만일 조절변수가 $X \rightarrow Y$경로도 동시에 조절하는 효과를 model 84에 추가한 model 85에서는 조절된 매개지수가 어떻게 달라질 것인가? 이 모형에서는 구조모형의 Y 회귀식이 다음과 같이 변경된다.

$$
\begin{aligned}
Y &= i_3 + c_1{}'X + c_2{}'W + c_3{}'XW + b_1M_1 + b_2M_2 \\
&= i_3 + c_2{}'W + (c_1{}' + c_3{}'W)X + b_1M_1 + b_2M_2 \qquad (14.9)
\end{aligned}
$$

식 (14.9)에서 조건부 직접효과는 $\theta_{X\rightarrow Y} = c_1{}' + c_3{}'W$로 계산된다. 식 (14.9)에는 X와 W 및 XW가 추가되었으므로 식 (14.9)의 b_1과 b_2의 추정은 식 (14.3)의 추정과 다르게 나타날 것이다. 그리고 식 (14.9)에 관한 회귀계수의 설정은 다음과 같다.

```
Y ON  X     (cprime1)
      W     (cprime2)
      XW    (cprime3)
      M1    (b1)
      M2    (b2);
```

위의 내용을 반영한 Mplus code(model85(latent).inp)를 실행하면 먼저 Y 회귀식의 회귀계수들이 다음과 같이 산출된다.

	Estimate	S.E.	Est./S.E.	Two-Tailed P-Value
Y ON				
X	−0.150	0.088	−1.709	0.087
W	0.469	0.133	3.531	0.000
XW	0.108	0.042	2.580	0.010
M1	0.032	0.099	0.326	0.744
M2	0.768	0.195	3.934	0.000

위의 회귀계수와 model 84의 회귀계수를 비교하면 model 85에 새로 도입된 W와 XW가 매우 유의하기 때문에 model 84에서는 유의하게 나타난 M_1의 계수가 유의하지 않게 나타났다($b_1 = .032$, $p = .744$). 이러한 영향 때문에 model 85에서는 3가지 조절된 매개지수가 다음과 같이 산출된다.

	Estimate	S.E.	Est./S.E.	Two-Tailed P-Value
INDEX1	0.003	0.009	0.328	0.743
INDEX2	−0.039	0.021	−1.866	0.062
INDEX3	−0.015	0.008	−1.935	0.053

위의 결과에서 알 수 있는 것처럼 model 84에서는 INDEX1이 유의하게 나타났지만($a_{13}b_1 = .033$, $p < .05$) model 85에서는(b_1이 유의하지 않기 때문에) 유의하지 않게 나타났다. 마찬가지로 INDEX3도 한계적으로 유의하게 나타났다. 이러한 내용은 공변량을 연구모형에 도입하는 경우에도 동일하게 적용된다. 따라서 연구자는 연구목적에 따라서 적절한 연구모형을 선정해야 할 것이다.

다음으로 지표변수들의 평균값에 의한 단일변수를 이용하여 model 84를 분석하기로 한다. 〈표 14.3〉은 이를 분석하기 위한 Mplus code(model84(single).inp)이다.

〈표 14.3〉 단일변수를 이용하여 model 84를 분석하기 위한 Mplus code

```
TITLE:  model 84 (single)
DATA:     FILE IS model 88.dat;
VARIABLE:
          NAMES ARE   GENDER X1 X2 X3 X4 M21 M22 M23 M24
                      M11 M12 M13 M14 W1 W2 W3 W4 Y1 Y2 Y3 Y4 X
                      M2 M1 W Y;
          USEVARIABLES ARE X M2 M1 W Y XW;

DEFINE:  CENTER X W (GRANDMEAN);
         XW = X*W;

ANALYSIS: BOOTSTRAP=10000;

MODEL:    [M1](a01);
          M1 ON X   (a11)
                W
                XW (a13);

          [M2](a02);

          M2 ON X   (a21)
                W
                XW (a23)
```

```
             M1 (d);

        [Y](b0);
         Y ON  X     (cprime)
               M1    (b1)
               M2    (b2);

        [W](wmean);
         W(wvar);

MODEL CONSTRAINT:
             NEW(MEAN SD INDEX1 INDEX2 INDEX3
                 MSDLL MSDL MSDM MSDH MSDHH
                 CON1WLL CON1WL CON1WM CON1WH CON1WHH
                 CON2WLL CON2WL CON2WM CON2WH CON2WHH
                 CON3WLL CON3WL CON3WM CON3WH CON3WHH
                 TOTWLL TOTWL TOTWM TOTWH TOTWHH);

             MEAN = wmean;
             SD=SQRT(wvar);

             MSDLL = MEAN - 2*SD;
             MSDL  = MEAN - SD;
             MSDM  = MEAN;
             MSDH  = MEAN + SD;
             MSDHH = MEAN + 2*SD;

            ! index of moderated mediation (via M1 only)

             INDEX1 = a13*b1;

            ! index of moderated mediation (via M2 only)

             INDEX2 = a23*b2;

            ! index of moderated mediation (via M1 and M2)

             INDEX3 = a13*d*b2;

            ! conditional indirect effects of X on Y
            ! via M1 only for specific values of W

             CON1WLL = a11*b1 + a13*b1*MSDLL;
             CON1WL  = a11*b1 + a13*b1*MSDL;
             CON1WM  = a11*b1 + a13*b1*MSDM;
```

```
              CON1WH  = a11*b1 + a13*b1*MSDH;
              CON1WHH = a11*b1 + a13*b1*MSDHH;

             ! conditional indirect effects of X on Y
             ! via M2 only for specific values of W

              CON2WLL = a21*b2 + a23*b2*MSDLL;
              CON2WL  = a21*b2 + a23*b2*MSDL;
              CON2WM  = a21*b2 + a23*b2*MSDM;
              CON2WH  = a21*b2 + a23*b2*MSDH;
              CON2WHH = a21*b2 + a23*b2*MSDHH;

             ! conditional indirect effects of X on Y
             ! via M1 and M2 for specific values of W

              CON3WLL = a11*d*b2 + a13*d*b2*MSDLL;
              CON3WL  = a11*d*b2 + a13*d*b2*MSDL;
              CON3WM  = a11*d*b2 + a13*d*b2*MSDM;
              CON3WH  = a11*d*b2 + a13*d*b2*MSDH;
              CON3WHH = a11*d*b2 + a13*d*b2*MSDHH;

             ! conditional total effects of X on Y for specific value of W

              TOTWLL = CON1WLL + CON2WLL + CON3WLL + cprime;
              TOTWL  = CON1WL  + CON2WL  + CON3WL  + cprime;
              TOTWM  = CON1WM  + CON2WM  + CON3WM  + cprime;
              TOTWH  = CON1WH  + CON2WH  + CON3WH  + cprime;
              TOTWHH = CON1WHH + CON2WHH + CON3WHH + cprime;

             ! plot total effects of X on Y for specific value of W

             PLOT(PLOW PMID PHI);
             LOOP(X, -3, 3, 0.1);
             PLOW = TOTWL * X;
             PMID = TOTWM * X;
             PHI  = TOTWH * X;

PLOT: TYPE=PLOT2;
OUTPUT: CINT(BCBOOTSTRAP);
```

〈표 14.3〉에서 [M1](a01)과 [M2](a02) 및 [Y](b0)는 지정하지 않아도 결과물은 동일하게 산출된다. LOOP 옵션에서 평균중심화한 *X*값의 범위는 [−2.49∼2.51]이지만 [−3∼3]의 범위로 지정하였다.

〈표 14.3〉을 실행하면 〈결과 14.3〉을 얻을 수 있다.

〈결과 14.3〉 단일변수를 이용한 model 84의 분석결과

MODEL RESULTS

	Estimate	S.E.	Est./S.E.	Two-Tailed P-Value
M1 ON				
X	−0.112	0.060	−1.878	0.060
W	0.669	0.060	11.078	0.000
XW	0.125	0.037	3.355	0.001
M2 ON				
X	0.423	0.053	7.944	0.000
W	0.274	0.054	5.046	0.000
XW	−0.041	0.030	−1.366	0.172
M1	−0.176	0.051	−3.421	0.001
Y ON				
X	0.019	0.079	0.235	0.814
M1	0.276	0.059	4.697	0.000
M2	0.701	0.103	6.821	0.000
Means				
W	0.000	0.113	0.000	1.000
Intercepts				
M2	4.943	0.219	22.591	0.000
M1	4.121	0.084	49.029	0.000
Y	−0.232	0.539	−0.431	0.667
Variances				
W	2.569	0.133	19.319	0.000
Residual Variances				
M2	0.499	0.064	7.850	0.000
M1	1.308	0.120	10.865	0.000
Y	1.174	0.108	10.918	0.000

New/Additional Parameters

	Estimate	S.E.	Est./S.E.	Two-Tailed P-Value
MEAN	0.000	0.113	0.000	1.000
SD	1.603	0.042	38.501	0.000
INDEX1	0.034	0.012	2.861	0.004
INDEX2	−0.029	0.021	−1.349	0.177
INDEX3	−0.015	0.007	−2.067	0.039

MSDLL	−3.205	0.147	−21.764	0.000
MSDL	−1.603	0.125	−12.855	0.000
MSDM	0.000	0.113	0.000	1.000
MSDH	1.603	0.117	13.721	0.000
MSDHH	3.205	0.134	23.963	0.000
CON1WLL	−0.141	0.049	−2.871	0.004
CON1WL	−0.086	0.032	−2.722	0.006
CON1WM	−0.031	0.018	−1.718	0.086
CON1WH	0.024	0.020	1.230	0.219
CON1WHH	0.079	0.035	2.290	0.022
CON2WLL	0.389	0.082	4.770	0.000
CON2WL	0.343	0.060	5.761	0.000
CON2WM	0.297	0.053	5.649	0.000
CON2WH	0.251	0.066	3.821	0.000
CON2WHH	0.204	0.090	2.262	0.024
CON3WLL	0.063	0.030	2.077	0.038
CON3WL	0.038	0.019	2.012	0.044
CON3WM	0.014	0.010	1.448	0.148
CON3WH	−0.011	0.010	−1.084	0.279
CON3WHH	−0.035	0.020	−1.788	0.074
TOTWLL	0.330	0.081	4.073	0.000
TOTWL	0.314	0.066	4.780	0.000
TOTWM	0.298	0.067	4.438	0.000
TOTWH	0.283	0.085	3.340	0.001
TOTWHH	0.267	0.111	2.413	0.016

〈결과 14.3〉에서 a_{13}는 잠재변수를 이용한 분석과 마찬가지로 유의하게 나타난 반면에 a_{23}는 유의하지 않게 나타났다. 이러한 영향으로 New/Additional Parameters에서 INDEX2가 유의하지 않게 나타났다. INDEX1과 INDEX3는 잠재변수를 이용한 분석과 동일하게 유의하게 나타났다. 그리고 결과의 추세와 해석은 앞의 잠재변수를 이용한 분석과 동일하다. 또한 여기에서의 분석결과는 PROCESS macro의 분석결과와 일치하고 있다.

14.2 PROCESS model 88의 분석

model 88은 조절변수 W가 $M_1 \rightarrow Y$경로와 $M_2 \rightarrow Y$경로를 조절하는 조절된 매개모형이다. model 88의 개념모형과 통계모형은 [그림 14.2]와 같다.

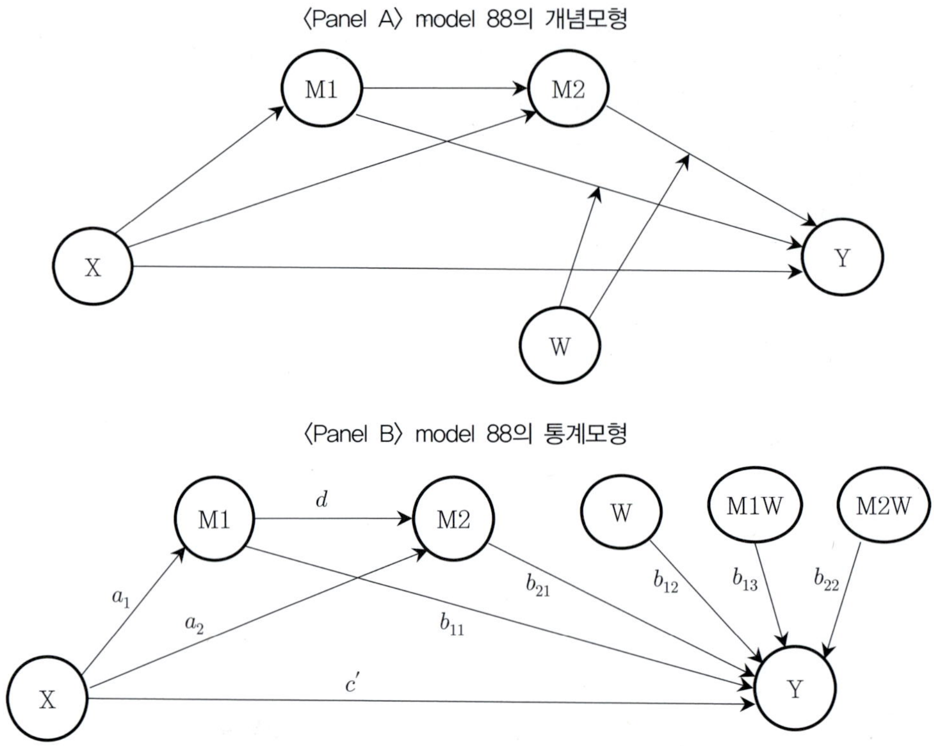

[그림 14.2] model 88의 개념모형과 통계모형

model 88의 M_1 회귀식과 M_2 회귀식 및 Y 회귀식은 다음과 같다.

$$M_1 = i_1 + a_1 X \quad (14.10)$$

$$M_2 = i_2 + a_2 X + dM_1 \quad (14.11)$$

$$\begin{aligned} Y &= i_3 + c'X + b_{11}M_1 + b_{12}W + b_{13}M_1 W + b_{21}M_2 + b_{22}M_2 W \\ &= i_3 + c'X + b_{12}W + (b_{11} + b_{13}W)M_1 + (b_{21} + b_{22}W)M_2 \end{aligned} \quad (14.12)$$

식 (14.12)에서 W가 Y에 미치는 영향은 $b_{12}W$에 반영되어 있으므로 $b_{22}W$는 도입할 필요가 없다. 또한 식 (14.12)에서 M_1이 Y에 영향을 미치는 조건부효과 ($\theta_{M_1 \to Y}$)와 M_2가 Y에 영향을 미치는 조건부효과($\theta_{M_2 \to Y}$)는 다음과 같다.

$$\theta_{M_1 \to Y} = b_{11} + b_{13}W \tag{14.13}$$

$$\theta_{M_2 \to Y} = b_{21} + b_{22}W \tag{14.14}$$

그리고 3가지의 조건부 간접효과 중에서 먼저 $X \to M_1 \to Y$의 조건부 간접효과 (ω_1)는 다음과 같이 계산된다.

$$\omega_1 = a_1 \times \theta_{M_1 \to Y} = a_1(b_{11} + b_{13}W) = a_1 b_{11} + a_1 b_{13}W \tag{14.15}$$

식 (14.15)에서 조절된 매개지수는 W의 가중치인 $a_1 b_{13}$이다.

또한 $X \to M_2 \to Y$의 조건부 간접효과(ω_2)는 다음과 같다.

$$\omega_2 = a_2 \times \theta_{M_2 \to Y} = a_2(b_{21} + b_{22}W) = a_2 b_{21} + a_2 b_{22}W \tag{14.16}$$

식 (14.16)에서 조절된 매개지수는 $a_2 b_{22}$이다.

마지막으로 $X \to M_1 \to M_2 \to Y$의 조건부 간접효과(ω_3)는 다음과 같이 계산된다.

$$\omega_3 = a_1 \times d \times \theta_{M_2 \to Y} = a_1 d(b_{21} + b_{22}W) = a_1 d b_{21} + a_1 d b_{22}W \tag{14.17}$$

식 (14.17)에서 조절된 매개지수는 $a_1 d b_{22}$이다.

model 88을 분석하기 위한 기저모형(model88(latent baseline).inp)은 〈표 14.4〉와 같다.

〈표 14.4〉 model 88의 분석을 위한 기저모형의 Mplus code

```
TITLE:  model 88 (latent baseline)
DATA:     FILE IS model 88.dat;
VARIABLE:
          NAMES ARE      GENDER X1 X2 X3 X4 M21 M22 M23 M24
```

```
                    M11 M12 M13 M14 W1 W2 W3 W4 Y1 Y2 Y3 Y4 X M2
                    M1 W Y;
          USEVARIABLES ARE X1-X4  M21-M24  M11-M14  W1-W4  Y1-Y4;

MODEL:    X BY X1-X4;
          W BY W1-W4;
          M1 BY M11-M14;
          M2 BY M21-M24;
          Y BY Y1-Y4;

          M1 ON X;

          M2 ON X
                M1;

          Y ON  X
                M1
                W
                M2;
```

〈표 14.4〉를 실행하면 〈결과 14.4〉가 얻어진다.

〈결과 14.4〉 model 88의 기저모형 분석결과

```
MODEL FIT INFORMATION
Number of Free Parameters                        68
Chi-Square Test of Model Fit
          Value                             389.123
          Degrees of Freedom                    162
          P-Value                            0.0000
RMSEA (Root Mean Square Error Of Approximation)
          Estimate                            0.084
          90 Percent C.I.                     0.073    0.094
          Probability RMSEA <= .05            0.000
CFI/TLI
          CFI                                 0.941
          TLI                                 0.931
SRMR (Standardized Root Mean Square Residual)
          Value                               0.108
```

```
MODEL RESULTS
                                                    Two-Tailed
                    Estimate       S.E.  Est./S.E.    P-Value
 X        BY
    X1                 1.000      0.000    999.000    999.000
    X2                 0.902      0.047     19.352      0.000
    X3                 0.812      0.056     14.475      0.000
    X4                 0.907      0.042     21.555      0.000
 W        BY
    W1                 1.000      0.000    999.000    999.000
    W2                 1.104      0.060     18.490      0.000
    W3                 0.917      0.062     14.881      0.000
    W4                 1.064      0.061     17.450      0.000
 M1       BY
    M11                1.000      0.000    999.000    999.000
    M12                1.133      0.058     19.445      0.000
    M13                0.993      0.054     18.422      0.000
    M14                1.083      0.058     18.611      0.000
 M2       BY
    M21                1.000      0.000    999.000    999.000
    M22                1.259      0.082     15.311      0.000
    M23                0.957      0.055     17.284      0.000
    M24                1.294      0.083     15.635      0.000
 Y        BY
    Y1                 1.000      0.000    999.000    999.000
    Y2                 0.944      0.059     15.925      0.000
    Y3                 0.923      0.060     15.355      0.000
    Y4                 0.985      0.054     18.216      0.000
 M1       ON
    X                  0.281      0.062      4.540      0.000
 M2       ON
    X                  0.494      0.041     12.120      0.000
    M1                -0.066      0.039     -1.680      0.093
 Y        ON
    X                 -0.170      0.094     -1.804      0.071
    M1                 0.084      0.076      1.093      0.274
    W                  0.475      0.096      4.962      0.000
    M2                 0.728      0.160      4.551      0.000
 W        WITH
    X                  1.654      0.233      7.094      0.000
```

〈결과 14.4〉에서 지표변수의 요인적재량들은 모두 통계적으로 유의하게 나타났지만 모형적합도에서 *SRMR* 값이 약간 높게(*SRMR*=.108) 나타났다. 실제 연구에서는 CFA 등을 이용하여 이러한 원인을 규명하고 해결한 후에 연구모형을 분석해야 할 것이다. 여기에서는 연습문제이므로 모형적합도가 양호하다는 전제하에 잠재상호항을 도입하여 분석을 실시하기로 한다.

〈표 14.5〉(model88(latent).inp)는 잠재변수를 이용하여 model 88을 분석하기 위한 Mplus code이다.

〈표 14.5〉 잠재변수를 이용하여 model 88을 분석하기 위한 Mplus code

```
TITLE:  model 88 (latent)
DATA:       FILE IS model 88.dat;
VARIABLE:
            NAMES ARE   GENDER X1 X2 X3 X4 M21 M22 M23 M24
                        M11 M12 M13 M14 W1 W2 W3 W4 Y1 Y2 Y3 Y4 X
                        M2 M1 W Y;
            USEVARIABLES ARE X1-X4 M21-M24 M11-M14 W1-W4 Y1-Y4;
ANALYSIS: TYPE=RANDOM;
             ALGORITHM=INTEGRATION;
             INTEGRATION=MONTECARLO;
MODEL: ! measurement model
            X BY X1-X4;
            W BY W1-W4;
            M1 BY M11-M14;
            M2 BY M21-M24;
            Y BY Y1-Y4;

         ! create latent variable interaction

            M1W | M1 XWITH W;
            M2W | M2 XWITH W;

         ! structural model

            M1 ON X     (a1);

            M2 ON X     (a2)
                  M1    (d);

            Y ON  X     (cprime)
```

```
                M1   (b11)
                W
                M1W (b13)
                M2   (b21)
                M2W (b22);

        W(wvar);

MODEL CONSTRAINT:
            NEW(SD INDEX1 INDEX2 INDEX3
                CON1WLL CON1WL CON1WM CON1WH CON1WHH
                CON2WLL CON2WL CON2WM CON2WH CON2WHH
                CON3WLL CON3WL CON3WM CON3WH CON3WHH
                TOTWLL TOTWL TOTWM TOTWH TOTWHH);

            SD=SQRT(wvar);

            ! index of moderated mediation (via M1 only)

            INDEX1 = a1*b13;

            ! index of moderated mediation (via M2 only)

            INDEX2 = a2*b22;

            ! specific indirect effect of (via M1 and M2)

            INDEX3 = a1*d*b22;

            ! conditional indirect effects of X on Y
            ! via M1 only for specific values of W

            CON1WLL = a1*b11 + a1*b13*(-2*SD);
            CON1WL  = a1*b11 + a1*b13*(-1*SD);
            CON1WM  = a1*b11 + a1*b13*(0*SD);
            CON1WH  = a1*b11 + a1*b13*(1*SD);
            CON1WHH = a1*b11 + a1*b13*(2*SD);

            ! conditional indirect effects of X on Y
            ! via M2 only for specific values of W

            CON2WLL = a2*b21 + a2*b22*(-2*SD);
            CON2WL  = a2*b21 + a2*b22*(-1*SD);
            CON2WM  = a2*b21 + a2*b22*(0*SD);
            CON2WH  = a2*b21 + a2*b22*(1*SD);
```

```
        CON2WHH = a2*b21 + a2*b22*(2*SD);

       ! conditional indirect effects of X on Y
       ! via M1 and M2 for specific values of W

        CON3WLL = a1*d*b21 + a1*d*b22*(-2*SD);
        CON3WL  = a1*d*b21 + a1*d*b22*(-1*SD);
        CON3WM  = a1*d*b21 + a1*d*b22*(0*SD);
        CON3WH  = a1*d*b21 + a1*d*b22*(1*SD);
        CON3WHH = a1*d*b21 + a1*d*b22*(2*SD);

       ! conditional total effects of X on Y for specific value of W

        TOTWLL = CON1WLL + CON2WLL + CON3WLL + cprime;
        TOTWL  = CON1WL  + CON2WL  + CON3WL  + cprime;
        TOTWM  = CON1WM  + CON2WM  + CON3WM  + cprime;
        TOTWH  = CON1WH  + CON2WH  + CON3WH  + cprime;
        TOTWHH = CON1WHH + CON2WHH + CON3WHH + cprime;

       ! plot total effects of X on Y for specific value of W

       PLOT(PLOW PMID PHI);
       LOOP(X, -3, 3, 0.1);
       PLOW = TOTWL * X;
       PMID = TOTWM * X;
       PHI  = TOTWH * X;

PLOT: TYPE=PLOT2;
OUTPUT: CINT;
```

〈표 14.5〉의 MODEL에 두 개의 상호항(M_1W, M_2W)이 생성되어 있고 구조모형이 설정되어 있다. 그리고 MODEL CONSTRAINT에 3가지의 조절된 매개지수의 추론검정이 지정되어 있다. 또한 조절변수 W의 변화에 따른 3가지의 조건부 간접효과와 조건부 총효과의 계산도 지정되어 있다.

〈표 14.5〉를 실행하면 〈결과 14.5〉를 얻을 수 있다.

〈결과 14.5〉 잠재변수를 이용한 model 88의 분석결과

MODEL RESULTS

		Estimate	S.E.	Est./S.E.	Two-Tailed P-Value
X	BY				
	X1	1.000	0.000	999.000	999.000
	X2	0.902	0.051	17.709	0.000
	X3	0.812	0.054	15.151	0.000
	X4	0.907	0.044	20.502	0.000
W	BY				
	W1	1.000	0.000	999.000	999.000
	W2	1.109	0.056	19.769	0.000
	W3	0.930	0.058	16.128	0.000
	W4	1.077	0.061	17.776	0.000
M1	BY				
	M11	1.000	0.000	999.000	999.000
	M12	1.134	0.067	17.039	0.000
	M13	0.993	0.046	21.691	0.000
	M14	1.086	0.066	16.542	0.000
M2	BY				
	M21	1.000	0.000	999.000	999.000
	M22	1.252	0.107	11.680	0.000
	M23	0.958	0.042	23.027	0.000
	M24	1.286	0.103	12.535	0.000
Y	BY				
	Y1	1.000	0.000	999.000	999.000
	Y2	0.947	0.054	17.628	0.000
	Y3	0.924	0.059	15.620	0.000
	Y4	0.988	0.053	18.583	0.000
M1	ON				
	X	0.281	0.067	4.209	0.000
M2	ON				
	X	0.496	0.048	10.274	0.000
	M1	−0.065	0.044	−1.483	0.138
Y	ON				
	X	−0.175	0.090	−1.943	0.052
	M1	0.107	0.085	1.261	0.207
	W	0.418	0.107	3.913	0.000

M1W	0.093	0.042	2.243	0.025
M2	0.853	0.172	4.949	0.000
M2W	0.185	0.063	2.964	0.003
W WITH				
X	1.646	0.179	9.204	0.000
New/Additional Parameters				
SD	1.499	0.062	24.051	0.000
INDEX1	0.026	0.012	2.192	0.028
INDEX2	0.092	0.032	2.858	0.004
INDEX3	−0.003	0.003	−1.210	0.226
CON1WLL	−0.048	0.034	−1.428	0.153
CON1WL	−0.009	0.024	−0.385	0.700
CON1WM	0.030	0.025	1.216	0.224
CON1WH	0.069	0.036	1.931	0.053
CON1WHH	0.108	0.051	2.131	0.033
CON2WLL	0.147	0.106	1.394	0.163
CON2WL	0.285	0.086	3.304	0.001
CON2WM	0.423	0.091	4.641	0.000
CON2WH	0.560	0.117	4.783	0.000
CON2WHH	0.698	0.154	4.532	0.000
CON3WLL	−0.005	0.006	−0.968	0.333
CON3WL	−0.010	0.008	−1.242	0.214
CON3WM	−0.015	0.012	−1.287	0.198
CON3WH	−0.021	0.016	−1.289	0.197
CON3WHH	−0.026	0.020	−1.283	0.199
TOTWLL	−0.081	0.114	−0.715	0.474
TOTWL	0.090	0.092	0.986	0.324
TOTWM	0.262	0.090	2.923	0.003
TOTWH	0.434	0.109	3.995	0.000
TOTWHH	0.606	0.140	4.319	0.000

〈결과 14.5〉에서 먼저 $X \rightarrow M_1$의 영향에 관한 계수($a_1 = .281$, $p < .001$)와 $X \rightarrow M_2$의 영향에 대한 계수($a_2 = .496$, $p < .001$)가 유의하게 나타났다. 또한 $M_1 \rightarrow Y$의 영향($b_{11} = .107$, $p = .207$)은 유의하지 않았지만 $M_2 \rightarrow Y$의 영향($b_{21} = .853$, $p < .001$)은 유의하게 나타났다. 또한 $M_1 \rightarrow M_2$의 영향은 유의하지 않게($d = -.065$, $p = .138$) 나타났다. 그리고 $M_1 \rightarrow Y$의 영향이 W에 의하여 유의하게 조절되었고($b_{13} = .093$, $p < .05$), 마찬

가지로 $M_2 \rightarrow Y$의 영향 또한 W에 의하여 유의하게 조절($b_{22}=.185,\ p<.01$)되는 것으로 나타났다.

New/Additional Parameters에서 $X \rightarrow M_1 \rightarrow Y$에 관한 조절된 매개지수($a_1b_{13}=.026,\ p<.05$)가 양으로 유의하게 나타났다. 따라서 조절변수 W가 증가하면 $X \rightarrow M_1 \rightarrow Y$의 양의 간접효과는 더욱 증가한다고 판단한다. 또한 $X \rightarrow M_2 \rightarrow Y$의 조절된 매개지수($a_2b_{22}=.092,\ p<.01$)도 양으로 유의하게 나타났기 때문에 W가 증가하면서 $X \rightarrow M_2 \rightarrow Y$의 양의 간접효과도 함께 증가한다고 결론을 내린다. 반면에 $X \rightarrow M_1 \rightarrow M_2 \rightarrow Y$의 조절된 매개지수($a_1db_{22}=-.003,\ p=.226$)는 유의하지 않으므로 $X \rightarrow M_1 \rightarrow M_2 \rightarrow Y$의 음의 간접효과는 W에 의하여 조절되지 않는다는 것을 알 수 있다.

조절된 매개효과의 유의성은 조건부 간접효과를 이용한 탐색을 통하여 확인할 수 있다. 결과물에서 ω_1과 ω_2는 다음과 같다.

	Estimate	S.E.	Est./S.E.	Two-Tailed P-Value
CON1WLL	−0.048	0.034	−1.428	0.153
CON1WL	−0.009	0.024	−0.385	0.700
CON1WM	0.030	0.025	1.216	0.224
CON1WH	0.069	0.036	1.931	0.053
CON1WHH	0.108	0.051	2.131	0.033
CON2WLL	0.147	0.106	1.394	0.163
CON2WL	0.285	0.086	3.304	0.001
CON2WM	0.423	0.091	4.641	0.000
CON2WH	0.560	0.117	4.783	0.000
CON2WHH	0.698	0.154	4.532	0.000

위의 결과에서 W가 증가하면서 ω_1(CON1)과 ω_2(CON2)는 점점 증가하는 것을 확인할 수 있다. 특히 $X \rightarrow M_1 \rightarrow Y$의 간접효과는 W가 매우 낮은 수준과 낮은 수준에서는 오히려 음수로 나타났고 W가 높은 수준에서만 양의 간접효과가 유의하게 나타난 것을 알 수 있다. 이러한 사실은 X가 M_1을 경유하여 Y에 양의 영향을 미치기 위해서는 높은 수준의 조절변수가 필요하다는 것을 암시하는 것이다. 이 외에 W가 증가하면서 조건부 총효과도 함께 증가하는 것을 확인할 수 있다.

다음으로 지표변수들을 평균한 단일변수를 이용하여 model 88을 분석하기로 한다. 〈표 14.6〉(model88(single).inp)은 이를 분석하기 위한 Mplus code이다.

〈표 14.6〉 단일변수를 이용하여 model 88을 분석하기 위한 Mplus code

```
TITLE:  model 88 (single)
DATA:      FILE IS model 88.dat;
VARIABLE:
           NAMES ARE  GENDER X1 X2 X3 X4 M21 M22 M23 M24
                      M11 M12 M13 M14 W1 W2 W3 W4 Y1 Y2 Y3 Y4 X
                      M2 M1 W Y;
           USEVARIABLES ARE X M2 M1 W Y M1W M2W;

DEFINE: CENTER M1 M2 W(GRANDMEAN);
        M1W=M1*W;
        M2W=M2*W;

ANALYSIS: BOOTSTRAP=10000;

MODEL:    [M1](a01);
          M1 ON X      (a1);

          [M2](a02);
          M2 ON X      (a2)
                M1     (d);
          [Y] (b0);
          Y ON  X      (cprime)
                M1     (b11)
                W
                M1W    (b13)
                M2     (b21)
                M2W    (b22);

         [W] (wmean);
          W(wvar);

MODEL CONSTRAINT:
               NEW(MEAN SD INDEX1 INDEX2 INDEX3
                   MSDLL MSDL MSDM MSDH MSDHH
                   CON1WLL CON1WL CON1WM CON1WH CON1WHH
                   CON2WLL CON2WL CON2WM CON2WH CON2WHH
                   CON3WLL CON3WL CON3WM CON3WH CON3WHH
                   TOTWLL TOTWL TOTWM TOTWH TOTWHH);

               MEAN = wmean;
               SD = SQRT(wvar);
```

```
MSDLL = MEAN - 2*SD;
MSDL  = MEAN - SD;
MSDM  = MEAN;
MSDH  = MEAN + SD;
MSDHH = MEAN + 2*SD;

! index of moderated mediation (via M1 only)

INDEX1 = a1*b13;

! index of moderated mediation (via M2 only)

INDEX2 = a2*b22;

! specific indirect effect of (via M1 and M2)

INDEX3 = a1*d*b22;

! conditional indirect effects of X on Y
! via M1 only for specific values of W

CON1WLL = a1*b11 + a1*b13*MSDLL;
CON1WL  = a1*b11 + a1*b13*MSDL;
CON1WM  = a1*b11 + a1*b13*MSDM;
CON1WH  = a1*b11 + a1*b13*MSDH;
CON1WHH = a1*b11 + a1*b13*MSDHH;

! conditional indirect effects of X on Y
! via M2 only for specific values of W

CON2WLL = a2*b21 + a2*b22*MSDLL;
CON2WL  = a2*b21 + a2*b22*MSDL;
CON2WM  = a2*b21 + a2*b22*MSDM;
CON2WH  = a2*b21 + a2*b22*MSDH;
CON2WHH = a2*b21 + a2*b22*MSDHH;

! conditional indirect effects of X on Y
! via M1 and M2 for specific values of W

CON3WLL = a1*d*b21 + a1*d*b22*MSDLL;
CON3WL  = a1*d*b21 + a1*d*b22*MSDL;
CON3WM  = a1*d*b21 + a1*d*b22*MSDM;
CON3WH  = a1*d*b21 + a1*d*b22*MSDH;
CON3WHH = a1*d*b21 + a1*d*b22*MSDHH;
```

```
        ! conditional total effects of X on Y for specific value of W

         TOTWLL = CON1WLL + CON2WLL + CON3WLL + cprime;
         TOTWL  = CON1WL  + CON2WL  + CON3WL  + cprime;
         TOTWM  = CON1WM  + CON2WM  + CON3WM  + cprime;
         TOTWH  = CON1WH  + CON2WH  + CON3WH  + cprime;
         TOTWHH = CON1WHH + CON2WHH + CON3WHH + cprime;

        ! plot total effects of X on Y for specific value of W

        PLOT(PLOW PMID PHI);
        LOOP(X, -3, 3, 0.1);
        PLOW = TOTWL * X;
        PMID = TOTWM * X;
        PHI  = TOTWH * X;

PLOT: TYPE=PLOT2;
OUTPUT: CINT(BCBOOTSTRAP);
```

〈표 14.6〉에서 부트스트랩 신뢰구간을 얻기 위한 명령문이 지정되어 있다. 이를 얻기 위해서는 ANALYSIS에 BOOTSTRAP=10000과 OUTPUT에 CINT (BCBOOTSTRAP)을 지정해야 한다. CINT는 CINTERVAL을 약자로 표기한 것이다. 〈표 14.6〉을 실행하면 〈결과 14.6〉을 얻을 수 있다.

〈결과 14.6〉 단일변수를 이용한 model 88의 분석결과

```
MODEL RESULTS
                                                    Two-Tailed
                     Estimate      S.E.   Est./S.E.    P-Value
 M1       ON
    X                   0.280     0.069      4.070      0.000
 M2       ON
    X                   0.572     0.043     13.182      0.000
    M1                 -0.045     0.039     -1.147      0.251
 Y        ON
    X                  -0.066     0.073     -0.900      0.368
    M1                  0.082     0.072      1.137      0.256
    W                   0.346     0.083      4.155      0.000
    M1W                 0.082     0.032      2.569      0.010
```

M2	0.611	0.109	5.600	0.000
M2W	0.154	0.047	3.308	0.001
Means				
W	0.000	0.113	0.000	1.000
Intercepts				
M2	−2.283	0.215	−10.640	0.000
M1	−1.118	0.309	−3.623	0.000
Y	3.817	0.310	12.316	0.000
Variances				
W	2.569	0.133	19.319	0.000
Residual Variances				
M2	0.594	0.083	7.126	0.000
M1	2.081	0.153	13.615	0.000
Y	0.954	0.090	10.591	0.000

New/Additional Parameters				
MEAN	0.000	0.113	0.000	1.000
SD	1.603	0.042	38.500	0.000
INDEX1	0.023	0.010	2.261	0.024
INDEX2	0.088	0.028	3.200	0.001
INDEX3	−0.002	0.002	−0.978	0.328
MSDLL	−3.205	0.147	−21.764	0.000
MSDL	−1.603	0.125	−12.855	0.000
MSDM	0.000	0.113	0.000	1.000
MSDH	1.603	0.117	13.721	0.000
MSDHH	3.205	0.134	23.963	0.000
CON1WLL	−0.050	0.030	−1.655	0.098
CON1WL	−0.014	0.021	−0.648	0.517
CON1WM	0.023	0.022	1.040	0.298
CON1WH	0.060	0.032	1.841	0.066
CON1WHH	0.096	0.046	2.086	0.037
CON2WLL	0.067	0.091	0.732	0.464
CON2WL	0.208	0.067	3.088	0.002
CON2WM	0.349	0.068	5.134	0.000
CON2WH	0.491	0.093	5.282	0.000
CON2WHH	0.632	0.129	4.913	0.000
CON3WLL	−0.001	0.003	−0.489	0.625
CON3WL	−0.005	0.005	−0.992	0.321
CON3WM	−0.008	0.007	−1.050	0.294
CON3WH	−0.011	0.010	−1.048	0.295
CON3WHH	−0.014	0.013	−1.041	0.298
TOTWLL	−0.051	0.106	−0.478	0.632

TOTWL	0.124	0.084	1.484	0.138
TOTWM	0.299	0.079	3.784	0.000
TOTWH	0.474	0.095	5.001	0.000
TOTWHH	0.649	0.123	5.260	0.000

〈결과 14.6〉에서 $b_{13} = .082$, $p < .01$과 $b_{22} = .154$, $p < .001$로 나타나서 조절변수 W가 증가하면 $M_1 \rightarrow Y$와 $M_2 \rightarrow Y$의 양의 효과가 증가한다고 할 수 있다. 그리고 Mew/Additional Parameters에서 두 조절된 매개지수가 $a_1 b_{13} = .023$, $p < .05$와 $a_2 b_{22} = .088$, $p < .001$로 나타나서 W가 증가하면서 $X \rightarrow M_1 \rightarrow Y$의 양의 간접효과와 $X \rightarrow M_2 \rightarrow Y$의 양의 간접효과는 더욱 증가한다고 판단한다. 그리고 두 조건부 간접효과인 ω_1과 ω_2의 추세도 잠재변수를 이용한 분석결과와 동일하기 때문에 해석 또한 동일하게 이루어진다. Mplus를 이용한 분석결과는 PROCESS macro를 이용한 분석결과와 동일하게 산출되었다.

14.3 PROCESS model 91의 분석

model 91은 조절변수 W가 $M_1 \rightarrow M_2$경로를 조절하는 조절된 매개모형이다. model 91의 개념모형과 통계모형은 [그림 14.3]과 같다.

model 91의 M_1 회귀식과 M_2 회귀식 및 Y 회귀식은 다음과 같다.

$$M_1 = i_1 + a_1 X \tag{14.18}$$

$$\begin{aligned} M_2 &= i_2 + a_2 X + d_1 M_1 + d_2 W + d_3 M_1 W \\ &= i_2 + a_2 X + d_2 W + (d_1 + d_3 W) M_1 \end{aligned} \tag{14.19}$$

$$Y = i_3 + c' X + b_1 M_1 + b_2 M_2 \tag{14.20}$$

식 (14.19)에서 M_1이 M_2에 영향을 미치는 조건부효과($\theta_{M_1 \rightarrow M_2}$)는 다음과 같다.

$$\theta_{M_1 \rightarrow M_2} = d_1 + d_3 W \tag{14.21}$$

〈Panel A〉 model 91의 개념모형

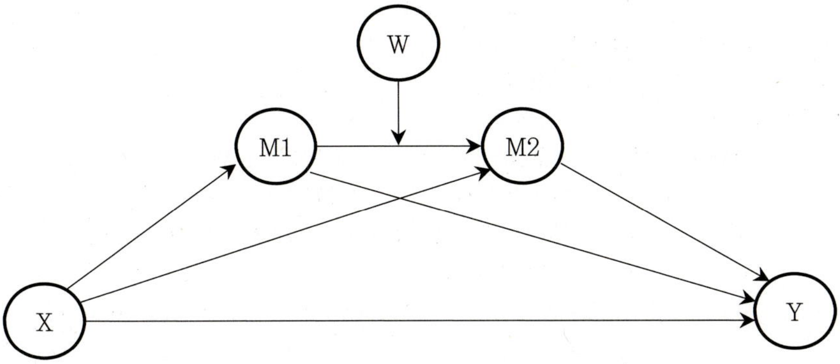

〈Panel B〉 model 91의 통계모형

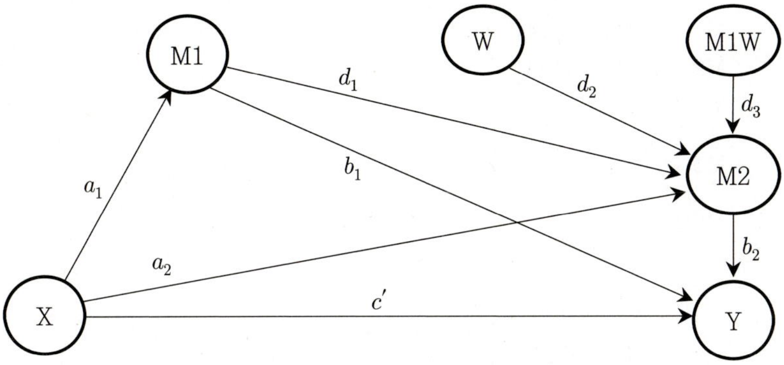

[그림 14.3] model 91의 개념모형과 통계모형

그리고 $X \rightarrow M_1 \rightarrow Y$의 간접효과는 단순히 $a_1 b_1$이고 $X \rightarrow M_2 \rightarrow Y$의 간접효과도 $a_2 b_2$로 계산된다. 반면에 $M_1 \rightarrow M_2$경로가 W에 의하여 조절되기 때문에 $X \rightarrow M_1 \rightarrow M_2 \rightarrow Y$의 조건부 간접효과($\omega$)는 다음과 같이 계산된다.

$$\omega = a_1 (d_1 + d_3 W) b_2 = a_1 d_1 b_2 + a_1 d_3 b_2 W \tag{14.22}$$

식 (14.22)에서 조절된 매개지수는 W의 가중치인 $a_1 d_3 b_2$로 계산된다. 이러한 조절된 매개지수가 유의하면 $X \rightarrow M_1 \rightarrow M_2 \rightarrow Y$의 간접효과가 W에 의하여 조절되는 조절된 매개효과가 유의하다고 판단한다. 다시 한 번 강조하지만 조절된 매개지수와 조건부 간접효과는 연구모형마다 다르기 때문에 이들을 정확히 계산하기 위해서는 연구자의 연구모형에 대한 회귀식의 올바른 설정이 선행되어야 한다.

model 91을 분석하기 전에 먼저 다음의 〈표 14.7〉의 기저모형(model91(latent baseline).inp)을 분석한다. 여기에서 사용하는 자료파일은 serial(R).dat이다.

〈표 14.7〉 model 91의 기저모형을 분석하기 위한 Mplus code

```
TITLE:  model 91 (latent baseline)
DATA:     FILE IS serial(R).dat;
VARIABLE:
          NAMES ARE     GENDER X1 X2 X3 X4 W1 W2 W3 W4
                        Z1 Z2 Z3 Z4 M11 M12 M13 M14 M21 M22 M23
                        M24 Y1 Y2 Y3 Y4 X W M1 M2 Y MEANM1
                        MEANM2;
          USEVARIABLES ARE X1-X4 W1-W4 M11-M14 M21-M24 Y1-Y4;

MODEL:    X BY X1-X4;
          W BY W1-W4;
          M1 BY M11-M14;
          M2 BY M21-M24;
          Y BY Y1-Y4;

          M1 ON X;

          M2 ON X
                M1
                W;

          Y ON  X
                M1
                M2;
```

〈표 14.7〉을 분석하면 〈결과 14.7〉을 얻을 수 있다.

〈결과 14.7〉 model 91의 기저모형 분석결과

```
MODEL FIT INFORMATION
Number of Free Parameters                     68
Chi-Square Test of Model Fit
          Value                          309.275
          Degrees of Freedom                 162
          P-Value                         0.0000
RMSEA (Root Mean Square Error Of Approximation)
          Estimate                         0.067
          90 Percent C.I.                  0.056     0.079
          Probability RMSEA <= .05         0.007
```

```
CFI/TLI
        CFI                              0.963
        TLI                              0.957
SRMR (Standardized Root Mean Square Residual)
        Value                            0.141

MODEL RESULTS
                                                    Two-Tailed
                    Estimate     S.E.    Est./S.E.   P-Value
 X        BY
   X1                 1.000     0.000    999.000    999.000
   X2                 0.934     0.044     21.228      0.000
   X3                 0.988     0.045     21.904      0.000
   X4                 1.061     0.044     24.150      0.000
 W        BY
   W1                 1.000     0.000    999.000    999.000
   W2                 0.958     0.050     19.191      0.000
   W3                 0.903     0.045     20.044      0.000
   W4                 1.011     0.047     21.449      0.000
 M1       BY
   M11                1.000     0.000    999.000    999.000
   M12                1.005     0.058     17.373      0.000
   M13                0.959     0.064     15.040      0.000
   M14                0.938     0.055     17.179      0.000
 M2       BY
   M21                1.000     0.000    999.000    999.000
   M22                1.014     0.060     16.956      0.000
   M23                1.106     0.072     15.325      0.000
   M24                1.051     0.067     15.587      0.000
 Y        BY
   Y1                 1.000     0.000    999.000    999.000
   Y2                 1.019     0.064     15.911      0.000
   Y3                 0.961     0.073     13.217      0.000
   Y4                 0.977     0.055     17.819      0.000
 M1       ON
   X                 -0.494     0.093     -5.293      0.000
 M2       ON
   X                  0.013     0.066      0.202      0.840
   M1                 0.667     0.064     10.358      0.000
   W                  0.165     0.058      2.826      0.005
```

Y ON				
X	−0.195	0.053	−3.666	0.000
M1	0.232	0.092	2.535	0.011
M2	0.596	0.106	5.636	0.000
W WITH				
X	−1.223	0.182	−6.731	0.000

〈결과 14.7〉에서 지표변수의 요인적재량들은 모두 통계적으로 유의하지만 모형적합도 중에서 SRMR이 model 88과 마찬가지로 높게 나타났다.

기저모형이 자료에 적합하다는 전제하에 잠재상호항을 모형에 도입하여 조절된 매개모형을 분석하기로 한다. 〈표 14.8〉(model91(latent).inp)은 이를 분석하기 위한 Mplus code이다.

〈표 14.8〉 잠재변수를 이용하여 model 91을 분석하기 위한 Mplus code

```
TITLE:  model 91 (latent)
DATA:     FILE IS serial(R).dat;
VARIABLE:
          NAMES ARE  GENDER X1 X2 X3 X4 W1 W2 W3 W4
                     Z1 Z2 Z3 Z4 M11 M12 M13 M14 M21
                     M22 M23 M24 Y1 Y2 Y3 Y4 X W M1 M2 Y MEANM1
                     MEANM2;
          USEVARIABLES ARE X1-X4 W1-W4 M11-M14 M21-M24 Y1-Y4;

ANALYSIS: TYPE=RANDOM;
          ALGORITHM=INTEGRATION;
          INTEGRATION=MONTECARLO;

MODEL: ! measurement model
          X BY X1-X4;
          W BY W1-W4;
          M1 BY M11-M14;
          M2 BY M21-M24;
          Y BY Y1-Y4;
        ! create latent variable interaction

          M1W | M1 XWITH W;

        ! structural model
```

```
        M1 ON X  (a1);

        M2 ON X  (a2)
              M1  (d1)
              W
              M1W(d3);

        Y ON  X  (cprime)
              M1  (b1)
              M2  (b2);

        W(wvar);

MODEL CONSTRAINT:
              NEW(SD INDEX A1B1 A2B2 A1D1B2
                  CONWLL CONWL CONWM CONWH CONWHH
                  TOTWLL TOTWL TOTWM TOTWH TOTWHH);

              SD=SQRT(wvar);

              ! index of moderated mediation

              INDEX = a1*b2*d3;

              ! specific indirect effect of X on Y via M1 only

              A1B1 = a1*b1;

              ! specific indirect effect of X on Y via M2 only

              A2B2 = a2*b2;

              ! specific indirect effect of X on Y via M1 and M2

              A1D1B2 = a1*d1*b2;

              ! conditional indirect effects of X on Y
              ! via M1 and M2 for specific values of W

              CONWLL = a1*b2*d1 + a1*b2*d3*(-2*SD);
              CONWL  = a1*b2*d1 + a1*b2*d3*(-1*SD);
              CONWM  = a1*b2*d1 + a1*b2*d3*(0*SD);
              CONWH  = a1*b2*d1 + a1*b2*d3*(1*SD);
              CONWHH = a1*b2*d1 + a1*b2*d3*(2*SD);

              ! conditional total effects of X on Y for specific value of W
```

```
            TOTWLL = CONWLL + a1b1 + a2b2 + cprime;
            TOTWL  = CONWL  + a1b1 + a2b2 + cprime;
            TOTWM  = CONWM  + a1b1 + a2b2 + cprime;
            TOTWH  = CONWH  + a1b1 + a2b2 + cprime;
            TOTWHH = CONWHH + a1b1 + a2b2 + cprime;

          ! plot total effects of X on Y for specific value of W

          PLOT(PLOW PMID PHI);
          LOOP(X, -3, 3, 0.1);
          PLOW = TOTWL * X;
          PMID = TOTWM * X;
          PHI  = TOTWH * X;

PLOT: TYPE=PLOT2;
OUTPUT: CINT;
```

〈표 14.8〉에서 M_1과 W의 상호항(M_1W)이 생성되어 있고 구조모형이 설정되어 있다. 그리고 MODEL CONSTRAINT에 조절된 매개지수가 지정되어 있고 3가지 간접효과의 추론검정이 설정되어 있다. 그리고 조건부 간접효과는 한 개뿐이고 이에 관한 추론검정이 지정되어 있다. 또한 조건부 총효과와 이에 관한 그래프를 그리기 위한 명령문도 지정되어 있다. 조건부 총효과는 2개의 단순 간접효과와 조건부 간접효과 및 직접효과의 합계로 추정된다.

〈표 14.8〉을 실행하면 〈결과 14.8〉을 얻을 수 있다.

〈결과 14.8〉 잠재변수를 이용한 model 91의 분석결과

MODEL RESULTS

	Estimate	S.E.	Est./S.E.	Two-Tailed P-Value
X BY				
X1	1.000	0.000	999.000	999.000
X2	0.934	0.049	18.986	0.000
X3	0.988	0.052	18.885	0.000
X4	1.061	0.045	23.767	0.000
W BY				
W1	1.000	0.000	999.000	999.000
W2	0.958	0.055	17.585	0.000

```
    W3                    0.904    0.043     20.876      0.000
    W4                    1.012    0.045     22.360      0.000
 M1       BY
    M11                   1.000    0.000    999.000    999.000
    M12                   1.014    0.064     15.733      0.000
    M13                   0.965    0.063     15.373      0.000
    M14                   0.945    0.057     16.465      0.000
 M2       BY
    M21                   1.000    0.000    999.000    999.000
    M22                   1.015    0.051     19.735      0.000
    M23                   1.108    0.067     16.557      0.000
    M24                   1.056    0.057     18.426      0.000
 Y        BY
    Y1                    1.000    0.000    999.000    999.000
    Y2                    1.019    0.062     16.399      0.000
    Y3                    0.961    0.072     13.262      0.000
    Y4                    0.977    0.046     21.467      0.000
 M1       ON
    X                    -0.488    0.123     -3.984      0.000
 M2       ON
    X                    -0.022    0.069     -0.318      0.751
    M1                    0.638    0.062     10.327      0.000
    W                     0.218    0.069      3.168      0.002
    M1W                   0.092    0.034      2.734      0.006
 Y        ON
    X                    -0.194    0.064     -3.044      0.002
    M1                    0.202    0.129      1.567      0.117
    M2                    0.634    0.153      4.136      0.000
 W        WITH
    X                    -1.222    0.167     -7.300      0.000
 Variances
    X                     1.450    0.165      8.774      0.000
    W                     2.926    0.236     12.397      0.000

 New/Additional Parameters
    SD                    1.711    0.069     24.794      0.000
    INDEX                -0.029    0.013     -2.160      0.031
    A1B1                 -0.099    0.068     -1.458      0.145
    A2B2                 -0.014    0.043     -0.320      0.749
    A1D1B2               -0.197    0.068     -2.906      0.004
    CONWLL               -0.100    0.060     -1.667      0.096
    CONWL                -0.149    0.060     -2.486      0.013
```

CONWM	−0.197	0.068	−2.906	0.004
CONWH	−0.246	0.082	−3.007	0.003
CONWHH	−0.295	0.099	−2.974	0.003
TOTWLL	−0.406	0.116	−3.494	0.000
TOTWL	−0.455	0.110	−4.137	0.000
TOTWM	−0.504	0.108	−4.652	0.000
TOTWH	−0.553	0.111	−4.961	0.000
TOTWHH	−0.602	0.119	−5.057	0.000

위의 결과에서 $a_1 =-.488$, $p < .001$, $d_1 = .638$, $p < .001$ 및 $b_2 = .634$, $p < .001$로 나타났기 때문에 $X \rightarrow M_1 \rightarrow M_2 \rightarrow Y$는 유의한 음의 간접효과($a_1 d_1 b_2 =-.197$, $p < .01$)가 발생하는 것을 알 수 있다. 또한 $M_1 W$의 계수($d_3 = .092$, $p < .01$)가 유의하게 양으로 나타났기 때문에 조절변수 W가 증가하면 $M_1 \rightarrow M_2$의 양의 효과는 더욱 증가한다고 판단한다. New/Additional Parameters에서 $X \rightarrow M_1 \rightarrow Y$의 간접효과($a_1 b_1 =-0.099$, $p = .145$)와 $X \rightarrow M_2 \rightarrow Y$의 간접효과($a_2 b_2 =-0.014$, $p = .749$)는 유의하지 않게 나타났다. 그리고 $X \rightarrow M_1 \rightarrow M_2 \rightarrow Y$의 조절된 매개지수($a_1 d_3 b_2 =-0.029$, $p < .05$)가 유의하게 음으로 나타났다. 이러한 결과는 W가 증가하면서 $X \rightarrow M_1 \rightarrow M_2 \rightarrow Y$의 음의 간접효과는 더욱 증가한다는 것을 의미하는 것이다. 이와 같은 조절된 매개효과는 W가 $M_1 \rightarrow M_2$의 효과를 강화시키기 때문에 발생한다고 볼 수 있다.

조절된 매개효과가 유의하므로 조건부 간접효과의 추세를 이용하여 조절된 매개효과를 탐색할 수 있다. 결과물에서 조건부 간접효과는 다음과 같이 나타나 있다.

	Estimate	S.E.	Est./S.E.	Two-Tailed P-Value
CONWLL	−0.100	0.060	−1.667	0.096
CONWL	−0.149	0.060	−2.486	0.013
CONWM	−0.197	0.068	−2.906	0.004
CONWH	−0.246	0.082	−3.007	0.003
CONWHH	−0.295	0.099	−2.974	0.003

위의 결과에서 W가 증가하면서 $X \rightarrow M_1 \rightarrow M_2 \rightarrow Y$의 음의 간접효과는 점점 강화되는 상승효과가 나타나는 것을 확인할 수 있다.

이제 제3장의 말미에서 언급한 바와 같이 잠재변수와 단일변수가 혼합된 조절된 매개모형을 분석하기로 한다. 단일변수는 M_1과 M_2의 평균값으로 정하였고 나머지 변수들은 잠재변수를 그대로 사용한다. 여기에서의 조절된 매개모형은 [그림 14.4]와 같이 M_1과 M_2가 단일변수로 표시된다.

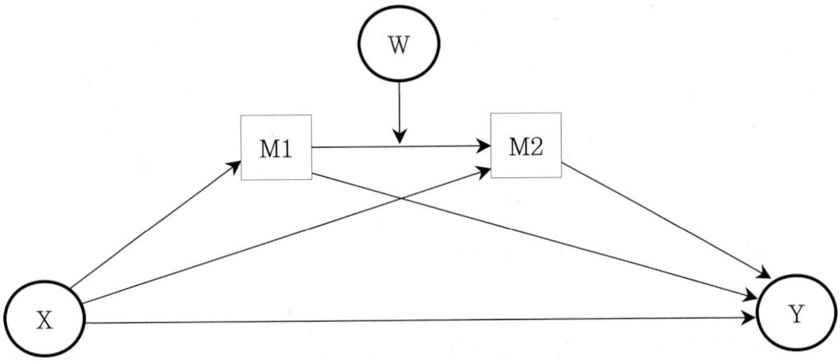

[그림 14.4] 잠재변수와 단일변수를 사용한 model 91의 개념모형

제3장에서 설명한 것처럼 CFA의 분석시에 잠재변수뿐만 아니라 단일변수도 CFA모형에 도입하여 CFA의 결과가 양호하게 나타나야 한다. 〈표 14.9〉는 잠재변수와 단일변수를 모두 포함한 모형에 관한 CFA를 분석하기 위한 Mplus code (model91(latent CFA).inp)이다.

〈표 14.9〉 잠재변수와 단일변수로 이루어진 모형의 CFA를 위한 Mplus code

```
TITLE:  model 91 (latent CFA)
DATA:       FILE IS serial(R).dat;
VARIABLE: NAMES ARE  GENDER X1 X2 X3 X4 W1 W2 W3 W4
                     Z1 Z2 Z3 Z4 M11 M12 M13 M14 M21
                     M22 M23 M24 Y1 Y2 Y3 Y4 X W M1 M2 Y MEANM1
                     MEANM2;
          USEVARIABLES ARE X1-X4 W1-W4 Y1-Y4 MEANM1 MEANM2;
ANALYSIS: ESTIMATOR=ML;
MODEL:    X BY X1-X4;
          W BY W1-W4;
          Y BY Y1-Y4;
          PSEUDOM1 BY MEANM1;
          PSEUDOM2 BY MEANM2;
          MEANM1@0.184; MEANM2@0.231;
OUTPUT: STDYX MOD(3.84) TECH1;
```

〈표 14.9〉에서 MEANM1과 MEANM2는 각각 M11–M14와 M21–M24의 평균값을 의미한다. 또한 PSEUDOM1과 PSEUDOM2는 MEANM1과 MEANM2의 임시요인이다. 그리고 MEANM1과 MEANM2의 오차분산을 각각 0.184와 0.231로 고정하였는데, 이러한 절차는 제3장에서 설명하였다. 계산과정을 구체적으로 살펴보면 먼저 M11, M12, M13 및 M14의 신뢰도분석결과 $\alpha = 0.926$으로 계산되고 단일변수 MEANM1의 분산은 2.484이기 때문에 MEANM1의 오차분산은 식 (3.24)에서 다음과 같이 계산된다.

$$\theta_{MEAN1} = Var(MEANM1)(1-\rho_{MEANM1}) = 2.484*(1-.926) = 0.184$$

또한 MEANM2의 분산은 2.386이고 M21, M22, M23 및 M24의 신뢰도는 $\alpha = 0.903$으로 계산되기 때문에 MEANM2의 오차분산은 다음과 같이 계산된다.

$$\theta_{MEAN2} = Var(MEANM2)(1-\rho_{MEANM2}) = 2.386(1-.903) = 0.231$$

〈표 14.9〉를 실행하면 다음과 같은 CFA결과를 얻을 수 있다.

〈결과 14.9〉 단일변수를 포함한 모형의 CFA분석결과

```
MODEL FIT INFORMATION
Number of Free Parameters                          50
Chi-Square Test of Model Fit
          Value                                87.742
          Degrees of Freedom                       69
          P-Value                              0.0635
RMSEA (Root Mean Square Error Of Approximation)
          Estimate                              0.037
          90 Percent C.I.                       0.000    0.058
          Probability RMSEA <= .05              0.828
CFI/TLI
          CFI                                   0.993
          TLI                                   0.991
SRMR (Standardized Root Mean Square Residual)
          Value                                 0.022
```

```
MODEL RESULTS
                                                    Two-Tailed
                    Estimate       S.E.  Est./S.E.    P-Value
 X        BY
    X1                 1.000      0.000    999.000    999.000
    X2                 0.933      0.044     21.225      0.000
    X3                 0.987      0.045     21.938      0.000
    X4                 1.062      0.044     24.274      0.000
 W        BY
    W1                 1.000      0.000    999.000    999.000
    W2                 0.973      0.050     19.499      0.000
    W3                 0.908      0.046     19.777      0.000
    W4                 1.020      0.048     21.432      0.000
 Y        BY
    Y1                 1.000      0.000    999.000    999.000
    Y2                 1.019      0.064     15.865      0.000
    Y3                 0.963      0.073     13.219      0.000
    Y4                 0.980      0.055     17.840      0.000
 PSEUDOM1 BY
    MEANM1             1.000      0.000    999.000    999.000
 PSEUDOM2 BY
    MEANM2             1.000      0.000    999.000    999.000
 W        WITH
    X                 -1.195      0.180     -6.636      0.000
 Y        WITH
    X                 -0.819      0.145     -5.665      0.000
    W                  1.687      0.227      7.441      0.000
 PSEUDOM1 WITH
    X                 -0.676      0.146     -4.625      0.000
    W                  1.840      0.238      7.737      0.000
    Y                  1.790      0.213      8.396      0.000
 PSEUDOM2 WITH
    X                 -0.652      0.143     -4.555      0.000
    W                  1.719      0.230      7.488      0.000
    Y                  1.827      0.212      8.611      0.000
    PSEUDOM1           1.969      0.221      8.921      0.000
 Intercepts
    X1                 3.890      0.093     41.851      0.000
    X2                 3.860      0.088     43.841      0.000
    X3                 3.965      0.092     43.085      0.000
    X4                 3.865      0.096     40.441      0.000
    W1                 4.260      0.130     32.855      0.000
```

```
    W2               4.370     0.133     32.786      0.000
    W3               4.355     0.125     34.873      0.000
    W4               4.275     0.136     31.518      0.000
    Y1               4.165     0.111     37.649      0.000
    Y2               4.305     0.123     34.965      0.000
    Y3               4.285     0.128     33.493      0.000
    Y4               4.120     0.113     36.448      0.000
    MEANM1           4.436     0.111     39.906      0.000
    MEANM2           4.300     0.109     39.466      0.000
 Variances
    X                1.452     0.172      8.432      0.000
    W                2.890     0.337      8.563      0.000
    Y                1.990     0.246      8.102      0.000
    PSEUDOM1         2.288     0.247      9.256      0.000
    PSEUDOM2         2.143     0.237      9.028      0.000
 Residual Variances
    X1               0.276     0.036      7.597      0.000
    X2               0.287     0.036      8.062      0.000
    X3               0.278     0.036      7.790      0.000
    X4               0.189     0.031      6.160      0.000
    W1               0.473     0.073      6.503      0.000
    W2               0.817     0.102      7.995      0.000
    W3               0.736     0.090      8.157      0.000
    W4               0.674     0.090      7.469      0.000
    Y1               0.458     0.068      6.755      0.000
    Y2               0.967     0.115      8.410      0.000
    Y3               1.430     0.159      9.007      0.000
    Y4               0.645     0.083      7.777      0.000
    MEANM1           0.184     0.000    999.000    999.000
    MEANM2           0.231     0.000    999.000    999.000
```

〈결과 14.9〉에서 모형의 적합도가 매우 양호하게 나타났다. 결과의 자세한 해석은 제3장을 참조하면 된다.

CFA결과가 양호하게 나타났기 때문에 [그림 14.4]를 분석하기로 한다. 〈표 14.10〉은 이 모형을 분석하기 위한 Mplus code(model91(latent and single).inp)이다.

〈표 14.10〉 잠재변수와 단일변수를 포함한 model 91을 분석하기 위한 Mplus code

```
TITLE:  model 91 (latent and single)
DATA:     FILE IS serial(R).dat;
VARIABLE:
          NAMES ARE  GENDER X1 X2 X3 X4 W1 W2 W3 W4
                     Z1 Z2 Z3 Z4 M11 M12 M13 M14 M21
                     M22 M23 M24 Y1 Y2 Y3 Y4 X W M1 M2 Y MEANM1
                     MEANM2;

          USEVARIABLES ARE X1-X4 W1-W4 MEANM1 MEANM2 Y1-Y4;

ANALYSIS: TYPE=RANDOM;
           ALGORITHM=INTEGRATION;
           INTEGRATION=MONTECARLO;

MODEL: ! measurement model
          X BY X1-X4;
          W BY W1-W4;
          Y BY Y1-Y4;

        ! create latent variable interaction

          MEANM1W | MEANM1 XWITH W;

        ! structural model

          MEANM1 ON X (a1);

          MEANM2 ON X          (a2)
                    MEANM1     (d1)
                    W
                    MEANM1W  (d3);

          Y ON  X          (cprime)
                MEANM1  (b1)
                MEANM2  (b2);

          W(wvar);

MODEL CONSTRAINT:
                NEW(SD INDEX A1B1 A2B2 A1D1B2
                     CONWLL CONWL CONWM CONWH CONWHH
                     TOTWLL TOTWL TOTWM TOTWH TOTWHH);

                SD=SQRT(wvar);
```

```
        ! index of moderated mediation
         INDEX = a1*b2*d3;
        ! specific indirect effect of X on Y via M1 only
         A1B1 = a1*b1;
        ! specific indirect effect of X on Y via M2 only
         A2B2 = a2*b2;
        ! specific indirect effect of X on Y via M1 and M2
         A1D1B2 = a1*d1*b2;
        ! conditional indirect effects of X on Y
        ! via M1 and M2 for specific values of W
         CONWLL = a1*b2*d1 + a1*b2*d3*(-2*SD);
         CONWL  = a1*b2*d1 + a1*b2*d3*(-1*SD);
         CONWM  = a1*b2*d1 + a1*b2*d3*(0*SD);
         CONWH  = a1*b2*d1 + a1*b2*d3*(1*SD);
         CONWHH = a1*b2*d1 + a1*b2*d3*(2*SD);
        ! conditional total effects of X on Y for specific value of W
         TOTWLL = CONWLL + a1b1 + a2b2 + cprime;
         TOTWL  = CONWL  + a1b1 + a2b2 + cprime;
         TOTWM  = CONWM  + a1b1 + a2b2 + cprime;
         TOTWH  = CONWH  + a1b1 + a2b2 + cprime;
         TOTWHH = CONWHH + a1b1 + a2b2 + cprime;
        ! plot total effects of X on Y for specific value of W
        PLOT(PLOW PMID PHI);
        LOOP(X, -3, 3, 0.1);
        PLOW = TOTWL * X;
        PMID = TOTWM * X;
        PHI  = TOTWH * X;
PLOT: TYPE-PLOT2;
OUTPUT: CINT;
```

〈표 14.10〉은 모든 변수가 잠재변수로 이루어진 모형을 분석하는 〈표 14.8〉과 약간 다르게 구성되어 있다. 먼저 M_1과 M_2의 지표변수들 대신 단일변수

MEANM1과 MEANM2가 사용되었다. 그리고 중요한 점으로 상호항(MEANM1W)을 생성하는 경우에 MEANM1은 단일변수이고 *W*는 잠재변수인데, 이러한 경우에 상호항은 위의 code와 같이 반드시 XWITH 옵션을 사용해야 한다는 것이다. 하나의 변수가 단일변수라고 해서 DEFINE 명령문에서 MEANM1W=MEANM1*W로 지정하면 오류가 발생한다. 나머지 명령문들은 〈표 14.8〉과 동일하게 지정되어 있다.

〈표 14.10〉을 실행하면 〈결과 14.10〉을 얻을 수 있다.

〈결과 14.10〉 단일변수를 포함한 model 91의 분석결과

MODEL RESULTS

	Estimate	S.E.	Est./S.E.	Two-Tailed P-Value
X BY				
X1	1.000	0.000	999.000	999.000
X2	0.934	0.049	19.000	0.000
X3	0.988	0.052	18.904	0.000
X4	1.061	0.045	23.798	0.000
W BY				
W1	1.000	0.000	999.000	999.000
W2	0.958	0.055	17.566	0.000
W3	0.904	0.043	20.868	0.000
W4	1.012	0.045	22.362	0.000
Y BY				
Y1	1.000	0.000	999.000	999.000
Y2	1.021	0.063	16.299	0.000
Y3	0.965	0.073	13.245	0.000
Y4	0.979	0.045	21.604	0.000
Y ON				
X	−0.222	0.065	−3.389	0.001
Y ON				
MEANM1	0.289	0.087	3.333	0.001
MEANM2	0.467	0.091	5.111	0.000
MEANM1 ON				
X	−0.488	0.119	−4.116	0.000
MEANM2 ON				
X	−0.033	0.068	−0.483	0.629
W	−0.199	0.130	−1.537	0.124
MEANM1W	0.091	0.032	2.823	0.005

```
 MEANM2 ON
    MEANM1              0.662      0.057     11.577      0.000
 W          WITH
    X                  -1.223      0.167     -7.307      0.000

New/Additional Parameters
    SD                  1.710      0.069     24.883      0.000
    INDEX              -0.021      0.010     -2.165      0.030
    A1B1               -0.141      0.054     -2.628      0.009
    A2B2               -0.015      0.032     -0.485      0.627
    A1D1B2             -0.151      0.045     -3.320      0.001
    CONWLL             -0.080      0.040     -1.995      0.046
    CONWL              -0.115      0.039     -2.928      0.003
    CONWM              -0.151      0.045     -3.320      0.001
    CONWH              -0.186      0.056     -3.329      0.001
    CONWHH             -0.222      0.069     -3.217      0.001
    TOTWLL             -0.457      0.109     -4.213      0.000
    TOTWL              -0.493      0.107     -4.623      0.000
    TOTWM              -0.529      0.107     -4.926      0.000
    TOTWH              -0.564      0.111     -5.105      0.000
    TOTWHH             -0.600      0.116     -5.167      0.000
```

〈결과 14.10〉은 〈결과 14.8〉과 유사하지만 몇 가지가 다르게 산출되었다. 먼저 잠재변수를 이용한 분석결과와는 다르게 $M_1 \rightarrow Y$의 계수($b_1 = .289, p < .001$)가 유의하게 나타났다. 이러한 이유로 〈결과 14.8〉에서는 유의하지 않았던 $X \rightarrow M_1 \rightarrow Y$의 음의 간접효과가 유의하게 나타났다($a_1b_1 = -0.141, p < .01$). 이는 뒤에 분석하는 모든 변수를 단일변수로 도입한 모형의 결과($a_1b_1 = -0.126, p < .05$)와 유사한 결과이다. 그리고 $X \rightarrow M_1 \rightarrow M_2 \rightarrow Y$에 관한 조절된 매개지수($a_1d_3b_2 = -0.021, p < .05$)도 잠재변수를 사용한 분석결과와 유사하게 음으로 유의하게 나타났다.

다음으로 모든 잠재변수들의 하위 관측변수를 평균한 단일변수를 이용하여 model 91을 분석하기로 한다. 〈표 14.11〉(model91(single).inp)은 이를 분석하기 위한 Mplus code이다.

〈표 14.11〉 단일변수를 이용하여 model 91을 분석하기 위한 Mplus code

```
TITLE: model 91 (single)
DATA:     FILE IS serial(R).dat;
VARIABLE:
          NAMES ARE  GENDER X1 X2 X3 X4 W1 W2 W3 W4
                     Z1 Z2 Z3 Z4 M11 M12 M13 M14 M21
                     M22 M23 M24 Y1 Y2 Y3 Y4 X W M1 M2 Y;
          USEVARIABLES ARE X W M1 M2 Y M1W;

DEFINE: CENTER M1 W (GRANDMEAN);
        M1W = M1*W;

ANALYSIS: BOOTSTRAP=10000;

MODEL:
          [M1](a01);
          M1 ON X (a1);

          [M2](a02);
          M2 ON X     (a2)
                M1    (d1)
                W
                M1W  (d3);

          [Y] (b0);
          Y ON  X  (cprime)
               M1 (b1)
               M2 (b2);

          [W] (meanw);
          W(wvar);

MODEL CONSTRAINT:
              NEW(MEAN SD INDEX A1B1 A2B2 A1D1B2
                  MSDLL MSDL MSDM MSDH MSDHH
                  CONWLL CONWL CONWM CONWH CONWHH
                  TOTWLL TOTWL TOTWM TOTWH TOTWHH);

              MEAN = meanw;
              SD=SQRT(wvar);
              MSDLL = MEAN - 2*SD;
              MSDL  = MEAN - SD;
```

```
          MSDM   = MEAN;
          MSDH   = MEAN + SD;
          MSDHH = MEAN + 2*SD;

        ! index of moderated mediation

          INDEX = a1*b2*d3;

        ! specific indirect effect of X on Y via M1 only

          A1B1 = a1*b1;

        ! specific indirect effect of X on Y via M2 only

          A2B2 = a2*b2;

        ! specific indirect effect of X on Y via M1 and M2

          A1D1B2 = a1*d1*b2;

        ! conditional indirect effects of X on Y
        ! via M1 and M2 for specific values of W

          CONWLL = a1*b2*d1 + a1*b2*d3*(MSDLL);
          CONWL  = a1*b2*d1 + a1*b2*d3*(MSDL);
          CONWM  = a1*b2*d1 + a1*b2*d3*(MSDM);
          CONWH  = a1*b2*d1 + a1*b2*d3*(MSDH);
          CONWHH = a1*b2*d1 + a1*b2*d3*(MSDHH);

        ! conditional total effects of X on Y for specific value of W

          TOTWLL = CONWLL + a1b1 + a2b2 + cprime;
          TOTWL  = CONWL  + a1b1 + a2b2 + cprime;
          TOTWM  = CONWM  + a1b1 + a2b2 + cprime;
          TOTWH  = CONWH  + a1b1 + a2b2 + cprime;
          TOTWHH = CONWHH + a1b1 + a2b2 + cprime;

        ! plot total effects of X on Y for specific value of W

        PLOT(PLOW PMID PHI);
        LOOP(X, -3, 3, 0.1);
        PLOW = TOTWL * X;
        PMID = TOTWM * X;
        PHI  = TOTWH * X;

PLOT: TYPE=PLOT2;
OUTPUT: CINT(BCBOOTSTRAP);
```

〈표 14.11〉을 실행하면 〈결과 14.11〉을 얻을 수 있다.

〈결과 14.11〉 단일변수를 이용한 model 91의 분석결과

```
MODEL RESULTS
                                                        Two-Tailed
                         Estimate      S.E.   Est./S.E.    P-Value
 M1       ON
    X                      -0.451     0.106      -4.258      0.000
 M2       ON
    X                      -0.051     0.064      -0.807      0.420
    M1                      0.659     0.059      11.165      0.000
    W                       0.198     0.064       3.115      0.002
    M1W                     0.094     0.034       2.757      0.006
 Y        ON
    X                      -0.211     0.062      -3.383      0.001
    M1                      0.278     0.088       3.145      0.002
    M2                      0.483     0.094       5.124      0.000
 Means
    W                       0.000     0.121       0.000      1.000
 Intercepts
    M1                      1.758     0.431       4.081      0.000
    M2                      4.331     0.242      17.891      0.000
    Y                       2.965     0.527       5.626      0.000
 Variances
    W                       2.916     0.152      19.213      0.000
 Residual Variances
    M1                      2.166     0.179      12.090      0.000
    M2                      0.727     0.101       7.185      0.000
    Y                       0.610     0.082       7.409      0.000

New/Additional Parameters
    MEAN                    0.000     0.121       0.000      1.000
    SD                      1.708     0.045      38.187      0.000
    INDEX                  -0.020     0.010      -2.087      0.037
    A1B1                   -0.126     0.050      -2.494      0.013
    A2B2                   -0.025     0.031      -0.791      0.429
    A1D1B2                 -0.144     0.043      -3.333      0.001
    MSDLL                  -3.415     0.186     -18.368      0.000
    MSDL                   -1.708     0.150     -11.369      0.000
    MSDM                    0.000     0.121       0.000      1.000
```

MSDH	1.708	0.103	16.632	0.000
MSDHH	3.415	0.103	33.280	0.000
CONWLL	−0.074	0.039	−1.898	0.058
CONWL	−0.109	0.037	−2.923	0.003
CONWM	−0.144	0.043	−3.369	0.001
CONWH	−0.178	0.053	−3.366	0.001
CONWHH	−0.213	0.066	−3.228	0.001
TOTWLL	−0.435	0.097	−4.500	0.000
TOTWL	−0.470	0.094	−4.996	0.000
TOTWM	−0.505	0.094	−5.348	0.000
TOTWH	−0.540	0.098	−5.528	0.000
TOTWHH	−0.575	0.104	−5.551	0.000

〈결과 14.11〉에서 $b_1 = .278,\ p < .01$로 유의하게 나타났는데 이러한 결과는 〈결과 14.8〉과 다른 결과이다. 또한 상호항의 계수는 $d_3 = .094,\ p < .01$로 유의하게 나타났다. 이와 관련하여 New/Additional Parameters를 살펴보면 잠재변수를 이용한 결과에서는 유의하지 않았던 $X \rightarrow M_1 \rightarrow Y$의 음의 간접효과($a_1 b_1 = -0.126,\ p < .05$)가 유의하게 나타났다. 그리고 잠재변수를 이용한 분석과 동일하게 $X \rightarrow M_1 \rightarrow M_2 \rightarrow Y$의 조절된 매개지수($a_1 d_3 b_2 = -0.020,\ p < .05$)가 유의하게 나타났으므로 조절된 매개효과가 유의하다고 판단할 수 있다. 나머지 결과들의 해석은 잠재변수를 이용한 분석과 동일하다. 그리고 이러한 Mplus를 이용한 분석결과는 PROCESS macro의 분석결과와 일치하고 있다.

14.4 병렬다중매개모형에 관한 조절된 매개모형

앞에서 살펴본 3가지의 모형은 모두 직렬다중매개모형에 관한 조절된 매개모형들이다. 여기에서는 병렬다중매개모형과 조절모형을 결합한 조절된 매개모형을 분석하기로 한다. 매개변수가 두 개인 병렬다중매개모형과 조절모형을 결합한 조절된 매개모형에 관한 개념모형과 통계모형은 [그림 14.5]와 같다.

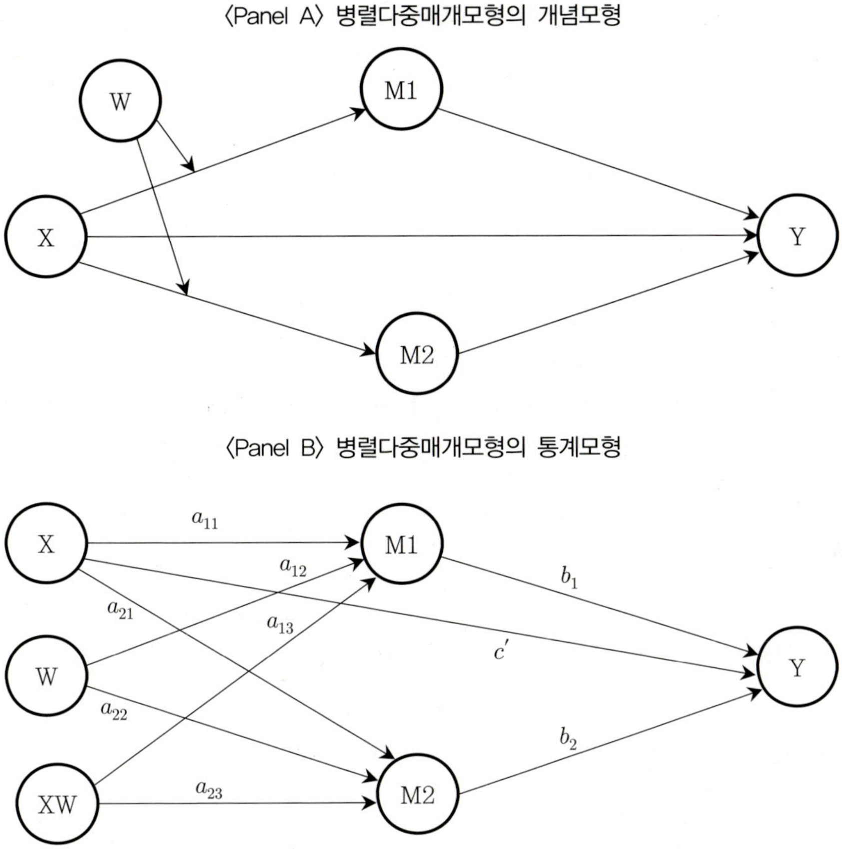

[그림 14.5] 병렬다중매개모형의 개념모형과 통계모형

당연한 내용이지만 병렬다중매개모형은 [그림 14.5] 이외에도 다양한 모형을 설정할 수 있다. 예를 들어 조절변수 W가 $M_1 \rightarrow Y$경로와 $M_2 \rightarrow Y$경로 혹은 $X \rightarrow Y$ 경로를 조절할 수도 있다. [그림 14.5]의 M_1 회귀식과 M_2 회귀식 및 Y 회귀식은 다음과 같다. 여기에서도 오차항은 생략하였다.

$$\begin{aligned} M_1 &= i_1 + a_{11}X + a_{12}W + a_{13}XW \\ &= i_1 + a_{12}W + (a_{11} + a_{13}W)X \end{aligned} \tag{14.23}$$

$$\begin{aligned} M_2 &= i_2 + a_{21}X + a_{22}W + a_{23}XW \\ &= i_2 + a_{22}W + (a_{21} + a_{23}W)X \end{aligned} \tag{14.24}$$

$$Y = i_3 + c'X + b_1M_1 + b_2M_2 \tag{14.25}$$

식 (14.23)에서 $X \rightarrow M_1$의 조건부효과($\theta_{X \rightarrow M_1}$)는 다음과 같다.

$$\theta_{X \rightarrow M_1} = a_{11} + a_{13}W \tag{14.26}$$

따라서 $X \rightarrow M_1 \rightarrow Y$의 조건부 간접효과($\omega_1$)는 다음과 같이 계산된다.

$$\omega_1 = (a_{11} + a_{13}W)b_1 = a_{11}b_1 + a_{13}b_1W \tag{14.27}$$

식 (14.27)에서 $X \rightarrow M_1 \rightarrow Y$의 조절된 매개지수는 W의 가중치인 $a_{13}b_1$이다. 그리고 식 (14.24)에서 $X \rightarrow M_2$의 조건부효과($\theta_{X \rightarrow M_2}$)는 다음과 같다.

$$\theta_{X \rightarrow M_2} = a_{21} + a_{23}W \tag{14.28}$$

그러므로 $X \rightarrow M_2 \rightarrow Y$의 조건부 간접효과($\omega_2$)는 다음과 같이 계산된다.

$$\omega_2 = (a_{21} + a_{23}W)b_2 = a_{21}b_2 + a_{23}b_2W \tag{14.29}$$

식 (14.29)에서 $X \rightarrow M_2 \rightarrow Y$의 조절된 매개지수는 W의 가중치인 $a_{23}b_2$이다.

[그림 14.5]를 분석하기 전에 먼저 잠재상호항이 배제된 기저모형을 분석하기로 한다. 〈표 14.12〉는 기저모형을 분석하기 위한 Mplus code(parallel(latent baseline).inp)이다. 여기에서 사용하는 자료파일은 model 88.dat이다.

〈표 14.12〉 병렬다중매개모형의 기저모형에 대한 Mplus code

```
TITLE:  parallel (latent baseline)
DATA:     FILE IS model 88.dat;
VARIABLE:
          NAMES ARE     GENDER X1 X2 X3 X4 M21 M22 M23 M24
                        M11 M12 M13 M14 W1 W2 W3 W4 Y1 Y2 Y3 Y4 X
                        M2 M1 W Y;
          USEVARIABLES ARE X1-X4 M21-M24 M11-M14 W1-W4 Y1-Y4;

MODEL:    X BY X1-X4;
          W BY W1-W4;
```

```
M1 BY M11-M14;
M2 BY M21-M24;
Y BY Y1-Y4;

M1 ON X
      W;

M2 ON X
      W;

Y ON  X
      M1
      M2;
```

〈표 14.12〉를 분석하면 〈결과 14.12〉를 얻을 수 있다.

〈결과 14.12〉 병렬다중매개모형의 기저모형 분석결과

```
MODEL FIT INFORMATION
Number of Free Parameters                        68
Chi-Square Test of Model Fit
          Value                              319.715
          Degrees of Freedom                     162
          P-Value                             0.0000
RMSEA (Root Mean Square Error Of Approximation)
          Estimate                             0.070
          90 Percent C.I.                      0.058    0.081
          Probability RMSEA <= .05             0.003
CFI/TLI
          CFI                                  0.959
          TLI                                  0.952
SRMR (Standardized Root Mean Square Residual)
          Value                                0.061

MODEL RESULTS
                                                           Two-Tailed
                       Estimate      S.E.     Est./S.E.    P-Value
 X        BY
    X1                   1.000      0.000      999.000     999.000
    X2                   0.907      0.046       19.586       0.000
```

```
    X3                0.804    0.056     14.274     0.000
    X4                0.911    0.042     21.756     0.000
 W        BY
    W1                1.000    0.000    999.000   999.000
    W2                1.110    0.060     18.577     0.000
    W3                0.920    0.062     14.900     0.000
    W4                1.071    0.061     17.591     0.000
 M1       BY
    M11               1.000    0.000    999.000   999.000
    M12               1.134    0.058     19.524     0.000
    M13               0.994    0.054     18.357     0.000
    M14               1.088    0.058     18.771     0.000
 M2       BY
    M21               1.000    0.000    999.000   999.000
    M22               1.240    0.080     15.569     0.000
    M23               0.951    0.054     17.695     0.000
    M24               1.272    0.080     15.856     0.000
 Y        BY
    Y1                1.000    0.000    999.000   999.000
    Y2                0.944    0.059     15.985     0.000
    Y3                0.919    0.060     15.313     0.000
    Y4                0.983    0.054     18.206     0.000
 M1       ON
    X                -0.188    0.068     -2.744     0.006
    W                 0.735    0.082      8.937     0.000
 M2       ON
    X                 0.379    0.044      8.606     0.000
    W                 0.164    0.046      3.592     0.000
 Y        ON
    X                -0.063    0.091     -0.697     0.486
    M1                0.307    0.064      4.817     0.000
    M2                0.986    0.158      6.250     0.000
 W        WITH
    X                 1.571    0.229      6.864     0.000
```

〈결과 14.12〉에서 모형적합도가 우수하고 지표변수들의 요인적재량이 통계적으로 유의하기 때문에 기저모형은 자료에 적합하다고 할 수 있다. 따라서 잠재상호항을 도입한 조절된 매개모형을 분석할 수 있다. 다음의 〈표 14.13〉은 잠재변수를 이용하여 [그림 14.5]를 분석하기 위한 Mplus code(parallel(latent).inp)이다.

〈표 14.13〉 병렬다중매개모형을 분석하기 위한 Mplus code(잠재변수)

```
TITLE:  parallel (latent)
DATA:      FILE IS model 88.dat;
VARIABLE:
           NAMES ARE       GENDER X1 X2 X3 X4 M21 M22 M23 M24
                           M11 M12 M13 M14 W1 W2 W3 W4 Y1 Y2 Y3 Y4 X
                           M2 M1 W Y;
           USEVARIABLES ARE X1-X4 M21-M24 M11-M14 W1-W4 Y1-Y4;

ANALYSIS: TYPE=RANDOM;
           ALGORITHM=INTEGRATION;
           INTEGRATION=MONTECARLO;

MODEL: ! measurement model
           X BY X1-X4;
           W BY W1-W4;
           M1 BY M11-M14;
           M2 BY M21-M24;
           Y BY Y1-Y4;

         ! create latent variable interaction

           XW | X XWITH W;

         ! structural model

           M1 ON X     (a11)
                 W
                 XW    (a13);
           M2 ON X     (a21)
                 W
                 XW    (a23);

           Y ON  X     (cprime)
                 M1    (b1)
                 M2    (b2);

           W(wvar);

MODEL CONSTRAINT:
                 NEW(SD INDEX1 INDEX2
                     CON1WLL CON1WL CON1WM CON1WH CON1WHH
                     CON2WLL CON2WL CON2WM CON2WH CON2WHH
                     TOTWLL TOTWL TOTWM TOTWH TOTWHH);
```

```
            SD=SQRT(wvar);
          ! index of moderated mediation (via M1)
            INDEX1 = a13*b1;
          ! index of moderated mediation (via M2)
            INDEX2 = a23*b2;
          ! conditional indirect effects of X on Y
          ! via M1 for specific values of W
            CON1WLL = (a11 + a13*(-2*SD))* b1;
            CON1WL  = (a11 + a13*(-1*SD))* b1;
            CON1WM  = (a11 + a13*(0*SD))* b1;
            CON1WH  = (a11 + a13*(1*SD))* b1;
            CON1WHH = (a11 + a13*(2*SD))* b1;
          ! conditional indirect effects of X on Y
          ! via M2 for specific values of W
            CON2WLL = (a21 + a23*(-2*SD))*b2;
            CON2WL  = (a21 + a23*(-1*SD))*b2;
            CON2WM  = (a21 + a23*(0*SD))*b2;
            CON2WH  = (a21 + a23*(1*SD))*b2;
            CON2WHH = (a21 + a23*(2*SD))*b2;
          ! conditional total effects of X on Y for specific value of W
            TOTWLL = CON1WLL + CON2WLL  + cprime;
            TOTWL  = CON1WL  + CON2WL   + cprime;
            TOTWM  = CON1WM  + CON2WM   + cprime;
            TOTWH  = CON1WH  + CON2WH   + cprime;
            TOTWHH = CON1WHH + CON2WHH  + cprime;
          ! plot total effects of X on Y for specific value of W
            PLOT(PLOW PMID PHI);
            LOOP(X, -3, 3, 0.1);
            PLOW = TOTWL * X;
            PMID = TOTWM * X;
            PHI  = TOTWH * X;
PLOT: TYPE=PLOT2;
OUTPUT: CINT;
```

〈표 14.13〉의 MODEL CONSTRAINT에 두 개의 조절된 매개지수의 추정이 지정되어 있다. 또한 $X \rightarrow M_1 \rightarrow Y$와 $X \rightarrow M_2 \rightarrow Y$의 조건부 간접효과의 추정 및 조건부 총효과의 계산이 지정되어 있다. 〈표 14.13〉을 실행하면 〈결과 14.13〉을 얻을 수 있다.

〈결과 14.13〉 잠재변수를 이용한 병렬다중매개모형의 분석결과

MODEL RESULTS

		Estimate	S.E.	Est./S.E.	Two-Tailed P-Value
X	BY				
X1		1.000	0.000	999.000	999.000
X2		0.909	0.051	17.805	0.000
X3		0.807	0.053	15.172	0.000
X4		0.909	0.043	20.915	0.000
W	BY				
W1		1.000	0.000	999.000	999.000
W2		1.115	0.058	19.264	0.000
W3		0.925	0.058	15.829	0.000
W4		1.081	0.063	17.208	0.000
M1	BY				
M11		1.000	0.000	999.000	999.000
M12		1.132	0.066	17.154	0.000
M13		0.994	0.045	21.894	0.000
M14		1.089	0.065	16.752	0.000
M2	BY				
M21		1.000	0.000	999.000	999.000
M22		1.247	0.103	12.160	0.000
M23		0.951	0.041	23.109	0.000
M24		1.275	0.097	13.124	0.000
Y	BY				
Y1		1.000	0.000	999.000	999.000
Y2		0.944	0.054	17.538	0.000
Y3		0.919	0.058	15.754	0.000
Y4		0.983	0.053	18.484	0.000
M1	ON				
X		−0.172	0.056	−3.062	0.002
W		0.738	0.076	9.658	0.000
XW		0.119	0.042	2.837	0.005

```
M2       ON
   X                 0.371      0.049       7.586      0.000
   W                 0.163      0.052       3.156      0.002
   XW               -0.067      0.024      -2.827      0.005
Y        ON
   X                -0.054      0.094      -0.576      0.565
   M1                0.311      0.069       4.537      0.000
   M2                0.971      0.166       5.839      0.000
W        WITH
   X                 1.566      0.178       8.775      0.000

New/Additional Parameters
   SD                1.500      0.066      22.843      0.000
   INDEX1            0.037      0.015       2.552      0.011
   INDEX2           -0.065      0.023      -2.759      0.006
   CON1WLL          -0.164      0.059      -2.802      0.005
   CON1WL           -0.109      0.038      -2.833      0.005
   CON1WM           -0.053      0.021      -2.489      0.013
   CON1WH            0.002      0.020       0.110      0.913
   CON1WHH           0.058      0.036       1.623      0.105
   CON2WLL           0.555      0.103       5.369      0.000
   CON2WL            0.458      0.082       5.573      0.000
   CON2WM            0.361      0.072       4.997      0.000
   CON2WH            0.263      0.078       3.381      0.001
   CON2WHH           0.166      0.097       1.720      0.085
   TOTWLL            0.337      0.085       3.957      0.000
   TOTWL             0.295      0.071       4.155      0.000
   TOTWM             0.253      0.074       3.410      0.001
   TOTWH             0.212      0.093       2.272      0.023
   TOTWHH            0.170      0.120       1.411      0.158
```

〈결과 14.13〉에서 $a_{11} = -.172$, $p < .01$과 $b_1 = .311$, $p < .001$로 나타났기 때문에 $X \rightarrow M_1 \rightarrow Y$의 간접효과는 음으로 나타났다고 할 수 있다. 그리고 $a_{13} = .119$, $p < .01$이기 때문에 조절변수 W가 증가하면 $X \rightarrow M_1$의 음의 효과가 완화되는 조절효과가 발생하는 것을 알 수 있다. 또한 $a_{21} = .371$, $p < .001$과 $b_2 = .971$, $p < .001$로 나타났기 때문에 $X \rightarrow M_2 \rightarrow Y$의 간접효과는 양이라는 것을 알 수 있다. 그리고 $a_{23} = -.067$, $p < .01$이므로 W가 증가하면 $X \rightarrow M_2$의 양의 효과가 감소하는 조절효과가 발생한다고 할 수 있다.

New/Additional Parameters에서 $X \rightarrow M_1 \rightarrow Y$에 관한 조절된 매개지수($a_{13}b_1 = .037,\ p < .05$)가 유의하게 양으로 나타났다. 따라서 조절변수 W가 증가하면 $X \rightarrow M_1 \rightarrow Y$의 음의 간접효과가 완화되는 유의한 조절된 매개효과가 발생한다고 결론을 내릴 수 있다. 이러한 조절된 매개효과의 이유는 앞에서 살펴본 바와 같이 W가 $X \rightarrow M_1$의 음의 효과를 완화시키기 때문이다. 그리고 $X \rightarrow M_2 \rightarrow Y$에 대한 조절된 매개지수($a_{23}b_2 = -.065,\ p < .01$)는 음으로 유의하게 나타났다. 그러므로 W가 증가하면 $X \rightarrow M_2 \rightarrow Y$의 양의 간접효과가 감소하는 조절된 매개효과가 유의한 것을 알 수 있다. 이러한 조절된 매개효과가 나타나는 이유는 마찬가지로 W가 $X \rightarrow M_2$의 양의 효과를 감소시키기 때문이라고 할 수 있다. 그리고 두 간접효과의 경우에 모두 간접효과의 부호와 조절된 매개지수의 부호가 다르기 때문에 완충효과에 해당한다.

조절된 매개효과가 유의하게 나타났으므로 조건부 간접효과의 추세를 이용하여 조절된 매개효과를 탐색하기로 한다. 결과물에서 두 가지 조건부 간접효과의 추세는 다음과 같이 제시되어 있다.

	Estimate	S.E.	Est./S.E.	Two-Tailed P-Value
CON1WLL	−0.164	0.059	−2.802	0.005
CON1WL	−0.109	0.038	−2.833	0.005
CON1WM	−0.053	0.021	−2.489	0.013
CON1WH	0.002	0.020	0.110	0.913
CON1WHH	0.058	0.036	1.623	0.105
CON2WLL	0.555	0.103	5.369	0.000
CON2WL	0.458	0.082	5.573	0.000
CON2WM	0.361	0.072	4.997	0.000
CON2WH	0.263	0.078	3.381	0.001
CON2WHH	0.166	0.097	1.720	0.085

위의 결과에서 조절변수 W가 증가하면 $X \rightarrow M_1 \rightarrow Y$의 음의 간접효과(CON1)는 점점 완화되며 $X \rightarrow M_2 \rightarrow Y$의 양의 간접효과(CON2)는 점점 감소하는 것을 확인할 수 있다.

다음으로 지표변수들을 평균한 단일변수를 이용하여 [그림 14.5]를 분석하기로 한다. 〈표 14.14〉는 단일변수를 이용하는 Mplus code(parallel(single).inp)이다.

〈표 14.14〉 단일변수를 이용하여 병렬다중매개모형을 분석하기 위한 Mplus code

```
TITLE:  parallel (single)
DATA:    FILE IS model 88.dat;
VARIABLE:
          NAMES ARE  GENDER X1 X2 X3 X4 M21 M22 M23 M24
                     M11 M12 M13 M14 W1 W2 W3 W4 Y1 Y2 Y3 Y4 X
                     M2 M1 W Y;
          USEVARIABLES ARE X M2 M1 W Y XW;

DEFINE: CENTER X W (GRANDMEAN);
        XW = X*W;

ANALYSIS: BOOTSTRAP=10000;

MODEL:  [M1](a01);
        M1 ON X     (a11)
              W
              XW    (a13);

        [M2](a02);
        M2 ON X     (a21)
              W
              XW    (a23);
        [Y] (b0);
        Y ON  X     (cprime)
              M1    (b1)
              M2    (b2);

        [W](wmean);
        W(wvar);

MODEL CONSTRAINT:
              NEW(MEAN SD INDEX1 INDEX2
                  MSDLL MSDL MSDM MSDH MSDHH
                  CON1WLL CON1WL CON1WM CON1WH CON1WHH
                  ON2WLL CON2WL CON2WM CON2WH CON2WHH
                  TOTWLL TOTWL TOTWM TOTWH TOTWHH);

              MEAN = wmean;
              SD=SQRT(wvar);

              MSDLL = MEAN - 2*SD;
              MSDL  = MEAN - SD;
```

```
MSDM   = MEAN;
MSDH   = MEAN + SD;
MSDHH = MEAN + 2*SD;

! index of moderated mediation (via M1)

INDEX1 = a13*b1;

! index of moderated mediation (via M2)

INDEX2 = a23*b2;

! conditional indirect effects of X on Y
! via M1 for specific values of W

CON1WLL = (a11 + a13*MSDLL)* b1;
CON1WL  = (a11 + a13*MSDL)* b1;
CON1WM  = (a11 + a13*MSDM)* b1;
CON1WH  = (a11 + a13*MSDH)* b1;
CON1WHH = (a11 + a13*MSDHH)* b1;

! conditional indirect effects of X on Y
! via M2 for specific values of W

CON2WLL = (a21 + a23*MSDLL)*b2;
CON2WL  = (a21 + a23*MSDL)*b2;
CON2WM  = (a21 + a23*MSDM)*b2;
CON2WH  = (a21 + a23*MSDH)*b2;
CON2WHH = (a21 + a23*MSDHH)*b2;

! conditional total effects of X on Y for specific value of W

TOTWLL = CON1WLL + CON2WLL  + cprime;
TOTWL  = CON1WL  + CON2WL   + cprime;
TOTWM  = CON1WM  + CON2WM   + cprime;
TOTWH  = CON1WH  + CON2WH   + cprime;
TOTWHH = CON1WHH + CON2WHH  + cprime;

! plot total effects of X on Y for specific value of W

PLOT(PLOW PMID PHI);
LOOP(X, -3, 3, 0.1);
PLOW = TOTWL * X;
PMID  = TOTWM * X;
PHI   = TOTWH * X;
```

```
PLOT: TYPE=PLOT2;
OUTPUT: CINT(BCBOOTSTRAP);
```

〈표 14.14〉를 실행하면 〈결과 14.14〉를 얻을 수 있다.

〈결과 14.14〉 단일변수를 이용한 병렬다중매개분석결과

MODEL RESULTS

	Estimate	S.E.	Est./S.E.	Two-Tailed P-Value
M1 ON				
X	−0.112	0.060	−1.878	0.060
W	0.669	0.060	11.078	0.000
XW	0.125	0.037	3.355	0.001
M2 ON				
X	0.443	0.052	8.492	0.000
W	0.156	0.043	3.643	0.000
XW	−0.063	0.028	−2.290	0.022
Y ON				
X	0.019	0.079	0.235	0.814
M1	0.276	0.059	4.697	0.000
M2	0.701	0.103	6.821	0.000
Means				
W	0.000	0.113	0.000	1.000
Intercepts				
M2	4.218	0.066	64.011	0.000
M1	4.121	0.084	49.029	0.000
Y	−0.232	0.539	−0.430	0.667
Variances				
W	2.569	0.133	19.318	0.000
Residual Variances				
M2	0.540	0.072	7.510	0.000
M1	1.308	0.120	10.865	0.000
Y	1.174	0.108	10.918	0.000

New/Additional Parameters

	Estimate	S.E.	Est./S.E.	Two-Tailed P-Value
MEAN	0.000	0.113	0.000	1.000
SD	1.603	0.042	38.500	0.000

INDEX1	0.034	0.012	2.860	0.004
INDEX2	−0.044	0.020	−2.185	0.029
MSDLL	−3.205	0.147	−21.764	0.000
MSDL	−1.603	0.125	−12.855	0.000
MSDM	0.000	0.113	0.000	1.000
MSDH	1.603	0.117	13.721	0.000
MSDHH	3.205	0.134	23.963	0.000
CON1WLL	−0.141	0.049	−2.870	0.004
CON1WL	−0.086	0.032	−2.722	0.006
CON1WM	−0.031	0.018	−1.718	0.086
CON1WH	0.024	0.020	1.229	0.219
CON1WHH	0.079	0.035	2.290	0.022
CON2WLL	0.452	0.085	5.290	0.000
CON2WL	0.381	0.064	5.926	0.000
CON2WM	0.310	0.055	5.607	0.000
CON2WH	0.240	0.064	3.752	0.000
CON2WHH	0.169	0.085	1.993	0.046
TOTWLL	0.330	0.081	4.073	0.000
TOTWL	0.314	0.066	4.780	0.000
TOTWM	0.298	0.067	4.438	0.000
TOTWH	0.283	0.085	3.340	0.001
TOTWHH	0.267	0.111	2.413	0.016

〈결과 14.14〉에서 $a_{11} = -.112$, $p = .06$과 $b_1 = .276$, $p < .001$이기 때문에 $X \to M_1 \to Y$의 간접효과는 음으로 나타났다. 또한 $a_{13} = .125$, $p < .001$이므로 W가 증가하면서 $X \to M_1$의 음의 효과는 완화된다고 할 수 있다. 그리고 $a_{21} = .443$, $p < .001$이고 $b_2 = .701$, $p < .001$이므로 $X \to M_2 \to Y$의 간접효과는 양으로 나타났고 $a_{23} = -.063$, $p < .05$이기 때문에 W가 증가하면 $X \to M_2$의 양의 효과는 감소하는 것을 알 수 있다.

New/Additional Parameters에서 $X \to M_1 \to Y$의 조절된 매개지수($a_{13}b_1 = .034$, $p < .01$)가 양으로 유의하게 나타났으므로 W가 증가하면 $X \to M_1 \to Y$의 음의 간접효과는 완화된다고 결론을 내린다. 또한 $X \to M_2 \to Y$의 조절된 매개지수($a_{23}b_2 = -.044$, $p < .05$)가 유의하게 음으로 나타났기 때문에 W가 증가하면서 $X \to M_2 \to Y$의 양의 간접효과는 점점 감소한다는 것을 알 수 있다. 이러한 결론은 잠재변수를 이용한 분석결과와 동일한 것이다.

국내문헌

이형권 (2015). PROCESS macro를 이용한 매개분석 · 조절분석 및 조절된 매개분석. 신영사.

해외문헌

Aiken, L. S., & West, S. G. (1991). *Multiple regression: Testing and interpreting interactions*. Thousand Oaks, London: Sage Publications.

Akaike, H. (1987). Factor analysis and AIC. *Psychometrika*, 52, 317−322.

Asparouhov, T., & Muthén, B. (2009). Exploratory structural equation modeling. *Structural Equation Modeling: A Multidisciplinary Journal*. 16(3), 397−438.

Baron, R. M., & Kenny, D. A. (1986). The moderator−mediator variable distinction in social psychological research: Conceptual, strategic, and statistical considerations. *Journal of Personality and Social Psychology*, 51(6), 1173−1182.

Bentler, P. M. (1990). Comparative fit indices in structural models. *Psychological Bulletin*, 107, 238−246.

Bentler, P. M. (1995). *EQS: Structural Equation Program Manual*. Multivariate Software, Inc., Encino, CA.

Bentler, P. M., & Chou, C−P. (1987). Practical issues in structural modeling. *Sociological Methods & Research*, 16, 78−117.

Bissonnette, V., Ickes, W., Berstein, I., & Knowles, E. (1990). Personality moderating variables: A warning about statistical artifact and a comparison of analytic techniques. *Journal of Personality*, 58(3), 567−587.

Bollen, K. A., & Stine, R. (1990). Direct and indirect effects: Classical and bootstrap estimates of variability. *Sociological Methodology*, 20, 115−140.

Brown, T. A. (2015). *Confirmatory factor analysis for applied research* (2nd ed.). New York, NY: The Guilford Press.

Brown, T. A., & Moore, M. T. (2012). Confirmatory factor analysis. In R. H. Hoyle (Ed.). *Handbook of structural equation modeling* (pp.361−379). New York, NY: The Guilford Press.

Browne, M. W., & Cudeck, R. (1993). Alternative ways of assessing model fit. In K. A. Bollen & J. S. Long (Eds.). *Testing structural equation models* (pp.136–162). Newbury, CA: Sage.

Browne, M. W., MacCallum, R. C., Kim, C-T., Andersen, B. L., & Glaser, R. (2002). When fit indices and residuals are incompatible. *Psychological Methods*, 7, 403–421.

Byrne, B. M. (1993). The Maslach Inventory: Testing for factorial validity and invariance across elementary, intermediate, and secondary teachers. *Journal of Occupational and Organizational Psychology*, 66, 197–212.

Byrne, B. M. (2012). *Structural equation modeling with Mplus: Basic concepts, applications, and programming*. New York, NY: Taylor & Francis Group.

Cheung, G. W., & Lau, R. S. (2015). Accuracy of parameter estimates and confidence intervals in moderated mediation models: A comparison of regression and latent moderated structural equations. *Organizational Research Methods*, doi: 10.1177/1094428115595869.

Cheung, G. W., & Rensvold, R. B. (2002). Evaluating goodness-of-fit indices for testing measurement invariance. *Structural Equation Modeling*, 9(2), 233–255.

Chou, C-P., & Huh, J. (2012). Model modification in structural equation modeling. In R. H. Hoyle (Ed.). *Handbook of structural equation modeling* (pp.232–246). New York, NY: The Guilford Press.

Cohen, J. (1983). The cost of dichotomization. *Applied Psychological Measurement*, 7, 249–253.

Dalal, D. K., & Zickar, M. J. (2012). Some common myths about centering predictor variables in moderated multiple regression and polynomial regression. *Organizational Research Methods*, 15(3), 339–362.

Decarlo, L. T. (1997). On the meaning and use of kurtosis. *Psychological Methods*, 2, 292–307.

Echambadi, R., & Hess, J. D. (2007). Mean-centering does not alleviate collinearity problems in moderated multiple regression models. *Marketing Science*, 26(3), 438–445.

Edwards, J. R. (2009). Seven deadly myths of testing moderation in organizational research. In C. E. Lance, & R. J. Vandenberg (Eds.). *Statistical and methodological myths and urban legends: Doctrine, verity and fable in the organizational and social sciences*. New York: Taylor & Francis Group.

Edwards, J. R., & Lambert, L. S. (2007). Methods for integrating moderation and mediation: A general analytical framework using moderated path analysis. *Psychological Methods*, 12(1), 1–22.

Fornell, C., & Larcker, D. F. (1981). Evaluating structural equation models with unobservable variables and measurement error. *Journal of Marketing Research*, 18, 39–50.

Fritz, M. S., & MacKinnon, D. P. (2007). Required sample size to detect the mediated effect. *Psychological Science*, 18(3), 233–239.

Görgens–Ekermans, G., & Brand, T. (2012). Emotional intelligence as a moderator in the stress–burnout relationship: A questionnaire study on nurses. *Journal of Clinical Nursing*, 21, 2275–2285.

Hair, J. F., Black, W. C., Babin, B. J., & Anderson, R. E. (2010). *Multivariate data analysis* (7th ed.). NJ: Prentice Hall.

Harris, K. J., Harvey, P., & Kacmar, K. M. (2009). Do social stressors impact everyone equally? An examination of the moderating impact of core self–evaluations. *Journal of Business and Psychology*, 24, 153–164.

Hayes, A. F. (2012). PROCESS: A versatile computational tool for observed variable mediation, moderation, and conditional process modeling[White paper]. Retrieved from http://www.afhayes.com/public/process2012.pdf.

Hayes, A. F. (2013). *Introduction to mediation, moderation, and conditional process analysis: A regression–based approach*. New York, The Guilford Press.

Hayes, A. F. (2015). An index and test of linear moderated mediation. *Multivariate Behavioral Research*, 50, 1–22.

Hayes, A. F. (2017). Partial, conditional, and moderated moderated mediation: Quantification, inference, and interpretation. *Communication Monographs*, doi: 10.1080/03637751.2017.1352100.

Hayes, A. F. (2018). *Introduction to mediation, moderation, and conditional process analysis: A regression–based approach* (2nd ed.). New York, The Guilford Press.

Hayes, A. F., Glynn, C. J., & Huge, M. E. (2012). Cautions regarding the interpretation of regression coefficients and hypothesis tests in linear models with interactions. *Communication Methods and Measures*, 6, 1–11.

Hayes, A. F., Montoya, A. K., & Rockwood, N. J. (2017). The analysis of mechanisms and their contingencies: PROCESS versus structural equation modeling. *Australian Marketing Journal*, 25, 76–81.

Hayes, A. F., & Preacher, K. J. (2013). Conditional process modeling: Using structural equation modeling to examine contingent causal processes. In G. R. Hancock, & R. O. Mueller (Eds.). *Structural Equation Modeling: A second course* (2nd Ed., pp.219–266). Greenwich, CT: Information Age Publishing.

Hayes, A. F., & Scharkow, M. (2013). The relative trustworthiness of inferential tests of the indirect effect in statistical mediation analysis: Does method really matter? *Psychological Science*, 24(10), 1918–1927.

Hu, L–T., & Bentler, P. M. (1998). Fit indices in covariance structure modeling: Sensitivity to underparameterized model misspecification. *Psychological Methods*, 3(4), 424–453.

Hu, L–T., & Bentler, P. M. (1999). Cutoff criteria for fit indexes in covariance structure analysis: Conventional criteria versus new alternatives. *Structural Equation Modeling*, 6(1), 1–55.

Iacobucci, D., Schneider, M. J., Popovich, D. L., & Bakamitsos, G. A. (2016). Mean centering helps alleviate "micro" but not "macro" multicollinearity. *Behavior Research Methods*, 48(4), 1308–1317.

Irwin, J. R., & McClelland, G. H. (2003). Negative consequences of dichotomizing continuos predictor variables. *Journal of Marketing Research*, 40, 366–371.

Jackman, M. G–A., Leite, W. L., & Cochrane, D. J. (2011). Estimating latent variable interactions with the unconstrained approach: A comparison of methods to form product indicators for large, unequal numbers of items. *Structural Equation Modeling*, 18, 274–288.

Jöreskog, K. G. (1971). Statistical analysis of sets of congeneric tests. *Psychometrika*, 36, 109–133.

Jöreskog, K. G. (1993). Testing structural equation models. In K. A. Bollen, & J. S. Long (Eds.). *Testing structural equation models* (pp.294–316). Newbury, CA: Sage.

Jöreskog, K. G., & Goldberger, A. S. (1975). Estimation of a model with multiple indicators and multiple causes of a single latent variable. *Journal of the American Statistical Association*, 70, 631–639.

Jöreskog, K. G., & Sörbom, D. (1981). *LISREL V: Analysis of Linear Structural Relationship by the Method of Maximum Likelihood.* National Educational Resources, Chicago, IL.

Judd, C. M., & Kenny, D. A. (2010). Data analysis in social psychology: Recent and recurring issues. In S. T. Fiske, D. T. Guilbert, & G. Lindzey (Eds.). *Handbook of social psychology* (5th ed., Vol. 1, pp.115–193). New Jersey: John Wiley & Sons, Inc.

Kaplan, D. (1989). Model modification in covariance structure analysis: Application of the expected parameter change statistic. *Multivariate Behavioral Research*, 24, 285–305.

Kenny, D. A. (2004). *Correlation and causality.* New York, NY: Wiley.

Kenny, D. A., & Judd, C. M. (1984). Estimating the nonlinear and interactive effects of latent variables. *Psychological Bulletin*, 96(1), 201–210.

Kimura, T. (2013). The moderating effects of political skill and leader–member exchange on the relationship between organizational politics and affective commitment. *Journal of Business Ethics*, 116, 587–599.

Klein, A., & Moosbrugger, H. (2000). Maximum likelihood estimation of latent interaction effects with the LMS method. *Psychometrika*, 65(4), 457–474.

Kline, R. B. (2016). *Principles and practice of structural equation modeling* (4th ed.). New York, NY: The Guilford Press.

Lay, D. C. (1994). *Linear algebra.* New York, NY: Addison–Wesley Publishing Company.

LeBreton, J. M., Wu, J., & Bing, M. N. (2009). The truth(s) on testing for mediation in the social and organizational sciences. In C. E. Lance, & R. J. Vandenberg (Eds.). *Statistical and methodological myths and urban legends: Doctrine, verity and fable in the organizational and social sciences.* New York: Taylor & Francis Group.

Lee, J. J., & Ok, C. M. (2014). Understanding hotel employees' service savotage: Emotional labor perspective based on conservation of resources theory. *International Journal of Hospitality Management*, 36, 176–187.

Lei, P–W., & Wu, Q. (2012). Estimation in structural equation modeling. In R. H. Hoyle (Ed.). *Handbook of structural equation modeling* (pp.164–180). New York, NY: The Guilford Press.

Leung, A. S. M., Wu, L. Z., Chen, Y. Y., & Young, M. N. (2011). The impact of workplace ostracism in service organization. *International Journal of Hospitality Management*, 30, 836–844.

MacCallum, R. C., & Austin, J. T. (2000). Applications of structural equation modeling in psychological research. *Annual Review of Psychology*, 51, 201–226.

MacCallum, R. C., Browne, M. W., & Sugawara, H. M. (1996). Power analysis and determination of sample size for covariance structure modeling. *Psychological Methods*, 1(2), 130–149.

MacCallum, R. C., Zhang, S., Preacher, K. J., & Rucker, D. D. (2002). On the practice of dichotomization of quantitative variables. *Psychological Methods*, 7(1), 19–40.

MacKinnon, D. P. (2008). *Introduction to statistical mediation analysis*. New York, NY: Taylor & Francis Group.

MacKinnon, D. P., Lockwood, C. M., Hoffman, J. M., West, S. G., & Sheets, V. (2002). A comparison of methods to test mediation and other intervening variable effects. *Psychological Methods*, 7, 83–104.

MacKinnon, D. P., Lockwood, C. M., & Williams, J. (2004). Confidence limits for the indirect effect: Distribution of the product and resampling methods. *Multivariate Behavioral Research*, 39, 99–128.

Marsh, H. W., Wen, Z., & Hau, K–T. (2004). Structural equation models of latent interactions: Evaluation of alternative estimation strategies and indicator construction. *Psychological Methods*, 9(3), 275–300.

Marsh, H. W., Wen, Z., Nagengast, B., & Hau, K–T. (2012). Structural equation models of latent interaction. In R. H. Hoyle (Ed.). *Handbook of structural equation modeling* (pp.436–458). New York, NY: The Guilford Press.

Maslach, C., & Jackson, S. E. (1981). The measurement of experienced burnout. *Journal of Occupational Behavior*, 2, 99–113.

Maxwell, S. E., & Delaney, H. D. (1993). Bivariate median splits and spurious statistical significance. *Psychological Bulletin*, 113, 181–190.

McDonald, R. P. (1999). *Test theory: A unified treatment*. Mahwah, New Jersey: Lawrence Erlbaum Associates.

Morgan–Lopez, A. A., & MacKinnon, D. P. (2006). Demonstration and evaluation of a method for assessing mediated moderation. *Behavior Research Methods*, 38(1), 77–87.

Mulaik, S. A. (2009). *Linear causal modeling with structural equations*. New York: CRC Press.

Muller, D., Judd, C. M., & Yzerbyt, V. Y. (2005). When moderation is mediated and mediation is moderated. *Journal of Personality and Social Psychology*, 89(6), 852–863.

Muthen, B., & Kaplan, D. (1985). A comparison of some methodologies for the factor analysis of non–normal Likert variables. *British Journal of Mathematical and Statistical Psychology*, 38, 171–189.

Muthén, L. K., & Muthén, B. O. (1998–2015). *Mplus User's Guide* (7th ed.). Los Angeles, CA: Muthén & Muthén.

Muthén, L. K., & Muthén, B. O. (1998–2017). *Mplus User's Guide* (8th ed.). Los Angeles, CA: Muthén & Muthén.

Noor, N. M. (1995). Job–role quality and women's psychological well–being: Locus of control and social support as moderators. *Journal of Community & Applied Social Psychology*, 5, 259–272.

Nunnally, J. L. (1978). *Psychometric theory* (2nd ed.). New York: McGraw–Hill.

Pinto, K. K., Dawood, S., & Pinto, M. B. (2014). Project management and burnout: Implications of the Demand–Control–Support model on project–based work. *International Journal of Project Management*, 32, 578–589.

Preacher, K. J., & Hayes, A. F. (2004). SPSS and SAS procedures for estimating indirect effects in simple mediation models. *Behavior Research Methods, Instruments, & Computers*, 36(4), 717–731.

Preacher, K. J., & Hayes, A. F. (2008). Asymptotic and resampling strategies for assessing and comparing indirect effects in multiple mediator models. *Behavior Research Methods*, 40(3), 879–891.

Preacher, K. J., Rucker, D. D., & Hayes, A. F. (2007). Addressing moderated mediation hypotheses: Theory, methods, and prescriptions. *Multivariate Behavioral Research*, 42(1), 185–227.

Putnick, D. L., & Bornstein, M. H. (2016). Measurement invariance conventions and reporting: The state of the art and future directions for psychological research. *Developmental Review*, 41, 71–90.

Raykov, T. (2001). Estimation of congeneric scale reliability using covariance structure analysis with nonlinear constraints. *British Journal of Mathematical and Statistical Psychology*, 54, 315–323.

Rodriguez, I., Bravo, M. J., Peiro, J. M., & Schaufeli, W. (2001). The demands–control–support model, locus of control and job dissatisfaction: A longitudinal study. *Work & Stress*, 15(2), 87–114.

Sardeshmukh, S. R., & Vandenberg, R. J. (2017). Integrating moderation and mediation: A structural equation modeling approach. *Organizational Research Methods*, doi: 10.1177/1094428115621609.

Schwarz, G. E. (1978). Estimating the dimension of a model. *Annals of Statistics*, 6, 461–464.

Selvarajan, T. T., Singh, B., & Cloninger, P. A. (2016). Role of personality and affect on the social and work family conflict relationship. *Journal of Vocational Behavior*, 94, 39–56.

Silvia, E. S., & MacCallum, R. C. (1988). Some factors affecting the success of specification searches in covariance structure modeling. *Multivariate Behavioral Research*, 23, 297–326.

Steiger, J. H. (1989). *Causal modeling: A supplementary module for SYSTAT and SYGRAPH*. Evanston, IL: SYSTAT.

Stetz, T. A., Stetz, M. C., & Bliese, P. D. (2006). The importance of self–efficacy in the moderating effects of social support on stressor–strain relationships. *Work & Stress*, 20(1), 49–59.

Stone, C. A., & Sobel, M. E. (1990). The robustness of total indirect effects in covariance structure models estimated with maximum likelihood. *Psychometrika*, 55, 337–352.

Stride, C. B., Gardener, S. E., Catley, N., & Thomas, F. (2015). *Mplus code for mediation, moderation and moderated mediation models (1 to 80)*. http://www.figureitout.org.uk.

Thurstone, L. L. (1947). *Multiple–factor analysis*. Chicago: University of Chicago Press.

Vandenberg, R. J., & Lance, C. E. (2000). A review and synthesis of the measurement invariance literature: Suggestions, practices, and recommendations for organizational research. *Organizational Research*

Methods, 3(1), 4–70.

Wang, J., & Wang, X. (2012). *Structural equation modeling: Applications using Mplus*. West Sussex: Higher Education Press.

West, S. G., Finch, J. F., & Curran, P. J. (1995). Structural equation models with non–normal variables: Problems and remedies. In R. H. Hoyle (Ed.). *Structural equation modeling: Concepts, issues, and applications* (pp.56–75). Thousand Oaks, CA: Sage.

West, S. G., Taylor, A. B., & Wu, W. (2012). Model fit and model selection in structural equation modeling. In R. H. Hoyle (Ed.). *Handbook of structural equation modeling* (pp.209–231). New York, NY: The Guilford Press.

Wheaton, B. (1987). Assessment of fit in overidentified models with latent variables. *Sociological Methods and Research*, 16, 118–154.

Williams, J., & MacKinnon, D. P. (2008). Resampling and distribution of the product methods for testing indirect effect in complex models. *Structural Equation Modeling*, 15, 23–51.

Wu, Y., Wen, Z., Marsh, H. W., & Hau, K–T. (2013). A comparison of strategies for forming product indicators for unequal numbers of items in structural equation models of latent interactions. *Structural Equation Modeling*, 20, 551–567.

Yousaf, A., Sanders, K., & Shipton, H. (2013). Proactive and politically skilled professionals: What is the relationship with affective occupational commitment? *Asia Pacific Journal of Management*, 30, 211–230.

Zhao, H., Peng, Z., & Sheard, G. (2013). Workplace ostracism and hospitality employees' counterproductive work behaviors: The joint moderating effects of proactive personality and political skill. *International Journal of Hospitality Management*, 33, 219–227.

Zhao, X., Lynch, JR. J. G., & Chen, Q. (2010). Reconsidering Baron and Kenny: Myths and truths about mediation analysis. *Journal of Consumer Research, 37*, 197–206.

Zhou, X., Ma, J., & Dong, X. (2018). Empowering supervision and service sabotage: A moderated mediation model based on conservation of resources theory. *Tourism Management*, 64, 170–187.

[ㄱ]

[ㄴ]

[ㄷ]

[ㅊ]

[ㅌ]

[ㅍ]

[ㅎ]

[a]

[b]

[c]

[d]

[e]

[f]

[n]

[o]

[p]

[r]

[s]

[t]

[u]

[v]

[w]

[z]

[기타]

이 형 권 연세대학교 상경대학 응용통계학과(경제학사)
연세대학교 대학원 경영학과(경영학 석사/박사)
현, 세명대학교 글로벌경영학부 교수

[저서]
PROCESS macro를 이용한 매개분석 · 조절분석 및 조절된 매개분석, 신영사, 2015

[주요 논문]
호텔종사원들의 핵심자기평가가 일-가정 향상과 조직몰입도에 미치는 영향 : 인지된 조직지원의 조절된 매개효과. 관광연구(2017)
호텔종사원들의 감정소진이 조직몰입도와 조직시민행동에 미치는 영향 : 주도적 성격과 정치적 기술의 결합된 조절효과. 관광연구(2016)
조절분석과 조절된 매개분석 및 매개된 조절분석의 오해와 진실. 관광연구(2016)
외 다수

E-mail : processmacro@naver.com, lhk0915@semyung.ac.kr

*Mplus*를 이용한
매개효과와 조절효과 및 조절된 매개효과 분석

2018년 5월 15일 제 1 판 1쇄 인쇄
2018년 5월 20일 제 1 판 1쇄 발행

저 자 이 형 권
발 행 인 권 영 섭
발 행 처 (주)신 영 사

(주)신영사

경기도 파주시 심학산로 12(서패동)
등 록 : 1988. 5. 2 / 제406-1988-000020호
전 화 : 031-946-2894(代)
F A X : 031-946-0799
e-mail : sys28945@naver.com
홈페이지 : http://www.shinyoungsa.co.kr

정가 60,000원 ISBN 978-89-5501-647-5